国家社科基金后期资助项目
出版说明

后期资助项目是国家社科基金设立的一类重要项目，旨在鼓励广大社科研究者潜心治学，支持基础研究多出优秀成果。它是经过严格评审，从接近完成的科研成果中遴选立项的。为扩大后期资助项目的影响，更好地推动学术发展，促进成果转化，全国哲学社会科学工作办公室按照“统一设计、统一标识、统一版式、形成系列”的总体要求，组织出版国家社科基金后期资助项目成果。

全国哲学社会科学工作办公室

国家社科基金
GUOJIA SHEKE JIJIN HOUQI ZIZHU XIANGMU
后期资助项目

海上保险法与保险法之协调研究

On the Coordination of Laws between Marine Insurance and General Insurance

王海波 著

法律出版社
LAW PRESS · CHINA

基金项目
国家社会科学基金后期资助项目，项目批准号：15FFX007

缩略语表

简　称	全　称
《民法总则》	《中华人民共和国民法总则》
《民法通则》	《中华人民共和国民法通则》
《合同法》	《中华人民共和国合同法》
《物权法》	《中华人民共和国物权法》
《侵权责任法》	《中华人民共和国侵权责任法》
《涉外民事关系法律适用法》	《中华人民共和国涉外民事关系法律适用法》
《海商法》	《中华人民共和国海商法》
《保险法》	《中华人民共和国保险法》
《消费者权益保护法》	《中华人民共和国消费者权益保护法》
《海事诉讼特别程序法》	《中华人民共和国海事诉讼特别程序法》
《合同法司法解释(一)》	最高人民法院《关于适用〈中华人民共和国合同法〉若干问题的解释(一)》(法释〔1999〕19号)
《合同法司法解释(二)》	最高人民法院《关于适用〈中华人民共和国合同法〉若干问题的解释(二)》(法释〔2009〕5号)
《保险法司法解释(一)》	最高人民法院《关于适用〈中华人民共和国保险法〉若干问题的解释(一)》(法释〔2009〕12号)
《保险法司法解释(二)》	最高人民法院《关于适用〈中华人民共和国保险法〉若干问题的解释(二)》(法释〔2013〕14号)
《保险法司法解释(四)》	最高人民法院《关于适用〈中华人民共和国保险法〉若干问题的解释(四)》(法释〔2018〕第13号)
《海上保险司法解释》	最高人民法院《关于审理海上保险纠纷案件若干问题的规定》(法释〔2006〕10号)
《海事诉讼特别程序法司法解释》	最高人民法院《关于适用〈中华人民共和国海事诉讼特别程序法〉若干问题的解释》(法释〔2003〕3号)

目录 Contents

摘　　要

海上保险法和其他保险法律之间是否应该协调,就我国现行保险立法体例来说,答案应是肯定的。我国关于海上保险的规定集中体现于《海商法》(第十二章),《保险法》并未排除对海上保险的适用,因此两者之间,《海商法》第十二章为海上保险的特别法,而《保险法》则构成一般法。由于我国保险立法背景使然,两法之间内容存在必要的差异之外,重复、冲突现象较为明显、有些差异则不尽合理,尤其我国《保险法》数次修订及修正后,作为特别法的海上保险法如何与保险法衔接和协调,在《海商法》修改已经启动的背景下,该项研究显得尤为必要。从世界范围来看,海上保险法历来强调其独特性品格,与其他保险立法的协调并不被重视,然新近的发展表明,传统海上保险法的一些独特制度及规则正在发生一定改变,普通保险法领域发生的变革正影响着国际海上保险法的发展,这一发展动态为笔者研究海上保险特别法和保险法之间合理性差异的区间以及规则统一的向度提供了新的注解。本书以我国规范海上保险的特别法《海商法》和规范所有保险类型的一般法《保险法》为研究对象,采用比较分析法、历史分析法、体系化方法,探讨我国海上保险立法与保险立法之间应否协调、能否协调等理论问题,并在分析具体保险制度的基本原理以及考察国外保险相关立法的发展动向基础之上,提出我国海上保险立法的完善建议以及海上保险立法和保险立法适度协调的建议。除导论和结论外,本书共分六章,主要内容如下:

第一章主要考察我国海上保险立法和一般保险立法的法律文本。通过对特别法《海商法》(第十二章"海上保险合同")和一般法《保险法》(主要是第二章"保险合同")所有条文的比较,发现两法有关内容分工有合理之处,亦同时存在规则重叠、规则冲突、规则裂隙等问题,藉以指出两法协调的必要性。

第二章研究我国海上保险法和保险法协调的基本理论。首先,从立法学原理和我国保险立法背景角度分析我国海上保险立法和一般保险立法各种现象的成因;其次,通过对特别法和一般法立法应遵循的体系化方法的分析,指出其对协调我国海上保险法和保险法的指导意义;再次,通过对海上保险和普通保险(主要是财产保险)若干共性的分析以探讨两者立法协调的可能性,为后文具体制度和规则的协调奠定理论基础;最后,从海上保险所归属的海商法部门,其具有的自体系化以及海上保险的商事性特点对协调可能存在的障碍及其克服进行分析。

第三章研究《海商法》和《保险法》共有但存在明显差异的一些制度,阐述两法之间的差异是否合理,从立法目的论证其统一协调的理论根据,并就具体规则的协调提出建议:保险告知义务制度,《海商法》较《保险法》规定严苛,就保险告知的方式以及违反保险告知的法律后果的设定上,《海商法》应作出适当修正以平衡保险人和被保险人之间的利益;代位求偿和重复保险均为派生于保险补偿原则的具体制度,与海上保险的特殊性无涉,两法就此方面的规定应予统一。

第四章则从功能比较的角度,对特别法《海商法》的保证制度和《保险法》的危险增加通知义务制度进行研究。鉴于两法所采取的解决保险期间风险控制机制的法律路径并不相同,本章通过对保证制度在其他国家面临的挑战及发展趋势、保证制度和危险增加通知义务制度的具体比较以及与我国法律文化的契合度等角度的分析,对我国保险立法就此两项制度的取舍进行论证,并对经取舍后统一的制度如何适用于海上保险领域的具体问题展开论述。

第五章针对特别法《海商法》未规定而《保险法》作出规定的制度和规则,主要选取保险利益制度、保险人说明义务制度、保险疑义利益解释规则等,分析这些存于一般法的制度是否能适用于海上保险,其具体规则在适用时是否存在困境,以及海上保险法如何与保险法形成规则上的衔接,并提出:《保险法》对被保险人在保险事故发生时具有保险利益的规则是完全与海上保险实践相契合的,应予适用;但是,《保险法》采用的法定利益说并不适合海上保险,结合海上保险利益认定标准的发展趋势,建议采用更为宽松的认定标准;《保险法》说明义务制度过于严苛,考虑到海上保险的当事人缔约能力的悬殊没有一般保险明显,提出在《海商法》中应建立更为合理的说明义务的特别规则。

第六章分析《海商法》第十二章中的特别制度,主要以委付和预约保险为例,分析其特殊性的根源及其在普通保险领域的扩展可能性,重申海上保险法与保险法区隔的适度性。

协调研究的结论并不是海上保险法的制度和具体规则与保险法的完全同化,而是在一元主义立法体例下满足立法体系化的要求并体现体系化的效应,使特别法与一般法之间内容有合理区隔,既突出海上保险法的特殊性又保持与一般法的合理衔接。

导　　论

一、我国海上保险法与保险法之协调：研究的缘起

海上保险属于财产保险范畴，是财产保险的一个类型。海上保险和一般财产保险都是以财产为保险标的[①]的保险，我国《海商法》第 218 条规定的海上保险标的范围无一不具有“财产”的性质；海上保险和一般财产保险都是以补偿具体事故的损失为目的的保险，即均为补偿性保险（或称损害保险）。[②] 海上保险作为“保险之母”，[③]其在整个保险发展中具有独特历史地位，不仅如此，海上保险又具有与一般财产保险不同的特点，如保险标的流动性、承保风险的复杂性以及海上保险的国际性等，[④]而基于对海上高风险性的普遍认识，调整海上保险合同关系的现代海上保险法[⑤]自成型以来一直保持着其独特性品格。海上保险法所归属的法律部门既为海商法亦同时为保险法律范畴，其“穿行”于保险法和海商法之间或者说作为保

---

① 按保险标的的性质区分财产保险和人身保险是保险分类的一种重要标准，也是在保险立法中常被采用的分类标准，我国《保险法》即采用该分类标准。我国《保险法》第二章保险合同分成“人身保险合同”和“财产保险合同”，根据该法第 12 条第 3、4 款的定义，“人身保险是以人的寿命和身体为保险标的的保险。财产保险是以财产及其有关利益为保险标的的保险”。

② 按保险金的支付形式为标准，保险可区分为补偿性保险和定额保险，前者是根据保险事故的具体损失进行补偿，后者则按约定保险金额给付。这种分类与上述按保险标的性质分类具有交叉的关系：财产保险均为补偿性保险，人身保险中的人寿保险则为定额保险，但是，第三类保险（人身保险中的费用保险，如伤害保险中的医疗费用等），以保险标的的性质这一角度分析则为人身保险，而从保险金支付的方式上则偏向于损害保险（补偿性）。第三类保险是保险法体系建构中的一个重要问题，鉴于本书以讨论海上保险在法律体系中的地位为主旨，海上保险是财产保险，也是补偿保险，因此，笔者对保险法体系中第三类保险问题无意着墨更多。对于我国《保险法》财产保险和人身保险的分类标准的评价，可参见樊启荣著：《保险法诸问题与新展望》，北京大学出版社 2015 年版，第 5 ~ 9 页。

③ ［加］威廉·台特雷著：《国际冲突法》，刘兴莉译，法律出版社 2003 年版，第 220 页；［英］Donald O'may、Julian Hill：《OMAY 海上保险——法律与保险单》，郭国汀等译，法律出版社 2002 年版，陈剖建序言。

④ 不同学者对海上保险的特殊性的概括并不完全相同，但基本上包含上述几项。例如，汪鹏南教授认为，海上财产、海上危险和海事责任具有的特殊性使其海上保险中有许多独特制度，参见汪鹏南著：《海上保险合同法详论》（第四版），大连海事大学出版社 2017 年版，第 4 页；杨召南教授等将海上保险的特点概括为：海上保险承保风险的复杂性、保险标的的多样性、保险利益的多变性、法律适用的国际性，参见杨召南、徐国平、李文湘著：《海上保险法》，法律出版社 2009 年版，第 3 页。

⑤ 一般认为，英国 1906 年《海上保险法》为现代海上保险法成型的标志。

险法和海商法的“交集”这一特点,使一国在建构其保险法律体系的过程中,必须解决具有独特性的海上保险法和其他保险法律之间的关系。海上保险法和其他保险法律之间应是独立的抑或形成体系协调,不同国家、不同时期可能存在不同的选择和答案。而基于我国保险法律体系的角度对这一问题作出的探讨,不仅有益于我国海上保险法的发展和完善,也有利于我国保险法律体系的内部和谐。

新中国保险立法始于保险业恢复的20世纪80年代,第一部对保险合同作出规定的法律是1981年的《经济合同法》,①1983年国务院颁布的《财产保险合同实施条例》是有关财产保险合同的实施细则,1995年通过的《保险法》②是新中国成立以来的第一部保险基本法。一般认为,我国1995年《保险法》的立法更多参考了大陆法系的立法,更准确地说,参考的是受大陆法系影响尤甚的台湾地区“保险法”。③ 而在海上保险领域,我国从新

① 1981年《经济合同法》第25条是关于财产保险合同的规定,分4款就财产保险合同的订立与成立、财产保险合同的条款、投保方在保险合同期间对保险标的安全维护义务以及保险赔偿与代位求偿及关系作出了规定。

② 我国《保险法》于1995年6月30日由第八届全国人民代表大会常务委员会第十四次会议通过,并于1995年10月1日实施。该法目前已经经过三次修正(分别是2002年修正、2014年修正、2015年修正)和一次修订(2009年)。2002年2月28日第九届全国人民代表大会常务委员会第三十次会议通过《关于修改〈中华人民共和国保险法〉的决定》,《保险法》第一次修正是以“履行我国加入世界贸易组织承诺、加强保险监管”为指导思想而作出的,修订主要集中在保险业法部分,保险合同部分基本未作修改(仅将诚实信用原则从保险法的其他原则中分离出来而单列一条)。2009年2月28日第十一届全国人民代表大会常务委员会第七次会议通过了修订的《保险法》,并于2009年10月1日起实施。2009年《保险法》修订的内容非常广泛,其中对保险合同一章亦作出了大量修改(条文从原先60条调整为57条,修订的条文有48条)。2014年和2015年两次修正均仅针对保险业内容的修正而保险合同部分内容均无涉及,保险合同法部分条文也未改动。因此,本书在涉及具体条文的比较时,将上述法律文本分别以“原《保险法》(1995年制定)”、“原《保险法》(2002年修正)”以及“《保险法》(2009年修订)”以示区别(以此来表明文中所涉制度或条文作出改动的时间),《保险法》(2015年修正)仅在涉及相关条文与2009年修订时有变动情况下采用。

③ 我国《保险法》立法受台湾地区“立法”和学说影响是非常明显的,将原《保险法》(1995年制定)和台湾地区“保险法”比较:两法均采保险合同法和保险业法合并立法模式;两法在保险合同部分采用的是财产保险和人身保险之分类;保险合同主体采用投保人、被保险人和保险人三分法等,立法的结构和内容均具有相似性。学者也普遍认为,我国《保险法》借鉴的台湾地区保险“立法”和学说。例如,樊启荣教授指出,考察1995年《中华人民共和国保险法》的起草过程,主要是学习和借鉴我国台湾地区的经验和做法,无论从篇章结构还是相关规定来看,几乎是我国台湾地区所谓“保险法”的“翻版”或“浓缩”。参见樊启荣:《中国保险立法反思及前瞻——为中国百年保险法制而作》,载《法商研究》2011年第6期。其他相似观点,可参见李祝用:《中国保险立法体例研究》,载《河北法学》2006年第12期。学者周珺认为,“我国1995年实施的《保险法》主要借鉴参考大陆法系的立法,如《法国保险契约法》、《德国保险契约法》、《日本商法典》第十章,当然也包括台湾地区‘保险法’”。参见周珺:《二元主义?一元主义?——我国保险合同法立法模式的再认识》,载《政法论丛》2004年第2期。

中国成立初期开始启动《海商法》的立法，历经40余年最终于1992年通过，该法具有非常明显的与国际接轨的特点，其很多内容借鉴参考了相关国际公约、国际惯例，其中第十二章“海上保险合同”的内容较多地借鉴了世界上最有影响的、被誉为“海上保险圣经”[①]的英国1906年《海上保险法》。[②]

新中国保险立法具有以下特点：第一，从立法体例上，海上保险首先被纳入了我国《海商法》的范畴；我国《保险法》中“海上保险适用《中华人民共和国海商法》的有关规定，《中华人民共和国海商法》未作规定的，适用本法的有关规定”，[③]这一关于海上保险法律适用的条款将《保险法》与海上保险联系起来，由此《保险法》也成为规范海上保险合同的法律之一，因此可以说，我国保险法立法采用的是一元主义立法体例。[④] 就海上保险合同来说，《海商法》第十二章是特别法，《保险法》则为一般法。第二，从立法时间的先后来看，我国海上保险的特别立法先于作为一般法的《保险法》而制定，也就是说，海上保险法律制度先行于保险法律制度产生。第三，从立法技术上看，我国保险法（包括海上保险）采用了法律移植的立法技术手段。“法律移植，借鉴和吸收其他国家甚至不同社会形态的国家的法律制度，是法律制度发展的捷径”，[⑤]对建构我国市场经济的法律体系来说不失为有效率的方法。虽然理论上对法律移植的可能性与否多有争论，[⑥]但是，一般认为体现经济规律的法律内容具有可移植性。所谓技术

① 何勤华主编：《英国法律发达史》，法律出版社1999年版，第358页。

② 关于我国《海商法》第十二章借鉴的是英国1906年《海上保险法》在学理界为通识。参见郭瑜著：《海商法的精神——中国的实践和理论》，北京大学出版社2005年版，第10页；於世成、杨召南、汪淮江著：《海商法》，法律出版社1997年版，第17页；吴焕宁主编：《海商法》（第二版），法律出版社1996年版，第21页；赵德铭主编：《国际海事法学》，北京大学出版社1999年版，第21页。加拿大著名海商法学者威廉·台特雷也指出，“中华人民共和国在其1993年海商法第十二章对海上保险进行了规范，虽然措辞不同，但该章节包含了很多英国海上保险法律所确立的法律原则”。[加]威廉·台特雷著：《国际海商法》，张永坚等译，法律出版社2005年版，第482页。

③ 《保险法》（2015年修正）第182条。需要说明的是，原《保险法》（1995年制定）第147条关于海上保险的法律适用的规定稍有不同，其条文具体为：“海上保险适用海商法的有关规定；海商法未作规定的，适用本法的有关规定。”2002年《保险法》第一次修订时，该条未作修改，条文顺序调整为第153条；2009年修订时修改为上述表述，且条文调整为第184条；2015年《保险法》修正后调整为第182条。

④ 关于我国保险立法是否属于一元主义立法体例，具体阐述于下文第一章第一节展开。

⑤ 孙国华主编：《法理学教程》，中国人民大学出版社1994年版，第122页。

⑥ 关于法律移植可能性的争论，可参见黄金兰：《法律移植问题》，山东大学2006年博士学位论文，第4~8页。

特征，是指法律规范中有大量反映客观规律的内容。[1] 商法具有较强的技术性，[2]是基于商事行为具有的高度技术性。由于保险交易的技术性，因此规范保险关系的保险法，自然设有较多技术性的规定，保险法的这一技术特征即为我国保险立法中采用法律移植手段提供了基础。

就我国保险立法的上述特点，有诸多问题值得思考和关注：首先，一元主义立法体例下，作为特别法的《海商法》第十二章和作为一般法的《保险法》之间在法律规则和法律制度上如何协调，特别法规则和一般法规则应如何配置，一般法规则如何能无阻碍地适用于海上保险合同这一特别类型中，一般法规则和特别法规则是否恒久不变，是否应根据社会的变化相应作出调整……这是从保险立法体例的合理性引发的思考，主要涉及特别法和一般法内容分工的一般原理。其次，虽然保险是具有高度技术性的交易，这一特点使其适用大致相同的规则，但是，由于各国的经济、政治、文化等差异，保险法在不同国家的差异仍是存在且明显的。我国采取一元主义的立法体例，但作为海上保险特别法的《海商法》第十二章参考的是英国1906年《海上保险法》，而保险基本法更多借鉴了大陆法系国家的立法内容。那么在我国保险法律体系内，借鉴了不同国家或地区法律的制度和规则间是否存在矛盾和冲突现象，其各自立法时是否已经有效地避免了矛盾的产生，其所借鉴的制度是否以及如何与我国法律传统和法律文化相一致……这是对我国这一特殊立法背景的思考，即我国保险法律体系内来自对不同国家或地区的制度之间是否会引发内容冲突以及如何解决。最后，西方海上保险法成型的时代，特别值得一提的是，我国海上保险立法所借鉴的英国1906年《海上保险法》，它是由查默斯爵士（Sir Mackenzie Chalmers）以之前产生的2000多件相关的海上保险判例为基础总结而制定的。[3] 可以说，英国1906年《海上保险法》制定的时代以及基于制定1906年《海上保险法》的2000多件判例发生的时代，海上保险发轫不久，限于当时的造船水平，船舶抵御海上风险的能力较弱、通信技术手段落后、保险经营技术手段低下，因此，海上保险法的特立独行很大程度上是与其所处的这一时代背景相契合的；而为扶持海上保险的发展，海上

---

① 郑玉波著：《保险法论》，三民书局股份有限公司2000年版，第26页。

② 赵中孚主编：《商法通论》（第五版），中国人民大学出版社2013年版，第22页。

③ 事实上该法案早在1894年即已完成。关于英国1906年《海上保险法》制定的过程，可参见Peter Macdonald Eggers, "The Marine Insurance Act 1906: Judicial Attitudes and Inno-vation—Time for Reform?", in D. Rhidian Thomas, eds. *Marine Insurance: the Law in Transition*, London, Informa, 2006, pp. 193 – 196.

保险立法也更倾向于保护保险人的利益。在历史演进中，海上保险及其法律制度对一般保险（或非海上保险）产生了重要影响。但是，随着陆上保险的发展和时代的变化，以“保护被保险人利益”①为价值取向的现代保险法（非海上保险）的变革也逐渐渗透并影响到保持“特立独行”特点的海上保险法领域。在21世纪的时代背景下，百年前形成的一些特立独行的海上保险制度是否仍具有合理性？我国《海商法》中从英国1906年《海上保险法》移植而来的一些制度和规则的合理性是否也需要重新审视，海上保险法与保险基本法的发展是否需要保持一致或比较一致的步调，特别是在我国《保险法》历经数次修正和一次大规模的修订的背景下，对作为特别法的海上保险法规则的发展是否产生影响也更是值得研究的问题。这是从保险法和海上保险法的动态发展的角度，对存于我国法律体系内的特别法规则和一般法规则的发展及趋势作出合理性架构的思考。

另外，值得一提的是，我国于2014年重启民法典立法，2017年3月15日通过《民法总则》，正式开启了我国私法“民商合一体例”。我国民法典的编纂对已经形成自体系化的《海商法》和《保险法》等必然产生影响，如何纳入、如何实现该商事特别法与普通民法之间的体系协调亦成为《民法典》编纂中必须要解决的问题。在我国民法典编纂进程中，《海商法》在千呼万唤之下亦启动了修改进程。② 在《民法典》编纂的同时修改单行法《海商法》，既给了《海商法》对其内在体系深度思考的空间，也给《海商法》的修改带来一定的冲击与约束，作为其组成部分的海上保险合同一章应该如何修改成为必须面对的问题，其体例上是要与保险法完全区隔还是适度协调是需要首先解决的问题，只有理顺体例，对上述思考给出正确的解答，才能保证内容架构的合理性。

以上是从我国保险法律体系内部和谐的角度对本选题研究意义的思考。从另一方面来看，海上运输或者说航海贸易从其产生开始即具有跨国性特点，作为扶持海上航运及贸易的重要服务业的海上保险，自其产生伊始便自然具有国际性的特点，海上保险的天然国际性决定了以其为调整对

① 保护被保险人利益的立法价值的取向，是随着保护消费者的法律运动的兴起而在保险法领域中的表现或延伸。随着对保险合同的技术性、专业性以及保险合同双方当事人的缔约谈判能力悬殊等认识的加深，对被保险人利益的保护问题也逐渐被现代保险法所关注。我国《保险法》第二次修法的宗旨也明确提出了“保护被保险人利益”这一价值取向。

② 我国《海商法》修改工作自2017年6月由交通运输部委托大连海事大学牵头并联合国内海商法专家共同启动，并于2018年9月被全国人大常务委员会列入五年立法规划范围。

象的法律——海上保险法具有很明显的国际性,也容易受到国际统一化运动的影响,那么研究海上保险法与国内一般法协调的必要性是否大打折扣?笔者认为,从国际组织(包括民间组织和政府间组织)对海上保险法的国际协调的数次努力及其结果来看,①海上保险法的国际协调仍任重而道远,从目前来看,国内法仍然是海上保险法的主要法律渊源,中国是,保险业发达国家也一样,因此置于国内法角度对我国海上保险法的研究是必要的。而从上述三个角度作出思考或对三个层面的问题作出合理解决,不仅是达到我国保险法律体系的内部和谐所需要的,也是对在国际海上保险法处于变革的时代背景下如何完善我国海上保险法制度和规则以促进我国海上保险业进一步发展所需要的。

---

① 海上保险法的国际协调运动有三次:海上保险法的协调活动始于1899年国际法协会(ILA)在布法罗市(Buffalo)召开的会议,会议对海上保险法的国际协调问题进行讨论,后通过了《1901格拉斯歌海上保险规则》(The Glasgow Marine Insurance Rules of 1901)。但随着英国1906年《海上保险法》的颁布并取得巨大成功,最终宣告了该次国际协调的失败。See "Marine insurance: The CMI Review Initiative", in *CMI Yearbook* 2000, p. 325. http://www.comitemaritime.org/Uploads/Yearbooks/Yearbook+2000.pdf. 第二次是由联合国贸易和发展会议(UNCTAD)推动的,其秘书处在1978年11月发表了《海上保险——海上保险合同的法律与文件问题》的报告,之后其下设的国际航运工作小组(ISLWG)多次召开会议,并讨论拟定海上保险示范条款,至1985年3月29日正式公布包括船舶保险条款和货物保险条款两部分的名为《联合国贸易和发展会议海上示范条款》(UNCTAD Model Clauses on Marine Hull and Cargo Insurance)。虽然该次协调采取的是海上保险示范条款的形式,并针对英国劳氏S.G保险单的问题而展开的,并促使英国抢先启用了新协会保险条款(包括协会货物条款和协会船舶保险条款),但是,该示范条款并未在实务中得到应用。参见谷浩:《全球化背景下的国际海上保险立法:变革、协调及特点》,法律出版社2011年版,第128~129页。第三次是在20世纪90年代末开始并由国际海事委员会(CMI)主导的。从1998年6月由国际海事委员会和斯堪的纳维亚海商法学院在奥斯陆联合举行海上保险研讨会正式启动本次国际协调的运动。该会议讨论关于船舶保险的有关问题,并认为各国海上保险法的差异值得研究,并确定了保险利益、保险告知、最大诚信义务、保证等12个议题。会后成立了海上保险问题国际工作组(IWG)负责海上保险法的研究工作。工作组原先仅讨论船舶保险的问题,后来将货物保险问题也纳入。1999年国际海事委员会向各国海商法协会发出海上保险询问单,并由斯堪的纳维亚海商法学院的威尔海默森教授(Trine-Lise Wilhelmsen)对反馈信息进行汇总形成报告。See "Marine insurance: The CMI Review Initiative", in *CMI Yearbook* 2000, pp. 325 - 327. http://www.comitemaritime.org/Uploads/Yearbooks/Yearbook+2000.pdf. 2001年国际海事委员会第37届大会上继续讨论海上保险法的研究工作。2003年国际海事委员会第38届大会上,提交了关于被保险人的不当行为、风险变更、保证和最大诚信这四个最具争议的问题的研究报告。2004年,工作组主席海尔教授(John Hare)作了工作组报告,草拟了海上保险法指导规则,并宣布审议工作暂告一个段落。See John Hare, "The CMI Review of Marine Insurance-Report to the 38th Conference of theCMIVancouver2004", in *CMI Yearbook* 2004, pp. 248 - 260. http://www.comitemaritime.org/Uploads/Yearbooks/YBK_2004.pdf. 关于海上保险法的国际协调的详细阐述,可参见谷浩著:《全球化背景下的国际海上保险立法:变革、协调及特点》,法律出版社2011年版,第111~182页。

二、海上保险法与保险法之协调:研究现状

(一)我国海上保险法与保险法的协调:研究尚未深入

保险法的研究与我国保险业的发展一样,起步较晚但势头很猛。近十几年来,一方面,保险法基本理论研究在我国日益兴盛,学者开始集中于保险法的基本原则和具体制度的专题研究,关于保险法的专题著作和博士论文均有实质性突破。[①] 另一方面,我国学者对海上保险法的研究,比较注重对海上保险实务方面的探讨,[②]当然也不乏对海上保险法理论作出系统研究的佳作,例如,汪鹏南教授的《海上保险合同法详论》以及杨召南教授等所著的《海上保险法》、郑睿博士的《英国海上保险法律与实务》等为海上保险法系统研究的典范;与此同时,近些年来海上保险法的专题性研究也如火如荼。[③] 我国保险法理论也在众多学者的努力下逐渐发展起来。

---

① 例如,樊启荣教授的《保险缔约告知义务制度论》是我国关于投保人告知义务系统缜密研究的第一本专著;李庭鹏博士的《保险合同告知义务研究》则对广义的保险告知制度作出了系统研究;曹兴权博士的《保险缔约信息义务制度研究》则对保险人和投保人分别承担的信息义务作出了专题研究;于海纯博士的《保险人缔约说明义务制度研究》则是集中于保险人说明义务制度的专题研究。王萍博士的《保险利益研究》是关于被称为"保险秩序基石"的保险利益的第一本专著,其中对保险利益的本质作了非常深入的探讨;杨芳博士的《可保利益效力研究——兼论对我国相关立法的反思与重构》则集中于保险利益原则的主体效力、时间效力等作出了细致的研究。另外,肖和保博士的《保险法诚实信用原则研究》、许良根博士的《保险代位求偿制度研究》、武亦文博士的《保险代位的制度构造研究》、黄丽娟博士的《论保险代位权制度的建构》、梁鹏博士的《保险人抗辩限制研究》、方志平博士的《保险合同强制规则研究》、詹昊博士的《保险市场规则的经济法分析》、姜南博士的《保险合同法定解除制度研究》、于海纯博士的《保险消费者权益保护制度研究》等均从保险法的某一角度切入进行研究,为丰富我国保险法的理论底蕴作出了贡献,也为笔者的研究提供了素材和理论基础。另外樊启荣教授的《保险法诸问题与新展望》、邹海林教授的《保险法学的新发展》等是新近保险法理论专著中的精品。

② 参见张湘兰主编:《海上保险与索赔理赔》,人民法院出版社2002年版;魏润泉、陈欣著:《海上保险的法律与实务》,中国金融出版社2001年版;王海明著:《船舶保险原理实务与经营管理》,大连海事大学出版社2006年版;杨良宜、汪鹏南著:《英国海上保险条款详论》,大连海事大学出版社2009年版;杨良宜著:《海上货物保险》,法律出版社2010年版。

③ 例如,葛延珉博士的《海上保险法最大诚信原则研究》是我国海上保险法专题研究的第一篇博士论文;安丰明博士的《船东保险协会法律制度研究》和艾素君博士的《保赔保险合同法律问题研究》则侧重研究了海上保赔保险的法律问题。最近几年,大连海事大学以及其他院校一批博士研究生就海上保险法的专题研究独具匠心,如朱作贤博士的《海上保险法补偿原则研究》、初北平博士的《船舶保险条款研究》以及张贤伟博士的《国际海运货物保险赔偿制度研究》、李兆良博士的《海上保险免责条款研究》、陆玉博士的《海上保险法中的近因原则研究》等,或引经据典或实例分析,对海上保险法的基本原理及海上保险实务问题作出了细致而深入的理论剖析。

但从我国目前对保险法和海上保险法的研究现状来看,研究保险法的通常不涉及对海上保险的研究,例如,方志平博士在其博士论文中就明确提出,其研究并不涉及海上保险;杨东霞博士在其《我国近代保险立法移植》博士论文中也明确提出其研究不涉及海上保险。究其原因,可能是受各自研究视域的影响,或者是基于对海上保险独特性的认识。而研究海上保险的学者虽然注重《海商法》和《保险法》间关系的研究,但有的仅在研究海上保险的具体制度时顺带《保险法》的有关规定,有的仅以海上保险合同法和保险法的异同作对比研究,均未深入。但随着《保险法》的发展以及2009年《保险法》修订后,保险法对海上保险的影响以及海上保险与保险法的关系的研究逐渐受到学者关注。

根据对本命题研究的关注度,以《保险法》2009年修订为时间界点,可以分成两个阶段:

第一阶段可概括为零星关注阶段。在该阶段中,比较典型的研究成果有,杨利田的《我国海上保险合同与一般保险合同立法之比较》(载《上海保险》1996年第8期),王天璇的《论海上保险合同法和保险合同法的若干差异》(载《世界航运》2001年第3期),周珺的《二元主义?一元主义?——我国保险合同法立法模式的再认识》(载《政法论丛》2004年第2期)。前两篇侧重于对两法作文义分析,没有从更深层面探讨其不同立法所存在的原因,周珺的文章基于两法诸多不同规定的现实而认为,我国保险立法体例并不是一元主义而是二元主义,并指出我国《保险法》第153条的规定①并非说明两法是特别法和一般法的关系而仅为"准用性"规定,应该说,这是就两法关系的阐述有别于一般观点的代表。除了上述期刊论文外,目前有一篇硕士论文与本课题是相同的,即大连海事大学李泽艳的《论〈海商法〉海上保险合同的规定与〈保险法〉的协调及其完善》(2003年)。该篇学位论文从保险合同的基本原则、保险合同的效力、保险合同双方当事人的权利义务等方面对我国《海商法》第十二章的规定与《保险法》的规定一一作了分析研究,并提出了若干《海商法》应该取消的规定的建议以及予以完善相关内容的建议。但是,该篇硕士论文从研究范围看有一定限制:该文着重研究了两法都有的规定,对于《海商法》第十二章没有规定而保险法有相应规定的,保险法的相关规定是否适用于海上保险,适用于海上保险时是否需要进行相应的改造和完善等方面没有涉及,而该方面的研

① 此处是指我国《保险法》(2002年修正)的条文。相似的规定,在我国《保险法》(2009年修订)为第184条,2015年修正时调整为第182条。

究同样是必要的。另外,该篇硕士论文对两法协调的研究有的内容不够细腻。另外值得一提的是,由大连海事大学和上海海事大学分别主持承担的交通部委托的“关于修改《中华人民共和国海商法》的研究”课题中,均指出了我国海商法修改时应达到的与我国其他法律之间的协调的目标,①特别是在大连海事大学的研究中,提出了协调的基本思路。

第二阶段可概括为持续关注阶段。我国《保险法》于2009年修订后,关于新《保险法》对海上保险合同的适用与影响问题引起了学者一定的关注。例如,学者贾林青的《新〈保险法〉适用环境下中国海上保险制度的完善》(载《海商法研究》2010年第1期)一文提出了根据新《保险法》修订我国《海商法》海上保险合同的若干建议。但是,该文提出在《海商法》中增加若干与新《保险法》(2009年)一致的规定的建议并不值得推崇。又如王彦斌的《新〈保险法〉对中国海上保险合同法律的影响》(载《中国海商法研究》2011年第1期)一文,提出了我国新《保险法》修改后对《海商法》的影响,从《保险法》有规定而《海商法》没有规定的内容,《海商法》是否需要作出新的修订以体现海上保险的特殊性;以及《保险法》和《海商法》均有规定但有差异的内容,修改《海商法》时是否需要继续保持差异性,还是选择相近似的调整方式这两个方面作出了阐述和论证。尽管该文与本选题的研究方向非常接近,对笔者的研究也有很大的启发。但是,该文是侧重于对具体规则的研究,并未对两法协调的理论基础作出深入探讨。2011年大连海事大学有两篇硕士论文涉及该命题,分别是李玫的《海上保险的特殊性研究——以海上保险法和保险法的关系为视角》以及杨雪的《我国海上保险法律制度完善——以〈保险法〉的修订为视角》,对海上保险法和保险法的协调问题被日渐关注,其研究中也分别提出了协调的一些建议,但是,文章对协调的理论研究深度尚显不足。最近几年,由于《海商法》修订问题再次热议,学者更加关注新《保险法》对海上保险的影响,对海上保险法是否与保险法协调的问题上逐渐形成了两派观点:例如,张金蕾博士的《新〈保险法〉适用下我国海上保险制度的应对》(载《苏州大学学报》2014年第3期)提出了我国海上保险现行立法为前提,以特别制度的增补为补充,以实现与保险法的衔接的观点;而张智勇、许绯的《关于海上保险合同法修订的思考》(载《中国海商法研究》2014年第3期)则提出应重新审视我国《海商法》第十二章与《保险法》第二章的关系并非特别法与一般法的

① 於世成、蒋正雄、唐兵主编:《中国海商法研究(下册)》,上海社会科学院出版社2004年版,第420页;司玉琢、胡正良主编:《〈中华人民共和国海商法〉修改建议稿条文、参考立法例、说明》,大连海事大学出版社2003年版,代序。

关系,并强调《海商法》修订时应保证海上保险合同的独立性和特殊性。对立观点的存在,对笔者研究本选题提出了一定挑战,但也提供了多角度研究的素材。

与我国海上保险法与保险法的协调研究相比,我国学者对海上保险法的国际协调的研究兴趣则更浓,这与海上保险具有天然国际性有关,与法律全球化的运动有关,也与商人法的复兴有关。目前就海上保险法的国际协调研究,比较有代表性的是谷浩博士的《全球化背景下的国际海上保险立法:变革、协调和特点》一书,傅廷中、谷浩的《海上保险立法的国际协调:基础、现状和障碍》[载司玉琢主编:《中国海商法年刊》(2006 年卷),大连海事大学出版社 2007 年版]以及谷浩、刘玉洁的《海上保险法国际协调的必要性及前景分析》(载《大连海事大学学报》2007 年第 1 期)等,哈尔滨工业大学毕再宏的《海上保险法的国际协调》(2009 年)和中国海洋大学张庆明的《海上保险国际统一法律制度构建研究》(2010 年)等两篇硕士学位论文。上述研究成果从海上保险法的国际协调的必要性、海上保险法的国际协调的历史与现状以及协调的障碍等方面进行了探索,这些研究与本选题有一定关联且对本选题也有一定益处。从对海上保险法的国际协调的数次失败历史以及国际协调所存在的客观障碍来看,海上保险法的国际协调仍是任重而道远的,而这一现实正表明了国内立法在目前仍是我国海上保险法的重要法律渊源,也表明了对国内海上保险法的研究的必要性和重要性。

(二)国外海上保险法的批判性研究与协调研究现状

海上保险起源于西方,以英国为代表的西方海上保险法历史非常悠久,因此,国外对海上保险法的研究成果亦非常丰富,其中不乏有以英国 1906 年《海上保险法》为评注对象或以英国海上保险法为研究对象的著述。① 值得一提的是,近年来对英国海上保险制度进行批判性研究的文章和著作渐次出现,比较有代表性的有:Baris Soyer 博士所著的《海上保险的保证》(*Warranties in Marine Insurance*),对英国海上保险法中的保证制度进行了严厉的批判,并将其与德国、挪威等大陆法系国家立法中与"保证"相类似的海上风险变更制度作了对比研究,呼吁对英国海上保险严苛的保

---

① 海上保险法的研究有影响力的著述有:Jonathan Gilman et al., *Arnould's Law of Marine Insurance and average*(17th ed.), London, Sweet & Maxwell, 2008. F. D. Rose, *Marine Insurance, Law and Practice*, London, LLP, 2004. Susan Hodges, *Law of Marine Insurance*, London, Cavendish Publishing Limited, 1996. Robert Merkin, *Marine Insurance Legislation*, London, LLP, 2000.

证制度进行改革。美国学者 Thomas J. Schoenbaum 所著的《英美海上保险法的分野:比较法研究》(*Key Divergences Between English and American Law of Marine Insurance:A Comparative Study*)一书,则从美国原追随英国海上保险法到20世纪50年代开始出现与英国海上保险法的分野进行研究,并集中对英美两国立法中有关最大诚信义务、保证制度的不同规定展开论述,对英国海上保险法中存在对被保险人不利的制度和规则作出了批评。对于国际海上保险法变革起推波助澜作用的文章也有不少,比如英国 D. Rhidian Thomas 教授主编的《海上保险:转变中的法律》(*Marine Insurance:The Law in Transition*),集中了英国海上保险法变革的一些专题进行研究。又如 Baris Soyer 主编的《海上保险及商业保险法的变革》(*Reforming Marine and Commercial Insurance Law*)一书,结合英国法律委员会和苏格兰法律委员会联合进行的保险法改革进程,将海上保险的保证、告知、保险利益等富有争议的专题的研究成果集合成册。另国际海事委员会海上保险法工作组主席 Jonh Hare 教授的 *The Omnipotent warranty: England v. the World*,英国大法官 Andrew Longmore 所著的 *Good Faith and Breach of Warranty:Are We Moving Forwards or Backwards*? 等,这些研究直指海上保险法的改革方向,对笔者研究我国海上保险法的发展趋势亦有重要的参考价值。

在国际海事委员会推动海上保险法国际协调的活动中,展开了对各国海上保险法的研究工作。其中,Trine-Lise Wilhelmsem 教授根据国际海事委员会发出的海上保险询问单及根据反馈整理而成的报告 *Duty of Disclosure, Duty of Good Faith, Alteration of Risks and Warranties: An Analysis of the Replies to CMI Qestionnaire*(*CMI yearbook* 2000),对诸多国家的海上保险法中关于告知、最大诚信、保证、风险变更等具体制度作出了翔实的评述,是对海上保险法进行比较研究的难得素材。在国际海事委员会2003年度报告中,英国 Malcolm A Clarke 教授的 Alteration of Risk, Graydon Staring 教授的 Harmonization of Warranties and Conditions: Study and Proposals, Andrew Tullochd 教授的 Utmost Good Faith 等都是研究海上保险法最新动态的文章和报告,值得参考。

从笔者掌握的资料来看,对本国的海上保险法和保险法进行协调研究的著述较少,这主要与西方国家海上保险法的发展是先于保险法的历史有关,与将海上保险法作为相对独立的法律在一国的法律体系中处于较为独特的地位有关,也与海上保险法始终保持着其独特品格有关。当然,在现今处于对海上保险法变革的时代里,对于一国海上保险法与其本国的保险法是否应趋向统一或应达到必要的协调的研究正在被关注。例如,英国学者 Malcolm A. Clarke 在 *The Marine Insurance System in Common Law Countries*: *Status and Problems* 报告中,认为海上保险法和普通保险法之间的合理差异不仅可以接受而且是必要的。又如澳大利亚关于海上保险法的改革,其中作为法律改革委员会成员之一的 Ian Davis 就提出澳大利亚海上保险合同法与普通保险合同法之间的协调是建设完善的保险法律体系的要求;其同时认为当海上保险法成型后极少修改,而随着时代的变迁,其中一些规则逐渐呈现出不合理时,为满足法律公正价值取向的要求,在普通保险合同法对同一问题采取了更为合理的解决方案时,没有理由不对海上保险作出类似修改。

由此,国外有关海上保险法的变革及新近的研究动态对本选题具有较大的参考意义,而鉴于我国目前对海上保险法和保险法的协调研究尚存在不足,真正系统关注两者协调的研究成果仍存欠缺,在当今国际海上保险法正处于变革的背景下,就我国海上保险法的发展和完善,是完全遵循传统的"特立独行"的路线还是保持与保险法的必要的合理的协调,对这一问题的研究虽具非常基础性,但意义重大,对完善我国海上保险法以及促进我国保险法律体系的内部和谐具有一定价值。

三、我国海上保险法和保险法之协调:研究框架

本书以我国海上保险法和保险法的比较与协调为核心,比较既是研究的方法也是构成研究的重要内容,而协调既是在比较基础上对两法的思考,也是通过相关的理论和方法欲达到的研究目的。

(一)研究范围

本书对海上保险法和保险法的协调研究以我国《海商法》第十二章"海上保险合同"和《保险法》(2009 年修订)第二章关于"保险的一般规定"以及"财产保险合同的规定"为主要范围,对两法中相对应的内容进行文本比较,同时将与两法有关的相关法律、司法解释等也列入考察范围。[①] 通过法律文本的比较,考察在我国一元主义立法体例下特别法《海商法》第十二章海上保险合同和一般法《保险法》(2009 年修订)之间的协调问题,如规范是否存在重叠现象,规范差异现象中除因既有的特别法与一般

① 从我国保险法律体系来说,主要相关的法律除上述《保险法》和《海商法》外,还应包括我国《合同法》《海事诉讼特别程序法》等;主要相关的司法解释为 2006 年《海上保险司法解释》《海事诉讼特别程序法司法解释》,以及《保险法司法解释(一)》《保险法司法解释(二)》《保险法司法解释(四)》等。

法的合理性差异外，是否也存在引入的不同法系制度间的差异而引发的冲突，以及一般法的制度与海上保险合同是否契合等问题。

（二）研究内容

本书对特别法《海商法》第十二章海上保险合同与一般法《保险法》之协调的研究，主要分成六章，根据各章内容的关系分成两部分：

第一部分为协调我国海上保险法和保险法的总论，包括第一章和第二章。首先，总论部分主要是对我国海上保险法与保险法的协调的基本问题展开讨论。第一章在比较分析其他国家和地区的保险法立法体例的基础上，考察我国保险立法的体例，得出我国基本采用的是一元主义立法体例这一结论。其次，基于对特别法《海商法》和一般法《保险法》关于保险合同（海上保险合同）的文本规定的比较，提出我国该特别法和一般法立法所存在的问题，指出协调的必要性。第二章主要研究我国海上保险法和保险法协调的基本理论。首先，从立法学原理和立法实践角度检视我国海上保险法和保险法构成体系违反的成因。其次，研究特别法和一般法立法的体系化方法及其对我国海上保险法和保险法协调的指导意义。再次，对海上保险和一般保险（主要是财产保险）的共性作出分析，探讨立法协调的可能性，为两法具体制度和规则的协调奠定理论基础。最后，对海上保险法作为特别法的定性可能存在的一些干扰因素进行分析。

第二部分为协调我国海上保险法和保险法的分论，包括第三章、第四章和第五章、第六章。基于第一章对文本现象归纳出的问题，按照表现形式分为四类并分列专章讨论协调的具体思路：第三章针对《海商法》和《保险法》中共有但差异明显的制度，主要选取告知义务制度、代位求偿制度和重复保险制度，分析两法之间存在的差异是否合理，并探讨两法就差异的规则是否可以统一以及如何统一。第四章针对《海商法》和《保险法》中看似不同但功能相似的制度，主要以《海商法》引入的保证制度和《保险法》采纳的危险增加通知义务制度为研究对象，对此看似不相干的制度，其是否可能统一以及如何统一及协调作出探讨。第五章针对特别法《海商法》未规定而一般法《保险法》作出规定的制度和规则，主要选取保险利益制度、保险人说明义务制度、保险疑义利益解释规则等，分析这些存于一般法的制度其是否能适用于海上保险，具体规则在适用于海上保险时是否存在裂隙，以及海上保险法如何与保险法形成无裂隙的衔接等。基于本部分研究的相关结论，进一步明确我国《海商法》第十二章和《保险法》立法内容的分工，从而形成合理的体系化的架构和衔接。第六章分析《海商法》特有制度，主要为委付和预约保险，分析其特殊性及其在一般保险领域的扩展可能性。

需要说明的是,保险法具有相对完整的内容体系,从合同的角度来看,该体系是围绕保险人、保险相对人[①]的权利义务而构设的。但是仅以此角度观察保险合同是不够的,与民法上的其他有名合同比较,“保险契约的形象总是显得特别,犹如一大群黑发黑眼孩子中的混血儿,虽非金发碧眼,但头发总显偏黄,眼珠总显偏蓝,无论怎么看,总是有些与众不同”。[②]的确,从民法的角度去看,保险合同和一般民商事合同总有些格格不入。“读不懂的畅销品”[③]、“难以理解的谜语、一个黑暗和困惑的洪流”[④]说明保险合同复杂性、专业性非同于一般合同;有保险法“精灵”[⑤]之称的保险告知义务制度,有“保险秩序基石”[⑥]之称的保险利益制度,有“潘多拉的盒子”[⑦]之称的保险代位求偿制度等,这些散布在保险(包括海上保险)法中的别具匠心的制度是一般民商事法律中所没有的,却是构成保险合同法的重要内容。由于篇幅限制,笔者对两法协调的研究不能穷尽其所有的内容,因此基于上述保险特别制度在保险法领域中的重要性,本书第三章至第六章也主要是相对于合同法或债法而言,选取更能体现保险法特质的一些具体制度和规则作为研究对象。

四、我国海上保险法和保险法之协调:研究方法

研究方法是学术研究的路径,适当的研究方法对研究目的和结果极为重要,笔者欲采用下述方法对我国海上保险法与保险法的协调之命题做尝试性分析和研究。

(一)比较分析法

比较分析法是本书所采用的基本研究方法之一,主要从两个层面上使用:

---

① 保险相对人,是指与一方当事人保险人相对应的另一方,由于我国《海商法》和《保险法》关于与保险人相对一方所采纳的概念并不同,在不涉及两法具体条文比较时,为表达方便,以保险相对人概念统称,包括投保人、被保险人,但准确地说,根据情况区分为:海上保险则指被保险人,而一般保险则指投保人和/或被保险人。

② 尹田著:《中国保险市场的法律调控》,社会科学文献出版社 2000 年版,第 2 ~ 3 页。

③ [日]上山道生著:《保险》,刘淑梅、赵儒煜译,科学出版社 2004 年版,第 122 页;转引自邢海宝著:《中国保险合同法立法建议及说明》,中国法制出版社 2009 年版,第 151 页。

④ [美]所罗门·许布纳、小肯尼思·布莱克、伯纳德·韦布著:《财产和责任保险》,陈欣等译,中国人民大学出版社 2002 年版,第 22 页。

⑤ 樊启荣著:《保险契约告知义务制度论》,中国政法大学出版社 2004 年版,第 411 页。

⑥ 杨芳著:《可保利益效力研究——兼论对我国相关立法的反思与重构》,法律出版社 2007 年版,王保树序言。

⑦ Roger M. Baron, “Subrogation: A Pandora's Box Awaiting Closure”, *South Dakota Law Review*, 1996, p. 237.

第一，本书的主旨是就我国海上保险法和保险法的比较研究，通过规范比较、功能比较等方法得出两法之间存在的异同，并进一步分析差异形成的背景和原因。正如德国比较法学者所言，比较法的研究意义在于"比较法应当减少那些不是基于各民族的政治、道德或者社会特性而是由于历史上的偶然性、暂时的存在或者不是必要的原因所产生的法律上的差异"。① 采用该方法意在减少不必要的差异，故针对一国法律体系内部的比较研究以及完善同样是适用的。在研究中，对于具体制度的比较和分析，将其置于海上保险与一般财产保险范畴内展开的，海上保险在性质上尽管属于财产保险，但是，在一国的保险业中则将海上保险作为特殊的财产保险对待，因此，立法上也是对海上保险予以特别规定。本书通过考察海上保险与一般保险的共性与特殊性，以此对海上保险与一般保险立法的差异性作出适当的分析，并就两法间差异性存在的空间以及法律对海上保险作出特别规定的空间作一探讨，以作为对海上保险与一般保险立法协调的可能性的前提研究。

第二，保险交易是高度技术性的商事行动，保险法规范几乎来源于保险交易惯例。因此考察比较域外保险法规则、制度和理论对保险合同的研究来说是必要的也是可行的。纵观我国近代以及现代相关保险立法，都明显地带有法律移植的痕迹。因此，对于我国海上保险法和保险法的规定，笔者通过考察其借鉴移植的国家和地区的相关规定，并援引相关理论、学说、判例等，以求获得系统清晰的认识，并对我国相关内容移植的妥当性作出论证，也为建构我国保险理论与立法完善铺垫基础。在运用比较分析法时，本书主要通过规范比较方法，以我国相关概念、制度为核心，对保险制度的具体问题作出比较研究；同时也采用功能比较的方法，对具有基于功能比较方法，对具有类似功能的两种制度在我国不同保险领域的运用研究，并比对其在本源国的运用效果，通过此项研究以分析我国保险立法中相关制度的取舍。

(二)历史分析法

"任何人想了解法的当下情况，就必须考虑它的历史演进以及它对未来的开放性"。② 保险法制度的演进是随着政治、经济、文化、法律等因素的发展而发展的。对本书的研究来说，历史分析法同样重要。海上保险业作为与国际贸易、航运业息息相关的重要服务性行业，其变化发展与航运

① ［德］K. 茨威格特、H. 克茨著：《比较法总论》，潘汉典、米健等译，法律出版社 2003 年版，第 4 页。

② ［德］卡尔·拉伦茨著：《法学方法论》，陈爱娥译，商务印书馆 2003 年版，第 73 页。

业的变化发展紧密关联。传统的海上航运业,由于当时造船等各项技术水平低下等原因,在航海过程中的海上风险也较大。与之相适应,传统的海上保险业中的保险人在承保海上风险后也承担较大的责任。因此,传统的海上保险立法中的最大诚信原则、保险利益原则、被保险人的告知义务、被保险人必须严格遵守保证义务等规定,均应了保护海上保险人利益的诉求,换言之,其立法的倾向性主要是有利于海上保险人的。而随着科学技术的发展,对各种自然灾害和意外事故的预防和控制能力不断取得进步,尤其是船舶的技术的改进大大提高了其抵御海上风险的能力,从而使航行中所可能遭受的危险降低。同时,有关规范船舶结构、检验及船员培训等国际公约的出现和实施也在很大程度上降低了海上事故发生的可能性。因此,海上保险法在现代逐渐趋向保护被保险人利益的立法价值,出现了诸如对被保险人告知义务的弱化、保险利益的扩大化等趋势。[①] 因此,对海上保险法和保险法的制度及其差异性的研究,不应置其所处的特定历史阶段于不顾,而应在社会发展的实际背景之中对此加以审视评判。本书运用历史分析的研究方法,不仅是将我国借鉴的保险法律制度还原于其西方背景下展开,而且在涉及我国保险法律制度与西方先进保险制度的对接时,亦应将其置于我国特定的历史条件以及我国的法律文化背景下进行讨论和分析,以说明移植内容的妥当性并保证对未来的适当的开放性,达到我国海上保险和一般保险制度协调的研究目的。

(三)体系化的法学方法

体系化一直被视为科学和理性的象征,其对于知识的掌握和利用发挥着重要作用。首先,借助于体系化可以总结过去,实现对既有知识的整理,从而便于知识的传承、记忆和利用。当面临需要解决的问题时,依凭既有的体系,能够迅速、便捷地找到所需知识。其次,体系化在总结过去的同时也有助于催生新知。[②] 鉴于体系化所具有的重要价值,在许多知识领域,体系化都是必不可少的作业。在法律领域,更是如此。“法律是正义和秩序的综合体。”[③]正义(法律伦理)在法律规范内的贯彻,以及秩序(法律安定性)的维护均依赖于法律规范的体系化建构。[④] 法律规范之间的结合应达

① 司玉琢主编:《国际海事立法趋势及对策研究》,法律出版社 2002 年版,第 353 页。

② 梁迎修:《方法论视野中的法律体系与体系思维》,载《政法论坛》2008 年第 1 期。

③ [美]E. 博登海默著:《法理学:法律哲学与法学方法》,邓正来译,中国政法大学出版社 1999 年版,第 318 页。

④ 梁迎修:《方法论视野中的法律体系与体系思维》,载《政法论坛》2008 年第 1 期。

到价值一贯性、逻辑统一性、考虑整体性和结构层次性。① 尽管不同的法学学派对法律体系的构建有着不同的见解，但是，系统化的研究对于立法和司法以及学术研究都是必要的。因此，笔者也同时借助体系化的法学方法或思维，在书中对我国保险法律规范内部体系作出评价，并就我国保险立法中海上保险法与保险法之协调提出相应的完善建议。

① 梁迎修：《方法论视野中的法律体系与体系思维》，载《政法论坛》2008 年第 1 期。

第一章 我国保险立法一元主义体例[①] 与文本现象

本章主要是在梳理域外保险立法体例的基础上，重点以我国保险立法体例为纲，以构成保险法律体系的《海商法》第十二章和《保险法》两法的文本比较为网，提出我国海上保险法和保险法协调研究这一命题。

第一节 域外保险立法体例考察

从世界保险法史看，一方面，海上保险法较普通保险法（陆上保险法或非海上保险法）形成时间为早，而另一方面，海上保险逐渐向陆上扩展，这是世界保险业的发展轨迹，因此，当保险"上岸"后，不仅形成了海上保险与非海上保险呼应的格局，而且国家对普通保险的立法也提上日程。对保险业发展较早的西方国家来说，当海上保险法律已成型时，究竟是建立与其相对应的陆上保险法还是建立统一的保险立法，答案显然并不简单。

一、海上保险法的概念

一般认为，具有现代形式的海上保险于12世纪末13世纪初在意大利发端，[②]

① 保险法的立法体例可以根据不同角度而作出分析。在保险法中，以公保险法（保险业法）和私保险法（保险合同法）的立法关系为标准，可以将保险法的立法体例分成合并主义和并列主义两种立法体例，英国、德国、日本等采用的是并列模式，法国、比利时、西班牙、我国台湾地区等采用的是合并主义体例。参见李玉泉著：《保险法》（第二版），法律出版社2003年版，第264～265页。我国采用的是合并模式，《保险法》（2009年修订）和原《保险法》在立法体例结构上大致相似，单列第三章"保险公司"、第四章"保险经营规则"，将保险业法和保险合同法规定于一部法律。本书研究的保险法体例是从海上保险合同立法和其他保险合同立法之间关系的角度而使用这一概念，因此更准确地说，本书研究所指的保险立法体例是保险合同法的立法体例。

② 具有现代形式的海上保险始于12世纪末13世纪初意大利北部的汉萨商人和伦巴蒂商人之间，英语中保单"Policy"一词即源于意大利语Polliza。参见Donald O'may、Julian Hill：《OMAY海上保险——法律与保险单》，郭国汀等译，法律出版社2002年版，第1页。从历史上看，海上保险的萌芽则更早。一般认为，公元前2000年，地中海地区就已经有广泛的海上贸易活动，为抵御风险而抛货以及抛货损失由货物所有人分摊的共同海损原则被学者认为是"海上保险的萌芽"。参见李玉泉著：《保险法》（第二版），法律出版社2003年版，第26页。而开始于公元前800年到700年间流行于中世纪的"海上借贷制度"则已具有"现代海上保险的味道"。参见桂裕著：《海商法新论》，正中书局1990年版，第72页；转引自汪鹏南著：《海上保险合同法详论》（第四版），大连海事大学出版社2017年版，第10页。

16 世纪、17 世纪在英国开始“真正的兴盛”，[①]经过 18 世纪、19 世纪的扩展和深入，世界海上保险业已成熟。海上保险法的演进与此同步，其源于中世纪的海事习惯法，[②]进入近代，在国家立法运动中海事习惯法包括其中的海上保险习惯与规则被成文化，并最终形成了以英国 1906 年《海上保险法》为标志的现代海上保险法的成型。本部分以英国 1906 年《海上保险法》以及其他国家的立法为例，从所调整的海上保险合同的性质以及所调整的海上保险合同的范围来说明本文所讨论的海上保险法的实质。

（一）海上保险合同的定义

海上保险的法律关系是通过海上保险的交易载体即海上保险合同，得以体现的，因此，海上保险法的概念可以通过其所调整的对象海上保险合同及其特点来加以理解。在有关海上保险的立法中，对海上保险合同的定义一般都表明了保险人和被保险人之间一种双务合同法律关系（一方交付保险费，另一方依一定条件对对方进行损失补偿），突出保险补偿这一本质和职能。例如，被誉为现代海上保险里程碑的英国 1906 年《海上保险法》，其第 1 条规定：海上保险合同，是指保险人承诺按照约定的方式和范围，对被保险人遭受的海上损失（marine losses）即从事海上冒险活动（marine adventure）[③]而发生的损失进行补偿（indemnify）的合同。英美法系一些国家对海上保险合同的定义与英国如出一辙。[④] 在

---

① 尹田著：《中国保险市场的法律调控》，社会科学文献出版社 2000 年版，第 448 页。

② 主要是指中世纪的三大海事惯例集：《康索拉度海法》（Consolato del Mare）、奥列龙案例集（The Law of Oleron）以及《维斯比海法》（Laws of Visby），这些海事惯例集中收集了地中海沿岸、北大西洋沿岸以及波罗的海沿岸共同遵守的海上贸易的规则，其中包含海上保险规则与惯例。

③ marine adventure，一般译为海上航行、海上运务，也有认为应解释为海上风险活动。笔者对 marine adventure 仍采直译。从海上保险的历史来看，marine adventure 指的是航海活动，海上保险主要承保海上航行中遭受的损失。但是，从现代海上保险的承保范围的扩大趋势来看，海上保险不仅针对海上航行中的风险，而事实上扩展到海上其他风险活动，如海洋资源勘探等。因此，将 marine adventure 译为海上冒险活动或者海上风险活动更能体现海上保险的现代发展趋势。

④ 其他以英国 1906 年《海上保险法》为范本的英美法系国家的立法，例如，澳大利亚 1909 年《海上保险法》第 7 条关于海上保险合同的定义与英国 1906 年《海上保险法》完全一致。条文参见 A. A. Tarr, *Australian Insurance Law*, Sydney, The Law Book Compant Limited, 1987, p. 321；加拿大 1993 年《海上保险法》第 6(1)条关于海上保险合同的定义则将英国 1906 年《海上保险法》第 1 条定义和第 2 条海上风险（包括海陆混合风险）结合起来进行规定，不仅突出了海上保险具有的补偿性质且在定义中匡定了海上损失的范围。条文参见 George R. Strathy, George C. Moore, *The Law and Practice of Marine Insurance in Canada*, Markham, LexisNexis Canada Inc. ,2003, Appendix A, Marine Insurance Act.

大陆法系国家的立法中，俄罗斯联邦《商船航运法典》第 246 条规定：海上保险合同，是指保险人对被保险人或为其利益订立保险合同的其他人(受益人)遭受保险合同规定的风险或事故(保险事故)造成的保险标的的损失负责赔偿，而由被保险人支付保险费的合同。[①] 日本《商法典》第 815 条规定：海上保险合同是指以对航海有关的事故发生的损失予以补偿为其标的。[②] 我国《海商法》第 216 条对海上保险合同也作出了定义，保险人按照约定，对被保险人遭受保险事故造成保险标的的损失和产生的责任负责赔偿，而由被保险人支付保险费的合同。综上，虽然措辞并不完全相同，但上述海上保险立法关于海上保险合同的定义均表明了海上保险合同具有损失补偿的本质以及当事人权利义务相对应的双务合同关系。

(二)海上保险法调整对象的一般限定

海上保险法所调整的对象——海上保险合同是具有特定性的，立法上通过对“可保财产”和“可保风险”两方面进行限定。

1. 海上保险标的限定及开放性

海上保险与航海贸易具有天然的联系，海上保险最初就是为保障海上贸易而生的，因此，海上保险首先是对海上航行中可能遭受海上风险的可保财产进行承保。但是，从海上保险的发展来看，海上保险不仅与海上运输有关的财产和利益有关，也与海上运输不直接相关的海上资源勘探开发等责任风险有关。[③] 因此，对纳入海上保险法的可保财产的判定，首先是具有货币价值之物以及利益；其次是该财产应处于海上风险之中，但并不一定局限为与航海有关。海上可保财产的范围非常广泛，主要包括船舶、货物，以及其他海上标的比如集装箱、建造中的船舶、石油钻井平台等有形财产，也包括运费、预期利润等无形财产以及可保财产的所有人、利益方、责任人等因海上风险对第三

---

① 《各国(地区)海商法汇编(中英文对照)》(下卷)，韩立新、王秀芬编译，大连海事大学出版社 2003 年版，第 1407 页。

② 大陆法系国家相关立法不常对海上保险或海上保险合同下定义，例如德国《商法典》、意大利《航海法典》、希腊《海事私法典》、荷兰《海商法》、我国台湾地区“海商法”等均有专章规定海上保险合同，但上述立法中未对海上保险合同下定义。参见《各国(地区)海商法汇编(中英文对照)》(下卷)，韩立新、王秀芬编译，大连海事大学出版社 2003 年版，第 938～1726 页。

③ 谷浩著：《全球化背景下的国际海上保险立法：变革、协调及特点》，法律出版社 2011 年版，第 5 页。

方承担的责任。[①] 从现代发展来看，海上保险的承保对象趋向扩大化，海上保险合同的种类亦逐渐增多。

2. 海上风险限定及扩展性

海上保险所承保的风险具有可保风险的一般性质，即具有不确定性，必然发生的事故或肯定不会发生的事故不能称之为风险，而已经发生的事故也不再属于风险。更进一步来说，海上保险所承保的是"海上风险"，是指威胁可保财产的海上风险，通常被定义为包括那些作为海上航行的结果，或伴随海上航行而产生的风险。[②] 根据英国1906年《海上保险法》的规定，海上风险的种类包括：海难、火灾、战争风险、海盗行为、暴徒、盗窃、捕获、扣留、拘禁、君主和人民的扣押、抛弃货物、船长、船员有意损害被保险人利益的行动和其他类似风险等，以及海上保险单中所指明的任何其他风险。[③] 需要指出的是，海上保险承保的风险不仅保障海上水域的风险，而且还保障与海上运输相关的内陆可航水域及陆上风险，[④]并有进一步扩展的趋势。我国《海商法》所采用的"保险事故"这一概念与英国法相似，"保险事故，是指保险人与被保险人约定的任何海上事故，包括与海上航行有关的发生于内河或者陆上的事故"，即包括海上风险并扩展至与海上航行有关的内河以及陆地的风险。

---

① 例如，从英国1906年《海上保险法》第3条的规定来看，其不仅在第2款列明了典型的可保标的，同时其第一款明确规定了"任一合法的海上冒险活动均为可保标的"，具有开放性。我国《海商法》第218条对保险标的的规定从立法方法上与标的的范围上与英国1906年《海上保险法》是相似的，即在具体罗列保险标的的基础上通过同条第7项"由于发生保险事故可能受到损失的其他财产和产生的责任、费用"的概括性规定表明了可保标的的范围的开放性。其他一些国家对海上保险的可保财产的立法方法并不相同：有采用和英国相同的立法方式，即采概括式和列举式相结合，例如，德国《商法典》第778条对保险标的的概括性规定，第779条为具体可保标的的罗列，参见《各国（地区）海商法汇编（中英文对照）》（下卷），韩立新、王秀芬编译，大连海事大学出版社2003年版，第1068页；有采用概括式立法，例如，希腊《海事私法典》第259条规定：任何面临海上风险的合法利益，包括期得利益，可构成海上保险的标的物，参见《各国（地区）海商法汇编（中英文对照）》（下卷），韩立新、王秀芬编译，大连海事大学出版社2003年版，第937页；有根据海上保险合同的不同种类对具体保险标的作出规定的方式，例如，意大利《航海法典》第515条船舶保险、第516条货物保险、第518条货物预期利润保险、第519条将赚取的运费保险、第527条碰撞造成的损害第三方的索赔等，参见《各国（地区）海商法汇编（中英文对照）》（下卷），韩立新、王秀芬编译，大连海事大学出版社2003年版，第1630～1631页。虽然各国采用的立法技术不同，但一般都表明了海上可保标的的范围的开放性。

② ［加］威廉·台特雷著：《国际海商法》，张永坚等译，法律出版社2005年版，第485页。

③ 参见英国1906年《海上保险法》第3条第3款。

④ 例如，英国1906年《海上保险法》第2条第1款以及以该法为范本的澳大利亚1909年《海上保险法》第8条第1款和加拿大1993年《海上保险法》第2条关于海上风险的定义以及第6条第1款关于海上保险合同的定义。

因此,概括地说,海上保险法是调整海上保险合同,即一方支付保险费,另一方承诺对其在海上经济活动中因遭受海上风险产生的损失进行补偿的法律规范的总和。

二、域外海上保险法的立法模式考察

从海上保险法的起源来看,海上保险作为分配海上风险的制度、作为航运界各种海事风险和海事责任的一种保护机制,成为海商和海事法中古老而不可或缺的一部分,[①]在中世纪时期以海事习惯为主要形式。由于海上保险与海上贸易的天然联系,进入近代,在西方国家大规模展开海商法国内立法时期,海上保险自然地就被纳入了其中。尽管普遍认为该时期的海商法国内立法是将原海事习惯转化为国内法的一个过程,但由于各国(地区)法律传统、法律文化的不同,对海上保险法所采取的立法形式也并不相同,主要可以归纳为两种:

第一种,将海上保险法作为海商法典或民商法典构成部分,这种立法模式以大陆法系国家和地区为典型,法国《商法典》、德国《商法典》、日本《商法典》、希腊《海事私法典》、荷兰《海商法典》、俄罗斯联邦《商船航运法典》、意大利《航海法典》以及我国台湾地区“海商法”等中都有专门针对海上保险合同的具体规定。[②]

将海上保险法部分纳入其商法典或海商法典是大陆法系国家和地区法典化运动的结果。例如,法国于1681年颁布了《海事条例》(Ordonnance de la marine),该条例体系完整,内容广泛,是欧洲第一部综合性的海商法典,[③]在历史上具有重要地位。其第三编第六章中对海上保险的主要原则作了法律规定,也被视为欧洲大陆最早的具有现代意义的保险法。[④] 1807年法国制定《商法典》时,第四卷第十章海上保险就是以《海事条例》为基础的。[⑤] 德国海上保险立法或海商法立法较法国稍晚,最早的海上保险立

---

① [加]威廉·台特雷著:《国际海商法》,张永坚等译,法律出版社2005年版,第472页。

② 如德国《商法典》第五编第十章“海上保险”(第778条至第900条)、日本《商法典》第四编第六章“保险”(第815条至第841条)、希腊《海事私法典》第十四章“海上保险”(第257条至第288条)、荷兰《海商法典》第九章“对海上危险和被捕获风险的保险”(第592条至第685条)、俄罗斯联邦《商船航运法典》第十五章“海上保险合同”(第246条至第283条)、意大利《航海法典》第二编第九部分“保险”(第514条至第547条)、我国台湾地区“海商法”第七章“海上保险”(第126条至第152条)。参见《各国(地区)海商法汇编(中英文对照)》(下卷),韩立新、王秀芬编译,大连海事大学出版社2003年版,第655~1726页。

③ 傅廷中著:《海商法论》,法律出版社2007年版,第16页。

④ 杨东霞著:《中国近代保险立法移植研究》,法律出版社2009年版,第46页。

⑤ 法国关于海上保险的立法在20世纪中后期以后发生改变,这一问题容后面详述。

法是 1731 年的汉堡《海损及保险条例》,1794 年《普鲁士国普通法》中对海陆两种保险均有所规定,其后关于海上保险部分被纳入了 1900 年实施的德国《商法典》。①

第二种,单独制定海上保险单行法,这种模式以英美法系国家为典型。制定海上保险成文法的做法起源于英国,其于 1601 年通过了第一部与海上保险相关的法律——《涉及保险单的立法》,乔治二世时代制定了 1745 年《海上保险法》,20 世纪初通过了将前法取而代之并对全球产生重要影响的 1906 年《海上保险法》。英美法系一些国家即以英国 1906 年《海上保险法》为蓝本制定了其本国的海上保险法典,如澳大利亚几乎将英国 1906 年《海上保险法》搬进了其 1909 年《海上保险法》;加拿大 1993 年《海上保险法》与英国海上保险法"极其相似",②可以说是英国 1906 年《海上保险法》的现代版本。英美法系国家对海上保险采用单行立法的模式,主要是受其法律传统的影响。即便是著名的英国 1906 年《海上保险法》,其形式上为成文法,但是,鉴于该法是以 2000 多件判例为基础而制定的,因此,普遍认为该法典是"普通法的法典化"。③

三、域外保险立法的体例考察——以海上保险与其他保险的关系为中心

由于保险对经济以及社会的作用明显,保险逐渐扩展至陆上。从全球保险业的演进来看,1666 年伦敦大火促成了火灾保险的快速发展,此后不久,人身保险市场也开始发展。随着工业化进程加快,安全事故引发的侵权责任的威胁促成了责任保险于 19 世纪 80 年代得以应运而生。而到了 20 世纪,各种形式的保险都得到了长足发展,保险从保护航海贸易逐渐发展到社会稳定器。保险的全方位发展,使对有关普通保险的规范成为一国民商事法律体系中的重要部门。但各国对保险法的立法形式并不同,就大陆法系国家来看,有的单独制定保险法典,如德国、法国、奥地利等国家;有的则把保险法放在民法典或商法典中,如比利时、荷兰、西班牙、葡萄牙等国家。④ 而作为现代保险业的鼻祖,英国则在 1906 年《海上保险法》外,并未制定普通保险法,坚持海上保险法为普通法的法典化的观点下,事实上

① 郑玉波著(刘宗荣修订):《保险法论》(修订八版),三民书局股份有限公司 2010 年版,第 29 页。

② [加]威廉·台特雷著:《国际海商法》,张永坚等译,法律出版社 2005 年版,第 482 页。

③ David Hertzell,"Insurance Contract Law Reform in England/Wales and Scotland",in Baris Soyer, ed. ,*Reforming Marine and Commercial Insurance Law*,Lodon,Imforma,2008,p. 1.

④ 刘兆兴主编:《比较法学》,社会科学文献出版社 2004 年版,第 205 页。

1906 年《海上保险法》也适用于非海上保险甚至人身保险。

（一）典型的保险立法体例

海上保险和普通保险（或是陆上保险）作为一国（地区）保险法律的组成部分，是采取将海上保险与陆上保险（非海上保险）并列而分别立法还是按海上保险与保险间的种属关系而统一立法，考察一些国家及地区的保险立法，可以归纳为下述两种不同的立法体例：

第一种是二元主义，或称为分别立法，即一国（地区）的保险立法中不存在统一的保险合同法，而是分别制定陆上保险合同法和海上保险合同法，两者相互独立，典型的有澳大利亚和德国的立法。澳大利亚的保险立法很全面，框架清晰，主要有 1909 年《海上保险法》、1973 年《保险法》、1984 年《保险合同法》、1995 年《人寿保险法》等。[①] 其中，1984 年《保险合同法》是不适用于海上保险的，[②]海上保险受其 1909 年《海上保险法》的调整。又如，德国 1908 年《保险合同法》第 186 条规定："海上保险与再保险不适用本法的规定。"因此，该法名为保险合同法但实为陆上保险合同法。德国 2008 年《保险合同法》，同原法规定一样，不适用于海上保险。[③] 德国关于海上保险的规范被纳入德国《商法典》中，该法典第四编"海商法"第十章"关于航海危险的保险"，分成 7 节共 120 条对海上保险作了具体的规定。[④] 挪威也是采二元主义体例，挪威 1989 年《保险合同法》第 1 条第 3 款规定，该保险法强制适用于所有的保险合同。但该条款是有适用例外的，该条款并不适用于根据其 1994 年《海商法典》登记的船舶的保险以及国际货物运输保险。除国内海上货物运输保险外，在挪威，海上保险是遵循合同自由原则的。[⑤]

第二种为一元主义，或称为合并立法，即一国（地区）的保险立法中，

---

① 资料来源：http://www.austlii.edu.au。

② 澳大利亚 1984 年《保险合同法》第 9 条。See A. A. Tarr, *Australian Insurance Law*, Syndey, The Law Book Compant Limited, 1987, p. 20.

③ 德国 2008 年《保险合同法》第 209 条。参见孙宏涛著：《德国保险合同法》，中国法制出版社 2012 年版，第 110 页。

④ 德国《商法典》对航海风险的保险部分（第 778 条至第 900 条）事实上在实践中已经被 1919 年起在德国保险市场通用的《标准保险条件》所取代。See Trine-Lise Wilhelmsem, "Duty of Disclosure, Duty of Good Faith, Alteration of Risks and Warranties: An Analysis of the Replies to CMI Qestionnaire", in CMI yearbook 2000, p. 334, http://www.comitemaritime.org/Uploads/Yearbooks/Yearbook + 2000.

⑤ Trine-Lise Wilhelmsem, "Duty of Disclosure, Duty of Good Faith, Alteration of Risks and Warranti-es: An Analysis of the Replies to CMI Qestionnaire", in CMI yearbook 2000, p. 333, http://www.comitemaritime.org/Uploads/Yearbooks/Yearbook + 2000.pdf. 根据该报告，挪威一般合同法中关于不公平合同的规定对海上保险合同仍是适用的。

存在统一的保险合同法，海上保险是其一部分或是其特别法，该立法体例为法国、日本、韩国及我国台湾地区采用。从立法的表现形式上又可细分为两种，仅存在细微的差别：

（1）形式上的一元主义。如法国 1976 年《保险合同法》对包括海上保险在内的保险合同作了统一规定，其第七章专门规定了海上保险，分成船舶保险和货物运输保险。① 于 2005 年修订的法国保险合同法规定，不管保险单中是否提及，第七章对海上保险强制适用，其他各章对海上保险并不强制适用。② 又如日本《商法典》第三编第十章“保险”是对保险合同法的规定，海上保险合同则为该法典第四编第六章，就两者的关系，日本《商法典》第 815 条第 2 款规定，“除本章另有规定者外，海上保险契约适用第三编第十章第一节第一目的规定。”③可见，海上保险合同也可以适用一般保险合同（损害保险合同）的规定。值得一提的是韩国《商法典》，该法典所采取的立法结构使一元主义体例更为鲜明。与前述两个国家不同的是，韩国《商法典》是将海上保险部分纳入其第四编“保险”之第二章“损害保险”第四节（除通则外，与火灾保险、运输保险、责任保险、汽车保险并列），④第五编“海商法”中无海上保险合同的规定。

（2）实质上的一元主义，即虽从法律的形式看两者是各自独立的，但是海上保险本质上仍构成保险法的特别组成部分，我国台湾地区即采用该体例。我国台湾地区“海商法”⑤第七章为海上保险合同的规定，同时其另有“保险法”。⑥ 虽形式上分立但仍属于一元主义，其“保险法”第 84 条规定：“关于海上保险适用海商法海上保险章之规定。”“海商法”第 126 条规

---

① Trine-Lise Wilhelmsem, “Duty of Disclosure, Duty of Good Faith, Alteration of Risks and Warranties: An Analysis of the Replies to CMI Qestionnaire”, in CMI yearbook 2000, p. 334, http://www.comitemaritime.org/Uploads/Yearbooks/Yearbook+2000.pdf.

② 参见初北平：《船舶保险条款研究》，大连海事大学 2008 年博士学位论文，第 30 页。

③ 日本《商法典》，王书江、殷建平译，中国法制出版社 2000 年版，第 203 页。

④ 《韩国商法》，吴日焕译，中国政法大学出版社 1999 年版，第 4 页。

⑤ 我国台湾地区“海商法”于 1929 年 12 月 30 日颁布，1962 年修正，全文共 194 条；1999 年 7 月 14 日修正公布，全文共 153 条；2000 年 1 月 16 日修正公布第 76 条。参见刘宗荣著：《海商法：新海商法的理论与实务》，三民书局股份有限公司 2007 年版，第 11 页。有关我国台湾地区“海商法”立法及沿革，可参见赖来琨著：《新海商论》，元照出版公司 2008 年版，第 23～24 页。

⑥ 我国台湾地区“保险法”于 1929 年公布，截至 2010 年 2 月（第十五次修正）共经十五次修正。最近的几次修正，比如 2007 年 7 月，修正的内容主要集中于保险业法部分；2010 年 2 月，主要修正了未成年人保护等内容。参见郑玉波著（刘宗荣修订）：《保险法论》（修订八版），三民书局股份有限公司 2010 年版，修订八版序。限于资料及最近几次的修订内容与本文所讨论问题并无重要关联，因此本文对台湾地区“保险法”条文采其 2003 年修订的条文。条文来源，参见林动发著：《金融法规总览》（四），学林文化事业有限公司 2003 年版，第 1～151 页。本书关于我国台湾地区“保险法”条文均源自该书，特此说明，下同。

定:“关于海上保险,本章无规定者,适用保险法之规定。”该两条文形成呼应。就此立法体例,学者普遍认为,“保险法为普通法,海商法海上保险章构成特别法”。意大利也采用一元主义立法,意大利《民法典》第四编“债”第三章“各类契约”,第20节“保险”就保险合同作出了规定,第1885条规定:“《海商法》对航海风险保险未做特别规定的,适用本节的规定。”①值得一提的是,日本于2008年5月31日通过《保险法》后,海上保险合同部分仍受日本《商法典》调整。就海上保险合同的适用,《商法典》第四编第六章仍为特别法,《保险法》为一般法,成为实质主义的一元主义立法。同时,日本《保险法》第36条对该法损害保险一章内容适用海上保险合同的范围作出了规定,将该法第7条、第12条、第26条、第32条等强制性规范排除适用于海上保险契约,其他内容在《商法典》海上保险部分未规定的,则适用该法。《保险法》第36条排除与适用的分别规定,维持了一元主义立法体例的基础,并使海上保险经营活动有一定的自由,立法技术值得借鉴。

美国在此方面则较为特别。根据美国宪法,②海商法属于联邦法范围。而就海上保险合同,美国则是在经过一系列判决最后确认海上保险作为海商合同的范围而归属联邦管辖。③ 美国联邦没有制定海上保险成文法,而仅将其作为“普通海商法”的一部分,联邦最高法院也曾“明确宣布在这一领域内(海上保险)将奉行遵循英国判例的政策”,④但是,这一做法随着美国联邦最高法院在1955年审理威尔本船公司(Wilburn Boat Co. v. Fireman's Fund Insurance Co.)一案⑤后发生了变化。该案所确立的原则可以概括为,在涉及海上保险的法律适用问题上,认为如果没有可直接适用的联邦海事规则,并且也没有急迫需要创设这样的规则的话,则应该适用州保险法规则。⑥ 尽管该案所确立的规则招来了诸多

---

① 《意大利民法典(2004年)》,费安玲、丁玫、张宓译,中国政法大学出版社2004年版,第444页。

② U. S. Const. art. Ⅲ, § 2.

③ 在美国,就海上保险合同是否属于海商合同,相当长一段时间内并不明确。参见郁志轰著:《美国海商法》,杭州大学出版社1996年版,第234页。在 Insurance Co. v. Dunham[78 U. S. (Ⅱ Wall.) Ⅰ(1870)]一案中,美国联邦最高法院才确认海上保险合同属于海上合同,适用联邦海事法。See Thomas J. Schoenbaum, *Key Divergences Between English and American Law of Marine Insurance: a Comparative Study*, Maryland, Cornell Maritime Press, 1999, p. 25.

④ [美]G. 吉尔摩、C. L. 布莱克著:《海商法》(上册),杨召南等译,中国大百科全书出版社2000年版,第7页。

⑤ 348 U. S. 310, 75S. Ct. 368(1955).

⑥ 威尔本船公司案中确立的海上保险适用州保险法的规则是受到一定限制的,即适用于州际海上保险合同,而国际海上保险合同仍适用联邦海商法。US. 310, 75S. Ct. 368(1955). pp. 322－324.

批评,[①]所带来的问题以及所引起的困惑也非常多,[②]但目前美国法院仍适用该原则。从本文研究角度来看,美国这一海上保险的法律适用原则,虽然不能用一元主义或者二元主义体例去界定,但可以作出如下推断:在某些情形下,海上保险和一般保险是可以适用同一法律(州保险法)的。

(二)保险立法体例的变动

一国的保险立法体例并非一蹴而就的,尤其是对较早发展保险业的国家来说,其保险立法体例是随着保险业的演进而逐渐形成的,且在逐渐发展的过程中,其对保险立法体例的选择也会不同,法国在此方面的转变较为典型和明显。法国原先是采取分别立法的,后转变为合并立法模式。如前所述,法国关于海上保险立法源于1681年《海事条例》,后相应内容被纳入1807年《商法典》。陆上保险发展后,法国开始制定陆上保险合同法,从1904年开始最终于1930年通过《保险合同法》,这是一部体例完备的陆上保险合同法。[③] 可知,该阶段所采用的是海上保险和陆上保险并行立法的二元主义模式。1967年7月3日法国通过的第67－522号法律以及其后1968年1月19日的第68－64号法令,取代了此前1807年《商法典》中所包含的海上保险法规则,上述两个法律和法令后来分别成为1976年法国《保险合同法》的法律和规章部分,其中第七章是海上保险合同,[④]由此完成向一元主义体例的转变。

英国的保险立法体例也呈现变化之中。英国1906年《海上保险法》不仅适用于海上保险,事实上其多数规则也适用于陆上保险,因此可以说英国采取的是反向的一元主义立法体例。就英国保险新近立法来看,保险合同法的立法体例有所变动,即英国2015年《保险法》与2012年《消费者保险法》的通过表明“消费者保险”和“商事保险”的区分立法的做法(海上保险纳入商事保险)被英国所采纳。

---

① Thomas J. Schoenbaum, *Key Divergences Between English and American Law of Marine Insurance: a Comparative Study*, Maryland, Cornell Maritime Press, 1999, p. 15.

② 首先,就该案确定的原则的适用范围方面,是仅针对海上保险中的保证条款(因威尔本船公司案是一起违反保证条款的案件),还是针对海上保险的所有问题的适用规则,不无疑问。其次,该案所确立的规则与美国宪法关于海事归联邦管辖的规定是有一定冲突的,该案确立的原则要么意味着海上保险法整体被排除于美国宪法第3(2)条的范围,否则,这样的适用规则与该条的规定是相冲突的。最后,该案所确立的原则破坏了美国海商联邦法的统一。

③ 郑玉波著(刘宗荣修订):《保险法论》(修订八版),三民书局股份有限公司2010年版,第28～29页。

④ [加]威廉·台特雷著:《国际海商法》,张永坚等译,法律出版社2005年版,第478页。该书中对1976年法国保险合同法使用的是“保险法典”的表述,为统一,笔者采用法国《保险合同法》这一表述。

就英国新近的商事保险和消费者保险的区分立法来看,其尚未构成真正意义上的立法体例,因其区分适用只在有限的范围发生作用,而英国1906年《海上保险法》一体适用仍有作用的空间,笔者在本书中暂不将其作为成型的立法体例对待,因此,目前域外保险立法的典型依旧是一元模式和并列模式两种。一元主义体例下海上保险法与保险法之间形成的是特别法和一般法的逻辑结构关系,而二元主义立法体例则表明海上保险法和非海上保险法是并列的结构关系。而无论何种立法体例,均具有一个共同特点,即都有仅针对海上保险的特别内容,这表明了海上保险立法的重要性和特殊性。

第二节　我国保险立法体例概述

与世界海上保险法从中世纪后期发端到20世纪初随着英国1906年《海上保险法》的颁布而得以成型这一悠长的演进史相比较,我国保险法律制度则是"没有历史性的时间资源的"。[①] 而与世界普通保险法(或陆上保险法)是在海上保险"上岸"后发展的这一轨迹相比较,我国海上保险立法和一般保险立法则是在同一时代成型的。因此,我国保险法律体系的形成有其自身的特点,其立法体例的选择有其现实基础。

一、我国保险立法体例:一元主义和二元主义之争

我国《海商法》第十二章对海上保险合同作出了具体规定,而《保险法》又是对保险的专门立法。关于我国《保险法》是调整所有保险(包括海上保险)的统一的保险法,还是仅为陆上保险法,简言之,就我国保险立法的体例到底是属于一元主义还是二元主义,理论上尚有争论。一元主义体例抑或二元主义体例,不仅是规范海上保险的《海商法》和保险专门法的《保险法》在立法时应予解决的问题,而且不同的立法体例,也决定着两部法律内容的分工和两部法律之间的协调和衔接,对司法实践来说,不同模式的选择决定了保险合同纠纷尤其是海上保险合同纠纷的法律适用。因此,保险立法体例问题是一个基础性的问题,也是保险法律体系建构中的重要问题。

(一)二元主义体例之观点

持我国保险立法是属于海上保险和陆上保险并列的二元主义之观点

① 詹昊著:《保险市场规制的经济法研究》,中国法制出版社2007年版,第17页。

的学者，通过考察我国规范海上保险的《海商法》第十二章与我国《保险法》在立法渊源、立法内容存在的差异，认为《保险法》第二章与《海商法》第十二章并非一种普通法与特别法的关系，而是各自独立、相互并列的两个体系。《保险法》第二章名为“保险合同”，实为“陆上保险合同”，统一的保险合同法在我国是不存在的，我国的保险法属于二元主义的立法模式。[①]二元主义观点同时认为，我国《保险法》第153条的规定，[②]“海上保险适用海商法的有关规定；海商法未作规定的，适用本法的有关规定”，为法律准用条款，并不是认定《海商法》第十二章海上保险合同和《保险法》之间是特别法和普通法的充分依据。[③] 另有观点认为，我国在《海商法》中对有关“海上保险”的内容加以规定，从而形成了“海上保险”和“陆上保险”的分离，[④]其实质也是二元主义观点。也有学者认为，重新审视海上保险法与保险法的关系，摒弃将《保险法》作为一般法的思维。[⑤] 其海上保险法和其他保险法并行的二元主义观点是从立法论角度出发的，与上述解释论角度的二元主义不同。

（二）一元主义体例之观点

在我国，持保险立法属于一元主义体例观点的学者较多。不少保险法学者和海商法学者认为，在我国《保险法》和《海商法》出台和实施后，我国保险法制实现了统一，《海商法》第十二章是保险法的特别法。[⑥] 一般认

---

① 参见周珺：《二元主义？一元主义？——我国保险合同法立法模式的再认识》，载《政法论丛》2004年第2期。樊启荣教授也持相同观点，但是其也提出了将海上保险合同法纳入保险法的统一立法的观点。参见樊启荣：《中国保险立法反思及前瞻——为中国百年保险法制而作》，载《法商研究》2011年第6期。

② 该文中所指《保险法》第153条是指该文章中提到的我国当时的《保险法》（1995年制定并于2002年修正）中关于海上保险合同适用的规定。

③ 参见周珺：《二元主义？一元主义？——我国保险合同法立法模式的再认识》，载《政法论丛》2004年第2期。

④ 参见沙银华：《从保险的分类探索中国保险法体系的构建》，载胡晓珂、陈飞主编：《保险法评论》（2010年第1集），法律出版社2010年版，第66页。

⑤ 参见张智勇、许绯：《关于海上保险合同法修订的思考》，载《中国海商法研究》2014年第3期。

⑥ 我国保险法学者和海商法学者基本都持《海商法》第十二章构成保险法的特别法这一观点。相同观点可参见覃有土主编：《保险法概论》（第二版），北京大学出版社2001年版，第448页；赵万一主编：《商法学》（第四版），中国人民大学出版社2013年版，第223页；徐学鹿主编：《商法学》（第四版），中国人民大学出版社2015年版，第397页；王作全主编：《商法学》（第四版），北京大学出版社2017年版，第375页；司玉琢、胡正良主编：《〈中华人民共和国海商法〉修改建议稿条文、参考立法例、说明》，大连海事大学出版社2003年版，代序2；傅廷中著：《海商法论》，法律出版社2007年版，第480页；张丽英等编：《中英海上保险法原理及判例比较研究》，大连海事大学出版社2006年版，第2页；王欣：《新〈保险法〉对海上保险合同法律制度的影响》，载《大连理工大学学报》2011年第2期；张金蕾：《新〈保险法〉适用下我国海上保险制度的应对》，载《苏州大学学报》2014年第3期。

为,《海商法》是《保险法》的特别法的主要依据是原《保险法》中关于“海上保险适用海商法的有关规定;海商法没有规定的,适用本法的有关规定”这一规定。最高人民法院为解决海上保险纠纷的法律适用问题,于2006年出台了《关于审理海上保险纠纷案件若干问题的规定》(以下简称《2006年海上保险司法解释》),其第1条重申了这一规则,并且更为完整:审理海上保险纠纷,适用《海商法》,《海商法》没有规定的,适用《保险法》,《保险法》没有规定的,适用《合同法》。

一元主义和二元主义的学术之争,其分歧主要在于对原《保险法》第153条[《保险法》(2015年修正)第182条]性质的不同认识以及海上保险被纳入我国《海商法》范畴的这一立法事实。笔者认为,我国海上保险和一般保险不同的法律渊源以及《海商法》和《保险法》不同的结构和内容并不是认定保险立法为二元主义立法体例的依据。两者之间的关系,或者说我国保险法律的立法体例是一元主义还是二元主义,需从法理和《立法法》的角度进行进一步论证。

二、我国保险立法一元主义体例及理由

笔者认为,我国保险立法的体例一直是采用一元主义体例的,对此可从一元主义和二元主义区分的立法技术角度以及对《保险法》(2015年修正)第182条的性质进行分析和论证。

(一)一元主义和二元主义区分的立法学考察

海上保险是相伴海上贸易产生的,因此,一方面,海上保险法从一开始就被纳入海商法的领域中。而另一方面,现代保险发端于海上保险,保险制度以及保险法律制度都是首先发展于海上保险领域的,海上保险的这一历史地位也使其他保险领域深受海上保险法的影响,有学者认为,“海上保险是透彻了解现代保险的理念、原则及实务规则的捷径”。[①] 当现代保险完成向陆上扩张以后,亦即产生了海上保险是否要被纳入保险法范畴的思考,由此,如何解决保险的共性和海上保险的独特性之间的关系,成为近代各国保险法律体系的建构中必须解决的问题。

从其他国家或地区的立法来看,保险成文法是采用对海上保险和陆上保险并行立法的二元体例还是采将海上保险作为保险法或保险合同法一部分的一元体例,系通过一定的立法技术的运用加以建立和区分

① [英]Donald O'may、Julian Hill著:《OMAY海上保险——法律与保险单》,郭国汀等译,法律出版社2002年版,序言1。

的。例如，德国法作为保险二元主义立法体例的典型，该体例是通过德国1908年《保险合同法》第186条的规定，"海上保险与再保险不适用本法的规定"得以确立的，即通过该条规定使海上保险排除适用《保险合同法》，而2008年1月1日开始实施的德国《保险合同法》仍采用同样的立法技术。相反，被认定为一元主义的立法体例中，采形式意义上一元主义的，从其法律的结构就可以作出认定，例如，法国1976年《保险合同法》，既有适用于全部保险的规则也有对海上保险的特别规定；而采实质意义上的一元主义体例的，例如，我国台湾地区，①其"保险法"第84条规定："关于海上保险适用海商法海上保险章之规定。"而其"海商法"第126条规定："关于海上保险，本章无规定者，适用保险法之规定。"两条相互呼应，一元主义模式得以形成。从形式上看，我国内地关于海上保险的立法与台湾地区是最相近的，即均将海上保险作为单独一章规定于《海商法》中，《保险法》采取保险合同法和保险业法合并立法，保险合同法部分对保险的分类均采财产保险合同和人身保险合同，而且将海上保险合同与《保险法》联系起来的规定在表述上也基本一致，我国新《保险法》(2015年修正)第182条规定，"海上保险适用《中华人民共和国海商法》的有关规定；《中华人民共和国海商法》未规定的，适用本法的有关规定"。

将我国规定(或特别规定)海上保险的《海商法》与保险专门法的《保险法》两法的立法时序与德国规定海上保险合同的德国《商法典》与实际规定陆上保险的德国1908年《保险合同法》的立法时序相比较，可以得出其时序是相同的，即都是海上保险立法在先。德国1908年《保险合同法》采用排除适用的立法技术使其名为"保险合同法"而实为"陆上保险法"，从而形成二元主义体例；而反观我国《保险法》，若采取的是二元主义体例，其保险合同一章用意仅规范陆上保险合同而排除其对海上保险合同的适用，则从立法技术角度而言要通过类似的规范排除对海上保险合同的适用，但是，我国《保险法》非但没有如此规定，相反从立法技术上，以法律适用规则表明了《海商法》和《保险法》对海上保险合同适用的顺序，由此构成特别法和一般法的关系，究其立法用意可认定其采用了一元主义的模式。这一点与我国《立法法》(2015年修正)第92条规定的"特别规定优先于一般规定"的适用规则是完全符合的。因此，通过前面一正和一反的阐

① 在上述认为我国(大陆)保险合同法属于二元主义立法模式的文章中，学者周珺认为我国台湾地区属于一元主义立法模式。参见周珺：《二元主义？一元主义？——我国保险合同法立法模式的再认识》，载《政法论丛》2004年第2期。

述，笔者认为，我国《保险法》(2015 年修正)第 182 条的规定表明《保险法》并未排除对海上保险的适用，规范海上保险的《海商法》与《保险法》之间在逻辑上呈递进的关系。

(二)《保险法》第 182 条：特别法和一般法的链接条款

法律规则[①]是法律构成的重要要素，可以从不同角度对其作出分类，根据规范内容的确定性程度可以分成确定性规则、委任性规则和准用性规则。确定性规则，是指直接而明确地规定某一行为规则的内容，无须援用其他立法文件加以说明的规则。委任性规则又称委托性规则，是指没有明确规定某一行为规则的具体内容，只是委任某一国家机关加以规定的法律规则。准用性规则，是指虽然没有直接规定某一行为规则的内容，但明确指出在这一问题上可以适用其他法律条文或法律文件中某一条文的规则。[②] 可见，委任性规则和准用性规则不同，委任性规则指向的是未来的法律；而准用性规则指向的是现行的其他法律规则。按上述区分规范的标准去解读我国新《保险法》(2015 年修正)第 182 条的规定，其属于准用性规则当无疑问。

如果从法律规则是否具有直接引导行为的功能去看，准用性规则中并没有直接引导行为的具体内容，不直接指向为行为人的权利和义务，而必须借助其指向的其他“确定性规则”方能确定行为人的权利和义务，因此其具有间接的规范作用当然也最终产生规范作用，其所具有的对行为的作用并非独特，但是，其在法律规则体系中有其存在的价值，是不可缺少的组成部分，笔者比较赞同“功能性法律规范”这一定性，[③]而该概念与英国学

---

① 张文显教授指出，“在法学论著和日常用语中，人们往往用法律规范(广义的)作为法律规则、原则和概念的统称或概称”。张文显著：《法哲学范畴研究》(修订版)，中国政法大学出版社 2001 年版，第 49 页。本书所指法律规范主要是从广义角度使用，法律规则为法律规范的下位概念，法律规则为表达规定权利义务以及具体法律后果的准则的概念而使用。但鉴于有些学者对法律规范概念的使用与法律规则相同，故本文在引用时保留其原文，因此，两种表述在本文中均有使用。

② 参见孙国华、朱景文主编：《法理学》(第三版)，中国人民大学出版社 2010 年版，第 253 页。在该书的第四版中，此种分类方法没有再进行介绍。

③ 李旭东博士在其博士论文中根据法学家的著述总结了法律规范的四种类型：其中，第一种规范和第二种规范为实体性规范，同哈特在《法律的概念》一书中提出的第一性规则和第二性规则；第三种规范为功能性规范，为法律体系的存在而存在，它并不直接指向人们的权利义务，而是居于实体规范之间，为他们规范性作用的实现提供各种支持。第四种规范为效力性规范。参见李旭东：《法律规范理论之重述》，南京师范大学 2006 年博士学位论文，第 75 ~ 76 页。笔者对其作出四种规范类型是否合理与科学不作评价，但其对“功能性规范”的定位值得借鉴。

者约瑟夫·拉兹的“非规范性的法律”[①]相似。拉兹在其著作中明确说明，“非规范性法律”依赖于法律的如下特点，如避免重复，但更为重要的根据在于，理解法律体系内不同部分之间重要联系时的简明和清晰。[②] 因此，可以说，准用性规则其作用在于连接或调节作为法律体系内部的规范之间的关系。准用性规则会有多种形态，并且可以肯定的是，并不是所有的准用性规则所连接起的法律之间是特别法和一般法的关系，而是要根据所连接的两部法律或法律规则之间的关系加以确定。具体而言，我国《保险法》所规定的保险合同既未限定为陆上保险又未通过特别规则排除对海上保险的适用，因此，不能直言其就是陆上保险合同法，而通过第 182 条的规定，《保险法》作为第二位序适用的关系以及海上保险和保险的种属关系是明确的。因此，该“准用性规则”明确了《海商法》第十二章海上保险合同与《保险法》之间为特别法与一般法的关系。

一般法，或称普通法、基本法，[③]是与特别法相对的概念，罗马法即用“个别法”(ius singulare)和“共同法”(ius commune)来指称这一对范畴。对某一规范加以变通的个别规范，表现为前者的例外，是为个别法。“个别法是立法当局为某些功利而引入的违背法的一般规则的法”。相应地，共同法是在例外规范以外而被适用的一般规范。[④] 我国《立法法》第 92 条“一般规定”和“特别规定”即是属于这一对概念。一般来说，根据效力范围来区分，“一般法是指在时间、空间、对象以及立法事项上作出的一般规定的法律规范，特别法则是与一般法不同的适用于特定时间、特定空间、特定主体(或对象)、特定事项(或行为)的法律规范”。[⑤] 一个法律体系中，总是存在一般法和特别法的关系问题，而特别法和一般法两者之间需要通过一定“使人知”的方式相衔接，从而建立起有联系、有机的整体，而这一连

---

① 英国学者拉兹在其著作中提出：“法律的功能是引导性的，所以法律是具有规范性的，法律引导具有两种形式：通过规定避免如此行为的某种标准理由，影响人们某种行为过程的后果；通过规定追求某种行为或避免某种行为的理由，影响人们的某种行为过程的后果。”但其同时认为“在任何法律体系中存在不属于规范的法律，其存在赖于法律具有如下特征，即避免重复等。但最重要的根据还在于理解法律体系内的不同组成部分之间重要联系的简明和清晰”。参见[英]约瑟夫·拉兹著：《法律体系的概念》，吴玉章译，中国法制出版社 2004 年版，第 201 ~ 202 页。

② 参见[英]约瑟夫·拉兹著：《法律体系的概念》，吴玉章译，中国法制出版社 2004 年版，第 201 ~ 202 页。

③ 此处基本法，不同于《立法法》所指的全国人民代表大会制定的基本法律。

④ 参见[意]彼德罗·彭梵得著：《罗马法教科书》，黄风译，中国政法大学出版社 1992 年版，第 10 ~ 11 页。

⑤ 汪全胜：《特别法与一般法之关系及适用问题探讨》，载《法律科学》2006 年第 6 期。

接渠道即为特别法链接条款。[1] 由是观之,《保险法》(2015 年修正)第 182 条即是一条非常典型的将海上保险特别法整合到普通保险法中的特别法链接条款。

特别法链接条款,是建构法律体系的外部体系所需要的一种立法技术。就我国民事立法来看,在《民法通则》通过之时还没有需要链接的民法特别法,尚无设置民法特别法链接条款的法律环境和实际需求。[2] 而当民事立法形成规模化后,特别法链接条款就不可或缺且随着立法的数量增加而受到立法者的青睐。就民事领域来看,特别法链接条款主要有:为解决《海商法》《民用航空法》等就特别物权的规定与《物权法》的关系,《物权法》第 8 条指出:"其他相关法律对物权另有特别规定的,依照其规定。"《侵权责任法》第 5 条规定:"其他法律对侵权责任另有特别规定的,依照其规定。"该条实现了侵权特别法与《侵权责任法》的链接。除此之外,我国《涉外民事关系法律适用法》第 2 条"……其他法律对涉外民事关系法律适用另有特别规定的,依照其规定"即属于商事领域的冲突规范与《涉外民事关系法律适用法》的衔接性规定,并得到司法解释的肯定。[3] 而 2017 年 3 月 15 日通过的《民法总则》则规定了更为复杂的特别法链接条款。[4]

特别法链接条款,从其对链接的特别法的指向是否具体,即根据其链接的功能可以分为一般链接条款和特别链接条款。上述《物权法》第 8 条、《侵权责任法》第 5 条、《民法总则》第 11 条[5]属于一般链接条款;《民法总则》第 128 条"法律对未成年人、老年人、残疾人、妇女、消费者等的民事权利有特别保护规定的,依照其规定"则为特别链接条款。由是观之,新《保险法》(2015 年修正)第 182 条链接的则为具体的保险特别法——海上保险法,因此,其为指向具体的特别链接条款,通过该条规定将海上保险法纳入我国的保险法律体系中。由此,《海商法》第十二章构成保险的特别法,

---

① 此处链接条款的概念借鉴自杨立新:《〈民法总则〉规定的民法特别法链接条款》,载《法律科学》2017 年第 5 期。

② 杨立新:《〈民法总则〉规定的民法特别法链接条款》,载《法律科学》2017 年第 5 期。

③ 最高人民法院《关于适用〈中华人民共和国涉外民事关系法律适用法〉若干问题的解释》第 3 条第 1 款规定:涉外民事关系法律适用法与其他法律对同一涉外民事关系法律适用规定不一致的,适用涉外民事关系法律适用法的规定,但《中华人民共和国票据法》《中华人民共和国海商法》《中华人民共和国民用航空法》等商事领域法律的特别规定以及知识产权领域法律的特别规定除外。

④ 《民法总则》第 11 条、第 129 条、第 123 条等。详细可参见杨立新:《〈民法总则〉规定的民法特别法链接条款》,载《法律科学》2017 年第 5 期。

⑤ 《民法总则》第 11 条:其他法律对民事关系有特别规定的,依照其规定。

具体来说：从表现形式上，《海商法》第十二章“海上保险合同”于一般法《保险法》外独立存在；从内容上，《海商法》第十二章的内容与《保险法》的规定多有不同；从适用范围上，《海商法》第十二章仅适用于海上保险这一特定保险而《保险法》调整所有商业保险。事实上，《保险法》第182条是比被学者称为第一次规定特别法链接条款的我国《物权法》第8条[①]更早的一条特别法链接条款。

（三）《保险法》第182条：特别法与一般法冲突解决的预设性规则

在一般法和特别法的关系问题上，由于特别法和一般法就同一问题存在法条竞合的现象，早在罗马法时期就存在个别法与共同法的概念及关系问题，并且确立了特别法优于一般法的规则，[②]该规则现今也被认为是处理法律冲突特别关系的黄金规则，[③]也为我国《立法法》所采用。《立法法》第92条规定：“同一机关制定的法律、行政法规、地方性法规、自治条例和单行条例、规章，特别规定与一般规定不一致的，适用特别规定。”特别法优先适用规则的法理基础在于，特别法在制定时会考虑具体社会关系的特殊需要，因此，其存在的价值正是与一般法“不一致”，这一冲突为“显性冲突”，[④]而这一显性冲突是立法者在建构法律体系时已经预见到的冲突，因此其解决亦通过预设的第三方准则。通过这一优先顺序规则，不适用的规范可以被视为无效/不存在，特别法和一般法的冲突成为一种非真正冲突。[⑤] 我国新《保险法》（2015年修订）第182条就是为解决同为人大常委会制定的同位阶的《海商法》和《保险法》规范的冲突问题而作出的规定，即规定优先适用特别法的《海商法》，新《保险法》（2015年修正）第182条即为海上保险合同解决了法律适用的冲突和法律适用的规则。就保险法律的形式而言，《保险法》为一般法，《海商法》第十二章“海上保险合同”为保险法的特别法；就法律适用而言，海上保险应优先适用《海商法》第十二章，《海商法》未规定的，则方可适用《保险法》。因此，就我国《保险法》来说，其不仅调整非海上保险（包括陆上财产保险和人身保险）也调整海上保险，属于一元主义立法体例。

至于我国《海商法》和《保险法》内容之间可能存在不合理现象（容笔

① 杨立新：《〈民法总则〉规定的民法特别法链接条款》，载《法律科学》2017年第5期。

② 参见汪全胜：《特别法与一般法之关系及适用问题探讨》，载《法律科学》2006年第6期。

③ 参见陈运生著：《法律冲突解决的方法论》，中国政法大学出版社2017年版，第110页。

④ 参见雷磊：《法律规范冲突的含义、类型与思考方式》，载《法律方法》2008年第1期。

⑤ 参见雷磊：《法律规范的冲突与适用》，中国政法大学2007年硕士学位论文，第14页。

者在后面详述),主要是特定立法背景尤其特别法先行出台这一逆序立法的客观事实造成的,但不能因此就断然认定为我国采纳的是海上保险和陆上保险立法的并列模式之结论。而在我国其他民商法律出台的背景下,我国《海商法》如何与其他民商法律协调也正是我国《海商法》修改的目标之一,[①]就海上保险来说,一般法《保险法》出台并经数次修订及一次大规模修订后,海上保险特别法如何与保险法区隔以及协调也成为必须思考和面对的话题。

三、对我国一元主义立法体例的评析

一国保险立法采一元主义或是二元主义体例的形成固然有其历史的原因,而我国对于保险立法采一元主义的立法体例这一选择则是合理的。

(一)海上保险纳入我国《海商法》的可取性

由于海上保险与海上贸易及国际航运的天然联系,海上保险自然被纳入了海商法的范围,构成海商法的重要内容。从海上保险法在全球发展的轨迹可明显看出这一做法的历史承继性。在中世纪后期直至文艺复兴时期前期,海上保险的法律随着海商法主体的发展而形成,[②]当时的海商法表现为行业惯例或惯例集,其中包含海上保险的内容。进入近代,国家对海商法立法时自然也将海上保险纳入其中,虽然不同国家受不同法律传统影响致其表现形式并不相同,但将海上保险法作为海商法的组成部分这一做法是相同的。大陆法系国家以法典化为其特点,法国《商法典》、德国《商法典》、日本《商法典》、希腊《海事私法典》、意大利《航海法典》以及台湾地区“海商法”等都有专门针对海上保险的具体规定。而英美法系国家的海商法没有形成法典化,以单行法和判例法表现,但海上保险法属于海商法的范畴,这一点亦是明确的。以美国为例,正如前述,美国在海上保险领域没有成文法而表现为判例法。根据美国联邦宪法,海事是联邦管辖的范畴。海上保险合同属于海商合同,受联邦海事法管辖。

相比较而言,我国海商法的立法时间较西方国家晚,我国最早的海商法是在近代社会转型中借鉴其他国家的立法而来的,见于清朝宣统二

---

① 参见司玉琢、胡正良主编:《〈中华人民共和国海商法〉修改建议稿条文、参考立法例、说明》,大连海事大学出版社2003年版,代序3;何丽新:《论新民商立法视野下〈中华人民共和国海商法〉的修订》,载《中国海商法研究》2011年第2期。

② 参见[美]G.吉尔摩、C.L.布莱克著:《海商法》(上册),杨召南等译,中国大百科全书出版社2000年版,第69页。

年聘请日本专家编定的《大清商法草案》，其中海商编包括了海上保险等八部分内容。国民党政府于1929年公布的《海商法》中，海上保险作为单独的一章规定。新中国《海商法》立法时也将海上保险纳入其中。将海上保险纳入《海商法》，不仅与多数国家的做法一致，也保持了海商法规范体系的完整性，是可取的。正如学者所说，海商法"四处渗透着保险的触角"，①要把海上保险法部分完全从《海商法》中移除出去的做法并不可取。

（二）我国一元主义立法体例的可取性

海上保险与其他保险的关系所形成的保险法律立法体例的二元主义或者一元主义体例没有孰优孰劣之分。但是，二元主义体例更准确地说是历史形成的，首先，二元主义的立法体例的形成更多的是基于作为法律体系分子的部门法形成和发展的顺序所形成的海上保险法和陆上保险法相并列；其次，由于海上保险法的成型时期，例如，澳大利亚1909年《海上保险法》制定的时代，海上保险具有高风险性的特点得到一致的认识，海上保险已经形成许多特别制度，海上保险和一般保险具体制度的差异更多受到当时海上保险的技术水平的发展以及当时海上保险与陆上财产保险相比具有高风险性的特点的认识的影响，因此，形成与海上保险相独立的陆上保险的立法也顺理成章。

新中国保险法和海上保险的立法都形成于20世纪90年代，此时多数国家的保险法律体系已经形成，一元主义或二元主义的立法体例均是可供我国选择的模式。虽然在我国也是先形成海上保险立法，但最终未采取陆上保险与海上保险的并行立法，而是将后制定的《保险法》作为统摄全部保险（包括海上保险）的基本法的做法，从我国保险法律体例形成的时代背景来看，这一立法体例是可取的。20世纪90年代，保险技术发展已经成熟并可供我国借鉴，虽然海上保险风险仍较陆上保险风险高，但在造船技术、通信等科学技术的保障下，海上航运不再是十八九世纪的"海上冒险"了，因此，海上保险具有的"独特性"已今非昔比。在这样的社会现实下，在立法上仍予以区分海上保险和陆上保险并行立法的做法已无实际意义。在海上保险特殊性逐渐消弭的背景下，一元主义体例更为可取，这既可以满足立法对海上保险的特别要求，也将海上保险和非海上保险事实上可以统一的规则交由一般法立法，避免了重复立法，也保障了法律体系的

① ［美］G. 吉尔摩、C. L. 布莱克著：《海商法》（上册），杨召南等译，中国大百科全书出版社2000年版，第68页。

自足性。更为重要的是,在一元主义立法体例下,对特别法《海商法》与一般法《保险法》之间的内容分工更趋向科学、合理,以利于实现法律体系内部的和谐性。

第三节 一元主义体例下的《海商法》和《保险法》:文本现象

法律上同时规定一般法与特别法,是实在世界客观事物存在状态在法律上的反映。客观事物以“一般”和“个别”的普遍状态存在,个别是客观事物的现象、属性、联系中独特的、区别于他事物的方面、因素。[①] 因此,一般来说,一般法和特别法内容分工的一般原理是一般法规定共性问题,特别法仅对特殊事项作出规定。本部分拟主要以上述一般法和特别法的内容分工的角度,对《海商法》第十二章关于海上保险合同的规定和《保险法》(2009 年修订)第二章保险合同的规定作一分析、比较。

一、一般比较

试以我国台湾地区“海商法”和“保险法”的规定为例,其“保险法”关于保险合同规定与“海商法”关于海上保险合同的规定较为合理地展现了一般法和特别法内容分工之样态:一般保险与海上保险在基本原理、基本制度方面是一致的,两者适用统一的保险合同法通则,这一部分由一般法“保险法”规定,特别法“海商法”则没有规定。具体来说:对保险和保险契约的定义[②](我国台湾地区“保险法”第 1 条);保险利益原则(我国台湾地区“保险法”第 14 条至第 20 条);关于保险契约的问题,主要包括:保险契约的形式与订立(我国台湾地区“保险法”第 43 条至第 49 条)、保险契约的内容(第 55 条)、保险契约的变更和解除(第 56 条、第 57 条)、保险契约或条款的无效(第 51 条、第 54 条)、保险契约的解释(第 54 条);关于保险契约主体的基本权利和义务的规定,主要包括:保险费支付及退还(我国台湾地区“保险法”第 23 条至第 28 条)、保险人的保险赔偿的原则性规定(第 29 条至第 34 条)、保险人的代位权(第 53 条)、要保人、[③]被保险人的出险通知义务、危险增加通知义务(第 58 条至第 63 条)、据实说明义务(第

① 参见董书萍:《论法律规范冲突——以同一部宪法下的法律规范为分析对象》,载《法学论坛》2010 年第 5 期。

② 参见林动发著:《金融法规总览》(四),学林文化事业有限公司 2003 年版,第 A-3 页。

③ 要保人,即投保人。我国台湾地区“保险法”采要保人概念,我国《保险法》采投保人概念。

64 条)等;以及对复保险(第 35 条至第 38 条)、再保险(第 39 条至第 42 条)、时效(第 65 条)等方面由我国台湾地区“保险法”第一章“保险”和第二章“保险契约”作出规定,“海商法”对上述内容则没有规定。基于海上保险的标的和承保风险的特殊性,才在“海商法”中给予某些特别规定,而且这些特别规定仅限于保险标的的范围①(我国台湾地区“海商法”第 127 条)、保险期间(我国台湾地区“海商法”第 128 条)、保险人之责任范围(我国台湾地区“海商法”第 129 条、第 130 条)、保险价值的确定(我国台湾地区“海商法”第 134 条至第 137 条)、保险标的损失计算(我国台湾地区“海商法”第 138 条、第 139 条)及委付(我国台湾地区“海商法”第 142 条至第 148 条)等内容,并不涉及保险合同的一般规定。

我国《海商法》第十二章“海上保险合同”分 6 节,共 41 条。我国 1995 年制定并实施、并经 2009 年修订的新《保险法》就财产保险合同有关的条款集中于第二章“保险合同”第一节“一般规定”和第三节“财产保险合同”,与财产保险合同有关的条文共 40 条,加上第一章“总则”中有关保险的定义(第 2 条)、保险法的基本原则(第 4 条、第 5 条),总共 43 条。两者的数量基本持平。

(一)《海商法》上的“特有制度”

就《海商法》有规定而《保险法》没有规定的内容,这种差异从特别法就特别事项的立法原理,其具有差异存在的合理性,笔者以“特有制度”这一称谓进行概括。海上保险具有风险的特殊性、保险标的的流动性、国际性等特点,而有别于普通保险,是非常特殊的保险类型,这些特殊性反映在立法上,即促成了海上保险特有制度的产生。

第一,由于海上风险的特殊性,促使海上保险法产生了一些特有概念和制度,我国《海商法》立法时借鉴参考海上保险法制发达国家的立法,尤其是英国 1906 年《海上保险法》,引入和建立了很多海上保险的特有概念和制度,例如,推定全损、②委付、③“无论损坏与否”、④预约保险⑤等,这些概念和制度在我国《保险法》中并不存在,虽然对于有些制度是否仅存在

① 参见林动发著:《金融法规总览》(四),学林文化事业有限公司 2003 年版,第 A-154 页。

② 参见我国《海商法》第 245 条至第 248 条。推定全损的定义规定在《海商法》第 246 条。第 245 条规定的是实际全损的概念;第 248 条规定的是实际全损的推定;第 247 条规定的是与推定全损和实际全损对应的部分损失。

③ 参见我国《海商法》第 249 条、第 250 条。

④ 参见我国《海商法》第 224 条。

⑤ 参见我国《海商法》第 231 条至第 233 条。

于海上保险,理论上尚存在一定争议。①

第二,海商法存在一些独特的制度,②如果这些制度又与海上保险所承保的风险密切联系,海上保险法则应存在一些反映海商法特殊制度的内容,正如美国学者所说,海上保险这门学科深奥难懂,与海商法有着某种联系,③而这是保险法所没有的,如涉及共同海损的分摊的保险赔偿。④

(二)《保险法》上的"一般制度"

笔者将《海商法》没有规定而《保险法》有规定的内容,统称为"一般制度",或《保险法》"独有"制度,比较可得知,主要存在两类:

第一类,《海商法》仅做了原则性的规定,而《保险法》作出了全面细致的规定。主要有:保险理赔的程序方面。《保险法》(2009 年修订)第 22 条至第 25 条从保险索赔资料、保险人核赔期限、保险人给付保险金期限、拒赔通知及期限、先予支付及期限等方面作出了细致规定,其中一些内容更是 2009 年《保险法》修订时新增加或完善的内容;而《海商法》对保险人的保险赔偿方面除规定了保险人应及时赔偿被保险人⑤以及在对保险理赔的程序除仅对保险索赔的资料作了粗略规定外,⑥其他均未涉及。

第二类,仅为《保险法》规定的制度和内容,《海商法》没有提及。主要有:第一,关于保险法的基本原则[《保险法》(2009 年修订)第 4 条和第 5 条];第二,具体制度和规则主要有财产保险的保险利益的规定[《保险法》(2009 年修订)第 12 条和第 48 条]、保险人说明义务[《保险法》(2009 年修订)第 17 条]、保险格式条款的效力[《保险法》(2009 年修订)第 19 条]、保险合同解释规则,特别是疑义利益解释规则[《保险法》(2009 年修

---

① 例如,推定全损是海上保险所特有的一种制度。在保险漫长的发展历程中,该制度并未被普通的财产保险法吸收与采纳。但是否适用于非海上保险还是存在争议,例如,在英国 Moorev. Evans([1918]AC185,193)一案中,Atkinson 勋爵批评了 Campell & Phillips Ltd. v. Denman(1915)21Com Cas. 357 一案的判决,认为该判决将推定全损应用至非海上保险是一种非常奇怪的做法。参见朱作贤:《海上保险法补偿原则研究》,大连海事大学 2009 年博士学位论文,第 36 页。而英国剑桥大学教授克拉克则对推定全损不能适用于一般保险提出质疑。参见[英]Malcolm A. Clarke 著:《保险合同法》(第三版),何美欢、吴志攀等译,北京大学出版社 2002 年版,第 386 页。

② 此处是指海商法中处海上保险以外的其他领域中的特别制度,比如共同海损制度、海难救助制度等。

③ 参见[美]G. 吉尔摩、C. L. 布莱克著:《海商法》(上册),杨召南等译,中国大百科全书出版社 2000 年版,第 68 页。

④ 参见我国《海商法》第 241 条。

⑤ 参见我国《海商法》第 237 条:发生保险事故造成损失后,保险人应当及时向被保险人支付保险赔偿。

⑥ 参见我国《海商法》第 251 条:保险事故发生后,保险人向被保险人支付保险赔偿前,可以要求被保险人提供与确认保险事故性质和损失程度有关的证明和资料。

订)第30条]、保险欺诈[《保险法》(2009年修订)第27条]、[1]再保险[《保险法》(2009年修订)第28条、第29条]、被保险人防损减灾义务[《保险法》(2009年修订)第51条]、责任保险[《保险法》(2009年修订)第65条、第66条]等。

通过上述对法律文本的一般比较可以发现,我国《海商法》和《保险法》在内容上存在差异性,其内容分工上遵循了一般法和特别法立法的区分原则。但是,与我国台湾地区的"保险法"和"海商法"比较,我国《海商法》中不乏特有制度,而仅规定于一般法《保险法》中的内容却较我国台湾地区"保险法"的内容要少得多。这促使笔者关注我国《保险法》和《海商法》中的文本现象的其他类型表现。

二、规则重叠现象

事实上,就我国《保险法》第二章中对保险一般问题的规定在特别法《海商法》中却同样作出了规定,为此,笔者将这两法雷同的内容抽离出来予以单独比较,主要有:

(一)关于保险合同的成立及合同形式

相关条文:

《海商法》第221条:被保险人提出保险要求,经保险人同意承保,并就海上保险合同的条款达成协议后,合同成立。保险人应当及时向被保险人签发保险单或者其他保险单证,并在保险单或者其他单证中载明当事人双方约定的合同内容。

《保险法》(2009年修订)第13条第1、2款:投保人提出保险要求,经保险人同意承保,保险合同成立。保险人应当及时向投保人签发保险单或者其他保险凭证。

保险单或者其他保险凭证应当载明当事人双方约定的合同内容。当事人也可以约定采用其他书面形式载明合同内容。

关于保险合同成立的规定,两法均作出了细致规定,且内容非常相似。相比较而言,就保险合同的成立,原《保险法》(2002年修订)[2]与《海商法》的规定更为接近,《保险法》(2009年修订)对保险合同的成立作出了一定

---

① 其中,《保险法》第27条第2款关于故意制造保险事故的免责与《海商法》第242条类似。

② 《保险法》(2002年修订)第13条:投保人提出投保要求,经保险人同意承保,并就保险合同的条款达成协议,保险合同成立。保险人应当及时向投保人签发保险单或者其他保险凭证,并在保险单或者其他保险凭证中载明当事人双方约定的合同内容。经投保人和保险人协商同意,也可以采取前款规定以外的其他书面协议形式订立保险合同。

修改,将原来“就保险合同的条款达成协议”的内容删除,对保险合同成立的条件规定得更为宽松,不要求合同双方当事人对合同条款达成协议。

就保险人签发保险单(以及其他保险凭证或单证)的义务,两法均要求保险人“及时签发”,对保险人签发保险单(以及其他保险凭证或单证)和保险合同成立之间的关系,即保险合同是否必须以签发保险单为合同的成立条件,亦即是否必须书面形式的要求,不论《保险法》(2009 年修订)还是《海商法》,都采非要式主义。

(二)关于保险合同的内容

相关条文:

《海商法》第 217 条:海上保险合同的内容,主要包括下列各项:(一)保险人名称;(二)被保险人名称;(三)保险标的;(四)保险价值;(五)保险金额;(六)保险责任和除外责任;(七)保险期间;(八)保险费。

《保险法》(2009 年修订)第 18 条第 1、2 款:保险合同应当包括下列事项:(一)保险人的名称和住所;(二)投保人、被保险人的姓名或者名称、住所,以及人身保险的受益人的姓名或者名称、住所;(三)保险标的;(四)保险责任和责任免除;(五)保险期间和保险责任开始时间;(六)保险金额;(七)保险费以及支付办法;(八)保险金赔偿或者给付办法;(九)违约责任和争议处理;(十)订立合同的年、月、日。

投保人和保险人可以约定与保险有关的其他事项。

关于保险合同的内容,两法重叠的规定很多。其中,《保险法》(2009 年修订)第 18 条比《海商法》第 217 条的规定多了“保险金赔偿或者给付办法;违约责任和争议处理;订立合同的年、月、日”等三项内容,《海商法》则比《保险法》多了“保险价值”一项。关于保险合同内容的规定,《海商法》和《保险法》虽在立法技术上存在一定差别,即《海商法》对海上保险合同内容的规定采取的任意性规范,而《保险法》采“应当包括”的要求,是属于强制性规范,但并不构成对保险合同内容要求的实质差别。同时,新《保险法》除对保险合同应当包含的内容作出要求外,还允许当事人约定其他事项;而《海商法》对海上保险合同的内容规定是任意性规范,当事人可以约定其他的事项。因此,就构成保险合同的内容要素,两法的相差是不大的。

(三)关于保险合同的任意解除权

相关条文:

《海商法》第 226 条:保险责任开始前,被保险人可以要求解除合同,但是应当向保险人支付手续费,保险人应当退还保险费。

《海商法》第227条：除合同另有约定外，保险责任开始后，被保险人和保险人均不得解除合同。

根据合同约定在保险责任开始后可以解除合同的，被保险人要求解除合同，保险人有权收取自保险责任开始之日起至合同解除之日止的保险费，剩余部分予以退还；保险人要求解除合同，应当将自合同解除之日起至保险期间届满之日止的保险费退还被保险人。

《海商法》第228条：虽有本法第二百二十七条规定，货物运输和船舶的航次保险，保险责任开始后，被保险人不得要求解除合同。

《保险法》(2009年修订)第15条：除本法另有规定或者保险合同另有约定外，保险合同成立后，投保人可以解除合同，保险人不得解除合同。

《保险法》(2009年修订)第50条：货物运输保险合同和运输工具航程保险合同，保险责任开始后，合同当事人不得解除合同。

《保险法》(2009年修订)第54条：保险责任开始前，投保人要求解除合同的，应当按照合同约定向保险人支付手续费，保险人应当退还保险费。保险责任开始后，投保人要求解除合同的，保险人应当将已收取的保险费，按照合同约定扣除自保险责任开始之日起至合同解除之日止应收的部分后，退还投保人。

保险合同是继续性合同①的性质以及保险是以填补被保险人的损害为目的的本质，使保险合同的效力维持对被保险人尤显重要。对保险合同的解除权在当事人之间的配置上，无论我国《保险法》或《海商法》均采取向保险相对方即投保人/被保险人（由于《保险法》规定的与保险人相对一方的当事人为投保人，而《海商法》规定的当事人则为被保险人，②因此，本书在涉及两法比较时凡采“投保人/被保险人”之表述时，即具体指《保险法》规定的当事人为投保人，而《海商法》规定的主体是被保险人这一情况。）一方倾斜的立法，即投保人/被保险人享有解除保险合同的任意权，而保险人仅享有法定解除权。

---

① 一般认为，根据合同所发生的债的关系，在时间上有无继续性为区别标准，可以分为一时性合同和继续性合同。保险法学者和民法学者对保险合同属于继续性合同这一认识是比较一致的。比如：屈茂辉和张红认为，保险合同为继续性合同，且为固有的继续性合同，因为保险合同的目的的实现是在时间延展过程中才能实现的合同，所以其是合同缔结时即为继续性合同。参见屈茂辉、张红：《继续性合同：基于合同法理与立法技术的多重考量》，载《中国法学》2010年第4期。其他赞同保险合同是继续性合同的，参见江朝国著：《保险法基础理论》，中国政法大学出版社2002年版，第34～35页；樊启荣：《论保险合同的解除与溯及力》，载《保险研究》1997年第8期。

② 关于《海商法》和《保险法》对与保险人相对一方的合同当事人规定的不同及成因，详见本节“三、规则差异现象”部分以及第二章第一节“三、规则差异现象的不同成因”部分。

《保险法》和《海商法》关于投保人/被保险人任意解除权的规定,在下列几点上非常接近或完全相同:第一,《保险法》规定的投保人的任意解除权是非常彻底的;而《海商法》对被保险人的解除权的规定是在保险责任开始前有任意的解除权,而保险责任开始后则不得任意解除保险合同,需通过合同约定的方式。对此,笔者认为,尽管《海商法》和《保险法》的规定有一定的差异,但都采取了有利于保险人相对一方的规定。第二,虽然在投保人/被保险人的任意解除权的配置上,两法有一定区别,但对于下述任意解除权的限制完全一致,即对货物运输保险和运输工具航程保险(海上保险则具体为船舶航次保险),在保险责任开始后,投保人/被保险人不得解除保险合同。第三,对投保人/被保险人行使解除权的法律后果,两法均区分保险责任开始前和保险责任开始后两种不同情况,且规定的后果是基本一致的。

需要指出的是,在立法技术上,《海商法》关于被保险人解除权的规定与《保险法》存在一定差异:第一,《海商法》对解除权的配置主要根据时间(分成保险责任开始前和保险责任开始后,详见《海商法》第 226 条和第 227 条)而作出不同规定,而《保险法》则是基于对从投保人和保险人两者间配置不同的解除权这一角度而作出的,因此,投保人享有任意解除权而保险人仅享有法定解除权的立法思路更为清晰。第二,在与任意解除权相对的保险人的解除权这一问题上,《保险法》设定了"除本法另有规定"的除外条件,使保险人法定解除权的立法用意更加清晰,与《保险法》关于保险人法定解除权的规定[①]相协调。而《海商法》第 227 条规定中却不存在这样的除外条件,导致了其与该法第 223 条(保险人在被保险人违反告知义务下的法定解除权)、第 235 条(保险人在被保险人违反保证义务下的法定解除权)间在体系上的失调和逻辑上的错误。

(四)关于超额保险、不足额保险的认定及法律效果

相关条文:

《海商法》第 220 条:保险金额由保险人与被保险人约定。保险金额不得超过保险价值;超过保险价值的,超过部分无效。

《海商法》第 238 条:保险人赔偿保险事故造成的损失,以保险金额为限。保险金额低于保险价值的,在保险标的发生部分损失时,保险人按照

---

① 《保险法》(2009 年修订)适用于财产保险合同的保险人"法定"解除权的事由主要包括:投保人违反告知义务[《保险法》(2009 年修订)第 16 条,下面条文均指该法]、投保方谎称发生保险事故或故意制造保险(第 27 条)、因保险标的的转让导致危险程度显著增加的(第 49 条)、违反保险标的的安全维护义务(第 51 条)、保险期间危险显著增加(第 52 条)。

保险金额与保险价值的比例负赔偿责任。

《保险法》(2009 年修订)第 55 条第 3、4 款:保险金额不得超过保险价值。超过保险价值的,超过部分无效,保险人应当退还相应的保险费。

保险金额低于保险价值的,除合同另有约定外,保险人按照保险金额与保险价值的比例承担赔偿保险金的责任。

保险的运作原理是"通过聚合社会大众的集体力量来分担个体所遭受的损失,从而把个体风险降低到可以承受的最低限度"。[①] 保险是危险转移的机制,其目的在于对被保险人的损失进行补偿,这在财产保险尤为明显。由此,保险法中很多规定即为维护此机能和目的而设定的,比如对于超额保险、不足额保险等的规定。

根据保险金额(the insured sum)[②]和保险价值(the insured value)[③]的对比关系,财产保险可以分为超额保险、足额保险和不足额保险。对超额保险,根据保险补偿原则,保险金额超过保险价值的部分,法律一般不予承认,对此,《海商法》和《保险法》(2009 年修订)都作出了规定,且均规定了"超过部分无效"这一法律后果。而且《保险法》(2009 年修订)在原《保险法》(2002 年修订)基础上增加了"保险人应当退还相应的保险费"的补充,使对超额保险的法律效果的规定更加完整。

对不足额保险的赔偿,《海商法》和《保险法》(2009 年修订)均采用比例赔偿原则,即根据保险金额与保险价值的比例确定保险人保险赔偿的数额。区别在于,《保险法》(2009 年修订)与《海商法》比较,多了"合同另有约定外"的规定,也即当事人可以约定采取比例赔偿以外的方式。

(五)关于施救义务的规定

相关条文:

《海商法》第 236 条:一旦保险事故发生,被保险人应当立即通知保险人,并采取必要的合理措施,防止或者减少损失。被保险人收到保险人发出的有关采取防止或者减少损失的合理措施的特别通知的,应当按照保险人通知的要求处理。

---

① [美]所罗门·许布纳、小肯尼思·布莱克、伯纳德·韦布著:《财产和责任保险》,陈欣等译,中国人民大学出版社 2002 年版,第 5 页。

② 《保险法》(2009 年修订)第 18 条第 4 款:保险金额是指保险人承担赔偿或者给付保险金责任的最高限额。

③ 保险价值是保险标的物价值,仅财产保险合同中存在。根据保险价值是否在保险合同中约定分为定值保险和不定值保险。关于保险价值的确定方法《保险法》和《海商法》规定是不同的,对于保险价值确定的方法的比较见本节一(二)部分。

对于被保险人违反前款规定所造成的扩大的损失,保险人不负赔偿责任。

《海商法》第240条:被保险人为防止或者减少根据合同可以得到赔偿的损失而支出的必要的合理费用,为确定保险事故的性质、程度而支出的检验、估价的合理费用,以及为执行保险人的特别通知而支出的费用,应当由保险人在保险标的损失赔偿之外另行支付。

……

保险金额低于保险价值的,除合同另有约定外,保险人应当按照保险金额与保险价值的比例,支付本条规定的费用。

《保险法》(2009年修订)第57条:保险事故发生时,被保险人应当尽力采取必要的措施,防止或者减少损失。

保险事故发生后,被保险人为防止或者减少保险标的的损失所支付的必要的、合理的费用,由保险人承担;保险人所承担的费用数额在保险标的损失赔偿金额以外另行计算,最高不超过保险金额的数额。

施救义务是被保险人在保险事故发生时的法定义务之一,该义务的设定有助于将保险事故造成的损失降低到最低,不仅有利于被保险人,也有利于保险人。《海商法》和《保险法》(2009年修订)均对被保险人在保险事故发生时的施救义务作了规定,尽管两者表述上有差异,但均定性为被保险人的法定义务。对被保险人违反施救义务的法律后果,《海商法》作出惩罚性规定,但《保险法》(2009年修订)没有规定,这从法律规范的逻辑结构看是有缺失的。对被保险人采取必要合理的措施进行施救产生的施救费用的承担上,两法的规定基本一致,对施救费用的补偿均规定为"必要的合理费用"之要求,且是在保险赔偿之外另行计算,并以保险金额为限。但《海商法》的规定较《保险法》(2009年修订)更为细致和全面,其规定了在不足额保险时的费用的计算。但总体而言,施救义务的规定重合度极高。

(六)保险人赔偿后对保险标的权利的规定

相关条文:

《海商法》第256条:除本法第二百五十五条的规定外,保险标的发生全损,保险人支付全部保险金额的,取得对保险标的的全部权利;但是,在不足额保险的情况下,保险人按照保险金额与保险价值的比例取得对保险标的的部分权利。

《保险法》(2009年修订)第59条:保险事故发生后,保险人已支付了全部保险金额,并且保险金额等于保险价值的,受损保险标的的全部权利归于保险人;保险金额低于保险价值的,保险人按照保险金额与保险价值的比例取得受损保险标的的部分权利。

除《海商法》规定了保险人在保险赔偿后对保险标的权利可以放弃,而《保险法》中没有类似的规定外,对于保险人在保险赔偿后对保险标的权利的规定,两法从表述上虽有不同,但其内容实质是相同的,即足额保险下保险标的发生全损,保险人赔偿后取得保险标的的全部权利,在不足额保险下,保险人按保险金额与保险价值的比例取得对保险标的的权利。

综上,我国《海商法》和《保险法》之间存在诸多相同或相似的规定,这构成了我国《海商法》和《保险法》在文本上较为突出的现象。

三、规则差异现象

根据特别法和一般法立法一般原则,特别法与一般法之间的差异是立法的通常现象,也是构成其各自立法的必要性所在。特别法和一般法之间的差异可分为三种:前述《海商法》有规定但《保险法》无规定的"特有制度";前述《保险法》有规定但《海商法》无规定的"一般制度";另还有一种,即是特别法需要作出的与一般法不同的例外规定或特别规定,这种差异性也即《立法法》第92条所规定的"特别规定与一般规定不一致"的规定,本书用"规则差异"表述这种现象,这种差异性准确地说,是同位阶的特别法和一般法之间的法律冲突现象。通览我国《保险法》和《海商法》,可以发现两法对一些共有制度的具体规则之间存在明显的差异性,[①]这种差异性的形成原因及其合理性暂不评说,本部分仅为对此种现象的展示。

(一)规则差异的一般形态

1.保险合同主体规定的差异

我国《海商法》规定海上保险合同中与保险人相对的当事人一方是"被保险人",《海商法》中没有出现"投保人"概念,对科以保险人相对方义务的规定从头至尾都是"被保险人"。而我国《保险法》中与保险人相对应的财产保险合同主体是投保人和被保险人,投保人是保险合同的当事人,被保险人为关系人。因此,以此为基点两法形成了明显差异,主要表现在:首先,海上保险合同是保险人与被保险人之间订立的,而一般保险合同是投保人和保险人订立的;其次,海上保险合同的所有义务,包括缴付保险费

① 本部分所概括的共有制度的差异规则,其前提为比较的制度是两法所共有的,与前一种"规则重叠"现象有一定重叠,"重叠现象"部分侧重于指出两法内容的相同性,这里侧重于比较两法的差异或不一致的内容。

这一主给付义务和其他义务[①]都由被保险人承担,而《保险法》规定缴付保险费的主给付义务是由投保人承担,投保人是告知的义务主体,附随义务则是由投保人、被保险人共同承担的,或是由被保险人承担的;最后,海上保险合同中被保险人承担合同主给付义务,同时享有保险合同的利益即保险赔偿请求权。而在我国保险法中,投保人为主给付义务,但并不当然享有保险合同的利益,被保险人享有保险赔偿请求权。两法在保险合同主体差异基础上形成了保险合同权利义务体系构造上的差异,且"构成了两法最明显的差异"。[②]

2. 确定保险价值的方法不同

保险价值即保险标的物的价值,是财产保险合同中的一个重要概念,其起源与保险的本质有不可分的关系,因为"保险的本质在于填补被保险人的损害",[③]保险价值决定投保的限度(保险金额不能超过保险价值),也是确定保险事故发生时保险人保险赔偿的限度。按保险价值是否在投保时确定并记载在保险合同中,保险可分成定值保险和不定值保险。具体来说,保险合同中保险价值由合同当事人约定并记载于保险单的为定值保险;保险合同订立时不约定而事后再确定保险标的价值的,则为不定值保险。[④]

对于定值保险,两法均规定由当事人约定的价值为保险价值。但是对于当事人未约定保险价值的,《保险法》和《海商法》对确定不定值保险的保险价值的规定则不同:《保险法》(2009 年修订)第 55 条第 2 款规定,"以保险事故发生时保险标的的实际价值为赔偿计算标准",即保险价值为事故发生时保险标的的实际价值;而《海商法》第 219 条第 2 款对不定值保险的保险价值按照保险责任开始时保险标的的实际价值加上保险费来确定的。简言之,对不定值保险,《海商法》采纳的是"法定价值",而《保险法》采纳的是"实际价值"。

3. 保险告知义务规定的差异

保险告知是指在保险合同成立之前,投保人/被保险人将有关保险标

---

① 《海商法》第 222 条至第 224 条"被保险人的告知义务"、《海商法》第 235 条"被保险人的保证义务"、《海商法》第 236 条"被保险人出险通知义务及施救义务"、《海商法》第 233 条"预约保险的通知义务"等。

② 樊启荣:《中国保险立法反思及前瞻——为中国百年保险法制而作》,载《法商研究》2011 年第 6 期。

③ 江朝国著:《保险法基础理论》,中国政法大学出版社 2002 年版,第 316 页。

④ 郑玉波著(刘宗荣修订):《保险法论》(修订八版),三民书局股份有限公司 2010 年版,第39～40 页;刘宗荣著:《新保险法:保险契约法的理论与实务》,中国人民大学出版社 2009 年版,第 186～190 页。

的重要事实告知保险人,以便保险人决定是否承保以及确定承保条件的义务。由于保险经营很大程度上要依赖于投保人/被保险人的告知来测定保险标的的风险,因此,告知几乎是和保险与生俱来的,也成为保险法中特有的且最为重要的制度之一,是各国保险法共有的制度。保险告知制度成为《海商法》和《保险法》中共同规范的制度,但从立法内容来看,差异性非常明显,主要表现为:第一,两法规定的保险告知的方式不同。《海商法》第222条规定:“合同订立前,被保险人应当将其知道的或者在通常业务中应当知道的有关影响保险人据以确定保险费率或者确定是否同意承担的重要情况,如实告知保险人。”而《保险法》(2009年修订)第16条第1款则规定:“订立保险合同,保险人就保险标的或者被保险人的有关情况提出询问的,投保人应当如实告知。”上述告知方式可以归纳为“主动告知方式”和“询问告知方式”的区别。第二,在违反告知义务的法律后果上的规定不同。《海商法》就“故意”与“不是由于被保险人的故意”①分别规定了不同的法律后果,而《保险法》则区分重大过失和故意,并作出了不同的法律后果的规定,排除了投保人在一般过失下的法律责任。② 其他的差异还表现为:2009年修订的《保险法》增加了保险人合同解除权的限制性规定,增加了解除权的除斥期间的规定以及保险人对解除权的弃权的规定,③而《海商法》中没有这样的规定。

4. 重复保险规定的差异

重复保险是财产保险的重要制度,对重复保险规范的根本目的在于防止一些投保人/被保险人为规避法律对超额保险的否定性评价,以化整为零的方式向不同保险人投保从而达到超额保险的真实目的。重复保险的构成、重复保险的通知以及重复保险的法律效果构成重复保险的制度内容。从我国《海商法》和《保险法》的内容来看,虽然《保险法》(2009年修订)在重复保险的概念上和《海商法》已经取得一致,但是,两法中关于重复保险制度的各项要素仍表现出很大的差异,如重复保险的赔偿总额的限制、重复保险的赔偿方式等。④

5. 保险代位求偿规定的差异

作为一种精巧的制度设计运用于保险领域,代位求偿制度的立法源于这样一种考量,即当被保险人对第三人的原因造成保险事故致保险标的的损失而

① 参见《海商法》第223条。
② 参见《保险法》(2009年修订)第16条第2款、第4款、第5款。
③ 参见《保险法》(2009年修订)第16条第3款、第6款。
④ 参见《海商法》第225条,《保险法》(2009年修订)第56条。

享有赔偿请求权的情形下，为防止被保险人获得第三人赔偿和保险赔偿的双重补偿，而由法律规定由保险人在保险赔偿被保险人后取得对第三人追偿的权利，该制度一来避免被保险人获得超过损失的补偿，同时亦使第三人不因受害人购买保险而逃脱其本应承担的民事责任。尽管对代位求偿制度适用范围有争议，但是，在财产保险和海上保险中都应适用代位求偿制度的观点是一致的，而新《保险法》(2015 年修正)和《海商法》关于代位求偿制度的规定[①]在代位求偿的构成条件、代位求偿的行使等方面存有较大差异。[②]

6. 出险通知义务规定的差异

保险事故发生时的通知义务对保险人来说是很重要的规定，其立法目的在于"使保险人能即时为必要措施以防止损失之扩大，保全保险标的之残余部分，以减轻损失，并调查事实、搜集证据，以保全其法律上之利益"。[③] 我国《海商法》和《保险法》均规定了出险通知义务，但是对违反出险通知义务的规定则不完全一致：对出险通知的时间，《海商法》为立即通知，《保险法》则为及时通知；对违反出险通知义务的后果，《保险法》(2009 年修订)对此做出了补充性规定，与原《保险法》未规定违反出险通知义务的结果比较，有了明显的进步，同时，对违反出险通知义务的法律后果的规定与《海商法》比较基本一致，但是，《保险法》(2009 年修订)引入了重大过失理论，对一般过失或轻微过失的则保险相对人不承担不利的责任。就违反出险通知义务的责任的承担，《保险法》(2009 年修订)较《海商法》为轻。[④]

7. 诉讼时效的起算的规定不同

《海商法》对海上保险合同的诉讼时效的规定是 2 年，[⑤]按照《保险法》

---

① 关于代位求偿的详细比较参见本书第三章第二节第一部分。相关条文的具体内容同样可参见该部分。

② 《保险法》(2009 年修订)第 60 条至第 63 条。《海商法》第 252 条至第 254 条。海上保险代位求偿的规范还包括《最高人民法院关于审理海上保险纠纷案件若干问题的规定》第 13 条、第 14 条。《海事诉讼特别程序法》第 93 条至第 97 条等。

③ 江朝国著：《保险法基础理论》，中国政法大学出版社 2002 年版，第 262 页。

④ 《海商法》第 236 条：一旦保险事故发生，被保险人应当立即通知保险人，并采取必要的合理措施，防止或者减少损失。被保险人收到保险人发出的有关采取防止或者减少损失的合理措施的特别通知的，应当按照保险人通知的要求处理。对于被保险人违反前款规定所造成的扩大的损失，保险人不负赔偿责任。

《保险法》(2009 年修订)第 21 条：投保人、被保险人或者受益人知道保险事故发生后，应当及时通知保险人。故意或者因重大过失未及时通知，致使保险事故的性质、原因、损失程度等难以确定的，保险人无法确定的部分，不承担赔偿或给付保险金的责任，但是保险人通过其他途径已经知道或者应当知道保险事故发生的除外。

⑤ 《海商法》第 264 条：根据海上保险合同向保险人要求保险赔偿的请求权，时效期间为二年，自保险事故发生之日起计算。

(2009 年修订)第 26 条的规定,财产保险合同的诉讼时效也为 2 年,①虽然就两法规定来看,时效相同,但是,诉讼时效起算时间却是不同的,《保险法》规定自被保险人“知道或应当知道保险事故发生之日起计算”,而《海商法》规定“从保险事故发生之日起计算”。

(二)规则差异的特殊类型

上述《海商法》与《保险法》之间的差异性,是从规范比较②的角度而得出的。而如果运用比较法上的功能比较方法,③可发现在我国《保险法》和《海商法》中存在一种非常特殊的差异现象:从规范比较层面看,危险增加通知义务制度仅存在于《保险法》,④而《海商法》中未见该制度,构成前述中的“一般法”制度。而保证制度仅在我国《海商法》规定,⑤我国《保险法》并未见规定,保证制度则为《海商法》“特有制度”。从规范比较的角度而言,两者并不具有可比性。但是,运用功能比较的方法,根据德国学者 K. 茨威格特和 H. 克茨的观点,作为功能比较的前提,“在法律上只有那些完成相同任务、相同功能的事物才是可以比较的”,⑥因此,我国《海商法》和《保险法》规定的上述看似不相干的制度,仍具有可比性。危险增加通知义务制度和保证制度都是为了控制保险期间保险标的的风险、维护保险人的利益而设定的,《保险法》危险增加的通知义务制度和《海商法》保证制度具有共同的法律功能,但对解决同一问题的途径不同,这构成两法之间较为特殊的规范差异的类型。⑦

---

① 2009 年修订的《保险法》第 26 条第 1 款:人寿保险以外的其他保险的被保险人或者受益人,向保险人请求赔偿或者给付保险金的诉讼时效期间为二年,自其知道或者应当知道保险事故发生之日起计算。

② 作为比较法常用的规范比较方法,其首先是应具有相同的法律结构,即被比较的国家的法律部门划分相同,它们运用的法律概念具有同一性,这样才能保证在不同国家的法律制度、规则之间一一对应,被比较的对象之间具有可比性。参见朱景文著:《比较法导论》,中国检察出版社 1992 年版,第 13 页。

③ 功能比较是从事实问题出发,对不同国家的法律调整该事实问题或不同国家的法律解决该问题手段的比较。功能比较扩大了比较的范围,不同的法律规范、法律制度,只要它们的功能相同,即解决相同的社会问题、满足相同的社会需要就是可以比较的。参见[德]K. 茨威格特、H. 克茨著:《比较法总论》,潘汉典、米健等译,法律出版社 2003 年版,第 46 ~ 74 页;黄文艺:《论当代西方比较法学的发展》,载《比较法研究》2002 年第 1 期。

④ 参见《保险法》(2009 年修订)第 52 条。

⑤ 参见我国《海商法》第 235 条。

⑥ [德]K. 茨威格特、H. 克茨著:《比较法总论》,潘汉典、米健等译,法律出版社 2003 年版,第 46 页。

⑦ 这一比较特殊的立法现象,笔者将在第四章中详细比较和分析。

四、规则“裂隙”现象

与上述几种现象不同的是，在我国《海商法》与《保险法》之间存在一种比较隐蔽的问题，笔者将其形象地称为规则“裂隙”现象，但是，更准确地说，应以英国学者哈特在其《法律的概念》一书中所提出的“空缺的法律结构”①来概括，或者说是其属于“空缺的法律结构”的一种表现。根据《保险法》(2015 年修订)第 182 条规定：“海上保险适用《中华人民共和国海商法》的有关规定；《中华人民共和国海商法》未规定的，适用本法的有关规定。”即在《海商法》没有规定或者没有具体规定时，《保险法》的一般规定理应适用于海上保险合同。但也可能存在《保险法》的一般规定并不能完全适用于海上保险合同的情况，笔者将这种现象称为规则裂隙，是指由于两者之间的差异而导致《保险法》的规定实际上无法适用于海上保险合同，造成了海上保险无法可依的现象。而这在我国《保险法》2009 年修订前尤为突出，笔者试以保险利益为例说明。

《海商法》对保险利益这一重要制度没有作出规定，因此，海上保险合同的保险利益问题就受继《海商法》生效不久后出台的《保险法》的调整。当时制定的《保险法》②规定，“投保人对保险标的应当具有保险利益。投保人对保险标的不具有保险利益的，保险合同无效。保险利益是指投保人对保险标的具有的法律上承认的利益”。海上保险其实无法适用该条款的规定，即产生了规范裂隙的现象。表现在：首先，原《保险法》(2002 年修订)规定保险利益的效力主体为投保人，且根据原《保险法》(2002 年修订)“投保人对保险标的不具有保险利益的合同无效”的规定，投保人在订立合同时不具有保险利益时保险合同无效。而《海商法》缺乏投保人概念，为解决保险利益效力规则在海上保险合同中的适用，因此只能对海上保险合同的被保险人作扩张解释即投保人应为被保险人，才能与该规定相协调。其次，即便如此，由于原《保险法》(2002 年修订)“投保人对保险标的不具有保险利益的保险合同无效”的规定，对该条只能解释为法律间接地规定了投保人在订立保险合同时必须具备保险利益(否则，投保人订立

---

① 哈特指出：“任何选择用来传递行为标准的工具——判例或立法，无论它们怎样顺利地适用于大多数普通案件，都有在某一点上发生适用上的问题，将表现出不确定性；它们将具有人们称之为空缺结构的特征，至此，就立法而言，我们把空缺结构作为人类语言的特殊特征提出来了。”[英]H. L. A. 哈特著：《法律的概念》，张文显等译，中国大百科全书出版社 1996 年版，第 127 页。

② 此处是指 1995 年制定的《保险法》，2002 年《保险法》第一次修订时该条内容没有修改，原条文顺序调整为第 12 条。

的保险合同是无效的合同)，而如将这一要求适用于海上保险合同，结合上述，亦即要求被保险人在订立保险合同时必须具备保险利益，而与海上货物运输保险和国际贸易的实践是无法相对应的。例如，根据 FOB 价格条件，其成交的货物的运输保险由买方自担保费购买运输保险，FOB 条件下的买方是在货物越过船舷后承担风险，即按一般理解具有保险利益。但是如果严格按照原《保险法》(2002 年修订)第 12 条的规定，FOB 货物的买方必须是在货物已经越过船舷后风险转移或取得货物的所有权后才能订立货物运输保险合同，如果早于该时点，则买方因不具有保险利益而使保险合同无效。所以，如果严格适用该条规定，则完全脱离了海上保险的实践，因此事实上该条的规定在海上保险中是基本被排除适用的。

《保险法》(2009 年修订)对保险利益的规定作出了修改，主要表现为保险利益的要求按人身保险和财产保险作出了区分规定，①其中对财产保险合同具有保险利益的主体修改为被保险人，且规定被保险人在保险事故发生时具有保险利益，②否则丧失保险赔偿请求权。③ 但尽管如此，新《保险法》(2015 年修订)对保险利益的界定仍采用“法律上承认的利益”④的定义，其很难适用于现代国际贸易实践。

除上述保险利益的规定外，其他仅见于《保险法》上的一般法制度在实践中也存在是否适用于海上保险合同的争议，其中较为突出的《保险法》规定的保险人说明义务制度以及保险格式条款疑义利益解释规则等，因此一般法上的规定与特别法的衔接也是一个重要的问题。

上述法律现象的存在使笔者思考这样一些问题，我国《海商法》和《保险法》的法律现象是否符合立法学原理，作为特别法的《海商法》和一般法的《保险法》到底在哪些问题上可以保持规则的一致性，海上保险法的独特性应在何种层面上存在，特别法向一般法的规则是否有动态发展的过程，特别法的规则在什么情况下实现向一般法规则的转变？

---

① 参见《保险法》(2009 年修订)第 12 条、第 31 条、第 48 条。关于我国保险利益的详细阐述见下文第五章第一节。

② 参见《保险法》(2009 年修订)第 12 条第 2 款：财产保险的被保险人在保险事故发生时，对保险标的应当具有保险利益。

③ 参见《保险法》(2009 年修订)第 48 条：保险事故发生时，被保险人对保险标的不具有保险利益的，不得向保险人请求赔偿保险金。

④ 参见《保险法》(2009 年修订)第 12 条第 6 款：保险利益是指投保人或者被保险人对保险标的具有的法律上承认的利益。

第二章　我国海上保险法和保险法协调的理论基础

本章是在第一章我国保险立法一元主义体例的结论以及梳理该立法体例下海上保险法和保险法之间文本现象的基础上，探讨两法协调的基本理论问题。首先，从立法学原理和我国保险立法的实践角度出发检视两法间体系违反规定的各种成因，重申两法协调的必要性；其次，从立法方法论角度探讨达到两法协调的基本原理；再次，从海上保险和普通财产保险具有的共性为着眼点探讨两法可以协调的法理基础；最后，从海上保险所归属的海商法其自体系化特点以及海上保险的商事性特点对协调可能存在的障碍及其克服进行分析。

第一节　从立法学原理检视我国海上保险法和保险法

通过第一章法律文本的比较，可以看出我国《海商法》第十二章和《保险法》第二章之间的关系是一比较有趣的法律现象，两法中既有大量重叠的规定，也存在大量的差异规定，还存在一般法《保险法》的规定无法适用于海上保险合同的现象。我国《海商法》和《保险法》之间规定的重复现象是很难用特别法和一般法的一般逻辑去理解和解释的。两法中存在的差异内容，则从特别法和一般法的角度来说，或许正好证明了特别法存在的价值，但是否所有不一致的现象都是立法者“有意或故意的安排”，抑或存在其他的原因，此类差异的合理性是否需要进一步验证？仅存于一般法《保险法》上的规定，有的（如前述保险利益）对海上保险事实上无法适用的情形又是如何形成的？笔者拟作具体分析。

一、对《海商法》“特有制度”的合理性分析——以保险委付为例

委付作为海上保险的特别制度，①根据我国《海商法》第249条和第250条的规定，是指在保险标的发生推定全损时，被保险人将保险标的的全

---

① Jonathan Gilman et al., *Arnould's Law of Marine Insurance and Average* (17th ed.), London, Sweet & Maxwell, 2008, p. 1322 fn3.

部权利义务转移给保险人并取得按全损赔偿的一种法律制度。可见,委付是一种较为特别的保险理赔方式,其与推定全损概念密切联系,产生的法律效果是:被保险人在尚未发生实际全损时(符合法律规定的推定全损状态)可以获得全损赔偿;作为获得全损赔偿的条件是将保险标的的全部权利转移给保险人。

根据保险补偿原则,在保险标的的损失得到确认前,被保险人是不能获得保险赔偿的。而保险委付与“有损害始予补偿”原则,在本质上显然大异其趣,故为损害补偿原则之“质的例外”。[①]与保险补偿原则相偏离的委付制度之所以存在于海上保险法中,正如 Arnould's 一书所指出的,“通过海上保险实务中的这项令人高兴的发明,被保险人被赋予一种选择权,即把损失作为全损或者按部分损失索赔的选择权”。[②] 这种选择权因海上风险的特殊性以及海上保险的特殊需要而生。具体来说,由于海上保险风险的特殊性,标的物在海上受损的情况往往比较复杂,有时标的物虽尚未发生实际全损,却与全部损失相差无几,或者有时虽已发生全部损失,但要被保险人证明标的物实际全损有一定困难或需要花费时间和成本,定损及索赔尚需时日,而一旦保险事故发生损失,作为商人的被保险人如无法及时获得保险补偿,其航运或贸易投资无法及时得到补救,将导致更为严重的后果。委付制度的设定,使被保险人可以选择放弃保险标的而按照全损索赔,或继续等待和进行积极施救,等到损失结果最终实际发生时再按照实际损失索赔全损或部分损失。委付制度能满足被保险人及时得到保险赔偿的需要,这对被保险人来说不失为灵活而有效率的做法。由于推定全损赋予了被保险人按全部损失赔偿的选择权,但此时实际全损因尚未造成,从而偏离了保险补偿原则(保险人对尚未造成的损失支付了保险赔偿),因此,为了平衡当事人的利益,由被保险人以放弃保险标的的所有权利义务为条件接受全部损失的赔偿。可见,委付这一制度在海上保险的运用,主要受海上风险的特殊性及海上保险的特殊需要而生。《海商法》上的一些“特有制度”有其存在的必要性和合理性。

二、规则重叠的成因:一般法和特别法逆序立法

一国法律体系中的一般法和特别法,可以分成两种情况:第一,同一法

---

① 樊启荣:《保险损害补偿原则研究——兼论我国保险合同立法分类之重构》,载《中国法学》2005 年第 1 期。

② Jonathan Gilman et al. , *Arnould's Law of Marine Insurance and Average* (17th ed.) , London, Sweet & Maxwell,2008 , p. 1322.

律部门中的一般法和特别法，典型的例子如《刑法》中的总则和分则；第二，同一位阶的不同法律部门构成一般法和特别法，《保险法》和《海商法》对海上保险合同的规定即属于此。

一般法和特别法是客观世界事物存在状态在法律上的反映。一般与个别之间具有辩证统一的关系，两者尽管不一致、相冲突，但是又彼此联系、相互依存。这一关系，反映在法律上就是一般法和特别法，一般法是对法律所调整的某类对象之事物一般规定性的规范表达，特别法则是对一般性规定下的事物特殊性作出的规定。[①] 这既表明了特别法存在的价值也是立法的节俭主义的表现。从立法理论上来看，如果是不同的法律部门的一般法和特别法，理想的模式是一般法在先而特别法在后，这样才能保证内容的协调性和法制的统一性，但现实并非如此，往往会出现先有特别法后有一般法的立法，在处于社会转型期的我国常见这种现象。由于我国特殊的历史背景，法律体系的形成和成熟具有仓促性，在转型时期为适应经济的发展我国立法政策上也往往采取成熟一个立一个的原则。因此，在没有一般法律对保险合同的一般问题作出规定的立法背景下，[②]为了实现对海上保险合同调整的立法目的，《海商法》立法时就海上保险合同的有关问题作出系统规定时，除就海上保险的特别内容作出规定外，也不可避免地规定了原本属于一般法的事项，比如关于保险合同的成立、保险合同的内容、被保险人的施救义务等都是，这些内容与后来出台的《保险法》出现重叠规定也就不难理解了。因此，这种立法时间的倒序所带来的风险之一，就是可能导致两法的冲突或造成立法的重复现象。根据特别法优先于一般法的法律适用规则，规范重叠现象在实践中既不会对当事人的权利义务产生影响，也不会影响其各自的适用，但是，从法律经济学角度而言，重复立法是对立法资源的浪费，因此，需要重新检视两法中大量重复规范存在的合理性，并作出适当调适。

三、规则差异现象的不同成因

《海商法》第十二章和《保险法》第二章较为明显的差异现象中，有些是合理的且不会因差异造成适用的冲突，然有些大异其趣的规定形成原因

① 参见董书萍：《论法律规范冲突——以同一部宪法下的法律规范为分析对象》，载《法学论坛》2010 年第 5 期。

② 我国当时是存在有关保险的相关立法的，主要是 1981 年《经济合同法》以及国务院《财产保险条例》。但是，我国经济合同法带有明显的计划经济的特点，海上保险合同法很难接受与其一致的立法思想。从当时的立法情况来看，在海商法制定过程中保险法立法也在同时进行。

较为特殊,对适用造成困惑,以下详述之。

(一)特别法和一般法的差异:作为法律冲突类型

法律冲突[①]可以从不同层面上使用,这里特指同一法律体系内的法律规范的冲突,是指一国拥有立法权的机关所制定的法律和法规在基本原则和内容方面作出不同的乃至相反的规定,导致它们相互抵触或不一致。[②]在同一法律体系内的规范冲突是常见的现象,法律规范冲突可以从不同角度作出划分。[③] 从解决规范冲突的法律方法是由法律预设解决规则还是通过个案式的解决这一角度,分成真正冲突和非真正冲突,非真正冲突是通过法律预设的解决冲突的规则加以解决的。[④] 我国《立法法》第 92 条确定的同一位阶的特别法优先于一般法的规则,解决了特别法和一般法之间的"不一致"问题,使其在法律适用中不会产生实质的冲突,因此特别法和一般法的冲突是一种非真正冲突,这种冲突并不影响各自的规范效力以及各自在整个法律体系中的身份和资格。

《海商法》和《保险法》存在的规范差异现象是《立法法》第 92 条所指的特别法和一般法的冲突。对此"不一致"现象,正如学者所指出的,是指同位法具有可协调性的冲突,即同一位阶的法律在客观上仍然是冲突的,但是,这种冲突一般是立法者有意安排的,反映的是立法机关在一般规定与特别规定之间的不同调整的有意选择,其本质上是相容的,不存在相抵触的问题。[⑤] 也就是说,从立法原理上来说,特别法和一般法的"不一致"应是立法者"有意或故意造成的",[⑥]而此"不一致"是事物矛盾运动规律在法律上的反映,它的存在表明法律调整社会关系手段上的精致和科学性。

比如《海商法》和《保险法》关于不定值保险中的保险价值的确定依据,如前述,按照《保险法》的规定,采不定值保险的,以保险事故发生时的

---

① 法律冲突是可以从多角度、多层次分析的,因此对于法律冲突不同学者有不同解读。笔者主要从法律规范的冲突角度讨论。从法律规范冲突的角度,还可以分成不同层面,例如,同一法律体系内的法律冲突、一国多法域的法律冲突、一国与外国法律冲突以及一国法律和国际法的冲突等。参见刘红:《法律冲突的概念》,载《湖北社会科学》2009 年第 1 期。

② 参见范忠信、侯猛:《法律冲突问题的法理认识》,载《江苏社会科学》2000 年第 3 期。

③ 例如,从法律适用的角度,学者将法律规范冲突分为真正法律规范冲突和非真正法律规范冲突。参见雷磊:《法律规范冲突类型及适用》,中国政法大学 2007 年硕士学位论文,第 12 ~ 15 页。将法律规范冲突分成真实冲突和虚假冲突,静态冲突和动态冲突,显性冲突和隐性冲突。参见范忠信、侯猛:《法律冲突问题的法理认识》,载《江苏社会科学》2000 年第 3 期。

④ 参见雷磊:《法律规范冲突类型及适用》,中国政法大学 2007 年硕士学位论文,第 14 页。

⑤ 参见孔祥俊著:《法律方法论——法律规范的选择与适用》,人民法院出版社 2006 年版,第 157 ~ 158 页。

⑥ 参见董书萍:《论法律规范冲突——以同一部宪法下的法律规范为分析对象》,载《法学论坛》2010 年第 5 期。

保险标的实际价值作为计算赔偿的依据，而《海商法》对采不定值保险的保险价值是根据保险责任开始时的保险标的的实际价值加上保险费计算。在财产保险中，保险赔偿(补偿)的数额是受保险标的损失限制的，《保险法》根据保险事故发生时的实际价值确定保险价值是符合补偿原则的。而根据《海商法》计算出的这一“法定价值”和发生保险事故时保险标的的实际价值并不总是完全相同。《海商法》对不定值保险采法定保险价值这一规则，主要是考虑到作为海上保险标的的船舶、货物等在保险期间处于航程之中(具有动态性)，确定损失发生地的市场价值比较困难或复杂，且如果保险事故发生于公海也将导致无法可依的情形，因此，法律设定海上保险标的物的保险价值的计算标准即源于海上保险中保险标的的动态性和国际性之特点并基于效率原则，这一特别规定契合了海上保险的实践需要，具有一定的合理性。

(二)《海商法》和《保险法》规范差异的其他原因考察

特别法和一般法之间的内容差异(“不一致”)，一定意义上表明了特别法存在的价值，我国《海商法》和《保险法》间“不一致”的成因有的源于特别法和一般法应有的差异，有的则出于其他原因，主要有：

1. 源于不同法系的不同内容

我国《海商法》和《保险法》是借鉴不同的法律而制定的，而两法中的差异规定，除了上述立法者有意安排的因素之外，有的则为源于不同法系的内容而形成的差异。例如，根据前述，我国《保险法》关于财产保险合同的主体①具体分为保险人、投保人、被保险人，其中与保险人相对的是投保人和被保险人。而据我国《保险法》对保险合同的定义“保险合同是投保人与保险人约定保险权利义务关系的协议”，投保人是与保险人相对的合

① 我国2009年修订的《保险法》对保险合同主体制度内容基本没有修改。关于保险人的定义《保险法》(2002年修订)第10条第3款，《保险法》(2009年修订)仍为第10条第3款，内容基本没有改变：“保险人是指与投保人订立保险合同，并**按照合同约定**承担保险赔偿或给付保险金的保险公司。”[加粗部分是《保险法》(2009年修订)中增加的措辞。——笔者注]。《保险法》(2002年修订)第10条第2款规定投保人的定义，《保险法》(2009年修订)仍为第10条第2款，为：“投保人是指与保险人订立保险合同，并**按照合同约定**负有支付保险费义务的人。”[加粗部分是《保险法》(2009年修订)的表述，《保险法》(2002年修订)相应内容为“按照保险合同”。——笔者注]。被保险人的定义由《保险法》(2002年修订)第22条第2款调整为《保险法》(2009年修订)第12条第5款，内容未变：“被保险人是指其财产或者人身受保险合同保障，享有保险金请求权的人。投保人可以为被保险人。”

我国《保险法》关于保险合同主体，除了上述三者外另规定了受益人。根据2009年修订的《保险法》第18条第3款对受益人的定义，受益人是人身保险合同的主体。除上述以外，另外，我国《保险法》规定了保险代理人、保险经纪人、保险公估人三类保险辅助人。本书所讨论的保险合同主体指保险合同的当事人和关系人，不包括保险辅助人。

同当事人,其订立合同,并履行保险合同的主给付义务(支付保险费)。而被保险人与投保人相区分,关于被保险人的法律地位,理论上存在当事人说①和关系人说②的不同见解。根据《保险法》“投保人可以为被保险人”的规定,两者在一定情况下可以重合,即我国《保险法》承认投保人可以为自己利益订立保险合同和为他人利益订立保险合同。在财产保险合同中,投保人往往和被保险人是重合的,但是,不是同一人的情形也同样客观存在。在《保险法》中,投保人负担主给付义务(支付保险费),而被保险人则是保险金请求权的主体,享有保险合同的利益。

我国《海商法》规定海上保险合同的主体是保险人和被保险人。虽然《海商法》没有对保险人和被保险人作出定义,但是通过解读《海商法》第216条“海上保险合同,是指保险人按照约定,对被保险人遭遇保险事故造成保险标的的损失和产生的责任负责赔偿,而由被保险人支付保险费的合同”这一定义可以得出,被保险人是与保险人相对的合同主体。海上保险合同中被保险人的地位较为特殊,不仅是海上保险合同的订立者(《海商法》第221条),负有主给付义务即支付保险费(《海商法》第216条)以及法定义务(告知、保证、保险事故发生通知义务和施救义务等),同时也享有保险金请求权③(《海商法》第216条、第237条),因此,被保险人是海上保险合同的当事人。《海商法》没有出现投保人这一概念,这与《保险法》的规定大相径庭,从我国法律体系分析,海上保险合同中的被保险人与《保险法》中的被保险人是不同的,而海上保险合同中的被保险人涵盖了投保人的地位。

我国《海商法》和《保险法》对保险合同主体的差异规定其实是两大法系关于保险合同主体制度的差异在我国延伸的表现。大陆法系国家,就财产保险合同的主体一般区分为保险人、投保人、被保险人。例如,日本《商法典》虽然没有对各保险主体下定义,但是,无论是保险合同的规定还是海上保险合同的规定,与保险人相对的主体既有投保人也包括被保险人。④

---

① 参见李玉泉著:《保险法》(第二版),法律出版社2003年版,第119页。

② 参见魏华林、林宝清主编:《保险学》(第二版),高等教育出版社2006年版,第59页。

③ 《海商法》没有对被保险人下定义,也没有出现过“被保险人享有保险金请求权”的明文规定,但是根据《海商法》对保险合同的定义以及其他规定(尤其是《海商法》第237条),被保险人是享有保险赔偿权的。

④ 日本《商法典》第三编第十章保险,第643条、第654条、第656条、第657、第658条、第662条等条文中均同时出现了投保人、被保险人的并列的规定。日本《商法典》第四编海商第六章保险中,第824条、827条、第828条、第829条等也均出现了投保人、被保险人并列规定的情况。参见日本《商法典》,王书江、殷建平译,中国法制出版社2000年版,第175～179页、第203～208页。

日本2008年通过的新《保险法》改变了原立法技术，分别对保险人、被保险人、投保人作出定义，并明确规定投保人和保险人为保险合同的当事人。①我国台湾地区“保险法”规定的适用于财产保险合同的主体有要保人、被保险人、保险人之分；②我国台湾地区“海商法”虽没有上述三个概念的定义，但在其条文中与保险人相对应的主体亦为要保人和被保险人，③其中与保险人相对的当事人一方是投保人，被保险人一般被认为是保险合同的关系人。④

英美法系保险法中没有投保人概念，与保险人相对的合同当事人是被保险人。例如，英国1906年《海上保险法》中仅有保险人(the insurer)和被保险人(the assured)，不存在投保人(the applicant)这一概念，其第1条⑤对海上保险合同的定义中也表明合同的主体为保险人和被保险人。就笔者所收集的英国、美国或澳大利亚的一些保险法著作来看，很少有人提及投保人⑥这一概念。日本学者加藤修通过研究，也认为英国保险法中没有投保人概念，但英国保险市场中有一类非常特殊的主体——保险经纪人，⑦

① 2008年5月31日日本国会通过的日本《保险法》第2条第2款规定：保险人指保险契约当事人中，承担保险给付义务之人。第3款规定：投保人指保险契约当事人中，承担保险费缴纳义务之人。参见岳卫著：《日本保险契约复数请求权调整理论研究》，法律出版社2009年版，附录。本书中关于日本《保险法》条文均引自该书附录的保险法，特此说明，下同。

② 对于其定义分别见我国台湾地区“保险法”第3条、第4条、第6条。

③ 我国台湾地区“海商法”第130条、第131条、第132条、第133条、第149条、第150条、第151条等条文中均出现了要保人和被保险人并列的情况。

④ 我国台湾地区的学者对被保险人的主体身份的认定有不同见解，也有学者认为，被保险人应当成为合同当事人，但是，认为被保险人为合同关系人的为通说，比如郑玉波等。参见郑玉波著(刘宗荣修订)：《保险法论》(修订八版)，三民书局股份有限公司2010年版，第12～13页；刘宗荣著：《海商法：新海商法的理论与实务》，三民书局股份有限公司2007年版，第63～64页；江朝国著：《保险法基础理论》，中国政法大学出版社2002年版，第126页。

⑤ MIA1906 S. 1：A Ccontract of marine insurance is a contract where by the insurer undertakes to indemnify the assured, in the manner and to to the extent thereby agreed, against marine losses, that is to say the losses incident to marine adventure.

⑥ 主要有：Malcolm A. Clarke, *The Law of Insurance Contracts*(4th ed.), London, LLP, 2002, ; John Birds, *Bird's Modern Insurance Law*(7th ed.), London, Sweet & Maxwell, 2007. ; John F. Dobbyn, *Insurance Law*(3rd *ed.*)(英文影印本)，法律出版社2001年版。J. onathan Gilma et al., *Arnould's Law of Marine Insurance and average*(17th ed.), London, Sweet & Maxwell, 2008; A. A. Tarr. *Australian Insurance Law*, Sydney, The Law Book Company Limited, 1987.

⑦ 英国伦敦保险市场的保险业务是通过劳合社保险人或通过保险公司承保。通过劳合社保险，被保险人必须通过经过劳合社认可的保险经纪人订立，而通过保险公司承保的，被保险人可以直接与保险公司或通过保险经纪人签订。而根据英国1906年《海上保险法》第53条的规定，保险经纪人负有直接向保险人支付保险费的义务，而被保险人并没有负有向保险人直接支付保险费的义务。英国保险法中保险经纪人是一类非常特殊的主体，其重要作用及特殊性。参见张金蕾著：《英国海上保险合同的订立》，黑龙江科学技术出版社2011年版，第60～115页。

其地位则相当于投保人。①

樊启荣教授指出,我国海上保险与一般保险之间这一“保险合同权利义务体系构造上的差异构成了两法最明显的差异”。② 而该差异并非相安无事,同为被保险人,在海上保险和一般保险中其法律地位却完全不同,的确能产生适用上的一些困难。一方面,该项差异会产生在海上保险中被保险人权利义务的规定是否适用于投保人的困惑。2001 年最高人民法院在《关于海事审判座谈会的会议纪要》指出,海上保险合同中,“保险人和投保人或被保险人应作为保险合同当事人……《海商法》中有关被保险人权利、义务的规定,适用于投保人”。这一通过会议纪要的形式作出的解释表明该差异确实已经引发难题。而另一方面,《保险法》上归属于投保人的权利义务是否可以完全适用于海上保险合同中的被保险人也是有疑问的,海上保险合同中投保人和被保险人事实上是否可以分离,由此导致了仅存在于一般法《保险法》中的制度或规则是否适用于海上保险合同的疑问,典型的问题如,原《保险法》对投保人在订立合同时必须具有保险利益的规定是否可以适用于海上保险领域,确实产生一定困惑。

再如,我国《海商法》第 235 条规定的保证源于英国 1906 年《海上保险法》的保证制度,而保险保证为英美保险法上的独特制度,大陆法系国家的保险法中没有该制度,而一般采用风险变更或危险增加通知义务制度,③例如日本《商法典》采用“危险的变更和增加”。④ 我国《海商法》规定了保证制度,但在《保险法》中未被采纳,而是规定危险增加通知义务制度。在同一法律体系内采用具有相似功能的两种不同制度,表明我国立法时可能没有协调一般与

① 参见[日]加藤修著:《国际海上运输货物保险实务》,周业学、李秀芬译,大连海事大学出版社 1995 年版,第 61 页。

② 樊启荣:《中国保险立法反思及前瞻 ——为中国百年保险法制而作》,载《法商研究》2011 年第 6 期。

③ 根据国际海事委员会对有关海上保险的问题询问单及各国反馈信息而整理出的研究报告,大陆法系国家保险法中没有保证概念。欧洲的多数大陆法系国家没有保证制度,如斯堪的纳维亚半岛国家(挪威、瑞典、芬兰)、德国、比利时、荷兰、法国、意大利、克罗地亚等国,欧洲以外的其他大陆法系国家如日本也没有保证制度。该报告同时也指出,在德国、挪威等海上保险法是任意法的这些国家,并不禁止当事人在海上保险合同中适用保证。See Trine-Lise Wilhelmsem, *Duty of Disclosure*, *Duty of Good Faith*, *Alteration of Risks and Warranties*: *An Analysis of the Replies to CMI Qestionnaire*, in CMI yearbook 2000, p. 385. http://www.comitemaritime.org/Uploads/Yearbooks/Yearbook + 2000. pdf.

④ 日本《商法典》第 656 条至第 658 条规定的一般保险的危险变更和增加。第 825 条规定了海上保险的危险的变更和增加。日本 2008 年通过的《保险法》第 29 条规定“基于危险增加的解除”。

个别的关系,而是将来源于不同法系的制度都塞进了我国法律体系中。

我国保险立法中,由于借鉴了不同国家或地区的法律制度而造成立法内容的差异,这是受客观条件限制的,由于这一特别法的立法先于一般法,导致了不可能完全遵循一般性和特别性的逻辑关系而将其准确地反映在特别法和一般法的立法中。但是,当一般法立法已经完成后,对在一般法前出台的特别法的内容则应重新审视存在的差异现象,并在修法条件成熟时对违反体系性的差异规定作出适当的调整。

2. 缺乏对特殊和一般的理性思考

立法是立法者主观见之于客观的过程,对一般法规则和特别法规则的区分不可能完全尽善尽美。但一般总是与特殊相对的,作为矛盾的运动规律,特殊和一般也是可能互为转化的,特殊可能上升为一般。例如,我国《海商法》对重复保险的赔偿采用的是连带赔偿,而《保险法》采用比例赔偿,对具有相同性质的现象而采取的不同立法,这种差异很难说是特别和一般的矛盾规律在两法上的正确体现。

四、《海商法》和《保险法》"裂隙"现象:缺乏协调的结果

从根本上说,一般法与特别法之间的规范"裂隙"是更为隐蔽的,因此予以避免需要更高的立法技术水平。原《保险法》对保险利益的规定无法适用于海上保险合同,这恐怕是《海商法》立法时由于考虑到"保险利益在英美法系的变动性,最好暂时不做规定,以留给判例与学说发展的空间"①时始料未及的,而《保险法》在立法时因未能考虑到与《海商法》规定的保险合同主体的不一致而导致了适用的尴尬。由此也引申出一个问题,根据《保险法》(2015 年修正)第 182 条规定的海商法未规定适用保险法的规则,对仅存在于一般法《保险法》的规则是否都适用于海上保险合同,仍需要作出进一步的认证。

综上,我国《海商法》第十二章与《保险法》第二章的文本现象是否符合立法学原理,值得深思。2018 年 9 月《海商法》被列入全国人大常务委员会的五年立法规划项目,实施了 25 年的《海商法》终于迎来修改的时机。作为《海商法》重要组成部分的海上保险法,其修改要面对的问题:第一,我国海上保险合同法的制度和规则借鉴源于英国,如何回应本源国英国保险法变革带来的冲击以及如何实现我国海上保险法的现代化转型是一个

---

① 杨文贵:《"保险利益"还是"经济利益"》,载《中国海商法协会通讯》第 48 期;转引自朱作贤:《海上保险法补偿原则研究》,大连海事大学 2009 年博士学位论文,第 103 页。

考验;第二,《海商法》的修改对海上保险法提供了再体系化的可能,一元主义或是二元主义的选择在此次立法修改时亦无法回避。

从海上保险法与保险法的上述文本现象的成因来看,不同的来源和立法时序性是造成重叠与冲突的客观原因,当然,上述检讨是在一元主义体例的定位下得出的。但若是抛开两者的种属关系,而以完全平行的两个保险法分支的角度观察,则两者并没有规定的矛盾可作评判,而重复的规定在各自的体系范围是内容自洽的呈现,所谓的重叠、冲突,以及断裂都将不再是问题。因此,面对与《保险法》第二章关于财产保险的规定体量相当的《海商法》第十二章"海上保险合同",改变原来的特别法和一般法的关系而为海上保险法与其他保险立法的分立是否更为合理?笔者认为,采完全的分立模式海上保险法需实现自我体系化,则《海商法》"海上保险合同"一章的内容与《保险法》"保险合同"章节的重复度更高,《海商法》"海上保险合同章"体量将大幅增大,实不足取。

因此,维持一元主义的立法体例是妥当的。在一元主义体例下,上述存在问题的解决则需要更多的思索。在我国先有规范海上保险特别法的《海商法》再有规范所有保险的《保险法》这一立法背景下形成的特别法与一般法的"异化"现象,尤其在我国一般法《保险法》数次修订和修正后,关于海上保险法的内容在此次《海商法》修订中是否应作出相应调整从而完成法律体系的协调性呢?其协调的理论依据是否存在?社会在不断变化,法律也在变化,在该变化过程中,一般法和特别法的内容是否也应随之变化,原存于特别法的规则是否可以统一到一般法,特别法是否有发生变动的可能,立法上如何应对?

第二节　我国海上保险法和保险法协调的方法论

从我国《海商法》与《保险法》的内容分工来看,从某种意义上来讲,是异化了的特别法和一般法的关系。而修复以及还原常态的特别法和一般法的内容格局,首先需要有科学合理的方法。笔者认为,将法律规则或法律制度放在整个法律体系的框架中,运用体系化方法是达到立法协调的方法和途径。

一、法律体系的一般认识

体系,依康德(Kant)的看法,即为一个依原则所构成的知识整体。①

① 转引自黄茂荣著:《法学方法与现代民法》(增订五版),2006年自版,第784页。

此处的“原则”可以理解为构架体系的方法；而其形成的结果，即“知识整体”就是体系。将这种方法运用于法律上，则为法律的整体法视角即法律体系（legal system），是由法律基本要素根据一定结构联结而成的作为整体的法律系统。正如马克斯·韦伯所说，“原始的法不知何为体系化”，[①]法律体系的形成（或建构）是以存在调整行为的法律要素达到一定数量为基础的，单一的法律要素没有体系化的要求，也正因如此，近代以来体系化备受关注是有其现实基础的。法律体系是法学研究者反复研究分析的对象，也是法律研究者分析其他法律问题的工具；在法律实践领域，法律体系概念则被用来描述和规划国家法制建设的目标、蓝图。[②] 对于法律体系或法律的体系化所要讨论的问题，一般认为主要有两个：一是法律体系的基本构成单位，即要素问题；二是这些要素以何种方式互相联结为一个整体，即结构问题，两个问题是彼此关联的。[③]

在我国，法律体系有多种表达。根据部门法为独立单元，依此形成的是部门法体系的基本认识。其经典的表达为法律体系“是指由一国现行的全部法律规范按照不同的法律部门分类组合而成的一个呈现体系化的有机联系的统一整体。”[④]再如，在《中国法律规范体系与立法效果再评估》一文中，其评估中国法律体系完备与否也是以七大部门法为视角的。[⑤] 从法律渊源角度考量法律体系的完备也是其一，如有学者解释道，“部门齐全是指，凡是社会生活需要作出规范和调整的领域，都应制定相应的法律、行政法规、地方性法规和各种规章，从而形成一张疏而不漏的法网，使各方面都能有法可依”。[⑥] 以上对我国法律体系的认识包含体系构成的横向结构和纵向结构，研究法律体系的构成要素为实在部门法或法律的渊源形式，形成法律体系的基本骨架。而构成法律体系的每个法律部门或作为法律形式渊源的法律又是由更基本的构成元素依据一定的结构组成的。

随着我国法学研究的范式“从阶级斗争范式到权利本位范式”[⑦]转换的估价，学者指出“权利本位范式”应当和“以法律规范为核心”具有一定

① ［德］马克斯·韦伯著：《经济与社会》（下卷），林荣远译，商务印书馆 1997 年版；转引自梁迎修：《方法论视野中的法律体系与体系思维》，载《政法论坛》2008 年第 1 期。

② 黄文艺：《法律体系形象之解构与重构》，载《法学》2008 年第 2 期。

③ 雷磊著：《法律体系、法律方法与法治》，中国政法大学出版社 2016 年版，第 13 页。

④ 张文显主编：《法理学》（第四版），高等教育出版社 2011 年版，第 78 页。

⑤ 参见冯玉军、赵一单：《中国法律规范体系与立法效果再评估》，载《汉江大学学报》2018 年第 1 期。

⑥ 李步云：《实行依法治国，建设社会主义法治国家》，载《中国法学》1996 年第 1 期。

⑦ 张文显、于宁：《当代中国法哲学范式的转换——从阶级斗争范式到权利本位范式》，载《中国法学》2001 年第 1 期。

的逻辑关联,因此,提出“法律规范应为法学体系的核心观点”。① 在我国法学研究范式的转换下,学者们对构成法律体系要素的认识逐渐多元化,并逐渐转向法律规范论模式。例如,我国学者在研究了英国学者拉兹②的法律体系理论后认为,法律体系不仅仅是作为部门法的划分和构成体系,也是由多种从属性体系(子体系)、从属性要素构成的。③ 又如学者刘作翔在《规范体系——一个可以弥补法律体系局限性的新结构体系》一文中提出了以法律规范为单位研究法律体系的结构。“法律规范之间并不是彼此毫不相干地平行并存的,而是有着一定层次结构和各种脉络关联的统一的整体”,④此即为法律规范体系化的一般表达。笔者赞同将法律体系作为法律规范的脉络结构的研究,在纵向方面,法律规范依据效力与隶属关系形成序列;在横向方面,它们则针对不同的社会事实归于不同的谱系,两者交互形成规范体系。⑤ 法律规范之所以能够体系化,是由事物本质所决定的,事物之间受特定规律支配,呈现出有序性,所以规范层面上的体系化才可以实现。⑥

以法律规范这一更小的单元而非部门法或法律渊源为要素分析法律体系,是更具有现实意义的模式转换。法律是实践性的,立法的目的在于适用,就司法实践来说,司法者适用的法律单元是法律规范而非整部法律,但在适用解释规范时,其必须同时考量该规范在体系中的地位,把握其意义脉络才能准确适用。正如学者所言,“体系化最原始的功能还是在于帮助找法”。“体系不仅储存大量规范,而且通过统一的概念和规范间逻辑的排列组合,可内化规则间的矛盾,便于推论出规则适用的优先次序,大量减少找法过程中的搜寻、比较、权衡、记录成本,其效益即十分宏大”。⑦ 因此,为了适用法律的便捷性以及准确性,尽量制定出上下有序、逻辑清晰的法律规范体系便是对立法者的要求,也是体系化的本旨所在。

---

① 谢晖:《法律规范之为法学体系的核心》,载《学习与探索》2003 年第 6 期。

② 英国学者约瑟夫·拉兹在其代表作《法律体系的概念》一书中,在批判性研究先前的法律体系的理论(主要是奥斯丁和凯尔森)基础上,主要从法律体系的存在问题、法律体系的特征问题、结构问题等方面进行研究,并提出了自己的法律体系理论。关于拉兹的法律体系理论,参见[英]约瑟夫·拉兹著:《法律体系的概念》,吴玉章译,中国法制出版社 2004 年版。

③ 参见李林著:《立法理论与制度》,中国法制出版社 2005 年版,第 368 页。

④ [德]卡尔·拉伦茨著:《法学方法论》,陈爱娥译,商务印书馆 2003 年版,第 316 ~ 317 页。

⑤ 参见韩忠谟著:《法学绪论》,中国政法大学出版社 1999 年版,第 53 页。

⑥ 参见梁迎修:《方法论视野中的法律体系与体系思维》,载《政法论坛》2008 年第 1 期。

⑦ 苏永钦:《体系为纲,总分相宜——从民法典理论看大陆新制定的〈民法总则〉》,载《中国法律评论》2017 年第 3 期。

二、法律体系化[①]的构建方法

如果将法律体系作为一国或地区全部现行法律规范具有一定形式的在内容上互相关联的一个系统,那它只是静态意义上的法律体系,是动态的法律体系构建或者法律体系化的结果。[②] 而“体系化的任务就是将任何时点已经获得之知识的全部,以整体的方式把它表现出来,将整体中的各个部分用逻辑联系起来”。[③] 此种方法反映在法律上,就是法律的体系化,即以整体法的视角,将众多零散的法律规范依据一定的原则和目的形成脉络,组成体系化的结构。在法学研究中,体系思考是具有悠久而重要的传统,不仅是认识法律的性质的方法,也是实现法律价值所必需的,正如学者所说,“凭借着一个表现出一贯性和统一性的法律体系,远比依赖于无法综览的、互不相属的甚至互相矛盾的、杂乱无章的零散规范群更能保证法律的确定性和可预测性”。[④] 应该依据何种结构来建构法律规范体系是立法者必须解决的一个重要的技术问题,更是一个复杂的理论问题,学理界一直致力于探索这一基本问题,形成了不同理论派别。

(一)围绕法律规范类型的法律体系观的形成

西方中世纪法律哲学深受神学的影响,从而对法律的解释与神的指示和上帝的意志紧密联系在一起,如中世纪经院哲学的代表人物托马斯·阿奎那提出了一套四层的规范体系:永恒法、自然法、神法和人法,并用“永恒正义”这一终极价值来统摄所有的规范体系。[⑤] 从文艺复兴到 19 世纪中

---

① 法律的体系化,在方法上乃试图将现代的科学方法引入法律学及法律实务。其具体的表现为模仿自然科学的方法将法律规范概念化、体系化。参见黄茂荣著:《法学方法与现代民法》(增订五版),2006 年自版,第 754 页。民法的体系化,根据学者一般的认识,则是指依据何种方法形成民法内部的组织结构。参见许中缘著:《体系化的民法与法学方法》,法律出版社 2007 年版,第 1 页。法律的体系化和民法的体系化,两者研究范围不同,但从方法论上是一致的,即体系化思维。民法作为私法直接调整个人的权利,而以宪法为首的公法通过规制国家行为从而保护私人的权利,其落脚点为私人利益的实现,因此,“民法乃万法之母”。从法的发展来看,形成公法与私法的划分也是近代以后的事,公法中的概念也基本源自私法(民法),具有相通性。可以说,民法的体系化的方法也提供了整个法律的体系化方法。鉴于本书研究的海上保险合同和保险合同属于民商法的范畴,因此本文对法律的体系化方法的讨论侧重于民法的体系化方法以及体系化思维对特别法与一般法的立法要求及影响。

② 参见张湘兰主编:《海商法问题专论》,武汉大学出版社 2007 年版,第 24 页。

③ 梁迎修:《方法论视野中的法律体系与体系思维》,载《政法论坛》2008 年第 1 期。

④ 梁迎修:《方法论视野中的法律体系与体系思维》,载《政法论坛》2008 年第 1 期。

⑤ 参见[美]E. 博登海默著:《法理学:法律哲学与法学方法》,邓正来译,中国政法大学出版社 1999 年版,第 28 页;张乃根著:《西方法哲学史纲》(增补本),中国政法大学出版社 2002 年版,第 113 ~ 120 页;[英]韦恩·莫里森著:《法理学:从古希腊到后现代》,李桂林等译,武汉大学出版社 2003 年版,第 71 ~ 72 页。

期左右摆脱了神学的法学，其法律哲学进入形而上学时期，这个时期的古典自然法学派等理论“试图用某些被认为在事物的经验表象之下起作用的观念或终极原则来解释法律的性质”。[①] 至19世纪中叶出现了反对各种形而上学理论的强大运动，这一运动被概称为实证主义（positivism），其反对先验的思辨并力图将其自身限定在经验材料范围内并把自然科学所运用的主要方法即观察经验事实和感知材料应用到社会科学领域。[②] 这一方法向法律领域的渗透即形成了法律实证主义学派（或称分析法学派或实证法学派）。法律实证主义学派试图将法律价值排除在法理学研究范围之外，并把法理学的任务限制在分析和剖析国家确立的实在法律制度的范围内，将实在法与伦理规范和社会政策严格区分；在研究方法上其分析法律术语、探究法律命题在逻辑上的互相关系。[③] 因此，分析实证法学派被认为历来就是以法律规范的类型以及法律体系的建构为其显著特点的。[④]

分析实证法学派的起源可以追溯至边沁和霍布斯，却直接体现在19世纪英国法学家约翰·奥斯丁身上以及其提出的“法律命令说”上。奥斯丁区分了四种不同意义的法律，[⑤]并认为只有“实在法”才是严格意义的法律，实在法才是法理学研究的真正内容，并认为实在法最为本质的特点是它的强制性或命令性，严格的法律是主权者的一种命令，且只有一般性的命令—强制某个人或某些人必须为某类行为或不为某类行为，才具有法律的性质。[⑥]

20世纪二三十年代，奥地利法学家汉斯·凯尔森在贯彻实证主义分析法学的思想路线方面比前辈走得更远，提出了建立与任何价值观念无关、纯粹研究法律内部结构的“纯粹法学”。[⑦] 凯尔森被认为是在西方法哲学史上首先提出法律规范体系理论，并从法律规范体系总体来把握法律的

---

① ［美］E. 博登海默著：《法理学：法律哲学与法学方法》，邓正来译，中国政法大学出版社1999年版，第114～115页。

② 参见［美］E. 博登海默著：《法理学：法律哲学与法学方法》，邓正来译，中国政法大学出版社1999年版，第115页。

③ 参见［美］E. 博登海默著：《法理学：法律哲学与法学方法》，邓正来译，中国政法大学出版社1999年版，第115～117页。

④ 参见王轶：《法律规范的类型区分理论的比较与评析》，载《比较法研究》2017年第5期。

⑤ 奥斯丁区分四种意义的法律：一是神法或上帝法，二是实在道德，三是比喻性的法律，四是实在法。参见［英］约翰·奥斯丁著：《法理学的范围》，刘星译，中国法制出版社2002年版，第2～3页；张乃根著：《西方法哲学史纲》（增补本），中国政法大学出版社2002年版，第227页。

⑥ 参见［美］E. 博登海默著：《法理学：法律哲学与法学方法》，邓正来译，中国政法大学出版社1999年版，第119页。

⑦ 参见张乃根著：《西方法哲学史纲》（增补本），中国政法大学出版社2002年版，第383、386页。

性质的学者。[①] 凯尔森提出的体系观可以概括为法律规范效力层次论。他指出,“法律秩序并不是一种由同等层次的并列的规范组成的体系,而是一种由不同层次的法律规范所组成的等级体系”。[②] 在这个结构中,在较高层次的规范中可以发现低级规范的效力;一项规范所以有效是因为它来源于另一更高层次的规范。而位于最高层级的是基本规范,“基本规范是同一法律体系中所有规范得以有效的终极渊源”。[③] 凯尔森对于该基本规范(basic norm)的定义是,“法律思想所预设的一种规范而不是一种实际规范”,“人对人的强制,应当根据历史上第一部宪法所确定的方式与条件来执行”。[④] 凯尔森是把法律视作一种封闭的东西,其理论被认为是对法律实证法学主义理论所作的最为一致的表述。[⑤]

当纯粹法学派的影响在其早期盛行一时的国家中已趋式微时,新分析法学运动兴起。新分析法学派的核心是在否弃实证分析的唯一性的基础上,同时承认其他法律研究的方法也是合理的,其中以哈特、拉兹等为代表。哈特在批判奥斯丁的“法律命令说”的片面性基础上,提出不同性质的两类法律规则理论:[⑥]第一种规则为首要规则,是行为的标准方式,这种方式强制社会成员为或不为某种行为;第二种规则是次要规则,是关于第一种规则本身的规则,是为承认和执行首要规则确立一种法定手段,包括识别第一种规则方法的承认规则、为防止第一种规则静止性缺点的调整性规则以及由谁来判定第一种规则设定的义务被违反的审判规则。拉兹的法律体系理论在吸收了凯尔森和哈特的思想基础上,提出了新的视角,作出了新的突破,其认为每个法律体系中不仅包含义务的法律规范,也包括授权的法律规范。在此基础上,则进一步认为每个法律体系不仅存在规范

① 参见李桂林、徐爱国著:《分析实证主义法学》,武汉大学出版社2000年版,第129页。

② Kelsen, *The Pure Theory of Llaw*, p. 221. 转引自[美]E. 博登海默著:《法理学:法律哲学与法学方法》,邓正来译,中国政法大学出版社1999年版,第123页。

③ [美]E. 博登海默著:《法理学:法律哲学与法学方法》,邓正来译,中国政法大学出版社1999年版,第123页。

④ Kelsen, *The Pure Theory of Llaw*, p. 221. 转引自[美]E. 博登海默著:《法理学:法律哲学与法学方法》,邓正来译,中国政法大学出版社1999年版,第122~123页。另关于基本规范的定义,“确立道德或法律秩序的规范之客观效力的假定,可称为基本规范”。参见张乃根著:《西方法哲学史纲》(增补本),中国政法大学出版社2002年版,第390页。

⑤ 参见[美]E. 博登海默著:《法理学:法律哲学与法学方法》,邓正来译,中国政法大学出版社1999年版,第125页。

⑥ 参见张乃根著:《西方法哲学史纲》(增补本),中国政法大学出版社2002年版,第412~415页;[美]E. 博登海默著:《法理学:法律哲学与法学方法》,邓正来译,中国政法大学出版社1999年版,第126页;王轶:《法律规范的类型区分理论的比较与评析》,载《比较法研究》2017年第5期。

性法律,也存在非规范性法律,它们的功能不是设立义务和授予权力,而是规定法律生效和修改的条件。

（二）外在体系与内在体系的民法体系观的形成

对法律规范是什么以及法律规范的体系的讨论主要为分析实证法学派的主要立场,其中尤以英国学者影响深远。而作为对部门法的民法及其体系化的讨论主要发生在大陆法系国家,而其发展自然也受到不同时期不同法哲学思想的影响,或者说其民法体系化的观点本身即传达了不同的法律哲学思想,德国的概念法学到利益法学再到评价法学的发展,最终形成"外在体系"和"内在体系"的双重民法体系理论建构的方法。

19 世纪中叶德国的概念法学派是在历史法学派的基础上发展起来的,代表人物普赫塔(Puchta)、温德夏特(Windscheid)等,其对法律体系的建构是借助于抽象化工作,舍弃个别法律规定的具体特征,依照形式逻辑的推演的上位概念、下位概念建立一个概念金字塔。在概念金字塔体系下,概念学派进一步认为法律规范不过是对概念进行科学推理的产物,并认为法律体系具有完整性、封闭性。在方法论上,他们认为通过演绎推理和涵摄能为所有的案件提供答案,无须在法条之外另行寻找。[①]普赫塔被认为是一位首先从逻辑性概念的发展推导出新法条,并正当化具有法创造性的建构性法学之人。[②] 总体而言,概念法学这种建构性法学是以实证主义的法律观为基础的。[③]

利用概念的抽象化和形式逻辑建立的民法体系是封闭的,在面对社会变化出现的新问题时机械适用无法解决问题,概念法学因此受到批判。对概念法学的批判最终促成了德国民法思想的现代变迁,20 世纪 30 年代出现的利益法学派和 20 世纪 50 年代出现的价值评价法学派重塑了民法的体系化方法,形成了民法的内部体系和外部体系的分类。利益法学派的代表黑克(Heck)认为法律的功能在于裁断利益间的冲突,对利益裁断的冲突即为法律规范,法律体系即由一个个对利益冲突的裁断构成,法学的任务在于探究这些裁断之间的关联。因此,其区分了法律的内在体系和外在体系:内在体系由演绎而成的抽象概念构成(其并不反对抽象概念,其反对

① 参见梁上上著:《利益衡量论》(第二版),法律出版社 2017 年版,第 12 页。

② 参见[德]弗朗茨·维亚克尔著:《近代私法史》(下),陈爱娥、黄建辉译,三联书店 2006 年版,第 415 页。

③ 概念法学派是以法学分析实证主义的法律观为基础的。实证主义只从法学的体系、概念与定理推出法条及适用,外于法学的(诸如宗教、社会、学术的评价与目的)均不具有创造或改变法律的力量。参见[德]弗朗茨·维亚克尔著:《近代私法史》(下),陈爱娥、黄建辉译,三联书店 2006 年版,第 415 页。

概念法学通过抽象概念获得新规范);内在体系由通过归纳利益冲突的裁断规则的共同特征来形成不同的类型。[①] 但黑克指出,他的利益法学的目的是为法官裁决案件提供方法论,他并不关心在立法上实现内在体系。正因如此,黑克的利益法学的内在法律体系观是止于解释论层面的,[②]并被后来的以拉伦茨为代表的评价法学(价值法学)所超越。

评价法学派的代表人物卡尔·拉伦茨在其《法学方法论》中指出,“在很大程度上,十九世纪的法学笼罩在所谓的概念法学之中。其贡献在于形成一种——以较特殊的概念应隶属于适用范围较广,表达内容较少的概念之下为原则而构成的——抽象的概念体系”。[③] 概念法学派以抽象概念建构法律体系的观点,“直至今日,对于法律的理解工作,它仍然有所助益,但是仅此尚不足以正当化法学对体系的努力”。[④] 因此,在对概念法学派的观点进行批判的基础上,拉伦茨提出了其法律体系建构理论,认为除了借助于抽象概念形成“外部的体系”之外,还应借助于“类型”形成部分可变的“局部体系”;依“法律原则”建构出完整的“内部的体系”。同时其认为,由“法律原则”构成的内部体系是不封闭而具有开放性的。[⑤] 评价法学在建构法律体系时,在构成体系的要素上仍坚持以法律规范为核心,但区分了法律规则的外部体系和法律原则的内部体系,较概念法学建立在抽象概念的外部体系的封闭性外而忽视了内部体系更为全面而剔透,其高明于利益法学之处在于其认为内在体系不仅在解释论上有意义,而且在立法论上也有意义。

笔者认为,评价法学派对法律体系建构的理论是值得推崇的。评价法学派一方面对概念法学派仅以抽象概念为基础的、以形式逻辑为方法构建的法律体系理论进行批判,但是,并未完全排除这一以抽象概念为基础的体系的合理性,而是在对法律体系的建构上也依托抽象概念逐级抽象形成的基本体系框架,并将其作为法律体系的“外部体系”。“法律是正义和秩序的综合体”,[⑥]完全抛弃法律的价值判断的方法是不足取的,而评价法学

---

① 参见雷磊:《法律规范冲突的含义、类型与思考方式》,载《法律方法》2008 年第 1 期。

② 参见吴从周著:《概念法学、利益法学、价值法学——探索一部民法方法论的演变史》,中国法制出版社 2011 年版,第 328 页。

③ [德]卡尔·拉伦茨著:《法学方法论》,陈爱娥译,商务印书馆 2003 年版,第 42 ~ 43 页。

④ [德]卡尔·拉伦茨著:《法学方法论》,陈爱娥译,商务印书馆 2003 年版,第 43 页。

⑤ 参见[德]卡尔·拉伦茨著:《法学方法论》,陈爱娥译,商务印书馆 2003 年版,第 361 ~ 362 页。

⑥ [美]E. 博登海默著:《法理学:法律哲学与法学方法》,邓正来译,中国政法大学出版社 1999 年版,第 318 页。

依托于以一定"价值标准统合在一起的法律原则"[①]建构法律体系的"内部体系",因此,其既是"价值导向"的又是体系化的。[②] 外部体系和内部体系是描述性概念,两者的关系,正如学者所言"是无法实质切割的,是'你中有我,我中有你'的互生状态。外部体系中的法律规则无非运用逻辑连接事实和价值的产物。它强调概念的逻辑构造,但概念的形成必然受到价值的强烈影响"。[③]

(三)体系构成要素的重申

利益法学以及吸收了利益法学精华的评价法学确立了民法的外部体系和内部体系双重体系,尤其法律价值被带进民法的内部体系,促成了民法制度和民法思想的变迁。由外部体系与内部体系组成的民法体系,其构成的基本要素为法律概念、法律规范。

法律概念是构成法律体系的基本细胞,任何体系均是由概念与概念之间的关系为框架所建构起来的。法律概念是通过对法律事实进行概括,抽象出它们的共同特征而形成的权威性范畴。[④] 从概念在整个法律体系中的地位来看,法律概念是规则与原则的基础,博登海默曾言:"由一个法律制度所确定的概念,主要是用来建构法律规则和法律原则的。众所周知,一些法律规范往往是围绕着某个单一概念而展开的。"[⑤]

构成法律体系元素的法律规范,是指为国家所制定、认可的,意在规制和调整人的行为和指针,它对人们行为的评价是以一种特殊的方式表现出来的,即合法/不合法、正当/不正当、有效/无效。其陈述了一种陈述性命题,即应当,它要求规范对象按照规范的内容去行为。[⑥] 根据法律规范的逻辑结构的不同,分为法律规则和法律原则。[⑦] 法律规则(主要指完全性规则),是指具体规定权利义务以及具体法律后果的准则,具有严密的逻辑结构;法律原则,作为规则的基础或本源的综合性、稳定性原则和准则,原则不预设具体的权利义务、具体的事实,也没有具体的法律后果,但是起到指导和协调全部或某一领域关系到的法律调整机制。[⑧] 也有学者将法律规范

---

① 梁迎修:《方法论视野中的法律体系与体系思维》,载《政法论坛》2008年第1期。

② [德]卡尔·拉伦茨著:《法学方法论》,陈爱娥译,商务印书馆2003年版,第362页。

③ 谢鸿飞:《民法典的外部体系效益及其扩张》,载《环球法律评论》2018年第2期。

④ 参见张文显著:《法哲学范畴研究》(修订版),中国政法大学出版社2001年版,第57页。

⑤ [美]E.博登海默著:《法理学:法律哲学与法学方法》,邓正来译,中国政法大学出版社1999年版,第490页。

⑥ 参见雷磊:《法律规范冲突的含义、类型与思考方法》,载《法律方法》2008年第1期。

⑦ 法律规范和法律规则的关系,有几种不同的认识:第一种,认为规则和规范相同,不加区分使用。第二种,认为规则和规范互不隶属。第三种,认为规则为规范的下位概念。

⑧ 参见张文显著:《法哲学范畴研究》(修订版),中国政法大学出版社2001年版,第48、54页。

根据其内容分成一般规范和基本规范，[①]与上述法律规则和法律原则的划分一致。构成外部体系的法律规则并非平行存在，而是有层次性且错综复杂，解释规则需要通过其意义脉络，上下关系体系地位作出解释。构成内部体系的法律原则是为克服外部体系的封闭性、僵化性而被需要的构成要素，确保整个法秩序受特定指导思想、原则或一般价值的支配。

法律体系的内在体系和外在体系的理论提出，对建构法律体系来说，有了更具有思考意义的法律体系的要求，即法律体系的融贯性要求，不体现价值评价融贯性要求的外部体系并非真正的体系。此为体系化思维对立法的要求。体系化思维对法律适用的要求来说，在解释和适用法律时，通过对法律规则及其在整个法律体系中的意义脉络的把握能恰当解决，即通过外部体系能达成共识的，则内部体系隐而不现；外部体系的规则之间出现冲突或漏洞，内部体系为解决规则背后利益冲突提供衡量标准以及规则漏洞填补的依据。

三、体系化思维下的特别法与一般法的立法原则

体系化思维或体系化方法对立法、司法以及法学研究都是具有重要意义的。正如苏永钦教授所言，体系最大的优势有四点：其一是快速找法，用体系程式，层级寻找，能找到所应适用的法律规范。其二是体系可以储存大量的规范，适当运用提取公因式的立法技术，可以储存大量用来回答社会变化的规范。其三是可以非常精准、有效地立法。通过体系化的层次立法，根据规范体系抓到问题，修法具有针对性（需要修改某一特别法抑或是修改其往上的一般法），也能有效节约立法资源（能通过一般法规定的问题，无需在各个特别法中重复规定，以此减少重复立法）。其四是使法律系统的传承与法律教育更方便。其中，第三点是体系化对立法的价值。[②] 体系化思维于立法的要求是要建构法律的体系化。法律的体系化，从宏观的角度，要求立法要达到整个法律体系内部的协调，不仅包括实体法和程序法之间的协调，也包括法律各部门之间的协调和所有法律规范在统一的价值导向下的协调。而作为法律体系构成中的一般法和特别法，从某一角度来说，属于法律体系的子体系，也是体系化思维下的法律之间关系的合理结果，尤其对于某一个法律领域的组成方式来说更是如此。因此，对特别法和一般法的区分及合理设定，既是遵循体系化思维下的结果也是体系化

---

① 参见许中缘著：《体系化的民法与法学方法》，法律出版社 2007 年版，第 243 页。

② 参见苏永钦：《现代民法典的体系定位与建构规则——为中国大陆的民法典工程进一言》，载《交大法学》2010 年第 1 期。

思维的要求。

（一）体系化思维对立法的法制统一要求

体系化是站在体系的高度上认识法律之间的联系，而得以认识法律的性质。因此，体系化方法对于法律的创制、适用和完善均具有指导意义。虽然在分析实证法学派思想盛行的时代，人们对按照形式逻辑建构完美、封闭的法律体系曾寄予厚望，后来逐渐认识到仅凭借立法尚难以达到法律体系的完美无瑕。虽然由于立法主体的多元化、法律渊源的多样化，加上立法者的有限理性，使体系违反现象常有出现，以致完美的法律体系这一目标难以完全实现，但仍应是立法追求的方向。黄茂荣先生认为，为了使构成之体系臻于“至善”，在目的或价值的取向上，必须“一以贯之”、在分子之蒐集必求其周全、分析必求其彻底。① 体系思维要求立法者必须以宪法为基准，尽可能制定出上下有序、逻辑清晰、和谐一致的法律体系。

我国《立法法》第3条至第6条规定了立法的指导思想和立法的具体原则，其中第4条规定：“立法应当依照法定权限和程序，从国家整体利益出发，维护社会主义法制的统一和尊严。”此即立法的国家法制统一性原则。② 立法原则在保证国家法律体系的整体统一和内部协调上具有重要意义。③ 因此，立法应具有整体协调性，首先包括单个法律内部的协调、同位阶法律的协调，也包括不同位阶法律法规之间的协调和整个法律系统相互之间的和谐一致。④

（二）体系化思维对一般法与特别法的合理架构的要求

“任何一门科学成熟的标志，总是表现为将已经取得的理性知识的成果——概念、范畴、定律和原理系统化，构成一个科学的理论体系。这种理论体系不是零碎知识的汇集，也不是一些定律的简单拼凑，更不是许多科学事实的机械凑合，而是有其一定内部结构的、相对完整的知识体系，或者说，是反映对象本质、对象发展规律的概念系统”。⑤ 为实现法律体系化的任务，在法学上有各种方式，而以形式逻辑规则建构抽象的一般概念体系（外部体系）是其中重要的方式之一。⑥ 评价法学派在其法律体系的建构中也没有抛弃这种以概念的逻辑推演形成法律体系方式。

---

① 参见黄茂荣著：《法学方法与现代民法》（增订五版），2006年自版，第832页。
② 参见孙国华著：《法的形成与运行原理》，法律出版社2003年版，第173页。
③ 参见孙国华著：《法的形成与运行原理》，法律出版社2003年版，第174页。
④ 参见李林著：《立法理论与制度》，中国法制出版社2005年版，序言6页。
⑤ 彭漪涟主编：《概念论——辩证逻辑的概念理论》，学林出版社1991年版，第250页。
⑥ 参见［德］卡尔·拉伦茨著：《法学方法论》，陈爱娥译，商务印书馆2003年版，第316页。

法律概念的形成具有概念形成的一般规律，是以“穷尽列举所拟描述或规范对象的特征为前提基础，但并非概念设计者真能完全掌握该对象的一切特征，基于一定的目的考虑（规范意旨），就该对象所已认知的特征加以取舍，并将保留下来的特征设为充分且必要，同时将事实涵摄于概念运作中而把其余特征一概视为不重要”，[①]即概念是特征抽象化的过程。以概念作为媒介建构法律体系的框架，首先要从规范客体中分离出若干要素；并将此等要素一般化，由此要素即可形成类别概念，然后借着增减若干规定类别的要素，便可以形成抽象程度不同的概念，并因此形成体系。[②] 因此法律体系中的特别法和一般法的立法区分首先是建立在特别法规范的对象较一般法规范对象的概念位阶相对低这一基础上的。对成文法国家来说，立法一般是从单行法出发，然后慢慢开始有多层次的法律，其向外伸展出该法的特别法，形成普通—特别法的层次关系，正如苏永钦教授所言，体系化的思维就是要我们思考这中间的对接，认识到这中间其实在不断地互相影响。

海上保险合同法和一般保险合同法的关系就是建立在海上保险合同和保险合同概念的逻辑推演上的，保险合同是比海上保险合同抽象程度更高的概念，其所蕴含的特征越少，其内容越加空洞，而涵摄的范围也相对广泛。这可归属为形式化意义上的体系化要求。与此同时，就海上保险法和保险法这一对特别法和一般法，还应保持价值取向的相对和谐性。特别法的海上保险和一般法的保险法作为民商法律体系中的子体系，应用民商法价值判断来建构一般法和特别法的实体性规则，即特别法规则的建构应具有充分且正当合理的理由。

根据我国《立法法》规定的立法原则，以体系化方法为指导，在我国《海商法》中的海上保险合同（特别法）与《保险法》（一般法）的立法应遵循下列原则：

第一，一般性规范由一般法规定，特别法不宜规定。将具有一般特征的规范放到一般法的位置上，虽然这些规范也是特别法应具有的，但考虑到立法的成本以及体系的和谐性，纳入一般法的范畴即可。因此，一般法只是对法律所调整的某类对象之事物的一般规定性的规范表达。[③] 这既是法律体系内部协调的需要，也是立法节俭性的需要。否则

---

① 黄茂荣著：《法学方法与现代民法》（增订五版），2006 年自版，第 82 页。

② 参见张湘兰主编：《海商法问题专论》，武汉大学出版社 2007 年版，第 27 页。

③ 参见董书萍：《论法律规范冲突——以同一部宪法下的法律规范为分析对象》，载《法学论坛》2010 年第 5 期。

的话，一国的法律体系中的法律规范不仅庞大臃肿，且到处充斥着重复的法律规范。

第二，特别法一般仅就特别事项作出规定或立法者认为需要作出的与一般法相冲突的规定。由于下位概念具有上位概念中所没有包括的要素，因此特别法应就事物的特殊性作出规范，这些特殊性既包含特有性的内容，也包含个体虽与一般之间共存但仍具冲突状态下具有的与一般不一致的内容，因此，特别法的存在就在于构成对一般法的冲突和有别于一般法的独特性。当然，这种冲突不仅是个别和一般的矛盾运动规律在立法上的反映，同时更须立法者充分检验差异的合理性。

第三，作为一般法和特别法来说，应形成规范之间无"裂隙"的衔接关系。作为立法上对一般法的要求，作为体系化的立法要求，应在对全部知识整理的基础上形成科学的内容，当一般法的规定并不能完全适用于特别法调整的特殊对象时，特别法则应适时作出规定，以达到特别法的内容的合理性。

第四，灵活应因情势变化。一般法和特别法立法内容的分工并不具有恒定性，而是随着法律调整的社会关系的变化和法律价值的变化发生一定变化。"社会生活情势的不断变化却要求法律根据社会利益的压力和种种危及安全的新形式不断作出新的调整。因此，法律秩序就必须既稳定又灵活。人们必须根据法律应予调整的实际生活的各种变化，不断地对法律进行检查和修正"。①

（三）体系化思维与法律体系的动态化

正如前述，利用逻辑推演的抽象概念建构的法律体系并非完美，之中仍有很多的因素可能导致立法的结果仍存有欠缺，因此，为达到法律体系的和谐建构的目标，应秉承法律体系建构的动态化。有学者认为，立法应具有的整体协调性中包括"立法的协调发展"，即立法者对法律的适时制定、修改、补充、解释、编纂和废止，通过这些立法活动以使法律体系保持动态的协调发展。所谓适时，"既可指代立法时机、立法条件成熟与否，也可指代因情势变化（包括上位法立、改、废等情况）而引起法律的制定、修改、补充、解释、编纂和废止"。②

作出适当的动态调整并保持和谐，这对于我国海上保险法和保险法来说尤为必要。特别法《海商法》颁布在前，《保险法》颁布在后这一事实，使

---

① ［美］庞德著：《法律史解释》，邓正来译，中国法制出版社 2002 年版，第 2 页。

② 李林著：《立法理论与制度》，中国法制出版社 2005 年版，序言，第 6 页。

我国这一特别法和一般法之间存在一些体系违反的规定在所难免。在一般法《保险法》制定并经重大修订后，特别法《海商法》中的海上保险合同部分与《保险法》之间的有些差异仍继续存在，而有些内容已经通过一般法《保险法》的修订使两者取得了协调，比如《保险法》(2009 年修订)对重复保险采取了与《海商法》一致的定义，即均为狭义重复保险；又如新《保险法》对财产保险利益的修改使《保险法》(2002 年修订)无法适用于海上保险合同的现象得以一定弥补。但是，仅通过一般法的修改仍不能保持两者之间协调，还需要特别法《海商法》根据立法原则作出适当的修正。我国《海商法》修改工作于 2017 年 6 月开始启动，并于 2018 年 9 月被全国人大常务委员会正式列入"五年立法规划"项目。在《海商法》修订的背景下，其构成部分的海上保险合同部分与一般法如何协调问题是立法修订工作的环节之一。

(四)体系化思维与法律移植的立法技术的关系

法律移植，或称法律继受，一般是指特定国家(地区)某种法律规则或法律制度移植到其他国家(地区)。[①] 虽然法律是否可以移植在理论层面一直存在争论，但古往今来，法律移植一直是人类法律发展史上较为普遍的现象，尤其"对于任何一个法制后进而又立志于迎头赶上的国家或地区而言，参酌国外的立法经验进行法律移植不仅是最便捷的追赶途径，也是在短期内实现法制进步的有效措施"。[②] 但"法律移植是捷径往往也是险途"，[③]特别是对于采用混合继受立法技术的国家来说，风险则更高。而我国民法立法具有混合继受[④]的特点，在我国保险法和海上保险法的立法中

① 参见沈宗灵著：《比较法研究》，北京大学出版社 1998 年版，第 667 页。

② 易军：《中国民法继受中的体系性瑕疵及协调》，载《法商研究》2009 年第 5 期。很多学者对此都有过阐述，例如，季卫东教授分析了法制的改革与发展的两种模式，即法律系统的自我进化机制和从其他法律系统借用素材的外部继受机制，并认为后者是把进化的时间淘汰转换成借用的空间选择，用以加快发展进程的有效方式。参见季卫东著：《宪政新论——全球化时代的法与社会变迁》，北京大学出版社 2002 年版，第 110 页。张文显教授认为："法律移植是法制现代化的必然需要。对于法律制度仍处于传统型和落后国家状态的国家来说，要加速法制现代化进程，必须适量移植发达国家的法律，尤其对于发达国家法律制度中反映市场和社会发展共同的客观规律的和时代精神的法律概念和法律原则，要大胆吸纳。"张文显著：《法哲学范畴研究》(修订版)，中国政法大学出版社 2001 年版，第 271 页。

③ 郭瑜著：《海商法的精神——中国的实践和理论》，北京大学出版社 2005 年版，第 12 页。关于法律移植存在的风险在我国的学理界有广泛讨论，另可参见刘星：《法律移植：从"历史"到"当下"》，载《中国社会科学》2004 年第 5 期，第 24 ~ 36 页；高鸿钧：《法律移植：隐喻、范式与全球化时代的新趋向》，载《中国社会科学》2007 年第 4 期，第 116 ~ 129 页；马剑银：《法律移植的困境——现代性、全球化与中国语境》，载《政法论坛》2008 年第 2 期，第 54 ~ 69 页。

④ 例如，我国《合同法》混合继受的典型是同时规定了继受大陆法的不安抗辩权(第 68 条、第 69 条)和继受英美法的预期违约制度(第 94 条、第 108 条)。

尤为明显，因此，法律移植这一立法技术的采用特别是混合继受之情形下，体系化方法尤为必要。正如学者所说，“任何一个从本地的实际需要出发进行民事法律继受的国家和地区，在进行法律继受的过程中以及完成法律继受之后，运用体系化的思考方式对将要继受的或者已经继受的法律原则和法律制度进行整理与协调，以保持法律原则与法律原则之间、法律制度与法律制度之间、法律原则与法律制度之间、域外经验与本土资源之间的和谐关系，乃是民法得以成为社会交往中具有权威性的说服工具的重要一环”。① 对我国保险法和海上保险法来说，就来源于不同立法背景的制度在我国的继受与移植，如何运用体系化方法将其与已经存在的制度原则进行协调，与我国的法律传统进行融合而不相冲突，并在一般法和特别法之间进行协调以免造成不应有的差异，这既是一个挑战更是实现新的协调的机会。

第三节　海上保险法与保险法协调的法理基础

海上保险相对于一般保险（或者更准确地说是财产保险）而言是特殊的，这是对海上保险的共识。但是，海上保险不仅具有所有保险的基本特点，也具有其他财产保险的共性。而海上保险具有的与其他财产保险的共性是两法统一和协调的前提，也是在体系化思维下对两法中若干法律规则进行检验的基础。

一、对价平衡：从保险技术基础论两法协调的法理基础

被誉为“人类文明发展至此最佳之制度”②的保险，其运作原理是“通过聚合社会大众的集体力量来分担个体所遭受的损失，从而把个体风险降低到可以承受的最低限度”。③ 以法律视角观之，保险是一方当事人以支付保险费为对价，由另一方即保险人根据合同约定对其遭受的危险损失进行补偿的合同。从社会学视角观之，保险是一种危险损失的转移机制，通过这种机制，使发生危险的个人经济上的损失得以补偿，使整个社会的经济生活稳定运行。“不同法域就共同问题采用的解决方法可以根据‘保险’这一共同观念而得到更清晰的理解，而这种‘保险’观念本身则是根据

---

① 王轶著：《物权变动论》，中国人民大学出版社 2001 年版，第 6 页。

② 江朝国著：《保险法基础理论》，中国政法大学出版社 2002 年版，自序。

③ ［美］所罗门·许布纳、小肯尼思·布莱克、伯纳德·韦布著：《财产和责任保险》，陈欣等译，中国人民大学出版社 2002 年版，第 5 页。

共同的技术特征而被理解”。① 概率论和大数法则正是这一精巧的损失补偿机制得以建立的技术基础,而这一保险营运的技术基础必然体现在对法律制度的需求上也影响保险法律制度的发展。

（一）海上保险和其他保险营运的共同技术基础

“保险产生的土壤就是风险”。② 风险是保险这一经济活动产生、确立和发展的自然基础,即“无风险,无保险”。“风险的核心意义即存在事与愿违(或者相反)的可能性,人们便面临着风险处境”。③ 以保险学的视角分析,风险指的是损失的不确定性。④ 风险是客观存在的,无论是社会生活风险,还是自然风险都是由客观规律所决定的。因此,“人们只能在一定的时间和空间内改变风险存在和发生的条件,降低风险发生的频率和损失幅度,但从总体上说,风险是不可能彻底消除的”。⑤ 由于风险存在的客观性以及风险带来的危害,人类社会一直寻求规避风险、转移风险的措施,而“保险为人类文明至此最佳之制度”就在于其通过精妙设计使人类有了有效应付自然灾害和意外风险的手段。

保险作为一种应对风险的机制,其目的不在于消灭风险(一定意义上而言,风险不可消灭),而是在于转移、分散风险。而现代保险这一职能的发挥首先是建立在风险的可测定性基础上的。风险评估技术与对事件尤其是对有规律事件的观察有关,详言之,虽然风险具有“损失不确定性”的特点,但是,通过大量风险事故的观察,可以得出同一类风险发生的规律性特征,因此通过现代保险概率论和大数法则等数理技术可以计算出风险事故发生的概率及其损失幅度。由是观之,保险意义上的风险或保险能处理的风险是只有通过潜在的不良结果能够用概率加以计算时才可称之为“风险”,⑥风险与可计算性和不确定性具有特定的关联。其次也是更为重要的,保险经营便是根据上述风险的概率和大数法则,计算出分摊同一损失的保险费率,聚合同一类风险主体从而形成保险基金,并用此保险基金实现对特定被保险人因承保风险引起的损失予以补偿的目的。这既是保险

① [英]珍妮·斯蒂尔著:《风险与法律理论》,韩永强译,中国政法大学出版社 2012 年版,第 61 ~62 页。

② 孙积禄:《保险合同法律性质分析》,载《比较法研究》2007 年第 2 期。

③ [英]珍妮·斯蒂尔著:《风险与法律理论》,韩永强译,中国政法大学出版社 2012 年版,第 7 页。

④ 具体来讲,作为保险的风险或危险,包含了几种要素:危险是否发生不能确定、危险发生时间不能确定、危险所导致的后果不能确定。

⑤ 张世增:《如何正确理解和适用保险合同的解释原则》,载《河北法学》2003 年第 5 期。

⑥ 这一基于统计技术的分析其对理解保险的意义,即意味着并非所有的风险都可以通过保险制度得以实现,事实也确实如此。

经营的技术基础,也是保险“分散危险、补偿损失”之功能赖以实现的技术基础。只有在此基础上收取的保险费总额与支出的保险金总额相平衡的基础上,保险业也才能在实现对特定被保险人损失补偿职能的基础上有效运作,此即被称为收支相等原则。[①] 假设纯保险费为 P,保险金为 Z,被保险人数量为 N,保险事故发生数量为 R,保险事故发生概率为 W,收支相等原则可以如下数学公式表示:$NP = RZ$。[②] 可见,保险金总额事实上是由危险共同体全体成员所负担的。具体来说,保险人起到的作用是对同类风险的集中,在保险人背后是众多的面临同类风险的被保险人,保险人就是将特定被保险人因风险发生造成的损失在这些众多被保险人之间进行分摊。因此,保险人集中风险并进行补偿是表象,而损失在众多被保险人之间分摊才是保险的实质。这也正好印证了“统计的技术,其结论则认为风险的内在本质是一种团体资源”。[③]

由于风险是客观存在的,而现代保险的经营依赖于精算技术,因此从理论上,保险可能发端于任何一个有风险的行业。现代保险之所以发端于海上,其背景在于中世纪地中海地区海上通商的发展及后来英国在完成工业革命后的海上扩张中,鉴于国际贸易和航运业的发展对经济的重要作用以及在航运中存在诸多特殊的海事风险需要合理分散或转移,因此,在具备了一定的技术基础后,现代海上保险得以诞生。也正因为保险经营的技术基础是相通的,因此,海上保险向非海上保险(陆上财产保险)的拓展在技术上没有任何障碍,当经济发展的重心由海上向陆地转移的时候,陆上财产保险的发展也就顺理成章。

(二)保险运营的技术性与保险立法

建立在风险可测性基础上的现代保险,其运营要保证用于分散风险的费用在收支上的基本平衡。这一技术性要求需要通过作为具体保险交易载体的保险合同加以实现,因此,为达保险运营的稳定,法律制度的供给必不可少。

1. 保险运营的技术性与保险法的“对价平衡原则”

宏观意义上的保险费收入总和与保险金支出的相等原则,体现在对具体的保险交易的要求上也应实现平衡,即实现“保险的对价平衡”。对保

---

① 参见[日]船津浩司:《給付反対給付均等原則の法的再定位》,《生命保険論集》第 189 号;转引自武亦文、杨勇:《保险法对价平衡原则论》,载《华东政法大学学报》2018 年第 2 期。

② 转引自武亦文、杨勇:《保险法对价平衡原则论》,载《华东政法大学学报》2018 年第 2 期。

③ [英]珍妮·斯蒂尔著:《风险与法律理论》,韩永强译,中国政法大学出版社 2012 年版,第 36 页。

险交易，一般理解是，“保险交易发生在投保人和保险人之间，投保人向保险人缴纳一定数额的保费，一旦发生承保事故，保险人将予以赔偿”。[①] 事实上，保险费与发生保险事故后的保险赔偿不具有等价性；对价平衡体现在，保险人承担的风险（风险发生产生对损失的补偿）是与投保人支付的保险费相对应的对价条件，此为关于保险合同的对价平衡的通说观点。学者曹兴权认为，“对价平衡并不是指保险合同双方当事人之间保险金与保险费的等价交易，而是指保险费应当与保险人所承担的危险具有对等性。”[②]江朝国教授也持相同观点，认为“对价平衡为保险费与保险人所承担危险之间对价之平衡性”。[③]

从考证意义来讲，对价平衡原则最早由德国学者 Lexis 提出，因而也被称为“Lexis 原则”，[④]可通过公式 P = WZ 表示。其中 P 为纯保费，Z 是保险金，W 是给付保险金的概率。对价平衡原则——对单个保险交易的要求是受收支相等原则决定的，学者用数学公式证明 NP = RZ 这一表示收支相等原则的公式可转化为对价平衡原则，等式两边同时除以被保险人数量“N”即得到 P = (R/N) × Z，保险事故发生概率 W = R/N。根据大数法则，当参加保险的人数足够多时，则 W 越接近真实值，保险费的公式即可表示为 P = WZ。[⑤] 而每个保险交易的事故发生率 W 可能高于或低于平均值，则计算出的保险费与风险率成正比。

“对价平衡”是交易公平这一合同法制度价值在保险领域的要求和具体体现。正如学者所言，“迄今为止，亚里士多德的公平概念具有最强大的影响力，因此，可以作为一切有关探讨的出发点”。[⑥] 笔者这里也借用亚氏的公平概念来说明。根据亚里士多德的观点，公平就是相互承认对方人身尊严、自由人之间的某种比例或关系。在产品或劳务交换中，公平就是建立均衡的问题。[⑦] 亚氏对交换均衡的公平观念奠定了现代商法中交易公平

---

① 曹兴权著：《保险缔约信息义务研究》，中国检察出版社 2004 年版，第 142 页。

② 曹兴权著：《保险缔约信息义务研究》，中国检察出版社 2004 年版，第 142 页。

③ 江朝国著：《江朝国论文集（一）》，瑞兴图书有限公司 1997 年版，第 142 页。

④ 转引自武亦文、杨勇：《保险法对价平衡原则论》，载《华东政法大学学报》2018 年第 2 期。

⑤ 参见武亦文、杨勇：《保险法对价平衡原则论》，载《华东政法大学学报》2018 年第 2 期。

⑥ [英]彼得·斯坦、约翰·香德著：《西方社会的法律价值》，王献平译，中国法制出版社 2004 年版，第 87 页。

⑦ 亚里士多德的公平观念分成广义的公平和狭义的公平。狭义的公平分为分配的公平和矫正的公平。分配的公平是指利益、责任、社会地位等在社会成员之间的分配；矫正的公平是指在社会成员之间重建原先已经建立起来、又不时遭到破坏的均势和平衡。在产品或劳务交换方面，就有建立均衡的问题。参见[英]彼得·斯坦、约翰·香德著：《西方社会的法律价值》，王献平译，中国法制出版社 2004 年版，第 88 ~ 90 页。

的基础。交易公平,在形式上主要表现为当事人能够自由表达自己的意志,从实质上主要表现为交易过程中的当事人利益分配的平衡,[①]即“强调一方给付与对待给付之间应具有等值性”。[②] 而在保险交易领域,与一般交易公平的等价平衡不同的是,保险费与承保风险发生的损失之间是无法用等价来衡量的,其公平性体现在保险费与保险人承担的风险之间的平衡性要求,“被保险人缴纳的保险费越多,保险人承担的危险就多;被保险人缴纳的保险费少,保险人承担的危险就少。此为对价公平原则之一般内涵”。[③] 之所以保险的对价平衡与一般交易对待给付存在一定差异,是与风险的不确定性以及保险的技术性相关的,保险中这一对保险费与保险人承担的危险之间的对价平衡不但没有背离公平原则,而且是公平原则的具体化。

鉴于海上保险和一般财产保险均是建立在风险集中和风险分散这一技术的运用上,也须同时满足建立在保险的技术性基础上的对价平衡的实质性要求,因此,为维护对价平衡,其采用的法律技术手段也是相通的。

值得一提的是,对价平衡原则对保险合同法、保险业法均有实质影响,[④]限于本文的研究视角,以下仅从对价平衡原则对保险合同法律制度[⑤]的需求角度进行阐述。

2. 对价平衡的确定与保险法律制度供给

保险的技术性基础要求在具体的保险交易中保险人应准确厘定保险费,而保险费率的确定是建立在保险人对保险标的危险的准确评估基础之上的,即保险费率要与实际承担的危险相一致或尽可能一致。事实上,投

---

① 参见曹兴权著:《保险缔约信息义务研究》,中国检察出版社 2004 年版,第 23 ~ 24 页。

② 王泽鉴著:《民法学说和判例研究》(第七册),中国政法大学出版社 1998 年版,第 22 页。

③ 梁鹏著:《保险人抗辩限制研究》,中国人民公安大学出版社 2008 年版,第 46 页。

④ 例如,在对价平衡对保险业监管要求上,《保险法》(2015 年修正)第 114 条规定:“保险公司应当按照国务院保险监督管理机构的规定,公平、合理拟定保险条款和保险费率,不得损害投保人、被保险人和受益人的合法权益。”第 101 条规定:“保险公司应当具有与其业务规模和风险程度相适应的最低偿付能力……”

⑤ 目前国内学者对对价平衡原则有了新的认识,认为其应该成为保险法的基本原则之一。笔者认为,从立法论角度确立对价平衡原则会有一定难度,但是,对价平衡原则可以为我们提供保险法律制度解读的视角,其不仅能为很多保险法律制度提供理论支撑,也可以用此来矫正有些保险法中一些规则(如主动告知义务的设定、如违反告知的全有全无的后果、保险说明义务的扩张化)。笔者在本部分仅从对价平衡对保险制度的需求进行阐述,其他学者另提出对价平衡原则对保险合同的生效、保险合同的变动和解除的贯彻,以及在保险合同解释中的重要作用等,具体可参见唐世银:《保险法上对价平衡原则的司法适用》,载《法律适用》2015 年第 12 期;李志强:《对价平衡原则的证成——从保险合同到保险业监管法》,载《法学》2017 年第 9 期;武亦文、杨勇:《保险法对价平衡原则论》,载《华东政法大学学报》2018 年第 2 期。

保人或被保险人知悉保险标的的危险信息而保险人如果不通过其他手段则无法知悉,这就是保险信息不对称的一个方面。从经济学上分析,投保人或被保险人不披露信息时(不合作)可以使其利益增大(不披露危险信息使其可以以较低的保费率而获得保障),因此,其没有主动披露保险标的的信息的动力,而这一信息不对称迷雾所造成的结果则是高风险者驱逐低风险者的"逆向选择",这样将使保险业经营难以维系。为改变信息不对称性,保险人有收集危险信息的激励,其可以自行调查,但是这一方法带来的将是高成本。因此,基于"最廉价的信息提供者"理论,将危险确定的信息披露义务以法律手段交由掌握保险标的的投保人或被保险人承担,这既为保险合理营运所需,也是有效率的制度选择,这就是作为保险法重要制度的告知制度产生的原因。"用对价平衡原则在解释如实告知义务上,相对于最大诚信原则而言,就更加精准和有针对性",[①]或者更为准确地说,保险对价原则是保险告知制度产生的技术基础,而诚实信用原则是用来解释告知义务制度的伦理基础。

在海上保险发展的早期,危险信息不对称的成因,除信息分布的不均衡外,也受保险发展之初的技术限制以及保险人信息收集的高成本制约。虽然时代在变,科技在进步,保险技术手段在提高,信息不对称较保险业发展之初的格局有所变化且在较早发展的海上保险和继海上保险后的陆上保险之间也有一定差异,但是,因为保险标的由投保人和被保险人掌管其最了解标的危险状况的事实始终没有改变,这就构成了现代保险法仍然要倚重告知义务制度来维持保险合理营运的现实基础,不仅为海上保险、一般财产保险所需,也为人身保险所需,是所有保险经营得以展开的途径。既然保险告知义务的目的是为达到对价平衡,则违反告知义务的后果设定合理与否,也应以对价平衡的破坏为界,这是海上保险和一般保险领域的法律规则检视的共同标准。

3. 对价平衡的维持与保险法律制度供给

保险对价平衡是依托保险告知制度确定的风险和保险费率之间的平衡,且保险期间风险水平应维持在保险合同订立时的水平。但是,事实上由于保险期间保险标的风险呈现不可控的状态而可能使对价失衡,此时需要设定一定的法律制度来维持对价平衡,或抑制对对价平衡的破坏或在此前的平衡被破坏后通过一定机制达到重新的平衡。

---

① 李志强:《对价平衡原则的证成——从保险合同到保险业监管的考察》,载《法学》2017年第9期。

首先，保险具有转移风险的功能，一旦发生保险事故可通过保险金填补损失，在获有保险保障的情况下反而出现被保险人对保险标的疏于管理而增加保险标的危险，从而会破坏保险合同订立时的对价平衡，因此，针对尚未达到道德危险而事实存在的“人为风险因素”对对价平衡的破坏，保险法上需要设定被保险人对保险标的安全维护义务，而这在海上保险和其他财产保险中是一致的。

其次，保险所承保的风险本身，根据前述是具有不确定性的，风险由于各种因素而呈波动变化，而保险合同又是继续性合同，对危险变化的法律后果需要设定。当危险程度变小对价失衡时，法律对被保险人的救济通过退还相应保险费解决。当保险期间危险增加或危险发生变更时情况就显得复杂：风险是否发生的不确定性和保险合同的继续性特点，使保险人承担着有别于一般合同的交易风险，即在保险期间，保险风险的程度可能随时发生变化，而保险人很难及时准确地了解保险标的的实际状态，也无法直接控制保险标的。一旦风险程度实质性增加，则使保险人实际承担的风险要高于其所收取的保险费率所对应的危险程度，从而破坏了对价平衡，这对保险人而言是不公平的。因此，对保险人来说，在订立合同时对风险的估测和确定非常重要，而对保险期间的保险标的风险程度的控制同样至关重要，正如学者所言，“风险的确定和风险的控制是保险合同法的一项永恒的命题”，①也是海上保险合同和一般财产保险合同中的共同应对的问题。从我国《保险法》危险增加的通知义务制度和《海商法》保证制度，看似不相干的两个制度，但其事实上基于相同的原理，所以两者协调并非不可能。

根据对价平衡原则与收支相等原则的关系，对价平衡不仅关涉投保人和保险人之间的对价平衡，若无法达到具体交易微观层间的平衡，“则整个危险共同体所欲达到的收支相等原则的目标也无法实现。若收支相等无法维持，整个危险共同体将面临解体的命运”。② 因此，从法律层面解读，对价平衡不仅关涉交易当事人的利益平衡，也是影响到其他被保险人的群体利益。因此，为维护对价平衡，通过法定义务的设定对当事人利益进行干预，是对价平衡制约下的上述保险制度共同的特点，因为维持保险交易对价平衡的背后是对更高的利益层次——危险共同体内这一群体利益的维护。建立在保险技术基础上的对价平衡原理是可以为海上保险和一般

① 李庭鹏著：《保险合同告知义务研究》，法律出版社2006年版，第16页。
② 武亦文、杨勇：《保险法对价平衡原则论》，载《华东政法大学学报》2018年第2期。

财产保险若干制度的协调提供理论支撑的。

一般保险和海上保险均需要一定法律制度来保证对价平衡的实现，因此，从理论上来讲，保障对价平衡的制度规则也应具有相通性。但是在保险的发展过程中，由于时代背景不同以及法律价值取向不同，实现对价平衡的保险制度的具体规则上存在一定的差异仍是可见的，对于法律价值取向与协调的关系在下文具体展开。

二、损失补偿：从保险的目的论两法协调的法理基础

"分散危险、补偿损失"是保险产生的动因，也是保险最基本的职能。[①]关于"分散风险"与"补偿损失"之间的关系，有学者指出，"补偿损失和分散风险是保险存在价值的最基本反映，具有内在的统一性。分散危险是保险存在价值的基础，又是保险任务完成的物质保障；经济补偿是保险存在价值的根本，也是保险的终极目的。二者是手段和目的的统一，没有分散风险就不可能有损失补偿；离开经济补偿，分散风险也就失去意义"。[②] 补偿损失是保险的基本职能，也是海上保险和一般财产保险的共同目的，这一共性构成了海上保险法和保险法的统一和协调的另一基础。

（一）损失补偿原则：海上保险法和保险法共同的原则

海上保险作为最早发展的保险交易类型，是对与海上活动有关的财产、利益、责任等标的因遭受海上风险而造成的财产的损失由保险人按约定进行补偿的行为。海上保险属于财产保险的一种，与之后发展的一般财产保险（或陆上财产保险）从性质上具有共通性。

1. 补偿性合同：海上保险合同和一般财产保险合同的共性

保险的基本职能在于补偿被保险人的经济损失，即通过保险人以保险赔偿金的支付使被保险人恢复到损失前所处的经济状态，这是包括海上保险在内的所有财产保险的被保险人参加保险的目的，也是海上保险合同和一般财产保险合同共同的起点。我国《保险法》对财产保险的补偿性质有着和《海商法》相同的界定，我国《保险法》（2009 年修订）第 2 条规定："本法所称保险，是指投保人根据合同约定，向保险人支付保险费，保险人对于

---

① "保险具有分散危险和消化损失的特有功能"。桂裕著：《保险法论》，三民书局股份有限公司 1981 年版，第 1 页。关于保险的职能有唯一职能说、基本职能说、二元职能说、多元职能说等。保险在国民经济和社会中的作用日渐重要，所以，保险在现代社会中具有经济补偿、资金融通与社会管理三大功能，因此，现代保险学者形象地将保险喻之为"经济推动器"与"社会稳定器"。参见詹昊著：《保险市场规制的经济法研究》，中国法制出版社 2007 年版，第 103～104 页。

② 温世扬主编：《保险法》，法律出版社 2003 年版，第 17 页。

合同约定的可能发生的事故因其发生所造成的财产损失承担赔偿保险金责任……"《海商法》第216条也规定:"海上保险合同保险人按照约定,对被保险人遭受保险事故造成保险标的的损失和产生的责任负责赔偿……"可见,海上保险合同和其他财产保险合同都是以补偿损失为目的的保险合同,都是补偿性合同。

从保险的发展来看,保险的补偿性起源于早期的海上保险实践,并已经成为海上保险法的一个核心概念。在海上保险领域,普遍认同的观点就是"海上保险合同的本质在于它是补偿性合同",并且"补偿是海上保险合同的唯一目的"。[①] "海上保险合同是建立在补偿这一首要原则基础上的,基于保险合同索赔的规则也是根源于这一补偿原则的。保险合同当事人的权利和责任来源于补偿这一基本概念,被保险人获得补偿的数额以及确定被保险人的经济损失的程度也是受该补偿原则支配。[②] 不仅如此,当保险的门类逐渐发展后,补偿原则也成为保险法或者说补偿性保险的核心概念。对于此,美国保险法学者许布纳(S. S. Huebner)等曾指出:"许多保险学者通常并不认为保险中的一些基本概念都可以被视为'原则';但大多数人会同意,'补偿'这个概念在财产保险中是如此重要,所以它应被视为一个真正的原则。"[③]英国布莱特勋爵(Lord Brett)在Castellain v. Preston案[④]中作出了如下阐述,"适用于保险法的每一条规则的真正基础是:火灾保险或海上保险单内所包含的保险合同是一种补偿合同,仅此而已"。

2. 保险损失补偿原则的实质

为实现保险的经济补偿职能和维护保险制度良性运作,法律上的保障机制就是损失补偿原则(principle of indemnity)的确立以及派生于保险补偿原则的具体制度的运用。所有财产保险包括海上保险均具有同一性质,即均为补偿性合同,均受"补偿性原则"支配。虽然我国《海商法》和《保险法》都没有明文规定这一基本原则,但并不影响其成为两法共同的原则。首先,补偿原则之所以为基本原则,是由补偿性保险的职能和目的所决定。其次,从表现形式上看,其作为抽象的概念,虽不是保险法的明文规定但通过保险法的具体规定而体现出了它的存在。通过法律文本的分析,可见

---

① Jonathan Gilman et al., *Arnould's Law of Marine Insurance and Average* (17th ed.), London, Sweet & Maxwell, 2008, p. 4.

② Susan Hodges, *The Law of Marine Insurance*, London, Cavendish Publishing Limited, 1996, p. 1.

③ [美]所罗门·许布纳、小肯尼思·布莱克、伯纳德·韦布著:《财产和责任保险》,陈欣等译,中国人民大学出版社2002年版,第46页。

④ Castellain v. Preston(1883), 11QBD380 p. 386. See John Birds, *Birds' Modern Insurance law* (7th ed.), London, Sweet & Maxwell, 2007, p. 305.

“《海商法》第十二章、[①]《保险法》[②]具体保险合同的条款皆紧紧围绕保险人赔还是不赔以及赔多赔少来展开，这似乎就是海上保险法这面网的纲，至少是观察海上保险法律体系的一个良好视角”。[③] 因此，“补偿原则”是海上保险法的首要原则，[④]也是贯穿一般财产保险法律制度的一条主线。

对于补偿原则的精神或实质，布莱特勋爵在 Castellain v. Preston[⑤] 一案的判决书中有着非常精辟的阐述：“适用于保险法的每一条规则的真正基础在于保险合同的补偿性。补偿性意味着被保险人因保险事故的发生而遭受损失时，应获得充分补偿，但也仅限于充分补偿。”[⑥]从该阐述可以概括保险补偿原则的实质是包含充分补偿和限制补偿两种要求，如同一枚硬币的正反面，“若被保险人无法获得充分补偿，或使其获得超额补偿，都是对补偿原则的背离”。[⑦]

因此，保险法具体规则和制度上也应同时满足对补偿原则的上述两种要求。保险补偿原则一方面要求对被保险人提供充分的补偿而消化损失；而另一方面则限定被保险人所获得的保险补偿不得超过其因保险事故的发生所遭受的损失，即不能获得超过实际损失之外的额外利益。对补偿的限定具有两项功能：第一，禁止被保险人通过保险获得盈利。禁止获利不仅是维护保险宗旨和职能所需，也是对其他被保险人的保护，是法律的公平原则在保险法上的体现。第二，可以预防道德危险的发生。由于风险的不确定性以及事故发生时所获得的补偿远远超过保险费，因此，保险合同是非常典型的射幸性合同。[⑧] 射幸性合同的固有特征使其具有一般合同所

---

① 《海商法》有关保险补偿内容主要分布在《海商法》第四节、第五节、第六节，第三节关于保险价值（第 219 条）；第 220 条关于保险金额和超额保险不足额保险的赔偿；第 225 条关于重复保险等。

② 《保险法》第二章第一节一般规定，第 18 条第 6 款关于保险金额的规定；第 23 条至第 25 条关于赔偿及时限；第三节财产保险合同中第 48 条保险利益；第 55 条不足额保险、超额保险的赔偿；第 56 条重复保险；第 60 条至第 63 条代位求偿及分摊的规定，等等。

③ 汪鹏南著：《现代海上保险法的理论与实践》，大连海事大学出版社 2004 年版，第 10 页。

④ 参见司玉琢著：《海商法专论》（第四版），中国人民大学出版社 2018 年版，第 408 页。

⑤ Castellain v. Preston（1883），11QBD380，p. 386. See John Birds，*Birds' Modern Insurance law*（7th ed.），London，Sweet & Maxwell，2007，p. 305.

⑥ Castellain v. Preston（1883），11QBD380 p. 386. See Howard N. Bennett，*The Law of Marine Insurance*，. Oxford，Clarendon Press，1996，p. 405.

⑦ Castellain v. Preston（1883），11QBD380 p. 386. Howard N. Bennett，*The Law of Marine Insurance*，. Oxford，Clarendon Press，1996，p. 405.

⑧ 风险的不确定性是保险存在的原因也是保险运作的基础。一方面，由于风险的不确定性，保险人是否履行保险金赔偿或给付的义务是不确定的，其取决于保险事故的发生，若保险事故不发生，则保险人在收取保险费后无须赔偿或给付；另一方面，一旦保险事故发生，被保险人或受益人即获得的保险赔偿或给付金额远远高于其所支付的保险费。这就是保险合同的射幸性。

不具有的特殊的风险，主要表现为道德危险（moral hazard），“指因保险而引起之‘幸灾乐祸’的心理，即有保险契约上之利益者或被保险者，在其内心深处所潜伏期望危险发生或扩大之私愿”。[①] 在能获取额外利益的情况下，为获取保险金则更容易诱发保险事故而使保险基金变得不稳定，损害其他被保险人的利益也损害保险的制度利益。而对补偿的限定可以有效地阻断被保险人欲通过制造保险事故而谋利的动机，从而维护保险制度的运行。

（二）损失补偿原则下的规则和制度：海上保险和一般财产保险共有

补偿原则被视为一种“法律机制”，“通过这种机制在被保险人遭到损失后，保险人对其进行补偿，以使其恢复到损失前所处的经济状况”。[②] 保险补偿这种机制主要通过当事人约定和法律的强制性规定得以实现。当事人可以约定补偿的数额，但此约定仍应以实际损失这一客观事实为基准，也就是说，当事人的约定不能违反损失补偿原则使保险补偿超过实际损失的补偿，同时保险人也不能利用合同的草拟权限制或剥夺被保险人获得及时、充足的保险补偿的权利。同时，为实现保险补偿原则，在法律制度设计上应以保障被保险人获得相当于实际损失的补偿但也禁止其获得超额补偿为核心。保险补偿原则的这些具体机制从理论上来说不因海上保险合同抑或一般财产保险合同而不同。

1. 通过法律界定获得保险补偿的损失

保险补偿，是指保险人在保险事故发生后根据保险合同约定履行支付保险金的义务。我国《海商法》与《保险法》（对财产保险）对此所采用的是“保险赔偿”的表述，但此“保险赔偿”其实质是履行保险合同的义务，与民法中的“损害赔偿”是因侵权行为或债务不履行时承担的责任有本质不同，所以使用保险补偿更为妥帖。如果用合同法理论来分析的话，保险补偿是与投保人的保险费支付义务相对应的保险合同的第一次主给付义务，即作为保险合同本来目的的给付义务，与一般合同的主给付义务相比，其特别之处在于保险补偿给付义务是保险人承担风险义务的显性化（前述对价平衡原则的阐述中，可知保险人承担的是与保险费率相当的风险），而非因替代原给付义务的第二次给付义务（债务不履行之填补赔偿）。[③] 也正

① 桂裕著：《保险法论》，三民书局股份有限公司1981年版，第11页。

② ［英］约翰·T. 斯蒂尔著：《保险的原则与实务》，孟兴国等译，中国金融出版社1992年版，第28页；转引自樊启荣：《保险损害补偿原则研究——兼论我国保险合同立法分类之重构》，载《中国法学》2005年第1期。

③ 此处第一次主给付义务和第二次主给付义务借鉴的是韩世远一书中对主给付义务的分类。参见韩世远著：《合同法总论》（第四版），法律出版社2018年版，第342页。

因如此,在保险法视阈下,作为第一次主给付义务的补偿的“损失”与一般民法损害赔偿的“损失”并不能同日而语,借用学者的说法,“即保险法上的损失,是指关于保险利益所产生的财产上的不利益;换言之,保险补偿损失原则之所谓的‘损失’是指保险利益之反面”。①

在补偿性合同中,保险补偿原则的内在要素有:“(1)必须确定‘谁’是被补偿方;(2)决定‘补偿多少’。”②根据保险补偿原则,首先应确定谁是被补偿方,即因保险标的的毁损而遭受损失,或者因保险事故的发生遭受不利益的主体。而这种不利益或损失是由该主体与保险标的具有的特殊的关系而连结起来的。由于具有这种联系,则该主体在因事故发生标的损害而遭受损失,因事故的不发生而获取利益,亦即被补偿方和保险标的之间的保险利益,具有保险利益的主体才是根据补偿原则遭受损失的主体也是获得保险补偿的主体。其次,该被补偿方所受的损失即为保险利益所体现的价值的减少,保险利益的存在也限定了该被补偿方取得补偿的数额。因此被保险人对保险标的具有保险利益是补偿原则的内在要求,保险利益规则和制度均为实现补偿功能和防止道德危险而设定,这一点无论对一般财产保险还是海上保险均是相通的。

2. 通过约定和法律规定限制保险补偿的数额

基于保险仅为补偿经济损失而禁止从损失中获利,因此,对于被保险人取得补偿的数额首先通过当事人约定得以确定,但同时为确保禁止被保险人借此获得超过实际损失的补偿数额,仍需要通过强制性规范对补偿的数额作出限定。在海上保险和一般财产保险中,损失补偿数额是通过下列具体规则限定的:

首先,通过保险价值限定。保险价值是保险利益的货币化体现,因此也是保险事故发生时确定保险标的的损失的依据。

其次,通过保险金额得以限定。保险金额是被保险人向保险人购买并转移风险给保险人的部分,保险合同当事人约定保险金额,保险金额不到保险价值的部分,视为被保险人自负的责任部分。保险金额是以保险人已经收取的保险费为条件所确定的给付保险金最高责任限额,其法理依据在于维护对价平衡原则。但同时保险金额亦应受到法律的限制,即保险金额不能超过保险价值,此为法定的限制,此限定的法理依据损失补偿原则应

① 参见[日]石田满:《保险契约法基本问题》,东京一粒社1997年版,第36页。转引自樊启荣著:《保险法诸问题与新展望》,北京大学出版社2015年版,第146页。

② [美]所罗门·许布纳、小肯尼思·布莱克、伯纳德·韦布著:《财产和责任保险》,陈欣等译,中国人民大学出版社2002年版,第47页。

达到禁止得利的目的。这一对保险补偿数额的限制也为海上保险合同和一般财产保险合同所共有。

最后,保险补偿的数额以保险事故发生时的实际损失为限制。即保险补偿数额不能超过实际损失额。而实际损失的计算,一般是以损失发生时受损标的的实际现金价值为准,但在某些情形下可作出一定突破。

上述补偿数额的限制,既有当事人意思自治的体现,又有体现了保险法为维持补偿原则作出的限制,加上前述保险补偿的前提是被保险人应具有保险利益,而保险利益不仅限定了受补偿的主体,保险利益的存在也限制了可保险的保险价值,因此,其在限定保险补偿的数额中亦为限定要素之一。

3. 通过法律规定保障被保险人及时获得补偿

被保险人获得保险补偿的权利是通过保险人的自主赔偿而实现的,因此为限制保险人的行为,一般需要通过法律对保险人的理赔规则如索赔、核赔的时间等环节作出规定,从索赔、核赔的时间等进行规定,这些程序性规则在海上保险和一般保险理赔中也是相通的。

4. 保险损失补偿原则下的派生制度

为避免被保险人获得超过实际损失的补偿而有违保险补偿原则,派生了重复保险制度、保险代位求偿制度。例如,保险人只有补偿(保险赔偿)被保险人后才能取得向第三人追偿的权利,即为了保证被保险人得到损失的保险补偿但又不因保险而获取额外利益。而这些派生于保险补偿原则的制度与海上的特殊风险无关,也与海商法的特殊制度无关,因此,理论上这是可以协调统一的方面。

(三)海上保险补偿原则的例外与协调的关系

“海上保险合同的本质在于它是补偿性合同”,并且“补偿是海上保险合同的唯一目的”。但同时不能否认的是,海上保险合同是“一种并不完美的补偿合同”(not perfect contract of indemnity),①由于海上保险多采用定值保险的承保方式,对被保险人的补偿根据保险合同约定的保险价值而非以保险事故时保险标的实际价值为依据,因此,会产生补偿数额与实际损失的偏离。因此,有学者认为,海上保险合同从保险金给付方式上更接近人寿保险而不是财产保险。② 笔者认为,海上保险之定值保险的承保方式在本质上并不构成对补偿性保险合同性质的背离,其意义“在于以容忍

① Susan Hodges, *The Law of Marine Insurance*, London, Cavendish Publishing Limited, 1996, p. 73. See also Jonathan Gilman et al., *Arnould's Law of Marine Insurance and Average* (17th ed.), London, Sweet & Maxwell, 2008, p. 4. fn17.

② 参见 John F. *Dobbyn*, *Insurance Law* (3rd ed.)(英文影印本),法律出版社 2001 年版,第 286 页。

某种程度之不当得利,换取保险事故发生时计算保险价值之麻烦”。[①]

海上保险法对补偿原则确实存在一定的偏离,但并不影响在补偿性合同基础之上对两法相关规则的协调。

三、保护被保险人利益:从法律价值趋同化论两法协调的法理基础——以“最大诚信原则”的演变为例

作为合同的一种,保险合同当事人之间的利益平衡和一般合同一样,一般是通过合同当事人自主实现的。但是,当合同主体之间无法实现自主平衡时,则需要国家通过法律的强制性规范的形式使利益平衡得以实现。保险法上的最大诚信原则及具体规则就是国家用来调整和实现保险人和保险相对人利益平衡的途径之一。笔者试以最大诚信原则的演变为例,来说明海上保险法和保险法发展中呈现出的价值取向的趋同化特点,从法律发展的角度客观地审视海上保险法的特殊规则及变革趋势,这一价值趋同化的趋势是海上保险法和保险法协调统一的法理基础之一。

通说认为保险合同(海上保险合同)是最大诚信合同;最大诚信原则是保险合同法(海上保险法)的基本原则之一。这一为全球保险业者公知的原则始创于英国判例法,并以英国1906年《海上保险法》为集大成者,而英国海上保险法的最大诚信原则最终影响了包括我国在内的很多国家。因此,以作为现代海上保险法代表的英国法为主来阐述最大诚信原则的演变以及其所体现的价值取向的变化,对探究我国海上保险法的价值取向问题有一定的参考意义。

(一)最大诚信原则向诚信原则的嬗变:海上保险与一般保险的共同趋势

保险诚实信用原则及其具体规则的演进轨迹表明保险法的诚实信用原则已逐渐趋向于“公平”对待保险合同的当事人,而就最先创立了最大诚信原则的海上保险来看,这个变化及趋势则更加明显。

1. 海上保险法最大诚信原则:特点及价值取向

诚信(good faith/bona fides)概念起源于罗马法,[②]经法国《民法典》最早在现代国家立法中予以明确继而被其他大陆法系国家普遍接受,[③]成为

---

① 江朝国著:《火灾保险》,台湾富邦产险公司1992年版,第278页;转引自樊启荣:《保险损害补偿原则研究——兼论我国保险合同立法分类之重构》,载《中国法学》2005年第1期。

② 参见徐国栋著:《诚实信用原则研究》,中国人民大学出版社2002年版,第51~118页;[德]莱因哈德·齐曼默、[英]西蒙·惠特克著:《欧洲合同法中的诚实信用原则》,丁广宇等译,法律出版社2005年版,第10页。

③ 法国《民法典》第1134条第3款“契约应依诚信履行之”;1896年德国《民法典》第242条;1907年瑞士《民法典》第2条;1942年意大利《民法典》第1375条等。

大陆法系国家合同法乃至整个民法体系的基本原则。诚信原则亦为我国民法的基本原则,多部法律对此作出规定。① 而在英国,围绕其合同法或普通法中是否存在诚信原则,学界一直存在较大争议。主流观点认为,英国法律中既不存在一般性的诚信概念,也不存在如大陆法系国家法律中诚信原则的明确规定,诚信原则在法律上一直处于缺位状态。② 但是,与此形成鲜明对照的是,在全世界影响深远的保险法最大诚信原则却是由英国输出的。那么它如何形成,它又与诚信原则有何关联?

英国保险法最大诚信原则(the principle of utmost good faith, uberrimae fidei)是曼斯菲尔德勋爵(Lord Mansfield)在 Carter v. Boehm 案中以罗马法的诚信概念③为基础确立的,④经英国 1906 年《海上保险法》得以成文法化,并成为海上保险法以及保险法的标志性内容。英国 1906 年《海上保险法》第 17 条规定:"海上保险合同是建立在最大诚信基础之上的,如果合同任何一方不遵守最大诚信,另一方即可宣告合同无效。"⑤在此基础上,该

---

① 我国《民法通则》第 4 条、《民法总则》第 7 条、《合同法》第 6 条、《保险法》第 5 条、《消费者权益保护法》第 4 条以及《证券法》第 4 条等均规定了诚实信用原则。

② 参见[德]莱因哈德·齐曼默、[英]西蒙·惠特克著:《欧洲合同法中的诚实信用原则》,丁广宇等译,法律出版社 2005 年版,第 31 ~ 37 页。对于英国法没有接受普遍的诚信原则的理由,原因主要有三个:第一,英国法用碎片化的个案来解决问题,而不是采用广泛使用的大原则。第二,英国法代表了自由主义的社会思潮,合同方有权利在合同中追求自己的利益。第三,鉴于诚信内容的模糊性与主观性,承认诚信原则令人担心会产生太多的不确定性,而是否破坏合同确定性的目标恰恰是英国法所看重的。See Yam Seng Pte Ltd. v. International Trade Corp Ltd, (2013) EWHC 111 (QB). 转引自初北平:《海上保险的最大诚信:制度内涵及立法表达》,载《法学研究》2018 年第 3 期。

③ 根据英国学者 Peter Macdonald Eggers 等考证,曼斯菲尔德勋爵在该案中所阐述的诚信原则来源于西塞罗的著作《义务论》中对诚信原则的描述。See Peter MacDonald Eggers, Simon Picken, Patrick Foss, *Good Faith and Insurance Contracts* (2nd ed.), London, LLP, 2004, Preface to the second ed. p. ix.

④ 英国 1766 年的 Carter v. Boehm (1766) 3 Burr 1905,曼斯菲尔德勋爵在该案中指出,"诚实信用禁止一方通过隐瞒其秘密知悉的事实,来吸引另一方,并依赖于另一方对事实真相的无知及对相对方的信任达成交易……"该案是对保险法中诚信原则最早的阐述,该案也被后人认为保险法最大诚信原则确立的标志。参见[德]莱因哈德·齐曼默、[英]西蒙·惠特克著:《欧洲合同法中的诚实信用原则》,丁广宇等译,法律出版社 2005 年版,第 33 页。See also Peter MacDonald Eggers, Simon Picken, Patrick Foss, *Good Faith and Insurance Contracts* (2nd ed.), London, LLP, 2004, p. 5. 但经后来进一步考证,得出该案中曼斯菲尔德勋爵采用的表达为"good faith"而未采用过所谓的"utmost good faith"等类似有程度词的表达,并认为后来的法官对该案判决的整体误读才导致法院最后发展出比该案严格得多的义务。参见韩永强:《保险合同法"最大诚信原则"古今考》,载《华东政法大学学报》2013 年第 1 期。

⑤ MIA1906 S. 17: A contract of marine insurance is a contract based upon the utmost good faith, and the utmost good faith is be not observed by either party, the contract may be avoided by the other party. 英国 1906 年《海上保险法》所使用的是"may be avoided by the other party"宣告无效和无效是不同的。

法第18条至第20条进一步具体规定了被保险人的告知和陈述义务。与罗马法上早已确立,并作为大陆法系国家民事行为一般原则的诚实信用原则比较,英国1906年《海上保险法》上规定的最大诚信原则与其有着相同的道德伦理基础,即均要求当事人对对方不得隐瞒、欺诈,必须善意、诚实、守信,[①]但是却存在诸多不同,具体体现为诚信义务的制度化、诚信义务的单向性倾向和诚信义务的严苛性等特点,并与大陆法系诚信原则有很明显的区别。

第一,大陆法系国家一般认为诚信原则为法律原则,是抽象概括的没有法律后果的一般规范,[②]适用到具体案件时,须由法院予以评价予以补充,加以具体化。而根据英国1906年《海上保险法》第17条关于最大诚信原则的规定,海上保险是建立在以最大诚信原则为根本基础之上的合同,[③]可见,最大诚信原则对海上保险法的重要性。不仅如此,英国1906年《海上保险法》同时规定了"对方可以宣告合同无效"这一违反最大诚信原则的法律后果。依此衡量,英国海上保险法最大诚信原则明显呈现出法律规则的特点,并且具体化为被保险人的告知和陈述义务。[④] 而这种差异性,正如司玉琢教授所言,"并不是简单的'功能最大化'能够解释清楚的"。[⑤]

第二,在海上保险最大诚信原则的里程碑式的案例Carter v. Boehm案中,曼斯菲尔德勋爵的观点是不仅被保险人而且保险人也应遵循诚信原则。[⑥] 英国1906年《海上保险法》第17条的规定明确表明任何一方都应遵循最大诚信原则,即最大诚信义务具有"相互性"(reciprocal duties)。[⑦] 但是该法却没有保险人诚信义务的具体规则,而第18条至第20条规定的具体诚信义务则直接指向被保险人,该法实施之后很长一段时间英国海上

① 参见葛延珉:《海上保险法最大诚信原则研究》,大连海事大学2004年博士学位论文,第9页。

② 按法理学的一般理论,将法律规范分成原则、规则、概念。规则是具体规定权利义务及具体法律后果的准则,原则是指可以作为规则的基础或本源性的综合性、稳定性原理和准则。原则的特点是,它不预先设定任何确定的、具体的事实状态,没有规定具体的权利和义务,更没有规定确定的法律后果。参见张文显著:《法哲学范畴研究》(修订版),中国政法大学出版社2001年版,第49、54页。

③ Susan Hodges, *The Law of Marine Insurance*, London, Cavendish Publishing Limited, 1996, p. 83.

④ 英国1906年《海上保险法》是在最大诚信原则标题下规定了保险告知义务,第17条规定了最大诚信原则,第18条至第20条保险告知义务。

⑤ 司玉琢著:《海商法专论》(第四版),中国人民大学出版社2018年版,第425页。

⑥ Carter v. Boehm (1766) 3 Burr 1905. See Peter MacDonald Eggers, Simon Picken, Patrick Foss, *Good Faith and Insurance Contracts* (2nd ed.), London, LLP, 2004, p. 285.

⑦ Jonathan Gilman et al., *Arnould's Law of Marine Insurance and Average* (17th ed.), London, Sweet & Maxwell, 2008, p. 550.

保险领域也没有出现保险人的最大诚信义务的判例。① 而从海上保险交易的现实来看,不仅投保阶段存在保险人对保险标的情况认知上的弱势,这也是催生告知和陈述义务的原因所在;保险合同权利义务的非同时履行特点以及保险交易的专业性等也可能引发保险人诚信危机,则保险人理应也要被科以最大诚信义务,但实则不然。因此可以说,海上保险法最初设定最大诚信义务就是用来约束被保险人的。正如学者所评价的,“使用‘最大’这一表示最高程度的词汇,实在有些夸大其词。实际上,不妨只说投保人必须诚信投保,因此,必须披露所有重要事实”。② 最大诚信义务的单向性要求与诚实信用原则是对民事主体设定的行为标准是互相之间的诚信有明显不同。

第三,英国 1906 年《海上保险法》最大诚信原则的严苛性主要体现在:首先,要求当事人(实际上为被保险人)更高的诚信行为标准,即“不仅仅要远离恶意,而且还要积极地遵循最大诚信”。③ 对被保险人来说,其在保险合同订立时即应主动披露重要事实,无论保险人是否询问。其次,英国 1906 年《海上保险法》规定违反最大诚信原则所导致的后果是非常严厉的,不论违反告知是否出于过错,违反告知与损失之间是否有因果关系均应承担不利后果,同时在法律后果的设定上“保险人可宣告合同无效”是唯一的救济措施,这种“全有或全无”(all or nothing)的救济被公认为严苛(harsh or draconian)的救济,④也因此被批评为是“迈向形式主义而非实用主义的一大步”。⑤

如何解释与诚信如此不同的最大诚信呢?从诞生最大诚信的英国来看,正如学者所言,其国内“并没有经历过从诚信到最大诚信的演进过程,也没有依据说明最大诚信是诚信的特殊形式”。⑥ 1906 年《海上保险法》最

① 英国在 20 世纪 80 年代开始出现了一些保险人告知义务的案例,比较著名的是 Bannque Keyser Ullman SA v. Skandia(UK) Ins Co. Ltd.(以下简称“斯堪的亚案”)(1987)1Lloyd's Rep 69. See Peter MacDonald Eggers, Simon Picken, Patrick Foss, *Good Faith and Insurance Contracts* (2nd ed.), London, LLP, 2004, p. 287;以及参见葛延珉:《海上保险法最大诚信原则研究》,大连海事大学 2004 年博士学位论文,第 137~138 页。

② Raphael Powell, "Good Faith in Contracts", 9 CLP 16(1956) p26. 转引自韩永强:《保险合同法“最大诚信原则”的祛魅》,载《甘肃政法学院学报》2011 年第 2 期。

③ [1987] 1 Lloyd's Rep 69 at 93. See Susan Hodges, *The Law of Marine Insurance*, London, Cavendish Publishing Limited, 1996, p. 83.

④ Peter MacDonald Eggers, Simon Picken, Patrick Foss, *Good Faith and Insurance Contracts* (2nd ed.), London, LLP, 2004, p. 441.

⑤ Andrew Longmore, "Good Faith and Breach of Warranty: Are we Moving Forwards or Backwards?", *Lloyd's Maritime Commercial Law Quarterly*, 2004, 2, p. 167.

⑥ 初北平:《海上保险的最大诚信:制度内涵及立法表达》,载《法学研究》2018 年第 3 期。

大诚信所使用的拉丁文 uberrimae fidei 与大陆法系的诚信原则所对应的拉丁文 bona fides 并不同，而罗马法中并没有所谓的 uberrimae fidei，英国 1906 年《海上保险法》上的最大诚信原则其形成发展与诚实信用原则没有必然联系。① 一言以蔽之，“最大诚信是从英国法土壤中独立生成的一个法律概念”。②

而这英国法土壤中生成的最大诚信原则主要表现为针对被保险人科以的严厉的诚信义务，其规则设定也明显有利于保险人。因此某种意义上来说，英国 1906 年《海上保险法》最大诚信原则是有利益偏向的，其没有适当平衡被保险人和保险人的利益。在海上保险发展的初期，以及国家对海上保险业扶持发展的政策指引下，这种具有利益偏向性的法律规则最终得以确立，但是，当时代变迁，海上保险的客观环境发生变化时，其不合理性最终尽显无遗，而对其改革也在所难免。

2. 保险法最大诚信原则：继受及改革

由于英国海上保险在世界的影响，最大诚信观念也被其他国家接受，并在一般保险领域得以延续发展，最终演变为多数国家保险法（包括海上保险法）的基本原则，并呈现出与一般民法中的诚信原则并不相同的表现。

就英国来说，由于英国 1906 年《海上保险法》是普通法的法典化，因此关于最大诚信原则的规定是既适用于海上保险也适用于非海上保险的。③ 但是，这一严苛的最大诚信原则在非海上保险领域的适用中受到更多的批评和质疑，尤其 20 世纪 50 年代开始的保护消费者运动的思潮影响了保险法领域对最大诚信原则及严苛的诚信规则的适用，由此产生了改革现行保险法的要求。事实上，英国关于保险法的改革运动起源较早，且对最大诚信义务的改革从一开始就受关注。1957 年，英国法律改革委员会（English Law Reform Committee，法律委员会的前身）在其报告中对法律关于告知义务的规定进行了批判并提出了改革建议。④ 1980 年，法律委员会

---

① 国外学者在对保险法最大诚信原则的考证中得出上述结论。近年我国也多有学者研究得出上述结论。参见韩永强：《保险合同法“最大诚信原则”的祛魅》，载《甘肃政法学院学报》2011 年第 2 期；司玉琢著：《海商法专论》（第四版），中国人民大学出版社 2018 年版，第 425 页。

② 朱作贤：《对海上保险法最大诚信原则的误读与匡正——兼析英国〈2015 年保险法〉之新发展》，载《世界海运》2015 年第 6 期。

③ Jonathan Gilman et al., *Arnould's Law of Marine Insurance and Average* (17th ed.), London, Sweet & Maxwell, 2008, p. 538.

④ “Fifth Report of the Law Reform Committee (1957) Cmnd 62”. See Law Commission and Scottish Law Commission, “Insurance Contracts Law: Misrepresentation and Non Disclosure: Issue Paper 1”, p. 18. http://www.justice.gov.uk/lawcommission/docs/ICL1_Misrepresentation_and_Non-disclosure.pdf.

(English Law Commission)在其报告中再次提出在告知义务方面法律“毫无疑问需要改革”,[①]并提出了更为具体详细的改革建议。但是这一次改革还是未能成功。作为妥协,为了缓和法律对消费性保险的过于严苛的要求,作为告知义务制度领域法律改革的代替,行业的自律规则应运而生。1977年,保险协会(British Insurance Association,BIA)和劳合社制定了《普通保险自律守则》(the Statement of General Insurance Practice,SGIP)和《长期保险自律守则》(the Statement of Long-term Insurance Practice,SLIP)。1986年,这两个守则作出修订。需要强调的是,这两个自律守则仅适用于消费者保险领域。[②]

2002年9月1日,英国保险法协会(BILA)发布了一份名为“致法律委员会关于保险合同法改革建议”的报告,该报告建议以1980年的法律委员会报告为基础改革现行保险合同法。该报告认为,不应废除最大诚信原则,但应作出修改。[③] 2005年12月21日开始,英国法律委员会和苏格兰法律委员会联合启动对保险法的改革进程,并对保险法的改革进行了联合问卷调查,其中包括不实告知和误述。之后,英国法律委员会和苏格兰法律委员会在2006年1月发布《保险合同法:联合研究范围文件》的报告,其附件A明确指出现行法律对告知义务的规定仍存在六个方面的问题亟待关注:(1)现代保险业务中保险人和被保险人对(保险标的风险情况)的相对了解程度;(2)重要性的判定标准;(3)保险人没有主动询问的义务;(4)全无或全赔(解除权)作为唯一的救济;(5)对被保险人无过失、过失和欺诈三种情况下违反告知义务的法律后果未作区分;(6)(保险人解除合同的救济)不考虑违反告知义务与保险标的损失之间是否存在因果关系。[④] 2006年9月,两个委员会联合发布第一份关于改革保险法的专题文件,即《保险合同法:披露和误述(专题文件1)》,表明最大诚信原则首先被法律

① “Insurance Law, Nondisclosure and Breach of Warranty (1980) Law Com No 104”. See Law Commission and Scottish Law Commission, “Insurance Contracts Law: Misrepresentation and Non Disclosure: Issue Paper 1”, p. 2. http://www. justice. gov. uk/lawcommission/docs/ICL1_Misrepresentation_and_Non-disclosure. pdf.

② 参见王雄飞:《英国保险告知义务制度的演进、结构和现代化》,载《环球法律评论》2010年第1期。

③ Law Commission and Scottish Law Commission, “Insurance Contracts Law: Misrepresentation and Non Disclosure: Issue Paper 1”, pp. 29 – 30, http://www. justice. gov. uk/lawcommission/docs/ICL1_Misrepresentation_and_Non-disclosure. pdf.

④ Law Commission and Scottish Law Commission, “Appendix A: Non-disclosure, Misrepresentation and Breach of Warranty. In: Insurance Contract Law: a Joint Scoping Paper”, http://www. justice. gov. uk/lawcommision/docs/ICL-Scopin-paper. pdf.

委员会关注。与之前英国法律委员会1980年的报告不同的是,这次两个委员会改革的范围不仅包括消费性保险,也包括商业性保险和运输保险方面。[①] 英国法律委员会和苏格兰法律委员会于2007年7月17日发布第一份联合咨询文件,建议改革先合同最大诚信义务(Pre-contractual duty of utmost good faith)。[②] 2009年12月,法律委员会向政府递交了名为《消费者保险法:先合同披露与误述》的正式报告。[③] 该报告中包含的立法建议中有重大的变化主要为:对消费性保险取消主动告知而采用询问告知,即被保险人应准确回答保险人的提问;区分过错的不同形态设定违反告知义务不同的法律后果。[④] 2012年3月8日,英国2012年《消费者保险法》获通过,并于2013年4月6日起实施。

从英国上述保险法领域的变革来看,消费性保险领域的最大诚信义务的改革已经有了实质性进展,目前主要集中于先合同最大诚信义务即保险告知,最大诚信义务的其他方面内容的审议也在进行中。[⑤] 从目前来看,对保险告知的改革在削弱原先苛刻的规则而保护被保险人的利益取向上非常明显。

3. 海上保险法最大诚信原则的判例法发展:"最大性"的消融

这一首先起源于英国对消费者保险的改革运动,使海上保险和非海上保险最大诚信义务出现了分野,而一定程度上来说,海上保险的最大诚信原则也渐受改革运动的影响。20世纪八九十年代开始英国在海上保险最大诚信原则方面也出现了一些新的发展,这些新的发展与其说是最大诚信原则的发展,还不如说是最大诚信原则的逐渐"消融"渐回到诚信原则的

① Law Commission and Scottish Law Commission, "Insurance Contracts Law: Misrepresentation and Non disclosure: issue paper 1", p. 2, http://www.justice.gov.uk/lawcommission/docs/ICL1_Misrepresentation_and_Non-disclosure.pdf.

② Law Commission and Scottish Law Commission, "Insurance Contracts Law: Misrepresentation, Non-disclosure and Breach of Warranty by Insured, A Joint Consultation paper", http://www.justice.gov.uk/lawcommission/docs/cp182_ICL_Misrep_Non-disclosure_Breach_of_Warranty.pdf.

③ Law Commission and Scottish Law Commission, "Consumer Insurance Contract: Pre-contract Disclosure and Misrepresentation", http://www.justice.gov.uk/lawcommission/docs/lc319_Consumer_Insurance_Law.pdf.

④ Law Commission and Scottish Law Commission, "Consumer Insurance Contract: Pre-contract Disclosure and Misrepresentation", http://www.justice.gov.uk/lawcommission/docs/lc319_Consumer_Insurance_Law.pdf.

⑤ 英国法律委员会和苏格兰法律委员会在2010年7月发布的第七个专题报告是关于被保险人的后合同诚信义务的。参见 The Law Commission and The Scottish Law Commission, "Insurance Contract Law: Issues Paper 7: The Insured's Post-Contract Duty of Good Faith", http://www.justice.gov.uk/lawcommission/docs/ICL7_Insureds_Duty_of_Good_Faith.pdf.

轨道中来了。

首先,作为英国1906年《海上保险法》最大诚信原则的核心的保险告知义务,对其的告知义务认定趋向严格。典型的案例是20世纪90年代英国上议院在Pine Top案确立了实际引诱规则(actual inducement test),将保险人是否受未告知或误述而诱使订立合同这一因素作为该保险人是否有权解除合同的依据。[①] 其次,最大诚信义务是互相性的义务,保险人也应遵循最大诚信原则的判例在20世纪80年代出现,典型的是Bannque Keyser Ullman SA v. Skandia(UK) Ins Co. Ltd.(以下简称"斯堪的亚案"),该案确定了保险人负有在保险合同订立时告知重要事实的义务。[②] 最后,海上保险最大诚信义务从被保险人订立合同前的告知义务逐渐扩展到适用于海上保险合同全过程。在"星海案"前,英国主流观点一直认为最大诚信是一种先合同义务。[③] "星海案"(The tare sea)中,上议院将最大诚信义务扩展至合同订立之后、诉讼纠纷发生之前,并将适用范围扩展至非海上保险以外,认为所有的保险均适用该原则。[④] 之后不久的"大陆商人案"(The"mercandian continent")中,上诉法院的隆默尔(Longmore)法官进一步确认了最大诚信原则在各类保险合同中的地位,认为其不仅适用于合同订立前,也适用于合同履行阶段,并同时引入重要性标准和因果关系要件来明晰后合同诚信义务的适用范围和效力。

---

① Pan Atlantic Insurance Co. Ltd. v. Pine Top Insurance Co. Ltd. (1994)2 Lloyd's Rep 427. 关于英国海上保险法告知的重要事实的认定详细阐述参见本书第三章第一节。

② "斯堪的亚案"涉及保险人在合同订立时的告知义务。但是,对于保险人的告知义务的范围,初审Setyn法官认为"保险人应告知其知识范围内的情况,这些情况是保险人知道被保险人不知道或不能知道的,但是缺失重要的情况,因为它们对于被保险人签订合同的决定有一定影响"。上诉法院在审理该案时,确定了比Steyn法官更重的告知标准,即保险人要告知其所知道的一切情况,只要这些情况对于投保的风险是重要的或对于根据保单求偿是重要的。上议院基本同意上诉法院的观点。See Peter MacDonald Eggers, Simon Picken, Patrick Foss, *Good Faith and Insurance Contracts*(2nd *edtion*), London, LLP, 2004, p. 287;以及参见葛延珉著:《海上保险法最大诚信原则研究》,大连海事大学2004年博士学位论文,第137~138页。

③ 尽管在此前关于最大诚信与保险告知之间的关系作出过探讨,例如,在Carter v. Boehm案中,Ellenborough就指出,保险告知源于最大诚信原则,而不是相反。但是,在英国1906年《海上保险法》之前的多数案例认为保险告知最大诚信是合同订立前的义务。在"星海案"前,也有一些案例对最大诚信原则和保险告知的关系作出过阐述。例如,在C. T. I. 案上诉审中,Kerr法官就指出:"最大诚信义务是上位概念,而保险告知则为最大诚信的表现之一。"以及在the Litsion Pride案中,Hirst法官认为最大诚信原则是要比英国1906年《海上保险法》第18条规定的告知义务更为广泛的义务,不仅订立合同前应遵守,合同成立后也应遵守。Susan Hodges, *The Law of Marine Insurance*, London, Cavendish Publishing Limited, 1996, p. 84.

④ Manifest Shipping & Co. Ltd. v. Uni-Polaris Insurance CoLtd & La R Reunion Europeene(The "Star Sea"), [2001] 1Lloyd's Rep. p. 389. 转引自葛延珉:《海上保险法最大诚信原则研究》,大连海事大学2004年博士学位论文,第16页。

从诚信义务仅适用于被保险人到确定保险人的诚信义务，以及对被保险人的告知义务的严苛规则出现了一定的弱化，这均表明最大诚信原则的发展已逐渐虑及被保险人的利益的保护。而最大诚信原则适用于合同成立后，似乎表明对被保险人有了新的诚信要求，但事实上，诚信原则是民事主体活动的基本要求，因此，从该角度来看，这一规则的发展并非表明最大诚信原则的扩大化，而是诚信原则本身应该包含的要求。英国确立的保险合同成立后的诚信义务主要集中于被保险人不应欺诈索赔的要求，同时受重要性和因果关系的制约，这比订立时告知义务的诚信要求要低。

4. 英国保险法变革的深入及对海上保险最大诚信原则的影响

于 2012 年对消费者保险合同的告知义务进行了改革后，英国保险法改革继续深入。2014 年 7 月两法律委员会发布了第二份正式研究报告，对非消费者保险合同被保险人的告知义务进行了详尽的分析。与正式研究报告同时发布的保险法草案第二部分使用了 7 个条文对 1906 年《海上保险法》中被保险人告知义务规则进行了修改，经过 2014 年 7 月 17 日一读和 7 月 29 日二读，该立法草案最终于 2015 年 2 月 12 日获得议会通过，被命名为 2015 年《保险法》(The Insurance Act 2015)。[①] 该法被认为是英国百年来最重大的保险法变革，而该法的内容多数与最大诚信原则有关。

其一，从该法对最大诚信原则的修订结果看，已将其从法律规则转变为法律原则。具体表现为：第一，在立法体例上将“诚信原则”(good faith)(第五部分)与“公平合理的陈述”(第二部分)的规定分开，从而避免了原 1906 年《海上保险法》将最大诚信原则塞入告知和陈述的标题之下引起的“混同”。此修订与其说澄清不如说扩大了最大诚信原则的适用范围，从第五部分“诚信原则”与具体诚信义务之间的关系看，“诚信原则”成为统领该法其他部分具体诚信义务的告知(第二部分)、保证(第三部分)、欺诈性索赔及迟延赔付(第四部分)以及 2012 年《消费者保险法》告知义务等的法律原则。第二，从第五部分第 14 条“废除任何规定违反最大诚信义务的后果是宣告合同无效的法律”之规定来看，违反最大诚信义务不再是单一的宣告无效严苛的后果，从而修正了最大诚信原则的后果。从第五部分标题诚信以及条文中的最大诚信义务夹杂使用来看，与其说是新法修正了最大诚信原则不如说已向诚信原则发生形式上的转变，而实质转变则是通过下述具体义务的修改进一步完成的。

① “UK Parliament Insurance Act 2015”, http://service. paliament. uk/bills/2014 - 15/insurance, html.

其二，对最大诚信义务的典范——告知义务的软化处理。英国2015年《保险法》第二部分第2条至第8条对包括海上保险合同在内的非消费者保险合同的被保险人告知义务进行重新界定，该被称为“公平陈述义务”（the duty to make a fair representation）的规则体系，其主要变化为：告知义务的履行采“主动告知为主、询问告知为补充”的模式；[①]对告知义务的法律救济采取了和此前2012年《消费者保险法》类似的梯度式救济方式即区分不同情形规定法律后果，并引入比例救济原则。2016年8月12日，该法正式生效后，1906年《海上保险法》第18条至第20条及相关的普通法规则即被废除。[②] 就构成最大诚信原则的保险告知义务规则而言，消费者保险合同与非消费者保险合同的区分模式就此形成，而该模式的形成以及具体规则的变化也表明了最大诚信原则的演化趋势在于平衡被保险人和保险人之间的利益。

其三，对最大诚信义务的扩展处理。第一，与前述英国海上保险法就最大诚信义务集中于先合同义务外，英国判例法的发展认为后合同诚信义务在被保险人欺诈索赔中有适用的空间，就此扩展了诚信义务的阶段，但是根据1906年《海上保险法》第17条的规定，欺诈性索赔这一违反后合同诚信义务的法律救济就是宣告合同无效，这一严苛的救济方式为理论界和实务界所诟病，事实上1906年《海上保险法》违反最大诚信无效规定成了发展后合同诚信义务的桎梏。因此，欺诈性索赔的法律救济问题也被纳入两法律委员会上述关于英国保险法改革的第二份正式报告中，2015年《保险法》第四部分第12条和第13条对欺诈性索赔的救济性规定，[③]比适用1906年《海上保险法》第17条对被保险人较为有利。第二，保险人诚信义务的有限度引入。首先，与上述被保险人告知义务模式相关的是，2015年《保险法》对保险人加入了一定条件下的“主动询问”的要求。其次，根据2015年《保险法》第17条引入了不利条款概念，即保险合同设定的条款使得被保险人承担比该法规定的被保险人的义务（告知、欺诈性索赔、当然还

① 此处仍采国内学者的一般表达，具体参见李天生、邓格：《英国保险法告知义务模式的变革及其启示》，载《大连海事大学学报（社会科学版）》2015年第4期；张金蕾、潘秀华：《中国海上保险法律制度修改的再审视——以〈2015年英国保险法〉为背景》，载《中国海商法研究》2015年第4期；郑睿：《论英国海上保险合同告知义务之演进与立法启示》，载《中国海商法研究》2015年第4期。笔者对该部分有自己的归纳，具体参见本书第三章第一节的论述。

② 参见英国2015年《保险法》第21（2）条。

③ 根据英国2015年《保险法》第四部分第12条规定，保险人对被保险人欺诈索赔不承担保险责任；对涉及欺诈性索赔的先行赔偿，保险人可以向被保险人追回。保险人对被保险人欺诈索赔的，可以解除保险合同，并对保险费是否退还问题作出了规定等。

有保证)更为不利的后果,则需满足透明度要求,即保险人在合同订立前或者合同变更前,必须采取了足够措施引起被保险人的注意,且不利条款本身表达应清楚确定。①

总而言之,英国海上保险法最大诚信原则的演变和英国保险法领域的立法改革,尤其以2012年和2015年的两部立法对1906年《海上保险法》保险告知义务的规则的废止及诚信义务的扩张为典型,这一变革如果说它是对"最大诚信原则的重塑",②那重塑即是针对原先对被保险人过于严苛的规则的修正,而该重塑恰表明海上保险法最大诚信原则已经褪去了其所谓的"最大性"要求,逐渐过渡到诚信原则的轨道上了,虽然保险法(海上保险法)中的诚信要求比一般民法中的要求更具体,更趋向规则化,但是,诚信的本质是双方当事人互为守信,诚实不欺的道德伦理基础经过历史的发展已经照映到保险法和海上保险法中,只不过由于保险本身的特殊性,它们以并不完全相同的形式得以表现。以英国的法律环境来说,如果说其法律尚未确立作为一般条款的诚信原则,仅在个别领域以排除器的方式存在,但在保险法领域,目前,英国法除了形成了双向性的诚信义务群外,也已经确立了具有统领作用的诚信原则,而大异其趣。然保险与其他领域的区别与保险交易的特殊性——保险是处理风险的交易——本身有关。

(二)海上保险法价值取向变动性的现实基础

那么,我们能从影响全球的英国海上保险法最大诚信原则的演进中得到什么启发呢?

各种利益主体都在追求如何实现自己的价值目标,因此,在不同的主体之间,矛盾点是存在的,"人类社会利益主体的多元化使法的价值冲突变得常见和复杂"。③ 因此,作为保险合同双方当事人的投保人/被保险人和保险人之间的利益冲突是不可避免的。保险法律价值的个性概念隐含着"普遍承认各种主体的利益的客观性和合理性,并基于这种客观性和合理性来协调各种利益关系"。④ 法律的价值取向并不是固定不变的,正如学者所说,"鉴于法律之历史性,即它是应历史上某一个时间断面上的具体情

---

① 参见张金蕾、潘秀华:《中国海上保险法律制度修改的再审视——以〈2015年英国保险法〉为背景》,载《中国海商法研究》2015年第4期。

② 朱作贤:《对海上保险法最大诚信原则的误读及匡正——兼析英国〈2015年保险法〉之新发展》,载《世界海运》2015年第6期。

③ 张文显主编:《法理学》(第四版),高等教育出版社2011年版,第257页。

④ 谢鹏程:《法律价值概念的解释》,载《天津社会科学》1996年第1期。

况所产生，因此，它对其他的历史断面并不一定适合。盖具体的情况在变迁，价值标准也会随着变更”。[①] 从海上保险法最大诚信原则的变化可以看出该原则所彰显的法律的价值取向的变化，即从维护保险人的利益逐渐向保护被保险人的利益的价值取向的变化。

海上保险业作为支持国际贸易、航运业重要的服务性行业，其变化发展与航运业的变化发展息息相关；而作为建立在专业技术基础上的集中并分散危险的行业，其发展和变化也与保险技术的发展息息相关，海上保险法的发展以及价值取向的变动与此均密切相关。在海上保险业开展的初期，由于技术上的原因，船舶抵御海上风浪的能力较弱，因而在航海过程中的风险也很大。因此，传统海上保险业中的保险人在承保后也承担较大的责任。“船舶是木壳的，货物则用木箱或麻袋包装，处于发展初期的海上保险业是一个不安全的幼稚产业，保险人的风险很大，而保险标的始终在被保险人的掌控之下，评价风险的特定事实大多只有被保险人知道，保险人只有依赖被保险人的告知和陈述才能有所了解并予以承保，这种信息的不对称使当时的海上保险立法要求被保险人承担较重的义务和责任”。[②] 因此，英国海上保险法创设最大诚信原则的目的非常明显，即为保护尚属幼稚的保险业的发展，保护受信息不对称严重影响承担巨大海上风险的保险人的利益，这一“最大”化的最大诚信原则的确立在当时顺理成章也具有定的合理性，但是，过分偏向于保险人的取向在理论上存在掣肘。

21 世纪的国际贸易、国际航运业和海上保险业都呈现了不同以往的现实。随着科学技术的发展，人们对各种自然灾害和意外事故的预防和控制能力不断取得进步，尤其是科学技术的进步大大改进了船舶的技术设备，使船舶本身大大提高了抵御海上风险的能力，从而使航行中所可能遭受的危险大大降低。同时，有关的规范船舶结构、检验及船员培训等国际公约的出现，也在很大程度上降低了海上事故发生的可能性，更何况 21 世纪的国际航运与国际贸易也已经发生了翻天覆地的变化，纵使在总体上海上运输的风险依然要大于陆地运输，但无论如何都不能再称之为“海上冒险”了。因此，在最大诚信原则所赖以存在的社会现实发生改变后，适当地改变法律规则，以适当保护被保险人的利益以及实现当事人的利益的平衡也顺理成章。

（三）海上保险和一般保险的差异比较对价值取向的影响

以英国 1906 年《海上保险法》为代表的现代海上保险法，作为普通法

① 黄茂荣著：《法学方法与现代民法》（增订五版），2006 年自版，第 481 页。

② 樊启荣著：《保险契约告知义务制度论》，中国政法大学出版社 2004 年版，第 112 页。

的法典化,[1]是由查默斯爵士以此前200多年间产生的2000多件相关的保险判例为基础总结而制定的,[2]可以说,它虽颁布于20世纪初,却形成于19世纪或是更早,因此,该海上保险法的特别规则大部分根源于现代海上保险初步发展阶段的社会现实。但此后以英国为代表的世界海上保险法在近一个世纪里基本未变,因此,这些海上保险法特殊规则的合理性在处于21世纪的当今是应被重新审视的。20世纪八九十年代开始的包括英国在内的一些国家的海上保险法的变革运动也说明现代海上保险法将发生新的改变,而这一变革最明显的特征,正如司玉琢教授所概括的为"更注重被保险人利益的趋势"。[3] 在保护被保险人利益的趋势下,保险法的改革也侧重于对原来严苛规则的弱化而采取和保险法相同或接近的规定。例如,澳大利亚海上保险法的改革是比较典型的,其2001年关于1909年《海上保险法》的改革报告中,对海上保险告知义务制度采取了和其1984年《保险合同法》相近的改革意见:如对告知重要事实的认定上,即参考了澳大利亚1984年《保险合同法》第21条建议采用"合理被保险人"标准;对违反保险告知义务的后果上,参考了澳大利亚1984年《保险合同法》第28条建议采用按被保险人的过错程度以及告知与损失之间的因果关系来确定保险人的救济权。[4]

也许有人会说我国海上保险法的发展与西方国家海上保险法发展不同,因为我国的海上保险并没有经历西方国家保险的发展历史,也没有经历英国海上保险发展之初的海上风险过高而保险技术偏低的客观环境。但是,我国《海商法》第十二章"海上保险合同"部分仍较多地借鉴了根据18世纪、19世纪的判例法编撰而成的英国1906年《海上保险法》,虽然立法时有的规定并没有完全照搬,可英国海上保险法中特别规则在一定程度上也存在于我国的海上保险法中。这正如学者所说:"我国当前时段的法律制度是西方保险法律制度历史轴线的延长。"[5]因此,我国《海商法》中有关海上保险的内容的合理性仍需要检视,而对被保险人利益的适当保护也

---

① David Hertzell, "Insurance Contract Law reform in England/Wales and Scotland", in Baris Soyer ed. *Reforming Marine and Commercial Insurance Law*, Lodon, Imforma, 2008, p. 1.

② 关于英国1906年《海上保险法》制定的过程,可参见 Peter Macdonald Eggers, "The Marine Insurance Act 1906: Judicial Attitudes and Innovation—Time for Reform?", in D. Rhidian Thomas ed., *Marine Insurance: The Law in Transition*, London, Informa, 2006, pp. 193 – 196.

③ 司玉琢主编:《国际海事立法趋势及对策研究》,法律出版社2002年版,第353页。

④ Australian Law Reform Commission, "Review of the Marine Insurance Act 1909 – Report 91 (ALRC 91) (recommendation 22)", p. 26., http://alrc. gov. au/sites/default/files/pdfs/publications/alrc. pdf.

⑤ 詹昊著:《保险市场规制的经济法研究》,中国法制出版社2007年版,第17页。

应为我国海上保险法所采纳和吸收。

新中国保险业经历了恢复和快速发展时期,在几十年的保险发展历史中也出现了许多保险人利用保险条款或利用制度漏洞损害保险相对人利益的情况,“保护被保险人利益”不仅是维护我国保险业持续快速发展的保障,也应成为保险法的理念和宗旨。我国《保险法》(2009 年修订)就是在保护被保险人利益的理念下作出了重大修改,而我国海上保险法的发展也应该以适度保护被保险人利益作为价值取向,因此,两部法律在某种程度上的统一是可以实现的。

当然,两者保护被保险人利益的价值取向所依据的现实条件可能是不完全相同的,例如,一般保险中的被保险人多为外行的消费者,由于缔约谈判能力悬殊、保险专业知识缺失,这些事实的存在,使一般投保人更易受到具有缔约谈判优势和专业优势的保险人的侵害;而海上保险多数是商人的投保行为,其缔约谈判能力与保险人之间的悬殊没有一般保险明显,从这一点看,两者不可能完全统一。但笔者认为,相对于一般保险,海上保险的专业性、技术性更强,所以,某种意义上海上保险的被保险人仍是处于弱势地位的,而且缔约谈判能力总是相对而言的,海上保险的被保险人缔约谈判能力比一般保险的消费者要强,但是,海上保险的被保险人与其交易对象的保险公司比较,其缔约能力仍是相对弱的,因此,法律上对被保险人利益保护的强化仍是正当的,海上保险与一般保险的统一协调仍具有保护被保险人利益这一相同的价值取向。

综上,海上保险法与保险法的协调是必要且是可能的,在这一宗旨下,需要做的是,对我国海上保险法和保险法之间一些异化现象的合理性作出必要的检视,以建构保险法律的和谐体系之目标合理划分此一般法和特别法的内容并保持对未来发展的适当的开放性。

第四节　海上保险法与保险法协调的干扰因素及克服

笔者在此提及海上保险法在法律体系中的定位再思考,基于两个背景:第一,我国于 2014 年第四次启动《民法典》立法,2017 年 3 月 15 日通过的《民法总则》正式开启了我国私法“民商合一体例”。《民法典》的编纂对已经形成自体化的《海商法》和《保险法》等必然产生影响,如何纳入、如何实现该商事特别法与普通民法之间体系协调成为《民法典》编纂中必须要解决的问题。第二,我国《海商法》在千呼万唤之下亦终于启动了修改进程。《民法典》的编纂与《海商法》的修改都给笔者所讨论的海上保险法的定位有了再体系化思考的余地。而事实上,海上保险合同跨越了《海商法》和《保险法》两个分支,构成《海商法》组成部分的"海上保险法"的定位自然也受到其归属的《海商法》体系特点的影响,海上保险法作为《保险法》的特别法,因《保险法》的立法价值取向使其对海上保险合同的适用带来一定困扰。上述两者都对协调产生一定干扰或障碍,需要明辨。

一、海上保险法作为特别法之定位的干扰因素及克服

(一)海商法自体性[①]对其作为特别法定位的干扰及克服

海上保险法是作为保险法的特别法还是与其他保险分支并列立法,其选择取向,除海上保险本身具有特殊性外,也因海上保险与国际贸易和航运具有的天然联系自始归入海商法领域,而其所归属的海商法领域在历史发展中形成了"自体性"特点,海商法的这一特殊性使现今讨论其在一国法律体系中的地位时仍难以摆脱"海商法是否独立于民法或商法之外的独立法部门的争论",自然也影响了其组成部分的海上保险法与其他保险法的关系。

海商法在一国法律体系中的定位与海商法的性质这一基础理论问题直接相关,目前我国学理界关于海商法的性质存在民法的特别法之说和独立法律部门之说的对立。[②] 民法特别法之说,认为海商法仅是相对独立的法律部门,隶属于民法之下的子法律部门。独立法律部门说,则认为海商法应是与民法、刑法等并列的独立法律部门。独立法律部门说隔绝了海商

---

① 海商法的特殊性、独自性、独立性、自体性等表述是在讨论海商法是否能够在某种程度上形成与民法、商法等一般私法之外的法领域时的表达,最早由法国学者帕尔德修(J. M. Pardessus)于19世纪初提出。参见[日]中村真澄、箱井崇实著:《日本海商法》,张秀娟等译,法律出版社2015年版,第20~21页。我国学者对海商法的自体性的学术表达也较为常见,根据学者概括,海商法的自体性是指海商法自主生成、独立发展、自成体系的特点,表现为其外部独立性和内部综合性。参见曹兴国:《海商法自体性研究》,大连海事大学2017年博士学位论文,第22~23页。笔者在此使用这一学理界所使用的概念,并从其外部独立性以及内部自足性两个方面分别阐述,本部分侧重外部独立性对其特别法之定位的影响。

② 在理论上还存在过海商法为国际经济法的分支的观点,参见傅廷中著:《海商法论》,法律出版社2007年版,第3页。以及海商法为经济法的分支的观点,参见中国大百科全书总编辑委员会《法学》编辑委员会、中国大百科全书出版社编辑部编:《中国大百科全书》(法学卷),中国大百科全书出版社1984年版。后一种观点是20世纪80年代经济法一统天下时的观点,目前基本已经消失。虽海商法具有很强的国际性,但是海商法并不以涉外性的海事商事关系为限,因此,作为国际经济法的分支在目前学理界已式微。另外值得一提的是,在我国目前还存在海商法归属于海法法系的观点。参见司玉琢、李天生:《论海法》,载《法学研究》2017年第6期。笔者认为,海法法系从本质上是从领域法学视角的分析,其对于学术研究是有非常有意义的,但其与法律部门角度探讨海商法的归属并不在一个维度之上,因此,笔者在本书中不具体展开。

法与其他的民商事法律之间的联系而自成体系。具体来说,按海商法独立法律部门说,《海商法》中的一些制度如海上货物运输合同、旅客运输合同等与《合同法》相隔断,船舶物权制度与《物权法》并列,船舶碰撞与《侵权责任法》隔断,相应的海上保险合同也与《保险法》以及《合同法》相隔断。

海商法学界支持独立法律部门说[①]的学者很多。傅廷中教授认为:“在大部分国家,海商法都脱离了民法而归于商法体系,有些国家(如英国)甚至将其作为独立的法律部门对待,从这个角度上来说,关于海商法是独立法律部门的提法并非是空穴来风。”[②]司玉琢教授认为:“海商法在国际上,特别是航运发达国家成为独立的法律部门,至少有近百年的历史了,随着我国海运事业的迅速发展和海运立法的不断完善,我国海商法作为一个独立的法律部门的条件已经成熟,同时已形成了自己的法律体系。”[③]如果说上述观点是借海商法在西方航海发达国家的地位提出对我国海商法作为独立法律部门的期望的话,也有学者在比较了海商法与民商法的诸多不同的基础上指出“海商法被认为是民法的特别法是长期以来法学界认识上的重大误区”的尖锐观点。其认为“海商法有不同于民法的独立的历史渊源和发展轨迹,而且海商法与民法从法律属性、表现形式、立法体系、规范内容以及纠纷解决机制方面都迥然相异”。“将海商法作为民法的特别法,不但在学理上不能证成,在实践中也有害无益。因此,应当将海商法从民法的子法地位中独立出来,并与民法相并列”。[④]

海商法具有独特性,脱离于民法的束缚有助于对其体系的延展,因此独立法律部门说有一定凝聚力,但仔细分析,会发现独立部门说依据尚不充足。首先,该说的论据之一是独立法律部门为西方航运发达国家所采用,但这一认识其实并不准确。长期以来,英美法系特别是英国在海商法领域占主导地位,其海商法具有无可比拟的地位,但英美法系国家并无划分法律部门的做法,划分法律部门是大陆法系的传统。在大陆法系国家法

① 独立法律部门其实细分有两种,本书着重探讨狭义意义上的海商法的定位,即《海商法》所调整海上运输中发生的以及其他与船舶有关的平等主体之间的人身关系和财产关系。而另一种将广义海商法作为独立法律部门的观点在我国海商法学界较为流行。例如,司玉琢教授认为,“狭义的海商法为民法的特别,广义的海商法以与海上运输和船舶有关的关系为调整对象的一切法律法规的综合,不仅包括民商事规范也包括海运行政规范,广义的海商法与民商法既是独立的法律部门,又存在互相交叉之处”。参见司玉琢、李志文主编:《中国海商法基本理论专题研究》,北京大学出版社 2009 年版,第 16 页。广义海商法独立法律部门说的观点,另可参见张丽英著:《中国海商法》,高等教育出版社 2006 年版,第 6 ~ 7 页。

② 傅廷中著:《海商法论》,法律出版社 2007 年版,第 6 页。

③ 司玉琢主编:《海商法》(第三版),法律出版社 2012 年版,第 6 页。

④ 王世涛、汤喆峰:《论海商法之于民法的独立性》,载《中国海商法研究》2012 年第 3 期。

典化编纂进程中,采民商分立体例的国家,海商法被纳入其商法中,典型如1807年法国《商法典》(海商法为第二编)、德国1897年《商法典》(海商法为其第四编);采民商合一体例的国家,如意大利,海商法未纳入其《民法典》,而是以单行法意大利《航海法》存在,将海商法纳入民法典的做法在早期并不典型。可见,在大陆法系国家,海商法一般是作为民法或商法组成部分而非独立法律部门。其次,海商法的起源与民法确实不同,“但是海商法与民法不同的历史渊源,与海商法的现时性质并无必然联系。”[①]海商法源于中世纪商人习惯法甚至更早,作为商人法的分支其具有独立性。[②]正如学者所言,“商人法的独立性,本身是历史事实问题,已经成为过去完成式,人们对此不存在争议”。“商人法与后来的私法二元论中的商法独立性问题,发生的历史时期不同,参照系不同,背景不同,问题意识也不同”。[③] 以此来审视海商法的独立性命题,亦即不能将中世纪时期的海商法的独立性当做现代海商法是否为独立法律部门的依据。海商法与之后发展的民商法之间是否有交融并互相影响,自是需要另行论证的。最后,海商法有自成一体的法律制度和规范形式,与民法之间内容多有不同,这是事实,但这似乎尚不能成为海商法独立于民法的法律部门的依据。在海商法领域中,确实随处可寻到闪耀着海商法特点的制度和规则,但与一般民法相异的特殊性制度与规则之存在恰恰是体系化方法下特别法之于一般法的价值所在。关键问题在于,海商法内容的自体性,是否已经得出其规范体系可脱离于其他法律而完全独立的结果了呢?据学者对我国海事司法实践的考察,法院援引《民法通则》《合同法》《物权法》《担保法》等一般民商事法律及司法解释的比例远远大于直接援引《海商法》及其司法解释。[④] 当然,显示的统计数据比例未剔除海商海事纠纷中可能并不涉及海

---

① 孙思琪:《海商法独立部门说之商榷》,载上海海事大学海商法研究中心编:《海大法律评论2014-2015》,上海浦江教育出版社2015年版,第47页。

② 中世纪商人法具有独立性,是商人们为自己的商业事务而创造的、与当局统治相脱离的、独立的司法制度,其有自己的规则和习惯,有自己的法官和审判制度。

③ 张谷:《商法,这只寄居蟹——兼论商法的独立性及特点》,载高鸿均主编:《清华法治论衡》(第六辑),清华大学出版社2005年版,第4页。

④ 马得懿教授对2007年、2010年、2012年及2013年度上海海事法院审判情况通报的总结,法官援引《民法通则》《合同法》《物权法》以及《担保法》的概率远远大于直接援引《海商法》。参见马得懿:《作为补充型特别民法之海商法丰富性与体系性》,载《社会科学战线》2016年第8期。何丽新教授对2008年至2017年发布于中国裁判文书网上的30,375件海商案件法律适用的统计,得出适用《海商法》的比例为14.8%及司法解释比例为1.98%,适用一般民商事法律及司法解释的比例为43.6%,显示结果也是一般民商事法律的适用比例远超过援引《海商法》。参见何丽新:《〈海商法〉实施二十五年司法适用研究报告》,载《中国海商法研究》2018年第2期。

商关系的案件,也未剔除以一般民商事法排除海商法的适用可能存在适用错误的情况,也未剔除我国《海商法》立法缺漏导致本应适用海商法而只能援引一般民商法律的情况,但不可否认的是,司法实践证明现行《海商法》凭一己之力无法做到完全自给自足。若要维护《海商法》完全的自体系化,唯一的路径便是将与一般民商事领域有交集的法律制度和规则完全在《海商法》中予以复制,唯有如此,作为独立的法律部门方可形成自体系化的循环,但是这一为维护独立性的结果势必使海商法整个体系臃肿,而在我国民商事法律体系已经基本成型的当下,海商法若如此修订其必要性值得思虑。而事实上,将海商法与其他法律完全隔绝而脱离于法律体系之外的做法对海商法并非有利,"失去了民商法的滋养,海商法成了无本之木,无源之水"。①

海商法的独立性在历史上确实存在过,并且海事习惯法可以说是中世纪商人法的先驱,但这一独立性演进阶段我国未曾有过,海商法为独立法律部门也非现代发达航运国家之现状。海商法未能以独立性姿态在近代和现代持续发展,自与法律体系化的近代法律建构理论的发展有关,与民商法律的繁盛有关,也与海商法在演进中其特殊性的削弱有关,即随着航海技术的发展而使海上风险的削弱有关。正如日本学者所言,"追溯海商法迄今为止的沿革,主张海商法应当从一般私法中独立出来,认为应当在私法中赋予其治外法权的极端自主性论调是无法被认可的,因为海商法的特殊性已经有了显著的衰退"。②

摆脱商人习惯法的境况,在近代西方国家向制定法的进程中以及此后的演进中,对海商法来说,其体系归属更有价值的探讨应是商法之于民法的独立性之争及对海商法的影响。民法与商法,是最难以言说的一对关系,但即便承认商法之于民法的独立性,海商法仍无法成为独立的法律部门,而是商法的组成部分。因此,近代以来以法典化为特点的大陆法系航运发达国家,就有了海商法是民法的分支与商法的分支之不同。而在我国,狭义海商法作为独立法律部门的条件并不具备,作为构成民商法律体系的一员,其应为民法的特别法还是商法的组成部分就取决于我国是采民商合一抑或民商分立的体例,无论如何都无法得出也不应该得出海商法作为独立法律部门的结论。因此,因海商法独立性的学术之争带来海上保险的独立性问题像是一个迷雾,但当迷雾拨开,其影像自然清晰可见。

---

① 郭瑜著:《海商法的精神——中国海商法的实践和理论》,北京大学出版社 2005 年版,第 67 页。

② [日]中村真澄、箱井崇实著:《日本海商法》,张秀娟等译,法律出版社 2015 年版,第 25 页。

(二)海商法内容的自足性对其特别法定位之影响及协调

在消除独立法律部门说的干扰后,海商法在我国法律体系中作为民法的特别法还是商法的特别法,则取决于我国私法采一元主义(民商合一)或二元主义(民商分立)的立法体例。目前,我国围绕《民法通则》形成了若干民事基本法和商事单行法,针对这一分散式的立法模式的定性,通说还是认为我国是采私法一元主义体例的,虽然商法独立的呼声一直存续。正因如此,商法与民法的关系应是当下我国民法典编纂中要解决的重大问题,这一关系已经被学者看做我国《民法典》编纂得失成败的最为关键的因素之一。① 尽管学术界众说纷纭,但立法者的态度已经表明我国《民法典》的编纂秉承民商合一的立法体例,②并且作为《民法典》开篇之作的《民法总则》,通过其第11条以及其他条文确立了商事单行法作为民法特别法的基本思路。按此思路,我国将形成以《民法典》为中心,以通过特别链接条款链接于《民法典》外部的若干特别民法的微观规范系统,其中《民法典》为一般法,商事单行法等补充型特别民法③与其他类型的特别民法为特别法。在《民法典》编纂下,作为补充型特别民法的体系性将面临两个基本问题:"即补充型民法在追求体系化时如何遵循民法典的体系和价值,以及作为补充型民法如何塑造自己的体系。"④

在民商合一立法体例下审视我国《海商法》,就调整的对象而言,海商法与民法所调整的都是平等主体之间的权利义务关系,二者在很大范围内共享相同或相似的法理基础。⑤ 因此,作为架在《民法典》外部的补充型特

---

① 相关观点可集中参见刘凯湘:《剪不断,理还乱:民法典制定中民法与商法关系的再思考》,载《环球法律评论》2016年第6期;赵旭东:《民法典的编纂与商事立法》,载《中国法学》2016年第4期;崔建远:《编纂民法典必须摆正几对关系》,载《清华法学》2014年第6期;赵万一:《中国究竟需要一部什么样的民法典——兼谈民法典中如何处理与商法的关系》,载《现代法学》2015年第6期。

② 全国人民代表大会李建国副委员长在《关于〈中华人民共和国民法总则(草案)〉的说明》中指出:"我国民事立法秉持民商合一的传统,通过编纂民法典,完善我国民商事领域的基本规则,为民商事活动提供基本遵循。"参见李建国:《关于〈中华人民共和国民法总则(草案)〉的说明》,载《中华人民共和国全国人民代表大会常务委员会公报》2017年第2期。我国民商合一体例,更准确地讲应为折中的民商合一,因为目前达成的共识是在《民法典》外不再制定《商事通则》,形成的是《民法典》为一般法,商事单行法等为民法特别法的模式。

③ 特别民法根据其功能可分成:补充型特别民法(知识产权、商事单行法)、政策型特别民法(消费者权益保护法、劳动者权益保护法)、行政型特别民法。参见谢鸿飞:《民法典与特别民法关系的建构》,载《中国社会科学》2013年第2期。笔者在本书中仅关注作为补充型特别民法的商事单行法与民法典的关系。

④ 马得懿:《作为补充型特别民法之海商法丰富性与体系性》,载《社会科学战线》2016年第8期。

⑤ 参见何丽新:《〈海商法〉实施二十五年适用研究报告》,载《中国海商法研究》2018年第2期。

别民法之一的《海商法》，在我国《民法典》编纂的进程中迎来修订[①]，其不仅可能受《民法典》这一般民事法的实际影响（海商法的修改时间与民法典编纂同步进行可能带来的特别法与一般法的内容冲突），其自足性的突出特点使得体系化问题将更突出，即《海商法》制度体系的自足性[②]问题与其特别法[③]的定位之间会存在一定的冲突。如何协调成为《海商法》修订中必须解决的重要问题，其修订的主旨以及修订的思路也将影响其组成部分的海上保险合同制度。

不可否认，海商法是非常特殊的，即便持特别民法说学者，也认为“海商法是非常特别的特别法”，[④]其有众多与一般民法看似价值偏离的制度，不仅如此，海商法制度体系是具有自足性的，即其规范内容是具有一定完整性的特点。海商法具有的这一特点与其历史承继性有一定联系。试以法国为例，法国1807年《商法典》中的海商部分由1681年《海事条例》整体复制，作为欧洲大陆最早的海商法成文法，其是承继了《奥列龙惯例集》的私法部分内容而成的，因此，法国法典化运动中，其海商法仍充分保留了中世纪时期海事习惯法的内容，可谓“时代遗韵”。现代西方航运发达国家的海商法内容具有自体系化以及相似性均与其对中世纪海事习惯的承继有关。[⑤] 如果说西方航运国家海商法经历了自生自发式的发展历程，我国海商法的发展则是后发外启式的，我国《海商法》本身就是向外国学习的产物。新中国《海商法》立法历经40年，整个立法可以划分为两个阶段：1952年至1963年九易其稿，可以概括为第一阶段；后于1981年重启《海商法》立法，则为第二阶段。根据资料显示，1992年最终通过的《海商法》，具结构体系采用的是形成于第一阶段的1963年第九稿，借鉴于《前苏联海商法》；[⑥]而内容在第二阶段重新作出了调整，大量内容借鉴海事国际条约、

---

① 2018年9月《海商法》修改已经被全国人大常务委员会列入五年立法规划。

② 笔者在上文中已经就独立法律部门说的观点作出论证，在此处使用“制度体系的自足性”与独立部门说的外部的独立性不同，仅用于描述海商法立法规范体系的相对完整性之特点。

③ 在特别法的体系模式下修订我国《海商法》是民法典编纂对其修订的制约，学者也赞同以特别法与一般法的关系修订海商法并与民法典进行协调。可参见曹兴国、初北平：《作为特别法的〈海商法〉的修改——制度体系、修法时机及规范设计》，载《政法论丛》2018年第1期；胡正良：《论〈民法总则〉对海商法修订之影响》，载《中国海商法研究》2018年第1期。

④ 郭瑜著：《海商法的精神——中国的实践和理论》，北京大学出版社2005年版，第67页。

⑤ 两大法系的海商法深受中世纪三大海法的影响，“《奥列隆惯例集》，该法典中的一些原则和制度是法国1681年海事法令、英国普通海商法和北欧海商法的起源。”参见郭瑜著：《海商法的精神——中国的实践和理论》，北京大学出版社2005年版，第74页。

⑥ 参见魏文翰著：《海商法讲座》，法律出版社1965年版；转引自张永坚：《反思修改中国海商法之努力》，载《中国海商法研究》2013年第3期。

国际惯例以及标准合同,①借鉴的条文比例高达90%以上。② 我国《海商法》的结构体系、内容的自足性与海商法的特殊性有关,也与《海商法》制定时我国一般民商事法律体系尚未完全建立这一特殊立法背景有关。从我国《海商法》的规定来看,其自足性表现为:海商法存在船舶物权制度、运输合同制度(货物运输和旅客运输合同)、海上侵权制度、海上保险合同、海事诉讼时效制度、涉外海事关系的法律适用等与一般民商法律制度相对应的制度;且形成了海上风险分担的系列特殊制度,如海难救助、共同海损、海事赔偿责任限制等。

笔者认为,应客观地看待我国《海商法》内容的自足性特点以及由此带来的海商法与一般民事法协调的必要性的质疑。特别法优先于一般法适用的原则,使《海商法》的规定能优先适用,而海商法内部的自足性使得民事一般法无须适用或无从适用,但这一适用规则本身不能成为特别法正当性的根据。在立法学上,特别法与一般法的立法协调是法制统一的要求,特别法立法时需与一般法协调,而遇法律修改时,作为特别法内容是否具有合理性,则应作更为客观的考量。海商法内容自足性的特点本身不足以使其与民事一般法的协调产生干扰,相反,从我国《海商法》与其颁布之后的我国民商事立法整体来看,《海商法》制度和规则的自足性是相对的。海商法为民法的特别法,但事实上并非所有现存于我国《海商法》的规范均为特别规范。笔者借鉴吴胜顺法官关于"《海商法》规范二分法"③的观点,认为可以根据我国《海商法》制度和规则与一般民法的比较结果以及立法的时序将我国《海商法》中的制度和规则大致分成两种类型:第一种为特别法规则,即与一般民事法律制度和规则不同,但为实现《海商法》立法目的所设立的特别制度和规则。其可以细分成两类:其一,海商法独有且并未被一般民法发展的制度和规则,如海事赔偿责任限制制度、共同海损制度、海难救助制度、船舶优先权制度等;其二,与一般民法制度之间有交集但作特别或具体化的规定而形成

---

① 我国《海商法》立法的指导思想,为在尊重我国的实践基础上,"有公约的依照国际公约;没有公约的依照事实上起了国际公约作用的民间规则;没有这种规则的,参考具有广泛影响的标准合同"。参见郭日齐:《我国〈海商法〉立法特点简介》,载《〈海商法〉学习必读》,人民交通出版社1993年版;转引自张永坚:《反思修改中国海商法之努力》,载《中国海商法研究》2013年第3期。

② 参见郭瑜著:《海商法的精神——中国的实践和理论》,北京大学出版社2005年版,第12页。

③ 吴胜顺:《〈海商法〉规范二分法及其应用》,载《中国海商法研究》2016年第4期。该文主要是从法律适用的角度对特别法规范和事实上的普通法规范的解释和适用的方法作出区分。《海商法》中普通法规范的存在事实上造成海商法和一般民法的立法重复,是在修订《海商法》需要协调的地方。

的特别规则，如海上货物运输合同的不完全过错责任、对船舶留置权的权利主体的限制规定等。其特殊性均与海商法的构筑主体——海上危险直接或间接相关，与保护航运利益之立法政策相关。第二种为普通法规范，此处是指虽存在于《海商法》中但事实上已经成为普通法规范的现象。从其产生的原因来看，亦可以分成两类：其一，《海商法》是基于一般民事法律的基本制度和规则所设立的、对于航运经济活动具有更强的针对性和可操作性的制度和规则；其二，《海商法》立法时为特别规则但事实上是已经被其后的一般民事立法同质化了的制度和规则。笔者认为，修订《海商法》是对其自足体系检视的绝佳机会，作为特别法，应与《民法总则》以及编纂中的民法典作出一定协调：对第二类事实上已经被同质化的规则，应根据科学立法的原则，作出与一般法的协调处理或直接归置于一般法规定，海商法应尽量不作规定；对于第一类中与不与民法交集或与一般民法有交集的特别制度和规则，修订《海商法》时应论证其特殊性存在的根据，再决定修订时是否作出相应调整，尤其对于与一般民法有交集的制度，《海商法》的修订尤其应慎重，避免发生新的冲突。而对于某一制度或规则是否具有作特别规定的正当性，“应从海商实践出发，综合考虑海洋环境对海商实践的特殊影响、对海商实践的特殊价值取向”①为准则，同时根据海商实践中的习惯做法以及与国际统一的需求等因素作适当考虑。论证其正当性后，即便与民事一般法基本原则相背离，也具有特别法的正当性。当然，普通法和特别法规则的界限可能是模糊的，因此，《海商法》修订时对特别规则的论证应更全面和客观，同时在立法技术上作适当区分：对海商法中具有特殊渊源、价值、目的的制度应尽量规定详尽，使其成为一个自足的制度体系，从而可以排除一般法对其的补充适用，达到其特殊性不被同质化的目的；②同时为突出特别规则以排除一般民法的适用，必要时可以通过明文规定排除一般法的适用。

就与本书有关的海上保险部分而言，《海商法》“第十二章海上保险合同”是自成体系的，这与海商法立法时我国尚未有保险法有关，因此，该章就保险合同的自足化规定在《海商法》制定时是必要的，但在我国《保险法》出台后，其部分条文已经实质成为普通法规则（本书第一章中描述的

① 曹兴国、初北平：《作为特别法的〈海商法〉的修改——制度体系、修改时机及规范设计》，载《政法论丛》2018年第1期。

② 参见曹兴国、初北平：《作为特别法的〈海商法〉的修改——制度体系、修改时机及规范设计》，载《政法论丛》2018年第1期。

多数重叠的规定),因此,在修订《海商法》时对已经与保险法重复的内容不再作规定,这不仅是海商法体量的限缩要求,也是立法精简的需要。对于海上保险中的特别规则则应根据上述立法原则在对其特殊性进行科学论证的基础上再作调整与否的决定。

综上,海商法的自体性特点在对海上保险与一般保险立法协调的“干扰”事实并不存在,而海商法与一般民法之间的协调要求也体现在对其构成部分海上保险与一般保险立法的协调上。

二、海上保险的商事性对其与保险法协调存在的障碍及克服

通过追溯世界保险业的历史可知,海上保险是现代保险的起源,在集中和分散海上风险、保障航海贸易的实现方面,海上保险功不可没,而海上保险的兴盛和普及自然也影响了保险业在陆上以及人身保险的发展,“保险”逐渐从“保障海上贸易活动”演变为社会和经济发展不可缺少的“助推器”和“稳定器”。在全球保险业的演进过程中,海上保险始终保持其作为“商人奴仆”的角色,这一纯粹的商事性质与定位于社会稳定器的保险的区别体现在立法上是否存在立法价值的不同而形成协调的障碍呢?目前,在我国学界,有不少学者支持海上保险法应独立于保险法,并认为若维持《海商法》“第十二章海上保险合同”与《保险法》“第二章保险合同”“特别法与一般法”的现有关系不变,可能对海上保险活动产生诸多不利影响。其理由主要有:海上保险中的被保险人为商人,一般保险中的投保人、被保险人多为普通消费者的自然人,海上保险合同不应适用旨在保护“保险消费者”为宗旨的保险法的规定,当然也不能按照“消费者保险”的立法指导思想来修订海上保险合同法。①

海上保险的商事性质与一般保险的综合性以及消费性倾向的差异确实存在,而这一点是否应成为海上保险独立于保险法的根本原因需要仔细分析。若保险法发展取向及规定阻碍海上保险立法目的的实现,且特别法在技术上无法排除或消除其不利影响,则固守特别法与保险法的关系则是不妥当的,相反海上保险与其他保险并行立法则更为可取。保护保险消费者的若干制度未必能适用于海上保险,但若一般法能准确界定意在保护消费者制度的适用范围,且通过一定立法技术上妥善排除可能存在的不利影响,则保持既有一元主义立法体例仍是可行的,若如此,既突出其特别法定位的优势又能使一般法的补缺作用得到发挥。

① 参见张智勇、许绯:《关于海上保险合同法修订的思考》,载《中国海商法研究》2014年第3期。

(一)海上保险的商事性与一般财产保险的消费性的相对性

1.海上保险法特殊性的弱化与商事性的强化

在保险业务领域不断扩大发展的今天,海上保险能在财产保险中占有一个相对独立的地位,不仅因为海上保险对其他保险发展的历史功绩,更是因为对海上保险的特殊性的固有认知。一般认为,海上财产、海上危险、海事责任有其特殊性,[①]海上保险中有许多独特的制度和做法。确实,这些特殊性的存在,使调整该特殊对象的海上保险法也保持了较为独特的特点,海上保险法的最大诚信原则、无限告知主义、严苛的保证制度、建立在推定全损基础上委付这一特殊理赔方式、预约保险等都体现了海上保险法的特殊性。但是,从以英国为代表的1906年《海上保险法》在当代的发展来看,其固有的特殊性在当代背景下正经受着考验,在航运科技水平提升、海上保险人承保能力提高、风险收集提高的现实背景下,原先被贴上海上保险法独特独行标签的系列制度中,其中对被保险人失之公平的制度和规则,如海上保险告知的无限告知主义以及严苛的保证制度,目前已经发生立法变革,而对被保险人较为有利的制度和规则如委付制度,仍保持着其一直以来具有的特殊性。为何同被公认为海上保险特殊性的制度和规则,在当代命运却不相同,其根源在于传统的海上保险法原先偏向于保险人的价值取向在当代面临苛责,正如学者所言,"在一个多世纪之前英国1906年《海上保险法》的制定年代,立法者在设计保险人与被保险人的权责分配体系时,更多考虑保险人的利益,其原因在于海上保险业处于发展初期,保险人与被保险人之间处于信息不对称的格局,保险承保技术落后,危险评估能力不足,因此,法律要向保险人倾斜,目的在于以法律形式上的不公平来实现保险人和被保险人之间实质上的利益平衡,以保护和促进海上保险业的发展"。[②] 因此,受保险业初期的特殊历史背景限制应运而生的特殊性规则,最终发生变革是历史使然,与海上保险或非海上保险自然无太大关联,或者说是海上保险和其他保险法发展的共同规律。此为动态视角下对海上保险法的特殊性的解读,可知其特殊性需在不同的历史背景下检视,其特殊性也会随时代发展而会有变化。海上保险法从原先保护保险人利益逐渐向对保险人与被保险人利益平衡发展,新通过的英国2015年《保险法》保险告知制度和保证制度对原1906年《海上保险法》的修改即为例证。因此,海上保险法在当代发生变与不变的内容来看,目前仍维持不变

---

① 参见汪鹏南著:《海上保险合同法详论》(第四版),大连海事大学出版社2017年版,第4页。

② 谷浩著:《全球化背景下的国际海上保险立法:变革、协调和特点》,法律出版社2011年版,第43页。

的一些特殊制度,其本身较好地平衡了当事人之间的利益;而原先明显偏向于保险人利益的制度和规则已经不能满足在当代发展,特殊性弱化的背后是利益平衡的需要。此为海上保险法在当代发生变革的内部原因,趋势是特殊性在一定程度上被弱化。

而另一方面,演进中的海上保险与其他保险并行发展,其间存在的差异促成法律上的区分适用及互相影响,在此趋势下,海上保险的商事性质被进一步强化。全球保险业发展初期,海上保险与国际贸易、航运的天然联系使然,加之海上保险为整个保险业的全部构成,遂保护航运贸易成为(海上)保险法立法目的,但是,随着保险业务向陆上演进的过程,海上保险不再是一枝独秀,各种保险发展迅速,保险种类呈现多样性化发展,保险交易参与人的身份出现多元化。从保险的种类划分保险法律规则是实质正义的体现,也是必然的趋势。例如,人身保险和财产保险除遵循共同的一般性规则外,各自形成分别适用的规则。而随着保险业的综合性发展,保险交易主体身份的不同对法律适用的区分也就凸显出来。保险的商事性和保险的消费性即是从保险的目的和保险交易对象的身份对保险性质作出的适当区分,海上保险的被保险人多为为转移其营业风险而投保的商人,基于与保险人平等的谈判能力,遵循自由原则;而一般保险中的被保险人多为自然人,其谈判能力与保险人悬殊,其应受法律的特别保护,因此,两种保险所适用的制度和规则应有所差别。海上保险的商事性特点,与一般保险的综合性以及消费性倾向,使海上保险法仍需维持其一定的独特性,海上保险法的发展是否应受保险法的制约,各国在不同的立法体例下,面对海上保险的商事性质的维护上,方案可能不同。

2. 海上保险的商事性与保险法的区分适用

在采用并行立法的国家中,海上保险法自然不受其他保险领域保险法对保险消费者权利保护制度的发展影响,但事实表明海上保险和其他保险的适用规则的实质区分是在演进中逐渐形成的。以德国法为例,德国是采并行立法的模式,其海上保险受 1897 年《商法典》以及《海上保险条例》的调整,而其他保险则受《保险合同法》的调整。就保险告知制度来说,德国 1908 年《保险合同法》①规定投保人所承担的是无限告知义务(umfassende

① 德国 1908 年《保险合同法》第 16 条第 1 款规定:"投保人对所知悉且对于危险承担系重要的情况,应于契约订立时告知保险人。对于保险人契约或其约定内容订立的决定产生影响的危险为重要事项。经保险人明确以书面询问的情况,若有疑义时,视为重要事项。"

Anzeigepflicht)[①]与海上保险一致,1939年对保险合同法修改时抛弃了主动告知而采书面询问的告知方式,[②]德国2008年《保险合同法》以保险告知的方式延续了书面询问这一做法,[③]并且2008年德国《保险合同法》增加若干意在保护被保险人的制度,如保险人说明义务的强化、保险人建议义务的引入[④]等,这些制度都不适用于海上保险。

由于英国对世界保险业的影响,其立法改革备受关注,随着"消费者保险"概念在立法中的确立,英国形成了消费者保险与非消费者保险的区分制度。"消费者保险"概念是在英国2012年《消费者保险法》中正式被采用的,其第1条规定:消费者保险合同是消费者和保险人之间的保险合同,且缔结合同的唯一或主要目的与该消费者的贸易、商业、职业无关。同时根据该法第19条,消费者仅指自然人,不包括法人。从英国的消费者保险合同概念的使用来看,其仅针对保险告知制度作出了区分,并对消费者保险改采询问告知方式,其他制度所谓的消费者保险和非消费者保险的区分制尚不存在。而就保险告知制度而言,将消费者保险区分出来是源于英国1906年《海上保险法》适用上的特殊性。从严格意义上讲,英国1906年《海上保险法》仅适用于海上保险,但基于该法为普通法法典化之认识,除了一些特殊制度规则(如默示保证、推定全损),英国法院一直坚持认为其应适用于所有形式的保险,不仅海上保险,其他类型的保险如陆上的财产保险与人身保险应同样适用。质言之,1906年《海上保险法》事实上一体化适用于所有保险类型的。由此,在保险业发展综合化社会化趋势下,《海上保险法》中严苛的规则如无限告知模式适用于其他类型的保险尤其是个人保险时其公平性更受质疑。因此,在不改变1906年《海上保险法》一体适用的前提下,针对矛盾突出的保险告知制度首先作出改革并建立适用于消费者的特别规定,这便是2012年英国《消费者保险法》的出台原因,这一立法和之后的英国2015年《保险法》就保险告知制度的分立,表明消费者保险和非消费者保险区分制度在英国初步形成,也表明当代保险的综合性和消费性发展趋势对既存的以保护商事利益而生的保险法会产生影响。

---

① Guido Holzhauser, Versicherungsvertragsrecht, Verlag C. H. Beck, 1999, 41ff. 转引自肖和保著:《保险法诚实信用原则研究》,法律出版社2007年版,第143页。

② 参见江朝国著:《江朝国论文集(一)》,瑞兴图书有限公司1997年版,第162~163页。

③ 参见德国2008年《保险合同法》第19条第1款。

④ 参见孙宏涛著:《德国保险合同法》,中国法制出版社2012年版,第2~3页。

英国将消费者保险独立出来有其自身立法背景的特殊性，但其立法也表明消费者保险与非消费者保险区分仅在保险告知制度产生作用，在其他领域仍是统一适用的。就对海上保险的影响而言，由于消费者保险和非消费者保险的分类与海上保险和非海上保险的分类是两种不同的分类，两种分类形成一定交叉关系：海上保险既有非消费者保险，如货物运输保险、船舶保险等，但海上保险中也存在自然人为被保险人，且主要目的与职业、贸易、商业无关的消费者保险；同理，在非海上保险中存在大量的商事性保险（如陆上针对工商业的火灾保险、工程保险、保证保险、信用保险等）亦有属于消费者保险的类型（如人身保险以及家用型机动车保险等）。虽然多数海上保险不能归入消费者保险，但不能得出海上保险均为非消费者保险，因此，其区分仅是相对的，海上保险的商事性也仅具有相对性。

3. 我国“保险消费者”利益保护的强化趋势及评价

与德国并行立法体例对非海上保险合同法重在保护被保险人利益的制度与具有商事性的海上保险无涉不同，与英国保险法改革将消费者保险告知制度独立出来而1906年《海上保险法》中未被废止、修改的部分仍保持了其对所有保险一体适用的结果不同，我国在保险合同法采一元主义立法体例下，《保险法》适用于所有保险类型，并根据“特别法未规定适用一般法”的适用规则，而一旦一般法《保险法》未能正确处理“一般性”问题，《海商法》第十二章就相同事项未规定或未作不同规定的情形下，海上保险合同会受到《保险法》规定的不利影响，从近几年争议较大的《保险法司法解释（二）》对保险代位求偿权的诉讼时效“自其取得代位求偿权之日起算”的规定及其对海上保险的影响①即为明证。

我国自2009年修订《保险法》时突出“被保险人、受益人、投保人利益

---

① 2013年5月6日通过的《保险法司法解释（二）》第16条第2款规定：“保险人代位求偿权的诉讼时效期间应自其取得代位求偿权之日起算。”该保险代位权诉讼时效的规定与保险代位权与其性质为债权的法定转让不同，其实质是创设出了新的权利，对保险代位诉讼中的第三人造成了不利益。海上保险代位求偿若适用《保险法司法解释（二）》第16条，最直接的后果就是打破了长期以来承运人时效利益的稳定预期，因为《海商法》对国际海上货物运输合同规定为1年的短期时效。因此为避免《保险法司法解释（二）》第16条对海上保险适用的不利影响，2014年最高人民法院出台了《关于海上保险合同的保险人行使代位请求赔偿权利的诉讼时效期间起算日的批复》（法释〔2014〕15号）规定：“海上保险合同保险人行使代位请求赔偿权利的诉讼时效期间起算日，应按照《中华人民共和国海商法》第十三章规定的相关请求权之诉讼时效起算时间确定。”关于我国保险代位的诉讼时效的问题可以详见本书第三章第二节。

的保护”的理念以来,保护保险消费者权益的命题不断演化,①甚至有过度保护的倾向。如果保险立法未能坚持被保险人利益保护是意在利益平衡而非单方利益的维护,未能将保险相对人(包括被保险人、受益人、投保人等保险人相对一方)和保险消费者作合理区分,将保护个人保险消费者的制度不加限制地定位为一般制度,将对具有商事性的保险类型(无论海上保险抑或非海上保险)的发展均是不利的。

《保险法》作为一般法,其所调整的保险类型是综合的,但若基于保护保险消费者利益的理念而作出的规定理应限制其适用范围,而不应适用于企业与保险人之间签订的保险合同,无论为海上保险或是非海上保险,均应如此。但是,作为一般法的《保险法》其立法或修订时将保护被保险人利益与保护保险消费者利益两者相混同,则可能出现立法不当的情况。例如,我国《保险法》中的保险人说明义务制度,其未限制适用于消费者保险合同,但是即便适用于个人为被保险人的保险合同,该主动说明保险模式也并不具有现实可操作性,将主动说明适用于海上保险合同尤其是企业与保险公司的海上保险合同,其不合理性更为突出。因此,学者针对我国保险法将侧重于保险消费者保护的制度扩大到将适用于所有保险的这一倾向,提出海上保险应独立于我国保险法的观点是可以理解的。但笔者认为,就如上节论述,海上保险作为财产保险的一种,其具有保险的共性,完全脱离于保险法自成体系,并不能体现体系化效益。维持特别法与一般法立法体例,恰当的维护海上保险的商事性特点,则《保险法》和《海商法》均需作出适当调整。

(二)海上保险的商事性维护及协调障碍的克服

保持现有海上保险法特别法定位的前提下,《保险法》中意在保护保险消费者的规定对海上保险的影响的消除需要一般法和特别法共同为之:我国《保险法》“保险消费者”权益保护倾向性规定扩大化的趋势应予以适当调整并准确定位;《海商法》修订时应对该类一般法制度进行研究并论

① 在我国,保险消费者概念虽尚未成为法定概念,但是,自中国保监会于2011年成立保险消费者权益保护局、2012年1月17日中国保监会下发《关于做好保护保险消费者权益保护工作的通知》以及2014年“新国十条”第8条专列一项“加强保险消费者合法权益保护”等情形来看,保险消费者概念被官方正式采用。新的《消费者权益保护法》将保险等金融服务纳入调整范围后,保险消费者是否也受消费者权益保护法的保护亦有讨论。而在中国保监会的保险消费者权益保护课题研究中,保险消费者的概念作扩大化界定:“保险消费者为已经或者正在准备与合同的保险经营者建立保险合同关系,购买保险产品、接受保险服务的自然人、法人、和其他组织,包括投保人、被保险人、受益人。但能够与保险经营者议定单独的保险合同内容及价格(不包括通过批改或保全等方式变更保险合同条款)的法人和其他组织除外。”具体可参见任以顺:《“保险消费者”概念质疑》,载《法学论坛》2015年第6期。

证其对海上保险的适用性并通过适当立法技术的运用以消除一般法上不当规定对其的不利影响。

1. 一般法《保险法》对适用范围的准确界定

若按照英国消费者保险合同概念来理解，则我国《保险法》调整的并非全部是消费者保险合同，仍存在大量的非消费者保险合同。因此，《保险法》应就适用于消费者保险的特别制度抑或适用于全部保险而构成一般规定作出合理的界定。就保险领域的个人消费者的保护而言，因我国《消费者权益保护法》将保险等金融服务纳入其中，若该法中的“退一赔三”的规定在保险合同领域适用，将破坏保险的团体性，也势必造成道德危险而破坏保险制度，实不可取。因此，保险领域中即便存在所谓的消费者，其权利保护仍应在保险法自身解决，而不宜纳入《消费者权益保护法》保护。基于此，《保险法》中某些制度对其所适用的范围从保险交易对象的身份以及购买保险的目的出发进行一定限制即为必要。

另外，保险交易具有特殊性，即保险交易本身转移和分散的是“风险”本身，保险合同的特殊性多数归于其射幸性特征，但同时保险交易需在单个保险交易射幸性的基础上形成整体的收支平衡原则，因此，保险人为维护对价平衡以及团体性需要得到法律的保护，而被保险人购买保险的目的是为获得损失补偿，其利益同样需要保护。因此，保护被保险人利益的提出是在以保险人在保险交易中的地位较为强势的基础上为达到利益平衡而提出的，在如何对待被保险人利益的问题上，“我们仍然要尊重保险这种特殊的法律行为的品格，保险产品的危险分散性、高度自治性、专业技术性、格式普遍性、效率性与安全性”。① 在此基础上，再区分被保险人的谈判能力、交易地位等情形适当地界定某些保险制度的适用范围。正如学者所言，我国《保险法》上的保险人明确说明义务制度，对保险公司来说事实上就不可能做到主动明确说明，由此制造了太多的保险纠纷，该说明义务制度是在违背保险交易的基本品格上基于“保护被保险人利益”思维上的矫枉过正的表现，不限制明确说明适用的交易对象，仅从明确说明的范围上下工夫是不足取的。就保险人说明制度来说，合理的做法应该是：限制其仅适用于自然人为被保险人的保险合同，或者修改主动说明的明确说明的履行方式。②

2. 特别法的自救措施：排除法的适当采用

对《保险法》中不完全适用于海上保险的一般法制度，在特别法《海商

① 邹海林著：《保险法学的新发展》，中国社会科学出版社 2015 年版，第 533 页。

② 就保险人说明义务制度的阐述，详见本书第五章第二节。

法》修改时,则可以通过两种途径予以解决:其一,《海商法》修订时作出与《保险法》“不一致”的规定,以排除《保险法》对海上保险并不合适的制度。从立法学原理上,为保证特别法立法的科学性,特别法立法时应该说明“不一致”的充分理由。其二,《海商法》修订时通过一定立法技术排除一般法《保险法》若干对海上保险无法适用的条文。例如,日本 2008 年《保险法》就有类似立法技术的采用,明确《保险法》中的一些强制性规范排除其在海上保险合同中的适用。日本和我国一样采一元主义立法体例,其海上保险首先适用日本《商法典》第四编“海商”、第六章“保险”的规定;如果“海商”编没有规定的,应适用 2008 年《保险法》的规定,2008 年《保险法》同时规定其所规定的“单向强制性条款”(对保单持有人或被保险人不利的约定无效)不适用于海上保险。不仅如此,日本《保险法》在适用排除上的立法技术上做得非常到位,除海上保险外,同时列明了其他一些保险类型的排除适用。

海上保险具有明显的商事性,但与保险法并非势如水火。而在当下,《海商法》特别法修改时,应强化其特别制度的完善,并可通过适当的立法技术的采用,排除一般法中某些定位并不准确的制度对海上保险的影响。

基于本章协调的理论基础的分析,下文将围绕现存的具体制度的协调展开具体论述。

第三章　海上保险法和保险法共有制度的统一与协调

本章主要围绕我国《海商法》第十二章和《保险法》第二章中均有规定但具体规则存在明显差异的几项重要制度——保险告知义务制度、保险代位求偿制度、重复保险制度，探讨这些制度的差异及其存在的必要性。论证的思路大致为：对于该两法共有且差异较为明显的制度，如果差异应该存在，则进一步求证该差异存在的理论基础和现实根据，进而论证其各自的合理性；如果该种差异应该避免或者应该统一，则考虑统一和协调的方向是《海商法》向《保险法》靠拢，还是一般法《保险法》应从特别法《海商法》中吸收合理内容，抑或建构更为合理的保险法制度。

第一节　保险告知义务制度的统一及协调

保险告知义务①是指在保险合同缔结过程中，投保人/被保险人将有关决定承保以及确定承保条件的重要事实告知保险人的义务。不同的立法例中，告知有不同称谓，如说明、②通知、③披露④等。由于保险经营很

① 汉语中告知与说明、通知、申报、陈述等词义相近，因此，有广义告知和狭义告知之分。广义告知，包括投保时的告知、危险增加的通知、出险通知，甚至包括保险人的说明。笔者在此部分采狭义的告知，即指2009年修订的《保险法》第16条和《海商法》第222条、第223条规定的投保人/被保险人的告知义务。虽然几种制度从理论基础上说有共通性，性质上具有相似性，但是告知、说明、通知义务在我国《保险法》或《海商法》中各有所指。需要说明的是，本部分比较研究对象的范围限制为投保人/被保险人告知义务，关于危险增加的通知义务在本书第四章第二节阐述，关于保险人说明义务在本书第五章第二节阐述。

② 我国台湾地区"保险法"第64条采用"据实说明义务"。

③ 德国2008年《保险合同法》第19条采用"anzeigeplicht"（通知），与原1908年《保险合同法》第16条采用anzeigeplicht（通知）一致，2008年德国《保险合同法》对该条文英译为"duty of disclosure"。德国2008年《保险合同法》（英译版），参见http://www.gesetze-im-internet.de/englisch_vvg/englisch_vvg.html.

④ 英美法系国家的保险法，例如，英国1906年《海上保险法》其采用"disclosure"（披露），同时与之相似的还有一个概念"representation"（陈述），但两个概念有诸多重合的地方。具体可参见Jonathan Gilman et al., *Arnould's Law of Marine Insurance and Average* (17th ed.), London, Sweet & Maxwell, 2008, pp. 557–558. 关于披露、陈述与我国《保险法》以及《海商法》"告知"之间的关系，在下文中具体阐述。本书在涉及英国法上的disclosure与representation的翻译时，采用披露与陈述之表述，其他情形下以保险告知概念统称。英国2012年《消费者保险法》以及2015年《保险法》已经事实上将披露和陈述合并成陈述义务。

大程度上要依赖于投保人/被保险人的告知来测定保险标的的风险,因此,告知几乎是和保险与生俱来的,也成为保险法中最为重要的制度之一。我国《海商法》第十二章和《保险法》都构建了比较详细的保险告知义务制度,但是,基于相同或相似的理论基础建构起来的保险告知义务制度,却在海上保险和一般保险间存在异化的现象。笔者拟就该差异形成的背景及其存在的合理性进行分析,并就具体规则的统一与协调予以论证。

《海商法》和《保险法》有关告知义务规定的比较,如表 3 –1 所示。

表 3 –1　《海商法》和《保险法》相关告知义务规定的比较

比较项目	《海商法》	《保险法》(2009 年修订)	结果及备注
告知义务主体	被保险人	投保人	异
告知时间	合同订立前	订立保险合同	同
告知方式	被保险人主动告知	经保险人询问回答	异
告知范围	告知被保险人知道和应知的重要事实;保险人知道或应知未询问的除外	保险人询问为限	异
违反告知的主观过错及划分	故意、非故意	故意、重大过失	不完全相同
客观条件:重要事实和保险事故的因果关系	故意:无须因果关系	故意:无须因果关系	同
	非故意:有影响	重大过失:严重影响	不完全相同
违反告知的具体法律后果	故意:解除合同;不赔偿;不退还保险费	故意:解除合同;不赔偿;不退还保险费	同
	非故意:之一:解除合同;赔偿(有因果关系除外) 之二:增加保险费	重大过失:解除合同;不赔偿;退还保险费	部分相同;部分相异
解除权除斥期间	未规定	自知道解除事由起 30 日	新《保险法》新增
不可抗辩条款	未规定	成立之日起两年后不得解	新《保险法》新增

续表

比较项目	《海商法》	《保险法》(2009年修订)	结果及备注
解除权的禁止反言	未规定(但司法解释有规定)①	有规定②	新《保险法》新增

一、保险告知义务制度的理论与统一协调的基础

我国海上保险和一般保险的告知义务规则间的差异确实存在,此种差异是否具有合理性,是否符合特别法和一般法的应有差异,尚需论证。但是,无论海上保险或一般保险领域,告知义务的产生源于同一理论,以求达到相同的立法目的,这就为两者在具体规则的协调方面奠定了基础。

(一)保险告知义务产生的经济学基础

信息不对称是设定保险告知义务的根本原因,③大概没有人会反对告知义务的这一理论基础的正确性。事实上,保险告知义务的实践和立法是先于信息经济学而产生的,在保险业发展之初就已经深刻认识到了保险人对标的危险信息的劣势地位并创设了告知义务制度。④ 因此,从某种意义上来说,产生并发展于20世纪70年代的信息经济学为这一有着历史渊源的保险告知义务提供了理论升华的平台,并恰当解释了保险告知义务产生的根源。

1. 保险信息不对称:保险业发展进程中的共同现象

在被后世誉为保险告知义务的里程碑案例的1766年Carter v. Boehm案⑤中,曼斯菲尔德勋爵就提出了保险告知义务的存在前提:"保险是射幸合同,评价风险的特定情况大都只有被保险人知道,保险人信赖被保险人

---

① 我国《海商法》对被保险人违反告知义务下的解除权的阻断规则未作规定,2006年《海上保险司法解释》第4条作出了规定:"保险人知道被保险人未如实告知海商法第二百二十二条第一款规定的重要情况,仍收取保险费或者支付保险赔偿,保险人又以被保险人未如实告知重要情况为由请求解除合同的,人民法院不予支持。"

② 《保险法》(2009年修订)第16条第6款:保险人在合同订立时已经知道投保人未如实告知情况的,保险人不得解除合同;发生保险事故的,保险人应当承担赔偿或者给付保险金的责任。

③ Julie-anne Tarr, A. A. Tarr, "The Insured's Non-disclosure in the Formation of Insurance Contract: a Comparative Perspective", *International and Comparative Law Quarterly*, 2001, 3, p. 577.

④ 英国1766年Carter v. Boehm案是保险告知义务的第一案。英国1906年《海上保险法》第17条、第18条关于保险合同是最大诚信合同和陈述的规定就是从该案而来的。See Robert Merkin, *Marine Insurance Legislation*, London, LLP, 2000, pp. 14, 17.

⑤ Carter v. Boehm(1766)3 Burr 1905.

的陈述，相信被保险人没有保留所知道的任何情况，从而诱使保险人确信某一情况不存在，并以此为背景作出错误的风险评估。保留这一情况就是欺诈，从而使保险单无效……保单无效的原因是实际风险和保险人在合同订立时所了解并愿意承保的风险不同。”由此观之，保险告知义务的创设前提是“推定被保险人更为了解有关评价危险的特定事实”。[①] 这其实就是对信息不对称现象的一种解读。在保险告知义务被创设的18世纪，保险发展之初的技术限制，以及保险人信息收集的高成本等因素构成了保险业信息不对称的成因。虽然时代在变，科技在进步，保险技术手段在提高，信息不对称较保险业发展之初的格局已经有所变化；而且信息的不对称性在较早发展的海上保险和继海上保险后的陆上保险之间也存有一定差异，但是，保险标的由投保人或被保险人掌管，投保人或被保险人最了解标的危险状况的这一事实始终没有改变，这也就构成了现代保险法仍然要倚重告知义务制度来维持保险业合理营运的现实基础。

2. 事前信息不对称与逆向选择

根据信息经济学核心的不对称信息理论，不对称信息（asymmetric information）是指缔约当事人一方知道而另一方不知道的，尤其是他方无法验证的信息。这里的“无法验证”，包括验证成本昂贵而使验证在经济上不现实或不合算的情况。如果在验证上轻而易举，当事人就可以获得该信息，也就不存在不对称信息了。[②] 信息不对称本身只是一种信息分布的不均匀，它自身不会产生消极影响。但是，经济人的自身利益最大化的本质特性，使信息优势主体利用信息优势侵害信息劣势主体。[③] 信息不对称，根据发生的时间可以分成事前不对称和事后不对称，保险缔约过程中的危险信息不对称即属于事前信息不对称，[④]投保人/被保险人稔知保险标的个体风险信息而保险人一无所知，投保人/被保险人是保险标的危险信息的优势主体，受经济人的自利性支配，其不会主动披露该危险信息，因为一旦披露可能被拒保或被收取较高保险费。但是，保险人对于这些危险信息的缺失，则会发生逆向选择。

---

① Malcolm A. Clarke, *The Law of Insurance Contracts* (4th ed.), London, LLP, 2002, p. 694.

② 参见易宪容著：《现代合约经济学导论》，中国社会科学出版社1997年版，第96页。

③ 参见应飞虎著：《信息失灵的制度克服研究》，法律出版社2004年版，第19页。

④ 就保险交易来说，事前的信息不对称具有双向性，即除了本部分探讨的保险标的的危险信息不对称外，对于保险专业信息（包括保险条款）也存在不对称性。对于前者，投保人/被保险人处于信息优势地位，对于后者，则保险人处于信息优势地位。本部分仅利用信息不对称理论研究保险告知义务的产生根源。对于后一种的保险事前信息不对称性可以解释保险人说明义务制度的根源，详细见本书第五章第二节。

众所周知,现代保险交易基本原理是在概率论的基础上,运用大数法则计算平均保险费率的基础上运营的。保险市场中,高风险者有保险的激励,也更趋向于隐瞒标的的危险信息而以平均费率进入保险市场,而低风险者更倾向于退出保险。这样事前信息不对称就造成了逆向选择(adverse selection),即那些遭受损失可能性更大的人试图以平均费率购买保险,而平均费率没有真实地反映其风险超过平均水平的成本。① 一旦保险人得知低风险者没有投保则会提高保险费率,这样又使相对低风险者退出保险,形成了高风险者驱逐低风险者的局面,如此反复,保险市场终将萎缩。

3. 交易成本与信息不对称之克服

对保险人来说,为了克服事前信息不对称带来的逆向选择,保险人必须对风险有全面的了解,因此,保险人有收集保险标的信息的激励。但是,根据科斯的交易成本理论可以得知,任何交易都存在交易成本,包括信息成本。② "信息不对称除了由于技术条件与认知能力的限制之外,还因为部分信息的收集成本过高,成为获取信息的阻碍"。③ 对保险人来说,其自行收集保险标的信息的成本是高昂的,"信息成本是从一无所知变为无所不知的成本,极少交易者能负担得起这一全过程"。④ 即使保险人能负担得起该项高昂的信息费用,结果对投保人来说仍不容乐观,因为保险人增加的收集信息的成本最终仍将通过保险费的形式转嫁于投保人。因此,为克服信息不对称问题,保险人自行收集信息并非是有效率的举措。

根据科斯的交易成本理论,在存在交易成本的条件下,法律权利的初始界定具有十分重要的意义,以减少不必要的交易费用。⑤ 这一理论对保险法的意义在于为保险告知制度设定提供了经济学依据。投保人和被保险人掌握保险标的的信息,就标的的风险信息而言投保人和被保险人是

---

① Karl H. Borch, *Economics of Insurance*, North Holland, 1990, p. 319. 转引自肖和保:《保险法告知制度:变革中的利益平衡》,载梁慧星主编:《民商法论丛》(第33卷),法律出版社2005年版,第389页。

② 科斯的交易成本理论在《企业的性质》一文中创立,其认为交易费用是"通过价格机制组织生产的最明显的成本,就是所有发现相对价格的成本"。之后在《社会成本问题》一文中,其进一步阐述提出"为了进行市场交易,有必要发现谁希望进行交易,有必要告诉人们交易的愿望和方式,以及通过讨价还价的谈判缔结契约,督促契约条款的严格履行,等等",这些工作所花费的"成本"就是交易成本。参见[美]科斯著:《企业、市场与法律》,盛洪、陈郁等译,上海三联书店1990年版,第91页。

③ 张乃根著:《经济学分析法学评介及其比较》,上海三联书店1995年版,第54页。

④ G. J. Stigler, "mperfections in Capital Markets", Journal of Political Economy, Vol. 75, p. 297. 转引自樊启荣:《保险契约告知义务制度论》,中国政法大学出版社2004年版,第154页。

⑤ 参见张乃根著:《经济学分析法学:评介及其比较》,上海三联书店1995年版,第54页。

"低廉的信息提供者",由其提供信息则交易成本最低。同时,就信息的分类来说,保险标的信息属于重新分配的信息,投保人告知或披露不会导致整个社会的财富的减少。[①] 因此,保险法设定告知义务与一般交易不同,其目的在于减少保险人收集特定"风险"的信息成本,降低交易费用,提高交易效率。因此,这一"最大诚信义务规则[②]是根源于经济效率,即是为减少被保险人和保险人的交易成本而设计的规则,而(保险人)风险调查成本太高"。[③]

(二)告知义务制度合理性构架的经济学基础

从上述阐述可以看出,告知义务的功能在于消除事前信息不对称带来的逆向选择问题。从理论上看,可以有多种途径消除这一事前信息不对称,而保险法之所以选择告知义务主要是为达到经济效率这一目的,因此,告知义务的设定具有合理性和正当性。而从保险告知义务的功能来看,告知义务是投保人/被保险人通过提供信息的方式来协助保险人确定风险以保证保险业经营,因此,在法律性质上,告知义务是一种协助义务。保险告知义务的目的是为了保险人评估承保的风险以决定其是否订立保险合同以及确定保险费率,因此,保险的告知义务并非合同约定的义务而是为达成合同所为的义务,从与保险合同的关系上来看,该义务属于先合同义务。从保险告知义务的效力来源看,其并非当事人在合同中约定而是源于法律的强制性规定,保险告知义务具有法定性,因此,该义务的履行及法律效果必须由法律来设定。法律在设定该义务规则时必须以保险告知义务作为投保人/被保险人的协助义务之性质为准,具体来说:要求投保人或被保险人履行披露保险标的的相关信息告知义务,告知或披露的范围应以保险经营技术所需的范围为限,对义务履行的方式上应考虑投保人或被保险人履行该义务的成本和可行性,对义务的法律后果的设定也应以保证保险经营

① 信息经济学将个人信息分成三类:第一类为生产性事实的信息,指可以增加财富的信息;第二类为再分配性事实的信息,指产生交易优势的信息;第三类为危害性事实的信息,是指如果不披露就将引起对某人的财产或人身伤害的信息。保险标的的信息是属于再分配性事实的信息。具体参见樊启荣著:《保险契约告知义务制度论》,中国政法大学出版社 2004 年版,第 143 页。

② 这里的最大诚信义务规则指的就是本书的保险告知义务。英国 1906 年《海上保险法》第 17 条和第 20 条就最大诚信义务主要规定了披露和陈述(本书所采用的术语为"保险告知")义务,而最大诚信义务规则经后来的判例法逐渐扩充发展。因此,英美法系学者有时也以最大诚信义务来指称陈述和披露义务。

③ Thomas J. Schoenbaum, "The Duty of Utmost Good Faith in Marine Insurance Law: A Comparative Analysis of American and English Law", *Journal of Maritime Law and Commerce*, 1998, 1, p. 3.

为限，而不应使该义务的设定对投保人/被保险人的利益造成不利影响，甚至使该义务成为保险人恶意抗辩的工具。

保险告知义务制度的核心是告知方式的选择和告知义务的法律效果的合理建构。对保险告知方式的设定，从理论上可以有主动告知和询问告知两种立法技术。[①] 立法对告知方式的选择不仅应与一定的保险经营技术相适应，同时从经济学上需要考虑的合理性问题是：第一，告知义务的方式和范围与交易成本的关系。既然“任何保险合同的订立，均有信息成本问题，因此，问题的核心是合同设计或制度安排如何节约和降低信息成本”。[②] 从保险交易的信息成本负担来看，原本应该由保险人承担的巨大的信息成本，通过投保人/被保险人的告知义务的履行，使保险交易的信息成本总量变小，因此，告知义务是有效率的选择。同理，保险交易的信息成本在总量变小的同时使信息成本的承担主体发生了变动，由保险人承担转变为投保人或被保险人承担，而投保人或被保险人告知义务的履行也存在交易成本的问题。告知方式的选择和告知范围的设定都影响投保人、被保险人承担的交易成本的大小，而直接的受益者是保险人。因此，从经济学角度分析，告知范围不应无限宽泛，否则会过分增加投保人/被保险人的交易成本；告知方式的选择也不应不合理地增加投保人或被保险人的交易负担，否则不仅影响保险告知的效率价值，也有失公平。第二，从经济学上分析，经济人仅具有有限理性，所以，投保人/被保险人对保险人的告知的范围应当有一定的限制，告知的内容不能超出一个具有有限理性的人所能告知的范围。[③]

对告知义务的法律后果的设定的合理性考量是：同样归因于经济人的有限理性，一般认为“具有轻过失和无过失的人不应当承担责任，其原因在于轻微过失和完全无过错的事实都属于一个有限理性的人不能掌握的认知范畴”。[④] 因此，对告知义务的法律后果的设定，应该体现保险告知这一协助性义务性质以及投保人/被保险人作为有限的理性人所承担的法律后果，而不应对投保人和被保险人苛责。

保险告知制度产生的经济根源、保险告知制度的目的和功能，以及保险告知义务的法律定性，上述理论基础是任何保险类型中的告知所共有

---

① 从英国2015年《保险法》对保险告知义务立法变革来看，告知模式已经有了突破，发展出了“主动告知为主、提示信息下的询问告知为辅”的混合新模式。

② 樊启荣著：《保险契约告知义务制度论》，中国政法大学出版社2004年版，第153页。

③ 参见梁鹏著：《保险人抗辩限制研究》，中国人民公安大学出版社2008年版，第146页。

④ 梁鹏著：《保险人抗辩限制研究》，中国人民公安大学出版社2008年版，第146页。

的。当然,其作为海上保险和非海上保险的告知制度所共同的理论基础,也为两者的统一和协调奠定了基础。

二、保险告知方式、范围的差异及统一取向

保险告知的方式在立法例有不同表现,不同的告知方式对投保人/被保险人告知的范围有着实质的影响。我国《保险法》和《海商法》在告知方式上呈现的是不同的立法模式,这一差异存在的合理性根据何在,其差异是否可以消弭,这些都是需要论证的。

(一)保险告知方式的规范比较

我国《海商法》第222条第1款规定:"合同订立前,被保险人应当将其知道的或者在通常业务中应当知道的有关影响保险人据以确定保险费率或者确定是否同意承保的重要情况,如实告知保险人。"同条第2款规定:"保险人知道或者在通常业务中应当知道的情况,保险人没有询问的,被保险人无需告知。"2009年修订的《保险法》第16条第1款规定:"订立保险合同,保险人就保险标的或者被保险人的有关情况提出询问的,投保人应当如实告知。"[①]从规定可以看出,两法采用的保险告知义务方式大相径庭:《海商法》要求被保险人主动向保险人告知一切他所知道的或者在通常业务中应当知道的有关影响保险人据以确定是否承保以及确定保险费率的重要情况,而不以保险人的询问的范围为限,即采用的是主动告知的立法模式;[②]而根据新《保险法》,对保险人提出的询问投保人应如实回答,保险人没有提出的问题投保人无需主动告知,即采用的是询问告知的立法模式。

---

① 2009年修订的新《保险法》对保险告知义务及方式的规定较2002年原《保险法》的规定科学:首先,从立法技术上,2009年修订的《保险法》将保险告知义务与保险人说明义务分别独立成条,而原《保险法》是将保险人的说明义务混入投保人的告知义务条文;其次,《保险法》(2002年修订)第17条规定保险人可以就保险标的或者被保险人的情况提出询问,投保人应如实回答,侧重于从保险人权利的角度规范,而《保险法》(2009年修订)第16条的规定则从投保人的义务角度规范,符合保险告知为法定义务的性质定位。

② 我国《海商法》第222条第2款在第1款主动告知的基础上又作出补充规定,"保险人知道或者在通常保险业务中应当知道的情况,保险人没有询问的,被保险人无需告知。"由于第2款的规定出现了经保险人询问回答的规定,有学者认为我国《海商法》采取的是"无限告知加有限告知的交叉模式"。参见王金玉:《海上保险告知义务矫正论》,大连海事大学2012年博士学位论文,第39页。该观点值得商榷。《海商法》第222条第2款借鉴于英国1906年《海上保险法》第18条第3款第2项,但英国海上保险法有如此的规定,却丝毫不影响学者对其"主动告知"或"无限告知"模式的认定。笔者更赞同傅廷中教授关于《海商法》第222条第1款和第2款之间的关系的观点,即第2款的规定为第1款的例外规定,第1款规定的无限告知义务的模式并未因存在第2款的规定而在形态上发生根本的变化。参见傅廷中:《投保人的告知义务再检讨》,载《中国海商法研究》2012年第1期。

主动告知和询问告知的不同要求,其区别主要体现在告知义务的履行中:第一,履行告知义务的方式不同。主动告知对义务主体来说是积极的义务,而询问告知主体则是被动的义务。第二,在不同方式下,保险人询问所起的作用不同。询问告知方式下,保险人的询问是确定相对一方履行告知义务的边界,即保险人询问的问题被推定为重要事实,未询问的问题,即使客观上重要,按照法律的规定,投保人也无需主动披露。而主动告知方式下,保险人也会列出询问的问题,事实上保险人也有权主动询问,保险人询问的问题应认定为重要事实,但不能作出相反的推定,即保险人未提及的问题不具有重要性。相反,在主动告知模式下,对保险人未提出的问题,被保险人仍应告知,只要该事实对保险人的风险测定是重要的。第三,从第二点也可引申出下列的区别,而这构成了区别的根本,即不同方式下告知范围是不同的。具体来说,主动告知方式下,被保险人告知的范围是其知道或应当知道的影响保险的重要事项,其实这是一种近乎苛刻的无限告知。[①] 正如学者批评的,“尽管被保险人可能尽万千谨慎回答了询问单上的问题,但他会发现他仍然需要披露那些保险人没想过要问他但是谨慎保险人想要知道的重要事实”。[②] 而询问告知方式下,投保人的告知范围是由保险人确定的,即投保人告知的范围仅限于保险人的询问范围内的事实,[③]因此,询问告知是一种有限的告知。可见主动告知方式是更为严格的方式,对保险相对人的要求更高。

从立法来源上看,我国《海商法》第十二章借鉴参考了英国 1906 年《海上保险法》,在保险告知义务的方式上与英国 1906 年《海上保险法》所规定的主动告知的立法模式一致,[④]我国保险法研究和立法较多地受到我

① 主动告知方式下告知范围的无限性,准确地说是一种近似的表述。因为根据《海商法》第 222 条第 2 款的规定,被保险人的告知范围仍是有限制的。

② Malcolm A. Clarke, *Policies and Perception of Insurance—an Introduction to Insurance Law*, Clarendon Press, 1997, p. 85. See Zhen Jing, “Insured's Duty of Disclosure and Tests of Materiality in Marine Insurance and Non-marine Insurance Laws in China”, *Journal of Business Law*, 2006, October, p. 685.

③ 《保险法司法解释(二)》第 6 条第 1 款规定:“投保人的告知义务限于保险人询问的范围和内容。当事人对询问范围及内容有争议的,保险人负举证责任。”该条司法解释进一步明确了投保人告知的范围仅以保险人询问为限。

④ 认为我国海上保险告知方式与英国海上保险的主动告知方式是一致的观点非常常见。参见汪鹏南著:《海上保险合同法详论》(第四版),大连海事大学出版社 2017 年版,第 55 页;杨召南、李文湘著:《海上保险法》,法律出版社 2009 年版,第 59 页。但也有学者提出认为,我国海上保险告知义务的模式的规定是模糊的,但应理解为第 222 条第 1 款规定的主动告知为原则,第 2 款是无限告知的例外。具体参见傅廷中:《投保人的告知义务再检讨》,载《中国海商法研究》2012 年第 1 期。

国台湾地区“保险法”的影响，而我国台湾地区“保险法”倾向于“询问告知主义”。[①] 就现行规定来看，由于海上保险有特别的规定，因此，《保险法》询问告知方式仅适用于非海上保险，由此，在我国保险法律体系内，海上保险与非海上保险告知方式是不同的。造成海上保险和非海上保险不同告知方式的立法原因，如学者分析，可能是制定两法的不同立法者无意造成的，也可能是考虑到海上保险一般属于商业性保险，被保险人一般为商人，而一般保险中的被保险人多为自然人，立法者有意要在海上保险中实行比一般保险更为严格的告知方式。[②]

（二）不同告知方式下的重要事实之确定及比较

根据我国《海商法》第 222 条的规定，被保险人应如实告知“有关影响保险人据以确定保险费率或者确定是否同意承保的重要情况”。《保险法》在规定投保人的告知义务时，对应告知的事项是否为重要事项没有明确，但是，在规定保险人的解除权时，使用了“足以影响保险人决定是否同意承保或者提高保险费率的”，保险人享有合同解除权。立法措辞上，《海商法》遵从了英国 1906 年《海上保险法》第 18 条的提法，采用了“重要情况”（material circumstance）一词，而《保险法》并没有使用“重要”一词，但是从其所使用的“足以影响”而非“影响”来界定“事实”，可以认为这种区别是非本质性的。[③] 也即作为告知义务规范的对象应是重要事实，投保人/被保险人告知的范围亦为重要事实。但在不同告知方式下，对重要事实的判断标准不同，由此决定了不同告知方式下的告知范围恰是迥异的。

1. 主动告知下重要事实的确定

在主动告知方式下，合同成立前被保险人必须决定哪些信息应该告知。但是，信息是否重要是一个事实问题，同一事实在不同案件、不同时期其重要性可能不同，[④]不同的人对重要性的观点也不同，因此，就必须解决以谁的标准和以什么样的标准去确定事实的重要性。由于我国《海商法》借鉴的是英国 1906 年《海上保险法》的立法例，因此，这里先介绍英国法主

---

① 肖和保著：《保险法诚实信用原则研究》，法律出版社 2007 年版，第 146 页。我国台湾地区“保险法”第 64 条第 1 款规定：“订立保险契约时，要保人对于保险人之书面询问，应据实说明。”而根据我国台湾地区“保险法”体例，该询问告知主义同样适用于海上保险。

② Zhen Jing, “Insured’s Duty of Disclosure and Tests of Materiality in Marine Insurance and Non-marine Insurance Laws in China”, *Journal of Business Law*, 2006, October, p. 697.

③ 彭岳：《海上保险中最大诚信原则的适用范围》，载谢宪主编：《保险法评论》（第二卷），中国法制出版社 2009 年版，第 242 页。

④ Susan Hodges, *The Law of Marine Insurance*, London, Cavendish Publishing Limited, 1996, p. 88.

动告知方式下重要事实的认定标准。

(1)英国法主动告知方式下的重要事实认定标准及范围

根据英国1906年《海上保险法》第18条第1款的规定,"重要事实"是指"影响谨慎保险人(prudent insurer)确定保险费或影响其决定是否接受承保的任一情况"。[①] 英国1906年《海上保险法》的上述规定似乎是清楚的,但是,判例法对此规定的认定标准经过了不断地发展,目前对重要事实的认定有指导意义的是英国上议院审理的Pan Atlantic Insurance Co. Ltd. v. Pine Top Insurance Co. Ltd. 案[②](以下简称Pine Top案),该案确定的标准不仅适用于海上保险也适用于非海上保险,适用于对未披露和误述的重要事实的认定。[③]

一方面,事实是否重要不以特定被保险人或理性被保险人的标准,[④] 而是以谨慎保险人的标准来确定。[⑤] 谨慎保险人与理性保险人(reasonable insurer)可以互换,与特定保险人标准相比,是一个客观的标准。[⑥] 英国保险法学者艾格斯(Peter Macdonald Eggers)等认为,"谨慎保险人或理性保险人的特征应当根据近期通常的保险实践、通过被保险人选择的市场、保险人出售的相关保险产品来确定……谨慎保险人必须具有某些特征或限制,以便法院将之运用于活生生的保险人上,他必须是理性的,能够尽到保险人通常的注意义务,并具有保险人通常的经营技术,而且能够坚持这些注意义务和经营技术,他还应该具有处于他这个位置上的保险人的相应知识"。[⑦] 实践中,这一谨慎保险人标准或者理性

---

① MIA1906S. 18(2): Every circumstance is material which influence the judgment of a prudent insurer in fixing the premium, or determining whether he will take the risk.

② Pan Atlantic Insurance Co. Ltd. v. Pine Top Insurance Co. Ltd. (1994) 2 Lloyd's Rep. p. 427.

③ Jonathan Gilman et al., *Arnould's Law of Marine Insurance and Average* (17th ed.), London, Sweet & Maxwell, 2008, p. 558.

④ 在Pan Atlantic Insurance Co. Ltd. v. Pine Top Insurance Co. Ltd. 案中对此亦是明确的,即特定被保险人或者谨慎被保险人的观点对确定事实是否重要无关。See Robert Merkin, *Marine Insurance Legislation*, London, LLP, 2000, p. 19.

⑤ 关于何谓"谨慎保险人",英国1906年《海上保险法》并未予以明确解释,而是以判例法赋予其丰富的内涵。在1917年Associated Oil Carriers Ltd. v. Union Insurance Society of Canton Ltd. ([1917] 2 K. B. 184)案中,Aitkin大法官认为,"谨慎的标准并不要求保险人比当时市场上具有一般经验和知识的保险人具有更高的知识和洞察力"。See Julie-anne Tarr, A. A. Tarr, "The Insured's Non-disclosure in the Formation of Insurance Contract: a Comparative Perspective", *International and Comparative Law Quarterly*, 2001, 3, p. 581.

⑥ Malcolm A. Clarke, *The Law of Insurance Contracts* (4th ed.), London, LLP, 2002, p. 709.

⑦ Peter MacDonald Eggers, Simon Picken, Patrick Foss, *Good Faith and Insurance Contracts* (2nd *edtion*), London, LLP, 2004, p. 350.

保险人标准是通过专家的证明实现的。特定保险人要寻求对自己有利的、来自同行的专家意见往往是很容易的,[①]因此,谨慎保险人标准虽是一个相对客观的标准,但在确定告知内容的重要事实问题上仍然是有利于保险人的。

Pine Top 案对以谨慎保险人的标准来衡量事实是否重要性这一点上,与之前的判例是一致的,但是,Pine Top 案对谨慎保险人衡量重要事实的标准,即英国 1906 年《海上保险法》中所指的影响(influence)的程度如何确定上,Pine Top 案多数意见认为重要事实不是"影响谨慎保险人决定是否承保或确定保险费率的事实",而是"对谨慎保险人在风险评估会考虑的事实"。[②] Pine Top 案判决认为英国 1906 年《海上保险法》中的"影响"一词是一个法律解释问题,根据英国 1906 年《海上保险法》第 18 条或第 20 条的措辞,"影响"一词之前没有任何修饰,文义解释上是指影响想法(influence mind)而并不等同于"改变想法"(change mind)。另外,就其使用的"是否"(whether)一词显然是用来表达对思考过程有影响而不是对其决定有影响。[③]

Pine Top 案所确定的上述规则,实际上否定了之前的 Container Transport International Inc. v. Oceanus Mutual Underwriting Association (Bermude) Ltd. 一案[④](以下简称 C. T. I. 案)中确定的决定性影响标准,[⑤]而肯定了 C. T. I. 案二审中确定的纯粹影响标准(或称对谨慎保险人的意向有影响的标准[⑥]),而按此标准得以确定的被保险人的主动告知的范围较决定性影响标准更为宽泛。但这只是 Pine Top 案确定重要事实的一个方面。

---

① 杨良宜先生对此所持的见解是,谨慎保险人标准使"保险人很容易令保险合约无效,因为他是可以去伦敦保险市场随便找一个有知名度或经验的从业保险人让它提供给法院专家意见说:'这些未披露的事实与情况会影响我是否决定承保条件与保险费率的厘定'去证明为披露的事实与情况与事实性重要。"参见杨良宜著:《海上货物保险》,法律出版社 2010 年版,第 51 页。

② "...the appropriate test is whether the matter would have been **taken into account**(加粗以示差别。——笔者注)by the prudent insurer when assessing the risk; it is not necessary to show that the matter would have had a **decisive influence**(加粗以示差别。——笔者注)on the prude insurer."

③ Pan Atlantic Insurance Co. Ltd. v. Pine Top Insurance Co. Ltd. (1994) 2 Lloyd's Rep. p. 427.

④ Container Transport International Inc. v. Oceanus Mutual Underwriting Association (Bermude) Ltd. [1984] 2 Lloyd's Rep. p. 476.

⑤ 在该案的初审中确定的决定性影响标准,其实质可以概括为:仅以谨慎保险人为判断事实是否重要,特定保险人是否受影响不作考虑。

⑥ 杨召南、徐国平、李文湘著:《海上保险法》,法律出版社 2009 年版,第 66 页。

另一方面,Pine Top 案确立了实际引诱规则(actual inducement test),[①]以避免上述宽泛性标准对被保险人的不当影响,就是将特定保险人是否受未告知或误述而诱使订立合同这一因素作为该特定保险人是否有权解除合同的依据。也就是说,特定保险人解除合同必须证明其受错误告知或未披露的诱使。法官们对此一致认为:英国 1906 年《海上保险法》有一项默示的限制条件,即误述并不能使保险人宣告合同无效,除非合同是受误述引诱而订立的,而诱使一词具有普通合同法所使用的含义。实际引诱规则的建立,其实质是将特定保险人也纳入重要事实的判定中,且遵循了一般合同法上的因果关系。

因此在 Pine Top 案后,英国司法实践中所适用的规则是,保险人为确定某一重要情况未如实告知,并欲宣布保险合同无效,保险人必须分两步证明:第一步,证明这一情况是谨慎的保险人在评价风险时需要考虑的。第二步,证明被保险人未告知或者误述实际诱使他(特定保险人)订立了保险合同。[②] 但是,Pine Top 案规则也带来一些问题,正如学者批评的,"缺乏逻辑上的连贯性","一方面保险人不必证明谨慎保险人或理性保险人是否受诱使,但另一方面却要求保险人(特定)须证明其受实际引诱使,这是相互矛盾的"。[③]

(2)我国《海商法》主动告知的范围及重要事实的认定

我国《海商法》主动告知方式下,对告知范围以及重要事实的认定所采取的标准和英国 1906 年《海上保险法》并不完全相同:

首先,对重要事实,我国《海商法》没有作出定义,但仍规定了构成重

---

① 对事实按谨慎保险人的标准认定,而就特定保险人是否受到未告知或误述的影响这一问题,英国判例法的发展是很富有喜剧性的。Kerr 法官于 1973 年在 Berger v. Pollock 一案([1973] 2 Lloyd's Rep. 442)就提出了诱因规则,但是,在 1984 年的 Container Transport International Inc. v. Oceanus Mutual Underwriting Association(Bermude)Ltd. ([1984]2 Lloyd's Rep. 476.)(以下简称 C. T. I.)案中,Kerr 法官(其也是 C. T. I. 案中的法官)放弃了诱因规则。See Jonathan Gilman et al. , *Arnould's Law of Marine Insurance and Average* (17th ed.), London, Sweet & Maxwell, 2008, p. 563.

② Susan Hodges, *The Law of Marine Insurance*, London, Cavendish Publishing Limited, 1996, p. 92. 需要说明的是,英国学者苏珊·豪吉斯(Susan Hodges)就 Pine Top 案提炼出的上述确定重要事实的判定过程,就笔者掌握的资料来看,目前依然适用。而且就笔者所掌握的资料来看,Pine Top 案是目前英国保险法上对告知重要事实方面的权威案例。See Jonathan Gilman et al. , *Arnould's Law of Marine Insurance and Average* (17th ed.), London, Sweet & Maxwell, 2008, p. 558.

③ Thomas J. Schoenbaum, "The Duty of Utmost Good Faith in Marine Insurance Law: A Comparative Analysis of American and English Law", *Journal of Maritime Law and Commerce*, 1998, 1, p. 28.

要事实的主客观因素，由此确定告知的事项范围，具体为“被保险人知道或者在通常业务中应当知道的事项”。一般认为，“被保险人知道”是指实际知情；“被保险人在通常业务中应当知道”，既包括被保险人已经查询到的情况，更包括在通常业务中应当由被保险人查询掌握的情况。[①] 这一点与英国 1906 年《海上保险法》的规定一致。

其次，从重要事实的判断主体来看，我国《海商法》使用的是“保险人”概念而并没有采用“谨慎保险人”或“理性保险人”，一般认为我国《海商法》采用的是特定保险人的判断标准。有学者提出，我国应当与世界保持一致，采用“谨慎保险人”标准，因为这一标准为目前大多数国家的海上保险法采用。[②] 我国海事司法实践中出现过对重要事实采谨慎保险人的标准而非特定保险人标准的案例，如在（日本）西谷商事株式会社诉中国人民保险公司青岛市分公司海上货物运输保险合同纠纷案[③]中，法院认为：“货物装载于驳船甲板上由拖轮拖带运输的情况，对于一个合理谨慎的保险人来说，在其考虑是否接受承保或确定保险费率的高低时，是绝对有影响的，所以，可以认定该情况为《海商法》规定的重要情况。”

最后，从重要性的判断标准来看，我国《海商法》采用的是有关影响保险人据以确定保险费率或者确定是否同意承保的重要情况。该条中的“影响”解释为“决定性影响”，即要求证明若存在未告知，保险人会收取更高的保险费，甚至拒绝承保。[④] 司法实践提出以增加保险风险的情况即为“重要情况”的判断标准。[⑤] 但是，该标准与英国法下的决定性影响标准是

① 汪鹏南著：《海上保险合同法详论》（第四版），大连海事大学出版社 2017 年版，第 5 页。

② 肖和保著：《保险法诚实信用原则研究》，法律出版社 2007 年版，第 156 页。

③ 山东省高级人民法院（2002）鲁民四终字第 45 号。案例来源北大法宝网。该案案情为：被保险人北海船厂就出口（日本）西谷商事株式会社的土石装船输送设备向中保财产保险有限公司青岛分公司（青岛人保）投保海上货物运输保险，北海船厂在投保时未将该设备被拆分为四大部分固定装载于驳船甲板上并由拖轮拖带运输至日本的这一运输情况告知保险人青岛人保。运输期间，因遭遇七级大风，船舶沉没，承保货物全损。就上述事实是否属于应告知的事实等问题产生争议而成讼。

④ 汪鹏南：《告知义务及违反该义务的法律后果》，载司玉琢主编：《中国海商法年刊》（1993 年卷），大连海事大学出版社 1993 年版。

⑤ 美国陈氏公司诉中国太平洋保险公司，上海海事法院（1997）沪海法商字第 486 号。案例来源“北大法宝”网。该案案情：承保船舶“加拿大丰收轮”为拆解而航行的情况在被保险人投保时未告知保险人，途中承保船舶沉没。上海海事法院在审理中认为：保险标的的风险大小是影响保险人确定保险费率或者确定是否同意承保的重要因素。与一般船舶比较，用于拆解的船舶其海上风险明显增加，如果保险人知道这一情况，通常会提出增加保费在内的附加条件……虽然海商法对所谓“重要情况”未作明确定义，但凡是增加保险风险的情况即为“重要情况”。船舶用于拆解，显然属“重要情况”之列。原告在订立合同前未将其告知被告，不但违反了保险条款的约定，而且违反法律规定。

不同的。因为结合我国特定保险人的主体标准,可以说,我国《海商法》主动告知方式下对重要事实的判断采取对特定保险人的实质影响标准,已经考虑了对保险人的诱导性因素,而与 Pine Top 案采纯粹影响标准(谨慎保险人)认定重要事实再以诱使规则确定保险人是否可以宣告保险合同无效不同,也与 C. T. I. 案中仅考虑谨慎保险人的决定性影响而不考虑对特定保险人的影响标准是不同的。有学者认为,对诱使规则的考虑较为公平合理,但是,特定保险人的标准使同一事项向不同保险人投保时出现是否重要结果不一的局面是我国立法的缺陷所在。①

尽管我国《海商法》与英国 1906 年《海上保险法》对重要事实的认定并不完全相同,但在适用主动告知方式上存在的问题是共同的。首先,对告知范围和重要事实的判断上两者是分离的。即对被保险人来说,其在合同成立前必须根据自身的经验揣摩保险人需要其披露的重要事实,但由于保险是专业性、技术性很强的经济活动,非专业人士无法真正理解其原理,对于被保险人来说哪些属于重要事项无法作出准确的判断。正如学者所言,“身为‘外行人’,如何善尽诚信,倾其所知,知无不言,实比登天还难”。② 其次,对重要事实的认定及争议也成了在主动告知方式下的焦点,而严苛的告知方式也为保险人对被保险人的技巧性抗辩开设了通衢。③ 告知义务的立法根源于信息不对称的现实,为改变信息不对称带来的逆向选择而采取的立法举措不应该成为侵害被保险人利益的制度性工具,而主动告知方式下,无论其重要事实的认定标准如何有差异,对被保险人来说这一方式都是过于严苛和不利的。

---

① 葛延珉:《海上保险法最大诚信原则研究》,大连海事大学 2004 年博士学位论文,第 66 页。

② 江朝国著:《江朝国论文集(一)》,瑞兴图书有限公司 1997 年版,第 162 页。

③ 在海上保险纠纷中,一些并非重要的事实常被保险人以违反重要事实的告知而成为拒赔的理由。例如,南京物资实业集团总公司诉天安保险股份有限公司南京分公司海上运输货物保险合同纠纷案[武汉海事法院(2000)武海法商字第 91 号]中,对装船通知上缺少的“开航日期”是否属于告知的重要事实产生争议;舟山市海运公司诉中保财产保险有限公司舟山市分公司船舶保险合同案[上海海事法院(1999)沪海法商初字第 49 号,上海市高级人民法院(2000)沪高经终字第 367 号]中,对未告知的承保船舶的长度是否重要事实产生争议;宁波市粮油食品进出口公司诉中保财产保险有限公司上海分公司海上货物保险合同纠纷案[上海海事法院(1998)法商初字第 539 号,上海市高级人民法院(1999)沪高经终字第 612 号]中,对未告知运输承保货物的船舶为老龄船这一事实是否为重要事实产生争议等;在中国人寿财产保险股份有限公司上海分公司与温州市驰锋金属材料有限公司海上货物运输保险合同纠纷案中[宁波海事法院(2013)甬海法温商初字第 35 号,浙江省高级人民法院(2014)浙海终字第 50 号],就承运货物的船舶“兴航海”轮的法定载重是否属于应告知的重要事实产生争议。案例来源北大法宝网。

2. 询问告知下的告知范围及重要事实之认定

在我国《保险法》[①]采用询问告知这一模式下，重要事实一般来说并不是重要的概念，因为立法技术已经解决了重要事实的证明问题。即在询问告知模式下，法律一般规定，重要事实的范围以保险人询问的内容为准。保险人询问的事项就是保险人关心的与所保风险评估有关的重要事实，投保人就询问的事项如实回答，而未询问的则为不重要事实的推定。询问回答方式基于“立法者信赖保险人之专业知识及诚信原则，授权其制定询问内容，以为重大事项之推定”。[②] 这一告知方式的合理性在于，双方均具有一定的交易注意义务，保险人有义务关注其所需的危险信息的范围，而被保险人所需尽到的是如实（不隐瞒也不虚假陈述）将其所知的信息传递给保险人。当然，我国《保险法》并没有像我国台湾地区“保险法”采“书面询问”来确定重要事实。[③] 但是，我国保险实践中也是普遍采用书面询问表形式，尤其在人身保险中。询问回答这一方式，不但缩小了保险告知的范围，因保险人询问本身具有重要事实的证明作用，由此重要性判断的实质问题转变成形式问题，[④]故通常不会产生是否为重要事实的争论。这一事先明定的“游戏规则”[⑤]大大减轻了投保人对告知义务的注意义务，适当平衡了保险人和保险相对人之间的利益。

为了避免保险人通过投保单询问表上的“概括性条款”将询问告知方式下的投保人的有限告知向事实上的无限告知转化，《保险法司法解释（二）》第6条第2款作出如下规定：“保险人以投保人违反了对投保单询问表中所列概括性条款的如实告知义务为由请求解除合同的，人民法院不予支持。但该概括性条款有具体内容的除外。”对询问告知方式的这一补充性解释值得肯定。

从上述比较可以看出，主动告知方式是对投保人/被保险人更为严苛的方式。从告知义务的功能是为保险人估测风险提供协力的义务来看，主动告知已经偏离了设定该制度的目的，对投保人或被保险人设定了过重的交易注意义务，而相反对保险人来说，其大可在投保阶段或核保阶段疏忽大意，而过分降低了保险人的交易注意义务之要求，从而导致了当事人利

---

① 《保险法》的询问回答主义是秉承了1983年国务院颁布的《财产保险合同条例》中的规定，该条例第7条规定投保方应当按照保险方的要求，将主要危险情况告知保险方。

② 江朝国著：《江朝国论文集（一）》，瑞兴图书有限公司1997年版，第162页。

③ 参见我国台湾地区“保险法”第64条第1款的规定：“订立契约时，要保人对于保险人书面询问，应据实说明。”

④ 参见王雪杉：《保险告知义务研究》，吉林大学2007年博士学位论文，第108页。

⑤ 参见李庭鹏著：《保险合同告知义务研究》，法律出版社2006年版，第26页。

益的失衡。主动告知义务的设定是为了满足追求效率的价值,却使投保人和被保险人在履行告知义务时承受了过高的交易成本,相比较询问告知回答方式,其效率是低下的。主动告知义务在投保人或被保险人是否如实履行告知的认定上更容易发生纠纷,而在诉讼中何为重要事实常引发争议,成为困扰法院的一个难题和焦点。[①] 综上,主动告知方式无论从公平性而言或是效率性而言,都是不及询问告知方式的。当然,从保险法的发展来看,主动告知较早被引入保险法领域是具有一定历史背景的,但是,这一主动告知方式的合理性与否在现代仍需要检视,即便是在被认为具有特别风险的海上保险中,这种方式的合理性也是需要审视的。

3. 我国海上保险和非海上保险不同告知方式并存所存在的问题

我国海上保险的主动告知方式和非海上保险的询问告知方式的不同,从法律适用的角度来说,一般来说是不会造成冲突的,但是,这种并存也的确带来一些问题:

(1)海上保险合同和非海上保险合同的区分是模糊的。我国《海商法》调整的海上保险并非仅限于对海上风险的承保,事实上也扩展到从海上运输延伸至内河甚至岸上的风险。尤其是现代多式联运的发展,其包含了多种运输方式,区分海上保险合同与一般保险合同的界限趋于模糊,就会导致同一商人因一般货物运输保险的告知义务和为海上货物运输保险下的告知义务的不同、规则的不统一,在参与保险活动中产生一定的困惑。

(2)在保险发展的初期,海上保险被视为是商业的奴仆。而现代保险业的发展,保险越来越趋向消费性,即保险从保障商业的运作逐渐发展到满足社会生活和生产需要,保险越来越社会化。从该角度而言,保险有商业性保险和消费性保险之区分。根据该分类,海上保险一般划入商业性保险。但是,我国保险法的立法表明,作为商业性保险之一的海上保险适用特别法即《海商法》;而与海上保险相对的非海上保险,既包括消费性保险也自然将其他商业性保险囊括其中,同样属于商业性保险,从事国际贸易、航运有关的商人与一般商人却在各自的保险合同中,适用完全不同的告知方式,这在理论上难以自圆其说。

(三)海上保险合同主动告知方式:改变是否可行?

尽管从告知的不同方式的比较中可知询问告知方式是较为理想的,而我国保险法律体系内存在告知方式的差异也引起一定的问题,那么海上保险告知方式的转变是否必要,其转变的现实性又何在?

---

① 上述对英国保险法下主动告知义务下重要事实的认定的判例法的发展,即为明证。

1. 海上保险和非海上保险告知方式的不同发展轨迹

从保险业的发展来看，告知义务是伴随着保险而生的，足见告知义务对保险制度的重要性。而从告知义务的演进来看，保险告知方式的发展在一般保险和海上保险之间有着不同的历史轨迹：从世界范围来看，海上保险告知义务一直保持着历史原来的模样，即保险告知方式一直保持着早期海上保险法所建构的主动告知方式；而保险业自完成了从海上保险向陆上保险的延伸和发展后，陆上保险包括财产保险和人身保险所适用的告知义务方式则呈现由最初的主动告知方式（与海上保险一致）向询问告知演进的过程。

根据笔者掌握的资料以及学者的考证，[①]最早在保险法中采用书面询问方式的是瑞士《保险法》，其第4条对告知作出了系统规定，其中第1款规定："投保人就保险人所提示的询问表，或所为书面询问有关危险测定上的重要事实，以在订立合同时知悉或应知悉者为限，必以书面告知。"第3款规定："保险人为明了对于危险有影响，而为书面的询问的一切事实，推定其具有重要性。"从主动告知方式向询问告知方式转变的立法最典型的是德国，德国1908年《保险合同法》[②]规定投保人所承担的是无限告知义务（umfassende Anzeigepflicht），[③]1939年对保险合同法修改时抛弃了主动告知而采用书面询问的告知方式。[④] 德国2008年《保险合同法》中的保险告知方式延续了书面询问这一做法。[⑤] 日本对告知义务的方式也出现转

① 我国保险法学者樊启荣、肖和保、梁鹏等在其著作中均表明，瑞士1908年《保险法》是最早采用书面询问告知的立法。参见樊启荣著：《保险契约告知义务制度论》，中国政法大学出版社2004年版，第107页；肖和保著：《保险法诚实信用原则研究》，法律出版社2007年版，第144页；梁鹏著：《保险人抗辩限制研究》，中国人民公安大学出版社2008年版，第150页。笔者在文中引用的条文出自上述专著。

② 德国1908年《保险合同法》第16条第1款规定："投保人对所知悉且对于危险承担系重要的情况，应于契约订立时告知保险人。对于保险人契约或其约定内容订立的决定产生影响的危险为重要事项。经保险人明确以书面询问的情况，若有疑义时，视为重要事项。"

③ Guido Holzhauser, Versicherungsvertragsrecht, Verlag C. H. Beck, 1999, 41ff. 转引自肖和保：《保险法诚实信用原则研究》，法律出版社2007年版，第143页。

④ 参见江朝国著：《江朝国论文集（一）》，瑞兴图书有限公司1997年版，第162～163页。

⑤ 德国2008年《保险合同法》第19条第1款。该款的英译为：The policyholder shall disclose to the insurer before making his contractual acceptance the risk factors known to him which are relevant to the insurer's decision to conclude the contract with the agreed content and which the insurer has requested in writing. If, after receiving the policyholder's contractual acceptance and before accepting the contract, the insurer asks such questions as are referred to in the first sentence, the policyholder shall also be under the duty of disclosure as regards these questions. [EB/OL] Accessed September 2, 2001, http://www.gesetze-im-internet.de/englisch_vvg/englisch_vvg.html.

变,日本《商法典》采用的是主动告知方式,①其2008年国会通过的《保险法》采用询问告知方式。②

而在海上保险领域,由Carter v. Boehm案所开创的主动告知义务到英国1906年《海上保险法》将主动披露义务成文法化至21世纪,这几百年间海上保险经过了从幼稚产业到以现代保险技术为支撑的现代海上保险业的发展,但是,世界海上保险领域就保险告知的方式还是一直未变。海上保险最初采用主动告知有其历史性和特定性,但是,现代海上保险是否仍应保持一贯的主动告知方式,海上保险告知方式向书面询问的转变是否可行,则需要进一步求证。

2. 海上保险告知向询问告知方式转变的现实条件

在海上保险发展初期,"主动告知方式"之所以为立法所广泛采纳,是因为在当时的技术和信息条件下,保险人要凭自身调查获取对其风险评估和保险费厘定的信息是十分困难或根本不可能,被保险人主动告知重要信息成为可以依赖的唯一途径。③而在现代,科学技术的发展和保险承保技术的发展使对告知义务严苛性规定的基础产生了动摇,即使是在风险性更高的海上保险,告知义务由主动告知向书面询问方式转变的现实条件已经具备。

(1)科技水平的比较

确定主动告知方式第一案的Carter v. Boehm案所处的时代,正如英国学者约翰·伯茨所指出,海上保险合同"是在通讯工具落后,保险人又没有设备可以利用,唯通过询问投保人问题才能获得其所要了解的信息的时期而订立的,记住这一点是很重要的"。④ 但是,现今21世纪与18世纪相比,科技水平已经是天壤之别。"那时的船舶是木壳的,货物是用木箱或麻袋包装的,衬垫的则是破布或棉花,而现在,钢铁的船壳、先进的机器设备

① 日本《商法典》第644条第1款:在订立保险契约时,投保人因恶意或重大过失不告知重要事实、或就重要事实作不实告知时,保险人可以解除契约。但是,保险人已知该事实或因过失不知时,不在此限。

② 2008年5月12日本国会通过的日本《保险法》第4条规定:"缔结损害保险契约时,就与损害保险契约所填补损害的发生的可能性(以下本章简称危险)相关的重要事项中,保险人要求告知的内容,投保人或被保险人必须如实告知。"该法第37条关于生命保险的告知义务与第66条关于伤害疾病定额保险分别规定的告知义务表述与第4条基本相同,采用的也是询问告知方式。

③ Trine-Lise Wilhelmsem, "Duty of Disclosure, Duty of Good Faith, Alteration of Risks and Warranties: An Analysis of the Replies to CMI Qestionnaire", *in CMI yearbook* 2000, p. 348. http://www.comitemaritime.org/Uploads/Yearbooks/Yearbook+2000.pdf.

④ John Birds, *Birds' Modern Insurance law* (7th ed.), London, Sweet & Maxwell, 2007, p. 115.

以及高科技的导航、通讯和避碰系统，使保险人所面临因不告知或不实陈述而产生的海上风险大大降低了”。[①] 同时通信和信息技术的发展，使保险人也有机会掌握关于保险标的更多更准确的情况。

(2)保险技术条件的比较

海上保险发展之初，不仅由于造船工艺落后和通信技术手段的匮乏导致海上保险人的信息劣势和海上保险存在高风险性的特点，且海上保险发展之初的保险业尚为脆弱和幼稚的产业，保险经营的技术水平低下，缺乏有效的承保数据和数理基础，因此，对投保人或被保险人提供的信息具有极高的依赖性，而海上贸易和海上航运的发展又需要海上保险提供保障，因此，在当时的社会背景下以及对保险业的扶持政策导向下，保险人的利益受到倾向性的保护顺理成章，这使保险告知的设定上，对投保人或被保险人告知义务的要求自然就提高了。而现今保险业已经相当成熟，保险承保技术也大大提高，保险人不仅拥有优于18世纪的前辈们获得信息的途径与资源，也拥有详细的统计数据和精确的调查手段。虽然在海上保险这一专业领域，保险标的的风险情况依然具有个案性这一特征，被保险人对特定保险标的风险的掌握情况仍优于保险人。[②] 但这应该是海上保险告知制度存在的现实基础，而不能成为海上保险仍应适用过于严苛的告知方式的现实理由。

3. 商业性保险和消费性保险是否应该适用宽严不同的告知标准

信息不对称理论的提出为保险告知义务的设立原因提供了清晰的认识，受此影响，对保险告知作为辅助保险人获取信息的协助义务这一性质的认识也逐渐清晰；随着现代保险社会化趋势日渐明显和现代社会对弱者权利保护的理念的契合，保险法在“保护被保险人权利”(这是弱者保护理论在保险法上的体现)立法理念下作出了对保险消费者有利的若干改革(且这项改革还在保险法领域中继续和深化)，且加上现代科技的发展和现代保险技术的同时发展使保险告知方式向书面询问转变具备现实条件后，保险法(指非海上保险)领域告知方式从主动告知向书面告知的转变已属客观，此种转变也表明了法律的价值取向，即追求公平和追求效率。

海上保险属于商业性保险，被保险人一般为商人，让其承担比一般保险消费者较为严格的告知义务似乎是合理的。但仔细分析，这不能作为海

---

① 陈欣著:《保险法》(第三版)，北京大学出版社2010年版，第65页。

② Thomas J. Schoenbaum, “The Duty of Utmost Good Faith in Marine Insurance Law: A Comparative Analysis of American and English Law”, *Journal of Maritime Law and Commerce*, 1998, 1, pp. 3-4.

上保险的被保险人承担更重告知义务的理由。因为义务与责任的配置是就交易相对人而言的,就海上保险来说,加重被保险人的交易注意义务换取的是减弱保险人的交易注意义务,这导致两者的利益失衡;而由保险人设定需要了解的信息范围,再由被保险人披露具体的信息内容,两者均承担了相当的交易注意义务,这应是公平的选择。另外,商业性保险更注重交易的效率,书面询问相比主动告知来说,无论对被保险人还是保险人都能促使交易的迅速达成,因而是更为经济的告知方式。

无论从公平性角度还是效率性角度,书面询问告知都较主动告知方式更具有合理性,无论从海上保险的现实和一般保险的信息不对称的现实比较或从海上保险业的承保技术和一般保险的承保技术比较,一般保险实现书面告知的现实条件在海上保险也是存在的,因此,海上保险领域从主动告知向询问告知的转变是具备了现实的条件的。

(四)海上保险告知方式修正方案的评析

但就目前的立法例来看,海上保险主动告知方式仍被大多数国家所采纳。根据国际海事委员会对有关海上保险的问题的询问单及各国反馈信息而整理出的研究报告,表明多数国家海上保险领域采用主动告知方式。英国1906年《海上保险法》第18条第1款、澳大利亚1909年《海上保险法》第24条第1款、加拿大1993年《海上保险法》第21条第1款、日本《商法典》第644条、法国《保险合同法》第172条第2款,以及德国《海上保险通则》第19条第1款等明确规定采用主动告知方式,[①]我国在这一点上与世界上多数国家的做法是一致的。从近几年的新立法来看,也基本还是保留了主动告知方式。例如,在全球海上保险占有重要地位的北欧,于2013年通过具有法律与合同条款属性的2013年《北欧海上保险计划》(The Nodic Marine Insurance Plan),其第3-1条采用的是主动告知模式;[②]更受全球关注的英国2015年《保险法》告知方式仍然属于在1906年《海上保险法》主动告知的法律框架内进行的修正。

保险告知方式在保险法领域实现了从主动告知到询问告知的转变后,为何海上保险对主动告知方式的保留仍情有独钟?原因可能基于以下几点:首先,海上保险较一般保险来说,保险标的具有更强的流动性,

---

① Trine-Lise Wilhelmsem, "Duty of Disclosure, Duty of Good Faith, Alteration of Risks and Warranties: An Analysis of the Replies to CMI Qestionnaire", in *CMI yearbook* 2000, p. 353. http://www.comitemaritime.org/Uploads/Yearbooks/Yearbook+2000.

② 2013年《北欧海上保险计划》第3-1条:投保人在合同订立时全面和正确地告知对于保险人决定是否承保以及以何种条件承保有重要影响的所有事实。http://www.nodicplan.org.

使保险人核查风险变得不太现实，海上保险在现今保持较为严格的告知方式仍是有一定现实基础的。其次，海上保险具有国际性，在现今海上保险业较为发达的国家和地区，其主动告知方式的维持没有根本性地撼动其海上保险业务的发展，法律变革的动力不足。因此，海上保险领域保险告知方式向询问告知方式的转变过程，将会持续更久。对海上保险领域保险告知方式的研究，无论学理界提出的修改建议或者立法改革中采用的方案，基本属于修正式的建议，笔者试图在分析相关的立法建议基础上提出自己的见解。

1. 按照海上保险标的不同类型区分适用不同的告知方式：是否可行？

鉴于海上保险向询问告知方式的完全转变会遭遇隐形阻力，有学者提出了我国《海商法》修改时应根据海上保险标的的种类，分别适用不同告知方式的建议。具体来说，海上货物运输保险维持无限告知方式；将船舶保险的告知义务从我国《海商法》确立的模式中剥离出来，单独进行规制，采用单一的有限告知义务（运费保险附属于船舶保险，适用船舶保险的有限告知）；保赔保险，通过在海商法中海上保险合同类型中增补保赔保险，并对保赔保险适用有限告知方式。①

笔者认为，这种区分保险合同的类型或者保险标的的类型分别采用不同告知方式的立法建议并不可行。首先，从海上保险的历史来看，海上保险的范围是呈扩大化趋势的，海上保险的标的、海上保险的类型随着海上经济活动的发展而发展，而根据传统的海上保险标的的类型分别规定这一立法技术（虽然该建议中包含了对海上保险主要类别告知义务的规定）容易挂一漏万，形成法律漏洞。虽说这一法律漏洞可以通过立法技术得以避免，如增补"其他海上保险采用……告知方式"即可填补，但在区分适用的不同模式下，其他海上保险合同采用哪种告知方式更为可取仍需论证，答案似乎并不明确。其次，货物运输保险采用主动告知、船舶保险以及保赔保险采用询问告知方式，如此区分适用的理论依据不足。同为海上保险，面临同样的海上风险，同样具有保险标的的流动性特点，货物运输的被保险人为商人，船舶保险和保赔保险的被保险人多数为航运公司，也是典型的商人（当然船舶保险稍显特殊，也有被保险人为自然人的情况）。具有诸多共同特点的货物运输保险和船舶保险，其中就船舶保险适用对被保险人更为有利的询问告知，其理论依据不足。如果要作区分，根据海上保险

① 参见王金玉：《海上保险告知义务矫正论》，大连海事大学2012年博士学位论文，第39～59页。

的被保险人的身份区分适用而比上述根据保险标的的类型作为区分的标准似乎更具有说服力。

2. 英国2015年《保险法》"主动告知为主、信息提示下的询问告知为辅"模式对我国是否具有借鉴意义?

由于英国保险业尤其是海上保险业在世界上的地位,因此,英国2015年《保险法》对包括海上保险的非消费者保险的保险告知义务的立法引起了普遍关注。英国2015年《保险法》第二部分对这一称为"合理陈述义务"(the Duty to Make Fair Representation)进行了详细规定,①2016年8月12日该法开始实施后,1906年《海上保险法》第18条至第20条的规定即被废止。

英国2015年《保险法》对告知方式集中规定在第3(4)条中,其中(a)项规定,"被保险人应告知其知道或应当知道的一切重要情况",该规定与1906年《海上保险法》第18条的规定相差无几,即均要求被保险人主动告知。而保险人需要主动告知的"重要事实"与1906年《海上保险法》的规定也无多大差别,采用的判断标准也还是"谨慎保险人"决定是否承保或者以何种条款承保的情况即为重要的,同时为克服1906年《海上保险法》主动告知实施以来对重要情况认定的困难与分歧,2015年《保险法》作出了很细致的规定。②

第3条第4款(b)项是2015年《保险法》新增加的内容:"如果不能满足前述告知,则被保险人应该告知保险人充分的信息,使谨慎的保险人能够进行进一步询问出相关的重要事实。"该项规定作为告知义务的履行方式之一,首先强调被保险人主动告知充分的信息,同时施以保险人的主动询问的义务,因此,该规定的创新之处在于"为告知义务的履行设计了一个双方对话的机制",③使保险人在承保时积极聆听被保险人提供的信息,有

① 合理陈述义务规则体系包括:合理陈述义务的履行方式[第3(4)条a项和b项];合理陈述义务的内容:主动告知的情况[第3(4)条、第4条、第7(3)(4)条];充分提示的信息;无需告知的情况[第3(5)条;以及第5条];合理陈述义务的形式标准(合理清楚、易于理解)[第3(3)条];违反合理陈述义务的法律后果(第8条及附则一)等。

② 英国2015年《保险法》第7(3)条规定影响谨慎的保险人据以确定是否同意承保以及同意承保时将采用何种条款的情况或陈述;同时第7(4)条非穷尽性地列举了作为重要情况的三种情形。同时,第4条增加了对被保险人知道的判定标准,且以被保险人是否为个人区分进行了规定(第2款、第3款);对被保险人应当知道的情况与1906年《海上保险法》规定的通常业务中应当知道的有所不同,应当知道的情况是被保险人通过合理查询就能合理揭示的情况,即增加了被保险人"合理查询义务"[第4(6)条]。

③ 郑睿:《论英国海上保险合同告知义务之演进与立法启示》,载《中国海商法研究》2015年第4期。

利于信息的充分交换。笔者将此种方式概括为“信息提示下的询问告知”方式，既不等同于前述的主动告知也不同于纯粹的询问告知，是经糅合的交互方式。

从上述分析可知，2015 年《保险法》“合理陈述”义务事实上包含了(a)项的“主动告知”和(b)项的“信息提示下的询问告知”两种履行方式，对被保险人来说，(b)项的要求比(a)项宽松，有利于被保险人。但需要注意的是，该两种方式的适用是梯度式的，即(b)项是在“未能满足前述(a)项告知时”才适用，因此，主动告知仍是主要的，而保险人在获取充分信息后的询问告知是补充的、从属性的，因此，学者将 2015 年《保险法》告知模式概括为“主动告知为主、询问告知为辅”模式，①也有以“有限的主动告知义务模式”称呼之，②但笔者更倾向于使用更忠实于其法条文义的“主动告知为主、信息提示下的询问告知为辅”来表述之。③ 由是观之，与 2012 年《消费者保险法》对消费者保险转而采用询问告知的方式不同，英国 2015 年《保险法》冠以的“合理陈述义务”，就该义务的履行要求来说，是一个渐进性的变革，而非革命性的变革，因为其保留了英国 1906 年《海上保险法》下告知义务的实质内容。④

对于英国 2015 年《保险法》适用于非消费者保险(海上保险多数非消费者保险而被纳入)的这一告知义务方式，有学者认为，在中国海上保险制度改革中，可以借鉴英国新保险法中的这种告知义务模式。⑤ 笔者并不赞同我国海上保险法引入这一告知方式。对于信息提示下的询问告知这一创举，理应理解为被保险人只要提供了充分信息，不管保险人是否询问告知，则被保险人不能被认定为违反“合理陈述义务”，该立法举措的目的是为克服原主动告知方式下保险人在承保时缺乏足够的动机去主动提出其关心的与风险有关的问题，从而施加了保险人询问告知的要求，这一要求

① 李天生、邓格:《英国保险法告知义务模式的变革及其启示》，载《大连海事大学学报(社会科学版)》2015 年第 4 期；张金蕾、潘秀华:《中国海上保险法律制度修改的再审视——以〈2015 年英国保险法〉为背景》，载《中国海商法研究》2015 年第 4 期；郑睿:《论英国海上保险合同告知义务之演进与立法启示》，载《中国海商法研究》2015 年第 4 期。

② 初北平:《海上保险的最大诚信:制度内涵与立法表达》，载《法学研究》2018 年第 3 期。

③ 笔者赞同多数学者采用的精炼的概括，但是从保持“询问告知”术语的统一性角度来说，该种模式应概括为“主动告知为主、信息提示下的询问告知为辅”更科学些。

④ 参见[英]巴里斯·索耶:《英国保险法改革对〈1906 年海上保险法〉的影响》，郑睿译，载《中国海商法研究》2014 年第 4 期。

⑤ 参见张金蕾、潘秀华:《中国海上保险法律制度修改的再审视——以〈2015 年英国保险法〉为背景》，载《中国海商法研究》2015 年第 4 期；郑睿:《论英国海上保险合同告知义务之演进与立法启示》，载《中国海商法研究》2015 年第 4 期。

看似符合诚信原则的双向性要求,也利于调动保险人在订立保险合同时对信息甄别的积极性。但正如学者朱作贤所言,“其致命的缺陷是在具体操作过程中将产生很大的不确定性,何为可以引发保险人询问义务的‘足够多的信息’将始终是一个充满争议的问题”。如前所述,询问告知其最大优势是将重要事实的认定转化为形式标准,即以保险人提出询问的范围为限,询问的范围为重要事实,而此处信息提示下的询问告知,其本质还是以被保险人主动履行告知为前提,因此,所谓“充分信息”的判断与既有主动告知下对“重要事实”的认定一样,是需要证明的,而新法显然又缺少对“充分信息”的认定标准。用一充满不确定性的机制去克服主动告知本身存在的问题,徒增问题的复杂性,至少在该补充方式在英国运行的效果尚不可知的情况下谈借鉴是不可取的。

3. 我国海上保险告知方式的立法模式的改进方案

尽管对英国保险法主动告知为主、信息提示下的询问告知为辅这一模式的借鉴笔者认为并不可取,但英国区分消费者保险和非消费者保险的变革思想是可以被用来完善我国海上保险告知制度的。

从英国保险法变革的成果来看,其就保险告知形成的是消费者和非消费者保险的区分体例:消费者保险适用 2012 年《消费者保险法》的询问告知方式;非消费者保险适用 2015 年《保险法》的“主动告知为主、信息提示下的询问告知为辅”方式。根据 2012 年《消费者保险法》第 1 条规定,消费者保险合同,是消费者和保险人之间的保险合同,且缔结合同的唯一或主要目的与该消费者的贸易、商业、职业无关。同时根据该法第 19 条的规定,消费者仅指自然人,不包括法人。就此来理解海上保险,海上保险多数为商事性保险,但不能排除海上保险同时可能是消费者保险(如私人游艇保险),根据其是否属于消费者保险分别适用不同的告知方式。

按此立法变革的思想(而不是借鉴其立法体例),我国《海商法》修改时,海上保险仍采用被保险人主动告知这一方式,但限制其适用范围,具体而言:或直接规定将具有消费者保险性质的私人游艇保险的告知方式采用询问告知的特别规定,或通过指引规范的形式将游艇保险的告知方式排除适用《海商法》而适用《保险法》的规定而实现。对适用于主动告知方式的海上保险类型作出限制;或者通过限缩《海商法》调整范围的“海上保险”,将游艇保险整体排除出《海商法》的调整。值得一提的是,我国在《海商法》中不宜引入海上消费者保险和海上商业性保险概念。

对《海商法》主动告知这一方式的完善上，可以适当借鉴英国 2015 年《保险法》的相关合理内容。例如，对重要情况可以借鉴英国《保险法》对重要情况的非穷尽列举；增加对被保险人知道的认定；完善对被保险人告知义务的免除的规定，除了“保险人知道或应当知道的情况外”，可以增加风险减少的情况，以及保险人声明无需告知的情况等。

三、保险告知法律效果的差异及统一取向

如实告知是指法律要求告知范围的重要事实应予全部告知并且告知的内容应正确。对如实告知的违反，从行为样态表现上可以分成未告知和/或告知不实。从发生学的角度，告知不实和/或未告知可能源于以下几种原因：[①](1)明知事实真相，出于误导对方的目的，故意为错误的告知或故意隐瞒事实，构成故意违反告知义务；(2)义务人拥有获取正确信息的资源和手段却不调查，致无法告知本应知道的事实，或毫无顾忌地陈述，而陈述与事实不符，构成违反告知义务有重大过失；(3)义务人不知悉事实真相，也不拥有获得该信息的资源和手段，主观上亦无欺诈目的，则未告知构成一般过失；(4)义务人知道事实真相，主观上试图告知或披露信息，但是外在表示发生错误或遗漏，构成一般过失或无辜的过失。

义务主体违反告知义务，法律后果是否应考虑其主观过错，是否应根据主观过错的不同形态分别设定不同的法律后果，对违反告知义务法律后果的设定是否符合法律的公平精神值得深思。基于上述思考，笔者拟对我国《海商法》和《保险法》违反告知的法律后果的相关规定进行比较并做评价及展望。

(一)保险告知的归责原则之差异

1. 历史演进中的保险告知客观归责和主观归责

保险告知制度的演变是“限制保险告知义务的历史”，在法律效果方面表现为从严苛性逐渐走向松动的，亦即保险告知从客观主义归责渐向主观主义归责的演进。

客观主义归责，即只要投保人或被保险人违反告知义务，无论对义务的违反是否具有过错，一律使其承担不利的法律后果。客观主义归责的始作俑者大概就是被誉为保险告知义务的“里程碑式”案例的 Carter v.

① 参见樊启荣著：《保险契约告知义务制度论》，中国政法大学出版社 2004 年版，第 223 页。告知的违反事实上包括未告知(有无)和告知不实(真假)两种形态，因此，笔者借鉴樊启荣教授对告知不实的分类标准方法并将两种结合起来考虑。

Boehm 案了,曼斯菲尔德勋爵在该案中阐述:"……隐瞒这种情况属于欺诈,保险单因此无效。虽然这种隐瞒可能是过失(无任何欺诈的故意)所致,但保险人仍然受到了欺骗,保险单是无效的。因为所承保的风险与签订合同时所理解的和所意欲承保的风险是完全不同的。"[①]也即不管被保险人是否具有过失,未告知均导致被保险人承担一定的法律后果。英国1906年《海上保险法》第18条和第20条规定,对被保险人违反披露和陈述的,保险人享有对合同的解除权,而不问被保险人未告知或误述的主观过错。大陆法系国家的立法中,1808年施行的法国《商法典》第348条[②]和1900年开始实施的德国《商法典》第813条[③]都是客观主义归责的代表。

但客观主义归责因对被保险人过于严苛而备受批评,"在此情况下允许保险人舞动'达摩克利斯之剑'导致了当事人之间发生令人反感的权利失衡"。[④] 因此,在两大法系,现代保险法对违反告知义务呈现逐渐向主观归责的转变,如德国1908年《保险合同法》实现了保险告知义务主观归责的立法转变。[⑤] 巧合的是,也在同一年,英国出现了在非海上保险采用主观归责的判例,即1908年 Joel v. Law Union and Crown Insurance Co. 案。[⑥] 从英国保险法改革来看,对违反保险告知的归责已经完成了向主观归责原则这一转变。首先,英国已于2012年3月8日通过《消费者保险法》,其对消费者保险被保险人不适用主动告知重要事实义务,保险消费者仅尽合理谨慎地避免错误陈述之义务。同时该法对消费者错误陈述的责任采用主观归责,并分层级规定不同的后果,即被保险人故意或轻率而为误述

---

① Carter v. Boehm(1766)3 Burr 1905. p. 1909.

② 法国《商法典》第348条规定:"要保人就所有重要事实隐匿或不实告知,致保险契约与提单不一致,而妨碍保险人为危险判断或变更危险种类时,保险契约无效。"

③ 德国《商法典》第813条规定:"订立保险契约时,要保人对于重要事实为不实告知者,保险人免除契约上之责任;但保险人知其不实时,不在此限。前项规定,对于要保人之告知是否出于错误或故意、过失,在所不同。"德国《商法典》第十章海上保险(第780条至第900条)已废止。参见德国《商法典》(最新修正于2009年7月31日),杜景林、卢谌译,法律出版社2010年版,第350页。

④ Law Commission and Scottish Law Commission, "Appendix A: Non-disclosure, Misrepresentation and Breach of Warranty", in *Insurance Contract Law: a Joint Scoping Paper*. http://www.justice.gov.uk/lawcommision/docs/ICL-Scopin-paper.pdf.

⑤ 德国1908年《保险合同法》第16条和第17条。

⑥ Joel v. Law Union and Crown Insurance Co. 案的判决:被保险人的义务是披露和告知与保险标的危险估计有关的重要事实,但是被保险人不能告知他并不知道的事实,对不知道的事实不存在告知义务。转引自姜南著:《保险合同法定解除制度研究》,中国检察出版社2010年版,第117页。

(deliberate or reckless misrepresentation)的,除非此做法对消费者不公平,则保险人享有解除合同的权利,不承担赔偿责任,且不退还保险费;对于因疏忽(careless)而为误述的,则限制解除权的适用。具体因是否属于人身保险而不同。人身保险,保险人无权解除合同,要么基于现存条款继续承保,要么修改条款继续承保。对于非人身保险,则具体分为:(1)保险人不会以任何条件签署合同的,保险人可解除合同并拒绝赔偿,但须退还保险费;(2)保险人仍会承保但本应约定不同的保险条款(保险费条款除外),按本应约定的条款执行;(3)保险人本可按更高的保险费订立合同的,则保险赔偿按比例递减。①

随后2015年《保险法》也实现了主观归责的转变,但与2012年《消费者保险法》对过错的划分稍有不同,其分成故意或轻率(deliberate or reckless)和既非故意也非轻率(neither deliberate nor reckless)。② 澳大利亚在保险法领域的发展和改革比较激进,其1984年《保险合同法》实现了向主观归责的立法转变,2001年澳大利亚法律委员会提出了改革1909年《海上保险法》第591号报告,其中对告知义务方面也建议适用主观归责,并根据不同的过错形态分别规定了不同法律后果。③

虽然在不同国家、不同的保险领域,对违反保险告知义务的归责原则尚未形成一致,但从客观归责向主观归责发展的趋势还是明显的,从原先所有保险领域采客观主义归责到一般保险领域向主观主义归责发展趋势较为明显。

2. 我国《海商法》和《保险法》的主观归责的同一

我国《保险法》和《海商法》在保险告知义务的归责问题上均采用了主观归责原则,这一立法是在吸取其他国家的立法经验的基础上作出的正确选择,特别是我国《海商法》在借鉴英国1906年《海上保险法》时,并没有追随英国1906年《海上保险法》告知义务严苛的客观归责而作出了与其不同的规定,值得肯定。

在主观归责下,我国新《保险法》和《海商法》是根据违反告知义务的过错形态来划分而不是根据违反告知义务的行为形态来划分的,这一点也

---

① Consumer Insurance(Discoure and Representation) Act 2012, Section 2、4、5, Schedule 1, http://www.legislation.gov.uk/ukpga/2012/6/pdfs/ukpga_20120006_en.pdf.

② Insurance Act of 2015 Section8(4).

③ Australian Law Reform Commission, "Review of the Marine Insurance Act 1909 - Report 91 (ALRC 91) (recommendation 22)". http://alrc.gov.au/sites/default/files/pdfs/publications/alrc.pdf.

值得肯定。对世界保险法有影响的英国1906年《海上保险法》，其根据违反告知义务的行为形态分别设立披露(disclosure)和陈述(representation)制度，违反的形态分别是未披露或未告知(non-disclosure)①和误述(misrepresentation)，前者侧重告知的有无而后者侧重告知的真假。正如学者所言，从行为样态上看，“告知不实，谓之误告；不予告知，谓之隐瞒。告知与隐瞒，可以说是一事的两面，告知是积极的，隐瞒是消极的”。② 从英国1906年《海上保险法》第18条和第20条的规定来看，因两者对重要事实的要求相同，且实际诱使规则的要求也一致，甚至两者法律效果的界限一般也是察觉不到的，因此，英国有学者认为，英国法下的未披露和误述有太多重合。③ 根据我国《保险法》和《海商法》，违反“如实”告知义务的形态，既包括了英国法下的披露义务也包括了部分陈述义务。④ 而无论是告知行为的形态还是法律规则两者都具有相似性，因此，区分披露和陈述没有实质意义，⑤而事实上从新近英国保险法变革成果来看，其2015年《保险法》已经将披露与陈述进行合并，我国《保险法》和《海商法》采用“如实告知”这一术语是比较恰当的。保险告知的目的在于使保险人通过投保人/被保险人之口获取与承保危险相关的信息，从结果看，未告知和错误告知——前者是没有揭示重要事实；后者是告知情况与事实不符，都应该是告知制度所要解决的问题。“对告知义务之违反，只须出于义务人之故意或过失，造成告知不实之结果，即当足以。因此，在立法技术上，不须将告知不实之内容样态一一列举，以免挂一漏万”。⑥ 我国原《保险法》(2002年修正)是从行为样态和过错两者来进行区分的，既有“故意隐瞒”，又有

---

① 根据Arnoluds's一书，早期违反Disclose(披露)相对应的词是Concealment(隐瞒)，而现代保险法一般使用Nondisclose。比较两者的区别，Concealment即隐瞒，意在欺诈故意。Nondislose也包含因意外未予披露的情况。因此从对Disclose(披露)义务的违反来看，Non-disclose(未披露)更合理。See Jonathan Gilman et al. ,*Arnould's Law of Marine Insurance and Average*(17th ed.), London, Sweet & Maxwell, 2008, p. 558. fn 96.

② 汤俊湘著：《保险学》，三民书局股份有限公司1998年版，第105页；转引自樊启荣著：《保险契约告知义务制度论》，中国政法大学出版社2004年版，第225页。

③ Jonathan Gilman et al. , *Arnould's Law of Marine Insurance and Average* (17th ed.), London, Sweet & Maxwell, 2008, pp. 557 - 558.

④ 根据英国1906年《海上保险法》第20条，陈述包括事实的陈述和期望或信念的陈述。从我国《海商法》和《保险法》的规定来看，如实告知仅为事实的如实告知而不包括期望或信念的如实告知。

⑤ 汪鹏南教授认为：英国1906年《海上保险法》关于“Disclose”和“Representation”的区分是没有实质意义的。参见汪鹏南：《告知义务及违反该义务的法律后果》，载司玉琢主编：《中国海商法年刊》(1993年卷)，大连海事大学出版社1993年版，第163页。

⑥ 樊启荣著：《保险契约告知义务制度论》，中国政法大学出版社2004年版，第225页。

"故意不履行如实告知义务"和"过失不履行如实告知义务"①之分，显得有点混乱。而2009年修订后的《保险法》和《海商法》一样，都从过错形态进行责任的区分，值得肯定。

3. 我国《海商法》和《保险法》对主观过错的不同划分

在保险告知主观主义归责趋同的基本前提下，《保险法》和《海商法》对过错形态的划分并不一致。2009修订的《保险法》对不履行如实告知的过错形态进行了更加细致的划分，并相应规定了不同的法律后果。《保险法》(2009年修订)第16条第2款规定："投保人故意或者因重大过失未履行前款规定的如实告知义务，足以影响保险人决定是否同意承保或者提高保险费率的，保险人有权解除合同。"该规定将保险人的法定解除权限制在投保人重大过失及故意两种过错形态，而排除保险人在投保人无过失和一般过失情况下未履行如实告知义务时的解除权。而《海商法》第223条对于被保险人未如实履行告知义务的主观心态仅仅区分为故意与非故意，并区分规定了不同的法律后果，这种划分是不够科学的。根据民法过错的一般理论，过错划分为故意和过失两个基本种类，过失一般则可细分为重大过失和一般过失、轻微过失之不同形态。根据《海商法》故意与非故意的划分，则所谓非故意形态中就既包括过失(重大过失、一般过失以及轻微过失)也包括了无过失(或无过错)。显然，这种划分未免太过宽泛，如果无过失情况下未履行如实告知义务和重大过失情况下未履行如实告知义务的法律后果或责任是相同的，那显然是不公平的。② 2009年修订的《保险法》对过错的划分较《海商法》更为科学，一方面，其按照过错的不同程度设定了不同的法律效果，符合法律的公平价值；另一方面《保险法》(2009年修订)引入了重大过失理论，排除了一般过失下投保人违反告知义务的责任，并根据"重大过失视同故意"③的民法理论对两者适用相同的法律效果，保护一般保险消费者的利益。

---

① 《保险法》(2002年修订)第17条第2款：投保人故意隐瞒，不履行如实告知义务的，或者因过失履行如实告知义务的，足以影响保险人决定是否同意承保或者提高保险费率的，保险人有权解除保险合同。第2款对解除权的行使区分了"故意隐瞒"和"过失"。第3款和第4款对解除前发生保险事故是否赔偿时，则按"故意不履行如实告知义务"和"因过失未履行如实告知义务"。

② 从我国《海商法》划分故意和非故意两种形态分别规定不同的法律效果，这种有层次的划分确实比作为该法借鉴模本的英国1906年《海上保险法》不问过错统一划定责任的客观归责对被保险人更为公平。但是，从非故意形态中包含无过失这一情形的事实来看，我国《海商法》保险告知采用的是并非完全的主观归责，仍带有客观归责主义的痕迹。所以，本部分所阐述的我国保险告知主观归责的同一性，准确地说，应是相近的而非完全同一。

③ 郭明瑞、房绍坤主编：《民法》(第四版)，高等教育出版社2017年版，第495页。

《海商法》对保险告知的修改方向，首先，不应再保留故意和非故意这一区分，而应采用故意和过失的层级划分；其次，可以借鉴2009年修订的《保险法》将保险人的解除权限定在故意和重大过失两种形态，但不宜采纳《保险法》免除一般过失形态下的任何法律责任的规定。2009年修订的《保险法》对于投保人一般过失违反告知的，没有使投保人承担任何不利后果。这一规定出于一般保险合同的投保人一般不具有丰富的保险专业知识，对其注意程度不能要求过高的考虑，因此，一般过失违反告知义务不承担法律责任是妥当的。海上保险合同和一般保险不同的是，海上保险的风险较高，因此将告知方式转化为书面询问方式后被保险人的交易注意义务已经做适当的减轻（若我国海上保险仍采主动告知方式，从法律后果上适当减轻被保险人的责任也是可行的方案），而海上保险的被保险人一般为从事航运或贸易的商人，因此，笔者认为，在海上保险领域，因一般过失而违反告知义务的，被保险人承担一定的责任仍然是适当的，但是，从结果上应较解除合同轻，[①]从这一点看，海上保险和一般保险在违反保险告知的主观过错上保持一定的差异仍是必要的。

（二）保险告知法律效果之解除权的异同比较及协调建议

保险告知法律效果形态的演变完成较早。在保险告知义务法律制度的发展中，违反告知义务的后果开始采取无效主义，该做法大概最早可以追溯到曼斯菲尔德在 Caret v. Boehm 案中的观点“隐瞒将导致合同无效”。[②] 法国《商法典》采取的也是无效主义。由于无效主义对当事人过于严苛，既不尊重当事人的意思，又不利于鼓励交易，因此，无效主义很快就被摒弃了，由解除主义取而代之。根据上述对主观主义和客观主义的归责区分，解除主义可以区分为传统的客观归责主义下的合同解除和主观归责主义下的合同解除。我国《保险法》和《海商法》都采取了主观归责下的合同解除的做法。

1. 保险告知法律效果之解除及含义

保险法中的“解除”是一个比较特殊的法律概念，其和我国合同法理论并不完全相同。我国合同法理论对“合同撤销”和“合同解除”作严格区分。前者是在缔约时，一方的意思表示因欺诈、胁迫或误解而存在瑕疵时，表意人依法撤销其意思表示而恢复到缔约前法律地位的行为，撤销合同意味着合同视为自始不存在或不具有法律效力；后者是“指合同

---

① 一般过失的具体责任形式在下一小节中具体阐述。

② Carter v. Boehm(1766)3 Burr 1905, p. 1909.

成立生效以后，当解除的条件具备时，因当事人一方或双方的意思表示，使合同关系自始或仅向将来消灭的行为"。也就是说，我国合同法理论中合同撤销多是因当事人意思表示存在瑕疵时赋予另一方对合同作出有效或无效的选择；①而合同解除尤其是法定解除则一般是作为违约的补救手段，②其前提是针对有效成立的合同而言的。就效力而言，被撤销的合同，自始没有约束力，当事人之间纵有给付，但在法律上权利未曾变动，返还财产亦是以此为前提的；而合同解除并非使合同自始没有约束力，当事人之间如有给付并引发权利变动，其权利变动并非无效，故有回归的权利变动问题。③

而我国保险法中没有区分撤销和解除，在《保险法》或《海商法》海上保险合同一章中均没有规定"撤销"而只规定了"解除"，且解除权的使用是较为独特的。在解除权的配置上，与投保人/被保险人拥有任意解除权不同，保险人需符合法律明确规定的事由才允许解除合同（保险人仅拥有法定解除权）；保险人解除权的事由中既有符合一般合同法法定解除权的原因，④也有属于合同法撤销的情形，此处所要阐述的保险告知的解除权即为后者。⑤从溯及力的有无来看，违反告知义务解除效力既有溯及力的内容（对解除前发生的保险事故是否赔偿问题上）也有无溯及力（保险费的退

---

① 李永军著：《合同法》（第三版），法律出版社2010年版，第336页。

② 我国《合同法》第54条对合同撤销的原因规定为：（1）因重大误解订立的；（2）在订立合同时显失公平的；（3）一方以欺诈、胁迫的手段或者乘人之危，使对方在违背真实意思的情况下订立的合同。我国《合同法》第93条规定协议解除、约定解除，第94条规定法定解除，其中法定解除的原因主要有：（1）因不可抗力致使不能实现合同目的；（2）在履行期限届满之前，当事人一方明确表示或者以自己的行为表明不履行主要债务；（3）当事人一方迟延履行主要债务，经催告后在合理期限内仍未履行；（4）当事人一方迟延履行债务或者有其他违约行为致使不能实现合同目的；（5）法律规定的其他情形。

③ 参见韩世远著：《合同法总论》（第四版），法律出版社2018年版，第647页。

④ 参见违反危险增加通知义务；违反对标的的安全维护的义务；投保方故意制造保险事故等。

⑤ 投保人/被保险人违反保险告知义务不告知重要事实，保险人解除合同的权利，其依据是意思表示瑕疵。如果保险人获得正确信息，他将修改承保条件或提高保险费，甚至可能不予承保。因此投保人/被保险人违反告知义务产生保险法上的这一解除权和合同法上的撤销权（第54条因欺诈以及重大误解）是基于相同的依据即意思表示瑕疵，因而可能产生竞合，2009年《保险法》修订引入了不可抗辩条款后，使这一问题凸显。因此，学理界基本形成了排除说（保险法上的解除权排除合同法撤销权）、选择说（保险法的解除权和合同法上的撤销权择一行使）等观点。笔者支持排除说，就保险告知义务的解除权，其与撤销权的立法目的相同，构成条件相当，且法律效果上保险法也已经针对保险合同的特点作出了特别而明确的规定，是相同的。由于这个问题主要是法律解释的问题，对于本文所讨论的保险法和海商法之间的协调无多大关联，恕不展开论述。关于此问题的详细论述，可参见夏元军：《论保险法上解除权和民法上撤销权之竞合》，载《法律科学》2010年第2期；马宁、郁琳：《论保险合同法定解除权与合同法中撤销权的竞合》，载《广西社会科学》2011年第1期。

还根据过错不同作出了区分)的内容,即与我国合同法上的"撤销效力"不同。因此,笔者认为,保险法领域中的解除权概念宜作特别法理解,[①]保险法上的解除权,尤其是法定解除权,具有其适用的特定的法定事由、特定的法律效力,以及既有一般合同解除的要素,也包含了撤销权的一些特征,不可将其与普通合同法理论中的解除作同一解释。

英国1906年《海上保险法》第17条规定的对违反最大诚信义务(披露和陈述的上位概念)的后果,并非合同无效,也应理解为保险法上的解除权。虽然其条文表述"may be avoided by the other party",即对方当事人(保险人)有权宣告合同无效,且其效力具体为自始无效,但从其表述来看,宣告合同无效的权利是授予一方当事人即保险人的,保险人既可以宣告合同无效也可以维持合同的效力,这与第三方介入(法庭)使合同强制无效是不同的,因此,应按保险法的解除权解释为宜。而大陆法系的国家立法中一般对违反告知义务的法律效果使用保险合同解除而不是使用保险合同撤销。[②]

2.《保险法》和《海商法》解除规则及效力异同

《海商法》和《保险法》对违反告知均采纳了解除主义,但是,在解除的法律效力以及具体规则上,由于2009年新修订的《保险法》对违反告知的解除权增加了解除权的阻断的规则,使保险告知的法律后果规则丰富且公平。这些规则应对海上保险合同产生一定影响。

(1)《保险法》(2009年修订)解除权除斥期间及对海上保险的适用

违反保险告知的解除权从法律性质上来看是属于形成权,解除权的行使应受一定期间,即除斥期间的限制。其立法目的正如学者所言,"在排除契约上之瑕疵,行使权利义务,因此,期间只经过,而臻于确定,所以,防止保险人利用法律关系之不确定,而获取不当之利益"。[③] 保险告知本是确定危险之方法而有利于保险人,因此,解除权的行使期间的限制是对保险合同解除权这一破坏性权利的反控制手段。《保险法》(2002年修订)和《海商法》对保险人解除权的行使期间均没有规定,这一立法缺漏使投保人/被保险人处于极为不利的地位,易使保险人利用

---

① 保险告知的解除从性质上来看更接近合同法上的撤销,而其他情形的解除权则不一而同,例如危险增加下的解除权与合同法上的解除比较一致。

② 例如,2008年5月31日通过的日本《保险法》第28条、第55条、第84条对违反告知义务的法律后果,采"保险人可以解除"之表述。德国2008年《保险合同法》第19条对违反保险告知的后果也采"解除"表述。我国台湾地区"保险法"第64条采"保险人解除权"。

③ 桂裕著:《保险法论》,三民书局股份有限公司1981年版,第182页。

该制度漏洞滥用合同解除权。《保险法》(2009 年修订)秉承“保护被保险人利益”的立法理念,在保险告知义务制度的改进上增加了保险人对违反保险告知的解除权的除斥期间的规定,即第 16 条第 3 款规定:“前款规定的合同解除权,自保险人知道有解除事由之日起,超过三十日不行使而消灭。”根据特别法和一般法的适用规则,该除斥期间的规定理应适用于海上保险合同。

(2)不可抗辩条款对海上保险不可适用性

除了上述关于保险人解除权的除斥期间对保险人解除权作出限制外,2009 年修订《保险法》时还增加了被学理界称为“不可抗辩条款”规则,即该条第 3 款:“自保险合同成立之日起超过两年的,保险人不得解除合同;发生保险事故的,保险人应当承担赔偿或者给付保险金的责任。”该款也被誉为 2009 年保险法修订的最大亮点。[①] 我国《保险法》(2009 年修订)在立法结构上将其规定于一般规定中(在人身保险中对年龄误告的不可抗辩又作了特别规定,参见新《保险法》第 32 条),因此,从立法上看,似乎得出其能适用所有的保险合同,自然也可适用于海上保险合同。但其实不然,首先不可抗辩条款适用的是保险期间较长的保险(二年以上),而一般财产保险(包括海上保险)一般是短期保险(一般最长一年),因此,财产保险(包括海上保险)是不具备不可抗辩条款的适用条件的。

(3)《保险法》(2009 年修订)解除权的“禁止反言”规则及对海上保险的适用

为保险人估测危险而设定的保险告知规则以及违反告知义务而设定的解除规则是有利于保险人的。而保险合同具有射幸性,这一性质也促成了保险人的道德危险。[②] 具体来说,由于保险承保的风险是否发生具有不确定性,投保人/被保险人以支付保险费为对价获得的保险保障有两种不同的形式:一方面如果保险期间风险不发生,保险保障作用是以一种无形的形式展开的;另一方面,如果危险发生,保险费的支付会换来保险公司对实际损失的赔偿,这是一种现实的形式。[③] 投保人/被保险人履行交付保险费的义务具有必然性,但保险人支付保险赔偿或给付保险金的义务具有或然性。保险合同的这一特点,容易使保险人为极力促成保险交易而为虚假

① 参见樊启荣著:《保险法诸问题与新展望》,北京大学出版社 2015 年版,第 483 页。

② 保险的道德危险,不仅因支付的保险费和保险金之间的悬殊而使投保人或被保险人由于购买保险而疏于防范或甚至为获得保险金故意制造保险事故而产生道德危险。道德危险同样存在于保险人。

③ 参见曹兴权著:《保险缔约信息义务制度研究》,中国检察出版社 2004 年版,第 28 页。

表示或为维持保险合同的效力对投保人违反义务置若罔闻,“而于保险事故发生时又极尽挑剔之能事主张被保险人或要保人违反应尽义务之履行,而立于‘据理拒赔’之地位”。[①] 保险人在对告知义务违反的解除权以及抗辩权的问题上,也容易利用其合同优势地位,导致解除权的滥用,因此有必要对解除权作出一定的限制。

《保险法》第16条第6款是2009年修订时新增的规定,“保险人在合同订立时已经知道投保人未如实告知的情况的,保险人不得解除合同;发生保险事故的,保险人应当承担赔偿或者给付保险金的责任”。该条款规定目的在于对保险人解除权的阻断,其法律原理为英美法上的禁止反言。[②] 但从其规定来看,《保险法》省去了被保险人的信赖和损失的构成环节,以法律的直接判断取代被保险人的信赖,并直接禁止保险人解除权的行使,而不是以行为的外观和被保险人对该行为的信赖为核心,因此,适用上会更直观。但是,我国《保险法》(2009年修订)的规定在适用中的问题是,被保险人要适用该条保护自己的利益会存在一定困难。英美法系国家对禁止反言的适用是无需保险人知晓合同解除或撤销的事实或权利的,而强调保险人的行为从外观上表明其知晓事实或权利。[③] 从适用上来讲,我国《保险法》的规定与传统英美法的禁止反言不同之处在于,根据我国2009年修订的《保险法》的规定“保险人已经知道投保人未如实告知的情况的,保险人不得解除合同”,强调的是保险人知悉的主观状态,即被保险人应举证保险人知悉事实或权利的主观状态;而根据后者,被保险人举证的是保险人的行为,相比较而言,前者的举证更为困难。另外,我国《保险法》对解除权限制的规定从适用情形来看,仅规定了保险人在保险合同订立时知晓的情形,而对于其在合同期间或者在保险事故发生后知晓违反告知义务时其解除权是否受到一定限制,则不明确。2012年3月22日最高人民法院公布的《关于适用〈中华人民共和国保险法〉若干问题的解释(二)(征求

---

① 江朝国著:《保险法基础理论》,中国政法大学出版社2002年版,第354页。

② 保险法的禁止反言适用于保险人已知被保险人违反如实告知义务或者违反条件或保证而明示或默示地向被保险人表示保险合同具有强制执行力,被保险人不知其事实而信以为真的情形。参见[美]John F. Dobby., *Insurance Law*(3rd ed.)(英文影印本),法律出版社2001年版,第231页。适用禁止反言,投保人或被保险人须证明:第一,保险人曾就订立保险合同有关的重要事项,为虚伪的陈述或行为;第二,此项虚伪陈述或行为的目的,是在预期为投保人或被保险人所信赖,或者投保人或被保险人的信赖,并不违背保险人的意愿;第三,投保人或被保险人曾以善意信赖此项陈述或行为;第四,投保人或被保险人因信赖保险人而作出某种行为,并因此而导致自己受损害。参见李玉泉著:《保险法》(第二版),法律出版社2003年版,第73页。

③ 参见梁鹏著:《保险人抗辩限制研究》,中国人民公安大学出版社2008年版,第237~238页。

意见稿)》则对此作出了补充规定。[①] 在 2013 年 5 月 6 日通过的《保险法司法解释(二)》第 7 条正式作出了规定:保险人在保险合同成立后知道或应当知道投保人未履行如实告知,仍然收取保险费。又依照《保险法》第 16 条第 2 款的规定主张解除合同的,人民法院不予支持,但与征求意见稿比较,正式通过的解释中没有对保险事故发生后已经支付保险赔偿后的该类问题作出规定。尽管如此,我国《保险法》(2009 年修订)以及相关司法解释关于解除权的阻断规则的确立仍体现了对被保险人的利益的关怀,是值得肯定的。

我国《海商法》并没有类似于 2009 年修订的《保险法》的解除权的阻断规则,但是,我国 2006 年《海上保险司法解释》第 4 条规定:“保险人知道被保险人未如实告知海商法第二百二十二条第一款规定的重要情况,仍收取保险费或者支付保险赔偿,保险人又以被保险人未如实告知重要情况为由请求解除合同的,人民法院不予支持。”其对违反告知义务下的解除权作出了一定的限制。与《保险法》(2009 年修订)以及司法解释比较,2006 年《海上保险司法解释》比《保险法》(2009 年修订)的规定更为全面,限制了保险人在保险赔偿后解除权的行使。

(4)《保险法》(2009 年修订)保险费退还规定及对海上保险的适用

根据 2009 年修订的《保险法》第 16 条的规定,投保人故意以及重大过失未履行如实告知义务,保险人有权解除保险合同,解除的溯及力表现为对解除前发生的保险事故保险人不承担保险赔偿责任[保险赔偿责任的免除在故意和重大过失下受不同因果关系影响而不同,对该部分的问题另外展开讨论,详见后面(三)],同时对于解除后保险费的退还问题上,新《保险法》在故意和重大过失下的效果上作出了区分,即故意违反告知义务保险人解除保险合同的,保险费不予退还;重大过失违反如实告知义务保险人解除保险合同的,则应退还保险费。关于保险费退还问题,尽管系基于同一性质的权利,但规定了不同法律效果,这一根据过错程度不同作出的解除的法律效力不同的区分仍是合理的。

《海商法》对被保险人故意违反如实告知保险人行使解除权时,规定了保险费不予退还的法律效果。但是,对因被保险人非故意违反告知行使

---

① 2012 年 3 月 22 日最高人民法院公布的《关于适用〈中华人民共和国保险法〉若干问题的解释(二)(征求意见稿)》第 6 条第 3 款:合同成立后,保险人知道被投保人未如实告知,继续收取保险费或者给付保险金,又以保险法第十六条第二款为由解除保险合同或者请求返还保险金的,人民法院不予支持。该征求意见稿全文参见 http://www.court.gov.cn/gzhd/zqyj/201203/t20120322_175287.htm。

解除后的保险费退还的问题，则没有作出规定。大连海事大学承担《海商法》修改这一研究课题时，对此问题也提出了修改建议，其关于《〈海商法〉修改建议稿》中指出："在被保险人非故意未告知，保险人解除合同时，并不退还保费，或者可以要求修改承保条件，包括增加保险费。"[①]该修改建议稿注意到非故意违反告知义务下解除权和要求增加保险费是供保险人择一行使的救济，但保险费增加和解除权的效力是不同的问题。被保险人根据保险合同支付的对价——保险费是合同效力之一，因此，合同解除也必然涉及被保险人支付的对价即保险费的退还与否的问题。因此，上述修改建议涉及解除后保险费退还的问题是值得肯定的，但是，笔者认为，非故意违反告知下保险人解除保险合同保险费不予退还对被保险人未必公平，而新《保险法》对这一问题的处理是较为公平的。根据特别法无规定，适用一般法的原理，《保险法》(2009 年修订)中对因重大过失保险人行使解除权后保险费应退还的规定同样可以规定在海上保险中，以弥补海商法规定之缺失。

3. 增加保险费:《海商法》对《保险法》的借鉴价值

根据《海商法》的规定，被保险人非故意违反如实告知义务，保险人可以在选择解除合同或要求修改承保条件增加保险费的基础上维持合同效力，此增加保险费的规定性质上属于保险合同的变更。而无论《保险法》(2002 年修正)还是 2009 年修订的《保险法》对违反告知义务下的保险合同的变更权没有作出规定。笔者认为，合同解除权的行使是保险人的权利，保险人往往会根据具体情况作出对自己有利的选择。保险事故发生后随着索赔的提出，在保险人进行调查时，如查出投保人/被保险人违反如实告知的情况，在此情形下保险人往往会选择解除合同，并借此依法免除其保险责任。而这种情形下合同的变更对保险人来说是不利的，因此，其一般也不会这样选择。但是，仍有一些情形是保险期间(保险事故尚未发生)发现投保人/被保险人违反告知义务的，此时，如果投保人故意违反告知义务，允许保险人解除合同，这一救济是合理的，因保险人如不行使解除权，除斥期间届满保险人亦不得行使解除权。但对保险人来说，重大过失下解除合同未必对其有利，因为合同解除意味着保险费收入的减少(此情形下《保险法》规定保险费应退还)，此时是否应允许保险人修改承保条件，按保险标的的实际危险收取相应的保险费率来维持既有合同的效力

① 司玉琢、胡正良主编:《〈中华人民共和国海商法〉修改建议稿条文、参考立法例、说明》，大连海事大学出版社 2003 年版，第 599 页。

呢？若作允许之规定，这一在增加保险费基础之上的合同变更同样对被保险人也是有利的，因为这可使被保险人转移危险补偿损失的目的不致落空；而且对保险人而言，在实际危险披露风险性增加的情形下根据对价平衡原则变更原合同，并以较高费率继续承保也是公平的。更何况如果补充这一规定，也可以和合同解除的效力形成很好的衔接。当然，解除与否的决定权在于保险人，若双方对增加的保险费问题不能达成一致，保险人仍可解除合同。

变更权应是与解除权相对的，因此，一方面，《保险法》也应借鉴《海商法》建立重大过失下的合同变更权规则。而另一方面，就《海商法》的完善来看，结合前述将被保险人过错的层级应限定为重大过失和一般过失，而无过失不应使无辜被保险人承担不利后果的观点，则《海商法》上的变更权和解除权应限定在一般过失和重大过失上，即统一为过失情形下的解除和变更，但故意情形下仍应仅为解除权而不宜增加变更权。

（三）重要事实和保险事故的关系的规定比较及协调

解除权的效力，一方面为保险费是否需退还（该问题前已经论述），另一方面则表现为保险人对解除前发生的保险事故是否需要赔偿。对于后者，我国《海商法》第 223 条和新《保险法》第 16 条第 2 款和第 4 款均有规定。对于解除前发生的保险事故是否需要赔偿，仍需要探究保险事故的发生与未如实告知的重要事实之间是否存在因果关系。

1. 比较法视角：因果关系要求的立法变化

若对重要事实未如实告知，依据传统保险法保险人得以解除保险合同，拒绝赔偿或给付保险金，即使保险损害事故的发生与不实告知的重要事实之间没有联系。英国保险法是这一“不要求因果关系”的典型。英国 1906 年《海上保险法》或判例法建立的无论是“决定性影响”标准还是“非决定性影响下的实际诱导标准”，其间的因果关系主要建立在违反诚信义务与订立合同之间，而非违反诚信义务与遭受实际损失之间。[①] 1980 年，英国法律委员会发表了改革保险法的“不告知和保证违反”第 104 号报告，法律委员会在其工作报告中对违反告知义务与保险标的损失之间是否存在关联即因果关系（nexus test），进行了探讨和评论，工作报告最后得出的结论是，在英国保险法中不能引入因果关系。[②] 英国法律委员会和苏格兰

① Struckhoff,“The Irony of Uberrimae Fidei: Bad Faith Practices in Marine Insurance”, *Tulane Maritime Law Journal*, 2005, Summer, p. 291.

② Ray Hodgin, *Insurance Law: Text and Materials*(2nd ed.), London, Cavendish Publishing Limited, 2002, p. 235.

法律委员会在2006年发布的题为《保险合同法：联合研究范围文件》的附件中，也明确指出现行法律对告知义务的规定存在六个方面的问题，其中也包括：保险人解除合同的救济不考虑违反告知义务与保险标的损失之间是否存在因果关系。[①]

在非因果关系下，若被保险人未如实告知的某事项并未促成保险事故的发生，而在保险期间因承保的其他危险引起保险事故并造成损害，则保险人仍可据此解除保险合同免除其保险责任，非因果关系的适用对被保险人极为不公。鉴于此，一些国家采取了相对公平的因果关系的立法模式，比如德国1908年《保险合同法》第21条规定："保险人于保险事故发生后解除契约者，若通知义务的违反与保险事故的发生及保险人的给付义务无关，则保险人仍负有给付的义务。"日本《商法典》第645条、[②]我国台湾地区"保险法"第64条[③]也采用了因果关系模式。

但是因果关系也不尽完美，主要存在的问题是有时因果关系是难以证明的；另外正如学者所批评的，对于不具有可保性的保险申报案，如对决定保险标的可保性的重要事实没有如实告知，而按因果关系法理要求保险人承担保险责任，既不公正也不合情理。[④] 因此，以法国和澳大利亚为代表的一些国家，其保险立法"跳出了非因果关系和因果关系争论的藩篱"[⑤]建立了比例原则。[⑥] 根据学者的解读，德国2008年《保险合同法》在对保险告知义务作出的修改上，非常显著的一点是其也引入了比例赔偿规则，规定对违反告知的解除权，限制在故意这一过错形态上，而因重大过失，则保险人不得解除合同，保险人按过失程度的比例负赔偿责任。[⑦]

---

① Law Commission and Scottish Law Commission, "Appendix A: Non-disclosure, Misrepresentation and Breach of Warranty", in *Insurance Contract Law: a Joint Scoping Paper*, p. 32. http://www.justice.gov.uk/lawcommision/docs/ICL-Scopin-paper.pdf.

② 日本《商法典》第645条第2款：保险人虽于危险发生后解除契约时，对损失也不负赔偿责任。如保险人已支付保险金额，则可以请求返还。但是，投保人证明危险非因其已告知或未告知的事实而发生时，不在此限。

③ 我国台湾地区"保险法"第64条第2款：要保人故意隐匿，或因过失遗漏，或为不实之说明时，隐匿遗漏或不实之说明足以变更减小保险人对于危险之估计者，保险人得解除契约。其危险发生后亦同。但要保人证明危险之发生未基于其说明之事实时，不在此限。

④ 参见江朝国著：《保险法基础理论》，中国政法大学出版社2002年版，第236～238页。

⑤ 李庭鹏著：《保险合同告知义务研究》，法律出版社2006年版，第47页。

⑥ 以法国《保险合同法》为典型，欺诈意图违反如实告知，保险人解除保险合同，完全不承担保险金给付责任；非欺诈性的不实告知，则保险人无权解除合同，只得请求按比例原则减少保险金给付数额，按比例减少的计算方法是根据约定实际收取的保险费与应当收取的理论上测算的保险费（notional premium）之间的比例乘以合同约定的保险金额。具体可参见樊启荣著：《保险契约告知义务制度论》，中国政法大学出版社2004年版，第242～244页。

⑦ 参见任自力：《德国2008年〈保险合同法〉变革透视》，载《政法论丛》2010年第5期。

2. 我国《保险法》和《海商法》关于重要事实和保险事故的关系的规定

我国《保险法》和《海商法》关于未如实告知的重要事实与保险人救济权之间的关系显得有点复杂。

首先，无论《保险法》还是《海商法》，都规定保险人的解除权是在投保人/被保险人未履行如实告知义务（《保险法》为故意和重大过失，《海商法》为故意或非故意）“足以影响保险人决定是否承保或者提高保险费率的”的情形下行使的。从上述重要事实认定的介绍中可以得出，这相当于英国法下的诱使规则，即保险人解除权的行使是以“未如实告知”的事实与保险人决定承保和以何条件订立保险合同之间具有因果关系为条件的，也就是说保险人享有解除权依据的是保险合同订立时投保人未如实履行告知义务而保险人受此影响而订立了保险合同这一因果关系。

其次，根据我国《海商法》和《保险法》规定，保险人在对解除前发生的保险事故是否赔偿问题上，即就未如实履行告知的重要事实与保险事故发生是否应有因果关系，我国确立了有限制的因果关系要求。具体来说：《保险法》（2009 年修订）第 16 条第 4 款在规定故意不履行如实告知义务的法律后果时，省去了“足以影响保险人决定是否同意承保或者提高保险费率”这一适用条件，直接作出了“投保人故意不履行如实告知义务的，保险人对于合同解除前发生的保险事故，不承担赔偿或者给付保险金[①]的责任，并不退还保险费”的规定。即在故意情形下，重要事实和保险事故的发生无需因果关系制约，保险人均可以对之前发生的保险事故免除赔偿责任，也不退还保险费，这是其一。同时根据《保险法》（2009 年修订）第 16 条第 5 款，因重大过失未如实履行告知义务对保险事故发生有“严重影响”的，保险人不承担保险赔偿或给付保险金的责任。这一规定表明因重大过失而对解除前的保险事故是否赔偿是受因果关系的制约的。与《保险法》相似，《海商法》规定对故意情形下行使解除权后，对解除前发生的保险事故与未如实告知的事项之间也不问因果关系，保险人均不承担保险赔偿责任；对被保险人非故意违反告知义务，保险人解除保险合同，而重要事实与保险事故发生有“影响”的，保险人无需承担保险赔偿责任，同样也引入了因果关系。

---

① 《保险法》（2009 年修订）告知义务是适用于财产保险和人身保险的，我国《保险法》在保险人保险金支付上根据保险的不同性质作出了区分，一般“保险赔偿”适用于具有补偿性质的保险上（比如财产保险），而“给付保险金”之表述适用于人身保险，因为人身保险一般不是补偿性合同，其保险责任不是以实际的损失而计算（人生命无价，因此损失是无法计算的）而是按约定的保险金额支付的。关于此点，可另参见引言部分中关于保险分类中的补偿保险和定额保险的划分。

有学者认为,我国新《保险法》第16条第4款对重要事实与保险事故之间不要求因果关系,而第2款的规定显示保险人解除保险合同受“故意违反告知义务足以决定保险人承保和确定保险费率”之因果关系的要求,如果当事人或者法院在引用该法条时单单引用第4款,而不同时引用第2款,则会形成第4款对第2款所取得的立法成果的消解。[①] 笔者认为,所谓的消解未必会产生。保险人这一法定解除权可在保险期间的不同阶段行使,如果保险事故未发生前解除保险合同,仅有《保险法》第2款的适用而无第4款的适用,此时不存在两者的消解问题;有问题的应该是保险事故发生后保险人因投保人违反保险告知之情形,但笔者认为解除权的行使所受的因果关系是未如实告知与保险合同是否订立以及以何种保险费率订立保险合同这一因果关系,在故意违反保险告知的情形下出于对被保险人的责难,不问因果关系而免除保险人的保险责任,此关涉的因果关系为重要事实与保险事故发生的因果关系的有无(第4款不要求因果关系),与前所涉因果关系(第2款因果关系的要求)两者并非同一因与果,因此并不存在两者之间消解的问题。因此,笔者认为,《保险法》第16条第2款和第4款之间并不是由因果关系引起的消解问题,更准确地说,这是关于保险法的“解除权”与其“有条件的溯及力”之间的关系,或者说,主张免除赔偿责任是否必须在行使保险合同解除的基础上,所以,《保险法》第16条第2款和第4款及第5款之间仍存在规则的衔接问题,值得思考。2013年5月6日通过的《保险法司法解释(二)》第8条就《保险法》第16条第2款与第4款、第5款之间的关系作出了规定,“保险人未行使合同解除权,直接以存在保险法第十六条第四款、第五款规定的情形为由拒绝赔偿的,人民法院不予支持。但当事人就拒绝赔偿事宜以及保险存续另行达成一致的情况除外”。

对因果关系的要求根据主观过错进行区分的立法理念,符合基于不同过错承担不同责任的基本法理,对故意违反告知义务发生保险事故不受因果关系影响,而重大过失[②]下受因果关系的制约是基本可行的。

综上,我国《保险法》和《海商法》关于告知义务的法律后果可以趋向同一,但并不要求或不可能达到完全一致。笔者认为,对故意违反告知义务的,海上保险合同和一般保险合同应在因果关系的要求、法律效果上统

---

① 韩长印:《大陆与台湾保险合同法比较与评析——以大陆保险法2009年修订为重点》,载《保险研究》2009年第7期。

② 我国《海商法》存在的主要问题是前面所述的对区分故意和非故意的划分的不合理,过错层次的划分应借鉴新《保险法》的思路。

一，即允许保险人解除保险合同，对解除前发生的保险事故不问因果关系而免除保险人的责任，并不退还保险费；对因重大过失违反告知义务的，《保险法》和《海商法》可就解除权和变更权的择一行使方面，以及解除的效力（保险赔偿以及保险费的退还）方面予以统一，即允许解除或变更，选择解除的，对解除前发生的保险事故是否赔偿受因果关系的制约。但《保险法》对上述的法律效果应限制在重大过失，而《海商法》对海上保险则仍需要对一般过失下的法律后果作出修正，笔者认为，不应赋予保险人以解除权，可借鉴被英国的最新保险法所用的比例赔偿原则。① 具体来说，对于过失违反告知义务的，保险人不得解除保险合同，但发生保险事故，保险人可相应递减其保险赔偿。

第二节　保险代位权制度的统一及协调

保险代位求偿权（subrogation）或称保险代位权，是指保险人在赔偿被保险人后，在其赔付金额内依法取得被保险人对第三人的赔偿请求权。保险代位权制度就是关于保险代位权的成立、行使、代位权的限制与保护等所有法律规则的总称。保险代位权制度的设计和运用，既保证被保险人获得保险补偿又防止其获得双重赔偿，同时也避免第三人逃脱法律责任。很多国家的保险法②引入了这一精巧的制度，我国也不例外。我国《海商法》和《保险法》都对该制度作出了规定，但由于对保险代位权性质的认识并不清晰与统一，致使从立法层面表现出来的保险代位求偿制度的构造，诸如代位权的概念、代位求偿的成立条件、代位权行使的限制与保障，在我国保险法律体系内部存在较大的差异，如表 3－2 所示，其中有的规定也不够科学和准确。笔者从保险代位制度的理论基础出发，对两者之间统一或协调的可行性进行论证。

---

① 英国 2012 年《消费者保险法》以及 2015 年《保险法》中已经采用比例救济原则。消费者保险中，比例救济原则作为疏忽违反告知义务的救济措施之一；在非消费者保险中，比例救济作为既非故意也非轻率违反告知义务的救济措施之一。例如，根据英国 2015 年《保险法》附则 1 的规定，在被保险人既非故意也非轻率的情况下，如在未违反合理陈述义务，保险人将不会订立保险合同，则保险人有权解除合同，并拒绝赔偿，但需退还保险费；如保险人证明会以不同合同条款订立合同，则视为该合同包括该条款；如保险人会订立保险合同，但会收取更高的保险费，则保险人可按比例相应递减保险赔偿。

② 例如，英国 1906 年《海上保险法》第 79 条、澳大利亚 1984 年《保险合同法》第 65 条、加拿大 1993 年《海上保险法》第 81 条、德国 2008 年《保险合同法》第 86 条（原德国 1908 年《保险合同法》第 67 条）、日本《商法典》第 662 条、2008 年 5 月 31 日通过的日本《保险法》第 25 条、我国台湾地区“保险法”第 53 条等对保险代位求偿作出了规定。

《海商法》[①]和《保险法》(2009 年修订)[②]保险代位权制度比较,如表 3-2 所示。

表 3-2 我国《海商法》与《保险法》保险代位权制度之比较

比较项目	《海商法》	《保险法》(2009 年修订)	比较结果及备注
保险代位权的构成条件	第三者对保险标的的损害造成保险事故	损失由第三人造成	基本相同
	保险人已支付保险赔偿金	保险人已赔偿保险金	同
	保险人在保险责任范围赔偿	保险人在保险责任范围赔偿	同
代位权行使名义	保险人以自己的名义[③]	保险人应以自己的名义[④]	逐渐取得一致
代位求偿的范围	从第三人取得的赔偿超过其支付的保险赔偿的,超过部分应当返还给被保险人	在赔偿金额范围内代位行使	异(备注:《海事诉讼特别程序法》第 93 条与《保险法》一致)
代位求偿对象限制	没有规定	(1)不得对被保险人的家庭成员和组成人员行使代位求偿(除非故意); (2)可对投保人(与被保险人不一致时)行使代位权[⑤]	备注:《海商法》未规定适用《保险法》

① 鉴于我国《海事诉讼特别程序法》对代位求偿权行使中的问题作出了规定,因此将其列入比较范围;最高人民法院 2006 年《海上保险司法解释》对代位求偿问题作出了重要补充,因此也将其列入比较范围。

② 我国 2009 年《保险法》修订时,对保险代位求偿制度基本未作修改,仅对被保险人放弃对第三人的赔偿请求权上作出了改动:第一,将被保险人放弃请求权的过错限定为"故意或重大过失";第二,对于被保险人放弃请求权的后果,新《保险法》规定保险人除了保留原来的"扣减"保险金外,增加了"被保险人返还保险金"的规定。《保险法司法解释(二)》和《保险法司法解释(四)》对保险代位权均有补充规定,也列入了比较范围。

③ 《海事诉讼特别程序法》第 94 条:保险人行使代位请求赔偿权利时,被保险人未向造成保险事故第三人提起诉讼的,保险人应当以自己的名义向该第三人提起诉讼。

④ 《保险法司法解释(二)》第 16 条对保险人行使代位求偿权的名义和代位求偿权的诉讼时效作出了补充规定。根据该司法解释,保险人应以自己的名义行使代位求偿权,与我国《海事诉讼特别程序法》的规定取得基本一致。

⑤ 《保险法司法解释(四)》第 8 条:投保人和被保险人为不同主体,因投保人对保险标的的损害而造成保险事故,保险人依法主张代位行使被保险人对投保人请求赔偿的权利的,人民法院应予支持,但法律另有规定或者保险合同另有约定的除外。

续表

比较项目	《海商法》	《保险法》(2009年修订)	比较结果及备注
代位权和被保险人的赔偿权的冲突	没有规定	保险人行使代位请求赔偿的权利,不影响被保险人就未取得赔偿的部分向第三人请求赔偿的权利	备注:《海商法》未规定适用《保险法》
被保险人的协助义务	提供必要的文件和其所需要知道的情况,并尽力协助保险人向第三人追偿	提供必要的文件和所知道的有关情况	基本相同;《保险法司法解释(四)》补充违反的后果①
被保险人放弃对第三人赔偿权的法律后果	被保险人未经保险人同意放弃向第三人要求赔偿的权利,或者由于过失致使保险人不能行使追偿权利的,保险人可以相应扣减保险赔偿	(1)事故发生后放弃,保险人不赔偿; (2)获得保险赔偿后放弃,放弃无效; (3)被保险人故意或者因重大过失使保险人不能行使代位权,保险人可以扣减或要求返还保险金; (4)保险合同订立前放弃,放弃有效	不完全相同

一、保险代位权制度统一及协调的理论基础

就立法初衷来看,海上保险的代位求偿和一般财产保险的代位求偿是为解决相同的问题而产生的,两者具有相同的立法目的,这是两者统一协调的基础。对代位权性质的准确界定是两者统一协调的基本保证。

(一)从保险代位权制度的立法目的论统一的基础

根据保险补偿原则,保险法上相关的具体制度应同时满足充分补偿和限制补偿的要求。充分补偿,要求保险人应确保被保险人承保范围内的损失得到全部补偿,充分补偿是对保险"分散危险、补偿损失"这一基本职能的积极维护,是对具体被保险人利益的保护。而限制补偿则是从另一面来维护保险的基本职能。限制补偿,即禁止被保险人从保险人处获得的补偿超过保险事故造成的损失,简言之,即禁止被保险人从保险中获得额外利益。如果允许被保险人从保险中获利,则会引发道德危险,导致保险基金

① 《保险法司法解释(四)》第11条。

不稳定，损害其他被保险人的利益，损害保险制度，危害社会公共利益，因此，限制补偿有其存在的伦理基础。保险代位求偿制度就是派生于保险补偿原则的具体制度之一，其是应充分补偿和限制补偿的要求而派生的，海上保险和其他财产保险中代位权制度的立法基础是相通的，具有可统一和协调的基础。

具体来说，保险代位权制度是为解决如下的法律问题而作出的制度安排：保险事故可能因自然灾害、意外事故而发生，也可能由于第三人而发生。当第三人的原因造成保险事故导致保险标的的损失时，从法律上看，被保险人则同时拥有对保险人的保险金请求权和对第三人的赔偿请求权。如果允许被保险人同时行使该两项请求权，则产生双重赔偿获得不当得利。而被保险人获得双重赔偿的结果是与保险制度的功能相背离的，与保险补偿原则也是相背离的，且被保险人由于受到获利的诱惑则易滋生道德危险。另一方面，为禁止被保险人获得不当得利，或者可以采取免除保险人赔偿责任之做法，但是，这种选择会挫伤投保的积极性而对保险业发展不利，对被保险人显然不利也不公平；但若选择被保险人获得保险补偿后免除第三人民事责任之做法，非但不符合法律的公平原则也会造成“变相地鼓励该第三人藉他人之保险契约而逃避自己之法律责任，社会将致大乱”[①]的结果。显然为避免被保险人获得双重赔偿，上述两种选择均存在难以克服的弊病。因此，设定由保险人在支付保险赔偿金后取得被保险人对第三人的赔偿请求权，“是法律充分平衡保险人、被保险人及第三人的三方利益关系和社会公序良俗后呼之即出的结论”。[②] 保险代位这一制度设计既可以达到禁止被保险人获得超额补偿的目的以符合保险补偿原则的要求，也能达到避免第三人脱责这一公平原则的要求，因此，从立法目的来看，保险代位权具有目的正当性。[③] 而且通过代位权制度的设置，将由保险合同引发的问题置于保险法框架内加以解决，无论从制度选择或者制度配置上均具有合理性。

从保险代位权制度的立法初衷可以看出，保险代位权制度是保险补偿

① 江朝国著：《保险法基础理论》，中国政法大学出版社 2002 年版，第 388 页。

② 尹田著：《中国保险市场的法律调控》，社会科学文献出版社 2000 年版，第 333 页。

③ 英美法系学者曾对保险代位权的正当性和合理性有过质疑并提出废弃保险代位权，在 20 世纪 90 年代中后期该观点也曾影响我国。笔者赞同在这场争辩中学者的回应，认为“保险代位已经深深融入保险法中，保险代位权的性质、损害填补原则、民事惩罚理论、保护投保人利益等有关代位权的理论基础，虽经质疑，但仍具有合理性”。参见何丽新、朱明：《保险代位权质疑之反思》，载《政治与法律》2006 年第 6 期。因此，正文对保险代位权的理论质疑不予展开，仅就正当性进行论证。

原则的派生物，“补偿原则是贯穿代位案件始终的金线”。[①] 作为贯彻保险补偿原则的重要制度，也决定了代位权制度是仅适用于补偿性保险合同的，理论上对此认识是统一的。例如，学者德汉姆(S. R. Derham)认为保险代位权制度仅适用于补偿性保险合同。[②] 学者诺赛(Kyriaki Noussia)认为代位权平等地适用于所有的补偿性保险合同。[③] 虽然我国立法上没有采用补偿性保险合同之概念，补偿性保险合同和定额保险的分类在我国仍属于学理上的分类标准，但是，代位求偿适用于所有的财产保险，这一点是肯定的。[④] 海上保险和其他财产保险属于补偿性保险应无疑问。从保险标的角度来看，海上保险合同属于财产保险合同，我国《海商法》或者英国1906年《海上保险法》以及其他国家对海上保险合同的定义中都可以看出海上保险合同的目的在于补偿被保险人因保险事故造成的损失，也仅限于此，即具有非常明显的补偿性质。普遍认同的观点是“海上保险合同的本质在于它是补偿性合同，补偿是海上保险合同的唯一的绝对的目的”。[⑤] 由于历史发展的原因以及考虑海上保险具有特殊性，立法上一般将海上保险从一般财产保险合同立法或陆上保险立法中分离出来，但这一点并不影响对海上保险合同性质的界定，因此，无论海上保险合同还是普通财产保险合同，均符合补偿性保险合同的特点，均应适用代位求偿制度。就保险代位权制度而言，并不存在因海上保险合同的特殊性(如高风险性以及标的的流动性等)而为制度架构上的特别需求。海上保险和一般财产保险的代位求偿权制度具有同一立法目的，即为维护保险补偿这一共通的保险法原则以及

---

① [英]Donald O'may、Julian Hill：《OMAY海上保险——法律与保险单》，郭国汀等译，法律出版社2002年版，第568页。

② S. R. Derham, *Subrogation in Insurance Law*, Sydney, the Law Book Company Limited, 1985, p. 31.

③ Kyriaki Noussia, *The Principle of Indemnity in Marine Insurance Contracts: A Comparative Approach*, London, Springer, 2007, p. 216.

④ 我国《保险法》(2009年修订)将保险代位权放入第二章“保险合同”第三节“财产保险合同”部分，这一立法结构表明财产保险适用代位求偿是明确的。《保险法》(2009年修订)第46条明确排除了人身保险领域对代位求偿的适用。而我国多数保险法学者认为人身保险中的医疗费用补偿性质的保险应适用代位权，我国立法与理论界的不同态度表明对该类保险适用代位权仍是需要探讨的问题。但是，这类保险是否适用代位权的争论，不影响本文对海上保险和一般财产保险代位权协调的讨论。关于人身保险是否适用代位权，即保险代位权的适用范围的探讨，可参见樊启荣：《保险损害补偿原则研究——兼论我国保险合同立法分类之重构》，载《中国法学》2005年第1期；温世扬、武亦文：《保险代位求偿权的法理基础及适用范围》，载《清华法学》2010年第4期；温世扬：《“中间性保险”及其私法规制》，载《北方法学》2013年第3期。

⑤ Jonathan Gilman et al., *Arnould's Law of Marine Insurance and Average* (17th ed.), London, Sweet & Maxwell, 2008, p. 4.

避免第三人脱责维护法律公平原则。这为我国《海商法》与《保险法》中的代位求偿制度的统一提供了理论依据。

(二)从保险代位权的性质论统一的基础

对保险代位权的性质的界定是设计保险代位规则的前提,只有对其性质的准确界定才能保证保险代位求偿权规则之间的协调,避免产生规则矛盾。在同一法律体系中,对保险代位权的性质应有统一的认识,保险代位权性质的一致是我国海上保险和一般保险代位权制度可以统一的理论基础之一。

1. 比较法视角:对保险代位权性质的不同认识

就笔者掌握的立法资料来看,保险法一般都没有对保险代位求偿权的性质作出明确规定,①但仍可以解读出各自所依据的理论架构。有意思的是,在两大法系主流观点对保险代位的制度功能的认识基本一致的情况下,却因对代位权性质的不同认识,呈现出构成保险代位制度的具体规则不完全一致的现象,这已经成为两大法系较为明显的差异。

保险代位权制度起源于英国为学界所共识,其是经在海上保险的司法判例解释中发展起来,并经 1906 年《海上保险法》得以成文法化。至今,对保险代位权(subrogation)的理论源于罗马法的债权转让还是衡平法仍不无争议,但从学者对英国保险代位权的考证来看,一般认为源于其衡平法。② 而现代判例法倾向于认为保险代位权是普通法原则,是由补偿性保险合同的默示条款(implied term)所产生的权利。③ 但正如学者所言,“上述对于海上保险代位求偿权而言,普通法和衡平法的争论主要是理论上的”,④对司法实践一般不产生实质的影响。1993 年,英国上议院在审理 Nappier v. Hunter 案中,糅合了上述两种观点。上议院认为,代位原则是英国普通法和衡平法共同发展形成的,它由保险合同的默示条款而出,同时又为保险人产生了衡平法上的权益。⑤

---

① 例如,英国 1906 年《海上保险法》、澳大利亚 1909 年《海上保险法》、加拿大 1993 年《海上保险法》、澳大利亚 1984 年《保险合同法》、德国 2008 年《保险合同法》、日本 2008 年《保险法》、意大利《民法典》及我国台湾地区“保险法”等。

② M. L. Marasinghe,“An Historical Introduction to the Doctrine of Subrogation: the Early History of the Doctrine”,10 *Valparaiso University Law Review*,1976. 转引自温世扬、武亦文:《保险代位求偿权的法理基础及适用范围》,载《清华法学》2010 年第 4 期。

③ John Birds, *Birds' Modern Insurance law*(7th ed.), London, Sweet & Maxwell, 2007, p. 306.

④ [英]Donald O'may、Julian Hill:《OMAY 海上保险——法律与保险单》,郭国汀等译,法律出版社 2002 年版,第 569 页。

⑤ 转引自许良根著:《保险代位求偿制度研究》,法律出版社 2008 年版,第 18 ~ 19 页。

保险人所享有的这种衡平法上的权益，一般认为是英国为突破其普通法所固守的法律关系相对性原理而基于正义和衡平的理念采取的一种变通做法——引入推定信托理论，用于防止不当得利的发生。即将保险人在保险赔偿后，在保险金赔付范围内，依据衡平法在保险人和被保险人之间产生推定信托(constructive trust)，保险人为信托关系的受益人，被保险人为信托关系的受托人。① 基于该推定信托是在被保险人从第三人收到的赔偿金额上设定的，所以，保险人不能独立行使该权利，而仍须借用被保险人名义提起诉讼，保险人则享有实际的受益权。② 可见，推定信托理论在英国保险代位制度的贡献是解决了保险人求偿权的困境，因此，依托该信托理论建构的代位制度，必然呈现出保险人需以被保险人名义的规则以及其行使请求权的完整性。

在英国法下，代位权的英文 subrogation 相等于“替代”(substitution)，具体而言，就是一人替代某人拥有合法的请求、要求或权利。③ 保险代位权与债权转让(assignment)都允许一方可以取得另一方的权利，但是代位权并不同于债权转让，也不是债权转让的一种。④ 英国法认为，保险代位权利来源于法律规定，而债权转让是约定产生的，即前者为保险人由支付保险金后取得代位权，而根据债权转让需要由被保险人同意将权利转让给保险人的表示，两者的权利范围和行使的程序都不同。⑤ 具体来说，保险代位权，保险人必须以被保险人名义行使，而债权转让，保险人作为受让人得以自己的名义起诉第三人；对于代位权行使的后果，保险人不得保留超过其保险赔偿的部分，债权转让下不管被保险人是否获得保险补偿，权利行使

---

① M. L. Marasinghe, “An Historical Introduction to the Doctrine of Subrogation: the Early History of the Doctrine”, 10 *Valparaiso University Law Review*, 1976. 转引自温世扬、武亦文:《保险代位求偿权的法理基础及适用范围》，载《清华法学》2010 年第 4 期。

② 从历史沿革来看，1784 年在 Randal v. Cockran 案中最早引入信托概念。曼斯菲尔德勋爵在 London Assurance Co. v. Sainbury 案中，解决了三个问题：第一，信托的概念使保险人在依据保险合同赔付保险赔偿后即可起诉侵权人；第二，诉讼必须以被保险人的名义进行；第三，求偿依据法律规定进行。1851 年英国枢密院在年审理 Quebec Fire Insurance Company v. Augustin St. Louis and John Molson 案中，采用法语词 Subrogation，后来被反复地与信托理论联系在一起使用，逐渐成为现代意义上代位制度的代名词。参见许良根著:《保险代位求偿制度研究》，法律出版社 2008 年版，第 6 ~ 9 页。

③ Kyriaki Noussia, *The Principle of Indemnity in Marine Insurance Contracts: A Comparative Approach*, London, Springer, 2007, p. 215.

④ Nicholas Legh John et al., *MacGillivray on Insurance Law* (11th ed.), London, Sweet & Maxwell, 2008, p. 613.

⑤ Nicholas Legh John et al., *MacGillivray on Insurance Law* (11th ed.), London, Sweet & Maxwell, 2008, p. 614.

的结果全部归属于保险人。[①] 不过这种债权转让的实际运用在英国也很少见。[②] 概括地说，在英国法下，保险代位权是和债权转让性质不同的权利（理论上，在保险人对第三人的求偿权上，债权转让也可成立，其前提是保险合同有约定，保险人此时可以以自己的名义行使求偿权），衡平法在代位求偿权制度中所起的作用是被保险人出借名义此一帮助作用，因此，保险人以被保险人名义提起对第三人的诉讼是代位权的本质特征。对于英国法保险代位权的性质，有学者将其概括为“程序代位理论”[③]或者“法定权利代位”。[④]

根据学者的考证，在大陆法系国家，比较一致地认为保险代位权源于罗马法的债权转让，在保险代位权产生之前，其已经运用于其他领域。[⑤] 保险代位属于债权转让（或称为债权让与），即在不改变债的内容情况下，债权人（被保险人）将其债权转移给第三人（保险人）享有。与一般约定的债权转让不同的，保险人代位权来自法律的直接规定，因此，一般认为保险代位求偿制度是属于法定的债权移转。[⑥] 大陆法系国家的立法中，德国《保险合同法》对保险代位权的规定较为典型地表明法定债权移转这一性质。[⑦] 其第 86 条第 1 款规定：投保人对第三人享有赔偿请求权，则在保险人赔付保险金后，上述请求权应转移给保险人。但上述请求权之转移不得

① Nicholas Legh John et al. , *MacGillivray on Insurance Law* (11th ed.), London, Sweet & Maxwell, 2008, p. 614.

② John Birds, *Birds' Modern Insurance law* (7th ed.), London, Sweet & Maxwell, 2007, p. 322.

③ 该称谓主要是我国台湾地区一些学者作出的概括，主要有尹章华：《保险代位制度改进刍议——兼论英美法制程序代位之社会功能》，载《保险专刊》1993 年第 6 期，第 32 页；陈俊元：《保险代位之性质与相关问题之探讨——以实体代位与程序代位之比较为中心》，台湾政治大学风险管理与保险研究所 2004 年硕士学位论文；转引自黄丽娟著：《论保险权制度的建构——以权利法定代位之制度选择为中心》，法律出版社 2013 年版，第 47 页（脚注）。

④ 黄丽娟著：《论保险代位权制度的建构——以权利法定代位的制度选择为中心》，法律出版社 2013 年版，第 47 页。

⑤ 许良根著：《保险代位求偿制度研究》，法律出版社 2008 年版，第 6 页。

⑥ 刘宗荣著：《新保险法：保险契约法的理论与实务》，中国人民大学出版社 2009 年版，第 248 ~ 249 页。江朝国教授认为，“保险人之代位权乃依法律规定强制且直接当然地取得，无需被保险人的之转移行为”。参见江朝国著：《保险法基础理论》，中国政法大学出版社 2002 年版，第 390 页。德国学者认为代位权是法定的债权转让（gesetaliche forderungsabtretung）。See Ruffer, halbach, schimikowski, *Versicherungsnertragsgesetz Kommentar*. 转引自武亦文著：《保险代位的制度构造研究》，法律出版社 2013 年版，第 23 页。

⑦ 德国 2008 年《保险合同法》官方的英译本中，其第 68 条的标题为“assignment of claims”而非通常的“right of subrogation”，对译成中文为请求权的转让。孙宏涛翻译的德国《保险合同法》对照的主要是其官方英文文本，但是其仍将该条的标题翻译为保险代位权，可能是为了考虑我国国内业已习惯的表达。

不利于投保人。[1]

英美法系和大陆法系的保险代位权制度,都是为解决保险人、被保险人与第三人的关系,以防止不当得利的发生。但基于对保险代位权所依托的理论的不同,保险代位权制度的构造差异明显。举例来说,就保险人代位权的行使名义问题,受其代位权理论指导,英国法要求保险人必须是以被保险人的名义行使代位权,这一做法被形象地称为"保险人踏进被保险人的鞋子里"(step into shoes of assured)。[2] 而根据大陆法系国家法定债权移转的理论,保险人在支付保险赔偿金后即取得代位权,作为债权的受让人,故保险人应以"自己名义"对第三人行使损害赔偿请求权。[3] 另外,英美法系依托信托理论,保险人以被保险人名义行使对第三人的求偿权,其请求权是完整的,被保险人获得超过保险补偿的部分视为为了保险人利益所持有,因此,存在求偿后分割的问题。而大陆法系根据法定债权移转,发生移转的仅为保险人保险赔偿部分,因此,可能存在保险人的代位权和被保险人剩余部分求偿权的受偿顺序之间的冲突问题。

可见,不同国家关于保险代位的不同规则是基于其各自的理论基础,当然如果在各自理论基础上所创设的代位权制度其规则体系是自洽的,在一国的运作就不会产生问题。由此也可见,对保险代位权性质的界定是以一定理论基础为依托的,而保险代位权制度规则也是建立在对代位权的性质的界定上,因此,为保证代位制度构成的规则之间保持协调,就必须对保险代位权的性质有统一的认识。

2. 我国法律体系中保险代位求偿权性质的不同界定

我国《海商法》"海上保险合同"一章借鉴了英国1906年《海上保险法》,关于代位求偿权的规定与英国的做法比较接近,例如,关于保险人超额追偿的规定。我国《海商法》第254条第2款规定:"保险人从第三人取得的赔偿,超过其支付的保险赔偿的,超过部分应当退还给被保险人。"该规定虽表明保险人无权最终保留超额部分,但是,这一规定表明了其适用的前提是保险人就超过其保险赔偿的部分也可以行使代位权,如果无权超

---

① 参见孙宏涛著:《德国保险合同法》,中国法制出版社2012年版,第80页。

② Susan Hodges, *The Law of Marine Insuranc*, London, Cavendish Publishing Limited, 1996, p. 7. Susan Hoges 对踏进被保险人的鞋子里这一规则的说明中提到,与代位权不同,保险人根据债权转让从被保险人处受让赔偿请求权时,保险人可以以自己的名义行使。See Susan Hodges, *The Law of Marine Insuranc*, London, Cavendish Publishing Limited, 1996, p. 7.

③ 参见刘宗荣著:《新保险法:保险契约法的理论与实务》,中国人民大学出版社2009年版,第248页。

额行使代位权之前提,也就不存在所谓的退还问题。《海商法》的这一规定与我国《保险法》关于保险人"在赔偿金额范围内代位行使"的规定不同,而与英国法下"横财归被保险人"①的规则却颇为一致。笔者认为,英国法下这一做法有其赖以产生的理论根源,即英国法下代位权的本质是保险人必须以被保险人的名义向第三人提起诉讼,保险人所得权利与被保险人的权利相同,可以就全部损失向第三人索赔。由此,代位权行使的结果必然涉及从第三人处获得的赔偿的分配问题,保险人无权享有超过其保险赔偿的部分,超过部分应归被保险人享有。而根据法定的债权移转,保险人在保险赔偿后取得的也仅为保险赔偿范围内的索赔请求权,因此,《保险法》第 60 条第 1 款规定保险人"在赔偿金额范围内代位行使被保险人对第三者请求赔偿的权利"。保险赔偿未能填补被保险人的全部损失时其仍拥有对第三人的赔偿请求权。因此,为解决请求权的冲突,《保险法》第 60 条第 3 款进一步规定:"保险人依照本条第一款规定行使代位请求赔偿的权利,不影响被保险人就未取得赔偿的部分向第三者请求赔偿的权利。"②从上述规定及依据的原理来看,《海商法》与《保险法》就保险代位权的性质的界定并不完全相同。

如上所述,我国关于海上保险代位权的某些规则和英国代位权相接近,有些规则却符合法定债权移转的性质。例如,我国《海商法》对保险代位权的描述中所采用的表述又恰和英国 1906 年《海上保险法》代位权不同,《海商法》第 252 条规定"……被保险人向第三人要求赔偿的权利,自保险人支付保险赔偿之日起,相应转移给保险人",这明显带有法定债权移转的判断。因此,国内学者普遍认为债权移转的性质界定也被我国《海商法》所采纳。③ 但再分析我国《海商法》关于"超额部分退还"的规定,其实际上与其他规定所依据的原理存在一定的冲突。根据继《海商法》之后出台的《海事诉讼特别程序法》的规定,保险人应以自己的名义行使代位权,一般来说该规则源于对保险代位权作为法定的债权移转的基本认知,因此,"超额部分退还规则"与"保险人以自己名义行使代位权"规则之间彼此是不完全吻合的。事实上,《海事诉讼特别程序法》第 93 条规定作出

---

① 汪鹏南著:《海上保险合同法详论》(第四版),大连海事大学出版社 2017 年版,第 116 页。

② 当然,《保险法》在解决保险人代位权和被保险人剩余请求权冲突,仅有不影响被保险人对第三人请求权行使的规定并不足以完全解决冲突的所有问题。对该部分的详细阐述见下文"五、保险人代位权和被保险人剩余赔偿请求权冲突及解决的规则建构"部分。

③ 李玉泉著:《保险法》(第二版),法律出版社 2005 年版,第 229 页;司玉琢教授也认为,保险代位在我国现行法律中被认为是债权的法定转移。参见司玉琢著:《海商法专论》(第四版),中国人民大学出版社 2018 年版,第 420 页。

了与《海商法》上述“超额部分退还”完全不同的规定，即“因第三人造成保险事故，保险人向被保险人支付保险赔偿后，在保险赔偿范围内可以代位行使被保险人对第三人请求赔偿的权利”，这显然是从程序法的角度对《海商法》超额部分代位求偿规则进行了修正。同时，根据2006年《海上保险司法解释》第13条的规定，保险人行使代位权的范围事实上受到其提供的已支付的保险赔偿的证明（该证明既是保险人已经赔偿取得代位权的证明也是求偿权数额的证明）的限制。因此，在我国，海上保险人行使代位权时，事实上已不会产生“保险人就超过赔偿的部分退还被保险人”这一问题。

从上述所显示的问题来看，我国相关法律对海上保险的代位权性质的认定是模棱两可的，规则之间亦有冲突。从程序法的角度对《海商法》进行的修正，表明了我国就海上保险中的代位求偿权的认识已逐渐清晰和正确，也表明了“法律文化这一强大的磁场最终还是将立法趋势拉回民法体系的发展轨道上来”。[①]

从另一方面来看，我国保险法学者对保险代位权这一法定债权移转的定性较为统一，但从《保险法》的规定来看，其性质的界定仍有模糊不清之处。我国2009年修订的《保险法》第60条第1款规定：“因第三者对保险标的的损害而造成保险事故的，保险人自向被保险人赔偿保险金之日起，在赔偿金额范围内代位行使被保险人对第三者请求赔偿的权利。”该条款是1995年《保险法》制定时就有的规定，但从条文的表述侧重的是“代位”之用语，则仍需要借助相应的解释来表达其法定的债权转移的基本定性。[②] 另从保险代位权规则来看，一方面，《保险法》对“保险人在保险赔偿范围”内行使代位权的规定以及保险人行使代位权不影响“被保险人就未取得赔偿的部分向第三者赔偿的权利”的规定符合法定债权移转的规则架构，规则彼此之间也形成了较好的衔接；另一方面，《保险法》对保险人行使代位权的名义规则一直缺位，直至于2013年5月6日通过的《保险法司法解释（二）》中才最终明文作出了“保险人应以自己的名义行使保险代位求偿权”[③]这一能被当作法定债权转移注解的规则。该名义规则的确立表明对保险代位权性质的认识逐渐清晰。但遗憾的是，该《保险法司法解释（二）》同条对保险人代位权的诉讼时效“自其取得保险代位

① 许良根著：《保险代位求偿制度研究》，法律出版社2008年版，第364页。

② 黄丽娟著：《论保险代位权制度的建构——以权利法定代位的制度选择为中心》，法律出版社2013年版，第41页。

③ 《保险法司法解释（二）》第16条第1款：“保险人应以自己的名义行使保险代位求偿权。”

求偿权之日起算”[①]的规定，又背离了法定的债权移转的基本性质，造成了理论上的撕裂。

总之，我国《海商法》和《保险法》上的保险代位权规定所依据的理论偏向于法定的债权移转理论，但同时又各有偏离，从而呈现出规则的不统一性。

3. 我国法律体系内保险代位权性质的统一

从我国保险法律体系的和谐统一的角度来看，对于具有同一立法初衷的保险代位制度在不同领域的规则建构也应该建立在同一理论基础之上。基于两大法系对于该问题的解决路径不同，而且我国《保险法》和《海商法》的确存在受两大法系影响的痕迹，因此，从应然的角度出发，应较为合理将两者统一在何理论基础之上的选择呢？

(1)以“权利的法定代位”重构之不可行

近期的研究中，有学者对以法定债权转让基础上的保险代位制度提出质疑，并提出我国应以英美法系的“程序代位理论”或“权利的法定代位”理论重构我国保险代位制度的观点。[②] 确实，我国海上保险立法受英国海上保险法的影响，而事实上其他国家的保险法也在一定程度上受英国保险法的影响，那么对我国来说，英国式的权利法定代位是否为更理想的选择呢？对此，笔者不敢苟同。

首先，权利法定代位并不具有比法定债权转让对解决上述保险法不当得利问题有更为高明之处。试为例：法定债权移转下的保险代位权，的确存在债权的全部转移和部分转移之不同情形，且于部分转移情形下，存在保险人对第三人的保险代位权和被保险人对第三人的剩余赔偿请求权的分割而造成多重法律关系的并存；而权利法定代位下能确保权利的完整性，即被保险人对于第三人之请求权不会由于保险代位权而分割行使。法定债权转移下的权利可能分割导致法律关系的复杂性成为学者批判的焦

① 《保险法司法解释(二)》第16条第2款：“根据保险法第六十条第一款的规定，保险人代位求偿权的诉讼时效期间自其取得代位求偿权之日起算。”

② 对于法定债权转让基础上的保险代位制度的质疑，黄丽娟博士在我国台湾地区学者批判的基础上提出了法定债权转让基础上建构的保险代位制度存在对“禁止被保险人不当得利”这一制度价值的偏移，以及由于“第三人终局性损害赔偿义务之前提预设”以及“标的一致性要件”导致的适用困境，而英美法系权利法定代位存在保险代位权之客体的宽泛性以及单层法律关系之贯通优势，提出以英美法系法定权利代位为基础重构我国保险代位制度的建议。参见黄丽娟：《法定的债权移转之下的保险代位权制度的困境与选择》，载《现代法学》2012年第3期。笔者对其提出的重构观点予以关注，对其所论证的法定债权转让的困境并不认同，但限于篇幅无法展开论述，仅从另一角度即下文提出的权利法定代位的法律环境在我国并不具备以及改造需要的立法成本等对其观点作出一定回应。

点之一，而权利的整体性也恰成为推崇权利法定代位的理由之一。① 但笔者认为，但这似乎并不能表明“权利法定代位”具有优势之处。就上述情况，根据我国民事诉讼法，权利分割行使的情况下，诉讼是可以合并的。而在权利法定代位下，权利的行使确实不会出现分割，但是，对代位权行使的结果仍会存在分割的问题，若保险人和被保险人对赔偿的分配存有分歧，也可能存在通过另一诉讼程序解决的问题。所谓的法律关系的复杂或诉累的问题，不独法定债权移转下产生，只不过各自出现的阶段可能不同、涉及的主体不同而已。用樊启荣教授的观点概括之，“在大陆法系语境下的代位权与损害赔偿请求权的行使顺序问题，在英美法的语境下就转化为代位求偿所得分配的顺位问题”。②

其次，也是更为重要的，我国并不具备创设权利法定代位的法律环境。其一，英美法权利法定代位所赖以产生的推定信托理论在我国是否存在？英美法系尤其是英国的“权利法定代位”理论，从其来源看，是因受制于其普通法固守的法律关系相对性原则，在解决被保险人从保险人获得保险赔偿的同时又从第三人处获得赔偿而产生的不当得利这一难题束手无策的困局下，只能通过衡平法寻求解决问题的出路，将保险人和被保险人拟制为信托关系的基础上建构的制度，该理论的产生有历史原因也有其特定的法律环境。而大陆法系通过债权转让这一民法理论可以解决保险人取得对第三人赔偿请求权的理论依据以此破解法律关系的相对性难题的情况下，则是否非得硬生生地创造出“推定信托”理论才是正确的途径呢？况且，英美法系的法定权利代位的建构是在已有衡平法推定信托的基础上才

---

① 我国台湾地区学者对法定债权转让的批判主要集中于法定的债权移转主要是法律关系的复杂性以及不经济性。例如陈俊元指出，法定债权移转面临着质与量之割裂的困境，其中，质的割裂的困境是在讨论保险代位权的客体时不得不考虑被保险人对于第三人之请求权的性质、是否具有专属性以及是否可以移转等诸多问题，进而徒增法律问题的复杂化；量的割裂的困境则是当保险赔付不能充分补偿被保险人的实际损失时，原本由被保险人所享有的对于第三人之请求权将割裂为一部分为保险人享有而剩余部分则为被保险人享有的结果，进而造成法律关系的复杂化、权利行使的不经济、被保险人与保险人之间的受偿利益冲突以及第三人的讼累等不利后果。参见陈俊元：《保险代位之性质与相关问题之探讨——以实体代位与程序代位之比较为中心》，政治大学风险管理与保险研究所 2004 年硕士学位论文，第 4 页；转引自黄丽娟：《法定的债权移转之下的保险代位权制度的困境与选择》，载《现代法学》2012 年第 3 期。而相反，我国台湾地区学者提出权利法定代位的优势所在也主要集中于此。例如尹章华提出，权利法定代位主要具有以下制度优势：第一，提前代位时点，即保险人可以在保险赔付之前就预先行使代位权，以避免时效迟延；第二，确保权利的完整性，即被保险人对于第三人之请求权不会由于保险代位而分割行使；第三，减少讼累，即减少被保险人、保险人及第三人之间由于权利分割而造成多重法律关系之纠纷的诉讼。转引自黄丽娟：《法定的债权移转之下的保险代位权制度的困境与选择》，载《现代法学》2012 年第 3 期。

② 樊启荣著：《保险法诸问题与新展望》，北京大学出版社 2015 年版，第 254 页。

可能复制成功的,但是,我国没有推定信托的立法,如何解释被保险人和保险人作为信托的受托人和受益人的依据,如何释明以被保险人的名义行使代位权而由保险人获得实质的受益权的机理？其二,英美法系的权利法定代位权所依赖的诉讼法和我国民事诉讼法是否能契合？根据权利法定代位,保险人应以被保险人的名义行使代位权,因此,涉及对代位诉讼的程序主导权问题,而英国法一般认为保险人拥有诉讼程序的主导权,这一名义上的诉讼当事人和主导诉讼程序的保险人相分离的情况在我国民事诉讼法中如何解决？正如学者所言,根据我国民事诉讼原理,在以被保险人的名义提起的损害赔偿之诉中,拥有代位权的保险人可以作为共同诉讼人或者有独立请求权的第三人参与诉讼,却不能成为所谓的隐名原告。① 因此,若要以权利法定代位建构保险代位制度,则立法成本不独在《保险法》和《海商法》的修改上,还涉及其他法律诸如《信托法》以及《民事诉讼法》的修改,是否必要是值得怀疑的。

(2)法定债权移转:定位与统一

笔者认为,我国民法受大陆法系的影响较深,在法律体系、法律渊源等方面与英美法系国家存在较大差别,在我国民法理论和法律渊源中找不到类似英国法代位权的衡平法推定信托的法律依据,对于保险代位求偿权(包括海上保险)性质应纳入我国传统民法理论体系中加以考虑,才能正本清源。而以法定债权转让为基准建构我国保险代位制度则不存在上述法律障碍,也能与我国法律制度的整体相融合。

保险代位求偿权和合同法中的债权人代位权虽同名但性质不同。我国《合同法》第 73 条规定②的债权人代位权是指由债权人行使债务人的债权,而保险代位求偿权是由保险人行使被保险人对第三人的债权,尽管从权利表象上具有相似性,但是,两者的目的并不相同,合同法上的代位权的目的在于保全债权,而保险代位权是为了实现保险补偿的职能。合同法上的代位权是债权人行使债务人的债权,法律效果是直接归属于债务人的;保险人行使保险代位权的效果则直接归属于保险人。

大陆法系民法理论认为,债权移转是指“在保持债权同一性的前提下使债权主体变动的现象”。按照我国民法学者的解释,依其发生原因,分成基于法定而发生的债权移转、基于裁判命令发生的债权移转和基于法律行

① 参见武亦文著:《保险代位的制度构造研究》,法律出版社 2013 年版,第 28 页。

② 《合同法》第 73 条:因债务人怠于行使其到期债权,对债权人造成损害的,债权人可以向人民法院请求以自己的名义代位行使债务人的债权,但该债权专属于债务人自身的除外。《合同法司法解释(一)》从第 11 条至第 22 条对债权人代位权作了详细解释。

为（包括单方法律行为和双方法律行为）而发生的债权移转，其中，以合同方式产生的债权移转，又称为债权让与。我国《合同法》第 79 条至第 83 条“合同权利的转让”从解释学上即为学理上的债权让与。[①] 保险代位权是权利主体的变更，符合债权移转的特点。根据保险补偿原则，保险代位求偿权制度要求保险人在对保险标的损失支付保险金后依法取得被保险人对第三人的赔偿请求权，而无需被保险人的转移行为。我国民法学者王家福教授也明确地把保险代位权归入按法律规定发生的债权让与。[②] 从学理上分析，债权转让从其效力的来源可以分成约定的债权转让和法定的债权转让，我国《民法通则》和《合同法》均仅规定合同之债可以转让，[③]侵权之债是否可以转让并不明确。而保险代位求偿其效力源于法律的规定，属于法定的债权转让。由于法律的直接规定，侵权之债的转让在保险中的适用就不存在障碍。将保险代位界定为法定的债权移转，能妥当地解释保险人代位求偿权之取得及其一系列法律后果。

不可否认，两种理论均有实现保险人的求偿权之功能，两种理论各有所长，但法定的债权移转更能与我国民商法体系相融合，如果非此即彼的话，法定的债权转移理论应为保险代位制度建构的理想选择，《保险法》和《海商法》关于保险代位求偿也应统一在该理论基础上。以法定的债权移转来建构保险代位制度，无需保险人借用被保险人名义所需的法律环境的续造。以法定债权转移建构保险代位制度，保险人以自己名义行使代位权，代位权受限于保险赔偿数额而存在与被保险人剩余请求权之间关于数额割裂的问题，但是，通过现有的民事诉讼程序能解决，无需另行对程序法作出改造。

以法定债权转移来界定保险人的求偿权，保险人并没有因此产生新的权利，关于保险人代位求偿权利的术语使用上，确实以“代位求偿权”或“代位权”称之，有“令人误解之嫌”，[④]因此，也有学者提出将定性在法定债权转移下的保险代位权以“请求权代位”[⑤]称之。笔者认为，虽然“请求权代位”概念使其与保险法上的另一种代位——物上代位权得以区分，但仍难以摆脱采“代位”之名产生的误解，而碍于保险业长期形成的习惯用语，

① 参见韩世远著：《合同法总论》（第四版），法律出版社 2018 年版，第 593 页。

② 参见王家福著：《中国民法学 · 民法债权》，法律出版社 1991 年版，第 71 ~ 74 页。

③ 参见《民法通则》第 91 条和《合同法》第 79 条。

④ 上海市高级人民法院课题组：《保险代位求偿权纠纷案件的法律适用问题研究》，载《法律适用》2011 年第 5 期。

⑤ 岳卫：《保险请求权代位制度的新展开》，载《南京大学学报》2016 年第 3 期。

笔者认为仍以“保险代位权”称之为妥,但是,应注意的是在这个既有的概念下准确表达其法定债权转移之含义。

(三)保险代位权制度的统一协调的基本考量

海上保险领域的代位求偿与一般保险代位求偿具有共同的立法目的,即避免被保险人从损失中盈利也避免第三人逃脱民事责任,其建立在共同的法理基础上,即补偿原则和公平原则。保险代位权的性质在我国法律体系中应界定为法定的债权移转。这些均是两者可以统一的理论基础。而在对保险代位权偿制度进行统一建构时,也必须符合上述理论,才能与该制度的立法初衷相符合,也保证代位权制度构成的规则之间的和谐。

保险代位权依据法定原因而产生,其本质仍为债权移转。据此,在保险代位权制度的构造中,应遵循此原理。首先,债权由让与人转移于受让人。保险人取代被保险人之地位而保有对第三人的请求权。其次,债权转移,仅为债权主体的更迭,债权之权利瑕疵亦随同转移。最后,保险代位作为法定的债权转移,其转移时间应为法定条件满足之时,因此,需要明确被保险人保险代位权的意义,即无需被保险人的意思表示不能影响代位权的成立和行使。

另外,保险代位求偿制度所调整的关系中,主要涉及保险人、被保险人、第三人等个体利益,也同样关乎社会公共利益。根据利益的结构层次理论,[①]“在立法的利益衡量中,对公共利益的确认和整合是利益衡量的基础。妥当合理的利益衡量必须以社会公共利益在立法中的体现为根本前提”,[②]代位求偿制度的确立本身就是以实现公共利益为目的的,即避免被保险人获得不当利益以及保证对第三人民事责任的追究。在满足上述公共利益的前提下,遵循保险代位权的本质而进行规则架构时,应合理衡量保险人、被保险人、第三人利益等个体利益。保险代位制度的根本目的,是确保被保险人不能获得超额补偿但也不能获得不足额补偿。当保险人和被保险人利益发生冲突时,笔者认为应优先保护被保险人并使其获得充分

---

① 根据主体来划分利益的结构层次,很多学者做出过不同的分类。例如,美国学者博登海默将利益按主体划分为个体利益和社会利益。参见[美]E. 博登海默著:《法理学:法律哲学与法学方法》,邓正来译,中国政法大学出版社 1999 年版,第 399 页。美国法学家庞德提出的利益列表中,存在个人利益、公共利益和社会利益。参见[美]罗斯科·庞德著:《法理学》(第三卷),廖德宇译,法律出版社 2007 年版,第 246 页。梁上上教授提出利益的四个层次结构,即当事人的具体利益、群体利益、制度利益和社会公共利益。参见梁上上著:《利益衡量论》(第二版),法律出版社 2016 年版,第 121 页。

② 杨炼著:《立法过程中的利益衡量研究》,法律出版社 2010 年版,第 68 页。

补偿,在此基础上保证保险人代位求偿权的实现,需要对下列两个问题,利用利益衡量理论,得出正确的结论,并立法予以规定,主要是:被保险人的剩余索赔权和保险人代位权之间的冲突以及解决;被保险人对其权利的处分对保险人代位权的影响的规则。另外,保险代位制度涉及保险人和第三人之间的利益,保险人在行使代位权时,也不应对第三者的合法利益造成损害,因此,根据法定的债权转让规则,第三人对被保险人的抗辩均应适用于保险人的代位求偿,但同时为保证保险人的利益,也仅应以原第三人与被保险人的抗辩为限。

二、保险代位权的构成条件的统一与协调

保险代位求偿权的构成条件分别规定于《海商法》第 252 条第 1 款和《保险法》(2009 年修订)第 60 条第 1 款。两部法律对保险代位权的取得条件的规定有相同的地方:第一,两部法律都要求保险标的损失是由第三人造成的;第二,两部法律都明确规定了保险人支付保险赔偿后才取得代位权;第三,两部法律都将保险人在保险责任范围内赔偿被保险人作为限制条件。笔者认为,两部法律关于代位权的取得条件的规定具有相通性,其中有些条件的设定与法定的债权转让性质相契合,但有些限制条件的设定则不够合理和准确,均需作出适当的调适。

(一)构成条件之一:被保险人对第三人具有赔偿请求权

保险人行使代位权以被保险人对第三人具有赔偿请求权为先决条件。其理论依据是保险人代位权来源于被保险人的权利,若被保险人无权利则保险人也不可能取得对第三人的请求权。从保险代位权的性质来看,被保险人可以对第三人行使的请求权,只要其性质并非属于法律规定不得转让的债权,不管取得的原因,都应该可以转移给保险人而由保险人代位行使。从债的发生原因来看,我国《民法总则》具体规定了合同、侵权、不当得利和无因管理以及法律规定的其他五种债的发生事由,[①]我国《海商法》还存在共同海损[②]这种比较特殊的债的发生原因。被保险人对第三人的请求权是广泛的,因此,保险人的代位权的范围也应是广泛的,具有一致性。

---

① 《民法总则》第 118 条:债权是因合同、侵权行为、无因管理、不当得利以及法律的其他规定,权利人请求特定义务人为或不为一定行为的权利。《民法总则》相比较《民法通则》第 84 条、第 85 条、第 92 条、第 93 条规定的四种债的发生原因,多了法律的其他规定的兜底性的规定,值得肯定。

② 参见《海商法》第 199 条。

此条件的法律效果是一方面限定了保险人代位权的对象为第三人，另一方面则框定了保险代位权的范围，即被保险人对第三人的请求权。从国外立法例来看，虽然表述不同，但法律赋予保险人代位权的范围一般是比较宽泛的，例如，英国1906年《海上保险法》第79条规定的是“保险人代位取得保险标的上的一切权利和救济(all the rights and remedies)”；又如日本2008年5月31日通过的《保险法》第25条规定为：“保险人……当然取得被保险人因保险事故造成的损害而取得的债权。”①

我国《海商法》第252条规定，“保险标的发生保险责任范围内的损失是由第三人造成的……”《保险法》(2009年修订)第60条规定，“因第三者对保险标的的损害而造成的保险事故……”从文字上看两部法律均要求作为保险代位构成条件之一的是：损失是由第三人的“损害”“造成”的。由于法律条文存在的表述问题，因此，容易使人误解立法对保险人代位权的范围进行了限制，并出现不同的理解，如有学者将保险代位权限定于因第三人的侵权行为所引起的赔偿中，②而有的学者则认为“第三人因侵权或合同违约造成保险标的损害，是保险人得以主张代位求偿的两大原因”，③而事实上，根据学者的考证，目前我国保险代位求偿案件中，保险人向对因违约造成被保险人损失的第三人的追偿案件数量远多于对侵权第三人追偿的数量。④ 其实，违约和侵权的确是产生代位求偿权的主要来源，但代位权并不受限于此，从保险代位制度的目的是禁止被保险人不当得利出发，凡被保险人因保险事故而产生双重赔偿之可能，则保险代位制度应能适用，因此，在此需运用目的解释对损害赔偿请求权进行扩展解释。目前《保险法司法解释(四)》对将保险人代位权的诉因确定为“侵权或违约等”的规定进行了间接回应。⑤ 同样，如果按语义解释，按我国《海商法》的上述规定，也不能把共同海损这种较为特殊的债的发生原因纳入海上保险人代位求偿的范围，因为共同海损并非由第三人的原因直接造成的。因此，从法律语言应准确表达立法意图的立法要求来看，无论是《海商法》还是《保险法》都不应强调“第三者对保险标的损害”或“损失由第三人造成”

① 参见岳卫著：《日本保险契约复数请求权调整理论研究》，法律出版社2009年版，第219页。虽然与此前日本《商法典》第662条规定为“……保险人取得投保人或被保险人对第三人权利”的措辞并不相同，但该条强调的也是“被保险人取得的债权”。

② 秦道夫主编：《保险法论》，机械工业出版社2000年版，第216页。

③ 吴庆宝主编：《保险诉讼原理与判例》，人民法院出版社2005年版，第487～489页。

④ 参见武亦文、王保树著：《保险代位的制度构造研究》，法律出版社2013年版，第71页(脚注)。

⑤ 《保险法司法解释(四)》第7条：“保险人依照保险法第六十条的规定，主张代位行使被保险人因第三者侵权或者违约等享有的请求赔偿的权利的，人民法院应予支持。”

的表述，应采用"保险人代位取得被保险人对第三人的赔偿请求权"的表述以回复其立法原意，这当是代位求偿权的第一个构成条件。

（二）构成条件之二：保险人已支付保险赔偿金

支付保险赔偿金是保险人取得代位求偿权的法定条件，也是保险人代位求偿权之所以为法定债权转移的性质而有别于一般的债权转让之所在。之所以规定保险人应在支付保险赔偿金后取得保险代位权，在保险人赔偿之前对第三人的求偿权仍是属于被保险人而保险人不能行使代位权，其目的是要保护被保险人的利益。支付保险赔偿金作为保险人代位求偿的条件，正如学者所言，这样做"以避免被保险人一方面因损失赔偿请求权已转移而无法向第三人求偿，另一方面将来因故未获赔偿而产生未得先失，两俱落空之处境"。[①] 因此，也有学者将保险人支付保险赔偿金和代位求偿权的关系形象地称为"一鸟在手"（指支付保险赔偿金）换取"一鸟在林"（指保险人的代位求偿权）。[②]

保险人已支付保险赔偿金这一条件是由保险代位权属于法定的债权转移的性质决定的。根据这一构成条件，保险人在支付保险金后自动取得保险代位权，而不应以取得被保险人的"代位求偿权证书"（subrogation form）为必要。同时，保险代位权作为法定的债权转移，在"保险人支付保险金"这一法定条件完成前保险人并不能取得代位求偿权，即使取得被保险人的权利转移证书也不能认为代位权成立。在被保险人获得赔偿前如保险人向第三人求偿，则只能适用代理的有关规定，其请求权行使的结果仍应纳入被保险人的财产。[③]

一些英美法系国家[④]和大陆法系国家[⑤]的立法或司法实践都表达了保险人在赔偿被保险人后才取得代位权这一要求。我国新《保险法》第60条和《海商法》第252条都规定保险人应在赔偿被保险人后取得代位求偿权，并且我国《海事诉讼特别程序法》第96条和2006年《海上保险司法解释》第13条则进一步要求保险人提起或申请参加诉讼的，应提交保险人支

---

① 江朝国著：《保险法基础理论》，中国政法大学出版社2002年版，第395页。

② 刘宗荣著：《新保险法：保险契约法的理论与实务》，中国人民大学出版社2009年版，第243页。

③ 参见孙积禄：《保险代位权研究》，载《法律科学》2003年第3期。

④ 例如，英国1906年《海上保险法》第79条、澳大利亚1984年《保险合同法》第65条、加拿大1993年《海上保险法》第81条等。

⑤ 例如，德国2008年《保险法合同法》第86条第1款（德国原1908年《保险合同法》第67条第1款）、日本《商法典》第662条、2008年5月31日通过的日本《保险法》第25条、我国台湾地区"保险法"第53条等。

付保险赔偿的凭证，以保证海上保险代位求偿权的这一条件得以实现。

我国海事司法实践对保险人支付保险赔偿金后才能行使代位求偿权这一条件的把握和运用比较一致，例如，在ACE保险有限公司诉汕尾市航运公司海上货物运输合同货损赔偿纠纷案中，保险人凭权益转让书行使代位权，起诉运输保险货物的实际承运人，法院认为："保险人实际支付了保险赔偿金是保险人取得代位求偿权的必备条件。若保险人未实际支付保险赔偿，即使取得被保险人的权益转让书也不能取得代位求偿权。"①该案原告因未能提供支付保险赔偿金的合法有效凭证，法院因此驳回保险人的诉讼请求。② 而相反，保险人支付保险赔偿金并提供证明但未出具权益转让书或出具的权益转让书并不符合要求的，法院一般认为不影响保险人代位求偿权的成立。③

（三）保险人在保险责任范围赔偿：是否为构成条件

关于保险人代位求偿权的构成条件，有两要件说、④三要件说、⑤四要

---

① 广州海事法院（2000）广海法汕字第25号民事判决书。案例来源中国涉外商事海事审判网。

② 以保险人仅提供权益转让书但未提供保险赔偿的支付凭证，而被法院认为保险人不能取得代位求偿的相似案例还有：三井住友海上火灾保险株式会社诉上海海华轮船有限公司海上货物运输合同货损赔偿纠纷案，（2003）沪海法商初字第391号民事判决书，案例来源中国涉外商事海事审判网；中国人民财产保险股份有限公司上海市分公司诉斯杜特有限公司等海上货物运输货损赔偿案，案例来源郑肇芳主编：《海上保险·代位求偿案例》，上海人民出版社2006年版，第216～220页；中保财产保险有限公司浙江省分公司诉远东船务代理有限公司海上货物运输合同追偿纠纷案，参见郑肇芳主编：《海上保险·代位求偿案例》，上海人民出版社2006年版，第241～244页。

③ 例如，在中国人民财产保险股份有限公司上海市分公司诉三井商船株式会社海上货物运输保险合同货损赔偿纠纷案中，原告提供的是保险赔偿支付凭证（银行回单），且收款人是提单上的记名指示人，而原告提供的权益转让书上签章的公司与提单上的记名指示人并不完全一致。上海海事法院认为原告出具的权益转让书上的记载不影响原告获得代位求偿权。参见郑肇芳主编：《海上保险·代位求偿案例》，上海人民出版社2006年版，第221～225页。又如，在华泰财产保险股份有限公司上海分公司诉广西防城港碧海船有限公司海上、通海水域货物运输合同纠纷案中，上海海事法院认为："保险人取得代位求偿权的实质性要件是支付保险赔偿金，保险人提交已经向被保险人实际赔付的凭证的，可以不再提交被保险人签署的权益转让书。"（2008）沪海法商初字第669号民事判决书，案例来源中国涉外商事海事审判网。

④ 二要件说的两个构成要件为笔者文中提到的两项。参见许良根著：《保险代位求偿制度研究》，法律出版社2008年版，第90～103页；朱作贤著：《海上保险法补偿原则研究》，大连海事大学2009年博士学位论文，第166～176页。

⑤ 三要件说中，前两项与笔者文中阐述的两项内容一致，第三项要件有不同主张。一种观点认为第三项构成要件为"代位请求之数额，以不逾保险赔偿金额为限"。参见梁宇贤著：《保险法新论》（修订新版），中国人民大学出版社2004年版，第133页；张贤伟：《海上货物运输保险赔偿制度研究》，大连海事大学2008年博士学位论文，第214～215页。另一种观点认为第三个构成要件为"被保险人对第三人的索赔权应属于针对保险标的的权利"。参见朱作贤：《海上保险法补偿原则研究》，大连海事大学2009年博士学位论文，第166～176页。

件说。[①] 不同构成要件说对前述两个条件的要求是一致的，分歧主要存在于：第一，“保险人的赔偿在保险责任范围”是否应为代位求偿的构成条件；第二，“保险人代位不得超过其给付的保险金范围”是否为构成条件。对于后者，笔者认为，该内容不是代位权成立的要件而是对保险人代位求偿数额的限制，该部分内容在下文阐述。本部分仅就保险人在保险责任范围内赔偿是否应为保险代位求偿构成条件展开论述，并比较《海商法》和《保险法》的异同。

1. 保险人在保险责任范围内赔偿作为构成条件：不同观点

以我国海事司法实践为例，保险人不当赔付成为被告（第三人）保险人代位求偿不能成立的常见抗辩事由。根据笔者对海上保险代位求偿纠纷的不完全统计，在考察和统计的 54 件海上保险代位求偿案中，[②]除 5 件被告未到庭参加诉讼和未答辩，另 17 件被告未提出保险人赔付的正当与否的抗辩外，其余 32 件被告均提出保险人赔付不正当不能行使代位求偿权的抗辩。据此可以看出，在海上保险中的代位求偿案件中，被告（第三人）提出此抗辩的占多数比例。

而学理上，关于保险人的赔偿在保险责任范围是否为保险人代位求偿权的成立条件，换句话说，保险人超过保险合同约定的责任范围而作出通融赔付是否仍具有对第三人的代位求偿权，则存在争论：第一种观点认为，在此情况下保险人不具有代位求偿权；[③]第二种观点认为，代位权以保险人事实上赔付保险金为条件，而至于保险人的赔付是否保险责任范围不影响代位求偿权；[④]第三种采取折中的观点认为，以保险金的支付是否明显超出

---

① 四要件说中，前两项与笔者文中阐述的两项内容一致，另两项要件有不同主张。比较典型的观点：第一种，增加的另两项构成要件，一为代位请求之数额，以不逾保险赔偿金额为限；二为损害赔偿之标的相一致。参见江朝国著：《保险法基础理论》，中国政法大学出版社 2002 年版，第 398 页。第二种，增加的两项构成要件分别为保险人行使代位求偿权以保险赔偿范围为限和保险人应当在保险责任范围内赔偿被保险人的损失。参见李玉泉：《海上保险中保险人的代位求偿制度》，载《中国海商法协会通讯》2005 年第 2 期。

② 笔者考察和统计的是以“海上保险代位求偿”为案由的案件（不包括大量以保险公司为原告提起的对承运人货物损害赔偿合同纠纷），考察的范围和案件的分布为：《最高人民法院公报》2 件、《人民法院案例选》（1992 ~ 2010 年）7 件、北大法宝网 5 件（2011 年 6 月 30 日访问）、中国涉外商事海事审判网 10 件（2011 年 7 月 10 日访问），以及郑肇芳主编的《海上保险 · 代位求偿案例》一书 30 件。上述重复出现的案例均仅按 1 件统计。笔者仅就早期的司法实践对该问题进行考察，因为 2006 年《海上保险司法解释》通过，该问题已经明确，因此不再作案件的考察。

③ 施文森著：《保险法总论》，三民书局股份有限公司 1984 年版，第 205 页；王乐宇：《论保险代位求偿权行使的权利限制》，载《法学论坛》2007 年第 5 期；武亦文著：《保险代位的制度构造研究》，法律出版社 2013 年版，第 74 页。

④ 邹海林著：《保险法学的新发展》，中国社会科学出版社 2015 年版，第 371 页。汪鹏南教授也持该观点，认为保险代位求偿案件中，不应审查保险人根据保险合同是否应赔偿被保险人。参见汪鹏南著：《海上保险合同法详论》（第四版），大连海事大学出版社 2017 年版，第 116 页。

合同约定来决定是否影响代位求偿权。①

从立法层面来看,对此构成条件,我国法律体系内在海上保险和一般财产保险之间已经出现分化现象。我国《保险法》(2002 年修正)虽然没有明文规定保险人在保险责任范围内赔偿是代位求偿权的成立要件,但是其第 45 条规定"因第三者对保险标的的损害造成保险事故",而一般对保险事故的理解是"保险责任范围内的事故",因此,司法实践中第三人往往会提出保险责任的抗辩。我国 2009 年修订的《保险法》第 60 条对此还是保持了原《保险法》的内容。可见,在我国一般财产保险领域,保险人赔偿是否在保险责任范围内对保险代位权的成立与否仍会引发问题。

从我国《海商法》第 252 条关于"保险责任范围内"的规定以及《海事诉讼特别程序法》第 93 条关于"保险事故"的规定,可以看出就保险代位权是否成立的问题,我国海事司法实践基本采纳了第一种观点,即在审查海上保险合同的基础上,如查实保险人赔付的保险金不属于保险责任范围的损失或者赔付不当的,保险人不能取得代位权。例如,在中国人民保险保险公司北京分公司诉日本株式会社商船三井海上货物运输合同保险代位求偿纠纷案②中,法院以保单上的被保险人已经转让指示提单丧失对货物的保险利益,而保险公司向不具有保险利益的被保险人作出的赔偿无合理依据为由而认定不能行使代位求偿权,也有的案件是在认定保险合同的效力以及保险人赔付具有正当性的基础上认可保险人代位求偿权成立。③在这方面比较典型的案例是湛江市水运总公司第三公司与中国人民财产保险股份有限公司防城港分公司等海上运输货物损失保险代位求偿纠纷上诉案④中,上诉人(一审被告)认为因一审未就原告(保险人)保险赔偿的正当性与否作出审理就认定代位求偿权成立存在错误而提起上诉,二审法院集中从保险合同是否成立、被保险人是否具有保险利益、被保险人是

① John F. Dobbyn, *Insurance Law* (3rd ed.)(英文影印本),法律出版社 2001 年版,第 294 页。

② 郑肇芳主编:《海上保险·代位求偿案例》,上海人民出版社 2006 年版,第 81 ~86 页。

③ 在笔者上文提到的所考察的海上保险代位求偿权 54 件案例中,就被告提出保险赔付不当或通融赔付保险代位求偿权不能成立而抗辩的 32 件案例中,除 3 件是在 2006 年《海上保险司法解释》颁布实施后审理,根据该司法解释明确提出不审理保险合同关系外,另 29 件的审理情况为:法院对保险赔付正当与否进行审查并认为赔付正当保险人有权行使代位权的有 14 件;以保险人保险赔付不当而驳回保险人诉讼请求的有 1 件;未审查保险赔付正当性与否而根据保险人支付保险赔偿的事实有权代位的有 10 件;未审查保险赔付正当性但以超过诉讼时效而驳回的有 1 件;在审查保险人保险赔付具有正当性,保险人有代位权,但基于代位求偿对象错误而驳回的有 1 件;以未提交保险赔偿证明而驳回的有 2 件。可见,海事司法实践之前基本认可保险人赔付正当性与否作为代位求偿的成立条件。

④ 广西壮族自治区高级人民法院(2004)桂民四终字第 6 号民事判决书。案例来源北大法宝网。

否于保险事故发生后才投保、被保险人是否违反如实告知义务，以及保险代理人的资格是否影响保险合同的效力等问题一一审查后判定保险合同有效，保险人赔偿正当，保险人有权行使代位求偿权。总的来看，我国海事司法实践涉及保险人代位求偿的案件中，第三人往往以此作为抗辩，而海事法院一般也将保险人赔偿的正当性作为代位求偿权的成立要件，并在代位求偿案件中对保险合同进行实质审查。而这一做法在2006年以后发生了转变。

2006年最高人民法院颁布的《海上保险司法解释》第14条规定："受理保险人行使代位请求赔偿权利纠纷案件的人民法院应当仅就造成保险事故的第三人与被保险人之间的法律关系进行审理。"①该司法解释确认保险人在保险责任范围内赔偿被保险人的损失不再成为我国海上保险人行使代位求偿权的条件。海上保险的这一变化表明了我国对保险人在责任范围内赔偿被保险人的损失这一条件的松动。与此前通常审查保险人保险赔付是否正当与代位求偿权成立的关系不同的是，近年来的海事司法实践有关代位求偿纠纷中，出现了不审查保险人赔偿的正当性问题，已逐渐接受是否在保险责任范围内的赔付不是代位求偿成立条件的做法。例如，在华泰财产保险股份有限公司上海分公司诉被告广西防城港碧海轮船有限公司海上、通海水域货物运输合同纠纷案中，②法院明确指出："依据最高人民法院《关于审理海上保险纠纷案件若干问题的规定》第14条，本案不必对原告与被保险人上海耀皮之间的保险合同关系进行实质性审理，被告向作为保险人的原告提出保险合同无效、保险人超出保险责任范围赔付以及被保险人一方无权接受保险赔付等抗辩的，不影响原告行使代位求偿权。"③

---

① 该司法解释的精神在之前2005年12月26日最高人民法院印发的《第二次全国涉外商事海事审判工作会议纪要》中就已经体现。其第125条规定："受理保险人行使代位请求赔偿权利纠纷案件的人民法院应当仅就第三者与被保险人的法律关系进行审理，第三者对保险人行使代位请求赔偿权利依据的保险合同效力提出异议的，海事法院不予审查。"

② 上海海事法院(2008)沪海法商初字第669号民事判决书，案例来源中国涉外商事海事审判网。

③ 根据掌握的现有案例来看，原告富邦产物保险股份有限公司与被告上海胜达集装箱运输有限公司(以下简称胜达公司)、上海德哲国际货运有限公司(以下简称德哲公司)货运代理合同纠纷案[上海海事法院(2008)沪海法商初字第25号民事判决书]和原告中远航运股份有限公司与被告中国人民财产保险股份有限公司上海市分公司定期租船合同保险代位求偿纠纷案[浙江省高级人民法院(2009)浙海终字第145号民事判决书]。该两案所涉保险事故均发生在2006年《海上保险司法解释》之前，案件审理是在该司法解释生效之后。法院也明确指出了该司法解释，代位求偿纠纷中不再审查保险合同关系而应审查造成保险事故的第三人和被保险人之间的法律关系，前者指出被告对保险赔付的抗辩不予采纳，后者认为不审查保险人与被保险人的法律关系，根据保险人支付保险赔偿而成立保险代位求偿权。两案例来源于中国涉外商事海事审判网。

2. 保险人在保险责任范围赔偿:不应作为构成条件的理论分析

笔者认为,保险人在责任范围内赔偿被保险人的损失不应作为保险人代位求偿权的构成条件,其理论依据在于:首先,这样做并不违背保险代位求偿制度的设立初衷和目的,不会引致被保险人通过保险而获取超额利益这一结果的产生,同时也没有对第三人造成不公平,第三人并没有因此而加重责任和负担。其次,保险人超越合同约定的责任范围对被保险人的赔付,可以视为双方当事人对约定责任范围的变更,根据合同自由原则,在不违背强制性规范和社会公共秩序的前提下应为法律所允许。最后,从债的相对性原理来看,保险人和投保人/被保险人的保险合同关系与被保险人和第三人之间的关系是独立的法律关系,第三人应该仅能以抗辩被保险人的事由(基于第三人与被保险人之间的法律关系产生)来抗辩保险人,而不应以被保险人和保险人的抗辩事由(基于保险合同产生)来抗辩保险人。从法定的债权转移定性解释之,保险人取得的是被保险人对第三人的债权,因此,抗辩应为"债务人对让与人的抗辩,可向受让人主张,但也应依以此为限"。

从司法实践角度来看,如果上述条件成为保险人代位求偿的成立条件,从诉讼上即表现为法院在代位权纠纷中应先就保险合同进行实质审查,而这样做可能导致如下问题:对保险合同纠纷已通过司法程序解决的,而在保险代位权纠纷中再次审查依据保险合同和保险人是否存在保险赔偿责任,既违反判决的既判力,事实上也浪费司法资源,破坏司法权威;而对于未经司法程序解决的保险合同纠纷,在保险代位求偿案件中审查保险合同的效力以及保险人赔付的正当性,正如学者所担忧的,会造成本末倒置的情况,不利于司法机关集中处理保险代位求偿纠纷。①

因此,我国《保险法》在此方面应该借鉴海上保险领域的立法和司法实践,对该问题作出明确规定,放弃对"保险人在保险责任范围内赔偿"这一要求。2013 年 6 月 8 日施行的《保险法司法解释(二)》以及 2018 年 9 月 1 日起施行的《保险法司法解释(四)》均没有明确这一问题,在一般保险领域司法实践中仍会因此而存在一定的干扰。

三、保险代位权的行使若干问题的统一及完善

保险代位权的行使包含很多方面,笔者在此主要从保险代位权的行使名义、代位权行使的范围,以及诉讼时效三个方面展开。

---

① 李玉泉:《海上保险中保险人的代位求偿制度》,载《中国海商法协会通讯》2005 年第 2 期。

（一）代位求偿权的行使名义的统一及完善

保险人赔偿被保险人后依法取得向第三人的赔偿请求权，但是保险人行使代位权应以自己的名义还是应以被保险人的名义或是可以自由选择，不同的选择不仅影响保险人求偿诉讼的进行也对被保险人产生一定影响，因此代位求偿权的行使名义是保险代位求偿制度中不可或缺的内容。

1. 代位求偿权行使名义的比较法考察

由于对代位求偿权的性质的不同认识，代位求偿权的行使名义问题在立法和司法实践中表现出极大的不同，从域外一些国家和地区的立法和司法实践来看，主要存在三种模式：

（1）以被保险人名义

以英国法为代表，规定了保险人行使代位权必须以被保险人名义行使。英国法下代位权与债权转让是互相排斥的两种权利，代位权没有改变原债的主体，也没有赋予保险人独立的诉因，代位权是一项不使保险人产生独立的以自己的名义起诉或提起诉讼程序的权利。①

在英国法下，保险人必须以被保险人名义行使保险代位权，但可从诉讼中实际受益，所以在英国法下会产生其独特的问题，就是诉讼的控制权问题。原则上，被保险人获得保险赔偿前控制对第三人的诉讼的权利，而保险人控制诉讼的前提是其已经赔付了被保险人的全部损失。如果保险人仅赔偿被保险人的部分损失，诉讼的控制权则仍然属于被保险人，保险人无权要求被保险人转让其名义，唯一的权利是要求被保险人在诉讼请求中包含他支付的保险赔偿，并从第三人对被保险人的赔付中分得相应的部分。②

（2）保险人以自己的名义

保险人应以自己的名义行使代位权的理论依据是将保险代位权界定为法定的债权转让。根据债权转让，从保险人支付保险金后即自动发生债权转让的效果，保险人作为受让人取代转让人即被保险人的位置，取得以自己名义行使该权利的诉权。大陆法系的一些国家或地区的立法采用该模式，例如，我国台湾地区“保险法”第 53 条采用的即是这种模式，日本《商法典》第 662 条也如此。③

① ［英］Donald O'may、Julian Hill：《OMAY 海上保险——法律与保险单》，郭国汀等译，法律出社 2002 年版，第 590 页。

② ［英］Malcolm A. Clarke：《保险合同法》（第三版），何美欢、吴志攀等译，北京大学出版社 2002 年版，第 840 页。

③ 日本 2008 年 5 月 31 日通过的《保险法》第 25 条对保险人代位请求权的行使名义没有明文规定，但从条文保险人当然代位的表达，应认为保险人应以自己的名义行使。

(3)保险人对行使名义具有选择权

以美国法为代表,其以实用主义为主导,在保险人代位权的行使名义问题上采取非常灵活的做法,即保险人可以选择以自己或被保险人的名义起诉。[①] 因为保险人不管以自己的名义还是以被保险人的名义行使代位求偿权,均可以达到补偿其支付的保险金损失的目的。

2. 我国保险代位权行使名义的统一

我国保险人代位求偿权的行使名义问题方面,《海事诉讼特别程序法》是一个"分水岭"。在此之前由于《保险法》(2002 年修正)和《海商法》都没有明确规定,理论界存在不同观点,而司法实践也不统一,保险公司则倾向于以自己的名义行使代位求偿权,司法实践也确认保险人以自己名义行使代位权,但有时保险人以自己名义行使代位求偿权仍面临一定困难。[②] 1999 年通过的《海事诉讼特别程序法》对海上保险代位权的行使名义问题作出了具体规定,明确了保险人应以自己的名义行使代位权。[③] 此后,我国海事司法实践对此形成比较一致的做法,保险人赔偿被保险人后一般由被保险人出具权益转让书,由保险人取得对第三人的追偿权的认可,并以保险人自己的名义对第三人提起代位求偿诉讼。[④] 但由于《海事诉

---

① 参见[英]Donald O'may、Julian Hill:《OMAY 海上保险——法律与保险单》,郭国汀等译,法律出版社 2002 年版,第 592 页。

② 例如,在中国某进出口公司诉塞浦路斯某航运公司海难救助费用分摊追偿案中,在案件审理过程中,1998 年 4 月 15 日原告获得了某保险公司的保险赔偿,并于 1998 年 4 月 18 日出具权益转让书给保险人,保险人和被保险人共同向宁波海事法院申请将原告变更为保险公司,宁波海事法院同意变更,并请示浙江省高级人民法院,该院认为变更当事人无法律依据。后原告向最高人民法院反映情况,在最高人民法院意见指导下保险公司以原告的身份进入诉讼,进出口公司退出诉讼。参见汪鹏南主编:《中国海上保险案例摘要及评论》(第一辑),大连海事大学出版社 2003 年版,第 111 ~ 112 页。

③ 《海事诉讼特别程序法》第 94 条规定:保险人行使代位请求赔偿权利时,被保险人未向造成保险事故第三人提起诉讼的,保险人应当以自己的名义向该第三人提起诉讼。《海事诉讼特别程序法司法解释》对代位求偿权的行使名义作出了更为细致的解释,其第 65 条规定:"保险人依据海事诉讼特别程序法第九十五条规定行使代位请求赔偿权利,应当以自己的名义进行;以他人名义提起诉讼的,海事法院应不予受理或者驳回起诉。"

④ 笔者收集的前述 54 件海上保险代位求偿案件中,均是保险人以自己的名义提起诉讼的。其中中国人民财产保险股份有限公司广州分公司诉尼姆巴罗船运有限公司海上货物运输合同货损案中,由被保险人先起诉承运人,保险人赔偿被保险人后向法院申请作为原告参加向承运人求偿的诉讼,被保险人申请退出诉讼。参见最高人民法院中国应用法学研究所编:《人民法院案例选》(2007 年第四辑,总第 62 辑),人民法院出版社 2008 年版,第 373 页。另外,中国人民财产保险股份有限公司宁波市分公司诉上海浦江联运有限公司等海上货物运输合同货损纠纷一案,是由被保险人上海华昌粮油发展有限公司先起诉被告,宁波人保以代位求偿权人身份向上海海事法院申请变更原告而行使代位求偿权。案例来源:中国涉外商事海事审判网。

讼特别程序法》仅适用于海事诉讼而不适用于一般民事诉讼，因此，一般财产保险的代位求偿行使名义问题仍需要通过立法加以明确。笔者认为，一般保险领域应借鉴《海事诉讼特别程序法》的规定，将代位求偿的行使统一为保险人以自己的名义，这种统一是可行的。值得一提的是，由于《保险法》是实体法，因此，2009 年修订《保险法》也无法解决一般保险领域的代位求偿权行使名义这一程序法问题，2012 年 3 月 22 日最高人民法院公布的《关于适用〈中华人民共和国保险法〉若干问题的解释(二)(征求意见稿)》规定了一般保险领域保险人必须以自己的名义行使代位求偿权这一规定，[①]2013 年 5 月 6 日通过《保险法司法解释(二)》保留了这一条，[②]至少在司法实践中，一般保险领域代位求偿的行使名义问题已然能够明确，并且与海上保险领域趋于一致。保险人以自己名义行使保险代位权的规定具有合理性，自由选择模式或以被保险人名义规则不宜采用。

首先，自由选择的模式虽然有其灵活性，但是，以被保险人的名义和保险人以自己的名义两者是不可等同的，两者的实行都应有配套的规则支撑。比如被保险人名义下需要解决诉讼控制问题，而以保险人自己名义行使又必须解决与被保险人剩余求偿权的诉权行使的关系。我国是成文法国家，采用这种灵活方式需要不同的配套规则，因而会加大立法的成本，也导致法律的不确定性。

其次，立法上对代位求偿权的行使名义的确定应建立在一定的理论基础上，而该灵活方式显然缺乏理论根源。从我国的民法理论来分析保险代位求偿，其性质应界定为法定债权转移，保险人因支付保险金而发生法定的债权转让，保险人作为债权继受人并以自己名义行使该权利符合债权转移的法理。

最后，以被保险人名义或以保险人自己名义行使代位权虽然各有利弊，但总体而言以保险人自己名义行使代位求偿权更有利于保险人实现代位求偿权，也不增加被保险人额外的诉讼负担。若以程序代位理论为基础建构保险代位制度，则代位权的行使须以被保险人名义行使，那么我国民事诉讼法包括海事特别诉讼法需要对以被保险人名义行使代位权所需的诉讼程序进行特别改造，也需要对我国的《信托法》进行修改，其制度成本之高，是否必要值得深思。

---

① 2012 年 3 月 22 日最高人民法院公布的《关于适用〈中华人民共和国保险法〉若干问题的解释(二)(征求意见稿)》第 17 条第 1 款：保险人应以自己的名义行使代位求偿权。

② 《保险法司法解释(二)》第 16 条第 1 款：保险人应以自己的名义行使保险代位求偿权。

3. 保险人以自己名义规则的确立及完善

《海事诉讼特别程序法》确立的代位权行使名义的规定总体上是科学的，根据第 94 条和第 95 条的规定，[①]其具体的操作细分为：第一，根据第 94 条的规定，对被保险人未向第三人提出赔偿权的，保险人应以自己的名义行使代位权。第二，对被保险人已提起对第三人诉讼的，在被保险人取得保险人的对全部损失的保险赔偿后，对第三人的索赔权应全部转让给保险人。至于如何衔接在之前被保险人已经提起的对第三人的诉讼，《海事诉讼特别程序法》第 95 条第 1 款则设计了当事人变更规则，从而使保险人可以继续诉讼。第三，对于保险人的保险赔偿没能填平被保险人的全部损失的，即被保险人仍有对第三人的剩余赔偿请求权的，根据第 95 条第 2 款规定，则保险人和被保险人可以作为共同原告行使对第三人的赔偿请求权。

变更当事人和共同原告的规则都是建立在保险人以自己名义行使代位权的基础上，这两种规则的加入，首先，能使被保险人和保险人对第三人的诉讼达到有效的衔接；其次，共同原告的规则不仅能保证被保险人对第三人求偿权的维系，而且对第三人来说也减少了其诉累，是比较科学的设计。但是其规定仍存在一定问题。如《海事诉讼特别程序法》第 95 条规定的“可以变更当事人”和“可以作为共同原告”，由于其使用的是“可以”这一术语，从规范的类型上看属于任意性规范。由此表述带来的问题是，“可以”意味着保险人有选择权，可以选择变更当事人为保险人自己或者选择不变更仍以被保险人名义继续对第三人的赔偿诉讼，但是，后一种选择若是被允许的，则与保险人以自己名义行使代位求偿权的规则相背离。的确，《海事诉讼特别程序法》对此规定存在用语不够准确之处，因此，后来颁布的《海事诉讼特别程序法司法解释》对此作出了一定弥补，其第 65 条规定：“保险人依据海事诉讼特别程序法第九十五条规定行使代位请求赔偿权利，应当以自己的名义进行；以他人名义提起诉讼的，海事法院应不予受理或者驳回起诉。”

对于一般保险领域，应在采用保险人以自己名义行使代位求偿权的基

① 《海事诉讼特别程序法》第 94 条：保险人行使代位请求赔偿权利时，被保险人未向造成保险事故的第三人提起诉讼的，保险人应当以自己的名向第三人提起诉讼。第 95 条：保险人行使代位请求赔偿权利时，被保险人已经向造成保险事故的第三人提起赔偿的，保险人可以向受理该案的法院提出变更当事人的请求，代位行使对第三人请求赔偿的权利。被保险人取得的保险赔偿不能弥补第三人造成的全部损失的，保险人和被保险人可以作为共同原告向第三人请求赔偿。

础上，总结我国《海事诉讼特别程序法》的立法经验作出相应合理的规定。我国2012年修订《民事诉讼法》时未对保险代位求偿的特别程序问题予以关注，而从2018年8月1日公布的《保险法司法解释(四)》中，可以看到其对《保险法司法解释(二)》确认的“保险人以自己名义行使”的坚持并将行使的程序进一步具体化，也使一般保险与海上保险的代位权的行使趋向一致。《保险法司法解释(四)》第13条第2款规定：保险人行使代位权时，被保险人已经向第三者提起诉讼，保险人向受理该案的人民法院申请变更当事人，代位行使被保险人对第三者请求赔偿的权利，被保险人同意的，人民法院应予准许；被保险人不同意的，保险人可以作为共同原告参加诉讼。

4. 以自己名义规则下的保险代位诉讼中的其他特别问题

与保险人以自己名义行使保险代位权有关的诉讼程序问题，除了明确保险人作为原告或共同原告的诉讼地位外，仍有下列问题需要解决：第一，保险代位诉讼的诉因问题；第二，保险人代位权诉讼的管辖权问题。这两个问题在英美法系权利法定代位理论下并不存在，而在法定债权转让理论为基础的保险代位诉讼中成为必须明确的事项。

对于诉因问题，根据法定的债权转让理论，保险人取得的是原被保险人的求偿权，诉因问题自然以被保险人与第三人的法律关系来确定。为此，2018年8月1日最高人民法院公布的《保险法司法解释(四)》吸收了指导案例74号①的意见，明确了诉因的问题，即第7条规定：“保险人依照保险法第六十条的规定，主张代位行使被保险人因第三者侵权或者违约等享有的请求赔偿的权利的，人民法院应予支持。”

对于保险代位管辖问题，根据法定的债权转让理论，保险人在保险赔付之后，在其赔偿范围内法定地、当然地取得向原被保险人对第三人的求偿权，自然也取得其相应的程序权利，则诉讼管辖的确定自然应根据被保险人与第三人的法律关系确定管辖，因此，对于该实践中非常突出的问题，《保险法司法解释(四)》将指导案例第25号的意见②予以吸收，明确保险

① 最高人民法院74号指导性案例，即中国平安财产保险股份有限公司江苏分公司诉江苏镇江安装集团有限公司保险人代位求偿权纠纷案的意见：明确保险人行使请求权的诉由与被保险人一致，即保险人可以以被保险人对第三者享有的侵权或违约等诉由选择起诉。

② 最高人民法院第25号指导案例，即华泰财产保险有限公司北京分公司诉李志贵、天安财产保险股份有限公司河北省分公司张家口支公司保险人代位求偿权纠纷案的意见。在因第三者对保险标的的损害造成保险事故，保险人向被保险人赔偿保险金后，代位行使被保险人对第三者请求赔偿的权利而提起诉讼的案件中，应当根据保险人所代位的被保险人与第三者之间的法律关系，而不应当根据保险合同法律关系确定管辖法院。

代位诉讼的管辖权问题,即第 12 条规定:“保险人以造成保险事故的第三人为被告提起代位求偿之诉的,以被保险人与第三者之间的法律关系确定管辖法院。”

上述关于管辖和诉因的司法解释同样应适用于海上保险中的代位诉讼中,也值得将上述司法解释吸收进未来修改的《海事诉讼特别程序法》中。

(二)保险人代位求偿的范围的限定与统一

保险人代位权属于法定的债权转让,其权利范围受被保险人对第三人享有的赔偿请求权的限制。而就保险人代位权是否受其保险赔偿金额范围的限制,即保险人代位权范围是否可以超过其保险赔付范围,我国《保险法》和《海商法》规定应否统一,则需要进行分析。

《海商法》第 254 条第 2 款规定:“保险人从第三人取得的赔偿超过其支付的保险赔偿的,超过部分应当退还给被保险人。”根据该条规定,保险人在行使代位求偿权时,可以就超过保险赔偿金部分的损失与其赔付部分一起向第三人主张权利,但是,取得的赔偿款超过其已支付保险赔偿金的部分,保险人最终无权持有该笔款项。例如,汪鹏南教授认为,普通法与此规定(第 254 条第 2 款)相同,认为“横财”(windfalls)①应归被保险人享有。② 而我国《保险法》(2009 年修订)第 60 条规定,保险人“在赔偿金额范围内代位行使被保险人对第三者请求赔偿的权利”,即没有赋予保险人超过保险赔偿范围的赔偿请求权。可见,《海商法》的规定与《保险法》的规定并不同,《海商法》暗示了保险人可以超额行使代位求偿权。正如有学者指出:“本规定(即《海商法》第 254 条第 2 款)若与《保险法》的规定相同,仅限于其赔偿金额范围内,那就不可能发生‘超过部分应当退还给被保险人’的情况。”③

笔者认为,我国《海商法》的上述规定受英国法律影响的痕迹较为明显。根据前述,英国法中保险代位权必须以被保险人的名义行使,因此,当保险人的代位权和被保险人对第三人的赔偿权同时存在时,则通过保险人

① 英国法中,关于“Excess Windfalls”的规则是超过保险赔偿的部分应全部归被保险人。如在 Yorkshire Insurance Co. Ltd. v. Nisbet Shipping Co. Ltd. ,[1962]1Lloyd’s Rep p. 479,保险人按保单赔付了被保险船舶的全损即 72,000 英镑,保险人代位提起对碰撞第三人的诉讼,碰撞责任人按加拿大元赔付碰撞损失折合英镑 75,000 英镑。由于英镑大贬值,实际支付时该赔偿折合为 125,000 英镑。保险人主张船东从责任人处获得的赔偿,依代位求偿权,应全部归保险人,法院认为超过保险赔偿部分,应全部归被保险人。

② 汪鹏南著:《海上保险合同法详论》(第四版),大连海事大学出版社 2017 年版,第 117 页。

③ 杨召南、徐国平、李文湘著:《海上保险法》,法律出版社 2009 年版,第 347 页。

以被保险人名义对第三人起诉,自然就形成了保险人代位求偿权行使的整体性。而保险人实际享有诉讼结果,因此,诉讼结果必然存在对第三人的赔偿金的分配,分配的结果是:保险人不得获取超过其支付的保险金的部分,超过部分必须返还。这也就是所谓的"横财"归被保险人享有的规则的本意。相比较而言,我国《保险法》的规定更符合保险代位权的性质,保险代位权作为法定的债权转让,发生转让的部分仅为保险人支付的保险金部分,而超过保险赔偿部分的赔偿权仍为被保险人的权利,并不发生债权转移的效果。

两部法律规定的不一致形成了在我国法律体系内的矛盾,而作为特别法的《海商法》中该条的规定既不符合保险代位权的目的也缺乏作为特别处理的理论依据。这种情况因之后的《海事诉讼特别程序法》的实施得到解决。我国《海事诉讼特别程序法》第93条[①]作出了与《保险法》(1995年制定)相一致的规定,不仅解决了特别法和一般法的冲突问题,并且与第94条和第95条关于代位权行使名义的规定形成了较好的衔接。但是,我国《海事诉讼程序法》该条规定却造成了另一种冲突,即程序法(《海事诉讼特别程序法》)与实体法(《海商法》)之间的法律冲突现象。因此,可供协调和完善的方法是删除我国《海商法》第254条第2款的内容,以解决程序法和实体法之间的矛盾,并恢复保险代位权的法定债权转让之性质。

在我国海事司法实践中,对保险人代位求偿的数额限制基本上采取偏离《海商法》规定的做法而适用《海事诉讼特别程序法》。对保险人的代位求偿诉讼,根据《海事诉讼特别程序法》,保险人应提供保险赔偿的凭证,这一规定确保了代位求偿数额不超过保险人实际赔付的金额,对超过保险赔偿部分的赔偿,法院一般不予支持。[②] 例如,在中国平安保险公司上海分公司诉龙泉市水运公司货损赔偿纠纷案中,承保标的的实际损失金额为73,416元,保险人赔偿的保险金为50,000元,其代位权在50,000元的额度内获得法院的支持。[③]

(三)保险代位权的诉讼时效:差异形成及协调取向

保险代位权的诉讼时效本不应该是一个需要单独研讨的问题。若基

---

① 《海事诉讼特别程序法》第93条规定:因第三人造成保险事故,保险人向被保险人支付保险赔偿后,在保险赔偿范围内可以代位行使被保险人对第三人请求赔偿的权利。

② 当然作为例外,如果被保险人通过协议的方式把超过保险赔偿部分的追偿权一起转让给保险人,则差额部分的追偿权虽然与保险人法定的代位求偿权性质并不完全相同,但根据双方当事人的约定,则该超额部分保险人仍是可以追偿的。

③ 案例源于郑肇芳主编:《海上保险·代位求偿案例》,上海人民出版社2006年版,第264~266页。该案是在《海事诉讼特别程序法》实施之前的案例。

于英美法系的程序代位理论,保险人以被保险人的名义行使自然不会产生所谓的保险代位权独立的诉讼时效问题。而根据法定的债权转移理论,保险代位权是从被保险人的请求权移转而来,仅权利主体发生变更,不会产生新的权利,自然亦无独立的诉讼时效产生的前提。因此,保险诉讼时效的问题在上述不同理论下,结论应是相同的。但由于 2013 年 6 月 8 日开始施行的《保险法司法解释(二)》第 16 条第 2 款关于"保险人代位求偿权的诉讼时效期间自其取得代位求偿权之日起算"的规定,一石激起千层浪,问题反而变得扑朔迷离,并对代位求偿适用较为普遍的海上保险领域造成了干扰。

1. 保险代位求偿权的诉讼时效的一般解释

代位求偿的诉讼时效问题,实践中存在两种不同观点:一种认为保险人的代位求偿权应当从保险人支付保险赔偿时起算。从海上保险司法实践来看,多为第三人在诉讼中提出以《海商法》第 257 条规定的 90 日承运人的追偿时效的抗辩①。笔者认为,该观点虽在海上保险实践中有一定普遍性,但是其并未将代位权的诉讼时效作为独立的问题来认识。另一种更为普遍的观点是代位求偿权的诉讼时效应以被保险人和第三人法律关系所适用的诉讼时效为准,如最高人民法院于 2001 年在《关于中国上海抽纱进出口公司与中国太平洋保险公司上海分公司海上货物运输保险合同纠纷请示的复函》中就确立了海上保险中保险人代位权适用于被保险人向有责任第三人行使权利的诉讼时效的规则,②虽该复函不具有司法解释的效力而仅对个案有约束力,但该复函的精神得到了海事司法实践较为普遍的遵守,甚至在普通民商领域的保险代位求偿诉讼中也多引以为据。③

---

① 在中国人民财产保险股份有限公司上海分公司诉杨鸣船舶碰撞损害赔偿纠纷案和中保财产保险有限公司浙江省分公司诉远东船务代理有限公司海上货物运输合同追偿纠纷案中,被告均提出保险人代位求偿权的诉讼时效应适用我国《海商法》第 257 条 90 日的追偿时效的规定,并均以保险人提起代位求偿诉讼超过 90 日的追偿时效丧失胜诉权为由抗辩。上述两案中,法院均认为 90 日的追偿期间并不适用于保险人的代位求偿诉讼,其诉讼时效应依据被保险人向第三人的赔偿请求权的诉讼时效确定。案例源于郑肇芳主编:《海上保险 · 代位求偿案例》,上海人民出版社 2006 年版,第132 ~ 136 页。

② 最高人民法院在《关于中国上海抽纱进出口公司与中国太平洋保险公司上海分公司海上货物运输保险合同纠纷请示的复函》(2001 年 1 月 3 日〔2000〕交他自第 8 号)中认为:保险人取得的代位求偿权是被保险人转移给保险人的债权,保险人取得被保险人的法律地位后,对承运人享有的权利范围不超过被保险人;凡承运人得以对抗被保险人而享有的抗辩权同样可以对抗保险人,该抗辩权包括因诉讼时效超过而拒绝赔付的抗辩权。保险人只能在被保险人有权享有的时效期间提起诉讼……

③ 参见金晓峰:《海上保险代位求偿诉讼时效起算之特例研究》,载《中国海商法研究》2014 年第 2 期。

理论界对保险代位求偿权的诉讼时效问题很少关注,[①]有学者甚至认为,保险人赔偿被保险金后取得的代位权实质上就是原本被保险人的部分或全部的损害赔偿请求权,“新诉讼时效从何时起算”完全是个伪命题。[②]但也有一些学者提出“保险人的代位权的诉讼时效应自其权利产生之日起算”[③]的观点。

而从各国的保险立法来看,立法上鲜有保险人的代位权的诉讼时效的明确规定。这不难解释,无论英美法系抑或大陆法系,无论是程序代位论还是法定债权移转论,保险人取代的是被保险人的地位或保险人受让的是原被保险人的债权,虽代位求偿权的性质不同,但得出的结论均为代位权的诉讼时效并不具有独立性,立法上也无需就保险代位权的诉讼时效作出单独规定。因为保险人代位权并没有创设新的法律关系,而是建立在被保险人对第三人的赔偿请求权的基础上,因此,保险人不能超越被保险人的原有的权利范围,包括诉讼时效。

当然在代位权的诉讼时效并非独立问题而应根据原被保险人对第三人的请求权的诉讼时效时,保险人将面临一个问题:如果被保险人对第三人的赔偿请求权的诉讼时效已经届满而实际上将使保险人无法行使代位求偿权。笔者认为,在海上保险的代位求偿中,依据《海事诉讼特别程序法》第 95 条对变更当事人的规定,在获得保险赔偿前可先由被保险人提起对第三人的诉讼,在保险赔偿后通过变更当事人的司法程序,实践中就可以避免因诉讼时效届满而无法行使代位求偿权的困境。同时根据法律的规定,被保险人负有协助的义务,以保证保险人代位权的行使,其中也包括被保险人按照保险人的要求在诉讼时效届满之前对第三人提起诉讼,以保证保险人代位求偿权的实现。被保险人在获得保险赔偿前对第三人提起诉讼等导致诉讼时效中断,其效力也应及于保险人。[④] 如果保险法也建立类似规则,同样可以解决可能因原被保险人对第三人的诉讼时效的届满对保险人代位权造成影响的问题。

---

① 就我国国内的关于代位求偿的几本专著来看,基本都未将代位权的诉讼时效作为一个单独问题专门予以讨论。如许良根的《保险代位求偿制度研究》、黄丽娟的《论保险代位制度的建构——以权利法定代位的制度选择为中心》、武亦文的《保险代位的制度构研究》等,均无对代位权的诉讼时效的专门章节。

② 武亦文著:《保险代位的制度构造研究》,法律出版社 2013 年版,第 31 页。

③ 马宁、郁琳:《保险法诉讼时效起算点法律漏洞的弥补——以保险法第 26 条第 1 款和第 60 条第 1 款为分析对象》,载《保险研究》2011 年第 2 期。

④ 2006 年最高人民法院《海上保险司法解释》第 15 条规定:保险人取得代位请求赔偿权利后,以被保险人向第三人提起诉讼、提交仲裁、申请扣押船舶或者第三人同意履行义务为由主张诉讼时效中断的,人民法院应予支持。

总之,在我国,司法实践和理论界均较普遍认为保险代位求偿的诉讼时效并不具有独立性,也无所谓其诉讼时效从何时起算是否需要单独规定的讨论的价值。

2.《保险法司法解释(二)》代位诉讼时效的规定及评析

2013 年 5 月 6 日通过的《保险法司法解释(二)》第 16 条第 1 款明确规定"保险人以自己名义行使代位求偿"后,在同条第 2 款规定了"保险人代位求偿权的诉讼时效期间应自其取得代位求偿权之日起算",最终通过的该条款与此前征求意见稿中的方案①也完全不同。

这一保险人代位权"自其取得代位权时起算"之规定或许能平息此前存在于司法实践中的不同见解,但该规定与该司法解释已经采纳的保险代位作为"法定债权转让"这一机理和立场相背离,②造成了理论上不可避免的矛盾。正如前述,采法定的债权转移说,则保险代位求偿权的诉讼时效就应该是非独立性的,如果一定要作出规定,则也应该规定保险人代位权的诉讼时效与被保险人对第三人的请求权的时效及起算相同。该规定违反法定债权移转的实质,使代位权发生了性质的转变而成为新的权利,诉讼时效突破了原请求权的范围被延展,对第三人实不公平。③

而就该解释的立法理由,在《最高人民法院关于保险法司法解释(二)

---

① 2012 年 3 月 22 日最高人民法院公布的《关于适用〈中华人民共和国保险法〉若干问题的解释(二)(征求意见稿)》第 17 条:保险人应以自己的名义行使保险代位求偿权。保险代位求偿权的诉讼时效期间自被保险人知道或者应当知道其权利被第三者侵害之日起算,被保险人向保险人请求赔偿保险金的,诉讼时效中断。另一种意见认为,保险代位求偿权的诉讼时效期间自被保险人知道或者应当知道其权利被第三者侵害之日起算。保险人取得保险代位求偿权前,被保险人对第三者请求权的诉讼时效中断效力及于保险代位求偿权。被保险人仅向保险人而不向第三者主张权利的,保险人可以代被保险人向第三者主张权利。该征求意见稿载 http://www.court.gov.cn/gzhd/zqyj/201203/t20120322_175287.htm。虽然该征求意见稿第一种方案对诉讼时效的中断的规定并不符合法律关系的独立性原则,第二种方案也存在一定问题。但两种方案在代位权的诉讼时效的起算时间的规定自被保险人知道或者应当知道其权利被第三者侵害时的规定是一致的。

② 作为该司法解释官方权威注解的《最高人民法院关于保险法司法解释(二)理解与适用》一书中,对保险代位求偿权是一种法定债权转移的观点,所持的理由为:代位一词包含了以自己的名义、程序代位理论运用于中国将出现体系上的矛盾、法定债权转让理论与中国现有民法体系能互相配合、延续海上保险所采纳的法定债权转让理论有利于司法统一。参见奚晓明主编:《最高人民法院关于保险法司法解释(二)理解与适用》,人民法院出版社 2013 年版,第 371~374 页。

③ 金晓峰:《海上保险代位求偿诉讼时效起算之特例研究》,载《中国海商法研究》2014 年第 2 期。其他提出批评的有:王婷婷、刘安宁:《海上保险代位求偿权之民法法源研究》,载《中国海商法研究》2014 年第 2 期;杨运福、吴星奎:《论保险法司法解释(二)对海上保险代位求偿权诉讼时效的适用性》,载《中国海洋法学评论》2015 年第 1 期;初北平、曹光国:《变革中的海上保险合同诉讼时效再审视》,载《法学杂志》2014 年第 11 期。

理解与适用》一书中，最高人民法院认为：第一，保险理赔可能会因为鉴定、诉讼等事由拖延很长，特别是在责任保险中，保险人不掌控事故责任认定的过程，若在对被保险人赔付前时效期间就已届满，保险人不具有可归责性，在代位权的诉讼时效起算问题上应采取有利于保险人的规定。第二，采自保险人取得代位权起算与采自被保险人对第三人债权请求权的诉讼实现起算两者观点实际执行效果相差无几。采纳第二种观点，由于保险代位权属于法定债权转让，故根据最高人民法院《关于审理民事案件适用诉讼时效制度若干问题的规定》第19条规定，保险人取得代位求偿权后，保险人或被保险人通知第三者的，诉讼时效从通知到达第三者之日起中断。诉讼时效中断后，其法律效果仍是诉讼时效期间重新起算。① 笔者认为，该理由值得商榷。就效果相同说来说，诉讼时效中断的前提是诉讼时效仍未届满，若诉讼时效已经届满，则不存在债权转让通知起到诉讼时效中断的结果。而上述第一项理由也经不起推敲。为保护其代位求偿权，保险人自身应提高理赔效率；为保护其代位权实现，保险人可以在此前通过要求被保险人提出诉讼以保护代位权，同时对已经提起的诉讼，在保险人理赔后通过变更原告来实现代位权的保护，而不能通过轻易增加第三人的时效负担来实现，保险代位制度的设立的确是为了避免第三人因被保险人有保险合同而逃脱法律责任，但也不能因为被保险人有保险合同而使第三人遭受额外的不利益，如此，也有违代位制度的初衷。保险代位权诉讼时效的独立性规定的错误，不该归咎于我国对保险代位制度偏离了英美法系程序代位理论下的代位权而是采用了法定的债权转让的后果，而恰恰是因对法定债权转让的理论本身没有彻底把握而产生了一定偏离。

3.《保险法司法解释(二)》对海上保险代位的影响

《保险法司法解释(二)》对一般保险领域的保险人代位求偿权起算时间的规定，引起理论界和实务部门的评述和批评。但是，从一般保险领域来看，该错误的规定在实践中可能真不会引起太大的争议，因为根据《民法通则》一般诉讼时效2年的规定以及《保险法》就非人身保险2年的诉讼时效规定来看，多数情况下保险理赔在2年内已解决，保险人此时行使代位权诉讼提起诉讼时，不论按司法解释的观点还是原被保险人的诉讼时效起算，都不会影响保险人的权益。2017年10月1日开始实施的《民法总则》将一般诉讼时效期间规定为3年②的情况下，可以预见的是一般情况

① 参见奚晓明主编：《最高人民法院关于保险法司法解释(二)理解与适用》，人民法院出版社2013年版，第375页。

② 参见《民法总则》第188条第1款。

下代位权时效的争议问题不易产生。

一般保险领域中上述司法解释一般不会对司法实践的判断产生影响，在海上保险领域中就应另当别论。根据法律适用的一般规则，在《海商法》及其司法解释对此未作相反规定前，《保险法司法解释（二）》作为《保险法》的解释理应适用于海上保险，即海上保险代位权的诉讼时效也应自保险人取得代位权之日起算，而这一规定适用于海上保险其合理性是备受争议的。

《海商法》就海事请求权的诉讼时效制度是非常特殊的，有别于一般民法，其诉讼时效期间、诉讼时效的起算有特殊性，诉讼时效的中断则更严格，正如学者所言，海上保险代位求偿若适用《保险法司法解释（二）》第16条，最直接的后果就是打破了长期以来承运人时效利益的稳定预期。①《海商法》关于货物运输合同的诉讼时效期间为1年，假设《保险法司法解释（二）》适用于海上保险，则保险人向承运人行使代位权的诉讼时效的适用则完全破坏了海商法所建立的特殊诉讼时效制度。

因此，在海上保险领域排除既有的《保险法司法解释（二）》的适用虽然缺乏合理的依据，但适用会产生更不合理的结果，因此，2014年最高人民法院出台的《关于海上保险合同的保险人行使代位请求赔偿权利的诉讼时效期间起算日的批复》（法释〔2014〕15号）规定：海上保险合同保险人行使代位权请求赔偿权利的诉讼时效期间起算日，应按照《海商法》第十三章规定的相关请求权之诉讼时效起算时间确定。该批复对海上保险代位求偿诉讼时效的起算日的规定使一般保险和海上保险就此问题出现了分离，但该特别规定和一般规定的差异，是特别法对一般法的背离，而该背离更应该值得肯定，是在其适用领域对一般法的纠正，以消除一般法的不利影响。对于《保险法司法解释（二）》对诉讼时效的错误规定，只能留待最高人民法院的自身修正或者待《保险法》修订时予以纠正。

四、对被保险人妨碍代位权的法律规制的统一及完善

保险人代位取得的是原被保险人对第三人的求偿权，被保险人若放弃其权利，保险人则无代位权的标的，保险代位制度的规范目的势必就会落空，②为此需要对被保险人对其权利的处分行为进行规制，因此被保险人往往被科以不得损害保险代位权的义务，对其规范成为保险代位制度的重要

① 参见金晓峰：《海上保险代位求偿诉讼时效起算之特例研究》，载《中国海商法研究》2014年第2期。

② 参见樊启荣著：《保险法诸问题与新展望》，北京大学出版社2015年版，第271页。

内容,《保险法》和《海商法》对此也均作出了规定。同样基于保险人代位取得的是原被保险人对第三人的求偿权之原理,保险人代位权的实现离不开被保险人的协助,我国《保险法》和《海商法》对被保险人的积极协助义务均作出了规定。

(一)被保险人损害代位权的法律规制的统一及完善

1. 被保险人损害代位权的规制的现行立法比较

被保险人放弃对第三人的请求权而可能损害保险人代位权,根据不同时段,可以分成:在保险合同订立之前;在保险合同订立之后,保险事故发生之前;保险事故发生之后,保险赔付之前;以及保险赔付之后。被保险人以弃权的行为方式损害保险人代位权的行为样态可能有:与第三人的合同中订立免责条款;事后放弃对第三人的请求权或与第三人以低于损失的数额达成和解协议。弃权行为的样态与损害代位权发生的时间存在联系,比如,在保险合同订立之前或订立之后保险事故发生之前,弃权行为主要体现在被保险人与第三人的合同中订立的免责条款;而在保险事故发生后,主要表现为被保险人免除第三人责任或以低于损失额度与第三人达成和解。保险法上对被保险人损害代位权的规制是根据发生的时间节点不同而分别规制抑或统一规制,不同国家有不同做法。

我国2009年修订的《保险法》第61条规定:“保险事故发生后,保险人未赔偿保险金之前,被保险人放弃对第三者请求赔偿的权利的,保险人不承担赔偿保险金的责任。保险人向被保险人赔偿保险金后,被保险人未经保险人同意放弃对第三者请求赔偿的权利的,该行为无效。被保险人故意或者因重大过失致使保险人不能行使代位请求赔偿的权利的,保险人可以扣减或者要求返还相应的保险金。”[①]《海商法》第253条规定:“被保险人未经保险人同意放弃向第三人要求赔偿的权利,或者由于过失致使保险人不能行使追偿权利的,保险人可以相应扣减保险赔偿。”关于被保险人不损害保险代位求偿的消极义务的规定,两部法律存在不同之处。2009年修订的《保险法》第61条将被保险人放弃向第三人要求赔偿的权利分成“保险事故发生后,保险赔偿前”与“保险赔偿后”两种不同情形,并赋予不同的法律后果;而《海商法》并无此种分类,法律后果均统一为“相应扣减保险赔偿”。学者将上述不同规定概括为《保险法》采“区分说”,而《海商法》采“不区分说”,[②]但无论《保险法》的区分说还是《海商法》的不区分说,在

① 《保险法》2009年修订时,对《保险法》(2002年修正)第46条作出修订,将第3款过错修改为故意或重大过失,但对被保险人弃权行为的规制范围未作出修改。

② 樊启荣著:《保险法诸问题与新展望》,北京大学出版社2015年版,第287页。

立法上都存在一定的问题。

第一,2009 年修订的《保险法》第 61 条虽然对第三人放弃代位权的情形按时间段进行区分和细化,区分制值得肯定,但其并没有涵盖保险事故发生前的弃权行为,形成了被保险人弃权行为规制的法律漏洞。《海商法》的规定可以理解为不损害保险人代位权的义务的履行时间涵盖了保险事故发生前的区段,虽然从时间上并未形成对被保险人弃权行为规制的漏洞,但是,仔细分析《海商法》对被保险人未经保险人同意弃权行为的法律后果的规定仍有一定问题:《海商法》规定的法律效果为“扣减保险赔偿”,扣减是指保险人支付保险赔偿时的扣除,而如果是在保险赔偿后就不应是扣减而应为保险赔偿的返还,因此,《海商法》的规定从文义解释角度而言并未覆盖被保险人在保险赔偿以后的弃权行为阶段,因而也存在法律漏洞。

第二,《保险法》(2009 年修订)规定,如被保险人在保险赔偿前有弃权行为,则“保险人不承担保险赔偿责任”,而《海商法》规定的法律后果为“扣减保险赔偿”,两法都承认了被保险人弃权行为的有效性,根据保险人在保险赔偿后才取得相应的代位权,在获得保险赔偿前,被保险人仍拥有对第三人的请求权,其处分行为当属有效。但是,在肯定弃权行为有效的前提下,该行为对保险人代位权构成妨碍,则该行为对保险人的法律效果保险法应予调整,但两法对此的规定却并不相同,学者将其概括为《保险法》采“免除给付义务说”而《海商法》所采的是“依妨碍之程度减轻责任说”。[①] 笔者认为,被保险人对第三人行使赔偿请求权的结果(也即为弃权的结果)和保险人根据保险合同赔偿被保险人的保险金(该数额即保险人行使保险代位权的范围)并不完全相等,即弃权的范围并不必然与保险人行使代位求偿的范围完全一致,以“保险人不承担保险赔偿责任”作为被保险人获得保险赔偿前弃权行为的法律后果,对被保险人未必公平,完全排除保险人的保险责任也违反保险代位求偿制度的本意。保险赔偿前被保险人弃权行为的后果对保险人保险赔偿责任的承担上,应考虑该弃权行为对保险人代位求偿权实现的实质影响。因此两者比较来看,在法律效果上,《海商法》“依妨碍之程度减轻责任”比《保险法》“免除给付义务”的规定更为公平合理。

第三,被保险人在获得保险赔偿后放弃对第三人的索赔权的,则被保险人的放弃行为是无效的。因为保险人在支付保险赔偿后自动取得代位

---

① 樊启荣著:《保险法诸问题与新展望》,北京大学出版社 2015 年版,第 282 页。

求偿权,被保险人无权豁免第三人的赔偿责任,被保险人弃权行为不影响保险人代位求偿权的行使。而《海商法》却一概而论地规定了保险人保险赔偿的扣减权,更枉论事实上所谓的扣减权是无法操作的。因此,《保险法》的规定更为合理,值得《海商法》借鉴。

第四,关于被保险人对保险人代位权的影响的主观过错因素,《保险法》(2002 年修正)和《海商法》的规定相同,而《保险法》(2009 年修订)对"重大过失"标准的引入值得关注。《保险法》(2009 年修订)第 61 条第 3 款将被保险人的主观因素限制在了故意或者重大过失,排除了一般过失。而《海商法》中的过失则包括了一般过失以及重大过失。

2.《保险法司法解释(四)》对损害代位权行为的规制的补正及对海上保险的影响

针对《保险法》第 61 条对被保险人损害代位权的"区分制"存在缺漏,为统一司法实践,2018 年 9 月 1 日起施行的《保险法司法解释(四)》以"遵循保险人依据代位制度取得的权利不能大于被保险人权利的原则,规定如果被保险人的预先放弃行为有效,则保险人不得再向第三者行使代位求偿权"[①]的原则,第 9 条第 1 款规定:"在保险人以第三者为被告提起的代位求偿权之诉中,第三者以被保险人在保险合同订立前已放弃对其请求赔偿的权利为由进行抗辩,人民法院认定上述放弃行为合法有效,保险人就相应部分主张行使代位求偿权的,人民法院不予支持。"在承认被保险人对民事权利自由处分的原则而承认被保险人的预先弃权行为有效情况下,如何处理其对保险人代位权妨碍的法律效力,《保险法司法解释(四)》引入了以告知义务来规范保险合同订立前被保险人的弃权行为,同条第 2 款规定:"保险合同订立时,保险人就是否存在上述放弃情形提出询问,投保人未如实告知,导致保险人不能代位行使请求赔偿的权利,保险人请求返还相应保险金的,人民法院应予支持,但保险人知道或者应当知道上述情形仍同意承保的除外。"对于以告知义务规范来设定被保险的弃权行为的效力,能看出此前司法实践部门[②]以及学

---

① 最高人民法院《关于适用〈中华人民共和国保险法〉若干问题的解释(四)》新闻发布会,载最高人民法院官网。

② 例如,2005 年北京市高级人民法院《关于审理保险纠纷案件若干问题的指导意见(试行)》即认为,"保险合同签订之前被保险人放弃对第三者请求权的,保险人没有对该事项提出询问或投保人如实告知后保险人同意承保的,一旦发生保险事故,保险人应赔付保险金,但无权向第三者行使代位求偿权"。上海市高级人民法院在其课题研究中也提出了类似的意见,参见上海市高级人民法院课题组:《保险代位求偿权纠纷案件的法律适用问题研究》,载《法律适用》2011 年第 5 期。

理界①的研究对该解释的影响，以告知义务规范对弃权行为的效力进行判定，只能说是借用了保险告知义务制度的部分规范，而当被保险人未尽如实告知时，解释所规定的后果与《保险法》第16条并不同。

《保险法司法解释（四）》第9条第2款就被保险人弃权行为的告知义务与《保险法》中所采的有限告知义务是相吻合的，但该规定对于海上保险合同是否会产生影响呢？就《海商法》现行规定，海上保险采无限告知义务模式，如保险人主动询问，被保险人未如实告知，则本条款可以适用；但保险人未询问，被保险人未主动告知，则该条并不能适用，弃权行为仍有效，保险人不能行使代位权，但应由被保险人承担不利后果，退还或扣减相应保险金。

综上，从被保险人不得损害保险人代位权的规定来看，《保险法》和《海商法》各有缺陷也各有所长，通过《保险法司法解释》补充和完善后，仍存在需要进一步完善之处，例如，《保险法司法解释（四）》对保险合同订立后保险事故发生前的弃权行为仍缺乏规定，结合上述两法存在的问题，对该问题可作出统一的制度安排：《保险法》对被保险人损害代位权的时间仍有必要区分并值得海商法借鉴。两法均应区分为保险赔偿前和保险赔偿后，并采不同法律效果的规定：对保险赔付前，在现行法的基础上（保险合同订立前、保险事故发生后到保险赔付前），再补充保险合同订立后保险事故发生前的弃权行为的效力以及对保险人代位权影响的规定；保险赔偿后，被保险人的弃权行为无效，不影响保险人行使代位权（应增加无效和保险代位之间的关系的规定）。对于弃权行为对保险人的法律效果上，以海商法上的妨碍程度之减轻责任说为妥。至于被保险人过错因素，笔者认为，两法亦可以统一。另外，对于订立保险合同前的弃权与告知的关系，《海商法》或可通过司法解释的形式予以明确。

（二）被保险人协助保险人追偿的义务规则比较

妨碍保险人代位权的行为，除了上述保险人以积极行为妨碍代位权外，也包括被保险人消极不作为造成对协助义务的违反。关于被保险人协助保险人的义务，《保险法》和《海商法》的规定是比较一致的。《保险法》（2009年修订）第63条规定："保险人向第三者行使代位请求赔偿的权利时，被保险人应当向保险人提供必要的文件和所知道的有关情况。"《海商

① 例如，樊启荣教授提出通过适用保险告知义务规范保险合同订立前被保险人的免除行为，这一做法值得肯定，应为我国《保险法》的未来修改所采纳。参见樊启荣著：《保险法诸问题与新展望》，北京大学出版社2015年版，第277页；武亦文著：《保险代位的制度构造论》，法律出版社2013年版，第170页。

法》第252条第2款规定："被保险人应当向保险人提供必要的文件和其所需要知道的情况，并尽力协助保险人向第三人追偿。"

相比较而言，《海商法》对被保险人的协助义务的规定更为完整。保险人向对保险标的损失负有责任的第三人行使代位求偿时，被保险人应提供求偿诉讼中所需的资料及与保险事故和第三人责任有关的一切情况，这一点两部法律作出了一致的规定。但是，除提供必要的资料和情况外，在保险人代位求偿过程中，仍需要被保险人提供其他必要的积极的协助，因此，《海商法》作出的规定更有利于保险人求偿权的实现，而《保险法》仅规定资料和情况的提供，未提及其他可能所需的必要协助。

被保险人对保险人求偿权的协助义务是法定义务，但是，两部法律没有明确违反该义务的后果，因此，有必要对此法律后果进行补充，《保险法司法解释（四）》第11条规定："被保险人因故意或者重大过失未履行保险法第六十三条规定的义务，致使保险人未能行使或者未能全部行使代位请求赔偿的权利，保险人主张在其损失范围内扣减或者返还相应保险金的，人民法院应予支持。"

（三）不得损害代位权的义务与被保险人的协助义务的协调

被保险人向第三人表示放弃索赔的明示行为构成弃权是无疑的，例如，在宁波博大船业有限公司诉中国平安财产保险股份有限公司宁波分公司船舶保险合同纠纷案[①]中，被保险人在获得保险赔偿前与第三人达成的赔偿协议数额明显低于第三人应负的损害赔偿责任，属于弃权行为。又如，在海口南青集装箱班轮公司诉中华联合财产保险公司上海分公司集装箱保险合同损害赔偿纠纷案[②]中，承保的集装箱因其载运船与它船发生碰撞而毁损，被保险人在向碰撞对方提起的船舶碰撞损害赔偿纠纷中，未对承保的推定全损的12只集装箱的损失要求对方船舶所有人赔偿，据此，法院认为，被保险人在"与有责任的第三人的诉讼过程中擅自放弃了涉案集装箱的求偿权利"。

但实践中保险人往往对弃权行为采扩大化解释，将消极的不作为行为也作为被保险人的弃权并以此抗辩，在我国司法实践中典型的争议是被保险人在诉讼时效届满前未向第三人提起赔偿诉讼是否属于被保险人的弃权。[③]

---

① 宁波海事法院（2009）甬海法商初字第51号民事判决书。案例来源"北大法宝"网。

② 上海海事法院（2006）沪海法商初字第468号民事判决书。案例来源"北大法宝"网。

③ 例如，在华联粮油贸易公司诉华安财产保险公司在国际海运货物保险出险签订赔偿协议后又以卸货地不是保单列明的卸货地等为由拒赔而要求赔偿案中，保险人以被保险人撤销对第三人（承运人）的起诉，构成放弃对第三人赔偿为由要求赔偿的权利。法院认为被保险人撤销对承运人的起诉不构成弃权行为。参见最高人民法院中国应用法学研究所编：《人民法院案例选》（2003年第一辑，总第43辑），人民法院出版社2003年版，第356～371页。

对于被保险人的弃权，其内涵是非常确定的，因此，未保护时效利益即未能在诉讼时效期间对第三人提起诉讼，不宜被认定为弃权行为，而应该从被保险人的协助义务角度来解释。

我国《海商法》关于被保险人的协助义务的规定中，对“尽力协助”的含义是不明确的，即被保险人的尽力协助是否可以包括在保险人要求下采取的保全代位求偿权的积极义务。实践中保险人往往会作出对“尽力协助”的扩大化解释，以被保险人未提起对第三人的追偿而未尽协助义务拒绝赔偿。协助义务从解释上，不仅包括在保险人保险赔付后取得代位权的情形下，提起诉讼时的被保险人应尽的协助义务，也应该包括在保险事故发生后保险赔付前，应根据保险人的要求履行必要的权利保全义务。

五、保险人代位权和被保险人剩余赔偿请求权冲突及解决的规则建构

正如有学者所言，“保险代位制度是为防止被保险人不当得利、避免加害人不当免责、鼓励保险人及时理赔”[①]而进行的一种制度安排，是平衡保险人、被保险人与第三人之间权利义务关系的最佳选择。[②] 然而，正是保险代位制度需要协调该三方的权利义务关系，其复杂性便在以法定债权转移为基础的保险代位制度中凸显出来。保险人对第三人的求偿权由被保险人处移转而来，若保险赔付不足以填补被保险人的损失时，被保险人对第三人的求偿权与保险人在保险赔付内的求偿权分别由各权利主体行使，实践中则会产生两项权利的冲突。对此冲突的解决是保险代位制度建构中应予以面对的。

（一）保险人代位权和被保险人剩余赔偿请求权冲突的形成

1. 保险人代位权和被保险人剩余赔偿请求权冲突的形成——法定债权转让下的特殊命题？

保险人代位权和被保险人对第三人的赔偿请求权的冲突是由两个前提共同作用交集而成的：一方面，保险人已经支付的保险赔偿不能填补被保险人的全部损失。保险人按照保险合同的约定对保险责任范围的损失进行赔偿，而赔偿的数额受保险合同的约定，造成保险金不能弥补被保险人的全部损失的情况，主要有：保险合同为不足额

---

① 转引自樊启荣著：《保险法诸问题与新展望》，北京大学出版社 2015 年版，第 245 页。

② 武亦文著：《保险代位的制度构造论》，法律出版社 2013 年版，第 19 页。

保险；[①]定值保险中，被保险人虽足额保险，但事故发生时保险标的的实际价值发生变动上涨，保险赔偿不能填补其全部损失；为减少小额赔付和加强被保险人对保险标的的安全维护，有的保险合同存在免赔额或自负额的规定；以及标的部分损失并不在保险责任范围内。另一方面，第三人的赔偿不能覆盖被保险人的全部损失。第三人的赔偿不能覆盖被保险人的全部损失，主要有下列原因：第三人偿付能力有限；被保险人亦有过错（适用过错相抵）；民法上一般要求责任主体承担全部赔偿责任，但仍有一定例外对责任人实施有限制的责任制度，而这在海商法领域尤其常见，如承运人的单位责任限制、海事责任限制制度，责任人的赔偿责任被部分免除。

按法定债权转移为基础所设计的保险代位制度，保险人在保险赔偿后取得被保险人对第三人的赔偿请求权，如果被保险人从保险人处获得的保险金能填补其全部损失，保险人取得代位权的同时被保险人不得再向第三人求偿，则不会出现保险人代位权和被保险人求偿权的竞合。然而，根据前述产生冲突的第一个前提，当保险赔付不足以弥补被保险人的全部损失，则在转移保险赔付金额范围内的请求权于保险人时，被保险人仍应拥有对第三人的剩余赔偿请求权。而根据保险代位权的法定债权转移理论，保险代位权和被保险人向第三人的赔偿请求权是分别独立的请求权，由此对第三人的赔偿请求权即被割裂为两个不同主体的权利，由此形成权利的竞存。樊启荣教授将此种因代位权的介入而对权利进行分割的情况，形象地称为"权利之量的割裂"。[②] 如果第三人的赔偿能覆盖全部损失，则保险人和被保险人均能就其债权全部受偿，因此，虽存在竞存关系，但未形成冲突，只是对各自权利的行使可能增加司法成本；但是，如果第三人的赔偿数额不能覆盖损失的全部，则会产生被保险人和保险人的赔偿请求权何者优先抑或同等顺位，两者之间存在竞存且形成冲突。保险人代位权和被保险人剩余赔偿权之间冲突即是由上述两种情形交集而成的，因此代位求偿制

---

① 不足额保险，是保险金额低于保险价值的保险。其赔偿原则一般为"比例赔偿原则"，即按保险金额和保险价值的比例赔偿。我国《保险法》（2009 年修订）第 55 条第 4 款和《海商法》第 238 条关于不足额保险均采比例赔偿原则。采取比例赔偿原则的，被保险人的损失和获得的保险赔偿金之间总是存在缺口。另根据我国《保险法》（2009 年修订）第 55 条规定，对不足额保险的赔偿，可以约定其他赔偿方式，较为常见的为"第一危险责任"，即由合同约定，在保险金额范围内的损失保险人全部赔偿，超过保险金额的损失保险人不赔偿。参见吴勇敏著：《保险法原理》，浙江大学出版社 1995 年版，第 136 页。我国保险市场对家庭财产保险一般采第一危险赔偿方式。如平安保险公司的"平安家庭财产保险条款"第 26 条第 2 款规定"保险金额低于保险标的出险时实际价值时，按实际损失计算赔偿，但不超过保险金额"。在采用第一危险责任方式下，被保险人获得的保险赔偿与实际损失之间会形成缺口。

② 樊启荣著：《保险法诸问题与新展望》，北京大学出版社 2015 年版，第 247 页。

度还需解决由于第三人赔偿不足时被保险人和保险人的顺位问题。正如学者所言,“权利割裂的问题,可以说是法定债权转移理论下的当然产物,其对于整个保险代位制度,也有相当重要的影响”。①

2. 法定代位理论下是否存在相同命题?

因为法定债权转移下保险代位权的介入使法律关系复杂化,这一点正是学理界对以法定债权转移基础上的保险代位制度的批判理由之一。其权利割裂,意味着被保险人和保险人必须分别求偿,不仅使代位求偿不经济,徒增第三人的诉累,进而导致程序的耗损、司法资源之浪费。② 的确,权利割裂带来的程序上不经济的批判,是建立在两者分别起诉的前提上的,但是,通过诉讼程序的改造,该问题仍可以解决,并且在我国海上保险领域首先确立的面对权利分割问题而引入共同诉讼之做法已被一般保险领域所借鉴和推广,因此,法定债权转让下的权利割裂导致的诉讼不经济的问题可以解决。因此,剩下需要解决的问题即是上述竞存下的权利冲突。

但笔者认为,此权利冲突的问题不独在法定债权转让基础上的保险代位制度中所独有,英美法系以法定代位理论上的保险代位制度,也同样存在权利何者优先的问题,只不过冲突出现的环节不同。与法定债权转让基础上的保险人代位权与被保险人剩余求偿权的冲突不同的是,在法定代位理论下保险人以被保险人的名义行使向第三人的求偿权,赔偿请求权是完整的不会分割,但对保险人代位权诉讼取得的结果,即第三人的赔偿金,则存在保险人和被保险人之间如何分配、何者优先的问题。正如学者所说,“大陆法系语境下的保险代位权与损害赔偿请求权的行使顺位问题,在英美法系语境下就转化为代位求偿所得分配的顺位问题”。③ 下文中会提到英国法对代位权所得分配规则的丰富性可以成为上述问题的注解。由此,“顺位问题”实际为两大法系保险代位制度共同面对的问题,不存在孰优孰劣,关键是采何种顺位规则更符合保险代位权的制度目的。④

(二)保险人代位权和被保险人剩余赔偿请求权冲突的解决方法及评析

就保险人代位权和被保险人赔偿请求权的冲突的解决,我国《海商法》对此付之阙如,而《保险法》对此问题的规定“保险人……不影响被保险人就未取得的部分向第三者请求赔偿的权利”则显得有些羞羞答答不够

① 樊启荣著:《保险法诸问题与新展望》,北京大学出版社 2015 年版,第 248 页。

② 转引自樊启荣著:《保险法诸问题与新展望》,北京大学出版社 2015 年版,第 248 页。

③ 樊启荣著:《保险法诸问题与新展望》,北京大学出版社 2015 年版,第 254 页。

④ 下文对冲突解决的规则介绍中,不再区分大陆法系和英美法系,而仅就规则的实质的不同作出分析。且对持相同或相似观点的不同术语限于篇幅亦不细分,采取统一的提法。

明确。学理上关于该冲突的协调和解决有不同观点,域外一些国家和地区的立法和实践对该问题的解决方案也并不相同。

1. 冲突的解决方法及理论依据

第三人的赔偿不能满足保险人代位求偿数额和被保险人的剩余求偿额时,谁具有优先受偿权,学理界就此提出的解决方案,概括起来有三种:①第一种,保险人代位权优先说;第二种,被保险人请求权优先说;第三种,平等说或比例受偿说。各种学说依托于不同的理论且代表了不同的价值趋向。

保险人代位权优先说认为保险人应在保险赔偿范围内优先受偿,在保险人的代位求偿权得以满足后,才可将剩余金额补偿被保险人的损失。保险人优先说是以维护保险人利益为主旨的。有部分学者赞成该观点,其依据主要可以归纳为:虽然被保险人未获全部补偿,但是,保险人优先受偿并不违反公共政策;②假若被保险人未投保,其获得的赔偿可能更少;也有学者从经济学的角度认为保险代位权优先比被保险人优先机制更有效率。③

比例受偿说,即被保险人和保险人位于同一受偿顺序。如有学者认为不足额保险下,就超过保险金额部分的风险,被保险人视为自己的保险人,故其应与保险人作为共同保险人,按比例分摊第三人的赔偿。④ 也

① 当然可能不止三种,但其他观点也是在这三种基础上产生的变型或组合。比如叶名怡、韩永强认为,如是包括自负额条款的足额保险的情形,应采被保险人优先原则;如是不足额保险的情形,则看保险赔付的方式是采比例赔偿还是第一危险赔偿的方法,依此对追偿所得的分配方式分别为比例赔偿和被保险人优先受偿。参见叶名怡、韩永强:《保险人代位权与被保险人求偿权竞合时的处理规则》,载《现代法学》2009 年第 6 期。例如,马宁认为原则上应采被保险人优先原则,但合同约定优先。参见马宁:《论保险人代位求偿权与被保险人损害赔偿请求权的冲突》,载《法学家》2013 年第 2 期。又如,岳卫认为因被保险人对造成保险事故自身过错(过失相抵)第三人赔偿数额法定减轻,则不足额保险下,应受量的制约,被保险人和保险人比例分配,且合同可以约定改变;若因第三人资力不足(被保险人无过错),则适用被保险人优先原则,合同约定不能改变被保险人优先原则。参见岳卫:《保险请求权代位制度的新展开》,载《南京大学学报》2016 年第 3 期。

② Jeffrey A. Greenblatt,"Insurance and Subrogation:When the Pie isn't Big Enough,Who Will Eat Last",*University of Chicago Law Review*,1997,fall,p. 1343.

③ 第一,从风险偏好来看,保险人优先符合当事人的风险偏好。即被保险人是风险厌恶型的(risk-averse),采用保险人优先模式,被保险人可以通过提高保险金额的方式提高保障程度。第二,由于被保险人厌恶风险,在保险人优先模式下,被保险人会尽力争取从第三人处获得赔偿,以填补损失。第三,被保险人优先模式下必须首先确定被保险人损失的具体数额,而保险人优先模式下可以节省该额外审判程序。Jeffrey A. Greenblatt,"Insurance and Subrogation:When the Pie isn't Big Enough,Who Will Eat Last",*University of Chicago Law Review*,1997,fall,p. 1366.

④ Nicholas Legh John et al. ,*Mac Gillivray on Insurance Law*(11th ed.),London,Sweet & Maxwell,2008,p. 639.

有学者从代位权和被保险人求偿权的性质出发，认为其均为债权，并根据债权的平等受偿原则，保险人和被保险人处于同一顺位，应按比例分配。①

被保险人优先说，即被保险人从保险人获得保险赔偿后仍有损失没有填平的，则第三人的赔偿应首先使被保险人获得全部损失的赔偿。② 该观点认为，保险人代位权是为了防止被保险人获得超过实际损失的赔偿而在保险法内部解决的一种方案，而被保险人获得充分赔偿之前，根本没有产生不当得利之可能。③ 同时从保险经营来看，保险人代位求偿可以使保险基金更为稳定，而保险人代位权作为第二顺位的安排是不会对保险经营造成破坏的，因为保险人对保险费率的厘定一般是不考虑难以精确计算的代位求偿率的。

保险人代位权和被保险人的剩余赔偿请求权的顺位方案的选择，笔者认为，应回归到保险代位制度设立的目的予以衡量。保险代位是为贯彻保险补偿原则的消极功能——不能获得超过实际损失的补偿而设定的制度，但保险代位制度亦不能阻碍保险补偿原则的积极功能，即对被保险人的损失进行补偿的实现。在被保险人的损失未获得全部弥补之前，没有不当得利可言。这是保险代位权的边界，也是解决顺位问题的试金石。依此来检视保险人优先说，可见该学说是没有多少说服力的，该主张不符合保险代位求偿制度设立的目的，即“禁止被保险人得利”。在被保险人没有获得完全受偿前并无所谓不当得利的产生，更不能借此剥夺被保险人获得补偿的权利。而比例受偿说，虽然体现了对债权人同等保护的民法的一般原则，但是，比例说的适用结果是被保险人最终仍无法获得充分的补偿。因此，正如学者批判的，比例说在方法论上是错误的，因为“保险法中的代位求偿权，有其特别的制度设计与立法目的，而不同于一般转让，不考虑代位求偿权的立法目的而僵化地将一般民法原理视为‘金科玉律’，犯了以‘一般性’抹杀‘特殊性’的错误”。④ 更有甚者，基于债权平等下的比例受偿，

---

① 林勋发著：《保险法论著译作选集》，1991 年自版，第 122 页。

② 被保险人优先说，在我国学理界为通说。参见邹海林：《保险代位权研究》，载梁慧星主编：《民商法论丛》（第 6 卷），法律出版社 1997 年版，第 227 页；许良根著：《保险代位求偿制度研究》，法律出版社 2008 年版，第 208 页；朱作贤：《海上保险法补偿原则研究》，大连海事大学 2009 年博士学位论文，第 192 ~ 193 页；樊启荣著：《保险法诸问题与新展望》，法律出版社 2015 年版，第 244 ~ 270 页；武亦文著：《保险代位的制度构造论》，法律出版社 2013 年版，第 125 ~ 164 页；程兵著：《保险补偿原则研究》，法律出版社 2015 年版，第 242 ~ 243 页。

③ 江朝国著：《保险法基础理论》，中国政法大学出版社 2002 年版，第 397 页。

④ 朱作贤：《代位求偿权和被保险人剩余赔偿请求权何者优先——兼对英国〈海上保险法〉中相关规则的反思》，载《中国海商法研究》2009 年第 4 期。

极容易“导致被保险人和保险人向第三人争夺还款的局面，而争夺赔偿的局面，并不是什么好事情”。[①] 笔者赞成被保险人优先说观点。被保险人优先说是与保险代位权制度设立的目的相吻合的一种方案。保险代位制度的主要目的是防止被保险人获得“横财”，但并非剥夺被保险人“完全受偿”的权利。[②] 申言之，在被保险人获得对损失的完全填补之前，并不存在不当得利，保险人的代位权不应对被保险人通过其他途径（向第三人剩余索赔权）填补损失的权利造成影响，在被保险人获得其损失的完全填补之后，保险人方能行使代位权并得到剩余的部分。一言以蔽之，“被保险人优先原则是损失填补原则的题中之意”。[③]

2. 域外一些国家立法考察——兼评英国海上保险法中解决冲突的规则

从对一些国家的保险立法考察的情况来看，关于该种冲突解决的规定相对简约，一般并不明确规定受偿的顺序，但从立法措辞来看采纳被保险人优先说的为多。[④] 与一些国家的保险立法对保险人代位权与被保险人赔偿请求权冲突解决规则相对简约的规定不同的是，在英国，海上保险领域根据不同情况对上述冲突的解决建立了不同的规则。那么这种区分方案是否值得我国在建立冲突解决规则时参考呢？笔者将予以重点分析。

英国海上保险法就该种冲突的解决根据足额保险、不足额保险以及有免赔额的保险不同情况建立了不同规则：

（1）足额保险下的冲突解决：保险人优先受偿

对足额保险下的保险人代位求偿权和被保险人求偿权的冲突，英国在早期的判例法中就确立了足额保险发生全损时，保险人有权取得第三人的

---

① ［美］小罗伯特·H. 杰瑞、道格拉斯·R. 里士满著：《美国保险法精解》，李之彦译，北京大学出版社 2009 年版，第 347 页。

② ［美］小罗伯特·H. 杰瑞、道格拉斯·R. 里士满著：《美国保险法精解》，李之彦译，北京大学出版社 2009 年版，第 347 页。

③ 武亦文著：《保险代位的制度构造论》，法律出版社 2013 年版，第 144 页。

④ 例如，德国原 1908 年《保险合同法》第 67 条规定：“……但代位权的行使，不得有害于被保险人。”2008 年德国《保险合同法》第 86 条第 1 款对此规定相同。日本《商法典》第 622 条（保险代位）第 2 款规定：“损害因第三人行为而发生者，保险人对被保险人支付其负担额时，于支付金额限度内，取得要保人或被保险人对第三人所有之权利。保险人向被保险人支付了部分负担额时，仅于不损害投保人或被保险人权利范围内，可以行使前款权利。”日本 2008 年 5 月 31 日通过的《保险法》对此有明显变化，后文具体介绍。我国澳门特别行政区《商法典》第 1909 条规定：“（保险人之代位权）……在任何情况下，代位权均不得妨碍被保险人获得全部赔偿。”我国台湾地区“保险法”和意大利《民法典》对保险代位权的规定中，没有冲突解决方法的规定。

所有赔偿,但不得超过保险金额的规则。①英国1906年《海上保险法》第79条对足额保险的代位求偿权的规定,基本采用了该原则,即足额保险保险人对第三人的赔偿在其保险赔付的范围内有优先权。

(2)不足额保险的冲突解决:比例原则

不足额保险,即保险金额低于保险价值的保险,具体分为两种情况:保险金额低于保险单的约定价值(此为定值保险),以及不定值保险下保险金额低于可保价值。根据英国1906年《海上保险法》第81条规定,“就该未予承保的差额部分”,被保险人“被认为是他自己的保险人”。② 该条从文义解释上仅是保险人和被保险人就风险的分摊,但是,经Commenwealth一案,法院确认了保险人和被保险人对保险标的风险的比例分摊原则同样适用于对第三人赔偿的分配原则,即被保险人就“自保”的责任部分与保险人保险赔偿的部分按比例分配第三人的赔偿。③

(3)有免赔额保单的冲突解决:由上至下的分层规则(top-down approach)

免赔额(deductible),是指保险合同中约定保险不予赔付的承保损失部分,有绝对免赔额和相对免赔额两种。保险人都对免赔额以下的损失不赔偿,这是两者的相同之处。区别在于,采相对免赔方式的,保险标的损失一旦超过免赔额时保险人应就全部损失赔偿,而不扣减免赔额;而在绝对免赔方式下,保险人仅就超过免赔额部分的损失赔付。④ 因此,在绝对免赔额保单中会产生保险人代位求偿权和被保险人求偿权的冲突问题,对此在英国法中一般采取维护保险人利益的做法,但具体规则并不明确,直至上

---

① North of England Steamship Insurance Association v. Armstrong,[1870]LR 5 QB 244;39 LJ QB81. 该案中,被保险船舶“Hetton”轮与他船相撞导致沉没,保险人赔付了被保险人6000英镑(全部保险金额)的全损赔偿。负有责任的他船船东索赔,船舶的实际价值为9000英镑,船东享受责任限制实际赔偿5700英镑。保险人认为应得到全部的5700英镑,被保险人认为船舶的实际价值为9000英镑,而保险价值为6000英镑,其应该得到船东方赔偿的三分之一。法院做出了保险人胜诉的判决,由保险人获得全部的5700英镑。参见杨召南、徐国平、李文湘著:《海上保险法》,法律出版社2009年版,第353页。

② MIA1906 S.81: here the assured is insured for an amount less than the insurable value or, in the case of a valued policy, for an amount less than the policy valuation, he is deemed to be his own insurer in respect of the uninsured balance.

③ The Commonwealth [1907] p.216. 案情:Welsh Girl号船舶的保险金额为1000英镑,保险价值为1350英镑,该船被他船撞沉,保险人赔偿被保险人1000英镑。就对方船The Commonwealth的船东赔付的1000英镑,保险人主张这1000英镑应全部归其所有,法院判决保险人和被保险人按各自利益的比例分配该1000英镑。参见[英]Donald O'may、Julian Hill:《OMAY海上保险——法律与保险单》,郭国汀等译,法律出版社2002年版,第591页。

④ 李玉泉著:《保险法》(第二版),法律出版社2003年版,第220页。

议院在 Niaper v. Hunter 案中确立了由上至下的分层规则，概括地说：第三人的赔偿额应首先满足被保险人超过保险金额以上部分的损失；其次才补偿保险人的保险赔偿部分；最后赔偿被保险人免赔额部分的损失。① 该分层规则其实已经改变了上述的比例规则，对超过保险金额的部分赋予了被保险人优先受偿的权利，但另一方面将保单免赔额部分的损失放在保险人受偿之后，使被保险人无法填补其全部的损失。

从上述可见，英国海上保险法针对不同情形确立的不同规则，不管是足额保险、不足额保险抑或免赔额下的分层规则，从整体上来看是保护保险人利益的价值取向下的构造，这种没有实现被保险人经济补偿功能下的顺位规则，正如学者所批评的，"似乎意在用来防止被保险人通过保险而盈利的保险代位求偿原则现在却发展成为事实上在剥夺他们获得赔偿的权利"。② 英国学者克拉克（Malcolm A. Clarke）也指出，"奇怪的是这样一个衡平法原则是要剥夺被保险人的补偿"。③ 尽管英国海上保险法中关于冲突解决的规则是相对丰富的，但这种区分不同情形的冲突解决规则对我国并不合适，不仅规则体系过于庞大，且有挂一漏万之可能，更为重要的是，英国海上保险法上的这些系列规则过分保护保险人的利益，并与保险代位求偿制度的设立目的有一定的背离。

如前述，成文法国家一般对顺位问题采相对笼统化的规定，但是不乏值得借鉴的立法，日本在此方面的立法变化值得关注。原日本《商法典》对保险代位权和被保险人的赔偿请求权之间的关系的规定是不够明确的，导致学者有不同解读。④ 2008 年 5 月 31 日通过的《保险法》在吸取学说发展的成果上，将"被保险人优先原则"予以明确，其第 25 条第 1 款规定："保险人于支付保险给付后，以下列金额中最小的金额为限，当然代位取得被保险人因保险事故造成的损害而取得的债权：（一）该保险人支付的保险给付的金额；（二）被保险人债权的金额（前项所列金额未能填补损害额时，从被保险人债权的金额中扣除该不足金额之剩余额）。"第 1 款实际明确了当被保险人获得的保险赔付未能填补保险损失时，则保险人转移的代

① Jonathan Gilman et al., *Arnould's Law of Marine Insurance and Average* (17th ed.), London, Sweet & Maxwell, 2008, p. 1521.

② ［英］J. R. 伯德斯：《英国上议院对代位求偿原则的见解》，陈兵译，载《海事审判》1995 年第 3 期。

③ ［英］Malcolm A. Clarke：《保险合同法》（第三版），何美欢、吴志攀等译，北京大学出版社 2002 年版，第 827 页。

④ 对日本《商法典》的规定不同解读限于篇幅正文不予展开，具体可参见樊启荣著：《保险法诸问题与新展望》，北京大学出版社 2015 年版，第 253 页。

位权需要扣除该未获偿部分后为代位权的范围。同条第2款则规定:"在前款的情形下,该款第一项所列金额未满填补损害额时,就除去被保险人债权中保险人基于该款规定代位取得的部分,被保险人先于保险人关于该代位的债权获得清偿的权利。"该第2款明确规定了当第三人赔偿不足时,被保险人具有优先受偿权。日本《保险法》上述规定,无论其价值取向还是立法技术均值得借鉴。

(三)保险代位权与被保险人求偿权冲突解决的立法完善

我国《海商法》对保险人代位权和被保险人的求偿权的顺位问题没有规定。按照特别法与一般法之间的关系,《海商法》未规定的事项应依《保险法》处理。《保险法》(2009年修订)第60条第3款规定:"保险人依照本条第一款规定行使代位请求赔偿的权利,不影响被保险人就未取得赔偿的部分向第三人请求赔偿的权利。"从文义解释看,该条款的规定对本部分讨论的命题似乎没有明确。该条款是从代位权的行使和被保险人对第三人的求偿权的行使的角度规定,但是,对于权利冲突时的顺位问题则不明确。在我国司法实践中,从对该条的解释以及适用的结果上来看,有采比例受偿说和被保险人优先权说。因此,笔者认为,从保险代位求偿权制度建构体系化的要求出发,我国《保险法》和《海商法》都需要补充这部分的内容,以减少保险人代位权的行使与被保险人赔偿请求权间的冲突。同时从解决方法上,笔者认为应采纳被保险人优先说,无论是定值保险或不定值保险、足额保险或不足额保险或者有免赔额的保险合同,都应该适用同一规则,即被保险人优先受偿的原则,这不仅是保险代位求偿权制度的初衷,也与我国保险法保护被保险人利益的价值取向一致,"被保险人优先受偿原则"充分体现了保险补偿职能,是保险代位权制度的必然逻辑结论。①

当保险人的保险赔偿不能弥补被保险人全部损失时,对第三人的求偿权就分割为保险代位求偿权和被保险人剩余求偿权,两者作为独立的实体权利独立存在,同时就两者发生冲突时,实体上被保险人优先受偿的实现也取决于诉讼程序的合理建构。而我国《民事诉讼法》没有保险代位权诉讼的特别规定,因此,在代位求偿的问题上如何以合理化的诉讼制度来保证被保险人优先受偿的实现显得非常必要。《海事诉讼特别程序法》对这方面的规定值得在一般保险代位诉讼中借鉴,其所建立的共同原告制度从诉讼程序角度可以较好地实现保险人和被保险人的权利的平衡,也节约了司法资源。2018年9月1日起施行的《保险法司法解释(四)》就保险人代

① 孙积禄:《保险代位权研究》,载《法律科学》2003年第3期。

位权诉讼的中的变更当事人以及共同被告的程序规则作出了规定，[①]可以看出海事诉讼特别程序法的规定对一般保险代位权的影响。

关于保险代位权和被保险人的剩余赔偿请求权的顺位，应确立被保险人优先受偿原则。在此基础上，仍有一个问题需要予以关注，即被保险人优先原则是否可以通过约定予以排除，即将来采被保险人优先原则，其规范性质为强制性规范还是任意性规范为妥？在我国学理界，被保险人优先原则为通说，但对于约定是否予以排除的观点远未统一，[②]笔者认为不宜采约定优先或约定例外的规则。首先，保险代位既然是法律政策的产物，其被保险人优先原则不宜以任意性规范性质。其次，被保险人优先原则是对被保险人有利的规则，排除或修正的结果使保险人处于更有利的受偿顺序，加之保险人的缔约优势所在，会使被保险人优先原则更容易为保险人利用。

（四）被保险人优先原则的反方向运用：对我国扣减规则的检验

为避免被保险人获得双重赔偿而设立的保险代位制度，其实包含了两种情况：第一种情况是向第三人求偿权的转移，这是发生在保险人保险赔偿在先的情况下；第二种情况是作为代位求偿的附属规则或者保险人的附属权利，当被保险人先取得第三人的赔偿时，为避免被保险人获得双重赔偿，应赋予保险人对保险金进行扣减（recoupment）的权利。我国《保险法》（2009 年修订）第 60 条第 2 款和《海商法》第 254 条第 1 款都对保险人的扣减权作出了规定，且都规定了保险人在应付保险赔偿中可相应扣减被保险人已经从第三人取得的赔偿。

根据我国的法律规定，扣减是以保险人应承担的保险赔偿为基础的，该扣减规则可能会造成被保险人最终得不到全部损失补偿的结果。试举例说明：如被保险人投保时为不足额保险，保险金额为 70 万元，保险价值为 100 万元（与事故发生时的保险标的价值相等），第三人侵害导致标的全损，第三人偿付 40 万元后破产。保险人按保险合同本应付保险金为 70 万

① 《保险法司法解释（四）》第 13 条：保险人提起代位求偿权之诉时，被保险人已经向第三者提起诉讼的，人民法院可以依法合并审理。保险人行使代位求偿权时，被保险人已经向第三者提起诉讼，保险人向受理该案的人民法院申请变更当事人，代位行使被保险人对第三者请求赔偿的权利，被保险人同意的，人民法院应予准许；被保险人不同意的，保险人可以作为共同原告参加诉讼。

② 有学者认为，被保险人优先为一般原则，法律特别规定或当事人约定是一般规则的例外。参见武亦文著：《保险代位的制度构造论》，法律出版社 2013 年版，第 155 ~ 157 页。有学者认为，禁止通过合同排除被保险人优先原则。参见程兵著：《保险损失补偿原则研究》，法律出版社 2015 年版，第 245 页。

元,若按上述扣减规则,扣除第三人的赔偿40万元后,据此保险人仅支付30万元即可,则被保险人仍有30万元损失不能填平。如果以上述被保险人优先受偿原则作为解决保险人代位权和被保险人求偿权冲突时的规则,如果先由保险人对被保险人赔偿,则被保险人获得保险赔偿金为70万元后,对第三人赔偿的40万元须优先填补被保险人的全部损失,则被保险人可优先从第三人获得赔偿30万元,总计可以获得的补偿总额为100万元(全部的损失额),保险人则分配剩余部分10万元。显而易见,上述两种情况求偿顺序不同,则结果不同。笔者认为,扣减权的运用和保险代位权行使的结果应保持一致。因此,扣减规则也应建立在满足被保险人全部损失获得补偿的基础之上才是合理的,作为被保险人优先受偿的反方向的适用规则,保险人扣减权产生的前提是,保险人应付保险赔偿和第三人已经赔偿的总额超过被保险人的全部损失时,保险人有权扣减超过部分的保险赔偿。我国《保险法》和《海商法》应就此对原扣减规则作出相应修改。

第三节 重复保险制度的统一及协调

重复保险(double insurance)或称复保险,从形式上是与单保险(simple insurance)相对的,重复保险是因被保险人基于同一保险标的、同一风险、同一保险利益订立两份或数份保险合同而产生的。① 从结果上看,若将"数份不同的保单视为一份保险合同"(all different policies...regarded as truly one insurance)计算,则保险金额总和可能超过保险价值而出现超额保险(over-insurance)。② 如果允许被保险人从不同保险人处获得对同一损失的保险赔偿,被保险人则可能获得超过其实际损失的赔偿额,而这显然有悖于保险经济补偿的职能。因此,对重复保险予以规制成为现代保险法的一般做法。③ 我国《海商法》第225条和《保险法》(2009年修订)第56条也都对这一制度作出了规定,但是,两法的规定除了在重复保险的概念方面已经较为一致外,在重复保险的通知、重复保险的赔偿方式等方面差

① Jonathan Gilman et al., *Arnould's Law of Marine Insurance and Average* (17th ed.), London, Sweet & Maxwell, 2008, p. 1535.

② Sckness and Accident Ass v. General Accident Ass (1892) 19R977. See Jonathan Gilman et al., *Arnould's Law of Marine Insurance and Average* (17th ed.), London, Sweet & Maxwell, 2008, p. 1545 fn42.

③ 例如,英国1906年《海上保险法》第32条、第80条,德国2008年《保险合同法》第77条至第79条,日本《商法典》第632条至第634条,意大利《民法典》第1910条,我国台湾地区"保险法"第35条至第38条等都规定了重复保险。

异仍较为明显(表3－3)。笔者拟从重复保险的规制目标和规制手段着手,对于《海商法》和《保险法》重复保险制度的差异是否合理进行分析,并就两者之间能否协调以及如何协调进行论证。

《海商法》和《保险法》(2009年修订)关于重复保险规定的比较,如表3－3所示。

表3－3　《海商法》和《保险法》关于重复保险规定的比较

比较项目	《海商法》	《保险法》(2009年修订)	比较结果及备注
概 念	狭义重复保险	狭义重复保险	同
重复保险构成要件	同一被保险人	同一投保人	不完全相同
	同一保险标的	同一保险标的	
	没有规定	同一保险利益	
	同一保险责任	同一保险责任	
	保险金额超过保险标的价值	保险金额超过保险价值	
重复保险的通知义务	没有规定	有规定	异
重复保险赔偿的总额	赔偿金额总和不得超过保险标的的受损价值	赔偿金额总和不得超过保险价值	不完全相同
重复保险的赔偿方式	连带赔偿方式(各保险人按比例分摊)	比例赔偿方式	异
保险费的退还	没有规定	超过保险价值的部分,请求各保险人按比例返还保险费	《保险法》(2009年修订)新增

一、重复保险制度统一及协调的理论基础

重复保险在海上保险和一般财产保险领域的运用应否不同,笔者认为只有深入到重复保险制度的理论基础和立法目的,才能对我国《海商法》和《保险法》中应否存在重复保制度的差异以及是否可以消弭的问题作出解答。

(一)从重复保险制度的立法意旨论统一协调的基础

允许被保险人从多份保险合同中获得保险保障,但又不因为同一或重叠的数份保险合同的存在而使被保险人获得超过其损失的保险赔偿,这是重复保险立法意旨之所在。在一般保险领域和海上保险领域,对重复保险

的立法均体现了这一相同的立法意图。

1. 重复保险现象的形成原因

一般来说,重复保险包含了这样几个要素:首先,重复保险是投保人/被保险人与不同保险人之间订有两份或多份保险合同,据此重复保险得以和单保险以及共同保险(co-insurance)相区分。同一投保人或被保险人就同一标的仅存在一份保险合同为单保险;同一投保人或被保险人如果和不同的保险人共同签订一份保险合同则为共同保险而非重复保险。数份保险合同的存在也意味着其保险期间是同一的或是部分重叠的,这一点虽然在保险立法中一般没有明确规定,但是,重复保险概念本身就蕴含数份保险同时存在的特点。其次,数份保险合同具有鲜明的同一性(这里的同一性也包括部分重叠):同一被保险人、同一保险标的、同一保险利益、同一承保风险(保险责任)。最后,数份相同或重叠的保险合同的保险金额总和可能超过保险价值。①

重复保险现象的出现有多种原因:有的可能是无意或疏忽造成的重复保险;有的可能出于安全保障而重复投保;有的则可能是投保人或被保险人试图从多份保险合同中获取比实际损失更多的保险赔偿而重复投保。前两种重复保险的形成,投保人或被保险人并无获取不当利益的意图,而引起重复保险的第三种情形则是投保人或被保险人主观上具有恶意或欺诈性。上述现象在海上保险实践和一般保险实践中都可能发生,因此,对重复保险的规制源于相同的现实基础。

2. 重复保险的立法意旨及其实现

由于重复保险并不都是因投保人或被保险人的不诚实行为造成的,因此法律一般并不禁止重复保险除非是欺诈性的重复保险。② 事实上,善意的重复保险对被保险人来说的确能起到分散风险、增强保障的作用。例如,在重复保险的情况下,若其中一保险人破产或不能履行其义务时,被保险人仍能从其他保险人处获得损失补偿,其购买保险、转移危险消化损失的目的不致落空。因此,一般立法并不全盘否定构成重复保险的各保险合同的效力,而是区分不同情况作出不同调整,否定恶意重复保险的同时肯

---

① 关于保险金额的总和是否超过保险价值,其能否作为重复保险的构成要件有不同的观点,将在下文具体展开。

② Jonathan Gilman et al., *Arnould's Law of Marine Insurance and Average* (17th ed.), London, Sweet & Maxwell, 2008, p. 1535. 立法上区分善意重复保险和恶意重复保险并分别规定不同的法律效果,典型的有我国台湾地区"保险法"第 37 条规定恶意重复保险的效力。根据其规定恶意重复保险,保险契约无效。其第 38 条规定善意重复保险的效力。根据其规定,善意重复保险的保险赔偿的总额不得超过保险标的的价值。

定善意重复保险的效力。

善意重复保险的存在,一方面,确能增强被保险人保险保障的作用,因此不应否定构成善意重复保险的各保险合同的效力;但另一方面,即便是善意重复保险,如果被保险人能根据数份保险合同从不同的保险人处分别获得保险赔偿金,则其获得的保险赔偿总额将可能超过因保险事故所造成的损失,由此被保险人反而因灾害或意外发生而获得额外利益,这显然有违现代保险制度的基本运作,也破坏现代保险制度的基本架构和基本职能。而在额外利益的驱动下,道德危险也萌动而生。因此,重复保险的立法意旨在于通过对重复保险的法律后果的规制而禁止被保险人因重复投保而获取不当利益。海上保险法和保险法对重复保险的立法均具有相同的立法目的,因此两者具有可以统一的前提。

上述目标,既肯定重复投保的同时又应对重复保险进行规制,其理论基础是相同的,即根源于保险补偿原则。和代位求偿制度一样,重复保险也是派生于保险补偿原则的一项具体制度。根据保险补偿原则,保险补偿有限制补偿和充分补偿的两项要求。重复保险的立法目的主要在于通过一定机制禁止被保险人通过重复保险获得不当得利。首先,保险法都不允许超额保险,并对超额保险作出否定性评价。① 对重复保险予以规制的根本目的在于防止一些投保人或被保险人为规避法律对超额保险的否定性评价,以化整为零的方式向不同保险人投保从而达到超额保险的真实目的。② 其次,重复保险的存在使保险金额可能超过标的的保险价值,无论此结果是被保险人的故意还是其他原因,如果允许被保险人从不同的保险人处都获得保险赔偿,其结果是被保险人除填补实际损失外还可能获取额外利益,从而与保险的损失补偿职能相背离,因此,立法上对重复保险的限制是为了"避免被保险人因危险事故发生,而获得大于本身所受损失的利益",③即避免被保险人从保险中获得盈利。最后,在超额保险情况下如果允许被保险人从不同的保险人处均获得赔偿,则在追逐额外利益的驱动下,重复保险的存在使道德危险增加,而对重复保险效力的调整和限制能一定程度上预防道德危险。

---

① 我国《保险法》(2009 年修订)第 55 条第 3 款:保险金额不得超过保险价值。超过保险价值的,超过部分无效,保险人应当退还相应的保险费。《海商法》第 220 条:保险金额由保险人与被保险人约定。保险金额不得超过保险价值;超过保险价值的,超过部分无效。

② 温世扬、黄军:《复保险法律问题研析》,载《法商研究》2001 年第 4 期。

③ E. R. Hardy Ivamy, *General Principles of Insurance Law*(5th ed.), p. 487. 转引自方志平著:《保险合同强制规则研究》,中国财政经济出版社 2007 年版,第 314 页。

根据损失补偿的限制性要求，在重复保险下，若干保险合同视为"一份保险合同"来处理，因此，被保险人根据该"一份保险合同已从一个保险人处获得充分补偿，那么他就不能再从其他有关保险人处取得补偿。对被保险人来说，这是一个基本规则"。[①] 对补偿的限定，通过以下规则实现：第一，限制重复保险的补偿总额而避免被保险人获得超额补偿，即否定超过其实际损失部分的效力；第二，披露重复保险的信息，以防止保险人在不知情下使被保险人获得超额补偿。

同时，损失补偿的充分性要求对被保险人提供充分的补偿而消化损失。因此，基于对被保险人的完全补偿原则，被保险人的保障不能因重复保险而减少。即对重复保险的补偿来说，在任何情况下，都不应使被保险人获得的保险补偿低于其在任何承保该风险的一张或几张保单项下本应获得的赔偿。[②] 补偿的充分性要求，通过两种具体规则体现：第一，在善意重复保险中被保险人最终获得的保险金总额应达到被保险人因保险事故造成的实际损失；第二，对重复保险的赔偿方式的设定不应削减被保险人获得充分补偿的机会。

就重复保险的立法目的来看，海上保险领域和一般财产保险领域对重复保险具有相同的立法目的，即作为禁止被保险人获得不当得利的规制手段，重复保险在海上保险领域和一般财产保险领域不存在区别对待的必要性；就重复保险现象的产生现实来说，与海上保险的高风险性没有必然的关联。因此，就重复保险制度来说，海上保险领域和一般财产保险领域可以采用相同的规则。

(二)从重复保险制度的建构标准论统一的取向

重复保险一方面具有保护被保险人利益的功能，即分散风险和增强保险保障，而另一方面不管出于什么原因或动机，重复保险可能使被保险人获得额外利益。因此，应合理设定重复保险的效力，不能使被保险人通过保险补偿损失的目的落空，但同时为防止不当得利的结果，需要对重复保险进行一定的规制。对重复保险制度的建构来说两者均是应该充分考虑并适当平衡的，对重复保险的限制应以不产生不当利益为边界。因此，笔者认为，我国海上保险领域和一般保险领域中的重复保险制度在统一协调时应满足以下要求：

---

① Malcolm A. Clarke, *The Law of Insurance Contracts* (4th ed.), London, LLP, 2002, p. 945.

② Fire, Casualty and Surety Bulletins, General, p. Gp－4. 转引自[美]所罗门·许布纳、小肯尼思·布莱克、伯纳德·韦布著：《财产和责任保险》，陈欣等译，中国人民大学出版社2002年版，第95页。

首先,对重复保险概念应采实质性标准,仅有重复保险之形而无重复保险之实的重复投保行为,即不会因重复投保获取不当利益而危及保险制度,法律上无需对其调整,也无需进行限制。

其次,由于重复保险的信息是由被保险人掌握而保险人并不知情,信息的不对称使被保险人可通过重复保险而实现对不同保险人的赔偿请求权。因此,设定重复保险的信息披露规则对重复保险制度目的的实现非常重要,也是避免因重复保险而不当得利的有效率的手段。

最后,对被保险人来说,核心的问题是重复保险下如何实现损失补偿。因此,理想的方式应该是在防止被保险人获得盈利的前提下,“保证被保险人有取得保险补偿之便利,不能因重复保险在补偿程序及补偿范围方面受到不利影响”。①

二、我国重复保险概念及构成的分立与统一

是否所有的重复投保行为都应受到法律的干预,对此问题的解答即为法律所规制的重复保险的概念,而对此的解答既是重复保险制度的起点,也是重复保险制度的核心。我国保险立法对重复保险概念的规定从分化到统一的演变过程,恰好也说明了重复保险制度是可以统一协调的,因为概念的统一是其他规则统一协调的基础。

(一)广义重复保险抑或狭义重复保险:不同立法例和学理观点

数份保险具有同一性或重叠性是构成重复保险的要件,一般立法对此都予以明确,但是,对于数份保险合同的保险金额总和超过保险标的的价值(保险价值)是否作为重复保险的构成要素,则存在不同的立法例:

第一种立法例以英国、德国、韩国为代表,②认为同一投保人或被保险人针对同一保险标的、同一保险利益、同一保险事故与数个保险人分别订立数份保险合同外,各保险合同保险金额的总和超过保险标的价值或依法可以获得的赔偿数额的才构成重复保险。第二种立法例以意大利及我国台湾地区、澳门特别行政区等为代表,③认为同一投保人或被保险人针对同

① 朱作贤:《海上保险法补偿原则研究》,大连海事大学2009年博士学位论文,第217页。

② 参见英国1906年《海上保险法》第32条第1款、德国2008年《保险合同法》第78条第1款(与德国原1908年《保险合同法》第59条第1款相比,变化不大)、韩国《商法典》第725条第2款。

③ 参见意大利《民法典》第1910条、我国澳门特别行政区《商法典》第100条、我国台湾地区“保险法”第35条。

一保险标的、同一保险利益、同一保险事故与数个保险人分别订立数份保险合同的行为即构成重复保险,而各保险合同约定的保险金额总和是否超出保险标的的价值则在所不问。

从外延上看,第二种立法例下的重复保险包含了第一种立法例中的所有情况,其范围较为宽泛,因此,学理上称其为广义的重复保险,与此相对,第一种立法例为狭义重复保险。狭义重复保险论①和广义重复保险论②在学理界均有支持者。

(二)我国广义重复保险与狭义重复保险:从并存到统一

1.《保险法》(2002 年修正)广义重复保险和《海商法》狭义重复保险之并存

重复保险是保险补偿原则的派生制度,因此,就其适用范围来看,重复保险适用于补偿性保险合同,一般财产保险合同和海上保险合同从性质上均属于补偿性合同,因此,两者均有对各自领域内存在的重复保险进行限制的必要性。我国《海商法》和《保险法》也在其调整的领域内对重复保险作出了规定,但两者对重复保险的界定从一开始就走向了不同的方向。

我国《海商法》第 225 条规定:“被保险人对同一保险标的就同一保险事故向几个保险人重复订立合同,而使该保险标的的保险金额总和超过保险标的价值的……”《海商法》没有采用定义的方式,但根据上述规定可知其采纳的是狭义的重复保险之观点。而我国 1995 年《保险法》③第 43 条第 3 款规定:“重复保险是指投保人对同一保险标的、同一保险利益、同一保险事故分别向二个以上保险人订立保险合同的保险。”该条对重复保险的定义中并没有保险金额超过保险标的价值的要求,其显然采纳的是广义重复保险,2002 年《保险法》第一次修订时未对此作出修改。可见,《保险法》(2002 年修正)和《海商法》对重复保险的界定并不完全一样,而这主要是因两部法律的制定借鉴了不同的立法例所致,《海商法》借鉴的是英

---

① 参见江朝国:《保险法论》,台湾瑞兴图书公司 1990 年版,第 221 页;林勋发:《保险法论著译作选集》,1991 年自版,第 102 页;孙积禄著:《保险法论》,中国法制出版社 1997 年版,第 86 页;温世扬、黄军:《复保险法律问题研析》,载《法商研究》2001 年第 4 期;徐卫东著:《保险法论》,吉林大学出版社 2000 年版,第 218 页。

② 桂裕著:《保险法论》,三民书局股份有限公司 1981 年版,第 96 页;郑玉波著(刘宗荣修订):《保险法论》(修订八版),三民书局股份有限公司 2010 年版,第 42 ~ 43 页;邹海林著:《保险法》,人民法院出版社 1998 年版,第 37 页;刘宗荣著:《新保险法:保险契约法的理论与实务》,中国人民大学出版社 2009 年版,第 200 ~ 201 页。

③ 2002 年我国第一次修订《保险法》时,该条文的顺序调整为第 41 条,条文内容未变。

国1906年《海上保险法》,而英国1906年《海上保险法》对重复保险的规范是从“因重复保险而超额保险”(over-insured by double insurance)①的角度展开的。我国《保险法》(2002年修正)更接近我国台湾地区“保险法”的规定。② 由于立法时缺乏体系化协调,使广义重复保险和狭义重复保险共存于我国的法律体系中。

2.《保险法》(2009年修订):广义重复保险转向狭义重复保险

而就重复保险的立法意旨来看,在海上保险和一般保险领域中并不存在差别,即均为防止超额承保、防止从保险中盈利、制止道德危险以及分散风险和增强保险保障,均是基于保险补偿原则而为的规定,所以其概念以及构成条件也应始终贯彻保险补偿原则的实质。在数份并存的保险合同中,如果其保险金额总和并不超过保险价值,既不存在被保险人获取额外利益之虞,道德危险也并不因此而增加,亦即学者所说,“在此情形,仅有复保险之形式,而无复保险之实质”,③因此,“广义重复保险不仅不符合重复保险的立法意旨,也没有实际意义”。④ 就此而言,我国《保险法》(2002年修正)和《海商法》关于重复保险概念的冲突应是没必要存在的。基于狭义说更能体现重复保险法律制度初衷之认识,《保险法》(2009年修订)第56条对重复保险的概念作出了新的解释,增加了“保险金额总和超过保险价值”的限制条件,这一改变使其与《海商法》的规定基本一致,两部法律也因此得到了统一,即我国目前规范意义上的重复保险仅是指狭义的重复保险。《保险法》(2009年修订)对此的修改不仅贯彻了法律修订的一般宗旨,实现了法律体系内的和谐和法律的严谨性,也道出了重复保险的立法意旨真正之所在。

但仔细分析采纳狭义重复保险的上述两部法律,仍可见细微差别。《保险法》(2009年修订)中,狭义重复保险是以“保险金额总和超过保险

---

① MIA1906 S.32(1):Where two or more policies are effected by or on behalf of the assured in the same adventure and interest or any part thereof, and the sums insured exceed the indemnity allowed by this Act, the assured is said to be over-insured by double insurance.

② 我国台湾地区“保险法”第35条:复保险,谓要保人对于同一保险利益、同一保险事故,与数保险人分别订立数个保险之契约行为。

③ 施文森著:《保险法总论》,三民书局股份有限公司1994年版,第220页。但也有学者认为,“未超过保险的复保险与超过保险价值的复保险,犹如单保险中的不足额保险、足额保险和超额保险一样,前两者未超过保险价值,后者超过保险价值,同样按超过部分无效处置即可,不必硬要把复保险割裂开来,使得未超过保险价值的复保险无法定位。而且未超过保险价值的复保险,在理赔方法上与《保险法》界定的复保险完全相同”。参见方乐华著:《保险与保险法》,北京大学出版社2009年版,第28页。

④ 温世扬、黄军:《复保险法律问题研析》,载《法商研究》2001年第4期。

价值”为衡量标准的,而《海商法》则以“保险金额总和超过保险标的的价值”为准。《海商法》中的这一“保险标的的价值”概念在我国理论界中引起了不小争议。有学者认为“此处的保险标的价值”应作与《保险法》第41条①规定含义一致的解释,即“为保险标的的保险价值”。② 也有学者认为,立法者使用“保险标的价值”而未采用“保险价值”,是由于立法者制定法律的时候已经认识到海上保险一般采用定值保险方式,如果以保险价值作为衡量,则会出现由于约定保险价值不同而产生如何判定重复保险的问题,因此,此处的保险标的的价值应为保险标的市场价值所体现出来的实际价值。③ 保险价值和保险标的价值在保险法中并不是完全等同的概念,将《海商法》中的“保险标的的价值”解释为“保险价值”不符合文义解释。但是,按事故发生时保险标的的实际价值来衡量是否构成重复保险,无疑是对定值保险承保方式的否定。笔者认为,大连海事大学修改《中华人民共和国海商法》研究课题中提出的“本章所允许的最高的保险标的的保险价值”④的修改建议,其主旨为重复保险的界定以保险金额总和超过保险价值为标准,与2009年修订的《保险法》对重复保险的界定相一致,具体来说:若采定值保险的,数份保险合同约定的保险价值不同,则以保险金额总和超过约定的最高的保险价值为重复保险;若采不定值保险的,海上保险以保险金额总和超过依《海商法》第219条规定的“法定保险价值”为重复保险,一般保险则以保险金额总额超过保险事故发生时的保险标的实际价值为准。但无论《海商法》抑或《保险法》在立法技术上采保险金额总和超过保险价值为标准界定重复保险,仍存在不周延性。

3. 狭义重复保险构成中“保险金额总额超过保险价值”之检讨

2009年修订《保险法》时关于重复保险增加“保险金额超过保险价值”之限制条件,用以表明规制意义上的重复保险并非所有的重复投保行为,而仅为通过重复投保而借以获得不当得利的重复保险,《保险法》转向狭义意义上的重复保险的修法方向值得肯定。但以保险金额总和超过保险价值为狭义重复保险的判断标准,存在一定的法律漏洞。

---

① 这里是指《保险法》(2002年修正)的条文。

② 傅蓉:《论海上重复保险——兼论对我国〈海商法〉第225条的修改》,载司玉琢主编:《中国海商法年刊》(2001年卷),大连海事大学出版社2001年版。

③ 朱作贤:《海上保险法补偿原则研究》,大连海事大学2009年博士学位论文,第213页。

④ 司玉琢、胡正良主编:《〈中华人民共和国海商法〉修改建议稿条文、参考立法例、说明》,大连海事大学出版社2003年版,第600~601页。

首先,重复保险作为损失补偿原则的派生制度,其应适用于损害填补性质的保险(补偿性保险)①。财产保险合同均为补偿保险合同,其中,积极保险,以特定之物或权利为保障对象,在订立保险合同时可以估计其保险标的的价值;而消极保险是以填补被保险人因法律规定、契约约定或事实上之必要费用所产生之经济上负担,消极保险中并无保险价值之概念存在。② 责任保险合同、保证保险合同等消极保险作为财产保险合同的类型之一,也存在因重复投保而产生不当得利的情形,理应纳入重复保险规制范围。且我国《保险法》立法体例上将重复保险规定置于财产保险一章,从体系解释上重复保险于责任保险也应适用。然而责任保险合同、保证保险合同中并无"保险价值"而只有约定的最高赔偿责任,根据《保险法》"保险金额总额超过保险价值"之限定条件,则从文义解释必然得出无保险价值,无重复保险之适用。责任保险若不适用重复保险,不符合保险法规定的损失补偿原则,也与保险法规定的重复保险的立法初衷相悖,由此形成法律漏洞。正因如此,有学者认为,"我国 2009 年保险法改广义的重复保险为以保险金额超过保险价值为判断重复保险的标准无疑是立法上的倒退,属于败笔之一"。③ 笔者认为,改采狭义重复保险的修法方向值得肯定,但因采用的界定标准不周全造成的疏漏确实需要反思。

其次,《保险法》将规制意义上的重复保险限定为"保险金额总额超过保险价值",其理论前提为根据各保险合同分别索赔会超过实际损失因而形成超额保险。根据该条,得出的反对解释则为保险金额总额不超过保险价值不构成狭义的重复保险,因为在此情形下保险赔偿总额不会超过实际损失。但这一结论,针对积极保险也未必是正确的。当存在多份不足额保

① 我国《保险法》是采人身保险和财产保险两分法,财产保险均为损害补偿保险,人身保险有定额保险,但费用型保险如医疗费用保险应属于损害补偿保险,有学者认为保险损失补偿原则以及派生制度对该中间型保险也应适用。相关观点可参见温世扬:《"中间性保险"及其私法规制》,载《北方法学》2013 年第 3 期;樊启荣著:《保险法诸问题与新展望》,北京大学出版社 2015 年版,第 159 ~ 161 页。最高人民法院制定的《保险法司法解释(三)征求意见稿》第 33 条对费用补偿型医疗费用保险的重复投保中曾建议:"投保人为被保险人在多家保险公司投保费用补偿型医疗费用保险,保险人主张按照其保险金额与保险金额总和的比例承担给付保险金责任的,人民法院应予支持,并要求保险人按比例返还保险费,保险合同另有约定除外。"2015 年 9 月 21 日通过的《保险法司法解释(三)》删除了该条款。在现行《保险法》采财产保险和人身保险两分法立法体例下,费用补偿型的医疗费用适用重复保险的规定是有一定障碍的。

② 参见樊启荣著:《保险法诸问题与新展望》,北京大学出版社 2015 年版,第 314 页。

③ 程兵著:《保险损失补偿原则研究》,法律出版社 2015 年版,第 75 页。

险且总额不超过保险价值,若均采比例赔偿原则,根据数份保险合同获得保险赔偿不会超过实际损失,不会产生不当得利;但若数份不足额财产保险合同,保险金额总和不超过保险价值,但采第一危险赔偿方式[①](《保险法》允许不足额保险合同当事人约定比例赔偿方式以外的方式),则仍有可能在造成部分损失的情况下,根据数份不足额保险合同获得超过实际损失的保险赔偿之结果。[②]

从重复保险的规范旨意出发,将狭义重复保险界定为保险金额总额超过保险价值的限定条件未必能将所有可能获得不当得利的重复投保行为纳入,而留下法律漏洞。对此,可以借鉴德国2008年《保险合同法》的规定,[③]确立两个标准,即保险金额总和超过保险价值,或在各保险人在无其他保险合同时应支付的保险赔偿总和超过被保险人的实际损失。此种修改,既能维持以保险金额超过保险价值的认定标准,同时亦能保证将所有不符合第一种标准但违反损失补偿原则的其他重复投保行为纳入。《海商法》对重复保险的界定也应作出相应调整。

(三)我国狭义重复保险构成条件的异同比较及协调

2009年修订的《保险法》采纳了狭义的重复保险,和《海商法》趋向同一,但仔细比较狭义重复保险的其他构成要件,《海商法》和《保险法》之间仍存在一定差异。

首先,对重复保险须为与不同保险人订立数份保险合同这一要件上,2009年修订的《保险法》要求"分别与两个以上的保险人订立保险合同",《海商法》则要求"向几个保险人重复订立合同",虽表述不同,但两法均表明保险人和保险合同为复数的要求,两部法律用意明确、用语准确。

---

① 第一危险赔偿方式,又称第一损失赔偿方式,是将保险价值分为两部分,第一部分价值是与保险金额相等的部分,称为第一危险部分;第二部分价值是超过保险金额的部分,称为第二危险部分。对第一危险部分即保险金额限度内的损失,保险人全额赔偿,不按保险金额与保险价值的比例进行比例赔偿;对第二危险部分即超过保险金额部分的损失,保险人不予赔偿,由被保险人自负。此种赔偿方式是不足额保险的另一种常见的赔偿方式。参见韩长印:《不足额保险比例赔付的逻辑误区及其校正》,载《法学》2008年第11期。

② 假设,两份采取第一危险赔偿方式订立的不足额保险,保险金额分别为10万元和15万元,保险价值为30万元。若发生部分损失,损失为20万元。则根据第一危险赔偿方式,第一份保险合同赔偿10万元,第二份保险合同赔偿15万元,总和应为25万元,超过实际损失,形成不当得利,有违保险补偿原则。

③ 2008年德国《保险合同法》第78条第1款:如果投保人针对同一保险利益、同一保险事故与数个保险人订立保险合同并且保险金额总计超过保险价值,或由于其他理由,每一独立的保险人在无其他保险存在时应给付赔偿保险金数额超过损失总额时,数个保险人应按其应付的保险金额对投保人承担连带责任,但投保人行使请求权的总额不能超过损失数额。参见孙宏涛著:《德国保险合同法》,中国法制出版社2012年版,第78页。

其次,对数份保险合同的同一性要求上,两部法律除"同一保险标的""同一保险事故"两项要求完全一致外,其他同一性的要素并不完全相同。《海商法》虽未明确规定被保险人必须同一,但从其条文中可以默示出来;[①]2009 年修订的《保险法》默示规定了投保人应为同一人。《海商法》未规定同一保险利益而《保险法》(2009 年修订)对此有明确规定。《海商法》之所以没有规定同一保险利益的要求,大概是由于保险利益这一概念根本没有被《海商法》引入的缘故。[②]

笔者认为,就主体的同一性要求来看,《海商法》要求"同一被保险人"较之《保险法》要求"同一投保人"更合理。因为补偿性保险合同中因发生保险事故遭受损失的是被保险人,享有保险金请求权的也是被保险人,只有被保险人同一才有可能就同一损失而依据数份保险合同获得赔偿致产生超过实际损失的盈利,而这正是对重复保险予以规制的目的。因此,对重复保险的主体同一性要求应是"有权从两份保险合同中获得全部或部分利益的主体具有同一性",[③]即应为数份保险合同的被保险人同一,投保人是否相同对重复保险构成没有影响。

同一保险利益应为重复保险的必要条件,在要求被保险人同一的同时还须具备保险利益同一的才可构成重复保险,"因为受保险合同保障的不是保险标的而是被保险人对保险标的利益"。[④] 保险利益不同,则造成的损害也不同。"不同被保险人对保险标的具有独立不同的保险利益,他们可以投保其各自利益的全部价值,并分别获得其各自利益全部价值范围的损失补偿",[⑤]由此不能构成重复保险。就被保险人和保险利益的同一性的关系来看,大多数情况下被保险人同一就可以保证保险利益的同一。但不排除有时同一被保险人对同一保险标的具有不同性质的保险利益的情况,例如,船舶经营人同时又是抵押权人,保险利益不同造成的损失也不同,因此,即便是同一被保险人对同一保险标的、就同一保险事故订立不同的保险合同,如果保险利益不同,并不就此构成重复保险。同理,一般认为海上保险中的原值保险单和增值保险单,由于保险利益不同,不构成重复

---

① 参见朱作贤:《海上保险法补偿原则研究》,大连海事大学 2009 年博士学位论文,第 211 页。

② 关于我国保险利益制度详见第五章第一节。

③ Nicholas Legh John et al. , *MacGillivray on Insurance Law*(11th ed.),London,Sweet & Maxwell, 2008,p. 666.

④ Nicholas Legh John et al. , *MacGillivray on Insurance Law*(11th ed.),London,Sweet & Maxwell, 2008,p. 662.

⑤ Jonathan Gilman et al. , *Arnould's Law of Marine Insurance and Average*(17th ed.),London, Sweet & Maxwell,2008,p. 1537.

保险。[①] 因此,我国《海商法》在被保险人同一的基础上仍应补充"同一保险利益"这一构成条件。

三、《保险法》重复保险的通知义务对海上保险的适用及完善

不管重复投保的原因和动机如何,如果重复保险的事实不为各保险人所知,那么保险人所支付的保险赔偿总和将超过被保险人的实际损失。因此,防止因保险而盈利和预防道德危险是对重复保险规制的缘起和目的,强制投保人或被保险人负有重复保险的通知义务是有效的规制手段,其不仅直指问题的关键,而且规制效果颇佳,故而也为多数国家所采纳。

(一)重复保险通知义务的经济学分析

重复保险通知义务的理论基础是信息不对称理论。信息不对称泛指信息在交易主体之间的分布不均匀。其中,一方被称为信息优势主体,另一方则被称为信息劣势主体。"信息不对称是信息优势主体侵害信息劣势主体的前提,而信息优势主体对自身利益的极端追求则是使信息劣势主体受害的根本"。[②] 因为这种信息的提供对其个人而言不仅无利可图,反而会使其丧失因为信息优势而可能获取的超额利益,[③]在有关被保险人重复投保的信息方面,被保险人是信息优势主体,而重复保险可能使被保险人获得超过实际损失的额外利益。因此,对信息优势者投保人或被保险人而言,没有主动披露该信息的激励。另外,在这一信息不对称性下,在受到获取额外利益的诱惑下,被保险人可能诱发道德危险而制造保险事故,这就是事后信息不对称下的道德危险。[④] 道德危险(moral hazard),"指因保险而引起之'幸灾乐祸'的心理,即有保险契约上之利益者或被保险者,在其内心深处所潜伏期望危险发生或扩大之私愿"。[⑤] 因此,为克服事后的信息不对称,应限制优势者对利益的获取。就重复保险的道德风险来看,立法上应限制被保险人从重复保险中获得超额补偿,并建立有效的信息制度。从降低信息成本的角度来看,"如果合同各方理性地行动,他们可

---

① Boag v. Economic insurance Co Ltd. [1954] 2Lloyd's Rep p. 581. See Robert Merkin, *Marine Insurance Legislation*, London, LLP, 2000, p. 32.

② 应飞虎著:《信息失灵的制度克服研究》,法律出版社2004年版,第19页。

③ 参见应飞虎著:《信息失灵的制度克服研究》,法律出版社2004年版,第19页。

④ 根据信息经济学原理,信息不对称的模式,可以分成事前的信息不对称和事后的信息不对称。事前的信息不对称的主要危害是"逆向选择",事后信息不对称的危害主要是道德危险。参见张维迎著:《博弈论与信息经济学》,三联书店、上海人民出版社1996年版,第398页。

⑤ 桂裕著:《保险法论》,三民书局股份有限公司1981年版,第11页。

以将潜在错误的风险分配给集信息更加有利的一方,从而将该错误的共同费用降至最低”。[①] 因此,将重复保险的披露义务即通知义务,分配给信息优势者即投保人或被保险人,既有经济学基础,也符合对法律公平价值的追求。

(二)我国重复保险通知义务的缺漏及完善

作为重复保险规制的重要内容,我国《海商法》并没有规定通知义务,而《保险法》的规定抽象且不完整,需要补充和完善。

1. 重复保险通知:合同条款方式和法定义务方式

英美法系国家的成文保险法,如英国1906年《海上保险法》,并没有重复保险通知义务的规定,而是将重复保险通知义务视为保险单中的一个“条件”(condition),“该条件要求,如果被保险人在保险单生效期间重复保险,被保险人必须将其通知保险人。一般地讲,未通知将使保险单丧失或失效”。[②] 这种条款有时也称为“免责条款”(escape clause)。[③] 在火灾保险和其他非海上保险合同中比较常见。显然,这是保险人为了免受可能的欺诈而将这种条件插入合同的。[④]

根据英国的判例法,该条件条款的适用可以归纳为:第一,对该通知条款一般作限制解释。如果风险的某一部分由于偶然的因素被两份保单同时承保的,则无需通知。[⑤] 第二,如果两份保单中都有通知条款的,被保险人的权利将受到真正的影响;如果一份保单有通知条款而另一份保单无通知条款,一份保单无效,但另一份保单仍有效,除非保险人基于其他理由免除保险责任。[⑥] 第三,即使两份保单均有通知条款,但被保险人丧失所有权

---

① 参见[美]唐纳德·A.威特曼著:《法律经济学文献精选》,苏力等译,法律出版社2006年版,第114页。

② [英]约翰·伯茨著:《现代保险法》,陈丽洁译,河南人民出版社1987年版,第231页。

③ Malcolm A. Clarke, *The Law of Insurance Contracts* (4th ed.), London, LLP, 2002, p. 950.

④ John Birds, *Birds' Modern Insurance law*(7th ed.), London, Sweet & Maxwell, 2007, p. 346.

⑤ John Birds, *Birds' Modern Insurance law*(7th ed.), London, Sweet & Maxwell, 2007, p. 346. 例如,在Australian Agriculture Co. v. Saunders一案中,第一份火灾保险承保一批羊毛,保险期间陆运到悉尼,或在任何堆场或仓库,或悉尼的任何码头直至装上船为止。保单同时规定了该保险之前或之后在其他地方办理保险的,除非向保险人提交第二份保险的书面通知,否则不得根据本保单索赔。随后该批羊毛运至悉尼,被保险人办理了海上保险,保险期间为通过船舶或从Hunter河运至悉尼,随后由船舶从悉尼运至伦敦。该批羊毛在悉尼的仓库因火灾而毁损,火灾保险(第一份保单)保险人认为被保险人没有书面通知第二份保单,而拒赔。法院认为,由于风险不同并不构成重复保险,因此,保险人不能以书面通知条款拒赔。同时认为,如果保单纯粹因偶然的因素而重叠的,不是真正的重复保险,被保险人无需通知。

⑥ John Birds, *Birds' Modern Insurance law*(7th ed.), London, Sweet & Maxwell, 2007, p. 346.

利的也很少见。在被保险人没有将第二份保单告知第一个保险人的情况下，如果第二份保单出于其他原因未成立或由于没有保险利益而导致无效，则第一份保单不因被保险人未履行通知而无效。①

与英美法系不同的是，大陆法系国家的保险法将重复保险的通知作为法定义务并明文规定，如德国2008年《保险合同法》第77条规定："为同一利益，对于同一危险与数保险人订立保险契约者，应及时通知每一保险人。通知中应标明与其订立合同的其他保险人及保险金额。"韩国《商法典》第672条第2款规定："要保人应当向各保险人通知各个保险合同的内容。"意大利《民法典》第1910条规定："就同一个风险分别与数个保险人缔结契约的，被保人应当将所有的保险通知每一保险人。"我国台湾地区"保险法"第36条规定："复保险，除另有约定外，要保人应将他保险人之名称及保险金额通知各保险人。"

2. 我国重复保险通知义务的缺漏及完善

我国《海商法》对重复保险没有规定通知义务，究其原因，一方面，是其参照的英国1906年《海上保险法》并没有通知义务的强制规定，实践中是通过合同条款来规制的。另一方面，鉴于《海商法》立法时我国保险业起步不久，对重复保险的危害以及通知义务对重复保险的规制的作用认识尚浅。作为重复保险制度重中之重的通知义务，②《海商法》这一立法缺失可通过一般法《保险法》得以弥补。

《保险法》(2009年修订)第56条与《保险法》(2002年修订)规定一致，即"重复保险的投保人应当将重复保险的有关情况通知各保险人"。该条规定虽可适用于海上保险，但正如学者所言，其本身"远非一个完善的规定"。③ 我国《保险法》中有关重复保险通知义务的内容抽象、宽泛，当然宽泛的规定使它本身可以做到"海纳百川"，④但对有些内容的遗漏直接影响了通知义务的实施及效果。

(1)需要通过法律解释补充完善的通知义务的要素

第一，关于通知的义务主体。从立法例来看，我国台湾地区"保险法"规定的通知义务主体是投保人；⑤意大利《民法典》规定被保险人是通知义

---

① John Birds, *Birds' Modern Insurance law* (7th ed.), London, Sweet & Maxwell, 2007, p. 346.

② 樊启荣著:《保险契约告知义务制度论》，中国政法大学出版社2004年版，第351页。

③ 朱作贤著:《海上保险法补偿原则研究》，大连海事大学2009年博士学位论文，第214页。

④ 温世扬、黄军:《复保险法律问题研析》，载《法商研究》2001年第4期。

⑤ 参见我国台湾地区"保险法"第36条:复保险，除另有规定外，要保人应将他保险人之名称以及保险金额通知各保险人。

务主体;[1]我国《保险法》规定的义务主体是投保人。有学者认为,“在要保人与被保险人不同一人时,应认为被保险人亦有通知之义务”。[2]

虽然从法律解释上可将义务主体扩展到被保险人,但笔者认为,最有效的方式是通过法律规定直接对被保险人科以通知义务,并且,被保险人理应成为重复保险的通知主体。在财产保险合同中,投保人和被保险人多数情况下是同一的,但也存在投保人为被保险人的利益订立保险合同的情形;而结合重复保险的通知义务,通知时间应限定在保险赔偿时,[3]由被保险人在提出赔偿时履行重复保险的通知义务,并不额外增加被保险人的负担,同时鉴于被保险人是重复保险获得利益的主体,因此对被保险人科以通知义务是合理的。

第二,关于通知的事项,各立法例的规定不同,如根据德国2008年《保险合同法》第77条的规定,通知事项为“保险金额”和“其他保险人”,如澳门特别行政区《商法典》规定应通知“构成重复保险的同一内容”。我国《保险法》(2009年修订)规定“通知重复保险的有关情况”。有学者认为,从解释上“履行复保险的通知义务,应当将复保险合同的有关情况通知各保险人,包括保险人的名称和住所、保险标的、保险价值、保险费、保险金额、保险责任范围、保险期间、保险金的给付等”。[4] 对此,笔者亦表赞同。

第三,关于重复保险通知的对象,则普遍规定为“各保险人”,立法中未见有差异。我国《保险法》(2009年修订)第56条规定的也为“各保险人”,对此合理的解释应为“指承保同一保险标的、同一保险事故之全部各个保险人,包括前后各个保险契约之保险人之内”。[5]

第四,关于通知的方式,包括我国在内的诸多国家立法中均没有作出明文规定。笔者认为,按通常解释,通知以书面或口头方式均可,如果合同另有约定的则从其约定。

(2)重复保险通知时间:需要通过立法补充的要素

对于重复保险的通知时间,我国《保险法》(2002年修订)和《保险法》(2009年修订)均未作出规定。学理界对重复保险的通知时间有不同观

---

① 参见意大利《民法典》第1910条第1款:就同一个风险分别与数个保险人缔结契约的,被保险人应当将所有的保险通知每一个保险人。

② 梁宇贤著:《保险法新论》(修订新版),中国人民大学出版社2004年版,第153页。

③ 关于重复保险通知的时间限制详见后面“通知时间的缺失及立法完善”部分。

④ 邹海林、常敏著:《中华人民共和国保险法释义》,中国检察出版社1995年版,第122页。

⑤ 刘宗荣著:《新保险法:保险契约法的理论与实务》,中国人民大学出版社2009年版,第205页。

点:一种观点认为,应在订立合同时履行通知义务,具体来说,对后订立契约应在该合同订立时告知,后一个保险合同订立后立即通知前保险合同保险人;①另一种观点认为应在保险事故发生前履行通知义务;②也有一种观点认为,被保险人在提出赔偿时履行通知义务即可;③还有一种观点认为,自知悉或应当知悉重复保险存在时起,至保险事故发生理赔终结之前履行通知义务。④

我国《保险法》应采纳第三种观点,即应在被保险人提出赔偿时履行通知义务即可。第一,通知义务限定为合同订立时或限定在保险事故发生前,将使被保险人负担过重且没有实际价值。保险承保的风险具有不确定性特点,数份保险合同即使重叠,但没有保险事故的发生,也就不存在保险赔偿的问题。因此,合同订立时或在事故发生之前为通知义务过分加重了被保险人的负担,也不符合效率原则。第二,按合同订立时履行通知义务的观点,其具体是指后一保险合同订立时通知。其区分为两种情形:第一种为在后一份保险合同订立后立即通知前一保险人,此时为通知和保险理赔时为通知,其效果是相同的,因此,是否要限定在后一合同订立后立即通知前保险人的必要性值得怀疑;第二种为后一份保险合同订立时告知保险人前一保险合同的情况,则此告知前保险合同的情况是与保险告知义务的时间重合,笔者认为,前一保险的存在对后保险人是否承保或对保险费率的确定没有必然影响,对后一保险人来说,前保险合同的存在事实上能分散后保险人的风险,因而是对保险人有利的事实,不应该纳入保险告知的重要事实范围,因此,没有必要限定在后一保险合同订立时即为通知义务,否则也会造成该通知义务和保险告知义务的适用混淆。第三,鉴于我国《保险法》和《海商法》所采纳的狭义重复保险的概念,对于保险金额总和是否超过保险价值而成立重复保险的判断,采定值保险或不定值保险方式对确定重复保险是否存在的时间点并不同。在保险合同订立时或保险事故发生时是否构成重复保险有的仍未能确定,前两种方法对通知时间的限定均是不现实的。第四,通知的目的是为了避免被保险人获得超额赔偿,而不是为了避免重复投保行为的存在,在保险事故发生后被保险人提出

① 刘宗荣著:《新保险法:保险契约法的理论与实务》,中国人民大学出版社 2009 年版,第 206 页。

② 江朝国著:《保险法基础理论》,中国政法大学出版社 2002 年版,第 257 页。

③ 傅蓉:《论海上重复保险——兼论对我国〈海商法〉第 225 条的修改》,载司玉琢主编:《中国海商法年刊》(2001 年卷),大连海事大学出版社 2001 年版。

④ 沈海燕:《论我国〈保险法〉修订后的重复保险法律制度》,湘潭大学 2009 年硕士学位论文,第 14 页。

保险赔偿时保险人获知重复保险之事实,就能达到该规制目的。第五,第四种观点采用同时规定通知时间的起点和终点的这一立法方式并不妥当,若有履行通知最迟时间的要求则履行通知的起始时间的要求在法律上没有任何价值;同时,将履行通知义务的时间框定在理赔终结前的确可以达到重复保险通知的核心的目的,但是,该时间的限定对保险人来说并不合理。

(3)违反通知义务的法律后果的缺失及立法完善

我国原《保险法》没有规定违反重复保险通知义务应承担何种法律后果,新《保险法》对此并没有补充,这是我国重复保险通知义务规定存在的最大缺憾。根据前述,通知义务既然是为满足禁止不当得利的公共政策而对投保人或被保险人设定的强制性义务,但在缺失相应法律后果规定的情形下,履行或不履行该义务在法律后果上并无二致,这必然导致该项义务的规定形同虚设,立法目的的实现更无从说起。

有学者提出,违反通知义务的法律后果应参照或类推适用违反告知义务的规定处理,①以填补该立法空白。笔者认为,第一,虽然都属于信息披露制度,但是,保险告知义务和重复保险通知义务的理论基础不同,重复保险通知义务的理论基础源于损失补偿原则,保险告知义务的理论基础依通说则源于危险测定说;第二,两者的目的也不同,重复保险通知义务目的在于防止被保险人获得额外利益,而保险告知义务意在测定和控制危险。因此,重复保险通知义务不可参照或类推适用告知义务的规则,我国关于违反保险告知义务的后果未必与重复保险的规制目的相契合。对违反重复保险通知义务法律后果的规定只能通过立法加以补充完善。

(三)违反重复保险通知义务法律后果的构建

在违反重复保险通知义务的法律后果的设定上,应根据民法过错的一般原理,按违反通知义务的主观过错区分为故意、过失两种形态,并按主观过错不同而设定不同的法律后果,体现责任的归属原则和可责难性程度,这在理论上应是可行的。与违反通知义务的法律后果的规则建构相关联的是重复保险的效力。重复保险的形成原因,正如笔者前述,有的是因被保险人意图不当得利而为,有的可能为疏忽所为,有的确实为提高保障而重复投保,因此形成重复保险的主观原因不同,其法律效果也应不同。但是从我国现行法律来看,无论《海商法》抑或《保险法》对

---

① 参见董开军主编:《〈中华人民共和国和保险法〉释义》,中国计划出版社1995年版,第126页。

此均存在疏漏，我国《保险法》（2009 年修订）第 56 条第 2 款和《海商法》第 225 条都规定了重复保险的赔偿方法，也规定了保险赔偿总额的限制。但笔者认为，这一结果应该是在认定为善意重复保险的基础上得出的，若恶意重复保险，其欺诈行为是无效的，并不存在保险赔偿的问题，但是，无论我国《海商法》抑或《保险法》均未根据主观因素进行区分，这也是我国重复保险立法的一个缺憾。笔者将违反通知义务的主观过错与形成重复保险的主观原因结合起来讨论违反通知义务的法律后果以及重复保险效力的区分规则。

重复保险依主观可分成恶意重复保险和善意重复保险。笔者认为，意图获得不当得利而重复投保的，应构成恶意重复保险。那么通知义务的违反是否构成恶意重复保险，笔者同意以下观点，"若投保人有不当得利之意图，当然不会为通知。故只要故意不为通知，则应作意图不当得利之推定"，①因此故意违反通知义务的构成恶意重复保险，在法律效果上可从属于恶意重复保险而作统一规定。除此之外的重复投保行为，只要排除不当得利意图但因过失没有尽通知义务的，仍可构成善意重复保险；反推之，保险人能证明投保人恶意重复保险的，当然对于保险人来说证明这一点是很困难的，则不因通知义务的履行而归为善意重复保险。笔者认为，在我国重复保险通知义务的法律效果方面，应从主观过错方面将其与重复保险的法律效力之间进行有效的整合，以弥补通知义务效果规定的缺失，同时也纠正现行立法中对重复保险的法律效果未按主观过错区分的做法。具体来说：

针对故意不为通知义务以及其他意在不当得利的恶意重复保险的法律效力问题，理论上有不同观点：第一，超额部分无效说；第二，全部无效说；第三，后保险合同无效说。② 从规制效果上分析，笔者认为应采全部无效说。按超过部分无效说，则无论是善意重复保险或恶意重复保险，将出现同样的结果，即被保险人获得保险赔偿额是相等的，这不符合法律责任的公平性原理。而就后保险合同无效说，投保人通过第一份保险合同足额保险的方式即可以有效规避对其不利的结果，因此，依此说也无法达到规制的效果。因此，恶意的重复保险应为各保险合同无效，被保险人在提出保险理赔时故意不为通知义务的，则产生的结果与恶意重复保险相同，即不能获得保险赔偿。

---

① 樊启荣著：《保险契约告知义务制度论》，中国政法大学出版社 2004 年版，第 367 页。

② 参见樊启荣著：《保险契约告知义务制度论》，中国政法大学出版社 2004 年版，第 367 页。

而针对善意的重复保险,可从法律效果上肯定各个保险合同的效力,即被保险人有权获得保险赔偿,当然被保险人的赔偿总额仍不能超过其实际损失或法律允许的赔偿数额。以下关于重复保险的赔偿也是建立在善意重复保险这一基础上的。

四、重复保险赔偿总额限制的差异及统一取向

即便是善意的重复保险,由于数份具有同一性的保险合同的存在使被保险人可能获得额外利益,因此,根据保险补偿这一基本原则,重复保险下被保险人获得保险赔偿的总额应受到限制。如何理解被保险人获得的最高补偿而不致获取额外利益,在不同承保方式下、在保险事故造成的标的的具体形态不同时如何确定及是否存在不同,这些是在探讨重复保险赔偿方式前需要细致研究的问题。《保险法》(2009 年修订)第 56 条第 2 款规定:"重复保险的各保险人赔偿保险金的总和不得超过保险价值。"《海商法》第 225 条规定"……被保险人获得的赔偿金额总和不得超过保险标的的受损价值"。两法对重复保险赔偿总额的确定措辞并不相同,且两部法律的规定都存在一定问题。

在保险标的发生全损时,《保险法》(2009 年修订)规定中"各保险人赔偿保险金总和不得超过保险价值"的表述是正确的,此时保险价值(无论是定值保险抑或不定值保险)为法律允许的填补的被保险人因保险事故发生的损失额,符合补偿原则的充分性要求和限定性要求。但另一方面,按照保险补偿原则,当发生保险事故造成保险标的部分损失时,被保险人获得的保险赔偿不超过其遭受的损失,此时实际损失小于保险价值。即使重复保险,被保险人也不应该获得超过其实际损失的赔偿,这也是重复保险的规制目的。因此,《保险法》(2009 年修订)对赔偿限额"不超过保险价值"的规定并不能作为部分损失时的重复保险赔偿总额的标准。

《海商法》规定,"被保险人获得的赔偿金额不得超过保险标的的受损价值",由于规定的模糊性,对该"受损价值"应如何理解,理论界观点并不一致。如汪鹏南教授认为,"受损价值"在部分损失的情况下,是指保险标的实际遭受的损失,而在发生全损的情况下,是指法律所允许的最高的保险价值(包括约定的保险价值)。[①] 朱作贤博士则认为,"受损价值"是"发

① 参见汪鹏南著:《海上保险合同法详论》(第四版),大连海事大学出版社 2017 年版,第 92 页。

生保险事故时的保险标的的实际价值的损失额,而根本没有去考虑保险价值"。[①] 笔者认为,按文义解释,"受损价值"是指事故发生时的标的的实际价值的损失额。若按此解释,则这一限定标准对标的发生部分损失的情形可以适用;但是,按"事故发生时的实际价值"作为衡量发生全损时的重复保险的赔偿总限额时,该规定与《海商法》的其他规定特别是保险价值的确定发生法律冲突。具体来说:海上保险若采用定值保险的承保方式,则保险价值由当事人在合同订立时约定;若采用不定值保险方式的,根据我国《海商法》,并不是按事故发生时保险标的的实际价值确定而是采用"法定的保险价值"。若按"保险标的的受损价值"为重复保险限额的标准,则造成单保险和重复保险适用不同的赔偿标准的法律冲突:单保险发生全损时按保险价值(上述约定的保险价值或法定的保险价值)为确定赔偿的标准;按上述文义解释,则重复保险的赔偿限额是事故发生时的实际价值而不考虑保险价值,这一做法则不足取。若赔偿标准不同,法律冲突也因此形成。上述汪鹏南教授的观点是符合保险补偿原则的,也与海上保险的不同承保方式相契合,但是,其又未完全遵循文义解释这一法律解释的首要规则。因此上述两种解释均产生问题。运用法律解释学,无法解决《海商法》对重复保险赔偿限额的不准确界定的问题。

相较而言,《保险法》规定的重复保险赔偿限额"不超过保险价值"虽顾及了定值保险和不定值保险的不同,但因不能适用发生部分损失时的情况而存在漏洞。而《海商法》规定的重复保险的赔偿限额除了不够周延外,还存在概念模糊及冲突。不仅如此,根据前述,消极保险中并无保险价值之概念,因此,上述赔偿总额不超过保险价值或保险标的的受损价值,对消极保险并不能适用。

笔者认为,两部法律关于重复保险限额的规定均需要作出适当的调整。而比较国外立法例,笔者认为,德国 2008 年《保险合同法》第 79 条规定"被保险人行使请求权的总额不超过损失总额"的规定较为合理,值得参考和借鉴。不超过损失总额的限制可以适用于不同的承保方式,具体来说,若采定值保险的,发生全损的则最高赔偿限额为"不超过约定最高的保险价值";发生部分损失的,则赔偿不超过实际损失,这对海上保险和非海上保险均一致。对采不定值保险的,结合《保险法》第 55 条第 2 款,全损时重复保险赔偿限额不超过保险事故发生时的实际价值。海上保险领域,不

① 朱作贤:《海上保险法补偿原则研究》,大连海事大学 2009 年博士学位论文,第 221 页。

定值重复保险赔偿限额结合《海商法》第219条规定，则为“保险责任开始时保险标的实际价值和保险费的总和”这一法定的保险价值为限制。对消极保险来说，这一“不超过损失总额”的限定也能同样适用。因此，笔者认为，对于重复保险的赔偿总额的限制以“损失总额”的规定既考虑到所采取的不同承保方式下赔偿标准的不同，也使重复保险赔偿与单保险下的保险赔偿标准的统一，是可取的。

五、重复保险赔偿方式的差异及统一取向

对于善意重复保险，一方面，被保险人获得的保险赔偿的总额不得超过法律所允许的最高赔偿额也即损失数额，这是保险补偿原则的要求和具体体现。另一方面，鉴于重复保险下的每一份保险合同是各自独立的，且被保险人对各保险人的保险赔偿请求权是分别独立行使的，因此，被保险人应根据什么原则从数个保险人处获得保险赔偿，直至达到法律限定的保险赔偿总额，此即重复保险的赔偿方式或补偿方式，这是对被保险人来说非常重要的问题，也是重复保险赔偿中的特别问题。

（一）域外重复保险赔偿方式的立法模式简介

被保险人如何向各保险人求偿，或者说各保险人如何向被保险人赔偿，从笔者掌握的立法资料来看，主要有以下三种：

第一种，比例赔偿方式或比例分担方式。该立法模式下，各保险人按照其保险金额占保险金额总和的比例对被保险人分担赔偿责任。从立法例看，法国《保险合同法》、瑞士《保险合同法》、[①]我国台湾地区“保险法”[②]均采纳该模式。比例赔偿方式，意味着保险人对于超过其应承担的比例部分不应向被保险人赔偿，因此，比例赔偿方式下不存在保险人向其他保险人追偿的问题；对被保险人来说，则意味着其在只有在一一向各保险人主张权利后才能获得全部损失的保险赔偿。

第二种，连带赔偿方式。此立法模式下，被保险人可向任一保险人索赔，各保险人在其保险金额限度内负连带责任。英国1906年《海上保险法》、德国2008年《保险合同法》、[③]加拿大1993年《海上保险法》、[④]意大利

---

① 法国《保险合同法》第30条第3款，瑞士《保险合同法》第53条、第70条。参见梁宇贤著：《保险法新论》（修订新版），中国人民大学出版社2004年版，第152页。

② 我国台湾地区“保险法”第38条：善意之复保险，其保险金额之总额超过保险标的之价值者，除另有约定外，各保险人对于保险标的之全部价值，仅就其所保金额负比例分担之责。但赔偿总额，不得超过保险标的之价值。

③ 德国2008年《保险合同法》第78条第1款。

④ 加拿大1993年《海上保险法》第86条第2款a项。

《民法典》①等采纳该模式。比如,英国1906年《海上保险法》第32条第2款(a)项规定,②因重复保险而超额保险的,除保单另有规定外,被保险人可根据自己认为适合的顺序,依次向保险人索赔,但其所得金额不得超过本法所允许的最高赔偿额。该方式下,被保险人可能通过对其中一个保险人进行索赔就能获得相当于全部损失的补偿,或者按照对其有利的顺序行使保险赔偿权。与比例赔偿方式不同的是,该模式下被保险人并不一定要在对各保险人行使各自的索赔权的基础上才能获得相当于损失的保险赔偿总额。另外,为了解决各保险人的保险责任公平性问题,英国1906年《海上保险法》第80条对保险人的分摊权作出了规定:如果一个保险人向被保险人支付的赔偿数额超过其依法应承担的比例,则其有权向其他保险人分摊(the right of contribution)。重复保险下保险人的分摊权则是与被保险人无关的。③ 因此,在连带赔偿方式下,可以非常清楚地梳理出不同的两层关系,即各保险人与被保险人之间的权利义务关系和各保险人相互之间的权利义务关系。

第三种,以日本为代表的优先赔偿的立法模式。根据日本《商法典》第632条和第633条的规定,④该赔偿模式是建立在将重复保险类型化为同时重复保险和异时重复保险这一前提上并适用不同的赔偿方式,具体来说,各保险合同同时订立的,采取比例分摊主主义;保险合同异时订立的,按保险合同成立的时间顺序由保险人依次承担保险责任,即由先订立保险合同的保险人按其保险合同承担保险责任,不足部分依次由后订立的保险合同的保险人填补损失。

上述日本所采用的第三种立法模式较为特殊,同时重复保险与异时重复保险的区分,没有现实意义,事实上同时重复保险会很少见,因此,该不同的赔偿方式的区分没有价值。同时重复保险和异时重复保险的不同赔

---

① 意大利《民法典》第1910条第3款:……根据相关的契约,被保险人可以向每个保险人要求应得的赔偿,以领取的总额不超过损害总额为限。

② MIA1906 S. 32(2)(a):where the assured is over-insured by double insurance, the assured, unless the policy otherwise provides, may claim payment from the insurers in such order as he may think fit, provided that he is not entitled to receive any sum in excess of the indemnity allowed by this Act.

③ Malcolm A. Clarke, *The Law of Insurance Contracts* (4th ed.), London, LLP, 2002, p. 945.

④ 日本《商法典》第632条:(同时复保险)(一)就同一标的同时订立数个保险契约,其保险金额超过保险价额时,各保险人的负担额按照各自保险金额的比例确定。(二)数个保险契约的日期相同时,推定其为同时订立的契约。第633条(异时复保险)逐次订立数个保险契约时,前保险人先负担损失。前保险人的负担额不足以赔偿全部损失时,则由后保险人负担其差额。

偿方法，其为近代民法理论上就多数人之债“单一理论”和“复数理论”的二元格局[①]在保险法的延伸。其中异时重复保险的优先顺序原则，其理论基础为单一理论，即多数债务人之债在性质上为多数主体的单一之债。即使债务人为多数，债权人对多数债务人也仅享有一个债权；既然享有一个债权，故只能向个别债务人行使请求权。[②] 异时重复保险的优先顺序原则，导致保险人之间责任的不公平，非但如此，如果前保险合同的保险人破产或清偿能力不足，则对被保险人也非常不利。因此，伴随单一理论对多数人之债问题处理的固有缺陷，以及现代民法理论在多数人之债对复数理论的普遍接受的背景下，2008 年 5 月 31 日通过的日本《保险法》[③]已经不再采用该方法，而改采用连带赔偿法。因此，可以说连带赔偿和比例赔偿是被通常采用的方式，其均以多数债的复数理论为基础，但之所以不同的国家采用不同的赔偿方式，应是出于不同立法政策的考量，相比较而言，连带赔偿方式对被保险人更为有利。

（二）我国重复保险连带赔偿与比例赔偿的并存及存在的问题

我国《海商法》和《保险法》（2009 年修订）分别对海上保险和一般财产保险重复保险的赔偿问题作出了具体而明确的规定，但两者采用的是截然不同的模式。

我国《海商法》第 225 条规定：“除合同另有约定外，被保险人可以向任何保险人提出赔偿请求。被保险人获得的赔偿金额总和不得超过保险标的的受损价值……”即采用的是连带赔偿立法模式，借鉴的是英国 1906 年《海上保险法》的规定，但是，与英国 1906 年《海上保险法》的规定并不完全相同。由于《保险法》（2009 年修订）采纳了狭义的重复保险说，对重复保险的效力的规定，较《保险法》（2002 年修正）[④]行文有些变化，但是就重复保险的保险赔偿的方式而言并没有发生实质变化，即仍采用比例赔偿立法模式。《保险法》（2009 年修订）第 56 条规定：“重复保险的各保险人赔偿金额的总和不得超过保险价值。除合同另有约定外，各保险人按照其保险金额与保险金额总和的比例承担赔偿保险金的责任。”《保险法》（2009 年修订）延续了《保险法》（2002 年修正）比例赔偿模式，而《保险法》

---

① 参见樊启荣著：《保险法诸问题与新展望》，北京大学出版社 2015 年版，第 321 页。

② 参见樊启荣著：《保险法诸问题与新展望》，北京大学出版社 2015 年版，第 322 页。

③ 参见日本《保险法》第 20 条。

④ 《保险法》（2002 年修正）第 41 条第 2 款：重复保险的保险金额总和超过保险价值的，各保险人的赔偿金额的总和不得超过保险价值。除合同另有约定外，各保险人按照其保险金额与保险金额总和的比例承担赔偿责任。

(2002年修正)对这一模式的采纳与当时立法主要参考我国台湾地区"保险法"有关。我国《海商法》和《保险法》规定的赔偿方式的不同,从立法背景上看是由各自移植或借鉴的本体的不同引起的,更客观地说是因缺乏体系化指导产生的冲突。尽管这种差异一般不会形成适用上的冲突,但理论上难以自圆其说。

重复保险的比例赔偿方式或连带赔偿方式,从民法债的理论来看,其实是将原各自独立的各个保险合同拟制为一份保险合同,然后按照多数人之债的原理来解决的。按照债的数量,理论上分为单数债和复数债。① 构成重复保险的各个保险合同其效力是独立的,从一份保险合同无效或解除不影响其他的保险合同的效力可以印证这一点,事实上重复保险仅为数份保险合同并存的一种状态。但由于保险法禁止获利的立法政策,需要将数份独立的保险合同拟制为一个债权债务关系来解决达到禁止被保险人获得超额赔偿的目的。为达到规制目的,狭义"重复保险"概念被提出,而其应是建立在立法者已将原各自独立的复数债拟制成单数债或者将该复数债的效力合并处理这一前提上的。②

而从债的主体特征这一角度,债可以分为单一之债和多数人之债,③以此分析被拟制成单数债的重复保险,则重复保险即为多数人之债,属于债务人为多数。而多数人之债,当事人之间不仅存在债权主体和债务主体之间的债权债务关系,且在多数人一方还有互相之间的权利义务关系,其关系较单一之债复杂。就重复保险的赔偿方式而言,其性质即为债权人(被保险人)与多数债务人(各保险人)之间的债权债务关系,即多数债务人

---

① 单数债和复数债,根据不同的学者的观点有几种:第一种主张以主体之单复数决定债之单复数;第二种主张以债之标的是否同一决定债之单复数;第三种主张以各主体能否独立发生其为债权人或债务人一切效力为判断,如其效力就各主体能独立发生的,为复数之债,否则为单数之债。参见史尚宽著:《债法总论》,中国政法大学出版社2000年版,第634~635页。笔者在此使用第三种观点判定单数债和复数债的区分,因此,此处单数债和复数债和下列就债权主体的特点而区分的单一之债和多数人之债不同。

② 除法律规制意义上的重复保险(狭义重复保险)外,也存在数份具有同一性的保险合同的并存但保险金额总和未超过保险价值的情况,该数份保险合同的效力是各自独立的,属于复数债没有疑问。各被保险人要求各保险人承担保险赔偿责任完全根据其各自保险合同的约定。其与狭义重复保险的存在状态相同,但法律处理并不同。这也说明重复保险原为复数债,只是法律对其作另行处理的一个脚注。

③ 根据债的主体的特征,债可分为单一之债和多数人之债。单一之债,是指债权主体一方或债务主体一方都仅为一人的债,多数人之债,是指债权主体或债务主体至少有一方为二人以上的债。参见郭明瑞、房绍坤主编:《民法》(第四版),高等教育出版社2017年版,第276页。以同一给付为标的之债,有多数债权人或多数债务人,或债权人债务人均为多数的,为多数人债。参见张玉敏:《论我国多数人之债制度的完善》,载《现代法学》1999年第4期。

(各保险人)如何对合同相对方(被保险人)承担义务的情况。而就多数债务人如何承担债务,复数理论下连带债务和按份债务两种较为典型。① 上述比例赔偿方式,是依据按份债务原理来分配各保险人对被保险人的保险赔偿责任。在比例赔偿方式下,各保险人仅就自己承担的义务份额向债权人(被保险人)履行,而对于其他债权人负担的义务份额不负清偿责任,由此也可以解释保险人按比例承担赔偿责任的立法例中,如我国《保险法》,不存在保险人向其他保险人追偿的规定。而连带赔偿方式与连带债务是完全契合的:保险人对被保险人连带赔偿是连带债务的外部效力,虽然我国《海商法》措辞上没有出现过"连带"承担的措辞,但其实质为连带债务,且由于每个保险人的责任又是以其各自的保险金额为限制的,因此,各保险人承担的是以其保险金额为限的连带债务;而保险人分摊与追偿权是连带债务的内部效力问题,我国《海商法》第225条后半段即规定了各保险人的分摊及追偿的权利。

有法律明文规定,则按照按份债务处理或连带债务处理均未尝不可。问题在于,对重复保险的赔偿方式,按照按份债务或者连带债务处理作为一种立法技术,而将性质同一的重复保险,既作为按份债务又按连带债务处理,难以论证其区分的理论依据,显然也已经造成法律体系内的冲突,破坏了法律体系的和谐。对按份债务和连带债务的区分本身应是建立在债的性质上或通过约定产生,但是,如果作为法律技术对按份债务和连带债务的拟制或处理,应是在对当事人的利益尽心权衡,按照充分保护债权,方便债权行使和债务履行的一般原则而进行区分的。相比较而言,因重复保险形成的多数债务人之债,若定性为按份之债,且在立法上表现为比例分担制,对保险人较为有利,而对被保险人不利。反之,若将其定性为连带债务,在立法上采用连带责任制,对被保险人较为有利,而对保险人较为不利。一般认为,一般保险的消费性趋势日渐明显,作为自然人的保险消费者(被保险人)比作为海上保险中作为商人的被保险人更应受到法律的保护。但是,在重复保险的赔偿方面,两者刚好相反,这似乎也与一般的常理相违背。因此,其体现出的在特别法与一般法上的差异似乎与一般立法原

① 连带债务作为连带之债的一种,其外部效力为:在连带债务中,各债务人均负有清偿全部债务的义务。债权人得同时或先后请求债务人全体或部分或一人履行全部或部分债务。只要债务未全部清偿,每个债务人都负有清偿的义务。债务只要全部清偿,不论债务人一人或数人清偿,还是因债务人全体清偿,各债务人的债务均能消灭。其内部效力:在各债务人之间,各债务人按照一定比例分担债务,清偿债务超过自己应分担的份额的债务人有权向其他债务人追偿。关于连带债务的效力,可参见郭明瑞、房绍坤主编:《民法》,高等教育出版社2007年版,第277~278页;黄立著:《民法债编总论》,中国政法大学出版社2002年版,第575页。

理并不符合,而2009年《保险法》第二次修改时对此问题未予协调而留有遗憾。

(三)我国重复保险赔偿方式统一为连带赔偿模式的取向

通过重复保险的通知义务和对重复保险的赔偿总额的限制得以实现禁止重复保险不当得利的立法目的,但同时在不涉及不当得利的场合,应优先保护被保险人的利益。因此,在赔偿方式的设定上,应以在防止被保险人不当得利的前提下,以"保证被保险人有取得保险补偿之便利,不能因重复保险在补偿程序及补偿范围方面受到不利影响"[①]作为理想的赔偿方式的设定标准。因此,依据重复保险制度的立法旨意和制度价值,笔者认为,我国现行法中的两种赔偿方式应予统一,统一的方向应该是一般法《保险法》借鉴《海商法》的连带赔偿模式。

首先,从实际补偿的数额来说,一般情况下,无论采比例赔偿模式还是连带赔偿模式,理论上两种模式下被保险人均能获得相当于实际损失的保险赔偿,在结果上似乎一致。但现实情况是,比例赔偿模式下由于各保险人承担的是按份债务,一旦出现保险人破产或清偿能力不足的,则被保险人无法转向其他有给付能力的保险人请求未予补偿的部分,致最后得不到相当于全部损失的赔偿保险。为了维护被保险人的利益,有的国家的立法对采比例赔赔偿模式下因保险人清偿能力不足而产生的这一问题作出了补救,如瑞士《保险合同法》第53条和第70条规定,各保险人中有一保险人给付不能的,其分担额由其他保险人依照其保险金额占保险金额总和的比例分担。[②] 而连带赔偿模式能有效地避免因保险人破产而引起的赔偿不能或不足问题,[③]对被保险人利益的保护更为有利。

其次,即使采取像瑞士《保险合同法》的补救性规定这种方式,使被保险人的实际补偿额不会造成影响,但从索赔程序上来说,比例赔偿模式下被保险人为取得保险金而不得不逐个向重复保险的各保险人主张保险金请求权,"不但程序繁琐而且增加了索赔成本"。[④]

最后,连带赔偿方式看似增加了保险人的负担,其实不然。在连带赔偿下最先赔偿的保险人也在不超过其保险金额的范围内承担赔偿责任,并没有增加额外的负担,何况,最先赔偿的保险人若其赔偿数额超过其应承担的份额的则赔偿后仍有权要求其他保险人进行分摊。但重复保险中的

---

① 朱作贤:《海上保险法补偿原则研究》,大连海事大学2009年博士学位论文,第217页。

② 参见梁宇贤著:《保险法新论》(修订新版),中国人民大学出版社2004年版,第152~153页。

③ Robert Merkin, *Marine Insurance Legislation*, London, LLP, 2000, p. 32.

④ 朱作贤:《海上保险法补偿原则研究》,大连海事大学2009年博士学位论文,第220页。

连带赔偿方式或连带债务，与债法上的连带债务仍有差别，各保险人仅在其保险金额范围内承担连带责任，而非负全部补偿之责。

无论何种赔偿方式，被保险人都不会从重复保险中获得额外利益，因此，重复保险赔偿的方式与重复保险的规制目标没有关系，因此，也不应纳入重复保险立法规制的范畴内。在满足使被保险人不从保险获得额外利益的公共政策下，应"优先保护被保险人利益"，这不仅是理想的赔偿方式应该考虑的因素，同样也是与现代保险法发展趋势相吻合的。就重复保险来说，连带赔偿模式，区分了保险人和被保险人之间的外部关系，以及各保险人之间分摊的内部关系，相较比例赔偿方式，更利于被保险人债权的实现，亦兼顾了保险人之间的保险责任的公平性。正如樊启荣教授所言："损失分摊中的连带责任制，在复保险情形之下，是各保险人本身依照其契约所本应负担的责任，并非是为了保障被保险人的权益而另外所为的特别规定。连带债务立法例是最符合损失分摊原则之精髓的基本原则。"①

(四)统一连带赔偿方式下的索赔顺序与赔偿结果的关系

如前所述，连带赔偿对被保险人来说是更为有利的赔偿方式，被保险人可以根据自己认为合适的顺序依次向保险人索赔，那么索赔的顺序是否会影响被保险人最终获得的赔偿金总额，是否会影响被保险人最后赔偿的结果，从立法上应如何保证被保险人获得足额的赔偿？对于上述问题仍有探讨的必要。

提出这个问题源于英国海上保险的重复保险理赔。根据英国海上保险法的规定，被保险人的索赔顺序可能会影响其最终获得的保险赔偿总额。

不定值保险下，英国1906年《海上保险法》第32条第2款(c)项的规定，被保险人向保险人索赔时应提供已获赔偿的贷记凭证(credit for any sum received under other insurer)以证明从其他保险人处获得的赔偿数额，而该保险人应支付的保险赔偿是按保险标的的实际价值扣除被保险人已获得的赔偿后的数额，以此类推，被保险人获得最终按该法允许获得的最高赔偿额。试举一例：被保险人就运输的货物投保海上保险，与A保险公司签订的保险合同保险金额为1000英镑，与B保险公司签订的保险合同保险金额为2000英镑，两份合同其他规定均具有同一性。发生保险事故造成全损，确定保险标的的实际价值为2500英镑。被保险人选择先向A再向B索赔的结果为，A应先赔偿1000英镑，B赔偿剩余的1500英镑，被

① 樊启荣著：《保险法诸问题与新展望》，北京大学出版社2015年版，第332页。

保险人根据该法获得的最高赔偿额为 2500 英镑,实际赔偿总额亦应为 2500 英镑。如果先向 B 赔偿,则 B 应赔偿 2000 英镑,A 应赔偿剩余的 500 英镑。因此,英国法中,构成重复保险的各保险合同若采用不定值承保方式的,索赔顺序对被保险人最后的赔偿总额是没有影响的。①

但对于定值保险,适用情况显得复杂。第一种:若采用定值保险的,当数份保险合同的保险金额相同时,根据英国 1906 年《海上保险法》第 32 条第 2 款(a)项和(b)项的规定,被保险人在未获法律允许的最高赔偿时,可继续向其他保险人索赔,保险人即按约定保险价值(如前所述,几份保险合同的保险金额是相同的)与已获赔偿的部分的差额,索赔顺序对获得的总赔偿金额也没有影响。

第二种:若采用定值保险的,当几份保险合同的约定保险价值不同时,根据该法第 32 条第 2 款(c)项的规定,索赔顺序就可能对最后的赔偿总额造成影响。试举一例,在 Bruce v. Jones 案②中,一艘船舶同时有四份保单,分别是第一份保险金额为 725 英镑,保险价值为 3000 英镑;第二份保险金额为 500 英镑,保险价值为 3000 英镑;第三份保险金额为 3450 英镑,保险价值为 5000 英镑;第四份保险金额 2400 英镑,保险价值 3200 英镑。在这四份具有同一性的保单中,出现了三个不同的保险价值。当被保险人根据前三份保单共收到了 3126 英镑的赔偿金额,根据第四份保险单继续索赔时,法院认为,被保险人应受到保单中保险价值(该份保单保险价值为 3200 英镑)的制约,必须扣除根据其他保单收到的款项,且仅有权取得与 3200 英镑的差额部分,即 74 英镑。结果被保险人最终获得的赔偿总数其实为 3200 英镑,即等于被最后索赔的保单的保险价值的金额。该案采取的理赔方式后被英国 1906 年《海上保险法》采纳,即法定为第 32 条第 2 款(b)项。

显然,按英国法有些情形下(上述定值保险中的第二种情形)理赔顺序决定了赔偿的最终结果。在英国法下,被保险人要想获得允许的最高赔偿,就必须将承保保险金额最高的保险人放到最后索赔。③ 也就是说,在上述的案例中,如果被保险人将对承保保险金额最高的保险人的索赔放在最后,则被保险人最后获得的赔偿总和是 5000 英镑,而不是该案中的 3200

---

① Jonathan Gilman et al., *Arnould's Law of Marine Insurance and Average* (17th ed.), London, Sweet & Maxwell, 2008, p. 1540.

② Bruce v. Jones, (1863) 1 H. & C. 769. See Howard N. Bennett, *The Law of Marine Insurance*, Oxford, Clarendon Press, 1996, pp. 429 – 430.

③ Howard N. Bennett, *The Law of Marine Insurance*, Oxford, Clarendon Press, 1996, p. 430.

英镑的结果。不同的索赔顺序出现了不同的结果,这对被保险人显然不利,事实上也违背了保险补偿原则。因此,笔者认为,我国在统一采用连带赔偿模式下,在立法上应避免出现英国法的局面。由被保险人提供从其他保险人获得赔偿的贷记凭证是合理的,贷记凭证的提供可有效避免超额补偿;但赔偿顺序在后的保险人应该按约定的数份保单中最高保险价值扣除已获赔偿数额的差额进行支付,并以其保单中约定的保险金额为限。这样才可避免因赔偿顺序不同而造成的赔偿数额不同的局面。

(五)连带赔偿下的保险人分摊及方式

在连带赔偿立法模式下,保险人对被保险人承担重复保险的赔偿后,该保险赔偿是否应该在各保险人之间进行分配以及如何分配,这就是重复保险的分摊。分摊是只与保险人有关而与被保险人无关,因为分摊的实质是多数人之债中数债务人之间的内部关系。曼斯菲尔德勋爵在1758年Godin v. London Ass Co.案①中提出,保险人承担了超过其应负比例部分的赔偿的,其有权从其他承担少于应付比例的保险人处追偿。英国1906年《海上保险法》第80条对保险人的分摊作出了明文规定,该法第80条第1款规定,各保险人应当“根据其合同应当负责的数额的比例分摊损失”(to contribute rateably to the loss in proportion to the amount for which he is liable under his contract)。由于对合同应当负责的数额的比例存在不同认识,英国判例法因此形成了保险人分摊方式的不同观点。

1. 比例责任分摊

比例责任分摊,又称最大责任分摊法(maximum liability method),即各保险人按照其各自保险合同可能承担的最大责任(the maximum potential exposure of each under his policy)的比例来分摊被保险人的损失。② 保险人可能承担的最大责任一般是其各保单上的保险金额,所以按此方式,具体是将各保险人的保险金额相加作为分母,以各保险人各自承保的保险金额作为分子,得出各保险人应分摊的比例。保险人对被保险人实际赔偿的金额超过由此分摊法计算得出的分摊金额的,可向其他保险人追偿。

2. 责任限额分摊

责任限额分摊,又称独立责任分摊法(independent liability method),即

---

① Godin v. London Ass Co (1758), 1Burr. 489. p. 492. See Nicholas Legh John et al., *MacGillivray on Insurance Law* (11th ed.), London, Sweet & Maxwell, 2008, p. 657.

② Jonathan Gilman et al., *Arnould's Law of Marine Insurance and Average* (17th ed.), London, Sweet & Maxwell, 2008, p. 1553.

按照各保险人在没有其他保险人重复保险的情况下,单独应负的最高责任限额的比例来分摊被保险人的损失。具体是将各保险人在没有其他保险合同情况下最高赔偿的限额总和作为分母,以各保险人各自的最高责任限额作为分子,按比例分摊损失金额。① 在关于一个公众责任重复保险Commercial Union Assurance Co. Ltd. v. Hayden 案 ② 中,上诉法院就各保险人的分摊问题否定了一审所适用的最大责任分摊法,而采用了独立责任分摊法。

3. 共同责任分摊法(common liability method)

共同责任分摊法首先是将各保险人重叠的保险金额部分的承保损失视为共同责任,由各保险人均摊,而后超过共同责任部分的承保损失由承担较高保险责任的保险人承担。例如,O'Kane v. Jones(The Martin P)案 ③,涉及船壳险的重复保险。第一份保险单保险金额为 250 万美元,第二份保险金额为 500 万美元,船舶全损。若按共同责任法,即 250 万美元损失是共同分摊的部分,两保险人分别分担 125 万美元。超过共同承保部分的另 250 万美元全部由第二个保险人承担。最后的分摊结果是,第一个保险人分摊 125 万美元,第二个保险人分摊 375 万美元。该案中,Siberry大法官认为,共同责任分摊法并不符合英国 1906 年《海上保险法》第 80 条的文义,而最后排除适用共同责任分摊法。

英国目前的判例法已经否定了共同责任分摊法的适用,但是具体案件中到底适用最大责任法还是独立责任分摊法,目前仍是不太确定的问题。④根据英国法院判例,一般财产保险采用最大责任制,责任保险中适用独立责任制。

而最大责任分摊法和独立责任分摊法适用的结果在有的情况下是不同的。孰优孰劣,笔者试举如下例子说明:A 保险公司保险金额为 1 万元(保险价值 1 万元),B 保险公司保险金额为 2 万元(保险价值 2 万元)。

情况一:若被保险人遭受的损失为 5000 元(损失≤各个保险金额)。

则按最大责任法:A 保险公司分摊 1/3;B 保险公司分摊 2/3。

---

① Jonathan Gilman et al., *Arnould's Law of Marine Insurance and Average* (17th ed.), London, Sweet & Maxwell, 2008, p. 1555.

② Commercial Union Assurance Co. Ltd. v. Hayden (1977) Q. B. 804. See Howard N. Bennett, *The Law of Marine Insurance*, Oxford, Clarendon Press, 1996, pp. 434 – 435.

③ O'Kane v. Jones (2005), Lloyd's Rep. IR 174. See Jonathan Gilman et al., *Arnould's Law of Marine Insurance and Average* (17th ed.), London, Sweet & Maxwell, 2008, p. 1557.

④ Jonathan Gilman et al., *Arnould's Law of Marine Insurance and Average* (17th ed.), London, Sweet & Maxwell, 2008, p. 1558.

按独立责任法：A保险公司的独立最高责任为5000元，B保险公司最高独立责任为5000元，两个保险公司各分摊1/2。

情况二：若被保险人损失1.2万元（损失在各保险人的保险金额之间）。

按最大责任法：A保险公司分摊1/3；B保险公司分摊2/3。

按独立责任法：A保险公司最高独立责任为1万元，B保险公司最高独立责任为1.2万元，A保险公司分摊1/2.2；B保险公司分摊1.2/2.2。

情况三：若被保险人损失为2.5万元（损失≥最高一份的保险金额）。

按最大责任法：A保险公司分摊1/3；B保险公司分摊2/3。

按独立责任法：A保险公司最高独立责任1万元，B保险公司最高独立责任为2万元，A保险公司分摊1/3；B保险公司分摊2/3。

以上表明，只有在被保险人允许获得的赔偿额超过各保险合同的保险金额时，两种分摊的结果是相同的。在被保险人的损失介于两个保险人承保的保险金额之间或低于任一保险人承保的保险金额时，两种分摊的结果不同。相比较而言，独立责任分摊法对各保险人更为公平。但从实际操作来看，最大责任分摊法计算更为简便，易于操作。

我国《海商法》对重复保险各保险人分摊方法的规定是，“各保险人按照其承保的保险金额同保险金额总和的比例承担赔偿责任，任何一个保险人支付的赔偿金额超过其应当承担的赔偿责任的，有权向未按照其应当承担赔偿责任支付赔偿金额的保险人追偿”。即采用的是比例责任分摊法。基于上述对比分析，笔者认为，原比例责任法仍是可采纳的方案，首先分摊计算简便；其次在知悉存在重复保险时即可确定其应分摊的数额。为保持法律的稳定性，可维持其原来的分摊方法。就《保险法》的完善来说，在笔者建议重复保险赔偿方式统一为连带赔偿模式的情形下，《保险法》需进一步规定连带赔偿模式下各保险人的分摊规则，可以采取与《海商法》相同的分摊方法。

（六）海上保险人分摊请求权行使的若干问题完善

海上保险中（若《保险法》将来修改重复保险理赔方法采用连带责任制也将同样应解决本部分提出的问题），已经向被保险人进行赔付的保险人（第一赔付保险人）向存在重复保险的其他保险人主张分摊时，根据上述最大责任制得以确定各保险人之间分摊的具体数额，但是，第一保险人在向其他保险人主张分摊请求时，尚有一些具体问题需要进一步探讨。

1. 分摊请求权的诉讼时效问题

在重复保险连带责任制下，被保险人有权选择向任一保险人主张在保单保险金额范围内的全部损失，保险人不得以存在重复保险拒绝赔偿或仅按比例赔偿。在第一保险人赔偿后,就超过其应该承担的份额向其他保险人主张分摊时,第一赔付保险人和分摊保险人之间并没有合同关系,双方依据法律的特别规定产生重复保险关系,因此,该分摊请求权是法定权利。[①] 该权利的性质决定了第一赔付保险人向其他保险人行使分摊请求权的诉讼时效并不等同于被保险人和保险人的保险合同的诉讼时效,我国《海商法》第264条规定,"根据海上保险合同向保险人要求保险赔偿的请求权,时效期间为2年,自保险事故发生之日起计算",并不当然适用于保险人主张分摊请求权。在无特别规定情况下,笔者赞同应适用民事权利保护的一般诉讼时效的规定的观点。具体来说,根据我国《民法总则》对一般民事权利的诉讼时效3年的规定,且诉讼时效自权利人知道或应当知道权利受到损害以及义务人之日起计算[②]可以适用于重复保险的分摊请求权的诉讼时效。笔者认为,为保证重复保险制度法律适用的完整性,《海商法》中就重复保险的分摊问题的诉讼时效作出特别规定应该被立法者所重视,具体可采纳的规定为:向重复保险的其他保险人主张分摊请求权的诉讼时效为2年,自保险人知道或应当知道重复保险的其他保险人时起算。

2. 保险人行使分摊请求权时的抗辩问题

承担了超过其应当承担的保险赔偿的第一赔付保险人向分摊保险人行使分摊请求权时,分摊保险人是否可以以第一赔付保险人与被保险人的保险合同的抗辩理由来抗辩分摊请求,需要作出一定分析。

分摊保险人是否应分摊第一赔付保险人的保险赔偿,取决于其与被保险人的保险合同是否应承担保险责任,因此,影响分摊请求人是否对被保险人承担保险责任的抗辩事由均得抗辩第一赔付保险人。尽管如此,在重复保险中,仍有一些问题需要特别关注,尤其是分摊请求人在对保险事故发生后的抗辩事由是否成立的问题上。假设第二份保险合同有出险通知的时间约定,被保险人选择向第一保险人报告出险并获得保险赔偿,而未向第二保险人通知出险并递交索赔证明或资料,则第一赔付保险人赔偿后,第二保险人不能据此对抗第一保险人的分摊请求权。正如英国学者分析,正是因为第一保险人进行了赔偿而导致被保险人未向第二保险人报告出险,如果以此来否定第一保险人的分摊请求有违衡平法的精神。[③] 笔者

---

① 参见杨婵:《海上保险重复保险分摊纠纷相关法律问题研究》,载《中国海商法研究》2017年第1期。

② 参见《民法总则》第188条。

③ Jonathan Gilman et al., *Arnould's Law of Marine Insurance and Average* (17th ed.), London, Sweet & Maxwell, 2008, p. 1552.

赞同学者的下列观点，分摊请求人可以援引其保险合同下对抗被保险人的其他合同抗辩，但与被保险人向其他保险人自由求偿的权利相冲突的抗辩除外。[①] 该抗辩事由应由法律作出明确规定，以保护第一赔付保险人的分摊权的实现。

而另一方面，第一赔付保险人与被保险人之间的保险合同关系以及是否应承担保险责任并不影响分摊保险人根据其与被保险人的保险合同承担其本应承担的保险责任，因此，分摊请求人不能以第一赔付保险人与被保险人的保险合同为由行使抗辩。但是同样，对于涉及与重复保险的构成以及理赔方式的约定仍可能影响第一赔付保险人分摊权的实现，需要关注。根据我国《海商法》第 225 条规定，"……除合同另有约定外，被保险人可以向任何保险人提出赔偿请求"。由此可见，重复保险的连带责任制的规定是任意性规范，构成重复保险的各保险合同约定采用的赔偿方式不同可能排除或影响分摊请求权。假设第一赔付保险合同中约定"比例赔偿"，第二保险合同未约定赔偿方法则应推定适用连带赔偿。若被保险人向第一保险人索赔，保险人按比例赔付，则不存在向第二保险人分摊的情况；但假设第一保险人未按合同比例赔付，在明知其他保险人情形下，仍赔偿全部损失而予以积极理赔，则其向第二保险人主张分摊时，第二保险人是否可以以第一赔付保险人未按合同约定的比例赔偿而抗辩不应分摊？英国通常认为第一赔付保险人就多赔付的部分视为自愿的支付，对超出比例的赔付不得向重复保险的其他保险人要求分摊。[②] 但笔者认为，第二分摊保险人不能以第一赔付保险人违反合同约定的比例赔偿方式给予全部损失的赔偿为由行使抗辩，以保护积极理赔的保险人。

（七）重复保险的分摊请求权与保险人代位求偿关系的完善

在构成重复保险情形下，对第三人的代位求偿权，应由重复保险的各保险人共同行使还是仅赋予第一赔付保险人行使？对这一问题，无论我国海商法或保险法都没有作出规定，但确实是实践中会引起争议的问题，需要法律作出回应。从英美法系的判例来看，其主张事后作出分摊的保险人没有代位求偿权，向第三人索赔的代位求偿权只属于第一赔付保险人。[③]

---

① 参见杨婵：《海上保险重复保险分摊纠纷相关法律问题研究》，载《中国海商法研究》2017 年第 1 期。

② 杨良宜著：《海上货物保险》，法律出版社 2010 年版，第 511 页。

③ Speno Rail Maintenance Australia Pty. Ltd. v. Metal & Minerals Insurance Pte Ltd. (2009) 253ALR 364. 参见杨良宜著：《海上货物保险》，法律出版社 2010 年版，第 511 页；杨婵：《海上保险重复保险分摊纠纷相关法律问题研究》，载《中国海商法研究》2017 年第 1 期。

重复保险下,将代位求偿权赋予第一赔付保险人而不支持第二保险代位求偿权的司法实践具有一定的社会意义,即“鼓励重复保险的保险人积极参与理赔以取得相应的代位求偿权,并鼓励保险人提供更有市场竞争力的合同条件提升被保险人获得保险赔偿的便捷程度,有利于保险市场的健康发展”。[①] 笔者认为,我国对重复保险下的代位求偿权的行使问题立法上需要予以关注,但并不应该完全采用上述澳大利亚的做法,而应将代位求偿权的问题一分为二:在分摊保险人为支付保险赔偿前,保险代位求偿权属于第一赔付保险人;第一赔付保险人行使分摊请求权的,在分摊前后通过代位取得的第三人的赔偿应在各分摊保险人之间按比例分配。该建议能保证在重复保险合同约定采比例赔偿方式时结果公平,各保险人分别根据其赔偿范围内取得对第三人的代位求偿权,彼此之间为按份债权。也保证在重复保险为连带责任制下的适用结果的公平性,申言之,连带责任制下,由第一赔付保险人取得求偿权,在其不主张分摊请求权时,分摊保险人一般并未支付保险赔付则代位权尚未取得,由第一赔付保险人取得代位权合理;但一旦分摊保险赔偿,则分摊保险人理应获得相应的代位权。如此,既保证第一赔付保险人不损害分摊保险人的相应权益,又能保证代位求偿权行使流程的秩序性。

重复保险的理赔方法是重复保险制度核心部分,从上述对比例责任和连带责任制的比较来看,连带责任制是契合保险损失补偿原则的最佳赔偿方法,但同时连带责任制的采用需要对保险人分摊请求权的行使配置相应的规则,《海商法》应在此基础上加以完善。相较比例赔偿方法,采用连带责任制立法成本为高、立法技术要求更高,但并不能因此置损失补偿原则之本旨而不顾采用比例赔偿,故《保险法》对重复保险理方法需改进之。

---

① 杨婵:《海上保险重复保险分摊纠纷相关法律问题研究》,载《中国海商法研究》2017 年第 1 期。

第四章　海上保险法与保险法“互异”制度的取舍与协调

——以风险控制的不同制度为例

在保险期间,所承保的保险标的的危险程度可能发生变化,而保险人很难及时准确地了解保险标的的实际状态,也无法直接控制保险标的。这种情况的存在使保险人在保险交易中承担着有别于一般合同的交易风险,即若保险标的的用途或保险标的所处的环境等因素在保险期间产生实质性变化而使事故发生的可能性变大,则保险人实际承担的风险将高于其在合同订立时所测定和评估的表现标的风险程度。而在测定和评估风险基础上确定的相应保险费的对价和保险人实质承担的保险责任不再是相对平衡的状态。因此,对保险业经营者来说,合同订立前对风险的估测和确定非常重要,主要通过保险告知义务制度来实现;而合同期间对风险的控制同样至关重要,这也是海上保险法和保险法应共同应对的问题。我国《保险法》规定的危险增加通知制度和《海商法》规定的保证制度,两个看似并不相干的制度,在某种意义上来看则具有共同性,因为两者的立法目的均在于对保险合同期间的承保风险程度进行控制,克服保险期间因承保风险发生变动或危险程度增加而损害保险人利益的情形,从而对保险人提供一定的救济。不同的是,从立法模式来看,保证是通过当事人约定的模式,而危险增加通知制度则是通过法定义务的模式来调整和控制保险期间的风险的。

保险保证(warranty)通过被保险人承诺为或不为某种行为或者保证某事实存在或不存在的方式使合同订立时确定的风险不发生变更。而危险增加通知则是通过设定被保险人在保险期间将承保危险增加的情形通知保险人的法定义务,使保险人得以采取一定的救济措施保护其权益。因此,保证制度和危险增加通知制度均是为控制保险期间标的的风险而设定的,解决的是保险合同中的同一问题——风险的控制,具有相同的制度目的和功能,两者具有可比性。正如比较法学者茨威格特与克茨所说:“每个社会的法律在实质上都面临同样的问题,但是各种不同的法律制度以极不相同的方法解决这些问题,虽然最终的结果是相同的。因此,任何比较法研究作为出发点的问题必须不受本国法律制度体系上各种概念所拘束。”[①]此即比较法上的功能比较方法。[②] 关于采用功能比较方法的前提，茨威格特和克茨认为：“在法律上只有那些完成相同任务、相同功能的事物才是可以比较的。”[③]笔者借用功能比较这一法律比较方法，将比较的范围放在我国保险法律体系内，对一般保险和海上保险领域内共同面对的“风险控制”问题及各自不同的解决方法进行比较，并在此基础上对我国相关制度的取舍与协调进行论证。

第一节　海上保险风险控制的约定模式

保险法中的保证起源于英国海上保险实践。“保险法中的保证，是通过确认关于过去、现在或将来的某一特定事实，即确认关于减少承保事故发生的可能性的事实的存在，或者保证导致承保事故发生可能性增大的事实并不存在，通过这一方式来界定承保的风险。一旦违反保证，导致风险与保险人约定承保的风险发生实质的不同，保险人有权自动解除其后的保险责任。”[④]因此，保险法中的保证是通过对被保险人设定特定的合同义务，促使被保险人妥善管理保险标的，从而达到控制保险期间的风险的目的。曼斯菲尔德勋爵对该制度的形成贡献尤为突出，其在相关案例中作出了关于保证的权威性分析：[⑤]第一，他

---

① ［德］K. 茨威格特、H. 克茨著：《比较法总论》，潘汉典、米健等译，法律出版社 2003 年版，第 47 页。

② 功能比较作为一种法律比较方法，是在对传统规范比较的反思与批判中提出的，自德国法学家拉贝尔首先提出，经茨威格特和克茨正式确立并发扬光大，其已经成为“给现代比较法带来决定性发展的理论。”参见［日］大木雅夫著：《比较法》，范愉译，法律出版社 1999 年版，第 86 页。功能比较是从事实问题出发，对不同国家的法律调整该事实问题或不同国家的法律解决该问题手段的比较。功能比较具有的优势主要集中在，其一，扩大了比较的范围。不同的法律规范、法律制度，只要它们的功能相同，即解决相同的社会问题、满足相同的社会需要就是可以比较的。原来由于法律结构不同无法进行规范比较的国家之间可以运用功能比较的方法进行比较。其二，由于其是从社会问题出发进行的比较，因此，助于摆脱本国法律概念、法律思维的束缚。关于功能比较的详细阐述，参见［德］ K. 茨威格特、H. 克茨著：《比较法总论》，潘汉典、米健等译，法律出版社 2003 年版，第 46 ~ 74 页；黄文艺：《论当代西方比较法学的发展》，载《比较法研究》2002 年第 1 期。

③ ［德］ K. 茨威格特、H. 克茨著：《比较法总论》，潘汉典、米健等译，法律出版社 2003 年版，第 46 页。

④ Baris Soyer, “Reforming Insurance Warranties-Are We Finally Moving Forward?”, in Baris Soyer ed., *Reforming Marine Insurance and Commercial Insurance Law*, London, Imforma, 2008, p. 127.

⑤ See Thomas J. Schoenbaum, “Warranties in the Law of Marine Insurance: Some Suggestions for Reform of English and American Law”, *Tulane Maritime Law Journal*, 1999, p. 278.

将保证与陈述[①]严格区分，认为保证是保险合同的组成部分，而陈述并不是保险合同的一部分；由此他得出了第二点，即陈述受其内容对于风险是否重要这一标准的制约，而保证并不受重要性标准的检验，凡保证均须严格遵守；第三，保证等同于条件(condition)；[②]第四，应根据商人间的习惯做法和当事人的意图来解释保证。曼斯菲尔德勋爵对海上保险保证的上述界定初步奠定了英国海上保险保证制度的基础，英国1906年《海上保险法》用九条规定[③]将保证制度成文化和体系化，也足见其重要性。根据英国1906年《海上保险法》第33条第1款，保证是指“承诺性的保证，即被保险人凭此应当履行某种行为或不为某种行为，或履行某项条件，或者肯定或者否定某些事实情况的存在”。保证是一种承诺，违反保证，根据同条第1款后半段的规定，“如果保证没有被严格遵守，则除保险合同另有规定外，保险人自违反保证之日起解除保险责任，但不影响此前其应当承担的责任”。[④]

由于英国海上保险在全球的重要影响，起源于英国的保险保证制度也被其他英美法系国家所继受，[⑤]但很少有大陆法系国家的海上保险法采用

---

① 英国法下被保险人的告知义务区分为披露(Disclosure)和陈述(Representation)，披露侧重告知的有无，而陈述侧重于告知的正确性与否。笔者在第2章中就保险告知制度的阐述中，赞同Arnould's一书的编者的观点，认为英国法下披露与陈述没有区分的重要价值。就此处曼斯菲尔德勋爵作出关于保证与陈述的区别而不是比较保证和披露的关系，其观点是可取的。陈述要求告知的事实是真实的，如果肯定或否定某事实被纳入合同中就成为保证的一部分。保证与陈述有区别，但是又是有联系的，正是因为陈述的事实有时被保险人纳入合同而转化为保证，而违反保证比违反陈述承担更为严厉的后果，因此要对两者作出区分。曼斯菲尔德勋爵对保证分析的第二点也是在比较保证与陈述之间的区别，保证的事实不受重要性影响，也即不管是否重要一旦做出保证，违反就应承担责任；被保险人是否需因违反陈述而承担责任，则应检验误述的事实是否重要事实。

② 曼斯菲尔德勋爵将海上保险合同中的保证作为条件的界定，和Good luck案所确认的保证作为保险人承担保险责任(继续承担保险责任)的先决条件并不完全相同。对保证性质界定的具体阐述可参见下文。

③ 英国1906年《海上保险法》关于保证的规定参见第33～41条。第33条规定保证的性质，第34条规定免除保证责任的情形，第35条关于明示保证及认定，第36～41条关于若干默示保证。

④ MIA1906 S.33(1)："A warranty, in the following sections relating warranties, means a promissory warranty, that is to say, a warranty by which the assured undertakes that som-e particular thing shall or not shall be done, or that some condition shall be fulfilled, or whereby he affirms or negatives the existence of a particular state of facts."

⑤ 比如澳大利亚1909年《海上保险法》第39～47条、加拿大1993年《海上保险法》第32～39条，对保证的规定与英国1906年《海上保险法》如出一辙。作为英美法系的主要代表国家的美国，其没有制定海上保险成文法，在Welburn Boat[348. U. S. 310, 75S. Ct. 368. (1955)]一案之前与英国保持一致，并适用英国海上保险法。关于美国海上保险法和英国保持一致以及分野可参见Thomas J. Schoenbaum, *Key Divergences Between English and American Law of Marine Insurance Law: A comparative Study*, Maryland, Cornell Maritime Press, 1999, pp. 13－15, 20－37.

保证制度。[①] 我国《海商法》第235条规定的“保证”是否来源于英国法的保险保证制度？如是，这一风险控制的方式在我国是如何发展的？在英国以及其他采用保证制度的国家，保险保证制度的运用又是如何展开的，是否经历着考验？对上述这些问题的思考和探究有助于我国在海上保险领域对风险控制制度作出合理的选择。

一、我国《海商法》第235条——借鉴而来的保证制度

我国《海商法》第235条规定：“被保险人违反合同约定的保证条款时，应当立即书面通知保险人。保险人收到通知后，可以解除合同，也可以要求修改承保条件、增加保险费。”这一规定到底是否移植了英国1906年《海上保险法》上的“保证”尚存争论。笔者从我国《海商法》“保证条款”的作用、立法背景及该词的词源上考证，以期得出一个相对客观的答案。

（一）《海商法》是否引入“保证”之争议

《海商法》第235条规定了“保证条款”但没有对其所指的“保证条款”下定义，而从违反约定的“保证条款”的法律后果上，与英国1906年《海上保险法》采用的“自动解除保险责任”并不一致，因此，对我国是否引入了这一起源于英国法的保险“保证”，理论界存在不少争议。

一种观点，比如John Hare教授认为，“中国似乎已引入了英国法下的保证，然而却没有规定违反保证后能自动解除保险责任。”[②] Mar Ac. Huybrechts教授也认为，我国《海商法》第235条规定提到了“保证”的事实，这表明中国的立法者已经接受了海上保险合同或者海上保险领域中保证的概念。[③] 我国学者，比如汪鹏南教授认为，我国法律中的保证源自英国海上保险法，是海上保险特有的一个制度。[④] 初北平博士认为，我国存在类

---

① 根据国际海事委员会对有关海上保险的问题询问单及各国反馈信息整理出的研究报告，大陆法系国家保险法中没有保证概念。欧洲的多数大陆法系国家没有保证制度，如斯堪的纳维亚（挪威、瑞典、芬兰）、德国、比利时、荷兰、法国、意大利、克罗地亚等国，欧洲以外的其他大陆法系国家如日本也没有保证制度。该报告同时指出，在德国、挪威等海上保险法是任意法的这些国家，并不禁止当事人在海上保险合同中适用保证。See Trine-Lise Wilhelmsem, “Duty of Disclosure, Duty of Good Faith, Alteration of Risks and Warranties: An Analysis of the Replies to CMI Qestionnaire”, in *CMI yearbook* 2000, p. 385, http://www. comitemaritime. org/Uploads/Yearbooks/Yearbook + 2000. pdf.

② John Hare, “The Omnipotent warranty: England v. the World”, http://web. uct. ac. za/depts/shiplaw/imicfram. htm.

③ Marc A. Huybrechts 著：《中英海上保险法中的保证制度》，李民等译，载司玉琢主编：《中国海商法年刊》（2000年卷），大连海事大学出版社2001年版。

④ 汪鹏南著：《海上保险合同法详论》（第4版），大连海事大学出版社2017年版，第70页。

似英国 1906 年《海上保险法》中的保证制度。[①] 杨召南教授等也认为,《海商法》第 235 条借鉴了英国 1906 年《海上保险法》中的相关规定,与英国保险法中的保证概念具有类似性。[②]

另一种观点则认为,我国《海商法》并没有引入英国海上保险法中的保证制度。如沈木珠教授认为,“我国《海商法》并未规定被保险人严格遵守保证义务”。[③] 李祯博士认为,我国《海商法》第 235 条与英国海上保险的保证在“确立的标准”“保证的分类”“违反的法律后果”方面存有不同,我国《海商法》第 235 条仅为“特约条款”而非“保证”。[④]

可见,由于我国《海商法》第 235 条并没有给“保证”下定义,给对其性质的界定带来一定困扰,但也给了很大的解释空间。为明晰我国《海商法》中“保证”的性质,需要作进一步的探讨和求证。

(二)《海商法》“保证条款”的性质

我国《海商法》第 235 条规定的“保证条款”是由合同当事人约定而产生的、设定被保险人义务的条款。笔者认为,对其性质的界定可以以保险条款及种类为出发点,也可以从词源和立法背景予以考证。

1. “保证条款”的性质:基于海上保险合同整体的考量

根据我国《海商法》第 235 条规定“被保险人违反合同约定的保证条款……”该“保证条款”包含两层意思:第一,保证首先是海上保险合同的一类条款。“保证条款”来源自当事人根据意思自治约定或者在现代保险交易的格式化背景下以格式化条款形式订立的,其对被保险人的约束来源于合同自身而不是法律规定。第二,从《海商法》违反保证的法律后果来看,“保证条款”设定的义务是单向性的,仅针对被保险人。结合上述两点分析,在海上保险合同所包含的众多条款中,那些并非设定被保险人义务的条款,如保险承保范围、除外责任条款等,应排除在“保证条款”之外。而被保险人在保险合同期间应履行的义务不是单一义务而为义务群。从效力来源看,被保险人履行的义务有约定义务和法定义务之分,其中缔约阶段的告知义务、[⑤]保险事故发生

① 初北平:《船舶保险条款研究》,大连海事大学法学院 2008 年博士学位论文,第 131 页。

② 杨召南、徐国平、李文湘著:《海上保险法》,法律出版社 2009 年版,第 109 页。持相同观点另可参见葛延珉著:《海上保险法最大诚信原则研究》,大连海事大学 2004 年博士学位论文,第 84 页。

③ 沈木珠著:《国际贸易法研究》,法律出版社 2010 年版,第 176 页。

④ 参见李桢:《从大陆法系国家角度看中国对英国模式下保证制度的改革及引入》,载司玉琢主编:《中国海商法年刊》(2008 年卷),大连海事大学出版社 2009 年版。

⑤ 参见《海商法》第 222 ~ 223 条。

时的施救义务、[1]被保险人的通知义务[2]等[3]均为法定义务而不是约定义务，而被保险人最主要的约定义务是交付保险费这一主给付义务。因此，两相排除之后剩下的被保险人的约定义务就可能是为控制风险而设定的，要求被保险人保证某一事实存在或不存在以及"保证"在保险期间为或不为某行为的条款。除此之外，也很少有其他"约定义务"需要由立法强行赋予解除合同之法律后果。因此，从保险条款的内容和被保险人的义务角度去解析《海商法》中的保证条款，其接近英国 1906 年《海上保险法》中的"保证"也是符合情理的。

2. "保证条款"和"特约条款"之关系

有学者认为，我国《海商法》规定的"保证条款"是"特约条款"，不同于英国 1906 年《海上保险法》中的"保证"。笔者认为，这种观点并不完全正确，"特约条款"在不同的法律环境中有不同含义，范围也并不相同。

在某些情况下，"特约条款"和"保证条款"是等同的。例如，我国台湾地区"保险法"用四个条文规定了"特约条款"。其中第 66 条规定了"特约条款"的定义："特约条款，为当事人于保险契约基本条款之外，承认履行特种义务之条款。"第 67 条关于特约条款的范围，规定："与保险契约有关之一切事项，不问过去、现在或将来，均得以特约条款定之。"该"法"关于"特约条款"的规定和英国 1906 年《海上保险法》的"保证"条款类似，只是其规定的"特约条款"范围更广，可以限定保险人或要保人的特种义务。就"特约条款"和"保证条款"的关系，我国台湾地区的学者认为该"特约条款"性质颇似保证（warranty），所以，也叫保证条款。[4]也有学者称"特约条款与担保条款（warranty）在性质上未见有何分界，现代保险法弃'担保'[5]一词而不用，是为了限制担保条款的滥用，盖名废而实未废也"。[6] 因此，在某种意义上特定化的特约条款与保证条款是基本等同的。

---

① 参见《海商法》第 236 条。

② 被保险人的通知义务，主要为《海商法》第 236 条规定的保险事故发生时的通知义务，以及根据《保险法》(2009 年修订) 第 56 条第 1 款规定的重复保险的通知义务。

③ 被保险人的法定义务，还有比如负有不损害保险人代位求偿权的消极义务和配合保险人行使代位求偿权的积极义务等。

④ 参见郑玉波著（刘宗荣修订）：《保险法论》（修订 8 版），三民书局股份有限公司 2010 年版，第 66 页。

⑤ 我国台湾地区学者一般将英美法系保险法中的 Warranty 译为担保，并认为其保险法第 66 条至第 68 条中的"特约条款"就是英美保险法中的 warranty。另可参见刘宗荣著：《新海商法：海商法的理论与实务》，三民书局股份有限公司 2007 年版，第 529 页。

⑥ 桂裕著：《保险法论》，三民书局股份有限公司 1981 年版，第 175 页。

我国《海商法》及《保险法》(2009 年修订)[①]对“特约条款”的内容未作具体规定,但可以认为,无论是何种保险,“特约条款”是相对于基本条款而言的,是由当事人在保险单的正面所约定的条款,通常被称为特别约定(special agreement)。[②] 作为与基本条款相对应的特约条款,一类是就保险合同基本条款以外的事项所作的约定,另一类是对保险合同基本条款作出的变更,此为广义上的特约条款。我国学者将此种意义上的“特约条款”根据其内容区分为保证条款、协会条款、共保条款和附加条款四种形式。[③] 其中保证条款是指保险合同中以书面文字或通过法律规定的形式使投保人或被保险人承诺某一事实状态存在或不存在、持续存在或不持续存在,以及承担履行某种行为或不行为的条款。因此,如果从形式意义上去界定“特约条款”,则“保证条款”为“特约条款”中的一类,《海商法》第 235 条的保证条款属于“特约条款”的一类,并且《海商法》第 235 条“保证”性质的条款从条款的特殊内容和条款的特殊法律后果来看是与其他保险“特约条款”有区别的,且具有独特性,与学理界认为的作为“特约条款”的保证条款是一致的。因此,从我国保险法律来看,“特约条款”中包含了《海商法》第 235 条的“保证条款”,且其为被保险人承诺为或不为某种行为或者保证某事实存在或不存在的保证,与英国 1906 年《海上保险法》的保证是相似的。

因此,从狭义角度理解“特约条款”,“特约条款”等同于保证条款。我国海上保险实务中一般将保证称为“保单特款规定”。[④] 从广义角度理解“特约条款”,我国《海商法》第 235 条规定属于“特约条款”的一类。但无论如何,均不能得出我国《海商法》第 235 条的规定仅为“特约条款”而非保证的结论。

---

① 我国《海商法》第 217 条关于“海上保险合同的内容”的规定是任意性规范。《保险法》(2009 年修订)第 18 条第 1 款为基本条款,采用的是强制性规范;第 2 款规定“投保人和保险人可以约定与保险有关的其他事项”,该款即为特约条款,采任意性规范的方式。《保险法》(2009 年修订)没有进一步规定特约条款的范围,因此应是从与基本条款相对应的角度使用的。

② 参见初北平:《船舶保险条款研究》,大连海事大学 2008 年博士学位论文,第 13 页。

③ 其中,协会条款(或学会条款)是指保险业中同业者,因实际需要而共同商定的条款,如伦敦保险人协会条款或美国保险人协会条款。共保条款,即保险人与投保人约定就保险标的物的一部分,由投保人自行负担因危险而产生的损失。附加条款通常指为适应特殊情况,对保险合同的基本条款内容有所修订时,在正式保险单后添加的条款。参见孙宏涛、曹智:《保险合同的特约条款及其法律规制》,载《广西金融研究》2007 年第 4 期;欧世龙、刘小丽:《试论保险合同之特约条款》,载《行政与法》2005 年第 8 期。我国台湾地区的学者对保险特约条款区分为保证条款、协会条款、共保条款以及附加条款;梁宇贤著:《保险法新论》(修订版),中国人民大学出版社 2004 年版,第 106 ~ 108 页。

④ 参见汪鹏南著:《海上保险合同法详论》(第四版),大连海事大学出版社 2017 年版,第 69 页。

从保险区分为基本条款和“特约条款”的角度去看,《海商法》第235条的规定应属于“特约条款”的一种。这里有一个问题必须注意的是:从另外一个角度看,保险合同通常是由议商条款和格式条款共同组成的,虽格式化已经成为保险的内在特征,但保险合同中仍存在由当事人协商确定的合同条款,即议商条款。“特约条款”和议商条款两个概念会出现混淆,因此应注意区分。作为约定被保险人履行特定义务的“保证条款”,在我国海上保险实践中是有一定数量的存在的。但从订立程序来看,有一些“保证条款”是议商条款,而有的则为格式化的条款。例如,《中国人民财产保险股份有限公司船舶保险条款》(2009年版)并未标明哪些条款为保证条款,但确有保证性质的条文,如航区保证,船级保证,船东、经理人、经营人不变保证,货物保证,开航保证,拖带保证,救助保证[①]等,它们均属于格式化条款。

3.“保证”:词源和背景

在我国法律体系中,对“保证”有过定义的是我国《担保法》,其第6条规定:“本法所称保证,是指保证人和债权人约定,当债务人不履行债务时,保证人按照约定履行债务或者承担责任的行为。”显然《海商法》中的“保证”与《担保法》中作为债的担保方式之一的“保证”是不同的。《海商法》之后出台的《合同法》和《保险法》都没有关于保证的规定。《海商法》之前,我国民商事法律体系没能提供“保证”的立法基础,我国的民商法理论也没能提供保险“保证”来源的理论渊源。可以说,《海商法》中的“保证”概念并非孕育于我国民商法的理论体系,也不是我国土生土长的法律概念。而从海上保险实务角度来看,早在我国《海商法》出台之前,我国海上保险实践已经借鉴了英国协会条款中的“保证”(尽管条款名称不是“保证条款”)。例如,《中国人民保险公司船舶保险条款》(1986年)的条款中,虽并未标明哪些条款为保证条款,但确有保证性质的条文,如航区保证,船级保证,船东、经理人、经营人不变保证,货物保证,开航保证,拖带保证,救

① 参见《中国人民财产保险股份有限公司船舶保险条款》(2009年版)“六、保险合同的解除”第2~3项:“……(二)当船舶的船级社变更,或船舶等级变动、注销或撤回,或船舶所有权或船旗改变,或转让给新的管理部门,或光船出租或被征购或被征用,除非事先书面征得保险人的同意,本保险自动解除。但船舶有货载或正在海上时,经要求,可延迟到船舶抵达下一个港口或最后卸货港或目的港。(三)当货物、航程、航行区域、拖带、救助工作或开航日期方面有违背保险单特款规定时,被保险人在接到消息后,应立即通知保险人并同意接受修改后的承保条件及所需加付的保险费,本保险仍继续有效,否则,本保险自动解除。”该条款与之前该公司1986年船舶保险条款比较,条款的名称从“保险终止”改为“保险合同的解除”,相应的法律后果也从原“本保险应自动终止”修改为“本保险自动解除。”

助保证①等即以基本条款的形式出现在船舶保险单中。而我国《海商法》第十二章立法主要参考的就是英国1906年《海上保险法》,从而将该法中的“保证”借鉴过来得以制度化,即从英国1906年《海上保险法》借鉴“保证”与我国海上保险实践相呼应,这是极有可能的。

二、英国海上保险保证制度及其严苛性

理解我国《海商法》中的保证及其对风险控制的作用,应从孕育这一制度的英国海上保险法为出发点。英国海上保险法中的保证是非常独特的一类合同条款,无论明示保证或是默示保证,②都具有以下共同的特点。

(一)履行保证的严格性

海上保险保证的严格履行规则(strict compliance rule, literal compliance rule)是由曼斯菲尔德勋爵在1778年的Pawson v. Watson案和Hore v. Whitmore案中引入的,并在1786年的De Hahn v. Hartley案中得到重申。③ 曼斯菲尔德勋爵在De Hahn v. Hartley案的判决书中写道:“在保险合同里,保证是一项条件、一项前提,如果没有履行它,合同就不存在。它也许与合同成立的目的毫无关系,这没有问题,但只要把它加入合同中,就必须得完完全全地遵守它,这样合同才能续存。在本案中,合同存在的条件就是船舶在航行期间必须保有特定数额的船员,而这一点要求没有被满足,因此保险单无效。”④英国1906年《海上保险法》则使保证严格履行规则得以成文化,其第33条第3款规定:“保证无论对风险是否重要,都必须严格遵守。”

二百多年来,英国法一直严守保证的严格履行规则,履行规则的严格性体现在:第一,必须严格按照保证条款的文字遵守保证,实质遵守(substantial observance)是不够的。英国1906年《海上保险法》第32条第

---

① 中国人民保险公司1986年《船舶保险条款》第6条第2款及第3款的内容和中国人民财产保险股份有限公司船舶保险条款(2009年版)对于保证事项的规定是一致的,两者的区别见前注释。

② 根据英国1906年《海上保险法》第32条第2款,保证分成明示保证和默示保证。

③ See Thomas J. Schoenbaum, “Warranties in the Law of Marine Insurance: Some Suggestions for Reform of English and American Law”, *Tulane Maritime Law Journal*, 1999, p. 282.

④ 99Eng Rep. 1130 (K. B. 1786) p. 1131. See Thomas J. Schoenbaum, “Warranties in the Law of Marine Insurance: Some Suggestions for Reform of English and American Law”, *Tulane Maritime Law Journal*, 1999, p. 278. 该案案情:一艘在liverpool与the West Indies之间航行的船舶的保单中有一项保证,要求被保险船舶在开航时配备50名以上的船员。该船舶在liverpool开航时仅有46人,在离liverpool很近的Anglesey补充了6名船员,直至船舶出险。Mnasfield勋爵仍判定被保险人违反了该项保证。

3 款措辞中所使用的“must”一词强化了这一要求。[1] 简言之，被保险人对于保证的履行必须“百分之百地准确”。[2] 第二，无论对风险是否重要，只要属于保证事项的，均应严格遵守。“法律不计较琐事原则”在保证中没有适用的余地。[3] Overseas Commodities Ltd. v. Style 案[4]是体现保险保证必须严格履行原则的一个重要案例。该案的保单中包括一项保证：要求生产商在所投保的猪肉罐头的底部做生产日期的标记。被保险人在大量罐头上未能做到如此标记，结果法庭判决被保险人违反保证。

（二）违反保证的后果的严厉性

保证必须被一丝不苟地严格遵守，一旦违反保证其后果则是更具严厉性的：自动解除保险责任的形式本身就非常严苛，违反保证的不可补救性和不可抗辩性又加剧了责任的严厉性，而违反保证的责任的无因性更是加重了责任负担。

1. 责任形式：自动解除保险责任

曼斯菲尔德勋爵当年所建立的保证规则中，认为“保证是一项条件……因此，违反保证，保险合同就不存在”。[5]而英国 1906 年《海上保险法》集成了这一思想并对法律后果的措辞更为清晰，其第 33 条第 3 款明确规定：“如果没有严格遵守保证，除非保险合同另有规定外，保险人自违反保证之日起解除保险责任，但不影响此前其应当承担的责任。”[6]英国上议院在关于保证的权威判例 Bank of Nova Scotia v. Hellenic Mutual War Risks Association（Berinuda）Limited 一案（以下简称 The Good Luck 案）将上述违反保证的法律后果解释为保险人自动解除保险责任。这一法律后果表明：第一，违反保证的后果并非自始无效，而是自违反之日起解除保险责任，因此，不影响违反保证前保险人对保险责任的承担。第二，违反保证

---

① See Susan Hodges, *The Law of Marine Insurance*, London, Cavendish Publishing Limited, 1996, p. 96.

② 参见魏润泉、陈欣著：《海上保险的法律与实务》，中国金融出版社 2001 年版，第 72 页。

③ See Susan Hodges, *The Law of Marine Insurance*, London, Cavendish Publishing Limited, 1996, p. 96.

④ [1958] 1Lloyds Rep p. 546. See Susan Hodges, *The Law of Marine Insurance*, London, Cavendish Publishing Limited, 1996, p. 97.

⑤ De Hahn v. Hartley, 99Eng. Rep. 1130, (K. B. 1786). See Thomas J. *Schoenbaum*, “Warranties in the Law of Marine Insurance: Some Suggestions for Reform of English and American Law”, *Tulane Maritime Law Journal*, 1999, p. 286.

⑥ MIA196 S. 33(3): “... If it be not so complied with, then, subject to any express provision in the policy, the insurer is discharged from liability as from the date of breach of warranty, but without prejudice to any liability incurred by him before that date.”

产生的法律后果不取决于保险人解除权的行使,相反保险责任的解除是自动的。在关于保证的权威案例 The Good Luck 案中,高夫勋爵(Lord Goff)在分析这一规定的含义时指出:"这些措辞(指英国 1906 年《海上保险法》第 33 条的规定)是十分清楚的。它们表明保险人是自动解除责任,保险责任的解除并不依赖于保险人最后作出的关于保险合同的任何决定。"①

2. 违反保证的不可抗辩性以及不可补救性

在关于英国海上保险法的经典著作 Arnoulds's 一书中,对违反保证的不可抗辩性有过经典阐述:"任何理由,无论多么充分;任何动机,无论多么善良;任何需要,无论多么迫切,都不能成为不遵守保证条款的理由。"②这就是违反保证的不可抗辩性原则。虽然英国 1906 年《海上保险法》并没有明文规定不可抗辩原则,但在普通法中已经确立该规则。③ 尽管违反保证具有不可抗辩性的特点,但是,英国 1906 年《海上保险法》第 34 条④仍规定了两项免除保证责任的事由。对此的合理解释是,对被保险人违反保证的责任免除,也仅限定为英国 1906 年《海上保险法》法定的两项事由,除此之外,无论被保险人是否出于过错或其他原因,都不能为其没有严格履行保证而开脱。

违反保证责任的严苛性还表现为法律后果自保证被违反之日即产生,之后任何的补救行为都于事无补,这就是违反保证的不可补救性(irremediable)。英国 1906 年《海上保险法》第 34 条第 2 款:"被保险人违反保证,则不能以在损失发生前已弥补违反事项,保证得到遵守为由抗辩。"该规则是来自 18 世纪末 19 世纪初的判例,如 De Hahn v. Hartley 以及 Quebec Marine Insurance Co. v. Commercial Bank of Canada。⑤

3. 违反保证的责任的无因性

前述违反保证的后果的严厉性还表现在违反保证的责任的无因性,即无论被保险人违反保证是否有过错,无论保证对保险风险是否具有重要

---

① [1992] 1A. C. 233. pp. 262 – 263. See Jonathan Gilman et al. , *Arnould's Law of Marine Insurance and Average*(17th ed.), London, Sweet & Maxwell, 2008, p. 790.

② Jonathan Gilman et al. , *Arnould's Law of Marine Insurance and Average* (17th ed.), London, Sweet & Maxwell, 2008, p. 795.

③ See Susan Hodges, *The Law of Marine Insurance*, London, Cavendish Publishing Limited, 1996, p. 96.

④ 根据英国 1906 年《海上保险法》第 34 条第 1 款,由于情况发生变化,保证不再适用于合同的情况或保证义务的履行成为不可能或违法;第 3 款保险人的弃权。

⑤ See Baris Soyer, *Warranties in Marine Insurance* (2nd ed.), London, Cavendish Publishing Limited, 2006, p. 137.

性,也无论违反保证与保险事故的发生是否有因果关系,一旦未严格遵守保证,都将导致保险责任的自动终止。对于为何不问被保险人是否有过错,违反的保证事项对风险是否重要或与损失是否有因果关系而自动解除保险人的保险责任,其原因正如瑞克斯法官(Rix L. J.)在 HIH v. New Hampshire① 案中所指出的,法律设定这一后果是"因为保险人仅同意在被保险人履行保证的前提下承保风险"。

4. 保险人可以放弃对被保险人违反保证责任的追究

根据英国 1906 年《海上保险法》第 34 条第 3 款的规定,保险人可以放弃对被保险人违反保证责任的追究。但学者认为,结合该法第 33 条第 3 款的规定,由于对违反保证唯一的救济是自动解除保险人的保险赔偿责任,既然如此,保险人就没有什么可以放弃的了。② 因此,保险人对违反保证的责任追究的放弃也是较为严格的,消极的不作为不能被认为是放弃对保证的追究,只能是保险合同事先约定保险人放弃对保证责任的追究,或者是保险人在明知保证被违反后通过言辞或行为放弃对被保险人责任的追究。

(三)保险"保证"的奇特性

保险法上的"保证"是一个奇特的法律概念,即便在英国,用英国的法律文化去解读,其也是非常奇特的。

首先,保险"保证"术语的奇特性。根据英国普通合同法,合同条款根据其重要性不同分为"条件"(condition)条款和"保证"(warranty)条款,以及后来区分出的第三种"中间条款"(intermediate terms)。③ 虽为同一术语

---

① [2001]2Lloyd's Rep161. See Jonathan Gilman et al. , *Arnould's Law of Marine Insurance and Average*(17th ed.),London,Sweet & Maxwell,2008,pp. 791 – 792.

② 参见杨召南、徐国平、李文湘著:《海上保险法》,法律出版社 2009 年版,第 116 页。

③ 根据条款的重要性程度,英国合同法将合同条款分成条件条款和保证条款。条件条款是合同的主要条款,一旦违反构成违约且为根本违约,法律后果为解除合同,受害方还可以请求损害赔偿;保证条款为次要条款,违反保证条款仅产生损害赔偿请求而不得解除合同。例如,英国 1893 年《货物买卖法》就合同条款的分类即采用条件条款和保证条款二分法。英国于 20 世纪 60 年代开始改变非此即彼的区分,通过一系列重要案例(第一个重要案例是 Hong Kong Fir Shipping Co v. Kawasaki Kisen Kaisha[1962] 2 QB 26)确立了既非条件也非保证的中间条款,中间条款的法律后果是法院必须审查违反的性质和后果决定适用无过错方免除责任还是仅能要求损害赔偿。1979 年《货物买卖法》(该法在实施后多次修改,最近一次修改是在 2008 年,但数次修改基本上是澄清或增补,并不是完整的法例,因此一直以"1979 年货物买卖法"为立法文件的名称。该法修改的具体情况可参见 http://www. legislation. gov. uk/changes/affected/ukpga/1979/54。)确立了三分法。参见[英]P. S. 阿狄亚著:《合同法导论》(第五版),赵旭东等译,法律出版社 2002 年版,第 175 ~ 182 页;[英]冈特 · 特雷特尔著:《二十世纪合同法的几个里程碑》,杨帆译,北京大学出版社 2009 年版,第 109 ~ 140 页。

“warranty”，保险法中的保证条款并不等同于普通合同法中的保证条款：违反普通合同法中的保证条款，对方只能请求损害赔偿而不能解除合同；但保险法中的保证必须严格遵守，一旦违反则自动解除保险人的保险责任。同一术语在合同法的不同领域出现不同意思是令人费解的，无怪乎美国海商法学者吉尔摩（Grant Gilmore）等不无戏谑地批评：“奇异的设想杜撰了这些术语，实在令人感到遗憾，语言文字的创新者们最好别在海上保险而是到其他领域去施展其才能。”①尽管理论界对保险“保证”这一术语使用颇为困顿，但是司法实践中对于保险“保证”并非一般合同法上的保证条款的认识则是较为一致的。②

其次，保险“保证”性质的奇特性。即便在英国，对保险法特别是海上保险法的保证条款到底是属于条件还是属于先决条件，虽判例法已明确其为先决条件，但是，理论界对此认定仍有质疑。根据英国1906年《海上保险法》第33条第3款的规定，保证是条件（condition），③既没有对该条所使用的“条件”一词作出解释，也没有对该“条件”一词作限制。因此，传统上总是认为海上保险法“保证”的性质即为“条件”。④ 对于此，学者大多留意到了保险法中的“保证”与一般合同法中的“条件”，两者并不相同。例如，克拉克教授认为：“保险法中的保证与1979年《货物买卖法》中的条件应该是不同的，后者的违反不仅赋予无过错方解除合同的权利且无过错方有请求赔偿的权利；而违反保证，虽然有时被称为条件，赋予保险人自动解除保险责任的权利，但通常不赋予保险人请求损害赔偿的权利。”⑤

更为关键的是，英国1906年《海上保险法》第33条在规定违反保证的法律后果时的措辞是保险人自违反时“解除保险责任”而并没有使用一般合同法中违反条件“解除合同”的措辞。英国上议院在关于保证的权威判

---

① ［美］G. 吉尔摩、C. L. 布莱克著：《海商法》（上册），杨召南等译，中国大百科全书出版社2000年版，第81页。

② 例如，对于保险法上的保证并非一般合同法上的保证，Walsh法院在Cap Tarifa案中有非常清楚的阐述：“保证一词，具有多种不同的含义。就我们讨论的保险问题，是不能用合同法上的一般原则来考虑的，当然也不能用合同法上的条件和保证的区别来讨论保险法上的保证。”［1957］2Lloyd's Rep 485. p. 490. See Susan Hodges, *The Law of Marine Insurance*, London, Cavendish Publishing Limited, 1996, p. 100.

③ MIA1906 S. 33（3）：“A warranty, as above defined, is a condition which be exactly complied with, whether it be material to the risk or not. . . ”

④ 根据苏珊·豪吉斯的介绍，除一般被认为的保险保证为条件外，以前对保险保证的性质的不同观点还有：保证是承担风险的先决条件，保证是保险人承担保险责任的先决条件，保证是后决条件等。See Susan Hodges, *The Law of Marine Insurance*, London, Cavendish Publishing Limited, 1996, p. 101.

⑤ Malcolm A. Clarke, *The Law of Insurance Contracts*（4th ed.）, London, LLP, 2002, p. 628.

例(The Good Luck 案)一案的判决中,高夫勋爵(Lord Goff)对第 33 条第 3 款关于解除保险责任的这一规定具体解释为:这一解除保险责任是自动(automatic)的,并不取决于保险人对保险合同的任何决定,之所以违反保证的法律后果为保险人解除保险责任,是因为"履行保证是保险人承担或进一步履行保险责任的先决条件"(fulfilment the warranty is a condition precedent to the liability or further liability of insurer)。[①] 也就是说,保险法中的"保证"不是一般合同法中的普通"条件"而是"先决条件"。其区别在于:违反条件,赋予无过错方解除合同的权利,由无过错方选择是否行使;而违反此先决条件,除非保险人弃权,产生的法律后果是保险人自保证被违反时自动解除保险责任。

保险人自动解除保险责任这一违反保证的法律后果经 The Good Luck 一案被确定下来,并与一般合同法中的违反条件的法律后果相区别,但是对保险"保证"是先决条件这一性质的认定,也有学者表达了不同见解。例如,英国保险法学者苏珊·豪吉斯从违反保险"保证"产生自动解除保险责任这一法律后果出发,认为保险"保证"的这一界定其实糅合了英国普通合同法中的条件条款和先决条件。[②] 英国合同法领域的权威特雷特尔(Guenter Treitel)则认为,英国 1906 年《海上保险法》中的保证条款的本质与 1979 年《货物买卖法》中的条件的本质并无不同,违反保险法中的保证的后果是自动解除保险人的保险责任,而一般合同法违反条件的后果是赋予无过错方解除合同的权利,如果要说两者有所不同的话,其不同之处在于保险合同在性质上是损害赔偿合同。虽然保险法中的"保证"和一般合同法中的"条件"两者在操作上有小小的不同,但不认为它们属于不同的法律分类。[③]

美国学者施恩鲍姆(T. J. Schoenbaum)认为,英国 1906 年《海上保险法》对保证的定义中出现了 warranty/condition/promise/representation 混用的情况,因而使性质的界定显得尤为困难。[④] 的确,保险"保证"性质的界定

---

① [1992]1A. C. 233, p. 262. See Jonathan Gilman et al., *Arnould's Law of Marine Insurance and Average*(17th ed.), London, Sweet & Maxwell, 2008, p. 790.

② See Susan Hodges, *Law of Marine Insurance*, London, Cavendish Publishing Limited, 1996, pp. 101 – 105.

③ 参见[英]冈特·特雷特尔著:《二十世纪合同法的几个里程碑》,杨帆译,北京大学出版社 2009 年版,第 130 ~ 131 页。该书译者将"warranty"译为"担保条款",笔者将其所使用的"担保条款"转换为"保证条款",特此说明。

④ See Thomas J. Schoenbaum, "Warranties in the Law of Marine Insurance: Some Suggestions for Reform of English and American Law", in *Tulane Maritime Law Journal*, 1999, p. 291.

确实仍是令人困惑的一个理论问题，但是，上议院对“自动解除保险责任”这一法律后果的明确，使保险“保证”性质的界定问题对司法实践已经不再产生困扰，随着这一法律后果的确定，保险“保证”规则的严苛性再一次被重申。

（四）英国海上保险保证制度面临的问题

英国海上保险严苛的保证制度规则初步形成于18世纪，到20世纪初被成文法化。这些严苛的保证制度规则因其过度有利于保险人而受责难，事实上英国的海上保险实践也表明对保险人过度保护的制度一定程度上影响了英国海上保险业的进一步发展。

1. 对严苛的保证制度公平与否的责难

从英国海上保险法判例法和成文法来看，英国海上保险法的保证制度具有如下法律特征：保证无重要性要求，违反保证与损失之间无因果关系要求，保证必须严格遵守，违反保证不能补救，违反保证不能抗辩。① 概言之，保证必须严格遵守，如有任何违反则保险责任得以自动解除。英国传统的海上保险法之所以存在这样一种简单又严苛的规则，是由于海上保险发展之初存在海上保险风险高、承保技术落后以及信息不对称的情形，而通过被保险人的保证这一法律技术手段的运用并以严格遵守保证的简单而严苛的规则作后盾，使保证制度具有阻吓被保险人的作用，因而使风险得以控制。这一简单而直接的法律规则，起到的是对风险控制的安全阀的作用。靠着这一简单而直接的法律规则，承保人得以弥补了技术上的先天不足。② 对这一看似严酷的制度，学者对其历史贡献是普遍认可的，认为“在过去的年代里为促进保险业的发展，保障国际海上运输发挥了不可磨灭的作用”。③

但是，海上保险业从幼稚年代发展到现代，承保技术日渐成熟，科技日新月异，信息不对称现象已明显不同于创设保证制度的18世纪的状况，而且造船技术以及现代通信手段的提高也使海上航运业抵御海上风险的能力得到提高。因此，在新的历史时期，仍然把严苛的保证规则④作为保险人的技术

---

① See Susan Hodges, *The Law of Marine Insurance*, London, Cavendish Publishing Limited, 1996, p. 95. 相似的见解另可参见 Baris Soyer, *Warranties in Marine Insurance* (2nd ed.), London, Cavendish Publishing Limited, 2006, pp. 133 – 139.

② 参见李春彦、李之彦著：《保险法告知义务及其法律规制》，法律出版社2007年版，第46页。

③ 傅廷中：《海上保险保证制度的过去、现在与未来》，载《中国海商法研究》2013年第4期。

④ 保证制度的特点也是保证制度被苛责之所在。2012年6月26日，负责法律改革的英格兰法律委员会和苏格兰法律委员会联合发布的咨询文件指出了保证制度的四个问题，其中三个就是与保证制度的严苛性本身有关：第一，保证的严格遵守，被保险人犯下的与风险毫不相干、微不足道的错误都可能成为保险人拒赔的理由；第二，被保险人不能以违反保证的情况已经得到补救为由进行抗辩；第三，保险人解除保险合同下的全部赔偿责任；第四，通过投保单中“合同基础”的条款将投保单中的回答转化为保证。

性抗辩手段，使保险保证存在被滥用的趋势。首先，保险保证有取代陈述制度的趋势，由于陈述受事实重要性和实际诱因规则的制约，而保证无论对风险是否重要，均应严格履行，因此，保险人倾向于将陈述的事实通过并入条款或合同基础条款的形式并入保险合同中，使其成为保险保证的一部分。对此，有学者认为，这是保险市场“异化”的体现，对被保险人非常不公平。[①] 其次，保证条款和保险合同中的另一类限制或排除保险人责任的条款即除外条款，两者作用是类似的。但违反保证的后果却比除外条款更为严厉，除外风险发生的损失受因果关系约束，而保证的违反与造成的损失之间却不问因果关系，因此，保险人也倾向于将除外风险以保证条款的形式出现。因其严苛性，保证成为保险人手上的最后一张王牌（trump card）[②]和海上保险合同中潜在的核武器。[③] 在保护被保险人利益的法律理念的推动下，保证制度将因其所导致的越发明显的对被保险人不公平的后果而面临更大的挑战和诘问。

2. 严苛的保证制度对英国海上保险业务的影响

根据学者索耶尔（Baris Soyer）对英国以及其他国家海上保险的保险费统计表明，1995～1998 年伦敦海上保险市场获得的保险费收入下降 50.25%，而与伦敦市场同具竞争力的德国和挪威，其同期海上保险的保险费收入除去货币波动因素的影响，同比下降的幅度分别是 20% 和 22%。[④] 伦敦海上保险市场占全球海上保险市场的份额呈下降趋势也已经有一段时间，根据英国保险人协会的数据显示：英国海上保险市场份额比例 1991 年为 31%，1994 年为 27%，而 1999 年则为 21%。[⑤] 对于保险费绝对值的下降和相对市场份额的下降，索耶尔博士认为有很多因素，[⑥]但主要原因是

---

① 郑睿：《英国海上保险保证制度改革评析》，载《中国海商法研究》2016 年第 2 期。

② Boberg Trumping an Insurance Warranty (1969) 86 SALJ 335. See John Hare, "The Omnipotent warranty: England v. the World", http://web.uct.ac.za/depts/shiplaw/imicfram.htm.

③ See John Hare, "The Omnipotent warranty: England v. the World", http://web.uct.ac.za/depts/shiplaw/imicfram.htm.

④ See Baris Soyer, *Warranties in Marine Insurance* (1st ed.), London, Cavendish Publishing Limited, 2001, pp. 297 – 299.

⑤ Association of British Insurers. Insurance: Facts. Figurea nd Trends (1997, 1998, 1999 and 2000). See Baris Soyer, *Warranties in Marine Insurance* (2nd ed.), London, Cavendish Publishing Limited, 2006, p. 205.

⑥ 比如 Baris Soyer 在分析伦敦海上保险的保费下降的原因时，认为美元的贬值也是原因之一。See Baris Soyer, *Warranties in Marine Insurance* (1st ed.), London, Cavendish Publishing Limited, 2001, pp. 297 – 299. 其书的第 2 版中，在分析伦敦海上保险费份额下降的原因时，进一步提出本国承保限制导致一些国际海上保险业务不能流入伦敦市场，伦敦保险市场对高风险业务的犹豫等是导致其市场份额比例下降的原因之一。See Baris Soyer, WarBaris Soyer, *Warranties in Marine Insurance* (2nd ed.), London, Cavendish Publishing Limited, 2006, p. 205.

来自其他保险市场的激烈竞争。那么其他保险市场的竞争优势何在？为何能构成对被称为海上保险鼻祖的英国海上保险市场的威胁呢？原因可能也很多，索耶尔博士接下来的分析可谓一语中的。

相对于伦敦海上保险市场的疲软，德国和挪威的海上保险业务却成功发展，原因在于，其成功地发展了与世界上不同利益国家间的紧密联系，成功吸引了很多国外的业务。① 而其吸引更多国外业务的原因不仅在于20世纪90年代伦敦保险市场对某些高风险业务的犹豫而给予其发展的机会，还在于德国和挪威在保险单中采用了对被保险人较为友好的法律规则（the assured-friendly legal rules）。索耶尔博士认为，②保险交易对方主要的利益在于以最低的市场价格尽可能地获得更有利的条款。如果保险费率与其他重要的保险市场是相容的，那么保险条件就成为争夺市场份额的一个重要因素。以《伦敦协会定期船舶保险条款》为例，1995年条款与1983年条款相比，1995年条款因增加了更为严格的条款而不被市场所接受。相反，通过对挪威和德国的船壳险的研究，其认为，从德国和挪威采纳的保证制度来看，它们所采用的方法相较于英国而言，对被保险人更为公平。③ 因此，可以判断，严苛的保证制度以及其他对被保险人同样非常严苛的制度等是造成英国海上保险发展速度开始放慢甚至踌躇不前的原因之一。

三、英美法系其他国家对保险保证制度的继受及变革

英国海上保险法中的保证制度一方面被其他英美法系国家所接受，另一方面随着海上保险向一般保险的扩展，发轫于海上保险的保证制度也为英美法系的保险法所继受。由此，保证制度发展成为英美法系国家颇具特色的制度。当然在英美法系海上保险和非海上保险中保证从开始就存在一定差异，比如在英国法中，默示保证在一般保险合同法中是不存在的，仅存在于海上保险法中。④ 随着保险法尤其是涉及消费者保险的领域对保证

---

① See Baris Soyer, *Warranties in Marine Insurance* (2nd ed.), London, Cavendish Publishing Limited, 2006, p. 206.

② Baris Soyer, *Warranties in Marine Insurance* (2nd ed.), London, Cavendish Publishing Limited, 2006, p. 206.

③ Baris Soyer, *Warranties in Marine Insurance* (2nd ed.), London, Cavendish Publishing Limited, 2006, p. 205. The same see also Baris Soyer, "Marine Insurance Warranties: Old Rules for the New Miliennium?", in D. Rhidian Thomas ed., *The Modern Law of Marine Insurance* (Vol. 2), London, LLP, 2002, pp. 188 – 189.

④ Euro-Diam Ltd v. Bathiurst[1990]1QB1. 该案中上诉法院明确表示在非海上保险中并不存在合法性的默示保证。See Baris Soyer, *Warranties in Marine Insurance* (2nd ed.), London, Cavendish Publishing Limited, 2006, p. 3.

规则的引入,严苛的保证制度对被保险人权益的侵害更加明显,使其合理性受到了质疑,保证制度的变革由此首先从非海上保险领域展开。同属英美法系的其他国家,如美国、澳大利亚等国家在20世纪中期以后就开始采取了软化保证制度的措施,与英国严苛的保证模式出现了分野,如澳大利亚1984年《保险合同法》的保证制度的变革是最激进和彻底的,其第54条彻底废除了保证制度,并将被保险人行为与保险标的损失有因果关系作为保险人拒赔的前提。① 同时,英美法系一些国家的保险保证制度变革正开始从一般保险领域逐渐向海上保险领域展开,只不过不同的国家采取的改革路径和改革力度并不相同。在海上保险领域,成文法尚未见有正式革新成果但正在进行中,例如,澳大利亚法律委员会于2001年作出了关于改革其1909年《海上保险法》的报告,其中涉及保证的改革。判例法正在缓慢改变严苛的保证规则,特别是美国,其海上保险保证制度已经与英国有明显的分野。可见,不同的路径所要解决的问题其实是相同的,即都是针对严苛的保证制度作出软化处理。

(一)保险保证条款认定的限制

保证条款容易被保险人滥用的根本原因在于其本身是对保险人有利的制度,因此,保险人有利用这一约定模式不断扩大保证范围的内在冲动,这就使保证条款的内容得以扩展,囊括过去、现在和将来各种情形,而且被保险人不但被要求保证在投保时其陈述的信息符合当时的实际情况,更要确保整个保单有效期内其保证依然有效。在保险人占据缔约优势地位的现代保险中,则更容易使保证条款被无限扩大,这也符合经济人的利益最大化取向,因此,变革首先是从缩小保证的范围或限制保险条款的使用开始的。

1.明示保证的识别:从形式化转向实质化标准

早期的保证条款的认定标准是完全遵循形式化的,一般只要以“保证”或“意图保证”标明即被认定为保证条款。而到英国1906年《海上保险法》则开始偏向实质化标准,根据英国1906年《海上保险法》第35条第1款规定,明示保证可以以任何形式的措辞来表达,只要从中能推断出保证的意图。一方面,判断一条款是否为保证条款,首先必须记载于保险单上,记载的形式不受限制,是否属于保证则应视缔约意图;而另一方面,即使冠以“保证”一词,该条款也不一定被认定为保证而产生相

① Australian Law Reform Commission, “Review of the Marine Insurance Act 1909 - Report 91 (ALRC 91)”, p. 142, [EB/OL] http://alrc.gov.au/sites/default/files/pdfs/publications/alrc.pdf.

应的法律效力。①

在现代海上保险判例法中保证条款的认定从原先纯粹的形式标准逐渐转向实质标准的变化之一,在于不拘泥于文字而是从缔约意图识别,因此更为严格和合理。在 J. Kirkaldy v. Walker 案②中,保险人要求被保险人提供一份拖带检验(towage approval survey)与一份状况检验(condition survey)。这两项要求出现在保单中的"条件"(conditions)标题下,而不是在"保证"(warranties)的标题下,但是,这两项要求只有在被解释为承诺性保证的情况下才合理,此外,这也是承保拖带风险的一贯做法。与此相反,新加坡上诉庭在 Marina Offshore v. China Insurance 案③中,被保险船舶的航线以明示的保证条款形式予以记载,即便如此,法庭还是认为该保证条文内容不够明确。保证条款的认定转向实质性标准的变化之二,在于重要性标准的采用。如英国学者认为:"最近的一系列判例表明,即使保险人在海上保险合同中明确写明某一条款是保证条款,英国法院也很难轻易就将其认定为保证,除非违反保证对保险人有严重影响。"④

2. 确认性保证和承诺性保证的区分适用

尽管英国 1906 年《海上保险法》第 33 条规定的保证,明确采用保证是承诺性保证(promissory warranty)之表述,但实际上保证的事项可以区分为对现在或过去的事实的确认和对未来行为的保证(保证为或不为)两种,这一点在英国 1906 年《海上保险法》对保证的描述中清晰可见,只是在履行的标准和法律的后果上英国 1906 年《海上保险法》未作区分。在对保证的严苛性规则的检讨过程中,美国保险法理论界在对保证作上述区分的研究中得到启发并将其付诸司法实践,首先在非海上保险领域适用,此后海上保险中也出现了这种对保证分别适用的倾向。这有助于控制保险期间的风险,确保这一保证制度真正目的的实现,同时也起到限制保证的适用的效果。

根据美国保险法学者道宾教授(John F. Dobbyn)的介绍,确认性保证(affirmative warranty)和承诺性保证的分类(promissory warranty)是万斯

---

① See Jonathan Gilman et al. ,*Arnould's Law of Marine Insurance and Average*(17th ed.),London, Sweet & Maxwell,2008,p. 783.

② [1999]Lloyds IR 410. 转引自杨良宜著:《海上货物保险》,法律出版社 2010 年版,第 143 页。

③ [2007] 1Lloyds Rep. 66. 转引自杨良宜著:《海上货物保险》,法律出版社 2010 年版,第 143 页。

④ J. Miller,"Continuing Warranties-Court Reviews Nature of Contract Terms",in *Insurance Day*, 18May 2000,p. 6. 转引自司玉琢、李志文主编:《中国海商法基本理论专题研究》,北京大学出版社 2009 年版,第 697 页。

(Vance)教授所采用的分类方法。确认性保证(affirmative warranty),是合同成立前关于某事实的说明,不涉及合同成立后的问题,如果该说明在合同成立前不真实,则保单自始无效。而承诺性保证(promissory warranty),则是对某事物将来真实或持续真实所作的表述或允诺。[①]

在保险法领域,保证与陈述是不同的制度,这在曼斯菲尔德勋爵创设保证时即已明确,但是,后来的发展使针对过去或现在存在或不存在的事实的保证(确认性保证)和陈述发生"重合",[②]或者说陈述可以通过一定方式转化为保证。[③] 这种转化可以通过保单上对事实存在与否确认的条款,或是通过并入条款(incorporation clause)将投保单上的询问事项并入到保险单中成为保证条款得以实现,由此保险人可以摆脱陈述的范围为重要事实以及诱因规则的束缚,其实际效果是陈述被保证所覆盖。由于保证制度对保险人更为有利,因此,这种转化是保险人所喜闻乐见或所欲追求的。

基于对上述确认性保证对陈述制度的消减作用将置被保险人于非常不利之地位的认识,因此,一般对确认性保证会进行限制,使其回归到陈述制度的效果,即确认性保证受重要性限制,受实质遵守限制,其违反的法律效果是保险人可解除合同。这也是美国在区分确认性保证和允诺性保证之下,法院一般采取"除非保证明确表明是承诺性保证,否则,就将其作为确认性保证的立场"的原因了。[④]

由于承诺性保证对被保险人来说是对未来的持续性的保证,在保险期间稍有违反就会导致严重后果,因此,在英美法系的一些国家的判例法中出现了限制允诺性保证认定的趋势。如在加拿大,限制承诺性保证的范围已经成为法院的取向,只有在极少数的情况下,海上保险合同中规定的保证条款才被视为保证。如果保险人以保险单中的条款进行保证抗辩,则该条款除应明确标明"保证"字样外,其保证的事项必须对风险是重要的,而且违反保证应对保险标的的损失有影响。[⑤] 而澳大利亚 1984 年《保险合

---

① See John F. Dobbyn, *Insurance Law*(3rd ed.)(英文影印本),法律出版社 2001 年版,第 203 页。

② See Thomas J. Schoenbaum, "Warranties in the Law of Marine Insurance: Some Suggestions for Reform of English and American Law", in *Tulane Maritime Law Journal*, 1999, p. 297.

③ See John F. Dobbyn, *Insurance Law*(3rd ed.)(英文影印本),法律出版社 2001 年版,第 203 页。根据 Dobbyn 教授的观点,被保险人在保险人询问范围外自愿告知的事实,即使记载入投保单中,或者有并入条款将其并入到保险单中,不能被认为是保证条款。也即自主披露的事实是不能转化为保证的。

④ John F. Dobbyn, *Insurance Law*(3rd ed.)(英文影印本),法律出版社 2001 年版,第 203 页。

⑤ 司玉琢、李志文主编:《中国海商法基本理论专题研究》,北京大学出版社 2009 年版,第 698 页。

同法》对保证的变革是最激进的，其已经取消确认性保证。① 在对1909年《海上保险法》的改革中，澳大利亚法律改革委员会在参考其1984年《保险合同法》第54条规定和《挪威海上保险纲要》(Norwegian Marine Insurance Plan 1996)的基础上，提议对其1909年《海上保险法》所规定的保证制度进行重大修改，改革首选的方案是彻底废除海上保险法中保证这一概念，原明示保证和默示保证所涵盖的事项改为保险合同中的明示条款。②

(二)对违反保证的后果的软化

对保证制度的改革方向是与其对保证制度的自我反省的内容相一致的，因此，在限制保险保证的严苛性的变革举措中，在限制保险保证的范围的同时，对违反保证的后果的软化也是对保证制度改革的一项重要举措。

1. 违反保证，保单中止

与英国海上保险法规定违反保证不可补救以及违反保证自动解除保险责任相比，美国法在违反保证的后果上对被保险人较为公平。在美国法中，违反保证条款有两种不同的法律后果，③占主流的观点认为对保证条款的违反仅使保单中止(suspend)，如果被保险人及时对这种违反做出了补救，那么保单恢复(reinstate)，保险人仍应承担保险责任。当然这种保单中止的效力仅是针对承诺性保证而言的。如在典型的案例 Aguirre v. Citizens Casualty Co. 案④中，法院认为，船员不足额违反了保单中的保证条款，保单效力中止。在此期间，一种观点认为，保险人对承保危险范围内的标的损失不承担保险责任；另一种观点则认为，保险人因此免除责任，或保单因此无效(void)。但是，美国的大多数判例还是支持保单中止或可撤销(suspend or voidable)而不是无效(void)。⑤ 总之，在美国，并不是所有

---

① 澳大利亚1984年《保险合同法》第24条规定：如果被保险人在保险合同及其相关文件中亲自或授权作出任何关于现况的表述，此等表述不具备保证的效力，只能视为被保险人在合同协商过程中向保险人作出的陈述。

② See Australian Law Reform Commission, “Review of the Marine Insurance Act 1909 - Report 91 (ALRC 91)”, pp. 23 - 24. http://alrc.gov.au/sites/default/files/pdfs/publications/alrc.pdf.

③ See Thomas J. Schoenbaum, “Warranties in the Law of Marine Insurance: Some Suggestions for Reform of English and American Law”, in *Tulane Maritime Law Journal*, 1999, pp. 289 - 290.

④ 1971 A. M. C. 1134. See Thomas J. Schoenbaum, “Warranties in the Law of Marine Insurance: Some Suggestions for Reform of English and American Law”, in *Tulane Maritime Law Journal*, 1999, p. 289.

⑤ See Thomas J. Schoenbaum, “Warranties in the Law of Marine Insurance: Some Suggestions for Reform of English and American Law”, in *Tulane Maritime Law Journal*, 1999, p. 290.

的州法院在确定违反保证条款的法律后果方面都适用与英国相同的法律规则。

2. 因果关系的要求

被保险人违反保证义务所应承担的法律后果,从无条件的,只要违反保证即可导致严重后果演变为有条件的,即要求违反保证与损失结果之间必须存在因果关系。[①] 澳大利亚法律改革委员会 2001 年关于其 1909 年《海上保险法》的审议报告中,对海上保险保证的修改意见中提出引入因果关系的要求:保险人只有在被保险人违反明示条款,以及违反保证损失之间有因果关系时才能解除保险责任。[②] 澳大利亚关于 1909 年《海上保险法》的立法改革虽未实现,但是,其对海上保险保证制度的改革意见在一定程度上表明了改革的趋势。

四、英国对海上保险保证制度的变革

面对来自同一法系的美国、澳大利亚等国的质疑以及同属欧洲保险市场的德国、挪威等对英国海上保险业务的争夺形成的外部冲击,以及英国自身也认识到保证制度存在的问题,英国改革海上保险保证制度的呼声持续已久,但保险法(包括保证制度)的立法改革一直是雷声大雨点小。1957 年英国已经出现保证制度改革的呼声,到 1980 年英国法律委员会提出了关于非海上保险的改革方案,但仅以通过保险行业的自律规则来解决而未能最终立法。直到若干年后的 2015 年,以 2015 年《保险法》的出台为标志,英国最终完成了对其保证制度的立法改革。而在该立法改革完成之前,保险行业以及法院已经在改革理念的驱使下,尝试从不同层面对现行法严苛的保证制度的适用进行了限制,也最终为推动英国保证制度的立法改革奠定了基础。

(一)英国保险行业对保证条款的自律改革

英国海上保险保证的立法改革进入实质阶段之前,保险行业就已经在实践着对海上保险保证的变革,通过对保险条款的修改,避免保证制度带来的消极后果。这一做法是符合意思原则的,也为保证制度这一约定控制

---

① See Maehale. Miller, "Scraping Wilburn Boat—The Need for Uniforminity Marine Insurance Law Outweighs Local Interest", *in the Maritime Law Association of the United States Document No.* 719 September 30, 1995, p. 10295. 转引自张贤伟:《海上货物运输保险赔偿制度研究》,大连海事大学 2008 年博士学位论文,第 130 页。

② See Australian Law Reform Commission, "Review of the Marine Insurance Act 1909 – Report 91 (ALRC 91)", pp. 23 – 24. http://alrc. gov. au/sites/default/files/pdfs/publications/alrc. pdf.

风险的方式本身所容许。

例如,2002 年 10 月 31 日,伦敦国际保险人协会(UIA)和伦敦保险人协会(LUA)的联合船舶保险委员会(JHC)正式对外公布自 2002 年 11 月 1 日起开始正式使用新的国际船舶保险条款(International hull clause),该条款一年后做了修改(以下简称 IHC2003 条款)。除了第 24 条营运费用保证条款仍属于严苛的保证条款(这也是 IHC2003 条款中仅有的保证条款)外,对原先其他的保证性质的条款均作出了修改,不再是严格意义上的保证条款,以责任中止条款取代原保证条款。例如,航海条款(navigation provisions),由于保险人对保险船舶在航行中的情况不能够进行控制,所以船舶保险人在展业中十分注重对被保险人的选择,并且在合同中规定一些条款来促使被保险人加强对被保险船舶的管理,该类条款被称为航海条款。IHC2003 条款中航海条款变化最大,将航海条款进行了调整,其将 1982 年条款和 1995 年条款的第 1 条调整为第 10 条和第 11 条。其中第 10 条第 2 款去掉了原条款中的“warranty”一词。对于违反航海规定的,原 1982 年条款和 1995 年条款将其作为保证条款并规定被保险人通知保险人后可以“续保”(held cover clause),而 IHC2003 条款第 11 条将违反航海条款作为中止条件,即违反期间保险责任中止,对被保险人要合理得多。

再如,通过合同放弃默示保证。根据 1906 年《海上保险法》第 40 条第 2 款,货物保险单中,船舶适航亦属于默示保证之一,不受因果关系制约,即一旦违反适航保证,保险责任即行解除。2009 年英国《保险协会的货物保险条款》第 5 条第 3 款无条件地放弃了被保险人这种默示保证义务,将其改成只有在船舶因不适航或不适货造成货物损失的情况下,保险人方可主张免责。

(二)英国法院对保证制度的限制适用

在英国,受制于现行立法和判例法的既有规则,法院对保证制度的限制适用的作用空间较小,其主要通过合同解释技术限制保证条款的适用。

其一,将过去经常被解释为保证的条款解释为责任中止条款。例如,在 Provincial Insurance Company Ltd v. Morgan & Foxton① 一案中,被保险人保证他们的卡车(保险标的)用于装运煤炭。在发生保险事故当天,卡车曾被用于装运木材,但保险事故发生当时,车上装运的是煤炭。上议院认为“用于保证装运煤炭,当车没被用于装运煤炭时,保险人的保险责任处

① [1933] AC 240. 转引自郑睿:《英国海上保险保证制度改革评析》,载《中国海商法研究》2016 年第 2 期。

于中止状态，但是当卡车重新被用于装运煤炭后，保险人的保险责任即告恢复。

其二，通过对保证条款内容的严格解释限制其适用。例如，在 John Thomas Pratt v. Aigaiort Insurance Co SA① 一案中，被保险人保证船舶"在任何时候都有船东或船长驻船照看"。船舶停泊在港口时发生火灾，船舶毁损，而火灾发生时船上并没有人。上诉法院推翻了高等法院作出的被保险人违反保证保险人不予赔偿的判决。对该条款，上诉法院通过不利解释认为，保险人想要被保险人在船舶停泊期间也有船员照看，则必须在合同中写明。其次，上诉法院认为合同解释不应当拘泥于文字，而应当从条款的目的出发。其认为该条款的目的是保证能有人及时处理船舶面临的风险，而这些风险主要是航行风险，而不包括船舶安稳停泊时可能面临的风险。②

在立法没有改变的情况下，司法实践限制保证制度适用的空间非常有限，只能针对明示保证，且对意思表示清楚的保证条款的限制适用很难实现，对法律规定的默示保证法院也无法加以排除。

（三）英国 2015 年《保险法》对保证制度的修改

2005 年 12 月 21 日开始，英国法律委员会和苏格兰法律委员会对保险法的改革进行了联合问卷调查。③ 2006 年 1 月英国法律委员会和苏格兰法律委员会联合发布《保险合同法：联合研究范围文件》的报告，指出由于保险保证制度对违反保证和保险标的损失之间并不要求存在因果关系，以及通过"合同基础条款"将陈述转化为保证产生的影响这两个问题引起了委员会对保证制度的特别关注，并考虑将保险保证制度纳入立法改革的范围。④ 2006 年 11 月两个委员会共同作成了关于保证的专题文件。⑤ 2007

---

① [2008] EWCA Civ. 1314. 转引自郑睿：《英国海上保险保证制度改革评析》，载《中国海商法研究》2016 年第 2 期。

② 该案虽说是对保证限制适用的体现，但笔者认为该案对保证条款的解释存在一定问题。疑义利益解释适用的前提是按通常解释仍可能有两种解释，但其措辞非常清楚。撇开文义解释论目的解释，船舶所遭遇的海上危险，不仅是航行期间的危险，自然也包括船舶在停泊期间的危险。船舶航行离不开船员，自然不需对此作出保证，该条款恰是为达到船舶即使处于停泊期间也有人照看的目的，以防范在任何时候可能遭遇海上风险。

③ See Law Commission and Scottish Law Commission, "Insurance Contract Law: a Joint Scoping Paper", p. 1, http://www. jusitce. gov. uk/lawcommsion/docs/ICL-Scoping-pdf.

④ See Law Commission and Scottish Law Commission, "Appendix A: Non-disclosure, Misrepresentation and Breach of Warranty", in *Insurance Contract Law: a Joint Scoping Paper*, p. 40, http://www. justice. gov. uk/lawcommision/docs/ICL-Scopin-paper. pdf.

⑤ Law Commission and Scottish Law Commission, "Insurance Contract Law: Issue Paper2: Warranties", http://www. justice. gov. uk/lawcommission/areas/insurance-contract-law. htm.

年7月两个委员会发布了《保险合同法：披露、告知被保险人违反保证》的第一份联合咨询文件，建议废除实质将陈述转化为保证的“合同基础条款”，同时建议将消费性保险领域现在或过去的保证（美国习惯使用的确认性保证）以陈述对待，但商业性保险仍保留保证。无论消费性保险还是商业性保险中均保留对将来的保证，但应确立违反保证和损失之间的因果关系。[①] 2012年6月26日，英国法律委员会发布了一份关于商业保险中保证制度改革的联合咨询文件。[②] 2014年7月，两法律委员会向议会提交了新保险法草案，2015年2月12日，该命名为2015年《保险法》的法案最终获得议会通过，该法第三部分第9条至第11条对保证制度进行了修改。

1. 对陈述转化为保证的禁止

根据2015年《保险法》第9条“陈述与保证”的规定，陈述不能被保险合同中的任何条款或任何合同（无论是否宣告此类陈述构成合同的基础或其他）转化为保证。

2. 对违反保证的法律后果的修改

该法第10条第1款规定：任何规定违反保险合同中的保证将导致保险人解除保险责任的法律规则均被废止。因此，1906年《海上保险法》第33条相应规定以及判例法规则被废止。同时根据该条第2款和第4款的规定，违反保证的法律后果为保险合同效力中止，在保险合同效力中止期间，保险人不承担保险责任。违反保证，保险合同效力中止，待这种违约行为被修正，保险合同继续有效。据此，新法赋予了被保险人对保证的补救，缓解了原违反保证的严苛的法律后果。

另外，2015年《保险法》新增加了一条，即第11条“与实际损失无关的条款”，根据该条第2款和第3款的规定，如果一个条款属于减少某一特定类型或者地点、时间风险的条款，被保险人能够证明在发生损失的情况下不遵守该条款不会增加损失实际发生的风险，则保险人不能以条款被违反而排除、限制或者解除其根据保险合同对该损失应承担的责任。

2015年《保险法》对保证制度的调整，意在吸引潜在的海外被保险人，但是该法新增加的与实际损失无关的条款，被学者认为具有不确定性，是

---

① See Law Commission and Scottish Law Commission, “Insurance Contract Law: Misrepresentation, Non-disclosure and Breach of Warranty by the Assured-A Joint Consultation Paper”, http://www.justice.gov.uk/lawcommission/docs/cp182_ICL_Misrep_Non-disclosure_Breach_of_Warranty.pdf.

② See Law Commission, “Reforming Insurance Contract Law: The Business Insured's Duty of Disclosure and the Law of Warranties: Joint Consultation”, http://lawcommission.justice.gov.uk/docs/cp204_ICL_business-disclosure.pdf.

这次立法改革可能带来的负面后果之一。①

五、我国《海商法》并不完整的保证制度及运用——兼与英国的比较

相较于作为立法蓝本的英国1906年《海上保险法》体系化的严苛规则，我国《海商法》引入保证时虽有意避免采用严苛性后果而另辟蹊径规定了不同的法律后果，但仅用一条结构并不完整的法律条文来创制这一制度，无论如何与风险控制的重要性是不相匹配的。我国《海商法》中关于保证的症结在于其缺乏明确性。

（一）《海商法》中的保证：并不完整的制度

我国《海商法》关于保证的规定存在的主要问题在于没有对这一独特概念下定义，而其在对违反保证法律后果的规定上又缺乏明确性，使该制度难以操作。

1. 保证定义的缺乏

作为一项制度的切入点，制度的含义应当是最根本同时也必须是首先应阐明的事项。而在采用法律移植这一立法技术时，由于移植本体和受体的法律渊源、法律文化不同，为准确适用该制度，对所移植制度的准确界定变得尤为必要。由于保证在英国法中的概念及性质具有独特性，以及我国和英国的法律传统及法律文化并不相同，在此背景下，我国《海商法》第235条仅使用了"保证条款"之表述却并不解释何为保证条款，而后又直接规定违反海上保险中的保证的救济方式。对于这一逻辑前提的缺失，学理界普遍认为"致使该救济规定如同空中楼阁一样，未知其根基何在，从而在实践中出现不可避免的困惑"。② 对于定义缺乏在实践中引发的适用困难及争议另作阐述。

2. 违反保证的法律后果适用规则缺乏明确性和可操作性

对于违反保证的法律后果，我国《海商法》第235条规定："被保险人违反合同约定的保证条款时，应当立即书面通知保险人。保险人收到通知后，可以解除合同，也可以要求修改承保条件、增加保险费。"申言之，对违反保证所采纳的方案是被保险人的通知义务以及保险人解除保险合同的权利。这一法律后果与英国1906年《海上保险法》"自保证违反之日起自动解除保险责任"的规定是不同的，且这一区别是显而易见的。难怪乎有学者认为我国《海商法》并未引入英国海上保险法中的保证。但笔者认

① 参见郑睿：《英国海上保险保证改革评析》，载《中国海商法研究》2016年第2期。

② 杨荣波：《论我国海上保险中的保证条款——比照MIA1906年》，载《集美大学学报》（哲学社会科学版）2008年第2期。

为,制度是否具有可比较性,应以其解决的问题为出发点,而从英国海上保险法中违反保证产生的责任的严苛性在现代面临合理性批判的背景下,我国《海商法》没有引入该法违反保证的这一严重的法律后果规则,而另辟蹊径作出不同的法律后果的规定也是符合法律移植的原则的,即体现了法律移植的自主性。

问题的关键是,我国《海商法》第235条规定的这一法律后果是否合理需要实践的检验。笔者认为,我国《海商法》对于违反保证的法律后果的规定,存在一定问题,主要是:首先,我国《海商法》规定保险人对被保险人违反保证条款的救济权为解除合同或修改合同(增加保险费或改变承保条件),但是,同时规定了被保险人通知的义务,从逻辑上看保险人的救济权似乎是以书面通知为前提的,这显然不符合保证制度的立法意图。如果通知不是保险人救济的前提,那么保险人未获通知的情况下,其享有的解除合同权应从何时起算则是不明确的。其次,《海商法》规定的被保险人在违反合同约定的保证条款时的通知义务,从立法技术角度看采用的是强制性规定,但却没有规定不通知的法律后果。法律后果的缺失不仅使该通知义务形同虚设,并且通知义务作为前提性规定变成了保险人对违反保证救济的掣肘。再次,解除权和修改合同的权利是选择的权利,保险人选择保险赔偿后,是否可以再以违反保证而解除保险合同,对此问题,《海商法》的规定是不明确的。最后,如果保险人选择不解除保险合同,而与被保险人商谈修改合同,但是修改合同是在协商一致的基础上进行的,一旦协商未果,如何处理,即保险人是否可以继续选择行使合同解除权,对此《海商法》未予澄清。

3.《海上保险司法解释》对《海商法》的补充及其局限性

由于我国《海商法》规定的不明确性,对适用造成不少困扰,在《海商法》颁布实施13年后,2006年最高人民法院出台的《海上保险司法解释》用了三个条文对保证作出了补救性解释,但是,该解释仍未界定保证,使保证还是"犹抱琵琶半遮面"般羞羞答答。《海商法》对违反保证的法律后果的设定也是不清晰的,例如,通知和救济权之间的关系不清,解除合同或修改合同的救济选择权的关系不清,解除合同的效力,特别是涉及解除的时间以及解除是否具有溯及力的问题时是不清的。

最高人民法院于2006年12月13日通过的《海上保险司法解释》,其中第6条至第8条对《海商法》第235条有关违反保证条款的后果作了进一步的明晰,减少了理解上的歧义。第6条规定:"保险人以被保险人违反合同约定的保证条款未立即书面通知保险人为由,要求从违反保证条款之日起解除保险合同的，人民法院应予支持。”该条理顺了通知和保险人救济权之间的关系，明确了被保险人的书面通知并不是保险人行使权利的前提，纠正了《海商法》第235条可能因措词不当所产生的歧义，也明确了保险合同的解除时间以被保险人违反保证条款之日为准。第8条规定：“保险人收到被保险人违反合同约定的保证条款的书面通知后，就修改承保条件、增加保险费等事项与被保险人协商未能达成一致的，保险合同于违反保证条款之日解除。”该条是针对保险人和被保险人协商未果时的处理的补充性解释，即保险人仍可以选择解除合同，且解除时间也是以被保险人违反保证条款之日为准（与第6条一致）。这样的补充规定，“可以避免被保险人滥用合同协商的权利”。[①] 第7条的规定其实质是弃权，即保险人支付保险赔偿的行为表明了其放弃解除权的行使，因此，之后不能再行主张。赋予保险人以违反保证的解除权是有利于保险人的，对此解除权的反向限制是有利于被保险人利益的，因此，该规定适当平衡了当事人的利益，也符合诚实信用的原则。

这一海上保险司法解释不仅对于我国海上保险实务及《海商法》中的保证条款规定作了进一步认同，更重要的是弥补了《海商法》第235条在实际适用中的漏洞和不足，值得肯定。但是，限于司法解释的权限本身，2006年《海上保险司法解释》在克服《海商法》保证概念缺失问题方面无能为力。最高人民法院在就该司法解释作出的回答中提到：“《海商法》规定了被保险人违反保证条款的法律后果，但对于何谓保证条款却没有规定……这些问题是无法通过司法解释解决的，还有待于《海商法》的修改和完善。”[②]由于司法解释原则上不能突破既有的法律规定，而一般仅应就法律作出具体的解释，保证定义在该司法解释中的缺失，受制于司法解释本身的权限，因而，前文提到的有关保证定义及认定标准等，在此解释中依旧空白，这依旧成为海事司法实践中对保证适用时的难题。

综上所述，我国《海商法》第235条关于保证的规定，从法律移植的角度来看，具有下列立法特点：其一，立法机关在移植海上保险保证这一特别制度时采取了部分移植的方式，引入其明示保证而未引入法定的默示保证。对在本源国也被视为奇特的这一制度，我国《海商法》借鉴时仅取其“保证”概念却未引入其定义也未采纳其对明示保证的构成要件更未引入

① 王淑梅：《〈关于审理海上保险纠纷案件若干问题的规定〉的理解与适用》，载《人民司法》2006年第12期。

② 《就〈关于审理海上保险纠纷案件若干问题的规定〉最高人民法院民四庭负责人答记者问》，载《人民法院报》2006年11月29日，第1版。

违反保证的例外情形,可谓极简主义。其二,在引入保证制度时体现了移植的自主性,我国《海商法》引入英国海上保险法中的保证,但对其法律后果又做了相应修改。

(二)海上保险保证制度在我国的适用情况:法律移植效果分析

从法律移植技术分析,移植是否成功是需通过实施的效果加以检验的。而我国保证制度的非完整性以及移植的自主性是否妥当,则更需要实践来证实。

1. 我国海上保险标准条款中的“保证”条款运用情况

(1)保险条款考察范围的说明

保证条款作为保险合同条款,有由当事人特别约定和由保险人事先制定标准条款之分,本部分考察我国标准化条款中保证的运用情况,以从中国人民保险公司向保险监督管理机构报备的典型的水险条款中选取其中重要的几套关于船舶的保险条款[①]进行分析。

由于《海商法》及司法解释未明确规定“保证条款”的具体含义,该概念又源自法律移植,因此,英国海上保险法上对保证的定义可以作为确定我国海上保险保证的大致内涵,即以合同中约定的被保险人保证某事实存在与否或者保证为或不为某行为的条款,同时根据对该保证的法律后果的明确规定——法定的解除权或变更权来首先确定考察的首要范围。其次,考察保险条款中直接冠以“保证”的标准条款;再者,根据英国法下保证的法律后果的“解除保险责任”,考察其在我国标准条款的运用情况。

(2)保证条款运用情况分析

首先,对以“保证”冠名的条款的考察。在人保拟订的水险条款中,明确采用被保险人“保证”义务的似乎仅见于《船东保障与赔偿责任险条款》,[②]其中第四节名为“保证、条件、除外责任、赔偿责任限制及其他”,规定了被保险人的保证义务:保证维持船级、遵守船级社的规则及其提出的建议并将执行情况报告保险人。该条款第六节同时规定,船级社的变更或者被保险船舶在保险期限内未能保持船级的,保险人的保险责任自动终

① 主要有:(1)适用于远洋船舶保险的《中国人民财产保险股份有限公司船舶保险条款》(2009年版);(2)适用于沿海内河船舶保险的《中国人民财产保险股份有限公司沿海内河船舶保险条款》(2009年版);(3)适用于远洋渔船保险的《中国人民财产保险股份有限公司远洋渔船保险条款》(2009年版);(4)适用于沿海内河渔船保险的《中国人民财产保险股份有限公司远洋渔船保险条款》;(5)适用于沿海内河船舶保险的《中国人民财产保险股份有限公司沿海内河渔船保险条款》(2009年版);(6)《中国人民财产保险股份有限公司船东保障与赔偿责任条款》(2009年版)。

② 参见徐仲建:《海上保险保证制度论》,法律出版社2013年版,第155页。

止。但是,从严格意义上来说,该船级保证虽被冠以保证义务,但该条款并非《海商法》中的“保证”,其法律后果并非《海商法》第235条规定的保险人解除权,而为保险责任自动终止。

其次,对“为保险人设定义务(或某种状态)+法律后果(有权解除、保险责任自动终止)”的保险条款的考察。因我国《海商法》规定违反保证的法律后果为保险人有权解除合同,此为我国海上保险法中的严格意义的保证条款。而考虑到英国海上保险法规定违反保证的法律后果为“解除保险责任”,故将我国标准条款中的此类条款的运用情况与上述作比对分析,情况如表4-1所示。

我国标准条款中保证条款的运用情况,如表4-1所示。

表4-1　我国保险条款中标准条款的运用情况

<table>
<tr><th>类型</th><th>数量</th><th>具体情况</th></tr>
<tr><td>保险人有权解除保险合同的条款</td><td>1</td><td>《沿海内河渔船保险条款》第14条:被保险人及代表未严格遵守港航监督部门制定的安全航行规则的,未作好船舶的管理、检验和维修的,或未确保船舶适航的,保险人有权解除合同</td></tr>
<tr><td rowspan="2">保险合同(责任)自动终止的条款</td><td rowspan="2">5</td><td>《船舶保险条款》“六、合同的解除”第2项:船舶的船级社变更,或船舶等级变动、注销,或者撤回,或光船出租或被征购或征用,除非事先征得保险人书面同意,本保险自动解除。
类似的条款:《沿海内河船舶保险条款》“七、被保险人的义务”第16条;《沿海内河渔船保险条款》第13条;《船东保障与赔偿责任险条款》第六节</td></tr>
<tr><td>违反保单特款约定,本保险自动解除《船舶保险条款》(2009年)“六、保险合同的解除”第3项</td></tr>
</table>

从上述我国目前所使用的保险标准条款的不完全考察来看,真正符合《海商法》的“保证条款”并不多见,正如学者所言,“这说明我国海上保险法中的保证制度并没有被充分利用”,①而相反,保险责任自动终止条款却被普遍接受,但这些似乎又不是我国海上保险法中的保证条款,而更符合英国海上保险法中的保证。现实似乎表明,保险人对使用“保证条款”不太自信,而另一方面,保险人更倾向于制定对其有利的条款。

2. 海上保险保证在我国法院的适用情况分析

从我国《海商法》开始实施迄今为止,我国法院审理的海上保险保证相关的案例数量并不多,保证的运用效果并不理想。

① 徐仲建著:《海上保险保证制度论》,法律出版社2013年版,第157页。

(1)对保证的认定充满争议

由于对保证定义的缺失,海事司法实践中对保证的认定主要存在的争议和问题有:

第一类:对特别约定内容是否认定为保证的争议。例如,在中国大地财产保险股份有限公司等与上海港机重工有限公司海上保险合同纠纷上诉案[①]中,承运保险标的拖轮实际于 2007 年 10 月 16 日开航驶往目的港,在目的港卸船过程中承保的货物门机毁损,双方就保险单中记载的“启运日期:2007 年 9 月 27 日”是否为被保险人对开航日期的保证等问题发生争议。又如,在华联粮油贸易公司诉华安财产保险公司在国际海运货物保险出险签订赔偿协议后又以卸货地不是保单列明的卸货地等拒赔要求赔偿案[②]中,保险标的在赤湾港卸下,保险单规定的卸货港为“中国蛇口”,双方就保险单对卸货地的约定和记载是否构成保证条款产生争议。再如,在舟山市海运公司诉中保财产保险有限公司舟山市分公司船舶保险合同案[③]中,被告主张投保单上填写的船舶用途为“干货船”的记载为保证条款。

保单上的约定内容,根据什么标准识别保证,其形式上没有“保证”为或“保证”不为某行为的内容是否就不是保证,反过来具有形式上的“保证”字样的条款是否就是保证条款,约定的内容构成保证条款的标准是什么,这些在我国《海商法》以及司法解释中是无法找出根据的。因此,司法实践中对保证的认定就出现了不同做法:有的直接回避对争议条款的性质认定而以其他理由驳回,[④]有的不阐明理由直接认定争议的保险条款为保证条款。[⑤] 在上述的上海港机重工有限公司一案中,像一审法院和二审法院那样对“启运日期”是否为保证条款的认定进行说明并区分形式要件和实质要件的案件并不多见。在该案中,一审法院认为:“按照我国《海商法》第 235 条规定,海上货物运输保险合同中的‘保证’必须是合同明确约定的条款;构成保证条款的合同条款,至少应明确当事人具有‘保证’或者

---

① 上海市高级人民法院(2010)沪高民四(海)终字第 41 号民事判决书。案例来源于北大法宝网。

② 参见最高人民法院中国应用法学研究所编:《人民法院案例选》(2003 年第 3 辑,总第 43 辑),人民法院出版社 2004 年版,第 356 ~ 371 页。

③ 案例来源于北大法宝网。

④ 比如上述的舟山市海运公司一案中,法院就没有对船舶用途的记载事项是否属于被告辩称的保证条款作出认定,而直接以被告不证明空集装箱不是货物,船舶用途没有改变而不支持被告该项抗辩。

⑤ 如上述的华联粮油贸易公司一案,对卸货港的约定,法院直接认为是保证条款。同时认为“蛇口港”应被理解为一个商业区域,而赤湾港区属于蛇口区域,没有超越合同约定运输范围。

‘承诺’的意思表示，并且作出‘保证’的一方对违反保证的法律后果是明知或者应当明知。”二审法院认同一审法院的观点，并进一步提炼，认为保证需满足形式要件和实质要件的要求，“形式要件是指保证系一项声明或者承诺，以合同条款的形式体现，且以明确保证的方式表达；实质要件是指保证以保险合同当事人的明确合意为基础，须清晰反映出保险合同当事人具有将一项声明或者承诺作为保证的意图，且其希望将这项声明或者承诺的成就与保险合同的效力相关联”。① 虽然该案确认保证应具备形式条件和实质条款的做法值得肯定，但该案确立的标准无法作为制定法的补充，也无法形成对同类案件的指导作用。

第二类：对标准条款中的保证条款的认定及争议。我国海上保险市场中所采用的保险条款，从其拟订来看属于保险人为了重复使用而制定的条款，被保险人对保险条款并无协商的权利，因此，属于格式化条款。在人保拟订的水险条款中，明确采用被保险人“保证”义务的似乎仅见于《船东保障与赔偿责任险条款》。② 其中第四节名为“保证、条件、除外责任、赔偿责任限制及其他”，规定了被保险人的保证义务：保证维持船级、遵守船级社的规则及其提出的建议并将执行情况报告保险人。该条款第六节同时规定，船级社的变更或者被保险船舶在保险期限内未能保持船级的，保险人的保险责任自动终止。

除此之外，其他人保的水险条款没有标明为“保证”的条款，也没有在条款中出现或采用被保险人保证为或不为某行为的条款，因此，对这些基本条款是否含有保证内容，实践中存在争议。例如，在刘某诉中国人民财产保险股份有限公司某分公司的船舶保险纠纷案中，③刘某所有的船舶在保险期间光船租赁给案外人，期间发生沉船事故，于是向保险人要求保险赔偿。其保单适用的《1996 年沿海内河船舶保险条款》，其中第 16 条至第 19 条为被保险人义务条款，第 17 条规定：“……在保险期限内，保险船舶……出租……或保险船舶管理人、经营人的改变或船舶改变技术状况和用途，应事先书面通知保险人，经保险人同意并办理批改手续后，保险合同方为继续有效……”法院认为，被保险人义务条款为保证条款。涉及类似

① 上海市高级人民法院（2010）沪高民四（海）终字第 41 号民事判决书。案例来源于北大法宝网。

② 参见徐仲建著：《海上保险保证制度论》，法律出版社 2013 年版，第 155 页。

③ 参见蔡福军、俞建林：《海上保险保证条款的法律适用——刘某诉中国人民财产保险股份有限公司某分公司船舶保险合同纠纷案》，载司玉琢主编：《中国海商法年刊》（2011 年卷），大连海事大学出版社 2012 年版。

争议的案件,如邬苏国与太平洋保险舟山分公司船舶保险合同纠纷案①中,法院认为原告所属的船舶的航区为三类航区,原告将其开至二类航区作业,违反了保单"会员须知"中第3条除外责任第5项的约定。其次,"会员须知"中第6条会员责任第4款关于"在互保期限内,互保渔船如果变更经营人或船租人、航区及其他互保凭证所载情况,应事先通知本会并办理批改手续"的约定,与海上保险中被保险人的保证责任的内涵是一致的,因此,保险单及"会员须知"中的航区约定既属于"除外责任",也属于"保证条款"。

保证条款是限制风险的条款,而保险合同条款中限制风险的条款除了保证之外另有"风险描述条款"和"除外责任条款",保证条款既不同于风险描述条款也不同于除外责任条款。② 除外责任条款和保证条款的法律效果是不同的,发生除外责任条款的事由,保险人免除保险责任;而违反保证,根据我国《海商法》的规定给被保险人设定通知的义务,保险人有解除权或合同变更权,因此,某一条款是否可以同时属于保证条款和除外责任条款是不无疑问的。保证条款为约定被保险人履行特定义务的条款,但是上述被认定为保证条款的条款均是格式化的条款,因此,保证条款如何进入合同,即是否需要提示和明确说明才能约束被保险人,需要进一步探讨。

第三类:默示保证是否应在我国运用。例如,在美国陈氏公司诉中国太平洋保险公司船舶保险合同纠纷案③中,投保航次保险的"加拿大丰收轮"迟于保单规定的时间起拖,法院认为"在合理期间开航是保险合同的保证条款"。正如学者所评论的,该案判决借助"国际惯例"承认了在合理期间内开航这一默示保证。④ 但笔者认为,默示保证在我国能否成立是有疑问的,英国海上保险法存在默示保证,但是,在其保险法中并不存在默示保证,⑤而海上保险法上的默示保证的存在是通过英国1906年《海上保险

① 宁波海事法院(2000)甬海商初字第114号民事判决书。案例来源于中国涉外商事海事审判网。

② See Malcolm A. Clarke, *The Law of Insurance Contracts* (4th ed.), London, LLP, 2002, p. 629.

③ 上海海事法院(1997)沪海法商字第486号民事判决书。案例来源于北大法宝网。

④ 参见汪鹏南主编:《中国海上保险案例摘要及评论》(第一辑),大连海事大学出版社2003年版,第41页。

⑤ 英国学者罗伯特·梅金(Robert Merkin)认为,英国海上保险与非海上保险存在九点区别,其中之一就是,海上保险可以是明示的保证和默示的保证(通过MIA1906第36条至第41条规定体现),而非海上保险中保证必须是明示的保证。See Robert Merkin, *Marine Insurance Legislation*, London, LLP, 2000, p. 2. 英国学者Baris Soyer也持相同观点,认为默示保证仅在海上保险中存在。See Baris Soyer, *Warranties in Marine Insurance* (2nd ed.), London, Cavendish Publishing Limited, 2006, p. 47.

法》明确规定得以确认的,[①]也就是说默示保证实质上并不是约定的保证而是法定的保证,而默示保证并没有在我国《海商法》第235条规定的涵盖范围内。

(2)对适用保证的回避

根据笔者考察,较为典型的将争议条款认定为保证条款,并且以违反保证条款判决的案例并不多。艾米可资源有限公司与太阳联合保险(中国)有限公司海上货物运输保险合同案一审[②]可算作一例。在该案中,一审法院认为“预约保险单中的保证条款记载货物包装应符合专业化,此项要求属于艾米可公司做出的保证。原告艾米可公司所运货物未进行专业化包装,该行为违反了保证,被告有权拒绝对由此引起的损失进行赔偿。”但多数与保证有关的案件的审理情况表明,司法实践对保证的适用采取回避的做法。

第一类:回避对保证的认定。上述艾米可资源有限公司与太阳联合保险(中国)有限公司海上货物运输保险合同二审[③]中,二审支持一审中关于被告对损失拒绝赔偿的判决,但是,二审对于“保证”或“保证条款”只字未提,“涉案货物未经专业包装,因包装不固或不当引起的损失和费用,根据预约保险单的除外条款,保险公司也是不予理赔的。”在最高人民法院关于韶关市曲江佳兴矿产品加工厂与永安财产保险股份有限公司潍坊中心支公司海上保险合同纠纷申请再审案[④]中,被告保险公司提出,双方签订保险合同约定适用的《国内水路、陆路货物运输保险条款》第5章第7条、第9条约定属于保证条款,佳兴矿产品加工厂违反规定运输含水率超标的货物,违反保证义务,保险公司据以不承担赔偿责任。但在该案审理过程中,对于该主张是否成立法院并未予以认定。

在上述对保证的认定进行回避的案件中,法院通常会将争议事实认定为除外责任,以此作为保险公司拒赔的依据。可以看出,对涉及海上保险保证的案件中,法院有回避对保证的认定以及有意避开适用《海商法》关于保证的规定的倾向,这与我国《海商法》对保证模糊的规定有相当大的

---

① 英国1906年《海上保险法》第36条至第41条就默示保证的问题作出了规定,但是英国1906年《海上保险法》确立的默示保证主要为两项:第39条规定船舶适航的默示保证,以及第41条规定合法性保证。另外其对默示保证作出了限定,例如,第37条规定不存在国籍的默示保证,第40条规定不存在货物适航的默示保证。

② 上海海事法院(2007)沪海法商初字第330号民事判决书。案例来源于北大法宝网。

③ 上海市高级人民法院(2008)沪高民四(海)终字第178号民事判决书。案例来源于北大法宝网。

④ 最高人民法院(2012)民申字第1502号民事判决书。案例来源于北大法宝网。

关联性。

第二类：回避对违反保证的法律后果的适用。一方面，在涉及保证的案件中，保险公司在主张被保险人违反保证条款时，救济权多为其有权拒绝保险赔偿，而很少援引《海商法》第235条的规定行使法定的解除权。另一方面，在为数不多的将争议条款认定为“保证条款”的案件中，法院对违反保证的后果通常以“违反保证，保险人不负赔偿责任”来审判，而不会援引《海商法》第235条规定作出保险人享有法定解除权的判决。例如，在上述艾米可资源有限公司与太阳联合保险（中国）有限公司海上货物运输保险合同中，一审法院认为原告违反了保证条款，被告有权拒绝对由此引起的损失进行赔偿，而非享有合同解除权。而从《海商法》第235条规定的解除权来看，对保险事故是否需要赔偿应是合同解除后的法律效果之一，在不涉及解除权的前提下直接做出不承担保险责任的做法多少与法律的规定不符，因此，在司法实践中，涉及被争议条款认定为保证条款的案件中，常常将违反保证和其他原因组合在一起进行审理，作为解除保险人保险责任的依据。例如，上述邬苏国与太平洋保险舟山分公司船舶保险合同纠纷案中，法院认为保险单及“会员须知”中的航区约定既属于除外责任，也属于保证条款，被告有权拒绝赔偿。再如，上述刘某诉中国人民财产保险股份有限公司某分公司船舶保险合同纠纷案中，法院主张保险人不承担赔偿责任的理由包括：被保险人违反保证义务和如实告知义务；被保险人违反最大诚信原则；保险船舶不适航系对保证义务的违反，也属于保险人的除外责任。

总体而言，涉及海上保险保证，司法实践中存在对保证条款识别的困扰，更为突出的是司法实践中无论是在说理还是在适用结果上都一定程度地表明对保证制度的运用尚未成熟。

六、余论

保险保证在英国法中是颇具特色的概念和制度，而我国在借鉴该制度时未对其概念以及认定的标准和适用等作出明确的规定，导致保险业界或司法实践对保证的适用产生困扰，在《海商法》修订时机到来之时，“完善说”的提出似乎顺理成章。但是，考虑到保证制度在本源国已经出现对其正当与否的诘问与适用的限制趋势，以及该制度移入我国二十多年但运用仍未成熟之状况，我国海上保险法中该特有的保证制度究竟如何发展尚待进一步探讨。

第二节　一般保险风险控制的法定模式

与我国《海商法》采用当事人约定使被保险人承诺为或不为某行为的方式来控制保险期间风险的保证制度(虽然我国《海商法》的规定是不完备的)不同的是,我国《保险法》采用的是法律直接预设危险增加后的补救措施的方式来控制保险期间的风险,即危险增加通知制度。这一制度见于《保险法》(2009 年修订)第 52 条的规定:“在合同有效期内,保险标的的危险程度显著增加的,被保险人应当按照合同约定及时通知保险人,保险人可以按照合同约定增加保险费或者解除合同。保险人解除合同的,应当将已收取的保险费,按照合同约定扣除自保险责任开始之日起至合同解除之日止应收的部分后,退还投保人。被保险人未履行前款规定的通知义务的,因保险标的的危险程度显著增加而发生的保险事故,保险人不承担赔偿保险金的责任。”

一、危险增加通知制度的理论基础

危险增加通知制度的理论基础从《保险法》自身来说,系根源于保险的对价平衡原则,其立法缘于危险程度的增加改变了保险交易的基础。由于风险发生的不确定性,以在合同订立时测定和评估的风险基础上计算的保险费率来承担危险的这一交易基础在保险期间可能变动不居,因此,通过法律规定在交易基础发生变动后给予保险人一定的救济其实质与一般民法的情势变更原理是相通的。

(一)情事(势)变更原理及与保险法危险增加通知制度的关系

“合同必须严守”是自罗马法以来一直奉行的基本原则,但是,正如德国学者 Oertmann 所说:“自罗马法以来整个法律的发展证实,无论实定法如何排斥情事不变条款,它总是去而复来,无法消失。”[①]情事变更中的情事,是指合同赖以成立的各种客观情况。[②] 情势(事)变更原则,则指合同

① 彭凤志著:《情事变更原则之研究》,五南图书出版股份有限公司 1986 年版,第 154 页。从情势变更原则的演变来看,在注释法学派和自然法学派的影响下,在一些民事立法中(如巴伐利亚 1756 年颁布的《民法典》)有情势变更的规定,到 18 世纪中期以后随着历史法学派和分析法学派的兴起重又重视合同严守原则,法国《民法典》和德国《民法典》都受此影响,都舍弃了情势变更原则。而第二次世界大战结束后德国开始重视该学说并创设了交易基础理论赋予法院直接干预合同关系的权力。(参见李庭鹏著:《保险合同告知义务研究》,法律出版社 2006 年版,第 99 ~ 100 页。)德国 2002 年新修订的《民法典》已经将交易基础理论纳入其第 313 条中。

② 参见李永军著:《合同法》(第三版),法律出版社 2010 年版,第 414 页。

有效成立后,因不可归责于双方当事人的原因发生情势变更,致合同的基础动摇或丧失,若继续维护合同的原有效力,将显失公平,允许当事人请求变更或解除合同。①

一份对当事人均有约束力的合同,当情事发生变化,法律赋予当事人变更合同甚至解除合同权利的理论基础何在,这是拷问情事变更的正当性之所在。在情事变更“去而复来”的演进中,其理论基础的羽翼也逐渐丰满起来。笔者认为,交易基础理论和公平原则是解释情事变更的理论基础。

交易基础理论,指的是已成为合同基础之情事,在缔约后发生重大变化,或者已成为合同基础的根本性设想后来发现是错误的,从而不能合理期待合同一方当事人遵守原合同。② 根据德国学者拉伦茨的主客观交易基础理论,后者为主观交易基础的欠缺,前者为客观交易基础的丧失。具体来说,客观交易基础的丧失正是情事变更的理论基础。按照拉伦茨的观点,③客观交易基础无论其存在或持续,均应成为契约维持其本来意义所当然必要的各种情事之全体。而等价原则是双务合同的本质,当情事变更导致等价关系发生异常变化或使合同目的不达,则将导致客观交易基础的丧失。

交易基础是解释情事变更的客观依据,而情事变更后的法律效果是根据公平原则得到的结果。根据公平原则,民事主体应本着公平的观念从事民事活动,正当行使权利和履行义务,在民事活动中兼顾他人利益和社会公共利益。公平原则要求以利益均衡作为价值判断标准来调整民事主体之间的物质利益关系,确定其民事权利和民事责任。④ 因此,根据公平原则,当交易的客观基础发生重大变动,履行的结果导致显失公平而“撼动了法律的良知”⑤时,对当事人的意思进行干预就有了正当性根据。

情事变更是合同严守原则的例外,因此,对情事变更的适用应该是有严格限制的,一般必须具备下列条件:(1)须有作为缔约基础的环境的客观异常变化;(2)变更的发生不可归责于当事人;(3)该变更有不可预见性;(4)变更的结果使维持原来合同的效力显失公平。⑥ 我国《合同法》并

---

① 参见马俊驹、余延满著:《民法原论》(上册),法律出版社1998年版,第586~587页。

② 参见孙美兰著:《情势变动与契约理论》,法律出版社2004年版,第3页。

③ 参见孙美兰著:《情势变动与契约理论》,法律出版社2004年版,第102~104页。

④ 参见徐国栋著:《民法基本原则解释——成文法局限性之克服》,中国政法大学出版社1992年版,第65页。

⑤ 参见李庭鹏著:《保险合同告知义务研究》,法律出版社2006年版,第103页。

⑥ 参见李永军著:《合同法》(第三版),法律出版社2010年版,第429页。

没有情事变更原则和规则,2009 年 4 月 24 日颁布的《合同法解释(二)》第 26 条引入了情事变更:“合同成立以后客观情况发生了当事人在订立合同时无法预见的、非不可抗力造成的不属于商业风险的重大变化,继续履行合同对于一方当事人明显不公平或者不能实现合同目的,当事人请求人民法院变更或者解除合同的,人民法院应当根据公平原则,并结合案件的实际情况确定是否变更或者解除。”情事变更的理论可以为保险法上的风险控制制度提供一定的理论根基,当然两者在具体规则和适用上存在较大的差异。

(二)风险变动与对价平衡:危险增加通知之理论基础

风险是保险存在的基础,保险的目的在于聚合社会大众的集体力量分担个体所遭受的损失,从而把个体风险降到可以承受的最低限度。[①] 风险又是保险合同对价的基础,保险人根据缔结合同过程中投保人告知的事实测算风险的性质及程度从而确定相应的保险费率。因此,保险费和保险人承担风险的平衡是维系保险经营所需的,也是一般双务合同等价原则在保险交易中的具体形式和特别之处。

由于保险人所承保的标的,在保险期间处于损失是否发生的不确定状态,且在保险期间保险标的并不为保险人占有和管理,因此,“保险人无论于缔约时或定约后关于危险的掌握及控制事实上几乎立于无能之地位”。[②] 保险标的物造成损失的可能性在保险期间可能发生变化,保险合同缔结之初保险人承担的风险程度与保险合同期间标的的风险程度可能会出现较大的差异。而保险合同又是继续性合同,若危险严重超出缔约时保险合同所承保的程度,则势必会提高保险事故发生的概率,从而加重保险人的义务,破坏原有的对价平衡。因此,保险期间保险标的发生事故的可能性的增加,即危险程度的增加,与情事变更原则下的“情事之变更”导致合同客观基础的丧失是具有类似性的,危险增加的通知义务从民法理论渊源上来说是民法情事变更在保险法上的延伸。

《保险法》危险增加的通知义务的理论基础与情事变更是相通的,但是危险增加通知制度的具体规则所体现出来的理念或精神与民法上情事变更仍存在诸多不同:例如,情事变更的适用条件是情事的变更不可归责于当事人,而保险法上的危险增加则包括当事人过错导致的危险变化;情事变更的法律效果中并没有一方当事人通知的法定义务,但是,《保险法》

---

① 参见[美]所罗门·许布纳、小肯尼思·布莱克、伯纳德·韦布著:《财产和责任保险》,陈欣等译,中国人民大学出版社 2002 年版,第 5 页。

② 江朝国著:《保险法论文集》(一),瑞兴图书股份有限公司 1997 年版,第 140 页。

危险增加的调整模式是以法定的通知义务为手段的。

《保险法》上的危险增加通知制度与情事变更具有法律调整动因的相似性，但是，危险增加通知制度又与情事变更表现出不同，这是由保险交易的特质决定的：

第一，保险期间保险标的是否发生保险事故造成损失的可能性是容易发生变动的。其变动的原因首先是风险是否发生本身的不确定性（这是保险存在的基础），其次是由于信息不对称导致的道德危险的发生。道德危险是指由于购买了保险而使被保险人放松对标的的危险管理甚至受额外获利之诱惑引发保险事故的危险。道德危险使事故发生的可能性被放大，当道德危险引发的风险增加而转化为现实时，保险合同对价关系就会遭到破坏。由于道德风险的存在使法律对保险标的的危险更为敏感，因此，为维护对价平衡关系，设定比一般情事变更适用条件更为宽松的危险增加通知制度也就在情理之中了。

第二，保险具有共生性，即保险的本质与其说是标的的风险从投保人或被保险人转移至保险人，不如说是风险转移给参加同一保险的其他投保人或被保险人这一群体。保险人在其中所扮演的角色是风险转移的中介者，其身后是众多的面临同一种风险的投保人或被保险人。所以，风险的控制不仅是为维护保险人的利益，准确地说，更是为维护群体利益，因此，危险增加通知制度适用的“情事”范围当比情事变更更为广泛。

第三，信息不对称的存在（保险期间投保人、被保险人掌控保险标的，其具有信息优势，也容易滥用信息优势）是投保人或被保险人履行通知义务的经济学根据，也是符合效率原则的制度设计。

二、我国《保险法》危险增加及类型的立法评析

危险增加通知制度适用的前提是在保险期间因危险程度增加而导致保险对价的失衡，因此，作为该制度的适用前提即危险程度的增加应如何界定，不同原因导致的危险增加在法律上是否有区分适用的必要，这些都是该制度的组成也是需要合理设定的内容。

（一）危险增加的衡量的立法变化

我国《保险法》对危险增加通知制度的适用前提经历了从原《保险法》中的“危险程度增加”到《保险法》（2009 年修订）“危险程度显著增加”的变化。

1. 原《保险法》中的“危险程度增加”

危险增加通知制度首先须具备危险增加的客观事实。我国《保险法》

(2002年修正)第37条规定通知的前提是“危险程度增加”。[①] 基于保险合同承保的危险的种类不同,保险合同的种类也不同,一般来说,保险合同可以区分为特定危险的保险和综合危险的保险,但无论哪一种,保险合同承保的危险的种类是经过事前确定的。因此,危险增加是指危险程度的增加而不涉及保险标的危险种类的增加。[②]

现实中,危险增加有轻重之分,如果不分具体情形皆需要通知保险人,不仅耗费被保险人的时间和精力,同样也会给保险人增加交易成本。但是,危险程度的增加是危险程度微小的变化还是应具备危险程度从量变到质变的过程和结果,这在我国《保险法》(2002年修正)中未予以明确。从危险增加通知制度的立法目的源于危险的变化导致保险交易对价的失衡这一理论基础分析,危险的增加应具有显著性的要求。对此,有学者认为,危险增加,是指保险标的原危险状况在保险责任期间发生显著持续地增加,该增加在缔约时未予估计作为计算保险费的基础,继续履行原合同,对于保险人显失公平。[③] 也有学者认为,所谓危险增加,是指保险合同的原危险状况改变为严重对保险人不利的状况。[④] 因此,学理上一般认为,作为规范意义的“危险增加”是应该具有改变利益格局或改变对价平衡的风险的增加。因此,我国《保险法》(2002年修正)的规定只能通过目的解释将其限制为危险程度显著增加。

从大陆法系一些国家的保险法立法来看,一般均有危险增加的显著性之要求。从立法技术上可以划分为两种:第一种以程度副词“显著”“重要性”来界定危险增加。例如,德国2008年《保险合同法》第27条规定,“非显著的危险增加,不予考虑”。日本《商法典》第656条、第657条均表述为“危险明显变更或增加”。第二种规定危险增加的具体标准。如我国台湾地区“保险法”第59条规定,具有法律评价意义的危险增加为“其危险达于应增加保险费或终止契约之程度者”。[⑤] 2008年5月31日日本国会通过的《保险法》修改了此前的《商法典》中的做法,该法采具体标准,即使合同所定的保险费率低于以该增加危险为计算基础所算出的

---

① 《保险法》(2002年修正)第37条第1款规定:“在合同有效期内,保险标的危险程度增加的,被保险人按照合同约定应当及时通知保险人,保险人有权要求增加保险费或者解除合同。”

② 保险合同是承保特定危险的,从保险经营技术角度来看,是保险人通过保险的识别确定而完成的,具体的保单是通过“承保范围”限定危险的种类的。如果发生危险范围以外的损失,保险人无需赔偿。

③ 参见覃有土、樊启荣著:《保险法学》,高等教育出版社2003年版,第149页。

④ 参见江朝国著:《保险法基础理论》,中国政法大学出版社2002年版,第240页。

⑤ 类似规定可见意大利《民法典》第1898条第1款,我国澳门特别行政区《商法典》第979条。

保险费之状态。[1]

2. 新《保险法》中的"危险程度显著增加"及界定

针对《保险法》(2002 年修正)对危险增加通知制度适用前提并不完全准确的界定,我国 2009 年修订的《保险法》第 52 条将被保险人履行通知义务的程度从"危险程度增加"修改为"危险程度显著增加"。

但《保险法》(2009 年修订)只规定了危险程度显著增加,对何为"显著"并没有明确界定,在立法技术上仍略显简单,我国台湾地区"保险法"则作出了具体的界定。"保险法"第 59 条第 2 款做了如下之规定:"危险增加,由于要保人或被保险人之行为所致,其危险达于应增加保险费或终止契约之程度者,要保人或被保险人应先通知保险人"。因此,从立法目的上来看,"显著性与风险的重要性类似,于判断其是否具有重要性时,须依一般观点或依特定保险各类之性质,假设于危险增加之情况下,任一保险人皆会要求增加、提高保险费率或不愿接受原保险契约之约束为之。"[2]即保险人要证明危险增加的程度足以影响其决定是否承保及以何种费率承保。如果不能按此解释,则"显著性"将毫无法律意义。

危险程度显著增加的判断是否还需要其他标准?从《保险法》(2009 年修订)第 52 条来看,立法侧重的仍是从危险的程度上作出要求和立法调整,其他较原《保险法》(2002 年修正)则没有改变。而学理上一般认为,构成危险增加,除显著性这一程度要求外,还须具备持续性和未被评价性。笔者认为,这些要素亦应作为危险显著增加的判断标准。

第一,显著增加的危险具有持续性。参照江朝国教授的观点,所谓持续性,是指发生的危险在一定时间内持续不断地客观存在,相对于危险增加的瞬间性,如果增加的危险瞬间即逝,此时对价平衡原则并没有受到破坏,被保险人无需履行通知义务。另外,保险合同订立后,原危险状况因某特定情事之发生而变换为另一新的状况,且此新状况须继续不变地持续一段期间,否则原保险状况改变之后立即促使保险事故之发生,则属"保险事故发生之促成",其后果依保险事故发生之规定定之,而非此所谓之危险增加。[3] 2018 年 8 月 1 日公布的《保险法司法解释(四)》第 4 条第 1 款中关于危险显著增加需考虑的因素中将"危险程度增加持续的时间"列入,表

① 2008 年 5 月 31 日通过的日本《保险法》第 29 条对危险增加作出的补充解释为:"涉及告知范围的危险发生增加,使得损害保险契约所约定之保险费低于以该危险为计算基础算出的保险费之状态发生的情形。"

② 江朝国著:《保险法论文集》(二),瑞兴图书股份有限公司 1997 年版,第 185 页。

③ 参见江朝国著:《保险法基础理论》,中国政法大学出版社 2002 年版,第 241 ~ 242 页。

明在危险显著增加的认定标准中已经纳入了持续性要求，值得肯定。

第二，显著增加的危险具有“未被评价性”。相比较情事变更构成中的“情事的不可估计性”（是指当事人在订立合同时不曾预料到的突变的情事，比如异常的价格暴跌等），增加的危险当具备“未被评价性”，即指在合同订立确定保险费时不曾考虑的增加的危险，亦即收取的保险费不包含这种增加的风险的负担。如果“危险状况之改变须订约当时所未曾预料而未予估计者，若其危险状况已经计算在内，则不影响对价平衡，故非属此所谓之危险增加”。① 关于未被评价性对危险显著增加的界定作用，《保险法司法解释（四）》第 4 条第 2 款是以排除的方式予以规定的，即“保险标的危险程度虽然增加，但增加的危险属于保险合同订立时保险人预见或应当预见的保险合同承保范围的，不构成危险程度显著增加。”

3. 危险显著增加的情形

通过《保险法司法解释（四）》的补充规定，新《保险法》中的危险显著增加的界定标准和学理界的认识已基本取得一致。② 不仅如此，作为《保险法司法解释（四）》的亮点之一，该解释还就认定危险显著增加的考量因素作出了具体规定：即从保险标的用途的改变、使用范围的改变、标的所处环境的变化、因改装等原因引起的变化、使用人或管理人的变化、危险程度持续的时间，以及兜底性的其他可能引起危险显著增加的因素，予以综合考虑。③ 对危险显著增加的考虑因素的具体规定，拉近了该抽象概念与具体实践的距离，能有效指导司法实践。但笔者认为，在立法技术上该条仍有商榷余地，正如前述，显著性、持续性、未被评价性是针对危险变化后是否构成显著增加的认定标准，而解释第 4 条所规定的除持续性之外的各项是对风险变更的几种情形的列举，几种具体情况的变化是否构成危险“显著增加”恰恰是需要前述的三个标准来加以认定的，将具体情形与认定标准的持续性置于同款规定，出现概念混同。但瑕不掩瑜，该条款对指导司法实践意义重大。

---

① 桂裕著：《保险法论》，三民书局股份有限公司 1981 年版，第 160 页。

② 多数学者认为显著性（或重要性）、持续性、未被评价性（表述稍有不同）是危险增加的三个认定标准。参见王静：《保险合同中危险增加的通知义务》，载《人民司法》（应用）2015 年第 15 期；孙宏涛：《我国〈保险法〉中危险增加通知义务完善之研究——以我国〈保险法〉第 52 条为中心》，载《政治与法律》2016 年第 6 期。

③ 《保险法司法解释（四）》第 4 条第 1 款：“人民法院认定关于保险标的是否构成保险法第四十九条、第五十二条规定的‘危险显著增加’时，应当综合考虑下列因素：（一）保险标的用途的改变；（二）保险标的使用范围的改变；（三）保险标的所处环境的变化；（四）保险标的因改装等原因引起的变化；（五）保险标的使用人或管理人的改变；（六）危险程度增加持续的时间；（七）其他可能导致危险程度显著增加的因素。”

(二)危险增加类型的缺失及补救

正如德国学者卡尔·拉伦茨所言:“当抽象的一般概念及其逻辑体系不足以掌握某生活现象或意义脉络的多样表现形态时,大家首先会想到的辅助思考形式是‘类型’。”[①]正因为危险具有不确定性,且危险增加的原因可能有多种,因此,在规定危险显著增加的通知义务时采用的是概括式的法定主义调整模式,以类型化的方法对危险增加作类型化区分将有益于合理建构危险增加通知义务的法律后果,这也是必需的。

1.约定的危险增加和未约定的危险增加

根据需要履行通知义务的危险增加的事项是否记载在保险合同中,可以分为约定的危险增加和未约定的危险增加。但是,立法上是否要对此作类型化区分,应该从类型化的目的出发,即研究方法的类型化是“为规范之目的为特征之取舍”。[②] 也就是说,如果对危险增加的通知义务的法律后果在约定的危险增加和非约定的危险增加之间作出区分是必要的,则该种类型化是有法律价值的,否则无需作此类型化。

非约定的危险增加,是指在客观上足以提高危险发生率,符合上述显著危险增加要件的危险增加,即具有显著性、持续性和未被评定性。而约定的危险增加则指由当事人在保险合同中约定而列为危险的增加且必须通知的事项。对于约定的范围,其危险具有持续性和未被评定性之特点,但就其是否应具备显著性之要求,有一种观点比较典型,认为“凡是在合同中约定的须通知的危险增加情形皆属于重要危险增加,纵使客观上不属于重要危险增加,亦在其内”。[③]即在合同中约定的需通知的危险增加,并不一定要是重要的危险。但笔者认为,这种“依照当事人约定视为重要”的观点值得商榷。危险增加的通知义务从性质上属于法定义务,即通知义务是法律规定给投保人、被保险人的法定义务,无论是否记载在保险单中,只要危险增加在事实上破坏了保险契约的对价平衡,符合危险显著增加的构成要件,被保险人均应履行通知义务。而保险合同约定危险增加的通知的具体事项,是对法律上危险增加的通知这一法定义务的有益补充,在实践中对不具有保险专业知识的被保险人确定通知义务的范围是有一定帮助的。如合同约定的危险增加的通知事项是通过议商条款订立的,则无论是否具有危险增加的显著性要求,当属于当事人意思自治的范畴而应予以认

① [德]卡尔·拉伦茨著:《法学方法论》,陈爱娥译,商务印书馆2003年版,第337页。

② 黄茂荣著:《法学方法与现代民法》(增订五版),2006年自版,第869页。

③ 刘宗荣著:《新保险法:保险契约法的理论与实务》,中国人民大学出版社2009年版,第146页。

可。但若以格式条款约定危险增加的通知事项的,笔者认为,其不应被当然视为重要的而必须通知,而仍应以上述的判断标准来识别其是否属于危险显著增加。因为,在现代保险交易呈格式化趋势下,保险人拥有保单的制定权,鉴于通知义务有利于保险人,因此,保险人存有滥用保险合同的草拟权而倾向于扩大通知事项的趋向,而此将导致被保险人承受太大的负担,也将使被保险人因未及时通知保单上约定的任一事项而招致不利后果。因此,从立法目的上衡量,约定危险增加的通知事项尽管在实践中有一定的帮助,但仍应避免危险事项被扩大化而造成对被保险人的不利后果。所以,约定的危险增加事项仍应受显著性要求拘束。同时以格式化条款约定的危险增加的通知事项的条款仍应受我国保险法关于格式条款的规制。

综上所述,约定的危险增加通知是对法定的作为一般条款的危险增加通知义务的具体化和补充,在实践中具有具体指导被保险人通知的作用,虽然在构成条件上基本一致,但仍具有区分的意义。

2. 主观危险增加和客观危险增加

根据危险增加的原因可以分为主观危险增加和客观危险增加,这是理论上通常采用的分类标准,也为一些国家保险立法所采用,如德国、日本等。但我国《保险法》(2009年修订)仍然沿用原有立法表述,依然没有将投保人、被保险人对危险显著增加是否具有可归责性作出适用的区分。笔者认为,对危险增加类型作主观危险增加和客观危险增加的区分还是必要的。

从危险增加通知制度的对价平衡这一理论依据来看,无论造成危险增加的原因是什么,其对价失衡的结果是相同的,从结果来看区分似乎并不需要。但是,从法律的公平原则来看,主观危险增加和客观危险增加类型化的必要性在于:法律的公平性体现在法律责任的配置上的公平性,即应使当事人根据主观过错的不同承担不同的责任,过错程度大的责任相应就重,而过错程度小的责任相应就轻。根据保险的风险变动的发生学来看,有些情形下,风险的变动纯系客观原因引起而与投保人、被保险人的主观因素无关,而有些风险变动或风险的增加是由投保人、被保险人的行为引起。因此,根据是否具有可归责性,对义务主体造成危险显著增加的不同主观过错作出不同的法律后果的类型化区分是必要的,这也是立法技术成熟的表现。我国《保险法》(2009年修订)第52条规定的保险人可以解除合同或增加保险费,这仅为保险人的选择权,而并未就危险增加的主客观角度区分适用。我国《保险法》没有实现类型化,既没有区分危险增加的主客观因素的类型化,也没有就违反通知义务的可归责性作出区分而统一适用同一结果，这与法律的公平原则并不相符。

从一些大陆法系国家或地区的保险规定来看，进行危险增加的主客观的类型化的国家及地区主要有德国、日本以及我国台湾地区①（其主客观危险增加类型化如表 4－2 所示）。

表 4－2　危险增加主客观类型化“立法”

<table>
<tr><th>国家（地区）</th><th>分类标准</th><th colspan="2">类　型</th><th>法律后果（涉及通知义务等）</th></tr>
<tr><td rowspan="3">德国 2008 年《保险合同法》②</td><td rowspan="3">与投保人意思是否有关；以及投保人的过错程度</td><td rowspan="2">与投保人意思有关</td><td>故意、重大过失引起危险增加</td><td>保险合同解除，立即生效</td></tr>
<tr><td>一般过失</td><td>保险合同解除，于一个月届满后生效</td></tr>
<tr><td colspan="2">危险增加与投保人意思无关</td><td>知悉后不得迟延通知；保险合同解除权于一个月届满后生效</td></tr>
<tr><td rowspan="2">日本《商法典》③</td><td rowspan="2">当事人是否有可归责性</td><td colspan="2">可归因于当事人的事由</td><td>保险契约丧失效力</td></tr>
<tr><td colspan="2">不可归因于当事人的事由</td><td>保险人解除合同（只对将来发生效力）；从速通知，否则合同失效</td></tr>
<tr><td rowspan="3">我国台湾地区“保险法”④</td><td rowspan="3">是否为投保人行为所致</td><td rowspan="2">非投保人行为所致</td><td>合同记载事项</td><td>知悉后立即通知</td></tr>
<tr><td>非合同记载事项</td><td>知悉后 10 日内通知</td></tr>
<tr><td>投保人行为所致</td><td>无论是否记载事项或是否重要</td><td>投保方应先通知保险人</td></tr>
</table>

① 意大利《民法典》第 1898 条的规定其类型化的着眼点在于危险显著增加程度的类型化，区分为危险增加到增加保险费和危险增加到不符合承保条件。对前者，规定立即通知，保险人解除合同的，15 日后产生效力；对后者应立即通知，保险人解除合同的，立即发生法律效果。意大利《民法典》没有采用实现主客观危险增加的类型化。

② 德国 1908 年《保险合同法》第 23 条至第 29 条，对危险增加主客观类型化时所采用的区分标准是“与投保人意思有关”的危险增加和“与投保人意思无关”的危险增加，并规定不同后果的。德国 2008 年《保险合同法》对危险增加与保险人终止合同的权利之间的关系，仍采用了“与投保人意思有关”和与“投保人意思无关”的危险增加，同时与投保人意思有关的危险增加，又细化为故意、重大过失与一般过失。参见德国 2008 年《保险合同法》第 23 条和第 27 条。

③ 日本《商法典》第 656 条、第 657 条。需要说明的是，2008 年通过的日本《保险法》未采取主观危险和客观危险的区分，而单从危险增加的法律后果的效力层级来区分：危险增加——保险人可变更合同；危险增加后，投保人或被保险人未及时通知，且有过错——保险人有权解除合同，且解除仅对未来发生效力。关于损害保险的危险增加规定，参见《日本保险法》第 29 条、第 31 条。岳卫著：《日本保险契约复数请求权调整理论研究》，法律出版社 2009 年版，第 220～221 页。

④ 我国台湾地区“保险法”第 59 条至第 63 条。

从表4－2可以看出，尽管上述几个国家或者我国台湾地区所采用的区分标准表述上并不相同，但它们均是按照对危险增加的主客观因素的标准进行区分而进行的立法。我国台湾地区"保险法"根据危险的增加是否投保人行为所致区分成主观危险增加和客观危险增加，在我国台湾地区"保险法"，该处"行为"，系指行为人于主观上是否应有认识并有意使之发生，在客观上系在该主观心理状态下实施的作为与不作为，即过错行为。① 学者认为，按我国台湾地区现行"保险法"以是否为义务人行为所致为标准的做法，则须对其行为的主观因素作出适当解释方能实现划分主客观危险增加的本旨。② 日本《商法典》采用是否具有"可归责性"来区分主观危险增加和客观危险增加，与可归责性的过错因素一致。德国1908年《保险合同法》对危险增加区分主客观类型化时所采用的标准是"与投保人意思有关的危险增加"和"与投保人意思无关的危险增加"，并规定了不同后果。根据台湾地区学者的分析，认为德国法下对主客观危险增加是在"意思与否"和"过错与否"两者衡量下区分的，过于烦琐。③ 德国2008年《保险合同法》对危险的主客观标准还是采取了两种标准，仍显复杂。虽然区分标准不是完全相同，繁简亦不同，但相同的是，根据危险显著增加的主观因素予以区分，此区分的实益是对造成危险增加的主观过错区分不同法律后果，让有过错的当事人承担更为严重的法律后果，此举符合法律归责的基本原理，而反观我国《保险法》第52条的规定，仍有细化和完善的空间。

三、我国《保险法》危险增加的法律后果的立法及评析

危险增加的法律效果，大体有两类：一是投保方的通知义务；二是保险人的救济权利。我国《保险法》（2009年修订）第52条关于危险增加的法律后果的规定和原《保险法》比较没有实质性的修改。其中对保险人行使解除权后的保险费退还是本次修订增加的内容，有利于投保人；另外从保险人解除权的措辞上，从原《保险法》"保险人有权要求增加保险费或者解除合同"调整为"保险人可以按照合同约定增加保险费或者解除合同"，"有权"和"可以"均表明的是授权规范，保险人可以择一行使，本质上并没有改变保险人的救济权，但从表述上，新《保险法》多了"按照合同约定"，其增加的部分反而有画蛇添足之嫌。

---

① 江朝国著：《保险法论文集》（二），瑞兴图书股份有限公司1997年版，第203页。

② 徐卫东、高宇：《论我国保险法上危险增加的类型化与危险增加的通知义务》，载《吉林大学社会科学学报》2002年第2期。

③ 江朝国著：《保险法论文集》（二），瑞兴图书股份有限公司1997年版，第202页。

（一）危险增加通知的法定义务

危险增加时的通知义务具有法定义务的性质，因此，应解决义务主体和履行义务的时间以及违反义务的法律效果的问题，本部分仅就前两点展开论述。

1. 通知义务的主体

我国《保险法》（2009 年修订）将危险增加的通知义务规定在“财产保险合同”一节中而非保险合同的总则中，明确了该义务只存在于财产保险合同中，在此基础上，该法规定通知义务的主体是被保险人。由于财产保险合同中，投保人和被保险人一般是重合的，所以，我国保险法关于财产保险合同下的通知义务的主体的规定基本还是可取的。

2. 通知的时间

危险增加通知义务旨在保护保险人的利益、回复对价平衡，但同时为适当平衡被保险人的利益以及维护保险的团体性，应对危险增加通知义务的履行期间作出严格规定。首先，通知义务作为法定义务，法律规定的最短的通知时限属于强制性规范，因此，在保单中约定的通知期限只能长于而不能短于法定期限；其次，通知的法定时限在各国或地区规定有所不同，但一般都要求履行的快速性以便及时回复对价平衡的状态。例如，德国 1908 年《保险合同法》规定，无论是主观危险增加还是客观危险增加均规定要求知悉危险增加的事实后立即通知。德国 2008 年《保险合同法》则规定与投保人意思相关的危险增加时保险人可行使终止权，与投保人意思无关的危险增加时，投保人知悉后不得迟延通知。日本《商法典》第 656 条规定主观危险增加的情况下，保险契约“失去效力”，自然就没有讨论通知义务履行时间的必要。同时日本《商法典》第 657 条规定，在客观危险增加的情况下，投保人或被保险人在知悉后应“迅速”通知保险人。2008 年日本《保险法》第 29 条规定，（损害保险）涉及危险增加的告知事项发生变更时投保人或被保险人应“及时”通知保险人。我国台湾地区“保险法”在立法技术上则作出区分规定，对于合同约定范围内的危险增加（无论是否要保人的行为所致）均负有先通知义务，而对于非记载范围内且非由于要保人的行为所致的危险增加，则要保人在知悉后 10 日内通知。[①]

我国《保险法》（2009 年修订）第 52 条规定：“……被保险人应当按照合同约定及时通知保险人……”该规定存在一定问题，该“及时”通知的要求是相对合同约定的通知时间而言的，若有合同约定，该约定在不违反法

① 参见我国台湾地区“保险法”第 59 条至第 63 条。

定的最短通知的前提下应为有效。这里存在两个问题:首先,既然保险合同对危险增加通知时间有规定,则在约定的期限内均可为保险人接受,因此无所谓“及时”之要求;其次,法定的最短通知时间在我国《保险法》没有规定,而通知义务具有法定义务之性质,应由法律设定最短的通知时限才是较为妥当的。只有规定了法定的最短通知时限,才能解决约定的通知时间和法定通知时间之间的关系,即约定的通知时间在不短于法律设定的时间时均为有效。笔者认为,我国《保险法》应该借鉴其他国家对通知义务时限的规定,在立法技术上不宜采用“及时通知”之做法。及时通知是一个富有弹性的概念,虽然从危险增加通知制度的目的角度来看,在适用中仍可通过目的解释限制“知悉后立即通知”,但不妨参考其他国家的规定,将通知时间规定为“知悉后立即通知”或“知悉后迅速通知”为妥。

(二)危险增加时保险人的救济权利

保险期间危险显著增加导致保险对价被破坏,而使在原先保险费率基础上维系的保险合同效力对保险人显失公平,因此,危险增加时保险人应被赋予一定的救济权利,这也是危险增加通知制度的立法目的。从立法目的来看,保险人获得的权利是因危险显著增加产生的,被保险人的通知对被保险人来说是法定义务,违反危险增加的通知的法定义务,被保险人应承担不利后果。对保险人来说,通知的效果是让保险人知悉其权利,如果被保险人违反通知义务或者保险人从其他途径获知危险显著增加,都不应影响保险人的救济权。被保险人违反危险显著增加的通知义务,产生的是另一个独立的法律问题,即被保险人违反通知义务的法律责任,与保险人在危险增加时权利的行使是两个不同的问题。

在保险人的权利或者说危险增加通知的法律效果上,大陆法系一些国家的规定并不相同,但大致来说有这样几种:第一种,终止合同或解除合同的单一权利。根据前面所列表格,可以看出德国《保险合同法》采用的是无论主观或客观危险增加保险人均具有解除合同权利的模式。第二种,终止合同或解除合同和增加保险费的选择权模式。我国《保险法》和我国台湾地区“保险法”采用的是选择权模式,参看前列表格可知,我国台湾地区“保险法”规定的法律后果的结构更为复杂。第三种,比较特殊的一种模式,即自动终止合同和保险人解除合同(仅向将来发生效力)区分的模式。参看前列表格可知,根据日本《商法典》的规定,可归责于投保人的危险增加,保险合同自动终止,不存在保险人权利的行使,自动终止的效果也不取决于被保险人是否通知;对于不可归责于被保险人的危险增加,保险人有解除合同的权利,且解除的效力仅向将来发生效果。但 2008 年日本《保险法》已对此做出改变，未再采用可归责于投保人的危险增加和不可归责于投保人的危险增加的区分，而是根据通知义务的履行与否区分：危险增加的，保险人可变更合同；投保人或被保险人故意或重大过失违反危险增加的通知义务时，保险人有权解除合同。①

我国《保险法》(2009 年修订)采用的是选择权模式，即保险人有权变更或解除保险合同。除了前述并未区分危险增加属于主观危险增加或客观危险增加而产生同一法律效果外，该选择权模式存在的主要问题有：

第一，缺乏对保险人行使选择权的限制性规定。我国《保险法》(2009 年修订)仅规定了保险人可以增加保险费或解除合同，从字面上来理解，只要是危险增加，保险人既可以选择增加保险费以维持契约，也可以解除保险合同。因此，只要一接到危险增加通知，保险人即有终止契约的可能，终止契约也具有法律上的依据。但是，危险增加通知制度目的在于控制保险期间的危险，如果增加保险费能够实现新的对价平衡，而若允许保险人自由选择解除合同，则容易使被保险人通过保险转移危险消化损失的目的落空。而我国新《保险法》又没有区分危险增加的原因，假设被保险人对危险的增加并无过错，即客观的危险增加之情形，按照《保险法》的规定保险人仍可以选择解除保险合同，这对众多的被保险人来说是非常不利的。

第二，保险人解除权的行使期间是否应有限制。我国《保险法》(2009 年修订)对保险人在危险增加时行使解除权的期限没有作出规定，即没有规定解除权的除斥期间，容易导致保险合同的效力处于变动之中。如若保险人滥用解除权，即在明知危险增加时并不选择解除合同，但保险事故发生时却主张合同解除，此时解除权是否可以成立，这些《保险法》都没有涉及。

第三，《保险法》(2009 年修订)第 52 条所规定的保险人在危险增加时解除权的效力待定。由于我国新《保险法》中关于解除权的规定和《合同法》中有关解除权的规定不同，对于此处措辞上所使用的“解除权”具有的效力是否具有溯及力是不清楚的。笔者认为，从两个制度的立法目的上来看，危险增加的解除权和违反告知义务的“解除权”应具有不同的法律效果。告知是对风险的估测，是保险合同成立的基础，因此，违反告知义务的解除权一般具有溯及力；而危险增加是在通过告知义务确定的风险程度的基础上的增加，危险增加前并不影响保险人按合同订立时确定的水平风险

① 参见日本 2008 年《保险法》第 29 条(适用于损害保险)、第 56 条(适用于生命保险)、第 85 条(适用于伤害疾病定额保险)。

承担,因此,从立法目的上危险增加时赋予保险人的“解除权”不应有溯及力,也就是说,应仅对未来发生法律效力。从立法技术角度来看,日本《商法典》第 657 条对不可归责于被保险人的危险增加所使用的也是解除权,但是其明确解除权仅向未来发生效力,因而不易产生混淆。

(三)被保险人未尽通知义务的法律后果

前述提到,被保险人未通知的法律效果和保险人在危险增加时的权利是不同的法律问题。被保险人履行通知义务是法定义务,因此,其未妥善履行通知义务应使被保险人承担不利的法律后果,否则,通知义务的设定将形同虚设。

从危险的知悉与危险增加的通知的关系来看,被保险人未履行通知义务是否具有过错,可能有下列几种情形:第一,主观危险增加的情况下,被保险人对危险增加是知悉的,则怠于履行通知具有过错;第二,客观危险增加的情况下,被保险人知悉且能通知而未通知,其虽对危险增加没有过错但是对履行通知义务有过错;第三,客观危险增加而被保险人不知情,则不可能通知,即应为无过错。我国新《保险法》在第 52 条第 2 款规定了怠于通知的法律后果,即保险人对因该危险增加而致的保险事故不承担赔偿责任,而没有规定保险人是否具有解除合同或增加保险费的权利(类似被保险人通知危险增加的通知时的保险人的权利)。有学者认为,“依当然解释,自得增加保险费或解除合同,这对保险人较为有利”。[①] 笔者赞同这一观点。

正如前面所阐述,被保险人履行危险增加通知义务后,保险人有权变更或解除保险合同,《保险法》对选择权的行使未做出限制。而根据举轻以明重的一般原理,则在被保险人未履行通知义务但保险人自行获悉危险显著增加的情况下,保险人也应有权变更保险合同甚至解除保险合同。此时就出现两种情况下法律允许对合同效力做相同处理的情况,如此规定是无法有效激励被保险人积极履行危险增加通知义务的,尽管危险显著增加导致事故发生的概率增高,但毕竟保险事故发生仍具有不确定性,做保险理赔时仅以是否进行通知与未通知区分效果,未必能真正实现危险增加通知制度的目的。

总而言之,相对于我国保证制度适用前提的不明确,危险增加的通知

---

① 徐卫东、高宇:《论我国保险法上危险增加的类型化与危险增加的通知义务》,载《吉林大学社会科学学报》2002 年第 2 期。对此解释结论,多数学者是赞同的,例如,孙宏涛:《我国〈保险法〉中危险增加通知义务完善之研究——以我国〈保险法〉第 52 条为中心》,载《政治与法律》2016 年第 6 期。

制度适用的条件是非常清晰的,即适用于危险程度显著增加这一情形。司法解释一定程度上已经使危险显著增加的认定清晰化,但我国《保险法》关于危险增加通知制度规定失于粗简:未区分危险增加的不同成因而统一适用同一后果,并不完全符合公平原则的要求;未对违反危险增加通知义务的后果做效力层级的区分,可能导致保险人滥用合同解除权;未明确在被保险人履行通知义务后,保险人解除保险合同前,对因增加的危险导致保险事故发生时的处理规则,形成规则缺漏。

第三节　我国风险控制制度的取舍、构建及协调

保险期间保险风险的控制是保险合同法的永恒话题,而我国《海商法》所建立的并不完整的保证制度和我国《保险法》所建构的危险增加通知制度的并存,构成了我国保险法体系中比较独特的一道风景。由于作为特别法的《海商法》对具有同一立法目的的制度已经有了规定,因此,作为一般法的《保险法》的危险增加通知制度所适用的范围就退至岸上,即适用于非海上保险合同。从法律适用的角度来看,风险控制的两套不同规则调整各自领域内的保险合同能够相安无事。那么重构和协调是否需要呢?笔者拟通过进一步比较两种制度形成的法律文化以及两种制度的运行效果对此问题做出回答。

一、保证和危险增加通知:风险控制制度的比较

保证制度和危险增加通知制度具有相同的立法目的,即通过具体制度来控制保险期间的风险,使保险合同的交易基础(合同订立时估测的风险与以此为基础计算出的保险费率的平衡)不致破坏,以及在对价遭到破坏时给予保险人一定的救济权利。但两者在具体规则方面是否能平衡当事人的利益则有较大区别。

(一)保证制度和危险增加通知制度理论基础的比较

我国《海商法》中的保证制度和《保险法》中的危险增加通知制度在理论基础方面具有相通性。本部分就两种制度的立法目的、基本特点以及价值取向等方面分析如下。

1.保证和危险增加通知制度:相同的立法目的

保证制度和危险增加通知制度的设立都是为解决保险期间风险的不确定性而引起的风险变动,尤其对保险业经营来说,风险变动带来的结果可能是危险的增加,即引起损失的概率增大,而风险的变动达到一定程度,

则破坏了保险合同订立之初根据告知义务确定的风险程度以及根据该风险程度确定的保险费率,即对价平衡。就保险期间危险的变动来说,由于信息不对称引发的道德危险更容易使保险标的产生损失,继而引发事故,因此,无论是根源于英美法系的保证制度还是蕴育于大陆法系的危险增加通知制度均拥有共同的制度目标,即通过对风险的控制维护交易的对价平衡,保护保险制度的发展,维护保险业的良性经营。

2. 保证和危险增加通知:不同的解决路径

保证起源于英国海上保险的实践,是保险人为控制风险在保险合同中加入的合同条件,并以被保险人承诺的方式确保保险期间的风险不发生改变,"一旦违反即产生自动解除保险责任"这一简单而严厉的后果。其所要达到的目的是通过对被保险人的阻吓从而使保险人可以放心地经营以高风险性著称的海上保险业务。因此,保证制度是以契约自由原则为武器,以保险合同条款为载体,让被保险人为某种行为(这种行为有助于减轻或控制风险)或不为某种行为(该种行为可能会导致风险增加)而力图使风险维持在合同订立时确定的风险水平,实现对海上保险风险的控制。危险增加通知制度借鉴了情势变更原则的理论基础,基于法律公平原则,为避免因危险增加产生保险合同对价平衡的破坏,而设定抽象和富于弹性的条款对危险增加法律效果进行规范。

两种制度的不同路径主要体现在:保证是一种约定的模式,以保证形式申明的或者并入的条款被假定(当然是在契约自由基础之上的)对危险的确定和控制有重要影响,保证条款为被保险人承诺的合同义务。因此,保证这一约定的模式,表现的具体特点为保证范围是由当事人确定的,保证的内容是具体的。而危险增加的通知制度是危险变动后对当事人权利义务的一种法定调整模式,强制性是该制度的特点。作为立法特点,法律仅提供认定危险增加的一般条件,因而具有一定的抽象性。根据意思自治,当事人可以约定危险增加的事项等,但这种约定对于投保方则不得严于或高于保险法以情势变更原则为基础所设定的法定主义调整限度。

就其本质来说,保证制度与危险增加制度的差异是一种立法学说的对立。一是以英美经验(进化)理性主义思想指导的法治化进路,二是以欧洲大陆国家建构理性主义思想为指导的法治化进路。[①] 英美法系国家应用归纳方法,通过判例积累来创制法律。对危险增加的规范,也体现了这个特征,英美保险法不对"危险增加"预先设定抽象而普遍适用的一般规则,

① 参见谢晖著:《价值重建与规范选择》,山东人民出版社1998年版,第240页。

而由保险人设计保单约定各种保证条款，通过相应的判例法积累规则来间接调整风险的控制。即使保证制度被英国1906年《海上保险法》转变为制定法制度，但英国1906年《海上保险法》也是普通法的法典化，判例法仍对保证制度的发展起作用。也正是英美法系的这一特点，保证制度在经历了严苛性的批评后，判例法能缓慢地将严苛的保证规则进行改革和自我修复。而大陆法系法典化和以逻辑演绎为主的法律思维方式，决定了其保险法以设定抽象和富于弹性的条款来对危险增加的法律效果进行规范，但其具有的抽象性、富有弹性的危险增加制度对被保险人通知义务的履行是一个不小的困扰。因此，两种模式各有特点，其优劣从制度优势上来说难分伯仲。

3. 不同的价值取向

保证制度的产生根源于保险人限制、控制风险的愿望，保证制度的优势恰在于保险人可以通过约定自主控制危险。但事实上遵守保证事项并不要求以与风险相关为前提，因此，保险合同当事人可以将任何事项列为保证。由此带来的问题是，无论海上保险还是一般保险，随着保险业的现代化，保险人缔约能力优于投保人、被保险人是不争的事实，保险人容易利用其缔约优势尤其格式化条款的草拟权来扩大保证的范围，使被保险人承受过重的负担，这已是不争的事实。英国学者克拉克教授就将保证分为真正的保证和合同性保证，前者与风险有关，后者和损失无关却由合同所创设产生。同时，保证源于当事人的约定，保证的范围由当事人预设，经过判例法调整创制。从英国的发展来看，从判例法规则到英国1906年《海上保险法》将判例法规则成文化以及判例法的进一步发展，法律效果有软化的趋势，但是，对违反保证自动解除合同的法律效果直至英国2015年《保险法》出台才修正，但违反保证的法律后果的设定仍是单一的，即中止保险责任。而危险增加通知制度，从一些大陆法系国家的立法来看，基本上形成了主客观危险的类型化，即对因不同原因造成的危险增加区别对待分别设定法律效果，既设定了非常严格的通知义务也对保险人权利的行使规则作出了规定，能较好地实现保险人和被保险人之间的利益平衡。

（二）《海商法》保证制度和《保险法》危险增加通知制度的比较

从本章第一节的阐述可以得出，我国《海商法》的保证制度虽然从英国1906年《海上保险法》移植而来，但是，我国保证制度是不完整的，因没有对这一特别的概念作出定义导致其适用困难。另外，我国《海商法》违反保证的法律效果与英国1906年《海上保险法》自动解除保险责任的效果不同，虽然避免了英国法下对被保险人过于严厉的结果，但在对法律结果的规定上通知和解除的关系仍是不明的。因此,就我国来说,如果海上保险需保留保证制度,那完善该制度时则需要注意保证制度的现代发展趋势对我国立法的影响以及移植受体的立法选择方向。

通过本章第二节可以得出,我国《保险法》(2009 年修订)危险增加通知制度与一些大陆法系国家的立法比较,存在的问题仍是较多的,最主要的问题是未区分主观危险和客观危险而统一适用同一结果,在保险人的解除权和增加保险费的选择权的规定上又显粗陋,对解除权的性质及效力规定不清(尤其是在《保险法》所采用的解除权具有的效力多有不同的情况下)。

因此,我国《海商法》保证制度与《保险法》危险增加制度均存在一定问题,需要制度的提升。但是,一国法律体系和谐与否,两种制度是否应该并行形成所谓的非真正冲突,两者是否可以协调,值得进一步探讨。笔者认为,通过基础理论的比较似乎还不能下结论,因此,接下来笔者从保证制度和危险增加通知制度的法律运行效果上进行对照比较,从而解决我国海上保险中保证制度的去留问题。

二、保证抑或危险增加:风险控制制度的统一方案

在讨论是否需要建构相对统一的风险控制制度前,首先要对《海商法》中保证制度的去留做出解答。在对保证制度保留抑或舍弃的分析上,鉴于我国《海商法》已经移植了保证制度,且前文已经就我国保证制度实施现状作了分析,因此,本部分以移植效果现状为基础,评估其移植的可能性及反思其移植的必要性。

(一)法律文化差异与我国保证制度保留之间的关系

由于保证制度根源于英美法系,其必然带有英美法系法律文化的烙印,而我国受大陆法系影响较深,我国的民法理论受大陆法系的影响更深。那么保证制度在我国的适用是否会因水土不服而应予舍弃呢?笔者认为,法律文化差异是否一定成为法律移植的障碍,需要结合具体制度进行分析。

1. 保证制度移植中能通过法律技术手段克服的问题

作为英美法系特有的制度,保证深深烙上了其法律文化的烙印,但有些看似在英美法系才有的规定按大陆法系的理论同样可以解决或应对。例如,英国 1906 年《海上保险法》中的保证制度是由明示保证和默示保证构成的,英国 2015 年《保险法》对保险保证的定义未作修改,明示保证和默示保证的分类仍被保留。明示保证通过合同约定,默示保证来源自普通合

同法中默示条款理论，而我国合同法以及理论上没有默示条款之说，但这似乎不能构成障碍，事实上通过立法技术是可以达到类似默示保证的效果的。默示保证是以成文法规定的，因此，我国可以通过法定保证的形式达到相同的效果。对此，我国《海商法》规定保证制度时已经通过另外的立法技术处理了该问题。例如，适航保证是英国1906年《海上保险法》中最为重要的默示保证之一，我国《海商法》通过第244条第1款第1项的规定[①]将船舶不适航作为免责事由得以解决。

2. 法律文化差异与我国保证移植的可能性反思

另一方面，保证制度在我国尚缺乏运行的理论根据。在我国民商法律中，保证被当做一种担保方式，保证制度是作为一种债的担保制度存在的，而《保险法》中的保证与一般民商法中的保证存在根本的区别，海上保险法中的保证概念的使用徒增法律概念之间的相互抵牾。事实上，根据前述我国保证实践分析得出，保险保证概念不清的确会影响"保证"在我国的适用。从立法技术上，通过对保证定义的增补可使其具有独特内涵从而和《担保法》上的保证得以区分，因此，也正是基于对现行法下保证制度采部分移植方式存在的这一问题，比较常见的完善我国《海商法》保证的建议中，达成共识的意见便是应增加保证的定义。如大连海事大学在其承担的关于我国《海商法》修改的研究课题中就主张增补保证的定义："保证是指被保险人在合同中承诺为或者不为某种行为，或者承诺某种事实状态的存在或不存在。保证应在合同中明确书面约定，否则对被保险人没有约束力……"[②]

但是，即便借鉴英国法增补保证的定义，即对法律移植技术进行改进，仍可能突破不了"保证"在我国的无根性这一理论"瓶颈"。关于保证的性质，在英国法中一般认为"保证"是先决条件，而将合同区分为条件条款、保证条款以及中间性条款是英国普通合同法中的概念，保险法中的保证条款与一般合同条款是有区别的，虽然保险保证的性质较为奇特，但仍根植于对合同条款区分的理论基础上。而我国合同法理论中并没有对合同条款根据实质重要性作出条款分类的做法。若《海商法》修改时借鉴英国法补充保证的定义使其与其他保险条款尤其是除外责任条款和承保风险条

① 《海商法》第244条第1款第1项规定，除合同另有约定外，因下列原因之一造成保险船舶损失的，保险人不负赔偿责任：①船舶在开航时不适航，但是在船舶定期保险中被保险人不知道的除外。

② 司玉琢、胡正良主编：《〈中华人民共和国海商法〉修改建议稿条文、参考立法例、说明》，大连海事大学出版社2003年版，第607页。

款相区别,但这一增补保证的定义的修改方法仍不能彻底解决其运行所需的理论根据。保证条款具有的严厉法律后果是依据条款对合同的重要性程度来建构的,我国合同法理论中是不存在这种条款区分理论的,我国合同法理论中的法定解除权作为违约救济的手段,是以违约导致合同目的无法实现的结果为依据的。即便规定了保证的定义,按现行《海商法》规定,违反该保证的后果为赋予保险人解除权。违反约定的保证,但没有撼动保险合同的对价平衡这一基础,保险人享有合同解除权的理论根据何在？我国《合同法》赋予非违约方以解约权的主要根据在于违反之后果而不是违反条款本身。①

(二)保险保证制度修复的有限性与我国保留保证制度之间的关系

就保证制度来说,法律文化的差异的确成为我国移植保证制度障碍的重要因素,保证制度不宜在我国保留,更为重要的是保证制度自身存在的问题。

1. 对保证制度先进性的质疑

在实践中,制度选择作为法律移植的第一个阶段,②在法律移植过程中占据非常重要的地位,它在一定程度上决定法律移植的效果。借鉴或者移植的法律制度,一般来说,应符合先进性和适应性双重标准。正如民法学者魏振瀛先生在谈及我国民法对外国法律借鉴的标准时认为:“借鉴外国法律在于吸收其先进的立法经验。一般来说,借鉴的标准应当是既先进,又能为我所用……”进而又强调“借鉴外国经验是为了为我所用,因此需要平衡借鉴先进和为我所用之间的关系”。③

借鉴的法律制度,先进性不是唯一衡量的标准,但先进性确实是应该衡量的标准。一般来说,通过制度被采纳的程度以明确其影响的范围和普遍性可以作为衡量制度先进性的标准。④ 由于英国在现代海上保险发展史上的重要贡献,英国1906年《海上保险法》的输出也被很自然地接受,海上保险中的保证制度随着《海上保险法》的指出而被其他国家借鉴也就可以理解。这应该就是萨科所说的“威望”会制造“先进性”的光环。⑤ 那些大

---

① 参见徐仲建著:《海上保险保证制度论》,法律出版社2013年版,第168页。

② 法律移植一般来说分成四个阶段,即制度选择阶段、制度改造阶段、本土“土壤”的培植阶段和制度反馈阶段。

③ 魏振瀛:《我国民法对外国法的借鉴》,载《法学家》2009年第5期。

④ 参见李晓辉:《中国式法律移植之反思》,载《国家检察官学院学报》2014年第1期。

⑤ Rodolfo Sacco, “The Romanist Substratum in the Civil Law of Socialist Countries”, in *Socialist Law Review*, 1988, p. 56. 转引自李晓辉:《中国式法律移植之反思》,载《国家检察官学院学报》2014年第1期。

国、强国基于自身国家实力的影响使其法律制度也戴上了光环，首先被借鉴者所注意到，并更容易被理解为“先进的”“发达的”。①

但是，先进性的判断是复杂的，移植的法律制度在其母国是处于历史发展中的，不同历史阶段法律价值取向不同，所以，更需仔细考察其产生的历史背景以及实际效果，谨慎地得出制度借鉴的必要性。英国保证制度形成于18世纪下半叶，当时海上保险生存的环境是：船舶抗风险能力差，海战、海盗频繁，通信不发达，船舶一旦出海，保险人无法获知船舶以及货物的信息。因此，保证制度是在当时的历史条件下，基于如何阻止被保险人的特定行为使风险陡然增加而保险人却一无所知或者难以举证而特别设立的一种制度。所以，立法者的根本出发点并非是权利义务如何对等，更不会从因果关系的角度去考虑该制度是否对被保险人不公。② 若其严厉的后果能固守在风险边界上尚可接受，但其实际运用已背离了控制风险的出发点。申言之，保证事项即便与风险毫无关联，只要被保险人做出了承诺，被保险人即承受可能不受保险保障的后果，即便保险事故的发生与自己承诺事项的违反之间没有任何关系，这一与风险无关的约定使保证制度的严苛性更加突出。对产生于两百年前、为适应特定历史环境、因有失公平性而一路随着批判和质疑的这一制度，移植的必要性是否需要反思？

2. 保证制度修复的有限性以及对我国的意义有限

保证制度的严苛性是保证制度的特点但也是招致批判之所在。从英美法系国家保证制度的发展来看，各国逐渐软化保证制度，所以保证制度从一定意义上来说，虽饱受批评，但在英美法系国家并没有到完全废止的地步。以英国2015年《保险法》对保证制度的立法变化来看，通过禁止以“合同基础条款”的形式转化保证的规定来杜绝保险市场对保证的异化，将违反保证的法律后果从原先的自动解除保险责任修改为中止保险责任，同时允许对违约行为进行补救等，立法已经对保证制度进行了一定的修复。但从英国2015年《保险法》对保证制度的立法来看，其修正是有局限性的：其一，对违反保证的法律后果严苛性修正的有限性。无论是自违反时的解除保险责任抑或中止保险责任，本身就无需考虑因果关系，也无法将因果关系纳入。即便2015年《保险法》增加了“与

---

① 参见李晓辉：《中国式法律移植之反思》，载《国家检察官学院学报》2014年第1期。

② 参见司玉琢、李志文主编：《中国海商法基本理论专题研究》，北京大学出版社2009年版，第692页。

实际损失无关的条款”[①],但由于该条款适用的标准模糊不清而可能引发新的争议。其二,未对保证的定义作出修改,对保证的定义仍沿用1906年《海上保险法》第33条第1款。对此,立法项目负责人大卫·赫泽尔解释道:“我们认为如果我们开始尝试定义‘保证’,我们很可能永远结束不了研究……”[②]因此,保证的事项纵与风险无关,但仍能被纳入保证范畴。

在已经引入保证的情形下,将来我国《海商法》修改时,针对现行法存在的问题,做出相应的、完善的方案是否可行呢?假设在法律后果的设计上仍维持现有的解除权规定,则根据前述其理论依据不足。或借鉴英国2015年《保险法》所采纳的保险责任中止,则比现行法的解除权规则对被保险人更为严厉,实不足取。按英国现在的改革方案,违反保证的法律后果规则已经适当修复,但保证可与风险相脱离而产生的不公平性在维持现有的保证定义下是无法改变的,这一点在移植母国无法改变,我国亦无法超越。

英国在2015年《保险法》修改时未废弃保证制度,仅对其严苛性规则加以缓和,是有其历史背景和现实原因的。但对于我国而言,如果说我国《海商法》制定时基于“保证”为国际习惯做法的认识而将其引入,在运行二十多年后实践表明该制度并未取得效果,这一现实表明,对于如何借鉴外国立法经验以完善我国海上保险法,是一个值得关注的问题。正如傅廷中教授所言:“鉴于学界和业界对保证制度提出的种种质疑,应该审时度势,不宜机械地照搬英国法中的保证制度,因为这一制度已经在一定程度上落后于这个时代了。”[③]

(三)舍弃保证制度的理由再分析:以与危险增加通知制度的比较为着眼点

正如学者所言,法律的威望制造的先进性光环,使那些可能设计巧妙、效果良好的小国法律少有进入借鉴者视野的机会,而该制度可能与移植国家具有更多的相似性。[④] 危险增加通知制度(或更为广义的风险变更制度)可能就是在保证制度巨大光环下“黯然失色”的制度。但如果将这一制度和保证制度作比较,则能发现,危险增加通知制度,纵使其也有诸多不

---

① 根据该条规定:若被保险人能证明其违反特定保证条款的行为不可能导致某一特定损失的风险的增加,亦不可能导致合同中其他种类或发生在其他时间或地点的损失的发生,则该违反与增加的风险或额外损失没有关联性。保险人在这种情况下,不得以被保险人违反保单中特定的保证条款为由拒赔与特定保证条款无关的实际损失。

② 郑睿:《英国海上保险保证制度改革评析》,载《中国海商法研究》2016年第2期。

③ 傅廷中:《海上保险保证制度的过去、现在与未来》,载《中国海商法研究》2013年第4期。

④ 参见李晓辉:《中国式法律移植之反思》,载《国家检察官学院学报》2014年第1期。

完善之处，在控制风险上是更为客观和公平的。

1. 保证制度与危险增加通知制度的适用范围的比较

保证制度和危险增加通知制度都是控制保险期间风险的制度。而从风险产生的原因来看，风险本身具有的不可预见性、不确定性等本质特征表明保险期间风险的变动有部分是客观原因造成的。这种风险的产生和变动，在任何人控制保险标的的情况下都可能发生。但是，对保险标的的不同管理水平、不同的风险意识、保险标的的不同用途等可以使风险变动，而保险期间的标的受被保险人控制，因此，可能有归责于被保险人的原因使危险增加。

而保证制度，通过约定被保险人在保险期间为或不为某行为，即通过对被保险人行为的控制而使风险维持在合同订立之初的水平。由于被保险人的行为或不行为导致标的发生危险的程度增加，从原因上可归入主观的危险增加。而对于客观的危险增加，保证制度实际上没有涉及，但是，客观原因导致危险增加使对价平衡被破坏也是现实存在的，而危险增加通知制度控制的危险既包括主观危险增加也包括客观危险增加。因此，从风险控制的立法目的出发，保证制度具有一定的局限性。

2. 违反保证的法律后果的单一性与危险增加的法律后果的多维性

从移植本体英国的保证制度发展趋势来看，违反保证从原先的自动解除保险责任到目前的责任中止，尽管法律后果有所缓和，但仍呈现违反保证的后果的单一性建构，虽当事人可在合同中自由约定更为缓和的法律后果，而从保险缔约的现实来看，让保险人自动接受较法律更为缓和的法律后果，现实很难实现。从作为法定义务模式的危险增加通知制度的立法来看，即区分危险增加通知义务履行的法律效果与违反危险增加义务的法律后果，且根据主观过错不同对危险增加的产生以及违反通知义务的过错的法律后果进行细分，兼顾了保险人和被保险人之间的利益平衡。

3. 从制度的衔接角度比较保证制度与危险增加通知制度的作用

保证制度的立法目的是防止保险期间风险的增加，而告知和陈述制度是评估风险的制度，即后者确定风险程度，而前者则是对后者确定的风险水平的控制，两者互相结合可以形成衔接。也正因如此，曼斯菲尔德勋爵在创设保证制度时，明确保证与陈述是不同的制度，但是，后来的发展使针对过去或现在存在或不存在的事实的保证（确认性保证）和陈述发生“重合”，①或

---

① Thomas J. Schoenbaum, “Warranties in the Law of Marine Insurance: Some Suggestions for Reform of English and American Law”, in *Tulane Maritime Law Journal*, 1999, p. 297.

者说陈述可以通过一定方式转化为保证。[①] 这种转化可以通过保单上对事实存在与否进行确认的条款,或是通过并入条款(incorporation clause)或合同基础条款(the basic clause)将投保单上的询问事项并入到保险单中成为保证条款,[②]由此保险人可以摆脱陈述的范围为重要事实以及诱因规则的束缚,其实际效果是陈述事实上被保证所覆盖。由于保证制度对保险人更为有利,因此,这种转化是保险人所喜闻乐见或所欲追求的。而这样的结果是,确认性保证的存在实质上削减了陈述制度。当然,区分和限制措施也在英美法系内展开,如前所述,英国2015年《保险法》规定"禁止合同基础条款"异化保证。比较而言,我国《海商法》告知义务制度和危险增加通知制度在制度的衔接上比较顺畅。危险增加与否的判断是建立在保险合同订立过程中由被保险人告知的事实得以确定的风险水平基础上的显著增加,危险增加通知制度不会弱化告知制度的作用。

(四)海上保险建构危险增加通知制度的可行性

事实上,在海上保险领域,多数大陆法系国家海上保险立法或保险法中并不存在保证制度,而是通过类似的"风险变更制度"控制保险期间的风险,尤其以德国和挪威海上保险中风险变更制度为典型。该制度最大的特点是建立了被保险人的通知义务及法律效果不是单一的保证中的自动结束保险责任而是赋予解除权、增加保险费及免除赔偿责任等根据不同情形设定的不同后果。[③] 该制度与危险增加通知制度虽然名字不同,但实质是相通的。因此,海上保险中设立危险增加通知制度从接受范围来看,并非没有先例,我国采纳该制度也并非特立独行。危险增加通知制度并不排斥当事人的约定,例如,被保险人通知的事项是可以通过当事人约定,只不过约定事项并不像保证制度那样被视为重要而完全照单全收,而仍应受危险显著增加的法定标准的检验。

我国《海商法》所规定的违反保证的法律效果与大陆法系风险变更制度的法律效果的规定类似,且《海商法》关于违反保证的"通知""解除合同权和修改合同"法律效果的规定和《保险法》中危险增加的法律效果其实质上已经趋向相同,这是两者可以协调的现实。

---

① See John F. Dobbyn, *Insurance Law*(3rd ed.)(英文影印本),法律出版社2001年版,第203页。根据Dobbyn教授的观点,被保险人在保险人询问范围外自愿告知的事实,即使记载入投保单中,或者有并入条款将其并入保险单中,也不能被认为是保证条款。也即自主披露的事实是不能转化为保证的。

② See John F. Dobbyn, *Insurance Law*(3rd ed.)(英文影印本),法律出版社2001年版,第203页。

③ 参见初北平:《船舶保险条款研究》,大连海事大学法学院2008年博士学位论文,138~142页。

三、海上保险危险增加通知制度建构：对《保险法》的突破与协调

根据前述，危险增加通知制度从运行角度来看比保证制度更为合理，但鉴于我国《保险法》危险增加通知制度的规则需要提升完善，因此，海上保险对危险增加制度的建构并不完全适用《保险法》的规定，而可以在修改《海商法》时进行危险增加通知制度的立法。笔者对我国海上保险危险增加制度的建构提出下列思路和方案。

（一）建构危险增加的类型化

主观危险增加和客观危险增加的区分是一种有益的区分，法律效果应建立在主观危险和客观危险区分的基础之上。

1. 主观危险增加、客观危险增加

我国新《保险法》没有区分主观危险增加和客观危险增加，而是设定相同的法律效果，海上保险危险增加通知制度建构中应避免《保险法》这一做法，而应根据危险增加的原因区分主观危险增加和客观危险增加，其立法原理在于，这两种危险增加反映的被保险人的主观恶性不同，因而有必要对被保险人设定不同内容的义务及法律效果。如果不论是主观危险增加还是客观危险增加，投保人或被保险人通知后的法律效果均相同，那么对于客观危险增加的被保险人来说无疑是不公平的，同时也不利于督促被保险人诚信地维持保险标的的危险程度。因此，笔者认为，《海商法》建构时采取区分，即对导致主观危险增加的投保人或被保险人设定更加严厉的法律效果。

2. 危险增加的法律效果的层级

英国海上保险保证制度的严厉性在于违反保证后，除非保险人弃权，否则保险人可自动解除保险责任这一严厉的法律效果，虽然新近立法已采保险责任中止，严苛性有所缓和，但仍然维持了责任形式的单一性之传统。危险增加通知制度之所以能实现利益的平衡，就在于区分不同原因并设定了不同的法律效果。危险增加的法律效果在一些大陆法系国家或地区立法上采用的模式并不同（见前述第二节），而从理论上将其归纳起来，法律效果根据其对被保险人的严厉性程度可以分为这样几层：第一，自动解除保险合同。该种法律效果与传统的海上保险的保证违反的法律效果一致。第二，保险人有权解除保险合同。这种法律效果与第一种的区别在于：是否维系保险合同的效力取决于保险人的选择，因此，是一种形成权。第三，保险人有权要求增加保险费。因此，笔者认为，在海上保险危险增加通知制度中，主观危险增加和客观危险增加的原因与法律效果的组合可能有不

同样态,在建构时应作出适当的取舍。

首先,对于主观危险增加,笔者认为,不宜采取日本《商法典》保险合同自动终止的规定。主观危险增加的保险合同自动终止是一种独特且严重的法律后果。合同自动终止与投保方是否适当履行通知义务没有任何关系,并且保险人也无须为终止契约的意思表示,也就是说,只要出现了主观危险增加,即使被保险人履行了通知义务,保险合同也在主观危险增加发生之时当即终止,无须对危险增加后发生的保险事故承担赔付保险金的责任。笔者认为,之所以如此规定,一则对投保方过于严厉,投保方轻微过失导致的危险增加,即导致其失去保险保障,保险的目的落空;二则自动终止的法律效果对保险人未必有利,在某些主观危险增加的情况下,保险人情愿通过增加保险费恢复对价平衡,而并不愿终止保险合同。因此,无论是主观还是客观危险增加,采取赋予保险人增加保险费或者解除保险合同的选择权的方式更为妥当。

其次,我国新《保险法》采取的是解除权和增加保险费的选择权模式,这一选择权模式是比较合理的。海上保险危险增加通知制度的建构中仍应坚持这一选择模式。同时,对保险人选择权的行使应有所限制,具体来说,在增加保险费可以继续承保的情况下,保险人应当选择增加保险费,当增加保险费也无法继续承保时,保险人才有权解除合同。结合引起危险的主客观原因的不同设定不同的法律后果,可以具体化为:危险显著增加,被保险人及时履行了通知义务。因客观危险增加的,保险人应首先选择增加保险费,危险增加到不符合承保条件的,保险人可以行使解除权,即采取顺位选择法;因主观危险增加的,保险人可以自由选择解除保险合同或增加保险费。

最后,在被保险人怠于履行通知义务的法律后果的设计上,《海商法》应适当考虑危险增加的主客观因素与法律后果之间的联系。具体来说,被保险人未履行危险增加的通知义务,因危险显著增加引发保险事故发生,保险人不予赔偿(主客观危险相同);保险事故发生与增加的危险无因果关系,则出于对被保险人未尽通知过错的处罚,以比例赔付为妥(主客观危险增加相同),具体可按原定保险费与危险增加后的保险费的比例进行赔付。

(二)保险人解除权行使的规则的建构

为防止解除权的滥用,建构海上保险危险增加通知制度时应对保险人的解除权进行适当的限制,以弥补《保险法》对保险人解除权行使规则的缺失。

首先,解除权是形成权,因此,应该规定解除权的除斥期间。笔者认为除斥期间以30日为比较合理的期限,《保险法》(2009年修订)对违反告知义务保险人的解除权和保险标的转让导致危险显著增加的解除权的规定均为30日。[①] 这一除斥期间的规定可以推广为所有保险人行使法定解除权的除斥期间。这样的规定既可以促使保险人积极行使自己的正当权利,也避免保险关系长期处于不稳定状态而使个别保险人利用这一状态获得不正当利益。

其次,应建立保险人解除权的弃权规则。《保险法》中的弃权一般适用于保险人已知其有解约权和抗辩权而明示或默示地放弃解约权或者抗辩权的情形。[②] 弃权的法律效果是权利人放弃该权利后不得再主张该权利。我国《保险法》(2009年修订)规定了投保人违反告知义务时保险人的解除权的弃权规则,笔者认为,危险增加的解除权的行使也应该确立这一权利阻却规则。具体来说,保险人知悉危险增加后仍继续收受保险费,保险人在接到危险增加的通知后,未做增加保险费提议或者解除保险合同的意思表示仍按照合同约定的保险费率收取保险费的,则表明保险人愿意维持原保险合同,此为保险人对增加保险费或解除保险合同权利的弃权。另外,结合上述,在因客观危险增加之情形适用顺位选择法时,保险人若选择增加保险费,不应视为对解除保险合同权利的放弃;而在主观危险增加时,保险人选择增加保险费时,则应视为对解除合同权利的放弃。

(三)避免危险增加通知制度的抽象性的思考及建议

危险增加通知制度从法律效果的设定上来看是比较科学和合理的,但是相比较于保证制度,一些大陆法系国家的危险增加通知制度是建立在抽象概念基础上的制度设计,笔者认为,建构我国海上保险危险增加通知制度时应适当采取一些措施克服抽象性带来的一些弊端,即对危险显著增加可以采取列举的立法技术加以克服。

在保险法领域,由于保险标的的多样性以及保险风险的多样性,危险增加的样态是很难罗列的,尽管如此,《保险法司法解释(四)》已经对被保险人应予通知的风险变化的常见情形进行了列举,此举可以被海上保险所借鉴。相对而言,在海上保险领域,由于集中于海上风险,一般来说危险增加或者危险的改变主要集中在航程的改变或航程的限制,以及船舶保险中船舶管理者的变化等带来的风险的变更或危险程度的增加。在设定被保

---

① 分别见《保险法》(2009年修订)第16条第3款和第49条第3款。

② John F. Dobbyn, *Insurance Law*(3rd ed.)(英文影印本),法律出版社2001年版,第224页。

险人通知义务的范围时，以外部情形的变化而导致的风险改变为妥。对于较常见的风险变更形式可以通过立法的规定将其确定为法定的危险变更事项，形成对危险增加这一抽象概念的补充，可以借鉴《北欧海上保险计划》中通过一般定义加具体罗列的方式来作出规定，针对船舶主要可包括：船舶登记国、船舶管理人和对船舶技术或海上营运负责的公司的变更[①]；丧失主船级、航行区域的改变、非法经营、征用和扣押等情形[②]；航程改变；以及航程中的风险增加等。

（四）海上保险实践对危险增加通知的调适

采用危险增加通知制度对海上保险实践来说，可能影响会很大，这主要涉及对我国现在海上保险条款中已经存在的一些保证条款或类似保证条款如何改造的问题。笔者认为，危险增加通知制度并不排斥当事人通过约定的方式设定具体的通知事项和通知的法律效果。因此，可区分为两种情形：第一种，自由议商危险增加的事项属于当事人意思自治的范畴，不影响保险人保险单的制作和标准保险条款的制作。第二种，对于一些比较典型的危险变更或危险增加，通过格式化条款集中规定，将不同海上保险类型中的风险变更导致保险费率增加的情形进行适当的调整，集中为被保险人的通知义务范围，而对原先采用"保证"表述的条款作出相应的调整，同时这些调适后的格式化条款仍应受我国《保险法》格式条款的规制。

① 参见2013年1月1日开始实施的《北欧海上保险计划》(the Nordic Marine insurance Plan)第3~8条第2款。

② 参见2013年1月1日开始实施的《北欧海上保险计划》(the Nordic Marine insurance Plan)第3~14条至第3~19条。

第五章 《保险法》“独有”制度对海上保险的适用及衔接

本章讨论我国《保险法》有明确规定而我国《海商法》第十二章中没有规定的一些制度，主要包括：保险利益制度[《保险法》(2009 年修订)第 12 条、第 41 条]、保险人说明义务制度[《保险法》(2009 年修订)第 17 条]、保险格式条款解释[《保险法》(2009 年修订)第 30 条]等。根据《保险法》(2015 年修正)第 182 条以及《海上保险司法解释》第 1 条的规定，上述一般法制度是适用于海上保险合同的。但是，这些《保险法》“独有”的制度在海上保险领域是否有适用的必要性需要论证，海上保险合同是否完全可以适应上述制度的调整也值得关注。将这些一般法制度适用于海上保险时，一般法规则是否完满，是否仍需要对一般法规则做出突破以便更好地适应海上保险实践，以及特别法规则如何与一般法规则进行衔接。这是本部分力求解决的课题，也是我国《海商法》和《保险法》协调的重要内容。

第一节 保险利益制度对海上保险适用的困局及其求解

有“保险秩序的基石”[①]之称的保险利益(insurable interest)，是指投保人或被保险人与保险标的具有一定关系，[②]因保险标的安全而受益，因保险标的损害而受损失。投保人或被保险人对保险标的具有保险利益是保险合同生效或可强制执行的条件。[③] 不仅如此，“保险利益更是决定保险标

① 杨芳著：《可保利益效力研究——兼论对我国相关立法的反思与重构》，法律出版社 2007 年版，王保树序言。

② 这里仅提到保险利益指被保险人与保险标的存在一定关系，因为这种关系本身就存在不同说法，下文对保险利益的“法律利益说”和“经济利益说”的争论就集中体现了这种关系的不同含义及取向。

③ 将保险利益作为保险合同的生效条件，不具备保险利益的保险合同无效的立法，比如英国 1906 年《海上保险法》第 4 条。有的国家或地区保险法规定不具备保险利益的，保险合同失效，比如我国台湾地区“保险法”第 17 条。根据我国原《保险法》(1995 年制定，2002 年修正)的规定，投保人不具有保险利益的，保险合同无效。而《保险法》(2009 年修订)则对人身保险和财产保险的保险利益的效力作了区分规定：人身保险中，投保人对被保险人无保险利益，保险合同无效；财产保险中，被保险人对保险标的无保险利益的，被保险人不具有保险索赔权。所以，将其归纳为保险利益是保险合同的生效条件或强制执行的条件，较为妥当，对于我国保险法的保险利益和保险合同之间的关系特别是与财产保险合同的关系的阐述，具体见下文。

的、保险价值、损害之发生、复保险、超额保险及保险契约利益移转之准绳”。[①] 我国《海商法》在立法时对这一重要制度没有作出规定，自1995年制定的《保险法》引入了保险利益概念并构建了保险利益制度后，其保险利益制度及具体规则在海上保险领域的适用中一直争议不断。2009年《保险法》修订对保险利益制度作出了重大修改，而对于《保险法》(2009年修订)保险利益规定是否已经与海上保险实践相契合，仍需要检验。笔者拟通过对《保险法》[包括原《保险法》(1995年制定，2002年修正)和《保险法》(2009年修订)]的保险利益制度及具体规则的解读，结合海上保险的实践，探讨我国《保险法》保险利益制度与海上保险的契合度，在此基础上，以特别法与一般法的立法原则为指导，提出关于海上保险利益制度建构的一些设想。

一、保险利益立法目的与制度构造的一般解读

保险利益是保险法中重要而独特的概念，但仔细分析，它或许并非独特，正如学者所言：“要求有可投保利益不过是保险法以自己的语言对合同法一般命题的表述，即合同必须合法。”[②]从保险利益概念和制度在保险领域的引入来看，其是为满足一定社会公共利益之需要，这是保险利益制度的起点也是保险利益制度建构的要旨。

(一)保险利益制度的立法目的

从历史考证，保险利益的概念起源于海上保险实践，但是，它并非与海上保险相伴相生，而是在海上保险经历几个世纪发展之后，于18世纪通过英国先后颁布的几部成文法而逐渐确立的。保险利益成为海上保险合同的要求是源于英国当时的社会现实：此前(18世纪40年代之前)英国法并不禁止赌博性保险。[③] 被保险人要对有关船舶或货物投保海上保险，并不需要证明与保险标的间拥有所有权或其他法律认可的关系即可订立合同，因此，滋生了大量的以保险合同为名而对他人处于海上航程的船舶和货物进行押宝而赌博的行为，甚至为获得“保险金”而故意毁坏船只以及货物，致使保险沦为了赌博的工具，变成了滋生罪恶的“温床”，有害的赌博性保

---

① 江朝国著：《保险法基础理论》，中国政法大学出版社2002年版，第48页。

② [英]Malcolm A. Clarke 著：《保险合同法》，何美欢、吴志攀等译，北京大学出版社2002年版，第80页。

③ See Nicholas Legh John et al., *MacGillivray on Insurance Law* (11th ed.), London, Sweet & Maxwell, 2008, p. 12.

险扭曲了保险制度本身。[①] 面对当时因保险而出现的全民赌博及道德滑坡的这一社会问题,英国颁布了 1745 年《海上保险法》(Marine Insurance Act 1745),首次正式以法律条文的形式禁止赌博性保单。[②] 根据 1745 年《海上保险法》,被保险人对承保财产应具有可保利益,否则,海上保险合同自始无效,[③]该法的颁布标志着可保利益原则作为一个法律规则的诞生。[④] 不久后颁布的英国 1774 年《人寿保险法》(Life Assurance Act 1774),则首次对人身保险的可保利益作出了明确规定,[⑤]将保险利益要求扩展到人身保险领域。由于上述两法并未涉及陆上风险的货物保险等,因此,后来出台的 1845 年《赌博法》(Gaming Act 1845),[⑥]取缔任何实为赌博的保险单,全面禁止赌博契约,使可保利益的必要性最终在英国法中得以完全确立。[⑦] 取代 1745 年《海上保险法》的 1906 年《海上保险法》[⑧]除重申赌博性保险合同无效外,对保险利益定义、保险利益时间效力、保险利益的具体形态等做了细致的规定,[⑨]使保险利益原则成为海上保险法的重要原则。1909 年《海上保险(赌博性保单)法》[Marine Insurance (Gambling Policies) Act

---

① 对于当时以保险来赌博的社会现象以及危害,英国 1745 年《海上保险法》序言中有深刻的披露。参见杨芳著:《可保利益效力研究——兼论对我国相关立法的反思与重构》,法律出版社 2007 年版,第 18 ~ 19 页。

② See Nicholas Legh John et al., *MacGillivray on Insurance Law* (11th ed.), London, Sweet & Maxwell, 2008, p. 13.

③ 参见英国 1745 年《海上保险法》第 1 条。原文参见 Nicholas Legh John et al., *MacGillivray on Insurance Law* (11th ed.), London, Sweet & Maxwell, 2008, p. 14.

④ See John F. Dobbyn, *Insurance Law* (3rd ed.)(英文影印本),法律出版社 2001 年版,第 78 页。

⑤ 英国 1774 年《人寿保险法》第 1 条要求被保险人对被投保生命具有可保利益;第 2 条要求将与保险单有利害关系的人的姓名列于保单上。第 3 条要求具有可保利益的被保险人不得提出超过其可保利益价值的索赔。See Malcolm A. Clarke, *The Law of Insurance Contracts* (4th ed.), London, LLP, 2002, p. 118.

⑥ 英国 1845 年《赌博法》第 18 条。原文参见 Ray Hodgin, *Insurance Law: Text and Materials* (2nd ed.), London, Cavendish Publishing Limited, 2002, p. 73.

⑦ 值得一提的是,英国 2005 年出台了新的《赌博法》,其第 334 条废除了 1845 年《赌博法》第 18 条的规定,这也引起了 2005 年《赌博法》的规定是否实际废除了保险利益的要求的讨论。笔者赞同 2005 年《赌博法》并没有废除保险利益的要求,该法对海上保险以及所有的保险合同类型均不产生影响的观点。具体可参见郭建勋:《成文法下英国海上保险保险利益原则的立法演变》,载《中国海商法研究》2017 年第 4 期。

⑧ 取代 1745 年《海上保险法》的 1906 年《海上保险法》重申赌博性保险合同无效,其针对的是所有的海上财产,而 1745 年《海上保险法》仅规定对属于英国的船舶和货物不具有保险利益的保单无效。See Jonathan Gilman et al., *Arnould's Law of Marine Insurance and Average* (17th ed.), London, Sweet & Maxwell, 2008, p. 325.

⑨ 英国 1906 年《海上保险法》用了 12 条对保险利益作出了规定。第 4 条赌博性保险合同,第 5 条保险利益定义,第 6 条存在保险利益的时间,第 7 条到第 14 条保险利益的形态,第 15 条保险利益的转移。

1909]重申了赌博性保单无效,并进一步明确被保险人缔结这种契约可构成犯罪。① 至此,英国基本形成了对海上保险、人寿保险、其他补偿性保险根据保险利益分别立法的模式,保险利益原则成为保险法的重要原则,保险利益原则亦成为各国保险法中的重要原则。

从英国法对保险利益的要求从无到有进而形成规范体系的发展来看,催生其保险利益制度的社会背景具有一定的特殊性,但是,从为实现"分散危险以及补偿损失"保险的本质及职能来看,保险利益进入立法者的视野并非偶然,无论英国还是其他国家包括我国,保险利益制度的产生以及运用具有目的正当性。首先,保险利益为保险和赌博划定了界限,这也是保险利益最根本的立法目的。作为"社会稳定器"的保险是以分散危险、补偿损失为目的的,对社会有正面作用,而赌博则引发了"懒散、堕落、社会性的寄生生活方式,增加了贫穷和犯罪,打击了有益的工商业"。② 维护保险基本职能就必须将赌博性保险从保险中排除出去,而通过保险利益这一试金石使保险和赌博得以区分。正如埃伦伯勒勋爵(Lord Ellenborough)所说:"赌博的弊端决定了可投保利益的范围,光明开始于黑暗的结束。"③其次,对保险利益的要求,"消除了通过故意导致保险事故而从保险金中获得净利的诱惑"。④ 此种诱惑即为保险法上的道德危险,对保险标的具有保险利益的要求可以防止或减少道德危险的发生。美国亚拉巴马州最高法院在 Liberty National Life Insurance Co. v. Weldon 一案中对保险利益与道德危险的关系的认识可谓一语中的:"违反可保利益规则的保单不是因为非法的而成为危险的,而是因为危险的而成为非法的。"⑤最后,保险利益为满足保险补偿原则本身所需,保险补偿是指对被保险人遭受损失的填补。⑥ 若无损失即无补偿,保险人补偿的数额应与被保险人的实际损失相当。在补偿性保险中,通过把保险利益量化为保险标的的保险价值,从而限定保险人的最高赔偿金额,达到保险补偿的目的。

---

① 参见英国1909年《海上保险(赌博性保单法)》第1条。条文原文参见 D. Rhidian Thomas, *The Modern Law of Marine Insurance*, London, LLP, 1996, Appendix p. 370.

② Patterson, "Insurable Interest in Life", 18 *Colum. L Rev.* 381, 386 (1918). See John F. Dobbyn, *Insurance Law* (3rd ed.)(英文影印本),法律出版社2001年版,第80页。

③ Robertson v. Hamilton (1811) 14 East 522, 533. See Malcolm A. Clarke, *The Law of Insurance Contracts* (4th ed.), London, LLP, 2002, p. 137.

④ John F. Dobbyn, *Insurance Law* (3rd ed.)(英文影印本),法律出版社2001年版,第80页。

⑤ 100 So. ed696 (Ala, 1957). 转引自杨芳著:《可保利益效力研究——兼论对我国相关立法的反思与重构》,法律出版社2007年版,第32页。

⑥ See Kyriaki Noussia, "Insurable Interest in Marine Insurance Contracts: Modern Commercial Needs Versus Tradition", in *Journal of Maritime Law and Commerce*, 2008, January, p. 81.

(二)保险利益的制度构造要求

投保人或被保险人对保险标的应当具有保险利益,这一法律要求所承载的是实现社会公共利益的价值取向,是社会公共利益理论在保险法领域的具体规定。因此,在法律规范的技术处理上,保险利益制度是也应该是用强制性规范进行构造的,保险利益的强制性要求表现在保险利益对保险合同的效力评价上:对何人应具有保险利益、何时应具有保险利益、欠缺保险利益的保险合同的效力等都不允许行为人变更、排除。保险利益制度为实现社会公共利益的立法目的,在具体制度的构设上,笔者认为,应考虑以下因素:

1. 社会公共利益和当事人利益之间的平衡

保险利益制度体现了国家公权力对保险合同当事人意思自治予以限制的严格主义特点。这种限制也表明"社会公共利益的实现都会伴随个人利益的让步与妥协",①这种牺牲必然要求对公共利益做出界定,否则公共利益会成为伤害个人利益的工具。② 同理,立法者在对承载社会公共利益制度立法的过程中,在制度的具体设计上也应该追求社会公共利益和当事人利益之间适当的平衡。"利益衡量的最终结果应该是尽可能最大限度地满足各种相关利益要求,在就冲突的利益主体做出的妥协方案中,应在确保优位利益的同时把后位利益的牺牲程度降低到最小限度,也就是说法律应促进相关利益的最大化整合,或者保证在对某些重要利益的维护与其他相关利益的最小牺牲之间寻求并接近最佳的平衡点。"③具体到保险利益制度,笔者认为,应对保险利益的构成以及对保险利益的效力要求进行法律设定,应以达到"避免赌博"和"防止道德危险"的目的为底线和必要,但在满足这一要求的前提下应适当保障被保险人通过保险制度转嫁风险填补损害的利益需求,在何时需要保险利益、何人需要保险利益以及对保险利益的界定上都应该体现上述理念。

2. 维护社会公共利益与保险损害填补功能的平衡

保险活动的最基本职能是分散风险和补偿损失,保险利益制度的设定也是为了实现保险关于分散危险和消化损失的商业和社会功能。因此,保险利益制度在维护社会公共利益和实现保险损害填补功能上是统一的。

---

① 钟瑞栋著:《民法中的强制性规范——公法与私法"接轨"的规范配置问题》,法律出版社 2009 年版,第 55 页。

② 参见夏梅英:《物权法应否明确界定社会公共利益》,载《中国房地产报》2006 年 12 月 11 日,第 1 版。

③ 沈岿著:《平衡论:一种行政法认识模式》,北京大学出版社 1999 年版,第 258 页。

由于保险利益制度系为维护公共利益而设,因而在立法技术上采用强制性规范,但在其具体规则和要求的设计上理应更慎重,不妥当的制度设计会阻碍投保人或被保险人对保险的需求,阻碍社会经济的发展。因此,笔者认为,在保险利益制度的设计上,在满足对保险与赌博的区分和预防道德危险的前提下,对保险利益的认定和对保险利益的效力规则要适当满足商业实践对保险的需求和对保险制度的需求,而不是相反。

另外,由于保险利益制度的强制性,保险利益不能被保险合同当事人排除适用。因此,为了适应丰富而鲜活的商业实践,保险利益的要求不能绝对化而应存在保险利益的例外空间,而保险利益的例外仍应通过法律设定而不允许当事人约定,因此,立法时也应适当考虑这一情况。

3. 评价保险行为和推动保险发展的平衡

对于法律制度的功能,弗里德曼指出:"相对于社会变迁而言,法既是反应装置又是推动装置;在这两种功能中,尽管法对社会的被动反应得到了更加普遍的认知,但法对社会的阶级推动作用正在逐渐加强。"①类似的表达,拉德布鲁赫曾经说过:"法律不仅想成为用以评价的规范,而且欲作为产生效果的力量。"②也就是说,法律制度不仅是对社会现实的一种回应,比如说保险利益在法律上的设定即是对保险合同效力评价的标准,同时也应该是推动社会前进的机制,从微观的角度来说,法律制度应能对社会的发展有推动作用,而这也是良法应具有的品格,以此来衡量保险利益制度,立法者对保险利益制度的具体规范应达到防止赌博和道德危险的效果,也要在此前提下,尽量达到该制度对保险的推动作用。

二、我国《保险法》保险利益制度③的变迁及评价

我国《海商法》没有保险利益的规定,④根据《保险法》(2015 年修正)

① 杨炼著:《立法过程中利益衡量研究》,法律出版社 2010 年版,第 28 页。

② [德]拉德布鲁赫著:《法学导论》,米健、朱林译,中国大百科全书出版社 1997 年版,第 27 页。

③ 由于本书研究角度的关系,本节对我国《保险法》保险利益的讨论涉及财产保险部分,对人身保险利益仅在与财产保险的保险利益规则比较与区别的目的而作简单分析。

④ 我国《海商法》第 44 条:"……将货物的保险利益转让给承运人的条款或者类似条款,无效"。该条款中所使用的"保险利益"并非本章所讨论的保险利益。该条规定参考的是《海牙规则》第 3 条第 8 款的规定,而该款所使用的措辞为"a benefit of insurance……"我国《海商法》(英译本)对该条所使用的"保险利益"一词翻译为"benefits of insurance"。可以推断,我国《海商法》第 44 条中的"保险利益"并非可以投保的利益(insurable interest),而是指根据保险合同产生的利益或权益。为保证法律概念的统一性,《海商法》修订时应对第 44 条做出修改。学者的修改建议可参见李兆良:《海上承运人对货物责任保险利益有关问题研究——兼论对〈中华人民共和国海商法〉第 44 条规定的修改》,载《中国海商法研究》2011 年第 3 期。

第182条的规定,《保险法》关于保险利益的规定应适用于海上保险合同。因此,讨论我国法律体系内的海上保险合同保险利益问题首先需要探讨我国《保险法》的规定。

我国《保险法》关于保险利益的立法特点可以概括为:首先,从适用范围上,我国的保险利益制度不仅适用于财产保险也适用于人身保险。[①]其次,《保险法》(2002年修正)就财产保险和人身保险在保险利益的时间、保险利益的主体要求以及效力上未做区分。2009年修订《保险法》时对人身保险和财产保险的保险利益要求作了区分规定,[②]立法技术上得到改进。再次,我国《保险法》保险利益的立法模式上,一方面对保险利益作出了概括性定义,即《保险法》(2009年修订)第12条第6款规定:“保险利益是指投保人或者被保险人对保险标的具有的法律上承认的利益。”该定义不仅适用于人身保险也适用于财产保险;同时对人身保险利益又采取了列明式,规定了具有人身保险利益的具体情形。[③] 最后,与上述第三点有一定关联,我国对人身保险利益的规定,兼采利益主义和同意主义,[④]财产保险采用的是利益主义。[⑤] 以下仅对财产保险的保险利益制度作比较分析。由于我国保险业起步较晚,在保险立法上较多地借鉴了其他法域的做法,因此,对《保险法》保险利益制度的介绍及评价以比较法为视角展开。

(一)财产保险的保险利益界定

何为保险利益,如何界定保险利益,详言之,即作为保险利益的效力主体与保险标的的客体之间到底应是怎样的关系才构成有保险利益,观点众

---

① 对保险利益的适用范围各国法律有不同的规定,大致来说,英美法系国家一般将保险利益原则既适用于补偿保险合同,也适用于人身保险。而大陆法系国家一般认为保险利益仅适用于补偿性保险合同,而不适用于人身保险领域,人身保险适用同意主义原则。但对于补偿性保险,无论一般财产保险或是海上保险均是要求具有保险利益的。

② 主要表现在:对保险利益的主体上,人身保险为投保人必须具有保险利益,财产保险为被保险人具有保险利益;对保险利益的时间效力上,人身保险为投保时投保人必须存在保险利益,财产保险应为保险事故发生时被保险人存在保险利益;对缺乏保险利益的效力上,人身保险合同采无效说,财产保险合同采丧失赔偿权说。参见《保险法》(2009年修订)第12条、第31条、第48条。

③ 参见《保险法》(2009年修订)第31条第1款和第2款。

④ 《保险法》(2009年修订)第31条第1款采用的是利益主义,强调投保人与被保险人之间的利害关系;第2款规定被保险人同意投保人为其订立合同的,视为投保人对被保险人具有保险利益,此为同意主义。

⑤ 《保险法》(2009年修订)对财产保险的保险利益的具体情形没有规定,财产保险利益的认定根据《保险法》第12条第6款的定义来界定,而该定义侧重的是投保人或被保险人对保险标的具有的法律上认可的利益,将其概括为利益主义。

说纷纭,莫衷一是,其原因,正如韦勒(Weller)法官所说:“用语言来界定适用于任何保险的保险利益本身就是很难的。”①因此,对保险利益本质的探讨也成为保险法最富有挑战性的理论问题,对保险利益的界定亦成为立法的难点。

1. 比较法视角:法律利益说与经济利益说②的对峙及趋势

富有戏剧性的是,英美法系国家对保险利益的本质或对保险利益的检验标准从一开始就形成法律利益说和经济利益说(事实期待说)两种不同的观点,并在历史演进中此消彼长。

(1)法律利益说的形成与发展

法律利益说(legal interest test)由著名的卢塞纳案[Lucena v. Craufurd (1806)]③确立,其基本含义是被保险人对保险标的必须具有某种法律上认可的利益(legally recognized interest),即法律利益或法定利益。对于何为法定利益,审理该案的艾尔登勋爵(Lord Eldon)认为,“是财产权利或根据有关该财产合同产生的权利,这种权利会因为影响被保险人占有或使用该财产的某些事项的发生而丧失”。④ 艾尔登勋爵主张的法律利益说,强调被保险人与保险标的之间建立的以实体法权利为依据的可保利益,即使不可能产生损失,也是可以作为可保利益的。

英国1906年《海上保险法》采纳了法律利益说,并将其进一步完善,其第5条规定:“(1)除本法另有规定外,与航海有利害关系的每一个人都具有保险利益。(2)一个人与航海有利害关系,特别是当他与该航海或处在危险之中的可保财产具有普通法或衡平法上的关系,如可保财产安全或按时抵达,他即能从中获益;如可保财产灭失、受到损害或被滞留或引起有关责任,他的利益将受到损害。”可见,英国1906年《海上保险法》对保险利益的界定是在上述埃尔登勋爵观点基础上的发展,并对保险利益的认定采

① See Feasey v. Sun Life Assurance Co. of Canada(2003) Lloyd's Rep. IR 637. 转引自杨良宜著:《海上货物保险》,法律出版社2010年版,第114页。

② 大陆法系特别是德国学者对保险利益的本质的探讨,先后形成了一物对一权对一保险利益的“一般保险利益说”,建立在法律基础上之的“技术性保险利益说”以及“经济利益说”。德国学者保险利益学说的发展,可参见江朝国著:《保险法基础理论》,中国政法大学出版社2002年版,第48~67页。保险利益作为制度起源于英美法系,且其理论对现今保险利益制度贡献仍是主要的,因此其对保险利益本质的观点也影响了各国对保险利益本质的认识。因此,本部分仅主要将英美法系的观点作为通用的保险利益的本质的探讨。

③ Luceena v. Craufud, (1806) 2 B. & P. N. R. 269.

④ Luceena v. Craufud, (1806) 2 B. & P. N. R. 269. p. 321. See D. Rhidian Thomas, "Perspective on the Contract of Marine Insurance", in D. Rhidian Thomas ed., T*he Modern Law of Marine Insurance*, London, LLP, 1996, p. 19.

用的是双重标准:第一,具有经济利益;第二,具有法定和衡平法上的关系(legal and equitable relation)。由于英国海上保险法以及英国海上保险在世界上的影响,法律利益说成为20世纪通行的保险利益标准,不仅对海上保险也对一般财产保险①产生影响。根据法律利益说,在补偿性保险中,通常认为保险利益的外延包括:财产权利、合同权利和法律责任三种保险利益。②

(2)经济利益说的形成与发展

经济利益说(economic interest test)的原型是曼斯菲尔德勋爵在勒克纳斯案[Le Cras v. Hughes(1782)]③中首先提出、后由劳伦斯法官(Lawrence J.)在卢塞纳案得以完善的事实期待说(factual expectation test)。④ 根据劳伦斯法官的观点,事实期待说的核心是在发生保险事故导致保险标的灭失或损坏的情形下,只要被保险人预期将会遭受事实上的经济损失,被保险人就应被认为具有保险利益。⑤ 事实期待说较法律利益说起源早,但在卢塞纳案中与法律利益说交锋和碰撞后,在历史上沉寂了很长一段时间。20世纪80年代以后,该说才逐渐在英国外的其他英美法系国家如美国、加拿大、澳大利亚等重视并形成其现代派观点——经济利益说。经济利益说与英国所采纳的法律利益说,形成了同一法系内的对峙。经济利益说的核心,或者说事实期待说的现代版本,以美国为代表,其实质是指"即使被保险人不具有普通法或衡平法上的利益,但如果保险财产有损坏将导致其经济损失的话,被保险人可以被认为具有保险利益。"⑥

---

① 在陆上财产保险中,被后人经常引用 Macaura v. Nortbern Assurance Co Ltd [1925] A. C. 619. 该案也是法律利益说的经典判例,并产生深远影响。因此,也有学者将法律利益说称为"Macaura rule"。例如 Malcolm A. Clarke, *The Law of Insurance Contracts* (4th ed.), London, LLP, 2002, p. 142.

② D. Rhidian Thomas, "Insurable Interest-Accelerating the Liberal Sprit", in D. Rhidian Thomas ed., *Marine Insurance: The Law in Transition*, London, Informa, 2006, p. 33.

③ Le Cras v. Hughes, 99 Eng. Rep. 549 (KB. 1782).

④ 对 factual expectation test 国内的译著中有不同翻译,有的译为实质性期待,参见[美]小罗伯特·H. 杰瑞、道格拉斯·R. 里士满著:《美国保险法精解》,李之彦译,北京大学出版社2009年版,第107页;有的译为事实预期说,参见[美] John F. Dobbyn 著:《美国保险法》(第4版),梁鹏译,法律出版社2008年版,第51页。

⑤ Luceena v. Craufud, (1806) 2 B. & P. N. R. 269., p. 302. See D. Rhidian Thomas, "Perspective on the Contract of Marine Insurance", in D. Rhidian Thomas ed., *The Modern Law of Marine Insurance*, London, LLP, 1996, p. 20.

⑥ Nicholas Legh John et al., *MacGillivray on Insurance Law* (11th ed.), London, Sweet & Maxwell, 2008, pp. 25 – 26.

根据美国学者对美国的制定法和判例法的考察,其得出的结论是"美国大部分的州现在都采用实质性期待标准来判断保险利益。"①近三十个州的法律都将财产保险中的保险利益界定为"被保险人具备的,任何对于保护财产免受损失、毁坏或金钱上的损害而拥有的合法利益或实质性经济利益"。② 加拿大1993年《海上保险法》虽追随着英国1906年《海上保险法》关于保险利益的规定,但是,在非海上保险领域,在著名的Kosmopolous v. Constitution Insurance Co. of Canada案中,最高法院法官一改以往的法律利益标准,认为对保险利益的限制认定已经成为保险人的技巧性抗辩,而需要改革法律并采纳宽泛的界定标准。③ 在澳大利亚,Macaura规则被看作是防止被保险人获得实际遭受损失的保险补偿的一项技术性规定而遭到否定,④之后其1984年《保险合同法》第17条明确规定采用经济利益说。⑤ 澳大利亚于2001年开始欲对其1909年《海上保险法》进行改革并作出了审议报告,其中对保险利益的认定也倾向于以1984年《保险合同法》的规定取代原1909年《海上保险法》上保险利益的规定。⑥ 英国则在学者的批判和自省中开始慢慢有取向经济利益说的动向,在此方面的典型判例虽然出现得较其他英美法系国家的时间晚些,但已经表明司法界在放宽保险利益的检验标准,⑦从

---

① [美]小罗伯特·H.杰瑞、道格拉斯·R.里士满著:《美国保险法精解》,李之彦译,北京大学出版社2009年版,第117~119页。

② [美]小罗伯特·H.杰瑞、道格拉斯·R.里士满著:《美国保险法精解》,李之彦译,北京大学出版社2009年版,第102页。

③ 13 [1987] 1 S.C.R.2,34 D.L.R.(4th)208. See George R. Strathy, George C. Moore, *The Law and Practice of Marine Insurance in Canada*, Markham, LexisNexis Canada Inc., 2003, p.86.

④ Law Reform Commission, Insurance Contracts (ALRC Report 20), para 119. See A. A. Tarr. *Australian Insurance law*, Sydney, The Law Book of Company Limited, 1987, p.59.

⑤ Insurance contracts Act 1984 (Australian), S. 17: "Where the insured under a contract of general insurance suffered a pecuniary or economic loss by reason that property the subject matter of the contract has been damaged or destroyed, the insurer is not relieved of liability under the contract by reason only that, at the time of the loss, the insured did not have an interest at law or in equity in the property."

⑥ Australian Law Reform Commission, "Review of Marine Insurance Act 1909 - Report 91 (ALRC 91)", p.257, http://alrc.gov.au/sites/default/files/pdfs/publication/alrc91.pdf.

⑦ 例如The "Moonacre" (1992) 2 Lloyd s Rep501.; The "Martin P" (2004) 1 Lloyd's Rep. 389; Feasy v. sun life Assurance Co of Canada [2003] EWCA Civ. 885.

2006年开始英国对保险利益的改革也处在萌动中,①目前形成了2016年英国《保险利益法(草案)》,对非海上保险的保险利益采用广义的经济保险利益,②旨在促进保险产品的发展。③ 英国海上保险领域判例法已经通过对"法律保险利益"概念扩张解释的运用推进成文法方面的改革。

(3)法律利益说和经济利益说的不同立法价值取向

法律利益说和经济利益说对保险利益的界定具有共同的要件:即被保险人对保险标的具有经济利益,或者说具有经济利害关系,这表明了损失补偿合同的本质要求。因此,无论哪一种观点,在对经济利益的认定上要具体化为利益的可计算性或损失的可计算性,这一要求是相同的。不同的是,该种经济利益是否为法律所明确认可,两种观点不一,因而从保险利益的构成要件上,法律利益说是双重标准而经济利益说则为单一标准。

在保险利益的认定结果上,两者并非完全不同。对某项财产具有法律认可的权利的,被保险人具有保险利益;反之,对该标的的存续不可能获得任何经济利益的,则不具有保险利益,这在两种观点中都是一样的。不同的是,当被保险人存在事实的经济利益或获得经济利益的事实期待但该种利益尚未被立法明文规定成为权利时两者存在分歧:即根据法律利益说不具有保险利益而根据经济利益说则可成立。与法律利益说相比,经济利益

---

① 2006年1月18日,英国法律委员会与苏格兰法律委员会联合发表了《保险合同法——联合研究范围文件》(Insurance Contract Law :A Joint Scoping Paper)。该文件列出对保险法修改进行讨论的议题内容,并对列入检讨的议题进行问卷调查,保险利益列入其中。2006年8月,两个法律委员会联合公布了《保险合同法——对调查反馈的分析和范围的决定》(Insurance Contract Law: Analysis of Responses and Decisions on Scope)。根据该文件,88%的反馈者认为应当把保险利益原则列入其中,于是两个委员会将保险利益原则列入检讨范围。2008年1月14日,两个委员会联合发布了《保险利益——专题文件4》(Insurable Interest-Issue Paper 4),该两委员会初步意见废止保险利益原则,以补偿原则取代保险利益原则。2011年12月,法律委员会发布了《保险合同法:后合同义务以及其他专题》(Insurance Contract Law: Post Contract Duties and other Issues)的咨询意见稿,2015年发布了《保险利益:最新建议》(Insurable Interest: updated proposals)。上述有关保险利益立法的文件,参见 http://www. justice. gov. uk/lawcommision/sreas/insurance-contract-law. htm.

② 作为英国保险利益改革的结果,2016年英国《保险利益法(草案)》并不适用海上保险[海上保险仍受1906年《海上保险法》和1909年《海上保险(赌博性保单)法》]。该草案将保险分成寿险和非寿险。关于保险利益的定义,该草案第3条第3款列举了非寿险下可以构成保险利益的四种类型:第一,被保险人对保险标的具有某种权利;第二,被保险人由于合同的原因对于保险标的具有某种权利;第三,被保险人占有或是保管保险标的;第四,被保险人会因保险事故的发生而遭受经济损失。从第3条第3款的列举可以看出采用的是经济保险利益说。具体参见郭建勋:《成文法下英国海上保险保险利益原则的立法演变》,载《中国海商法研究》2017年第4期。

③ 参见郭建勋:《成文法下英国海上保险保险利益原则的立法演变》,载《中国海商法研究》2017年第4期。

说确定的保险利益外延上较宽泛。因此,事实期待说或经济利益说又被称为宽泛灵活的标准(a wide and liberal approach),相对而言,法律利益说则为严格限制的标准(a warrow and strict approach)。[①]

保险利益的立法基于"预防赌博"和"防止道德危险"的目的,而对保险利益宽严不同的立法表明了立法的不同价值取向,法律利益说更倾向于法律的秩序价值和安全价值。最初英美法系特别是英国反对经济利益说的原因就在于经济利益的范围很难准确界定。[②] 正如艾尔登勋爵在卢塞纳案中表达其不赞成经济利益说的观点时,认为"如果仅以经济利益为标准的话,保险利益的外延将是非常不确定的,因为不具备权利形态的利益往往只是一种期待,此种期待是否能够实现,实现的可能性又有多大难以确定……"[③]与法律利益说相对,经济利益说更倾向于实践效率价值和实质公平。随着保险业的发展,认识到保险利益原则在防范道德危险和预防赌博功能方面发挥作用时事实期待原则更符合逻辑。[④] 同时随着经济的多样化发展及其对保险的需求,考虑商业上的便利做法,经济利益就已足够,即使缺少明确规定的普通法和衡平法的关系。[⑤] 从法律利益说和经济利益说的观点的形成与历史演变中可以看出,法律并不故步自封,其是在对社会现实作出一定回应的过程中逐渐发展的。

2. 我国《保险法》:法律利益论

我国《保险法》(2002 年修正)第 12 条规定:"保险利益是指投保人对保险标的具有法律上承认的利益。"2009 年修订《保险法》时则以第 31 条对人身保险的保险利益以及第 48 条对财产保险的保险利益的效力要素作了区分规定,同时第 12 条对保险利益的定义做了统一规定:"保险利益是指投保人或被保险人对保险标的具有的法律上承认的利益。"该定义在保险利益的效力主体上增加了被保险人,克服了"定义结构上的缺陷",[⑥]但是,对保险利益定义的核心内容"法律上承认的利益"与原《保险法》的规

---

① See Kyriaki Noussia, "Insurable Interest in Marine Insurance Contracts: Modern Commercial Needs Versus Tradition," *Journal of Maritime Law and Commerce*, 2008, January, p. 81.

② D. Rhidian Thomas, "Perspective on the Contract of Marine Insurance", in D. Rhidian Thomas ed., *The Modern Law of Marine Insurance*, London, LLP, 1996, p. 20.

③ Luceena v. Craufud, (1806) 2 B. & P. N. R. 269.

④ 参见[美]小罗伯特 · H. 杰瑞、道格拉斯 · R. 里士满著:《美国保险法精解》,李之彦译,北京大学出版社 2009 年版,第 119 页。

⑤ Kyriaki Noussia, "Insurable Interest in Marine Insurance Contracts: Modern Commercial Needs Versus Tradition", *Journal of Maritime Law and Commerce*, 2008, January, p. 87.

⑥ 参见曾东红:《我国保险利益制度的法理分析》,载《政治与法律》1998 年第 5 期。关于我国《保险法》(2002 年修正)保险利益的效力主体的缺陷,详见本节第二部分(二)。

定完全一致。"法律上承认的利益"成为界定保险利益的核心问题,但是,"法律上承认的利益"却令人费解,形成多种观点。

有的认为,"法律上承认"不同于"合法"一词,"法律上承认"一语应有独特含义,解释上应作严格限定,"法律上承认的利益"与英国法所要求的"普通法或衡平法上的联系"在本质上是一回事。① 该说为比较典型的狭义说,即保险利益是指法律明文规定的利益,而经法律明文规定的利益是权利,也就是保险利益实际就是通过保险标的表现出来的被保险人的所有权、他物权、请求权。与此相对的另一种见解,认为将"投保人对保险标的具有的法律上承认的利益"理解为受法律保护的利益即可,而不应强求存在法律明文规定的某种联系形式。② 上述两种观点其实代表了两种不同的态度,即一种为"权利法定的态度,即认为必须是《民法》上确定的权利,方可主张有保险利益",而另一种则认为,"权利的确认应遵循法无禁止即允许的私法规则,即私法上的权利本身并无界限,凡适法之利益,即使并非法律上承认之权利,均可视为法律上之利害关系,或合法的利益而得成为保险利益"。③

从文义解释并辅以《保险法》立法背景看,笔者认为,我国《保险法》采纳的学说相当于"法律利益说"。首先,"法律上承认"从我国法律语言来看具有一定的独特之处,"承认"一词具有"积极性认可"的含义,因此其"法律上承认"表明的是该利益由立法的形式直接予以确定的意思。利益和法律有着极为密切的关系,一方面,"法的功能在于调节、调和与调解各种错杂和冲突的利益"④,立法的目的也在于公平合理地分配和调节各种

---

① 参见王大荣:《论我国海上保险中应确立经济性保险利益原则》,载司玉琢主编:《中国海商法年刊》(2001年卷),大连海事大学出版社2002年版。其他类似的认为《保险法》第12条"法律上承认的保险利益"是被保险人与保险标的的法律联系的狭义的观点有:关正义著:《民法视野中的海商法制度》,法律出版社2015年版,第264页;司玉琢著:《海商法专论》(第四版),中国人民大学出版社2018年版,第430页;任以顺著:《保险利益研究》,中国法制出版社2013年版,第29页。

② 该观点所引据的《保险法》是指原《保险法》,由于《保险法》(2009年修订)对保险利益为"法律上承认的利益"这一点没有改变,因此,仍是可以作为论证的观点。赵德铭主编:《国际海事法学》,北京大学出版社1999年版,第653页。同样的观点也可参见杨芳著:《可保利益效力研究——兼论对我国相关立法的反思与重构》,法律出版社2007年版,第113页。

③ 王萍:《保险利益研究》,机械工业出版社2004年版,第13~14页。

④ 张文显主编:《法理学》(第三版),高等教育出版社2007年版,第217页。"法的整个运作过程实际就是对种种利益进行平衡、选择、取舍,并通过权利义务对这些不同利益进行权威性、规范性调整的过程。"参见张文显主编:《法理学》(第四版),高等教育出版社2011年版,第270页。"法律的主要作用之一就是调整及调和上述种种互相冲突的利益,无论是个人利益还是社会的利益。"参见[美]E.博登海默著:《法理学:法律哲学与法学方法》,邓正来译,中国政法大学出版社1999年版,第398页。

利益关系，避免利益的冲突，促进社会的发展。另一方面，“法律一旦将利益进行确认和保护，这时利益的形态就发生了变化，转化为法律利益。法律利益在法律上的特定形式便是法律权利”。[①] 因此，利益在法律上主要表现为法律权利。作为保险利益概念核心的“法律上承认的利益”，是法律利益，也就是法律权利。其次，参与《保险法》立法的专家在其著作中对“法律上承认的利益”的解释为“对某项财产有直接利害关系的人才对该财产享有保险利益，这些人通常是指财产所有人、经营管理人、保管人、承揽人、承运人、承租人和抵押权人等”，[②]该解释显然采取的就是狭义说。

我国2009年修订《保险法》时仍然采用“法律上承认的利益”来界定保险利益，表明我国在保险利益的认定上倾向于实现法律的秩序价值和安全价值。同时对保险利益的认定采用法律利益说，就财产保险而言，将可以投保的保险利益建立在《民法》实体法的基础上，保险利益与民法实体权利一一对应，这样对保险利益的识别较为简单。当然，我国《保险法》采纳的“法律承认的利益”并非局限于一物对一权对一保险利益的认识，相反司法解释确认被保险人就同一保险标的可能存在不同的保险利益。[③]

但是，法律利益说从立法理论上分析是具有局限性的，其局限性在于其忽略法律和利益的内在联系而使保险利益具有封闭性。法律的主要作用之一就是调整及调和种种互相冲突的利益，无论是个人利益还是社会的利益。[④] 由于社会结构中的利益不仅复杂且具有多元性和冲突性，立法的目的也在于对利益进行确认和分配以实现利益的平衡，而“法通常只选择和确认利益体系中的基本的、重要的并且与社会生活具有关联性的利益作为法律利益”。因此，作为衡量的结果，利益一旦被法律确认，即具有一定的稳定性。但同时由于社会关系的变动性，利益具有动态性，在新的社会条件下，原有的利益形态可能会消失而新的利益形态也会生成。“从根本上说，利益决定着社会生活的法律形式，而法律往往落后于利益的趋

---

① 周旺生：《论法律利益》，载《法律科学》（西北政法大学学报）2004 年第 2 期。

② 梁鹏：《保险利益概念立法之检讨——以我国〈保险法〉第 12 条为中心的研究》，载《中国青年政治学院学报》2006 年第 5 期。

③ 参见《保险法司法解释（二）》第 1 条：“财产保险中，不同投保人就同一保险标的分别投保，保险事故发生后，被保险人在其保险利益范围内依据保险合同主张保险赔偿的，人民法院应予支持。”

④ 参见［美］E. 博登海默著：《法理学：法律哲学与法学方法》，邓正来译，中国政法大学出版社 1999 年版，第 398 页。

势。"[①]因此,法律利益说具有的局限性就表现为:法律利益说对新产生的利益并不具有包容性,法律对利益的确认是具有一定的迟滞性的。而作为分散危险、补偿损失的保险制度其本质上需要保持一定的开放性以适应积极、鲜活的商业活动,对社会中出现的新的利益形态如果只能等待其他法律确认后才具有可保险性无疑会制约保险业的发展。保险利益制度应在防止赌博和道德危险与促进保险补偿功能的发挥上实现适当的平衡,在保险利益的界定上不应固守"法律承认的利益"的界限,而可以采取较为宽松的认定标准。

(二)财产保险的保险利益效力规则

保险利益的效力,主要是解决哪些人应具有保险利益以及具有保险利益的时间要求,如果不具有保险利益或未在法律规定的时间内具有保险利益,则对保险合同以及保险赔偿请求权产生影响。以下从保险利益对人的效力、时间效力以及对合同的效力评价方面作分别阐述。

1. 财产保险的保险利益对人的效力:从投保人到被保险人的变化

保险利益对人的效力,是指保险利益原则对何人具有评价保险合同的效力的作用,[②]通俗地说,是解决哪些人应对保险标的具有保险利益及不具备保险利益对保险合同的效力影响。

(1)比较法视角:对投保人和被保险人的不同规定

保险利益对主体的要求,因两大法系保险合同主体制度的不同而有所不同。关于保险合同主体的概念,如前文所述,英美法系国家一般分为保险人和被保险人,与保险人相对的合同当事人是被保险人。由于被保险人是合同当事人,所以,制定法一般都要求被保险人具有保险利益。[③] 学理上的认识也比较统一,例如,英国保险法学者伯兹(John Birds)认为,"合同当事人(the party to the contracts),无论被保险人还是保单持有人(policy holder)必须对保险标的具有某种关系"。[④] 在补偿保险合同中,"如果被保险人在保险事故发生时不具备保险利益,其不受损失,因此,不能获得保险补偿"。[⑤]

大陆法系国家立法一般将保险合同主体分成保险人、投保人、被保险

① 孙国华:《论法与利益之关系》,载《中国法学》1994 年第 4 期。

② 参见杨芳著:《可保利益效力研究——兼论对我国相关立法的反思与重构》,法律出版社 2007 年版,第 62 页。

③ 例如,英国 1906 年《海上保险法》第 6 条、澳大利亚 1909 年《海上保险法》第 10 条、加拿大 1993 年《海上保险法》第 7 条、美国《加利福尼亚州保险法》第 280 条等。

④ John Birds, *Birds' Modern Insurance law*(7th ed.), London, Sweet & Maxwell, 2007, p. 40.

⑤ Nicholas Legh John et al., *MacGillivray on Insurance Law*(11th ed.), London, Sweet & Maxwell, 2008, p. 9.

人,与保险人相对的当事人一方是投保人,而被保险人是合同的关系人。[①]对财产保险(或损害保险)应具备保险利益的主体,法律规定并不统一:有的规定被保险人应具备保险利益,而有的则规定投保人或被保险人应具备保险利益。例如,意大利《民法典》第 1904 条对损害保险的保险利益主体的规定是:"在保险应当开始时,被保险人对损害赔偿不存在保险利益的,该损害保险契约无效。"又如我国台湾地区"保险法"第 17 条规定:"要保人或被保险人,对于保险标的物无保险利益者,保险契约失其效力。"在我国台湾地区,学者对财产保险利益归属的观点也不一,总结起来有:第一,保险利益仅为对投保人的要求,比如施文森;[②]第二,保险利益应为对投保人和被保险人的要求,比如刘宗荣;[③]第三,保险利益仅为对被保险人的要求,比如郑玉波。[④]

(2)我国《保险法》:从投保人到被保险人

我国《保险法》规定的保险合同主体分成保险人、投保人以及被保险人。在保险利益对合同主体的效力问题上,我国原《保险法》(2002 年修正)第 12 条第 1 款规定:"投保人对保险标的应当具有保险利益。"第 2 款则规定:"投保人对保险标的不具有保险利益的,保险合同无效。"这一规则既适用于人身保险合同也适用于财产保险合同。而对于被保险人在保险利益的效力要求上原《保险法》并未明确规定。笔者认为,财产保险合同的目的在于填补被保险人的损失,而这一损失填补的功能是通过立法将赔偿请求权赋予被保险人而得以实现和保障的。而保险利益产生的目的在于避免赌博、防范道德危险以及限制补偿金额,对保险利益的主体归属的法律判断也应统摄于该立法目的。因此,笔者认为,在财产保险中,要求投保人具有保险利益的规定是不必要的。当投保人与被保险人为同一主体时,到底是投保人还是被保险人应具有保险利益,讨论的意义并不大;当投保人与被保险人是不同主体,即投保人为第三人利益订立财产保险合同的,由于被保险人是保险金请求权主体,在事故发生时投保人并不能获得保险赔偿,即使没有保险利益的要求,投保人也不存在赌博的动因更不会诱发道德风险。正如学者所言:"被保险人作为享有赔偿请求权之人,倘无

① 关于两大法系国家对保险合同主体规定的不同可参看本书第一章关于规范差异的原因分析部分。

② 参见施文森著:《保险法论文集》,三民书局股份有限公司 1974 年版,第 48 页。

③ 参见刘宗荣著:《新保险法:保险契约法的理论与实务》,中国人民大学出版社 2009 年版,第 85 ~ 86 页。

④ 参见郑玉波著(刘宗荣修订):《保险法论》(修订 8 版),三民书局股份有限公司 2010 年版,第 52 页。

保险利益之存在,哪有损害而言?相反,被保险人若无保险利益而享有保险请求权,又何能防止道德危险?"①因此,要求被保险人拥有保险利益才是贯彻损失补偿原则所必需的,在财产保险领域,仅要求被保险人具有保险利益即足以防范道德危险。并且,按《保险法》(2002 年修正)第 12 条第 2 款的规定,由于投保人对保险标的不具有保险利益,就认定保险合同无效,这一规定既不利于保护被保险人利益,也不利于保险业务的开展。我国《保险法》(2002 年修正)中对保险利益的主体要求限定为投保人而未规定被保险人对保险标的具有保险利益,这一立法的偏差与我国原《保险法》未采取人身保险和财产保险的保险利益的分别立法有关,也与对这两种保险的保险利益的主体要求有所不同的认识不足有关。

2009 年《保险法》修订时对保险利益制度作出了改进,明确了"被保险人"的地位,同时区分了人身保险和财产保险对保险利益主体的不同要求,对财产保险合同要求被保险人应具有保险利益。将被保险人引入保险利益规则中,不仅弥补了我国《保险法》在保险利益规则上"被保险人"的缺位,也是保险赔偿请求权应赋予真正受损害人理念的回归。②

2. 财产保险的保险利益的时间效力:规则缺失及补正

保险利益的时间效力与其对人的效力密不可分。保险利益的时间效力,是指法律所要求的利益主体应在何时具有保险利益,否则,影响保险合同的效力。

(1)比较法视角:不同规则

保险利益应当存在于财产保险合同签订时,或者应当存在于保险事故发生时,或者从签订合同时起到保险事故发生时止都应当持续存在,对此,从域外立法例来看,三种观点都有一定的立法支持。

如意大利《民法典》第 1904 条规定:"在保险应当开始时,如果被保险人对损害赔偿不存在保险利益,则该损害保险契约无效。"我国澳门特别行政区《商法典》第 995 条也规定:"损害保险合同,如订立时被保险人对损害赔偿无保险利益,则无效。"在英国的早期判例中,1743 年 Sadlers v. Badcock 案③中哈德威克(Hardwicke)大法官在附带意见中指出,被保险人

① 郑玉波著(刘宗荣修订):《保险法论》(修订 8 版),三民书局股份有限公司 2010 年版,第 52 页。

② 参见胡晓珂:《保险法二次修订之理念与路径选择》,载《法商研究》2009 年第 6 期。

③ Sadlers Co. v. Badcock,2 Atk. 554,I Wils. 10,26 Eng. Rpt. 733(1743). 转引自[美]小罗伯特·H. 杰瑞、道格拉斯·R. 里士满著:《美国保险法精解》,李之彦译,北京大学出版社 2009 年版,第 127 页。

应当在投保时以及在损失发生时都对被保险财产具有可保利益,这一规则也被称为哈德威克规则。美国联邦最高法院在 Carpenter v. Providence Wishington Ins. Co. 一案中,也持同样的观点:财产保险之被保险人应于保险契约成立时与损失发生时皆有保险利益。但是,美国更多的法官仅要求在出险时具有保险利益。①

从立法上看,英国 1906 年《海上保险法》最早确立了仅要求在保险事故发生时具有保险利益的规则,其第 6 条规定:“投保时被保险人无需对保险标的具有保险利益,但保险标的发生损失时,被保险人必须对其具备保险利益。”英国法的规定虽然仅适用于海上保险,但这一规则也被越来越多的非海上保险立法所接受。

仅要求被保险人在投保时具有保险利益,一方面不足以防止道德风险的发生,另一方面对订约时虽不存在或尚未归属的利益不能投保,必使交易呆滞,不利于保险业务的发展。而按照保险利益原则背后的补偿原则,出险时具备保险利益足以满足。理论界一般的认识是,只要保险合同“无导致赌博行为之虞,或不致诱发道德风险,即使暂无保险利益之存在,也不影响契约之效力”。②

(2)我国《保险法》:规则缺失与补正

对于保险利益主体应在何时具备保险利益,我国原《保险法》(2002 年修正)并没有作出明确规定。但是,从其规定的“投保人对保险标的应当具有保险利益”和“投保人对保险标的不具有保险利益的,保险合同无效”的规定来看,一般认为,我国《保险法》要求的是投保人在订立保险合同时必须具备保险利益,同时结合原《保险法》第 22 条对被保险人的定义,可知被保险人是保险事故发生时具有赔偿请求权的主体,赔偿请求权的前提是被保险人必须受有损失,而损失是保险利益的反面,由此推知被保险人在保险事故发生时也应具有保险利益是保险法内在的要求。这种投保时和保险事故发生时均具有保险利益,成为对我国原《保险法》(2002 年修正)财产保险利益存在时间的合理解释,但是,这种要求显然是不合理和非必要的。

我国 2009 年修订《保险法》时,已充分认识到财产保险和人身保险的保险利益对时间效力的要求应有所不同,且认识到财产保险合同的目的在

---

① 参见[美]小罗伯特·H. 杰瑞、道格拉斯·R. 里士满著:《美国保险法精解》,李之彦译,北京大学出版社 2009 年版,第 127 页。

② 杨仁寿:《海上保险利益》,载《船贸周刊》1998 年第 9329 期;转引自王大荣:《海上保险利益研究》,大连海事大学 2000 年硕士学位论文,第 9 页。

于填补被保险人的损失，而保险利益的立法目的在于预防赌博和道德风险的发生，因此，财产保险合同中要求被保险人在发生保险事故时对保险标的具有保险利益就足够了，而订立保险合同时投保人是否具有保险利益并无实际意义。因为财产保险中，投保人在投保时不具有保险利益的，保险事故发生时投保人如果不是同时为被保险人的，其不能获得保险金，而投保人不具有保险利益亦不会引发道德风险或赌博的发生，因此，立法上也就没有强行要求投保人在投保时应具有保险利益。由此《保险法》(2009年修订)对财产保险的保险利益采用了保险利益的主体是被保险人的同时，也规定了被保险人应在保险事故发生时具有保险利益。

3. 保险利益对财产保险合同的效力评价：从无效到丧失赔偿请求权

从保险利益的发展来看，保险利益引起立法者的注意根源于公共政策(public policy)的要求，[①]即预防赌博和防范道德风险。因此，从对公共政策的违反导致合同无效的一般法律原则来看，缺乏保险利益的保险合同将导致合同无效，保险利益一般成为对保险合同效力评价的基础。但是，随着保险的发展，也随着对保险利益研究的深入，由于认识到缺乏保险利益的保险合同，因合同种类的不同、保险利益主体的不同或保险利益的时间效力的不同，其发生的法律后果可能不同，由此逐渐出现了不同见解与做法。正如英国学者伯兹所说："保险利益是任何保险合同的基本要求，除非能合法弃权……若缺少保险利益，根据合同的不同类型，将导致不同的后果，比如合同违法、无效或仅仅不能执行、索赔受阻。"[②]就人身保险合同来说，一般的规则是，在订立合同时投保人须具有保险利益，没有保险利益的人身保险合同违法。[③] 就财产保险合同来说，一般采用在缔约时投保人须具有保险利益规则的国家或地区，则立法上一般将其作为保险合同的效力要件，缺乏保险利益则保险合同无效。例如，意大利《民法典》第1904条规定："在保险应当开始时，被保险人对损害赔偿不存在保险利益的，该损害保险契约无效。"对于采用合同订立和事故发生时均需具备保险利益规则的国家或地区，则保险利益是合同的生效条件，在保险期间丧失保险利益的则保险合同失效，比较典型的为我国台湾地区"保险法"。[④] 而一般采取

① John F. Dobbyn, *Insurance Law*(3rd ed.)(英文影印本)，法律出版社2001年版，第80页。

② John Birds, *Birds' Modern Insurance law*(7th ed.), London, Sweet & Maxwell, 2007, p. 38.

③ 例如，英国的人身保险适用1774年《人寿保险法》。人身保险缺乏保险利益导致保单违反 A failure to show interest renders policy(根据上下文是指 life policy。——笔者注) illegal. See John Birds, *Birds' Modern Insurance law*(7th ed.), London, Sweet & Maxwell, 2007, p. 39。

④ 参见上文对保险利益的时间效力部分，我国台湾地区"保险法"第17条。

保险事故发生时须具备保险利益的国家或地区,对缺乏保险利益的效果的规定,一般采合同无效说。① 根据学者的考察,目前英国的判例已经出现缓和的做法:②其一,欠缺保险利益主张合同无效,仅保险人可主张。保险人主张则保险合同无效。从民法理论上来看,这不是真正的无效,而是属于可撤销的合同。其二,主张法院须考察保险利益而无论当事人是否主张,同时法院应尽力找出保险利益。

考察我国原《保险法》(2002 年修正),其第 12 条第 2 款规定:"投保人对保险标的不具有保险利益,保险合同无效。"由此可见,保险利益是保险合同的有效要件之一。其存在的问题是该条不仅适用于人身保险合同且适用于财产保险合同,加之原《保险法》(2002 年修正)对保险利益的时间效力和主体要求及保险合同效力要件的绝对化规定,对财产保险合同来说存在的问题是:其并不利于财产保险合同的分散危险、消化损失的保险功能的发挥。采用无效说会使一些财产保险合同套上无效的"紧箍咒",不利于财产的流通。有学者考证并认为,我国《保险法》(2002 年修正)"不分险种,不分时间,对可保险利益合同要件效力的绝对化规定尚属首例:可谓'空前绝后'"。③

2009 年《保险法》修订时已经对原《保险法》(2002 年修正)第 12 条进行了修改,删除了"投保人对保险标的不具有保险利益的,保险合同无效"的规定,将人身保险合同和财产保险合同的保险利益效力问题作出了区分规定,并将财产保险中的保险利益作为被保险人请求保险赔偿权利的要件之一,而非合同的生效或失效要件。这一架构具体是通过新《保险法》(2009 年修订)第 48 条体现的:"保险事故发生时,被保险人对保险标的不具有保险利益的,不得向保险人请求赔偿保险金。"笔者认为,此种修改是合理的,其合理性在于丧失赔偿请求权对财产保险合同来说已经能够实现保险利益制度立法目的,同时该效力后果对财产保险合同双方当事人均有益处,并且与我国《合同法》促进交易、减少无效合同的立法精神也相一致。

综上所述,我国原《保险法》(2002 年修正)对保险利益的规定不仅抽象且存在诸多不合理之处,《保险法》(2009 年修订)对财产保险的保险

① 例如,英国 1906 年《海上保险法》第 4 条,void。

② 参见杨芳著:《可保利益效力研究——兼论对我国相关立法的反思与重构》,法律出版社 2007 年版,第 174 页。

③ 杨芳著:《可保利益效力研究——兼论对我国相关立法的反思与重构》,法律出版社 2007 年版,第 165 页。

利益的效力要素方面,即对主体的要求和对时间的效力以及丧失保险利益的后果的修改均是合理的,但是,新《保险法》(2015 年修正)对保险利益的定义或标准采取的"法律上承认的利益"的规定仍存在很多问题,对保险利益的确定仍将产生诸多争议,其规定对海上保险合同适用的妥当性也需认证。

三、《保险法》保险利益制度对海上保险的适用及困局

从世界范围来看,保险利益发端于海上保险,其也是海上保险法中的重要概念,海上保险立法中一般都有保险利益的规定。我国《海商法》未对保险利益作出规定,据学者考证,是由于《海商法》起草过程中对此采纳了英国专家的意见,当时英国专家认为英国 1906 年《海上保险法》中关于保险利益的规定在司法实践中已产生不少争议,到底应采用何种标准来确认保险利益尚无统一意见,保险利益原则正在发展变化之中,因此,建议最好暂时不做规定,以留给判例与学说发展的空间。① 可是在我国,当时学说和判例②都不能构成我国法律的渊源,因此,在《海商法》对保险利益舍弃不久,海上保险合同就继受《海商法》生效不久后出台的 1995 年《保险法》的调整,即"对于《海商法》未规定的适用《保险法》"这一法律适用规则,因此海上保险的保险利益问题应受我国《保险法》调整。③ 但实践表明,我国现行《保险法》(特别是此前的原《保险法》)关于保险利益的规定对海上保险是难以适用的,尤其在海上货物运输保险领域更是问题丛生。据学者调查统计显示,在我国海上保险合同纠纷争议焦点中,保险利益问题在船舶保险纠纷中位居第五,而在海上货物运输保险合同纠纷中居首位。④ 这些问题的产生,与海上保险利益的认定较为复杂有关,也与我国《保险法》保

---

① 参见杨文贵:《"保险利益"还是"经济利益"》,载《中国海商法协会通讯》第 48 期。转引自朱作贤:《海上保险法补偿原则研究》,大连海事大学 2009 博士学位论文,第 103 页。

② 在我国《海商法》制定以及实施之后,我国并不存在判例制度。2010 年,具有中国特色的案例指导制度初步成型,从目前来看,该案例指导制度能发挥的作用仍有限。截至 2018 年 6 月 20 日,最高人民法院共发布了 18 批共 96 个指导案例,其中涉及海事海商案例共 3 件(分别是 16 号、31 号和 52 号案例),其中第 52 号案例涉及海上货物运输保险条款的一切险的承保范围的确定。因此,在当时以及现在,关于海上保险的保险利益方面是不存在指导性案例或者判例的。

③ 我国海商法学者通常认可《保险法》关于财产保险的保险利益的规定适用于海上保险合同。主要有:司玉琢主编:《海商法》(第四版),法律出版社 2018 年版,第 345 页;关正义著:《民法视野中的海商法制度》,法律出版社 2015 年版,第 264 页;杨召南、徐国平、李文湘著:《海上保险法》,法律出版社 2009 年版,第 25 页。

④ 参见张贤伟:《关于海上保险合同纠纷情况的调研》,载李海主编:《拱辰集——海商法问题研究》,大连海事大学出版社 2008 年版,第 450 ~ 451 页。该调研报告所涉的地域为广东省。

险利益制度的不合理规定导致对所有类型保险合同包括海上保险合同适用的困惑有关,有些则是由于《海商法》与《保险法》在规则衔接上出现的裂隙所致。

(一)海上保险利益特殊性的考察

海上保险合同保险利益的认定是事实问题,海上保险中的保险利益呈现出比一般财产保险的保险利益更为复杂的因素:

1. 海上货物和船舶关系的复杂性与利益主体的多样性

由于货物运输保险是作为贸易保护的需要而产生的,在此方面的具体表现为货物运输的保险利益的认定是与国际贸易不可分割的。海上运输货物不仅涉及货物买卖双方,还涉及为贸易付款担保的银行,也必然与承担货物运输的承运人有关,因此海上运输货物保险关系呈现出主体的多样性。同样,船舶使用、经营方式的多样性导致与船舶相关的利益主体多样而复杂,国内船舶的挂靠经营产生船舶实际所有人和船舶登记所有人的分离,船舶光船租赁、定期租船等船舶所有权和船舶营运权的分离等,使船舶关系呈现多样性。海上运输货物所涉及的主体的多样性和船舶关系的复杂性,表现在海上保险合同中就呈现出被保险人主体的多样性,被保险人可以是托运人、收货人、承运人、无船承运人、提单持有人、船舶所有人、船舶经营管理人、船舶出租人、船舶承租人、抵押权人、留置权人、救助人、船舶优先权人等。

多样性的利益主体,表现在保险利益上的复杂性,主要有:第一,同一保险标的的保险利益是否互相排斥抑或具有兼容性;第二,主体之间不排斥的保险利益是否具有层次性等,这些使对海上保险标的保险利益归属的认定产生一定难度,也容易引起争议。例如,船舶的保险利益相关主体,即船舶经营人是否具有保险利益,①船舶管理人是否具有保险利益,②非登记船东是否具有保险利益,③以及更为复杂的,作为隐名被保险人的实际船舶

① 例如,上海中福轮船公司诉中国人民保险公司上海市分公司船舶保险合同损失赔偿纠纷案[上海海事法院(2003)沪海法商初字第77号民事判决书],涉及船舶经营人是否具有保险利益的争议。案例来源于北大法宝网。

② 例如,深圳市光达航运有限公司诉中国人民保险公司深圳市分公司保险合同纠纷案[广州海事法院(2000)广海法深字第7号民事判决书],该案涉及船舶管理人是否具有保险利益的争议。案例来源于北大法宝网。

③ 例如,青岛荣冠船舶租赁有限公司与某保险公司船舶保险上诉纠纷案[山东省高级人民法院(1998)鲁经终字第533号民事判决书],涉及非登记的实际船舶所有人对其船舶是否具有保险利益的争议。案例来源于汪鹏南:《中国海上保险案例摘要及评论》(第1辑),大连海事大学出版社2003年版,第20～22页。

所有人是否应被认定为被保险人以及其是否具有保险利益等。①

2. 海上运输货物关系的动态性与保险利益的复杂性

海上货物运输保险与国际贸易具有天然联系，海上运输途中的货物的保险利益深受国际货物买卖合同的影响，这种影响表现在：第一，在保险期间，货物买卖合同下的货物所有权从卖方到买方的转移导致货物保险利益主体的变动，以及在保险期间，货物买卖合同项下的货物灭失损害的风险从卖方到买方的转移，导致保险利益的变动。各国对货物所有权转移与风险的转移是否一致有不同的规定，采风险的转移与货物所有权转移相一致规定的，则保险利益的变动受所有权变动的影响，而一般接受的观点是将风险的转移与货物所有权的转移相分离，按货物的交付确定货物风险的转移，②并按风险的承担来确定保险利益的有无，根据风险的转移来确定保险利益在买卖双方间的转移。无论是哪一种，都表明海上货物运输保险的保险利益是受贸易合同影响的，货物所有权或风险的转移使海上货物运输保险的保险利益的归属具有复杂性和动态性。第二，国际货物买卖合同的变动产生保险利益的特殊形态，即按照货物所有权和风险的分离规则，一般情况下，货物的风险经由一定事实的发生即从卖方转移给买方，但由于买卖合同的履行问题，买方收到的货物与买卖合同规定的不符并拒收货物，则有关货物在运输途中的灭失毁损的风险仍由卖方承担，此时发生风险转移的特殊情况，可能导致保险利益的回转。

(二)原《保险法》(2002 年修正)保险利益的效力规则对海上保险适用的困境

我国原《保险法》(2002 年修正)第 12 条对财产保险合同的保险利益

---

① 例如，在福州金帆船务有限公司、周宏进与中国人民财产保险股份有限公司武汉市分公司、中国人民财产保险股份有限公司湖北省分公司船舶保险合同理赔纠纷案[宁波海事法院(2005)甬海法初字第 336 号民事判决书]，该案涉及实际的船舶所有人周宏进实际交付保险费，但保险单上的被保险人记载为其挂靠经营的福州金帆船务有限公司，涉及名义上的被保险人金帆公司是否具有保险利益以及实际船舶所有人是否具有保险利益是否具有保险索赔权。案例来源于中国涉外商事海事审判网。

② 《联合国国际货物销售合同公约》(The Unite Nations Contracts for the International Sale of Goods，CISG)第 67 条至第 70 条关于货物风险转移的规定，其中第 67 条规定货物涉及运输的风险转移一般采用交付第一承运人，风险转移给买方的规则。国际商会制定的《国际贸易术语解释规则 2000》(International Rules for the Interpretation of Trade Terms，INCOTERMS 2000)，对涉及海运的最常用的三种贸易术语条件 CIF、FOB、CFR 采用的风险转移规则为越过船舷风险转移给买方的规则。INCOTERMS2010 对 CIF、FOB、CFR 的风险转移规则作出了一定修改，不采用越过船舷转移而改采用货物装上船后风险转移给买方的规则。我国《合同法》第 142 条规定：“标的物毁损、灭失的风险，在标的物交付之前由出卖人方承担，交付之后由买受人承担，但法律另有规定或者当事人另有约定的除外。”

的效力规则可以归纳为：投保人在保险合同订立时具有保险利益，否则保险合同无效。这一规则对一般财产保险合同来说是不妥当的，对海上保险合同来说，适用该规则更是使海上保险尤其是海上货物运输保险举步维艰，严格适用该规则会使海上保险与贸易实践完全背离。该规则对海上保险合同的适用困境是具有双重性的：

1. 原《保险法》（2002年修正）保险利益对人效力规则对海上保险合同的适用困境

如前所述，我国《保险法》规定的保险合同主体分成保险人、投保人、被保险人，我国《海商法》海上保险合同主体为保险人和被保险人。正如学者所言，三分法和两分法两种体例并无明显的优劣之分。[①] 同一法律体系内保险合同主体的不同规定本身并不冲突和对抗，按法理学属于非真正冲突，但是，由于海上保险合同的法律适用规则，特别法《海商法》无规定而应适用一般法《保险法》，两者之间的冲突会因其他规则的疏漏或不周全而呈现，这在海上保险利益对人的效力问题上尤其突出。

《海商法》没有保险利益的规定，理论上应适用《保险法》的规定。原《保险法》（2002年修正）规定保险利益的效力主体为投保人，且投保人在订立保险合同时应具有保险利益，否则保险合同无效。而《海商法》缺乏投保人概念，为解决保险利益效力规则在海上保险合同中的适用问题，只能对海上保险合同的被保险人作扩张解释，这样才能与该规定相协调，因此，学理上的通常解释是“只能认为在我国的《海商法》中被保险人同时也是投保人”，[②]这样就解决了海上保险的保险利益的效力主体问题。但因此得出的结论也必然是海上保险合同投保人只能订立以自己为保险利益的合同，也即海上保险合同中投保人与被保险人是不应分离的。尽管海上保险合同中，投保人一般和被保险人是重合的，但是，投保人和被保险人分离的现象也是客观存在的。一般认为在以CIF价格条件成交的买卖合同项下对货物运输保险的要求是，卖方应自担费用为买方的利益订立货物运输保险合同，而根据“投保人应具有保险利益”的规则，CIF价格条件下的货物运输保险保单的被保险人只能是货物的卖方而不能是买方。这样问题就随之而起，根据CIF条件，货物越过船舷

① 参见邢海宝著：《中国保险合同法立法建议及说明》，中国法制出版社2009年版，第51页。

② 李政明、贾林青著：《海上保险合同的原理与实务》，中国政法大学出版社1994年版，第9页；汪淮江著：《海上保险法律与实务》，人民交通出版社1997年版，第74页。

时买方承担风险,[①]从该时点起买方对货物具有保险利益,但是保单的转让并不能始终与风险的转移同时进行。如果货物在越过船舷后到保单转让前发生保险事故,则卖方虽是保险合同的被保险人但此时其没有保险利益故不能获得保险赔偿,而享有保险利益的买方则由于不是保险合同的被保险人也无法获得赔偿;若保单在越过船舷前转让给货物的买方,则买方虽成为被保险人但此时货物风险并未转移故不能获得赔偿,而同时,货物的卖方有保险利益但并非被保险人,其仍不能获得赔偿,因此,便出现了一段无法转嫁风险的期间,这对货物的买方尤其不利。而要填补这一空白期,唯一能做的就是保单在货物装船同时转让给货物的买方,理论上可以实现但过于理想。

2. 原《保险法》(2002 年修正)保险利益的时间效力规则与贸易实践的冲突

保险利益的时间效力和对人的效力是紧密联系在一起的,根据《保险法》(2002 年修正)的规定,投保人在保险合同订立时应具有保险利益,否则保险合同无效。而根据前述,如严格适用《保险法》的规则,则在海上保险合同中只有当被保险人同时又是投保人时才能满足《保险法》保险利益规则的要求,因此,结合《保险法》(2002 年修正)保险利益时间效力规则,对海上保险利益的要求完整的表述应为:海上保险合同被保险人在订立海上保险合同时具有保险利益,否则保险合同无效。但若严格按照此理解适用,将与国际贸易实践完全脱离而显得滑稽可笑。按照订立保险合同时被保险人要具有保险利益的要求,对 CIF 价格条件下的货物运输保险合同影响如前所述会出现"保险的真空期",对于以 FOB 和 CFR 价格条件下的货物运输保险合同来说影响同样大甚至更大。FOB 货物的买方必须是在货物已经越过船舷风险转移后或取得货物的所有权后才能订立货物运输保险合同,如果早于该时点,则买方因不具有保险利益而使保险合同无效;而由货物的卖方作为被保险人订立保险合同,此时保险合同有效,但是这种做法改变了该价格条件下卖方的义务,所以,合同订立与否取决于卖方的意思,即便卖方同意,仍存在类似上述 CIF 价格条件下出现的一段无法转嫁风险的空白期。由此可见,原《保险法》(2002 年修正)上述规则与国际贸易的现实是完全脱离了,严

---

① 根据 INCOTERMS 2010 对 CIF 价格条件下风险转移的时间已经从越过船舷时转移修改为装船后风险转移,但是,这里讨论的是我国《保险法》2009 年修订之前的情况,因此,根据当时适用的 INCOTERMS1990 或 INCOTERMS2000 的风险转移规则,此处对 CIF 的解释为越过船舷规则。

格适用上述规则会造成对海上货物保险的抑制以及对国际贸易的摧毁。因此,尽管我国《保险法》(2002 年修正)规定投保人在保险合同订立时具有保险合同利益,但海商法领域司法实践和理论界一致接受的观点是“《保险法》第 12 条的规定不适用于海上保险合同”,而应适用“在保险事故发生时被保险人应具有保险利益的规则”。① 在最高人民法院印发的《第二次全国涉外商事海事审判工作会议纪要》中就海上保险的保险利益时间效力规则界定为应在保险事故发生时具有保险利益,②虽然该会议纪要并不具有法律约束力,但表明海事法院对此问题达成了共识。早在英国 1906 年《海上保险法》中,对保险利益时间效力的规定就采用保险事故发生时的规则,而该规则也已经成为海上保险合同领域的国际惯例。我国《海商法》未对保险利益问题作出规定,适用《保险法》规则时,由于《保险法》规定的不合理性,以及《保险法》和《海商法》对合同主体制度的差异,两者的影响叠加后将导致海上保险实践难以运作,这一点恐怕无论是《海商法》还是《保险法》在立法时都是始料未及的。囿于《海商法》对保险利益概念的缺失,最高人民法院 2006 年通过的《海上保险司法解释》也无法对此作出补救。③

原《保险法》(2002 年修正)保险利益效力规则使海上保险实践出现了适用上的困境,尤其对海上货物运输保险来说,甚至构成了国际海上货物

① 例如,在湛江市水运总公司第三公司与中国人民财产保险股份有限公司防城港分公司等海上运输货物损失保险代位求偿纠纷上诉案中,对该案所涉的保险利益问题,法院认为“我国《保险法》第 12 条的规定虽然表明投保人不具有保险利益会导致合同无效的后果,但该规定是针对普通财产保险的保险利益而言的,而由于海上保险的保险利益具有相对性,与普通财产保险的保险利益的绝对性不同,因此,在我国《海商法》没有具体规定而适用《保险法》的一般规定又与海上货物保险特点不符的情况下,依据海上货物运输的流转性,本案应以保险事故发生时保单持有人是否对保险标的具有保险利益为原则来判断对保险合同效力的影响。”参见广西壮族自治区高级人民法院民事判决书(2004)桂民四终字第 6 号,案例来源于北大法宝网。

② 《第二次全国涉外商事海事审判工作会议纪要》第 123 条规定:“订立保险合同是被保险人对保险标的不具有保险利益但发生保险事故时被保险人对保险标的具有保险利益的,保险人应当对被保险人承担保险赔偿责任;订立保险合同时被保险人对保险标的具有保险利益但保险事故发生时不具有保险利益的,保险人对被保险人不承担保险赔偿责任。”参见万鄂湘主编:《中国涉外商事海事审判指导》(2005 年第 2 辑,总第 11 辑),人民法院出版社 2006 年版,第 42 页。

③ 《最高人民法院关于审理海上保险纠纷案件若干问题的规定》(征求意见稿)第 13 条至第 15 条就保险利益问题作出了规定,但在正式通过的 2006 年《海上保险司法解释》(法释〔2006〕10 号)没有关于保险利益的规定。最高人民法院民四庭就该司法解释答记者问时,指出就何谓保证条款以及保险利益等问题,是无法通过司法解释解决的,有待于《海商法》的修改和完善。参见《就〈关于审理海上保险纠纷案件若干问题的规定〉最高人民法院民四庭负责人答记者问》,载《人民法院报》2006 年 11 月 29 日,第 1 版。

运输保险的一块制度"短板",[①]当然这样的局面因2009年对《保险法》的修订已经得到了扭转。《保险法》(2009年修订)对财产保险的保险利益的效力规则的规定是合理的,不仅解决了理论界一直争论不休的问题,且对海上保险来说,解决了由于《海商法》缺乏投保人的规定导致的海上保险的保险利益效力主体的困惑,同时对保险利益存在于保险事故发生时的这一规则的调整也利于海上保险尤其是海上货物运输保险的开展,从而促进了海上保险对海上航运的保护作用。

(三)新《保险法》法律利益说对海上保险适用的困局

海上保险利益的效力规则因《保险法》的修订而完善,但是,对保险利益的构成或保险利益的认定,《保险法》(2009年修订)仍然采用法律利益说。正如学者所言,一个较直观的结论是,"法律上承认的利益"的概念很难满足保险实务的需要,其可能的结果是限制了潜在的投保人,阻碍了保险人业务的拓展,不仅与飞速发展的保险业背道而驰,甚至成为其前进路上的一块绊脚石。[②] 而法律利益说对海上保险实践来说,其局限性首先在于其相对封闭的保险利益体系已很难适应鲜活的商业实践,法律利益说因此遭到理论界的批判。[③]

1.法律利益说对海上保险适用的一般性难题

根据法律利益说,可以投保的利益为财产权、合同权利和责任利益三种法律上承认的利益。一般情况下海上商业利益都能满足这一要求,即遭受经济损失的被保险人往往具有法律上承认的利益。但是事实上仍存在一些悬而未决的情况,导致被保险人索赔受阻。

首先,"法律上承认的利益"建立在以《物权法》《合同法》《侵权责任法》《海商法》等法律明确规定的权利的基础上,由于法律规定本身的缺陷或者不明确,对判断是否具有保险利益,会带来一定的困难。这在海上保险中同样存在问题,例如,对在建船舶的抵押权的保险利益认定就会出现确认的困难,又如,对海上运输中的货物的所有权的确定到底是遵循提单

① 参见黄韬:《〈保险法〉修订与我国海上货物保险合同法律制度的完善》,载《上海保险》2010年第1期。

② 参见杨玲梅:《对我国保险利益制度的检讨与反思》,载《太平洋学报》2009年第6期。

③ 对海上保险的法律利益说批判的文章主要有:汪鹏南著:《现代海上保险法的理论与实践》,大连海事大学出版社2004年版,第94~107页;黄伟青:《论国际海运货物保险的保险利益》,载《海商法研究》2001年第3期;王大荣:《论我国海上保险中应确立经济性保险利益原则》,载司玉琢主编:《中国海商法年刊》(2001年卷),大连海事大学出版社2002年版;邢海宝:《从法律上可保利益到经济可保利益》,载《法学家》2005年第3期;王爱玲:《论海上保险中的"仓至仓"条款与中国保险利益界定原则之冲突及对策》,载司玉琢主编:《中国海商法年刊》(2011年卷),大连海事大学出版社2012年版等。

还是遵循当事人买卖合同约定的争论,这些都给海上货物运输保险的保险利益的认定带来一定影响并造成一定困难。

其次,“法律上承认的利益”的标准,尽管立法将不断呈现的利益形态确认为法律权利,但这一过程始终具有迟滞性,无法满足经济发展和利益的动态发展要求。

再次,按照“法律上承认的利益”,其中针对财产的权利和因合同产生的对财产的权利而言,保险利益获得或失去的时间,就取决于财产权利转移的时间或者根据合同财产风险转移的时间,保险事故发生前取得并持续持有的或者在保险事故发生时取得的则具有保险利益,反之,在保险事故发生之前取得但之后丧失未再取得的情况下,不具有保险利益。但很多情况下,财产权利的取得或风险的转移的时间是很难确定的,由于现代社会财产权的多样性和交易的多样性,考察财产权取得的时间和风险转移的时间是有一定难度的,这在涉及有关海上货物运输保险的保险利益时尤为困难。

最后,实践中如严格执行“法律上承认的利益”,目前一些已经在海上保险中广泛运用的做法是不应被认可的。以货物买卖中所得利润为利益的保险,并不是法律上承认的利益,而只是当事人对买卖合同利益的期待,那么利润保险按法律承认的利益来认定就是不合法的保险。但是事实上,我国海上保险实践中,货物保险即存在“货物 CIF 价值并增加 10% 的利润作为保险货物价值和保险金额”的这一做法。①

2. 法律利益说对海上货物运输保险适用的特别性难题

法律上利益说对海上货物运输保险而言,其适用的困境主要集中体现在对国际贸易和商业实践的阻碍上,尤其是对 FOB 或者 CFR 价格条件下的货物保险的阻碍。

由于对货物所有权转移的认定存在困难,所以,《联合国国际货物买卖合同公约》和目前普遍采用贸易术语的国际惯例都回避了国际货物买卖中的货物所有权的规定,而将货物所有权转移问题交由各国立法解决,对买卖中货物的损失则通过风险负担规则来分配,即通过风险转移的规则来界定。《联合国国际货物买卖合同公约》和 INCOTERMS ②均使用将所有权和风险分离的规则,因此风险负担成为海上货物运输中保险利益的判断依据。根据 FOB 和 CFR 价格条件,买方需自付费用购买

---

① 参见汪鹏南著:《海上保险合同法详论》(第四版),大连海事大学出版社 2017 年版,第 36 页。

② INCOTERMS 2010 对风险转移的规定与之前的 INCOTERMS 2000 略有不同,采用的是以装上船舶为风险转移的时间点,而不再采用越过船舷风险转移。

货物运输保险。在获得提单之前买方没有货物所有权，在货物装船之前买方也不承担货物风险。这样，买方购买的货物运输保险的保险期间虽然包括了装船之前的期间，但是，如果装船前货物因承保风险而损失，买方也会因为没有保险利益而不能获得赔偿。而买方发现货物发生损坏的时间一般是在目的港接收货物之后，此前买方已经获取提单并已经支付货款。虽然买方可以根据买卖合同或者运输合同进行索赔，但面临跨国诉讼的巨大风险。因此，尽管在FOB价格条件下货物的买方对装船前发生灭失毁损进行投保是国际贸易中的一种客观要求，但却无法逾越法律利益说这一制度障碍。如在技术进出口公司与保险公司保险索赔纠纷案①中，技术进出口公司以FOB加拿大渥太华购买的货物在海外运输公司仓库被盗，技术进出口公司请求保险公司赔偿，保险公司予以拒绝。经审理，法院认为，本案买卖合同约定的价格条件是FOB加拿大渥太华，意为货物在渥太华越过船舷或装船后，货物的风险才发生转移。在此之前，货物的风险则仍由卖方承担。因此，货物被盗时，技术进出口公司不具有可保利益。

3. 在法律利益说的框架内的努力与徒劳

从上述分析来看，法律利益说适用的困境可以归结为两个问题：第一，由于立法技术或立法语言的不妥当性带来的适用混乱的问题；第二“法律利益说”对商业实践的阻碍。

对第一个问题，有学者认为，可以用利益衡量的解释方法将我国《保险法》规定的“法律上承认的利益”扩大解释为“经济利益说”。② 作为法律解释的利益衡量，系指“法官在阐释法律时，应摆脱逻辑的机械规则之束缚，而探求立法者于制定法律衡量各种利益所为之取舍，设立者本身对各种利益业已衡量，而加取舍，则法义甚明，只有一种解释之可能，自须尊重法条之文字。若有许多解释可能性时，法官自须衡量现行环境及各种利益之变化，以探求立法者处于今日立法时，所可能表示之意思，而加取舍得。斯即利益衡量”。③ 这种扩大解释的结果可以达到对合法保险需求的满足以促进经济的发展，同时也可以促进保险业的发展，但通过法律解释来扩大保险利益仍是不稳定的。

至于对商业实践的阻碍问题，当事人当然可以通过各种方案力图解决，但事实是在不改变法律利益说格局的背景下，无论多少努力均是徒劳

① 湖北省高级人民法院(2002)鄂民四终字第11号民事判决书。

② 参见朱作贤：《海上保险法补偿原则研究》，大连海事大学2008年博士学位论文，第105页。

③ 杨仁寿著：《法学方法论》，中国政法大学出版社1999年版，第235页。

的。(1)PPI 保单。在我国法律下,PPI 保单是否可以解决 FOB 买方对越过船舷前的货物保险的利益要求呢?答案当然是否定的。由于保险利益的要求是强制性规定,因此,当事人通过约定而对保险利益的放弃,会因违反法律的强制性规范而无效。(2)通过在海上保险中加入"FOB 或者 CFR pre-shipment clause"。即在保险单中约定,本保险从运输开始承担风险,在目的地发现的货物的灭失或损坏视为发生在被保险货物运输过程中,但对风险负担的提前显然不符合买方的商业利益而难以奏效。(3)买方购买保险并将卖方作为共同被保险人。这种做法首先需要当事人的配合,就算双方约定,但仍不能改变货物的买方对越过船舷前的货物没有保险利益而不能获得赔偿这一结果。

四、《海商法》海上保险利益制度建构:对《保险法》的衔接、突破与补缺

对于海上保险来说,保险利益的问题永远是纷繁复杂的,其复杂性因商业实践的多样性和复杂性而起,而法律利益说所采用的将保险利益与法律权利等同的做法也一定程度使保险利益问题更加复杂化。而在我国法律体系内,解决海上保险利益的问题可能更为复杂,一方面,为避免《保险法》的保险利益规则对海上保险实践造成的困扰,我国《海商法》应在一定程度上恢复对保险利益的立法以促进海上保险和国际贸易的发展,回避不是可取的态度;另一方面,对于《保险法》上的合理规则,海上保险制度应予吸收,吸收的方式不是重叠立法而是消极的不予规定即为完满,此中还涉及两法的衔接性问题。

(一)保险利益效力主体:与《保险法》衔接的问题

经上述分析和论证,我国《保险法》(2009 年修订)关于财产保险的保险利益的效力规则对海上保险合同是完全适用的,也即无论海上保险还是一般财产保险对保险利益的效力的要求应是一致的。但由于《海商法》并不存在投保人概念,在保险利益的效力主体上仍会出现不协调的结果,因此,建构海上保险利益的制度,首先需要的是特别法《海商法》与一般法《保险法》的衔接,以避免海上保险合同适用上的尴尬局面,因此,对衔接的要求首先体现在对保险利益的效力主体的规定上。

对此,在海上保险中,保险利益原则仅要求被保险人应当具有保险利益。笔者认为,即使被保险人与投保人相分离,保险利益也只应是对被保险人而不是对投保人的要求。因此,针对海上保险实际也存在投保人与被保险人分离的情况,可以采取两种方案来进行弥合:

方案一,由《海商法》直接规定被保险人在保险事故发生时必须具有

保险利益。即使投保人与被保险人为不同的主体时,只要被保险人具有保险利益即可满足法律的强制性要求,如果投保人和被保险人分离,也不会对保险利益效力构成影响。

方案二,由《海商法》引入投保人这一主体。投保人主体制度引入后,在海上保险合同中,订立海上保险合同的主体和海上保险合同保障的对象即被保险人之间可以分离,投保人可以订立以自己为利益的海上保险合同和以被保险人为利益的海上保险合同,且无论哪种情形,适用《保险法》"被保险人在保险事故发生时应具有保险利益"这一规定。

从立法的成本角度分析,第一种方案是比较经济的修法模式。第二种方案对原《保险法》中涉及保险人相对人(就财产保险来说,主要是投保人和被保险人)的权利义务的归属需要重新梳理,且对海上保险合同的定义也应予以修订。但从制度衔接的结果来看,《海商法》中引入投保人概念,不仅解决了海上保险实践中投保人和被保险人分离情况下的保险利益的效力主体归属的问题,而且也解决了我国海上保险合同中主体制度立法上本身存在的问题,因此笔者倾向于采取第二种方案。

(二)建立海上保险的经济利益说:《海商法》对《保险法》的突破

鉴于法律利益说采用严格的方式来界定保险利益,且将保险利益和法律权利作了等同,同时基于一般法《保险法》已经存在的既有规则,因此,笔者认为,我国《海商法》应对保险利益制度作出规定,而且在海上保险中采用一种较为宽泛的标准界定保险利益应是可取的。

1. 海上保险的经济保险利益说:立法理由

从保险利益的立法理由来看,保险利益原则起因于反对赌博合同的公共政策,不是赌博合同的保险合同应当得到执行。"对保险标的具有的可以阻止保险合同成为赌博合同的利益就是足以确立的、有效的保险合同的利益。"①而经济利益说也要求被保险人会因保险标的存续而受益,因危险的发生而受有损失,因此,被保险人对保险标的具有经济上的利益可以防止道德风险的发生和赌博的存在。在 Constitution Ins Co v. Kosmopoulos 案②中,通过以经济利益为基础的规定并与要求信息披露的规定相结合就可充分达到可投保利益的双重目标,即阻止赌博和防止道德风险。其他国家的立法

---

① D. Rhidian Thomas, "The Perspectives on the Contract of Marine Insurance", in D. Rhidian Thomas ed., *The Modern Law of Marine Insurance*, London, LLP, 1996, p. 21.

② See Malcolm A. Clarke, *The Law of Insurance Contracts* (4th ed.), London, LLP, 2002, p. 143.

经验和司法实践也已经表明，经济利益说的适用并没有带来社会问题。[①]

在我国的司法实践中，也有案例判决体现了经济利益原则的精神。如在香港井川航运公司诉人保上海浦东分公司案[②]中，法院判决，原告未及时进行船舶注册登记，其所有权问题依法不得对抗第三人，但不影响原告和昌宏公司之间船舶所有权的转移及原告对该船享有保险利益，保险合同合法有效，被告应负赔偿责任。可见，法院将被保险人排除在了“不经登记不得对抗第三人”的范围之外。实质上是在某种程度上承认被保险人对保险标的有无保险利益并不完全以其他民事实体法为依据。又如在原告维特罗水晶玻璃有限公司诉被告中国平安财产保险股份有限公司海运货物保险合同纠纷[③]一案中，原告向华洲公司购买浮法玻璃货品，交货条件为CIF。卖方华洲公司投保了以买方为被保险人的货物运输保险合同一切险，货物到达目的港时发现部分货物存在碎裂及受潮情形，经查受损受潮在装船前就已经存在。广州海事法院在认定买方是否具有保险利益问题上认为，原告是该保险单上记载的被保险人，根据买方在货物买卖合同中履行的情况，认定其对风险转移前的货物具有保险利益。虽该案仍以《保险法》第 12 条第 3 款为依据来认定买方具有保险利益，但实际上是对法律上承认的保险利益的突破，即实际上采用了经济利益标准。

目前，我国《保险法》不适合设立经济保险利益标准，其最大障碍在于我国《保险法》保险利益制度是统领人身保险和财产保险两类保险的，而人身保险是无法用经济性利益说来检验的。《海商法》所调整的海上保险属于财产保险，在财产保险中确立经济性利益标准不仅具有可行性，且能解决海上保险尤其是货物运输保险的法律利益论与贸易实践的冲突问题。

2. 海上保险的经济利益的界定方法

在著名的卢塞纳案中，艾尔登勋爵在拒绝接受事实期待说（经济利益说）作为确定保险利益的标准问题上，有一段非常有名的论述：“为了辨别出介于严格权利或源自合同的权利与一个单纯的期待或希望之间的中间事物，该事物也被称为保险利益，在许多案例中其标准是要求到达相当确信的程度。然而，我努力地寻找一个区分相当确信与单纯期待的适当标准，结果却是徒劳的。”[④]经济利益说不被接受的原因，大致归因于建立在

---

① See D. Rhidian Thomas, “The Perspectives on the Contract of Marine Insurance”, in D. Rhidian Thomas ed., *The Modern Law of Marine Insurance*, London, LLP, 1996, p. 23.

② 广州海事法院（1995）广海法商字第 18 号民事判决书。

③ 广州海事法院（2007）广海法初字第 418 号民事判决书。

④ Luceena v. Craufud, (1806) 2 B. & P. N. R. 269.

事实上的期待而非建立在法律权利上的利益通常是难以界定的,但是事实上通过那些已经采纳或建立经济利益的国家的实践表明,经济利益的判断是可以做到的。笔者认为,保险利益从本质上属于利益的范畴,而利益是可以类型化的,因此,根据已有的利益理论,对确定经济利益的范围是有一定价值的。

(1)经济保险利益的确定方法:排除法

第一层,排除精神利益。利益从内容上可以分为经济利益和精神利益。经济利益是可以以货币衡量的,即具有可计算性。海上保险合同属于补偿性合同,是对被保险人因不确定的事故发生的损失的补偿,因此,作为可以获得保险保障的利益应该是"因标的的安全或存续而获得,因危险的发生而受有损失"。非经济利益,不得作为财产保险的利益。

第二层,排除非法利益。从与法律的契合关系来看,利益可以分成经法律调整的利益和法外利益。其中经法律调整的利益,又可分成:第一种,法律上的利益或合法利益,即法律规定的正当利益;第二种,被法律明确否定的利益或非法利益。非法利益从利益的内涵来看属于被保险人与保险标的之间具有一定的关系,但是,该种利益由于被法律明确否定,因此,其应被排除在可保利益的范围之外。当然,非法利益依法律利益说同样也是不可保的利益。

第三层,排除违背公序良俗的法外利益。从上述根据与法律的契合的关系对利益的层次分类中,除了合法利益和非法利益这类共同构成经法律调整的利益外,还存在一种游离于合法利益和非法利益之外的利益类型,即法外利益。[①] 从利益论或法社会学的角度来看,立法过程是对利益调整和分配的过程,因此,立法的过程就是利益衡量的过程,包括利益的表达和利益的整合。利益的衡量和社会利益的变动结合,势必形成法外利益:首先,经确认不应由法律调整的利益,如道德关系方面的利益;其次,由于社会经济和社会结构的变化产生的利益形态,但因立法的迟滞性还未被法律确认的利益。对这种利益,是否应具有可保性,从法理理论上来看,通常采取不干预方式,即体现"法不禁止即自由"的理念。具体到保险利益的判断上,这种现实中存在的尚未被法律确认的事实利益或实质利益,如果其具有经济内容,即可视为有保险利益,可以通过保险来分散。当然这种法外利益的可保性,还应当满足一个条件,或者说应为其设定利益的边界,即该法外利益不违背公共秩序或公序良俗。因此,第三层以"社

① 参见杨炼著:《立法过程中利益衡量研究》,法律出版社 2010 年版,第 177 页。

会公共秩序”来排查一定的法外利益，为作为可保利益的法外利益设定了一定的边界。

(2)经济保险利益的确定：相当确信标准

从利益的本质来看，利益反映的是利益主体和客体之间的社会关系，也就是说利益首先客观化为一定的社会关系。因此，从这个角度，作为可以投保的利益首先应该是与被保险人有利害关系的利益，从而排除那些与被保险人毫不相干的利益，这也是保险需要和赌博区分的原因。保险利益原则起因于反对赌博合同的公共政策，不是赌博性质的保险合同应当得到执行。“只要被保险人对保险标的享有的利益足以防止保险合同成为赌博合同，就有权强制执行该合同。”[①]区分赌博和保险是对经济保险利益标准的考验，即在避免僵化的法律利益说的同时不能为赌博进入保险提供便利，因此，在经济利益说下赌博和保险的边界的问题仍是重要的，可以从两个方面着手：

第一，如果一份保险合同的被保险人对保险标的的利益除了其支出的保险费以外没有其他损失，或者说被保险人没有比其支出的保险费更高的利益时，一份保险合同就可以被认定为赌博合同。

第二，合理期待的运用。合理期待，在保险合同法中是保险合同的一种解释规则，这里将其精神运用到保险利益的判断上，被保险人对保险标的的损益具有合理的期待，该合理期待包括：首先，是建立在权利上的期待，比如买方对合同履行后获得利润的期待，虽然投保时该利润并非现实利益；其次，是建立在一定事实上的期待。经济保险利益的实质是特定主体对保险标的具有的特定关系，该种关系只要特定主体的利益得失与保险标的的受损与否保持同一即可。

(3)试以经济保险利益标准检验海上货物运输保险的保险利益

国际货物买卖合同中，凡以 FOB、CFR、CIF 价格成交的，买卖双方对于所出售或者购买的货物都可能具有一定的保险利益，这是其一。由于海上货物运输保险的保险利益的归属受国际货物买卖合同的影响，运输途中货物的所有权、风险依据买卖合同的约定由卖方转移给买方，因此运输途中货物的可保利益在买卖合同当事人之间会发生转移，但不能因动态性的变化，使保险利益的归属形成漏洞，这是其二。基于以上两点考虑，在判断保险事故发生时被保险人是否具有保险利

---

① D. Rhidian Thomas, “The Perspectives on the Contract of Marine Insurance”, in D. Rhidian Thomas ed. , *The Modern Law of Marine Insurance*, London, LLP, 1996, p. 21.

益,依据经济性利益标准,具体化为:该被保险人具有货物所有权,或按风险负担规则承担了货物灭失、毁损的风险——其仍有支付价金的义务(后来实际支付价金),或实际承受了货损损失。满足其中之一,即具有保险利益,在保险事故发生时获得向保险人索赔的权利。试根据不同情况作如下讨论:

第一种情况,以买卖合同中约定的风险负担规则确定被保险人在保险事故发生时是否具有保险利益。在 FOB、CFR、CIF 价格条件下,从货物装上船时风险自卖方转移至买方,若货损发生在此后的运输期间,FOB、CFR 买方在事故发生时因承担货物风险,即仍应向卖方支付合同约定的货款,则其因承担货物的风险而造成经济损失,CIF 价格条件下也如此。此种情形下,即便按严苛的保险利益标准,保险利益的归属通常也不会成为问题。

第二种情况,实践中较为突出的 FOB 或 CFR 价格条件下,针对装船前的风险问题。若按法律利益论,则买方因尚未承担货物的风险而不具有保险利益,即使持有保单,亦无法获得保险赔偿;若买方将保单转让给实际承担了装船前风险的卖方,则卖方即使此时受让保单,则该转让也被认为无效,卖方不具有索赔权。这也是被苛责的 FOB 或 CFR 条件下的“仓至仓”保险期间受保险利益原则制约保险期间实际被缩短为“船至仓”的情况,①由此造成此情形下双方均无法得到既有保险合同的保护,显然该结论与保险利益原则的立法目的是相悖的。若采宽松的经济利益标准,买方持有保险人签发的保单,且买方若已持有提单(或以其他证据证明已支付货款),则买方实际已经承担装船前发生的货物损失,适用上述第三条标准,认定此时被保险人应具有保险利益,从而解决实践中突出的这一问题。另外,值得说明的是,依第二种标准的风险承担规则也能予以解释。买卖合同中的风险负担规则是由当事人约定采用的,则当事人亦能协议改变风险承担规则,若一方当事人自愿提前承担风险,对对方当事人有利也应被允许。则按此,FOB 或 CFR 价格条件下,买方本不承担装船前的风险,亦即本无支付价金的义务,与此情况下支付价金,事实已经使买方承担的风险提前至装船之前,买方根据风险的提前而享有保险利益。采上述两者之一认定买方具有保险利益,不致使保险人承担额外的保险责任而出现不公平,亦不会构成对公共政策的破坏。

---

① 参见王爱玲:《论海上保险中的“仓至仓”条款与中国保险利益界定原则之冲突及对策》,载《中国海商法研究》2011 年第 3 期。

第三种情况,CIF 价格条件下,[①]卖方投保货运险并将买方记载为被保险人,针对装船前的保险利益的认定。此时因保单上的被保险人尚未承担装船前的风险,不能获得保险利益,故不能向保险人索赔。而承担风险的卖方则因不是被保险人,亦不能获得保险索赔权。可作如下处理:卖方因承担风险而具有保险利益,可通过与保险人协商变更自己为被保险人而取得索赔权。若卖方顺利结汇,按上述第二种情形的分析方法,则买方作为被保险人实际承担损失或风险提前而具有保险利益,取得保险索赔权。两者只能择一。

第四种情况,因卖方违约导致买方退单、拒收、退货等,货物在运输途中因保险事故造成损失,则保险利益回转至卖方,卖方仍能对货物在运输途中造成的货物的损失向保险人索赔。但需要注意的是,货物运输保险承保的是货物毁损的风险,非卖方违约导致买方拒付货款进而导致卖方的货款损失是信用保险的范围,不能将其与上述海上货物运输保险同日而语,保险利益的回转也仅针对运输中货物风险负担的改变。

3. 克服经济保险利益论不确定性的相关举措

经济保险利益标准能克服法律利益论的僵化性,但是,就保险利益的概念而言,采经济利益说较法律利益说适用起来更具有不确定性。"不确定性"是学者洛辛(Jacob Loshin)于 2007 年在《耶鲁法学杂志》撰文,提出保险利益存在概念上的难题导致的与该制度初衷背道而驰的三个后果之一。[②] 在此之后,亦有学者提出废除利益原则的观点,[③]其中保险利益的不确定性是该原则应予废除的原因之一。笔者认为,"是赌博,还是合法的转嫁风险,保险利益是唯一的评价标准",[④]保险利益制度在防止道德风险上

---

① 一般来说,CIF 价格条件下,卖方投保,并记载自己为被保险人,其作为被保险人承担装船前的风险,则装船前发生保险事故,卖方的索赔权亦不成问题;货物装船后风险转移至买方,买方具有保险利益,通过受让的保单据以向保险人索赔。此即本文第一种情况,与此处第三种情况不同。

② 文章指出,保险利益概念存在的问题,导致违背其制度初衷背道而驰的后果。其一,由于不确定性,保险利益原则实际上自己创造了道德风险,这就是保险人获得了反常的鼓励去追逐更高风险的保单。其二,保险利益运用的不确定性给保险人创造机会利用信息不对称来剥削保单持有人,阻碍了保险市场公平目标的实现。其三,并非所有的缺乏保险利益的保险单都创造了一个不能忍受的道德风险,保险利益原则阻碍了保险市场上经济效率目标的实现。参见洛辛(Jacob Loshin):《保险法中倒霉的好事之徒——驳可保利益要求》,杨帆译,载《私法》2012 年第 1 期。

③ 典型的文章有:马宁:《保险利益原则:从绝对走向缓和,抑或最终消解?》,载《华东政法大学学报》2015 年第 5 期;朱晓阳:《保险利益原则的存废研究》,上海交通大学 2013 年硕士学位论文。

④ 姚莹:《关于修改〈中华人民共和国海商法〉的一点思考——论海上保险中的保险利益原则》,载《当代法学》2007 年第 6 期。

不可或缺,保险利益的制度功能亦不能完全被损失补偿原则所取代,相反保险利益始终是实现损失补偿原则的工具之一,保险利益制度在保险法领域应予以保留。对于经济利益论这一较为宽泛的标准所可能存在的不确定问题,笔者认为,我国目前已经实行案例指导制度,最高人民法院应适时发布海上保险的保险利益的典型案例用以指导司法实践。

(三)保险利益例外规则:《海商法》对《保险法》的补缺

保险利益的要求是为维护社会公共利益目的设定的,其具有鲜明的强制性特点,按保险利益的强制性规范的特点,当事人双方以约定的方式排除保险利益的要求或限制均是无效的,一方的行为也不构成对保险利益要求的放弃。典型的例子如 PPI 保单(policy proof of interest),PPI 保单按英国 1906 年《海上保险法》第 4 条第 2 款的规定属于赌博保单而无效。同时,保险利益不能放弃,禁止反言不适用于保险利益。但另一方面,商业实践是鲜活和生动的,这就要求保险利益发生一些松动以满足商业实践的要求和便利,因此,需要设立保险利益的一些例外,但该例外必须以法律规定为限。

笔者认为,我国《海商法》应引入“无论损失与否条款”(lost or not lost)作为海上保险的保险利益时间效力的例外规则。由于海上航运的高风险性,无论船舶还是货物均有可能在保险合同订立前发生灭失或在被保险人取得保险利益之前发生灭失,而由于海上保险标的具有动态性(无论船舶和货物),被保险人可能在对灭失并不知情的情况下签订保险合同,此时其不可能再取得保险利益。因此,考虑到海上运输的特殊性,引入“无论损失与否条款”作为损失发生时必须具有保险利益的例外规则有一定的现实意义。英国 1906 年《海上保险法》第 6 条第 2 款规定:“被保险人是以无论损失与否条款进行保险的,除被保险人在订立保险合同时已经知道灭失而保险人不知道该灭失外,尽管保险利益是在该灭失发生后才取得,被保险人仍可取得赔偿。”我国《海商法》第 224 条有类似的规定:“订立合同时,被保险人已经知道或者应当知道保险标的已经因发生保险事故而遭受损失的,保险人不负赔偿责任,但有权收取保险费;保险人已经知道或者应当知道保险标的已经不可能因发生保险事故而遭受损失的,被保险人有权收回已经支付的保险费。”笔者认为,我国《海商法》的规定是从英国 1906 年《海上保险法》第 6 条第 2 款的反面来规定的,但按此规定,并不必然得出被保险人若不知道订立保险合同时保险标的发生保险事故损失,保险人仍应赔偿保险金的结果。最高人民法院 2006 年通过的《海上保险司法解释》第 10 条规定:“保险人与被保险人在订立保险合同时均不知道保险标的已经发生保险事故而遭受损失,或者保险标的已经不可能因发生保险事故而遭受损失的,不影响保险合同的效力。”笔者认为,我国《海商法》修改时仍应引入该“无论损失与否”条款。

五、附论:“保险合同的转让”——《海商法》与《保险法》的比较

我国《海商法》没有直接规定保险利益,但是,《海商法》第 229 条、第 230 条关于货物运输保险合同和船舶保险合同转让的规定其实是与保险利益的转移密切相关的。从行文看,该两条规定调整的是因保险标的转让而对海上保险合同效力维持(转让与否)的影响,但根据被保险人在保险事故发生时需具有保险利益取得保险索赔权(被保险人的合同权利)的规定,可以得出上述条文所及保险合同的转让实则因保险利益的转移而起。因此,虑及其与保险利益之间的内在关联,在此以保险利益制度附论的形式对《海商法》相关规定作解析,并考察《保险法》(2009 年修订)第 49 条关于财产保险合同的转让规则对海上保险合同的影响。

(一)保险合同的转让及与保险利益转移的关系

保险标的的转让、保险利益的转移与保险合同的转让互不相同但彼此夹缠,尤其学理界对保险标的的含义认识以及保险标的与保险利益之间的关系众说不一,[①]因此,需要对本部分涉及的几个概念予以简单梳理。首先,尽管学理界对保险标的与保险利益之间的关系有不同认识,但根据我国立法例采用保险标的与保险利益并立规定,[②]从法律解释论,保险标的与保险利益不同,保险利益依附于保险标的。就财产保险而言,保险标的指的是财产及其有关利益,[③]《海商法》更是对海上保险合同的保险标的进行了罗列,包含了海上财产、期待利益和法律责任。[④] 根据同一概念同一解释

---

① 比较典型的观点:第一种观点,郑玉波教授认为“所谓保险标的就是作为保险对象的经济上的财货(财产保险)或自然人(人身保险),也就是保险事故发生所在的本体。”这也是多数英美学者的观点。参见郑玉波(刘宗荣修订):《保险法论》(修订八版),三民书局股份有限公司 2010 年版,第19~20 页。第二种观点,如江朝国教授,则认为:“保险标的是保险制度的标的,保险标的,应该界定为保险制度所欲保障的对象,即保险利益,具体来说就是某特定人对于关系连接对象所具有之经济上利害关系。”参见江朝国著:《保险法基础理论》,中国政法大学出版社 2002 年版,第 76 页。依江朝国教授的观点,保险标的也即保险契约的标的,均指向保险利益。

② 我国《保险法》(2009 年修订)第 12 条对保险利益的定义为:保险利益是投保人或被保险人对保险标的具有的法律上承认的利益。

③ 《保险法》(2009 年修订)第 12 条第 4 款:“财产保险是以财产及其有关利益为保险标的的保险。”

④ 根据《海商法》第 218 条第 1 款,海上保险的保险标的包括:船舶、货物、船舶营运收入、货物预期利润、船员工资和其他报酬、对第三人的责任以及其他。

之原理,《保险法》第 49 条"保险标的"的转让即为财产及其权益的转让。其次,"转让",就民法理论而言一般是指依据双方合意发生的变动,结合保险标的含义,将"保险标的的转让"理解为财产和有关利益的合意变动,则依据法定原因如继承等发生的保险标的权属的变动而引发的保险合同效力问题,不在上述条文射程内,这也是新近公布的《保险法司法解释(四)》对因继承保险标的而对保险合同效力的影响予以规定的原因。[①] 最后,"保险标的转让"不同于"保险合同的转让",两者转让的目的不同,两者之所以相关联,是因保险标的的转让所附带的保险合同的效力的承继问题。

保险标的的转让、保险利益的转移、保险合同的转让又是三个有联系的概念。一方面,从表面上看,保险标的转让常常是保险合同转让的原因,[②]但保险标的转让于保险合同的意义在于保险利益发生转移,所以与其说保险标的的转让是保险合同转让的原因,不如说保险利益的转移是保险合同转让的原因。另一方面,保险标的转让,受让人对保险标的产生保险利益固无争议,但因保险标的的转让取得保险利益的受让人是否当然承继原保险合同的效力,对其解答即成为《海商法》第 229 条、第 230 条以及《保险法》第 49 条规范意旨之所在,也是本部分研究意义之所在。

因保险标的转让而附带的保险合同转让,其法律性质从合同法理论而言,为合同权利义务的概括转移而并非债权让与。[③] 一方面,因保险标的转让而使保险利益转移,从而使受让人取得在保险事故发生时对保险人的保险索赔权,此为债权让与;但另一方面,保险标的受让人在取代原被保险人地位时,也承受保险合同期间危险增加的通知义务、事故发生后的减损义务等法定义务,甚至承受交付保险费的义务,此为债务承担。因此,保险合同的转让的性质,界定为合同权利义务的概括转移[④]或合同概括承受说[⑤]

---

① 《保险法司法解释(四)》第 3 条:"被保险人死亡,继承保险标的的当事人主张承继被保险人的权利和义务的,人民法院应予支持。"

② 此处财产保险合同的转让,即合同当事人的变更,从理论上来讲,也包括保险人的变更,但实践中基本未发生保险人的变更问题。《保险法》和《海商法》研究财产保险合同的转让也即为被保险人一方的变更情况。

③ 学理界和司法界均有提出保险标的的转让按债权转让处理的观点和做法。参见贾林青主编:《法院审理保险案件观点集成》,中国法制出版社 2016 年版,第 270 页。

④ 合同权利义务的概括转移概念引自韩世远一书。参见韩世远著:《合同法总论》(第四版),法律出版社 2018 年版,第 636 页。

⑤ 参见杨芳著:《可保利益效力研究——兼论对我国相关立法的反思与重构》,法律出版社 2007 年版,第 258 页;蔡大顺:《解释论视角下保险标的转让规范的检讨与完善——以〈保险法〉第 49 条为分析对象》,载《财经法学》2018 年第 1 期。

较为合理。

(二)《海商法》与《保险法》关于保险合同的转让:从相似到差异

1.《保险法》的变化与《海商法》的不变

《海商法》关于货物运输合同的转让和船舶保险合同的转让是分别规定的:即货物运输保险合同的转让采当然转让主义,无需保险人同意,转让形式为保单背书即可;[①]而船舶的转让使保险利益转移,但船舶保险合同并不能自动转让,而需保险人同意,即为保险人同意主义。[②]这一分别制在2018年交通部公布的《海商法(修订草案)》中仍被维持,可以预计未来《海商法》对此改动的可能性较小。

《保险法》(1995年制定)对因保险利益的转移的法律效果——保险合同是否当然转让,原则上采取的是保险人同意主义规则,[③]货物运输合同或合同另有约定的除外。而2009年《保险法》修订时出于对保险消费者利益的保护,废除了保险人的同意权,而改采用当然转让主义,同时为了平衡,增设了标的转让时通知义务以及保险人对因保险标的的转让导致危险程度增加时的合同解除权。

如上所述,由于《海商法》仅对船舶保险合同的转让、海上货物运输保险合同的转让作出具体规定,因此,其他海上保险合同的转让应适用《保险法》。正因如此,《保险法》2009年修订时对保险合同转让的立法变化对海上保险合同亦产生影响。

2.对《保险法》(2009年修订)保险合同转让修改的评价

笔者认为,《保险法》(2009年修订)对保险合同当然转让规则的规定是有理论缺陷的。首先,保险合同转让的当然主义、同意主义、折中主义三种学说各有所据,也各自被一些国家所采纳。但相对而言,采保险人同意主义的规则更符合保险合同作为风险转移的合同的本质。保险合同是对人合同,其属人特性决定了当事人间之信任在合同订立及存续中之重要作用,被保险人的秉性、行为将极大地影响标的发生损失的可能性和严重

---

① 《海商法》第229条:"海上货物运输合同可以由被保险人背书或其他方式转让,合同的权利、义务随之转移。合同转让时尚未支付保险费的,被保险人和受让人负连带支付责任。"

② 《海商法》第230条第1款:"因船舶转让而转让船舶保险合同的,应当取得保险人同意。未经保险人同意,船舶保险合同从船舶转让时起解除;船舶转让发生在航次之中的,船舶保险合同自航次终了时解除。"

③ 《保险法》(1995年制定,2002年修正)第34条:"保险标的的转让应当通知保险人,经保险人同意继续承保后,依法变更合同。但是,货物运输保险合同和另有约定的合同除外。"

性,[①]保险标的转让,其所处环境发生变化,保险标的控制主体发生变化,这都将影响保险标的的风险,因此,赋予保险人重新评估风险决定合同效力是否维持的权利,是该对人合同性质使然。《海商法》对海上货物运输合同以及原《保险法》(2002 年修正)货物运输保险合同的转让均采当然转让主义,其原因恰是货物运输保险合同的风险控制与被保险人或受让人无关,运输途中货物的转让不会改变由承运人控制运输途中货物之现实,因此,当然主义规则的采用并未背离既有的理论依据。《保险法》(2009 年修订)出于保护受让人利益之考量,对保险合同改采用当然转让主义,不仅偏离保险合同的本质,也偏离了《合同法》第 88 条[②]合同权利义务概括转移时的同意权的基本规则,于价值取向中迷失了理论依据。

其次,采同意主义可能会造成保险人对受让人的压榨,保险标的转让后受让人在保险人同意前可能形成保险真空期。我国对新《保险法》(2015 年修正)采当然主义立法理由也出于此:"如此规定并不违背保险精算原则,且最大限度维护受让人之权利,避免空窗期的出现。"[③]但笔者认为,空窗期的填补绝非仅当然转让之途径方能奏效,事实上在同意主义的框架下也能解决。例如《海商法》对经同意转让的船舶保险合同的空窗期的补救是通过赋予保险合同解除后一定期间内发生保险事故的被保险人或受让人保险索赔权实现的。[④]

最后,《保险法》(2009 年修订)为配合当然转让规则的采用,出于利益平衡之考虑,增加了被保险人、受让人的通知义务,并赋予保险人因保险标的导致危险增加时的合同变更权和解除权。正如学者所言,该危险增加的解除权与第 52 条的危险增加规定形成"叠床架屋"[⑤]的重复立法。不仅如此,该危险增加时的解除权,与同意转让下可能存在的解除权其实没有本

---

① 参见冯文丽:《财产保险合同转让的立法比较与启示——评新〈保险法〉第 49 条修改的"属人主义"与"从物主义"之争》,载《保险研究》2009 年第 8 期。

② 《合同法》第 88 条:"当事人一方经对方同意,可以将自己在合同中的权利和义务一并转让给第三人。"

③ 最高人民法院保险法司法解释起草小组编著、奚晓明主编:《〈中华人民共和国保险法〉保险合同章条文理解与适用》,中国法制出版社 2010 年版,第 326 页。

④ 《海上保险司法解释》[2006 年 11 月 23 日公布,2007 年 1 月 1 日起实施,(法释〔2006〕10 号)]第 9 条:"在航次之中发生船舶转让的,未经保险人同意转让的船舶保险合同至航次终了时解除。船舶转让时起至航次终了时止的船舶保险合同的权利、义务由船舶出让人享有、承担,也可以由船舶受让人继受。船舶受让人根据前款规定向保险人请求赔偿时,应当提交有效的保险单证及船舶转让合同的证明。"

⑤ 参见蔡大顺:《解释论视角下保险标的转让规范的检讨与完善——以〈保险法〉第 49 条为分析对象》,载《财经法学》2018 年第 1 期。

质差别,但从事前规则到事后规则的修改带来的效应,事实上导致了事后保险纠纷的频发,动用了大量的司法资源,值得反思。

3.《保险法》对《海商法》的影响

《保险法》对保险合同的转让规则的改动不值得推广,《海商法》修订时不宜采纳。但由于《海商法》仅规定了船舶保险合同的转让和海上货物运输保险合同的转让,其他海上保险合同会受新《保险法》第 49 条的调整,应引起关注。我国《海商法》修订时应对此有回应,在保持既有转让规则的基础上,为避免《保险法》的适用影响,可通过扩展《海商法》第 230 条的适用范围至船舶保险和其他海上保险合同,使除海上货物运输合同之外的其他海上保险合同,包括将要被修订的《海商法》纳入调整范围的保赔保险合同,能统一适用同意主义,而排除《保险法》适用的可能性。

第二节　说明义务制度对海上保险的适用与协调

保险人说明是指保险人在保险合同订立阶段,向投保人提示并解释说明保险合同条款(特别是免除保险人责任的条款)内容的义务。我国《保险法》确立[①]的这一颇具特色的制度,其实质是给保险人设定信息披露的法定义务使保险专业信息向投保人流动,以此达到保护处于缔约弱势地位的投保人利益之目的。由于我国《保险法》保险人说明义务制度的严苛性,以及以保护保险交易弱势地位的投保人利益为价值取向的做法,使这一制度是否适用于海上保险颇有争议。而该制度自实施以来,在一般保险领域的适用中围绕保险人说明的范围、是否已经尽到说明义务的争议较多,对该制度的明确性、可操作性的异议也颇多,这些问题的存在使我们对这一制度在海上保险领域是否适用以及如何适用更为困惑。笔者从设定保险人说明义务制度的现实根据出发并将其与海上保险实践比照,来回应是否适用的争议。在此基础上对我国《保险法》保险人说明义务具体规则及其合理性进行分析与评述,并提出我国海上保险领域说明义务的合理性规则。

一、我国《保险法》说明义务制度概述

我国《保险法》说明义务制度与出于同一理论基础的《合同法》第 39 条规定的格式条款的缔约程序控制制度相比更为严苛,而与其他国家的保

① 参见《保险法》(2009 年修订)第 17 条。

险法比较来看,我国《保险法》以主动说明为特征的这一制度也是较为独特的。

(一)《保险法》说明义务制度及与《合同法》格式条款缔约程序控制制度之比较

一般认为,我国《保险法》创设[①]的保险人说明义务制度是以"最大诚信原则和当事人合意之要求"[②]为法理依据,以信息不对称理论为经济学根据,通过保险人在合同订立阶段对格式化保险条款进行解释和说明,保障投保人在了解保险合同内容基础上订立保险合同,这一制度确立于我国1995年制定的《保险法》,并经2009年修订进一步发展。[③]

1.《保险法》保险人说明义务制度的确立与发展

最早确立保险人说明义务规则的是1995年制定的《保险法》,2002年《保险法》第一次修正,其中保险人说明义务制度没有做出实质性改动,只是将原条文分别调整为第17条和第18条。其第17条规定:"订立保险合同,保险人应当向投保人说明保险合同的条款内容……"以及第18条规定:"保险合同中规定有关保险人责任免除条款的,保险人在订立保险合同时应当向投保人明确说明,未明确说明的,该条款不产生效力。"在"保护被保险人利益"的理念支配下,《保险法》于2009年修订时对保险合同制度作出了重大修改,其中对保险人说明义务制度也作了一定的修改,其第17条规定:"订立保险合同,采用保险人提供的格式条款的,保险人向投保人提供的投保单应当附格式条款,保险人应当向投保人说明合同的内容。对保险合同中免除保险人责任的条款,保险人在订立合同时应当在投保单、保险单或者其他保险凭证上作出足以引起投保人注意的提示,并对该条款的内容以书面或者口头形式向投保人作出明确说明;未作提示或者明确说明的,该条款不产生效力。"从我国《保险法》(2009年修订)上述规定来看,保险人说明义务是指在保险合同订立阶段,保险人应对其提供的保险格式条款(包括免除保险责任条款)的内容向投保人提示并解释的义务。保险人说明义务制度的内容包括了格式条款的提示规则和格式条款的说明规则两个独立且联系的规则。

---

① 以主动说明为特征的保险说明制度是我国《保险法》为数不多的创新性成果之一。参见樊启荣著:《保险契约告知义务制度论》,中国政法大学出版社2004年版,第309页。

② 温世扬:《保险人订约说明义务之我见》,载《法学杂志》2001年第2期。

③ 我国《保险法》2009年修订后,于2014~2015年进行了第二次、第三次修正,该两次修正均针对保险业法部分未涉及保险合同部分,保险合同法部分条文顺序仍与《保险法》(2009年修订)保持一致。故本部分未明确说明外,仍以《保险法》(2009年修订)指代现行立法[其内容与《保险法》(2015年修正)一致],便于阐述保险法律制度发展的情况。

从《保险法》(2009 年修订)的修订来看,我国保险人说明义务立法形成了如下几个特点:

(1)《保险法》(2009 年修订)延续了《保险法》(2002 年修正)对保险人说明义务严格规制的立法特点:第一,从立法措辞看,说明义务是保险人的一项法定义务,因此,不允许保险人以合同约定的方式予以限制或免除,也不得以投保人违反告知义务为抗辩。第二,说明义务的履行并不以投保人的询问为条件,保险人应主动履行说明义务。① 第三,从违反免责条款“明确说明”的法律后果的规定来看,违反明确说明义务致使该责任免除条款不生效,而并不关心保险人主观上是否存在过失或故意。这是一种典型的严格责任、无过错责任。②

(2)《保险法》(2009 年修订)进一步强化了保险人说明义务制度,具体表现在:

首先,通过立法技术的改进而强化保险人说明义务制度。《保险法》(2002 年修正)把保险人的同一义务,即保险条款的“说明”义务与免责条款的“明确说明”义务分别规定在第 17 条和第 18 条两个不同的条款中,而第 17 条又把保险人的说明义务与投保人告知义务两种不同的义务置于同一条款中,这在立法技术上有逻辑混乱之嫌。《保险法》(2009 年修订)将投保人告知义务与保险人说明义务分别规定在第 16 条和第 17 条,并将保险格式条款的“说明”义务与免责条款的“明确说明”义务置于同一条文中,立法技术上是一大进步。并且这一改变使保险人说明义务作为与投保人告知义务相对应的制度而得以强化,不仅实践了“保护被保险人利益”的修法理念,而且突出了保险人说明义务在解决保险信息不对称问题上的独立价值和重要性。其次,保险人说明义务范围的调整。《保险法》(2009 年修订)对说明义务范围一方面限定为“保险格式条款”,③但同时,就“明确说明”的对象从《保险法》(2002 年修正)“保险人责任免除条款”改为

① 保险人说明义务与《保险法》上投保人的保险告知义务具有同质性,均为《保险法》上的信息披露义务。从我国《保险法》对告知义务的规定“保险人询问投保人应如实告知”和保险人“应说明”和“应明确说明”的比较来看,保险人说明义务履行的模式具有主动性,《保险法》投保人告知义务是被动性的,即询问告知方式。

② 参见于海纯:《保险人缔约说明义务制度研究》,中国政法大学 2007 年博士学位论文,第 114 页。

③ 原《保险法》(2002 年修正)将说明义务的范围界定为“保险合同条款”是不够准确的。虽然保险条款格式化已经成为保险的内在特征,但是保险业仍存在当事人协商约定的条款,而对议商条款要求保险人履行订约说明义务缺乏法理依据。《保险法》(2009 年修订)对说明义务的范围为保险格式条款的限定还原了说明义务制度的设立是基于对格式化保险条款进行规制的立法目的,这一改变是科学和合理的。

"免除保险人责任的条款",扩大了"明确说明"的范围。最后,相对于原《保险法》(2002年修正)对如何履行"说明"和"明确说明"规定的模糊性,《保险法》(2009年修订)增加了保险人在说明义务履行中的"提示规则",即"提供格式条款"以及对"免除保险人责任的条款"作出"足以引起投保人注意的提示",使提示规则和说明(解释)规则形成合理衔接,这也有助于对保险人说明义务的完整理解。

(3)从保险人说明义务制度的规则来看,我国《保险法》对保险人说明义务不但形成了一般说明和明确说明的两分法,且形成了提示(提供)规则和说明规则的分离。具体来说,我国《保险法》(2002年修正)就"保险合同的条款"与"免责条款"分别规定了"说明"与"明确说明"的义务,通俗地说就是区分一般说明和明确说明,学者将其形象地概括为说明义务的"分别机制"。[①]《保险法》(2009年修订)对说明范围的修订以及履行的补充规定,使说明义务履行的"区别机制"得到了延续和丰富,新《保险法》的保险人说明的区别机制可以具体表述为:对"保险格式条款"为"提供规则+一般说明规则";对"免除保险人责任的条款"为"提示规则+明确说明规则",两者共同构成我国现行保险人说明义务制度的整体。

法律修订是对传统法律价值与理念的重新定位与反省,反映着法理念在社会观念中随着社会发展而体现出来的一种同步演进。[②] 因此在重新审视保险人说明义务制度对揭开投保人缔约时的保险专业信息迷雾和改变缔约时的弱势地位的作用之后,强化这一制度是必然之举。《保险法》(2009年修订)的上述修订也体现了严格保险人说明义务的趋势。但是新《保险法》对保险人说明义务制度的修订也有不尽完美之处,主要集中于:第一,作为一般说明与明确说明的区别机制,其实施前提是说明范围界限的清晰,但是,保险人说明范围经历《保险法》(2002年修正)难以区分的尴尬后,《保险法》(2009年修订)中对说明和明确说明的区分的边界仍是模糊的;第二,作为贯彻以实质说明为前提的说明程度区分的立法意图,却因"说明"和"明确说明"的语意的相同性而无法区分;第三,对违反格式条款的"说明"义务的法律后果仍付之阙如。

2. 保险人说明义务制度与《合同法》格式条款缔约程序控制制度之比较

我国保险人说明义务制度,其理论渊源是一般合同法格式条款的规制理论,因此与《合同法》第39条关于格式条款订入合同的程序控制的规定

---

① 曹兴权著:《保险缔约信息义务研究》,中国检察出版社2004年版,第285页。

② 参见胡晓珂:《保险法二次修订之理念与路径选择》,载《法商研究》2009年第6期。

具有可比性。1999年《合同法》第39条[①]确立的格式条款订入合同的一般程序可以概括为:提示义务、说明义务。[②]《保险法》(2009年修订)在《保险法》(2002年修正)说明义务的基础上增加了保险格式条款订入的提示规则,与《合同法》一致。但是,无论新增的提示规则还是修订的说明规则,《保险法》都呈现出比《合同法》更严格的规制倾向,也因此形成《保险法》保险人说明义务制度[③]的独特之处。具体表现在:

(1)说明范围的扩张化。根据《合同法》第39条,说明的范围为免责条款或限制责任条款。《保险法》(2009年修订)界定的"说明"范围为"保险格式条款",同时就"明确说明"的对象从《保险法》(2002年修正)"责任免除条款"改为"免除保险人责任的条款",扩大了"明确说明"的范围。[④]

(2)说明履行的主动化。根据《合同法》第39条之规定,说明义务是以相对人的要求为前提的。如果交易对方未提出对免责或限制责任条款的说明要求,则格式条款提供者无需主动进行说明。而根据《保险法》(2009年修订)规定,不管是"格式条款"还是"免除保险人责任的条款",保险人均应主动说明,不以投保人的询问为条件。

(3)说明程度的严苛性。《合同法》第39条仅规定格式条款提供者对免除或限制责任条款负有被动说明义务,至于说明至何种程度,并无规定。《保险法》(2009年修订)第18条则明确规定了保险人对"免除保险人责任的条款"应"明确说明"。虽然明确说明与说明本身具有语意相同性,但是从立法目的上看,"明确说明"的程度要高于"说明"的程度。

(4)提示规则的严格化。《保险法》(2009年修订)增加的提示规则更加严格。《合同法》采用的是"采取合理的方式提请对方注意免除或者限制其责任的条款",而《保险法》(2009年修订)对提示的要求则为"足以引

---

① 《合同法》第39条第1款:"采用格式条款订立合同的,提供格式条款的一方应当遵循公平原则确定当事人之间的权利和义务,并采取合理的方式提请对方注意免除或者限制其责任的条款,按照对方的要求,对该条款予以说明。"

② 根据《合同法》第39条第1款规定,除提示规则和说明规则以外,还有就是要求遵循公平原则确定权利义务的"实质性要件",笔者认为这一规定并不是格式条款订入合同的程序要求,而是属于格式条款内容控制。对第39条规定的合理性详细阐述,可参见苏号朋著:《格式合同条款研究》,中国人民大学出版社2004年版,第186页。

③ 准确地说,2009年《保险法》修订增加提示规则,从而与说明义务规则相互分离后,用保险人说明义务制度概念去概括已经不是很妥当,更准确地说是保险格式条款订入控制制度,包含了提示(提供)规则和说明规则。但基于习惯,本节论述中还是用保险说明义务制度作为统称。

④ 参见刘学生:《保险合同法修订理念及立法基础问题评述》,载《法学》2010年第1期;梁鹏:《新〈保险法〉下说明义务之履行》,载《保险研究》2009年第7期。关于我国《保险法》(2009年修订)对明确说明范围的扩大化的详细阐述,见本节二(二)部分。

起投保人注意的提示"。但需要说明的是,最高人民法院2009年出台的《合同法司法解释(二)》与2013年出台的《保险法司法解释(二)》关于格式化免责条款的提示规则的细化解释趋于一致。[①]

(5)违反订入控制程序的法律后果的严重性。《合同法》并未就格式条款提供者违反免除或限制责任条款说明义务之法律后果作任何规定,从立法技术上看,这是一条并不完整的法律规范。2009年《合同法司法解释(二)》第9条对提示和说明义务违反的后果进行了规定,弥补了《合同法》的不足,但是该司法解释规定的是"申请撤销该格式条款"。[②]《保险法》(2009年修订)第17条明确规定,对免除保险人责任的条款,"未作提示或者明确说明的,该条款不产生效力"。

从上述保险人说明义务制度与《合同法》第39条关于格式条款缔约程序控制的规定的比较可以看出,虽然两者的理论依据相同,但总体而言保险人说明义务制度更加严苛,尤其以主动说明为典型。而从保险人说明义务制度自身发展的轨迹来看,其制度的发展呈现出强化保险人的诚信义务的趋势,这与保险交易中普通投保人处于交易弱势地位的现状及保险法的价值取向逐渐向保护被保险人的利益这一转变有关,也与保险交易作为转移风险的制度安排因其具有明显的射幸性特点对双方当事人的诚信要求比一般交易的诚信要求要高有关。

(二)保险人说明义务制度的比较法考察

由于我国《保险法》的保险人说明义务从性质上看属于保险人的诚信义务,其针对的是作为交易内容的保险格式条款,因此,为格式条款规则手段之一。说明义务的目的是促使投保人在了解合同条款的基础上订立合同,从义务内容上看属于保险人的信息提供义务。基于上述认识,在对国外立法例的考察中,笔者是从功能比较的角度考察与我国保险人说明义务制度相同的,或具有相同或相似功能的一些制度。由于资料和学术能力所

---

① 《合同法司法解释(二)》第6条第1款:"提供格式条款的一方对格式条款中免除或者限制其责任的内容,在合同订立时采用**足以引起对方注意的文字、符号、字体等特别标识**,并按照对方的要求对该格式条款予以说明的,人民法院应当认定符合合同法第三十九条所称'采取合理的方式'。"

《保险法司法解释(二)》第11条第1款:"保险合同订立时,保险人在投保单或者保险单等其他保险凭证上,对保险合同中免除保险人责任的条款,**以足以引起投保人注意的文字、字体、符号或者其他明显标志作出提示的**,人民法院应当认定其履行了保险法第十七条第二款规定的提示义务。"(黑色加粗为笔者为显示两者的一致性而特别标注的)

② 《合同法司法解释(二)》第9条:"提供格式条款的一方当事人违反合同法第三十九条第一款关于提示和说明义务的规定,导致对方没有注意免除或者限制其责任的条款,对方当事人申请撤销该格式条款的,人民法院应当支持。"

限,考察可能并不全面。

1. 英美法系国家的类似制度

英国关于保险人"告知"义务的渊源,最早可追溯到 Carter v. Boehm 案[①]中,曼斯菲尔德大法官在确认了被保险人的告知义务之后举例说明保险人负有的告知义务,"如果保险人隐瞒事实,保单同样也会无效;如果他私下知道一艘船舶已经安全到达而仍然承保这个航次……"可见,保险人的告知义务是和被保险人的告知义务同时在判例法上得到确认的。英国成文法中没有保险人说明义务的具体规定,但是,英国 1906 年《海上保险法》的规定表明对保险人也是适用诚信义务的,英国 1906 年《海上保险法》第 17 条规定:"海上保险合同是建立在最大诚信基础之上的,如果合同任何一方不遵守最大诚信,另一方即可宣告合同无效。"虽然根据该条规定,保险人也负有诚信义务,但相对于被保险人陈述和披露义务具体而完整的规定,该法对保险人诚信义务以及可以归属于保险人诚信义务的告知义务没有具体规定,在之后的判例中也很少涉及保险人具体的诚信义务。这种情况直到 20 世纪 80 年代后有了一些改变,[②]英国保险法领域开始出现了关于保险人诚信义务的判例,例如,在 Bannque Keyser Ullman SA v. Skandia(UK)Ins Co Ltd 案中(以下简称斯堪的亚案),确定了保险人负有在保险合同订立时告知重要事实的义务。[③]

美国没有从成文法角度将保险人说明义务制度纳入。但是,在现代美国保险法中,保险人说明义务制度却是以另一种面貌间接出现在其判例法中,即通过合理期待原则的确立和运用在事实上促使保险人履行对保险条款的说明义务。合理期待原则因基顿(Keeton)法官于 1970 年发表于《哈佛法律评论》上的《保险法上存在的与保单相冲突的权利》这一奠基性论文在美国备受关注。根据基顿法官对众多保险案例的总结和归纳,合理期待原则是指"就被保险人和未来受益人来说,他们对保险合同条款在客观

---

① Carter v. Boehm (1766) 3 Burr 1905. See Jonathan Gilman et al., *Arnould's Law of Marine Insurance and Average*(17th ed.), London, Sweet & Maxwell, 2008, 550.

② See Jonathan Gilman et al., *Arnould's Law of Marine Insurance and Average*(17th ed.), London, Sweet & Maxwell, 2008, 550.

③ "斯堪的亚案"涉及保险人在合同订立时的告知义务。但是对于保险人的告知义务的范围,初审 Setyn 法官认为"保险人应告知其知识范围内的情况,这些情况是保险人知道、被保险人不知道或不能知道的,但是确实是重要的情况,因为它们对于被保险人签订合同的决定有一定影响。"上诉法院在审理该案时,确定了比 Steyn 法官更重的告知标准,即保险人要告知其所知道的一切情况,只要这些情况对于投保的风险是重要的或对于根据保单求偿是重要的。上议院基本同意上诉法院的观点。参见葛延珉:《海上保险法最大诚信原则研究》,大连海事大学 2004 年博士学位论文,第 137~138 页。

上的合理期望应当被满足,尽管通过深入研究保单条款可以发现,保单条款其实并不保障他们的期望”。[①] 合理期待原则首先内化为一种保险合同解释的方法,这一解释方法的核心是要求法官从一个理性的、外行的被保险人的角度去考察他的合理期待应当是什么,当承保危险的限制条款与被保险人合理期待相冲突,承保危险的限制条款将被忽略,即使该条款是明确而无疑义的,[②]仍应根据被保险人的合理期待进行解释。[③]

合理期待原则和保险人说明义务制度具有可比性,首先两者具有相同的产生根据。以“合理期待原则”为中心的“与保单条款相冲突之权利”法理的产生是保险合同的附合性。英国著名保险法学者伯茨就此总结说:“保险合同是一个附合合同,换言之,在这种合同中,没有提出格式条款的当事人绝对没有机会对合同条款讨价还价。在承认这一点后,牢固确立了‘满足被保险人合理期望’和‘不允许保险人的任何不合理利益’的原则。”[④]正如学者评述:“被保险人之所以对保单条款有着与保险人不同的合理期待,很大程度上是由于被保险人不知晓保单条款的实际保障范围。因此,如果保险人采取措施,设法使被保险人充分了解保险合同条款的内容,特别是合同中免责条款的内容,那么,法院适用合理期待原则的余地将大大缩小。”[⑤]换言之,如果保险人对格式化的保险合同条款进行了说明、解释,被保险人对于保障内容有其他的理解或想法就不再是合理期待了。因此,在这个意义上,美国保险法的合理期待原则在事实上给保险人施加了说明保险条款的义务,不过其合理期待原则是一种事后的救济,而我国《保险法》中的说明义务是保险人的事前行为规则。

2. 大陆法系国家的相关立法

德国1908年《保险合同法》规定了适用范围很广的保险人对投保人、被保险人义务的法律效果,但对于保险人在缔约时对格式化保险条款的说明义务,该法中未见规定。但是,这不等于说德国法中不存在保险人的说明义务,其规范是根据1976年德国《一般交易条款规制法》进行的。该法

---

① Robert E. Keeton, “Insurance Law Rights at Variance with Policy Provision”, *Harvard Law Review*, 1970, (March), p. 967.

② 参见于海纯著:《保险消费者权益保护制度研究——以保险人说明义务规制为重点》,对外经济贸易大学出版社2015年版,第59页。

③ 突破保险合同文义本身的这一“合理期待原则”,在美国也是有争议的。主流的批评意见认为合理期待原则过分偏离了明示条款必须严守和履行的《合同法》的基本原则和理念。关于合理期待原则的批评,可参见樊启荣著:《保险法诸问题与新展望》,北京大学出版社2015年版,第103~104页。

④ [英]约翰·伯茨著:《现代保险法》,陈丽洁译,河南人民出版社1987年版,第134~135页。

⑤ 梁鹏:《保险法合理期待原则研究》,载《国家检察官学院学报》2007年第5期。

于2002年1月1日并入德国《民法典》第二章(第305条至第310条),根据该法典第310条第3款,“经营者和消费者之间的合同(消费者合同)”适用于一般交易条款。保险经营者与保险消费者签订保险契约时,适用德国《民法典》关于一般交易条款的规定。作为一般交易条款的格式条款在订入契约时,其使用人必须:(1)明示地提示消费者注意其欲以格式条款订立契约;(2)给予相对人(消费者)以合理期待的方式了解格式条款之内容;(3)消费者赞同以该格式条款订立契约。①德国2008年《保险合同法》则在保护保险消费者利益的修法理念下,②在德国《民法典》的基础上,引入并强化了保险人信息义务,其第7条第1款规定:“在投保人做出承诺前,保险人应当以书面形式告知投保人保险合同的相关条款,包括保险合同的一般保险条款和相关情况以及第2款所提到的相关法例规定的信息……”③这一规定与我国《保险法》保险人说明义务制度是类似的,但德国2008年《保险合同法》对保险人在合同订立前的信息提供义务④规定更为严格:第一,保险人信息提供义务必须是以书面形式履行;第二,信息提供义务不仅告知保险合同的条款,也包括第7条第2款规定的法规。

在大陆法系其他国家中,韩国《商法典》规定了保险人的说明义务,其第638条规定:“签订保险合同时,保险人应当向保险合同人交付保险约定条款,并告知其主要内容。保险人违反第1款之规定时,保险合同人自保险合同成立之日起1个月之内,可以取消该合同。”相较于我国《保险法》,该法规定较为简单。日本《商法典》并没有对保险人的说明义务作出规定,⑤但是,日本《保险业法》对保险人的信息义务有明确规定,并且分成保险人消极的说明义务规则和保险人积极的说明义务规则,分别见其《保险业法》第300条第1项规定:“保险公司……在保险合同订立或保险营销

---

① 参见《德国民法典》,陈卫佐译注,法律出版社2004年版,第87~88页。

② 关于德国2008年《保险合同法》在保护保险消费者方面的具体立法举措,包括对投保人告知义务的限制,保险合同缔结程序的改变,保险人全方位的信息和指导义务等,可参见任自力:《德国2008年〈保险合同法〉变革透视》,载《政法论丛》2010年第5期;王战涛:《中德保险法中的消费者保护——以保险合同法总则为重点》,载《广西经济管理干部学院学报》2010年第4期。

③ 孙宏涛著:《德国保险合同法》,中国法制出版社2012年版,第63页。

④ 除了2008年《德国保险合同法》第7条规定了保险人的信息提供义务外,该法还规定了保险人特别信息告知义务,主要有强制保险(第113条)、临时保险(第49条)、现金价值(第169条第3款)等信息告知义务。具体阐述可参见于海纯著:《保险消费者权益保护制度研究——以保险人说明义务规制为重点》,对外经济贸易大学出版社2015年版,第84~90页。

⑤ 2008年5月31日通过的日本《保险法》没有规定保险人的说明义务或类似的告知义务或信息义务。

中,不得有下列行为:(1)对投保人或被保险人进行虚假说明,或者不就保险合同条款的重要事项进行说明的行为……"和《保险业法》第100条第2项规定,保险公司在经营有关业务时,除该法律或其他法律上另有规定之外,必须根据总理府令·大藏省令的规定,就与业务有关的重要事项向顾客说明,并采取措施确保业务健康、合理地进行。① 可见,日本《保险业法》不仅从强制规范的角度立法要求保险人履行说明义务,并且以禁止性规范形式对保险人的说明义务作出规定。

从上述简单的比较②可以得出,在保险业较早发展起来的国家,其早期的立法或判例一般没有建立保护处于缔约弱势地位的投保人或被保险人利益的制度,这与当时的保险业的实际和保险法的价值取向有密切关系。之后在保护消费者运动思潮的影响下,一些国家采取不同的路径,事实上达到了使保险人承担对保险条款的解释义务的效果(例如,美国的合理期待原则、英国的保险人诚信义务、德国的保险人信息义务和一般交易条款规制等)。相比而言,我国《保险法》保险人说明义务制度是比较特别的,被认为"在保险法中属创新之举"。③ 保护消费者利益的运动方兴未艾,在立法上加强对投保人以及被保险人利益的保护也正是现代保险法的特征之所在,因此,从某种意义上来讲,我国保险人说明义务制度具有一定的前瞻性。

(三)保险人说明义务制度的现实根据和理论依据

近代合同法的契约自由原则是以近代理性主义所要求的自己决定、自己责任为基础的,对于合同的缔结,"让交易者自己当心"成为传统契约法对此问题的立场。④ 因此,在意思自治确立伊始的近代,交易主体间的信息偏在并不严重,传统民商法以重大误解、欺诈的法律行为可变更或可撤销等事后救济措施即可应对,⑤故而"拟订立合同的双方当事人并没有互相交换信息的义务"⑥。而保险法从其产生时起便偏离了一般合同法的发展方向,从较早发展的投保人告知义务制度,到现在逐渐认识并确立的保险人说明义务制度,保险合同法较早地创设了一般合同法所没有的信息披露

① 参见于海纯、吴民许:《日本法上保险人说明义务制度及其启示》,载《保险研究》2009年第8期。

② 除上述外,根据学者的考证,法国、挪威、芬兰、乌克兰、俄罗斯、哈萨克斯坦等国保险法或商法典,亦有相关条文规制保险人信息提供或说明义务。参见于海纯著:《保险消费者权益保护制度研究——以保险人说明义务规制为重点》,对外经济贸易大学出版社2015年版,第120页。

③ 温世扬:《保险人订约说明义务之我见》,载《法学杂志》2001年第2期。

④ 参见牟宪魁:《民法上的说明义务之研究》,载梁慧星主编:《民商法论丛》(第31卷),法律出版社2004年版,第513页。

⑤ 参见马宁:《保险人明确说明义务批判》,载《法学研究》2015年第3期。

⑥ [英]P. S. 阿狄亚著:《合同法导论》(第五版),赵旭东等译,法律出版社2002年版,第259页。

制度并发挥到极致。现代交易的复杂性和格式条款的运用,使信息工具的运用也在现代一般合同法领域确立。从而可以看出,信息不对称问题在保险交易领域的突出性,这就使相关制度的确立和发展较早且较为特别。

具体就保险人说明义务制度的产生而言,其与保险交易中存在的下列现象有关。

1. 保险交易存在缔约谈判能力不平衡问题

首先,保险合同当事人的经济地位是不平等的。民事主体具有地位平等性和互换性,这是近代民法的两个基本判断。平等性主要是指民事主体民事权利能力的平等;所谓互换性,是指民事主体在民事活动中频繁地互换其位置。这样,即使平等性的基本判断存有不足,也会因互换性的存在而得到弥补。[①] 但是,这一基本判断在保险交易中并不存在,世界各国的保险法对保险公司的成立都有着高额资本金的要求,这一要求与保险作为一种转移危险、分担损失的工具性制度本身有关。因此,保险公司与一般投保人之间经济实力悬殊,一般保险交易中投保人和保险人并不具有互换性。[②] 其次,双方的交涉能力不平衡。所谓交涉能力,是指合同一方的承诺内容对合同另一方具有经济影响意义,从而能引发其交涉合同内容的兴趣。如果双方当事人资本差异很大,但经济较弱一方提供的合同条件能够给资本雄厚的一方带来客观的经济效益,从而引起他的订约意愿,同样能够实现交涉能力的平衡。如果资本雄厚一方业务众多即使他未能与经济较弱一方达成协议,也不影响他的效益,在这种情况下,我们可以说经济弱势一方没有交涉能力或交涉能力不平衡。[③]

2. 保险交易存在信息不对称现象

信息不对称使交易双方之间存在信息优势和信息劣势之分,拥有更充足信息的一方为了自身的利益将损害另一方的利益,这种行为被称为道德风险和逆选择。[④] 保险交易信息不对称现象尤为突出,一方面,投保人、被保险人对保险标的风险信息占有优势(以下简称标的信息)。在投保前后,保险标的均在投保人、被保险人控制之下,投保人、被保险人可准确掌握保险标的的有关信息。另一方面,在保险专业信息方面保险人则具有信

---

① 参见梁慧星:《从近代民法到现代民法——二十世纪民法回顾》,载梁慧星主编:《民商法论丛》(第7卷),法律出版社1997年版,第250页。

② 再保险属于例外,再保险双方当事人均为保险公司不仅经济实力相当,且主体具有互换性,因此再保险当事人缔约能力是相当的。

③ 参见苏号朋著:《格式合同条款研究》,中国人民大学出版社2004年版,第87页。

④ 参见张维迎著:《博弈论与信息经济学》,上海三联书店、上海人民出版社1996年版,第78页。

息优势(以下简称专业信息)。保险专业性强、技术性强,保险人占有大量的风险专业信息,并运用概率论来分析、处理这些信息,厘定合理的保费,制定保险条款。而投保人、被保险人一般对保险业务和保险条款都不甚熟悉,对保险单上深邃的专业术语很难正确理解其含义,这种不对称极易导致保险人利用投保方对保险产品的不了解而进行欺诈。

3. 保险交易采用格式合同的方式加剧专业信息不对称

现代保险交易趋向技术化、标准化、定型化的特点,使格式合同这一现代合同形式在保险领域较早就得以运用。[①] 格式合同的运用适应了现代商事交易的连续性对交易关系简便、迅捷的内在需求。“因此附和契约之一般条款的发达乃是必然之趋势,缔约与履约的简化,正符合企业经营合理化之要求。”[②]但是,由于保险格式条款的运用,一方面改变了合同自由协商的订立过程;另一方面鉴于利益偏好,保险人利用合同的草拟权拟定的标准化保险条款可能存在不合理分配交易风险的倾向,而格式条款订立中的不可协商性是以限制投保人自由协商合同条款的权利为代价的。因此,在交易力量悬殊的情况下,投保人“只能或多或少自愿屈从于强者一方提出的合同条款和那些经常被人模糊理解的合同条款”。[③] 可以说,格式合同这一形式在保险交易中的运用使缔约能力不平衡的分化从潜在性转化为现实性。

由于格式条款的运用改变了一般合同的自由协商的订立程序,所以对其规制从缔约程序控制入手是必需的选择,因而保险人说明义务制度的建立对解决保险格式条款订立中的问题具有极强的针对性,其着眼于解决保险专业信息不对称问题,由保险人披露专业信息,在订立合同过程中,对保险合同条款作出陈述、解释,促使保险交易信息从保险人向投保人流动,保障投保人基于“真实的意思”订立保险合同。概言之,保险人说明义务是为贯彻意思自治而建构的,“因为其会受到信息不对称、重大误解或者缺乏实质的合同自由等因素的影响”。[④]

二、说明义务制度对海上保险的适用性争议及分析

由于我国《海商法》没有保险人说明义务的规定,因此,《保险法》的颁

---

① 据学者考证,银行保险业和交通运输业是最早对相对人采用格式合同的领域。参见苏号朋著:《格式合同条款研究》,中国人民大学出版社 2004 年版,第 27 页。

② 董安生著:《民事法律行为》,中国人民大学出版社 2002 年版,第 62 页。

③ Fried. rich. Kessler, “Contract of Adhesion—Some Thought about Freedom of Contract”, 43. *Colum L. Rev.* 1943, p. 631. 转引自苏号朋:《定式合同研究——以消费者权益保护为中心》,载《比较法研究》1998 年第 2 期。

④ [奥]海尔穆特·库齐奥:《动态系统论导论》,张玉东译,载《甘肃政法学院学报》2013 年第 4 期。

布和实施给海上保险实践带来不可回避的现实问题，就是我国《保险法》所创设的保险人说明义务是否应适用于海上保险合同，即海上保险合同中保险人是否需要对保险格式条款尤其是免责条款说明和明确说明。对此司法实践和理论界存在不同的观点。

(一)司法实践对海上保险是否适用保险人说明义务的观点分歧

我国海事法院在相关的海上保险纠纷中是支持保险人说明义务适用于海上保险的。例如，在中国太平洋保险公司杭州分公司诉应芝龙船舶保险合同纠纷案中，保单背面对船舶不适航的免责作出了比《海商法》第244条更严格的约定。对此，宁波海事法院认为，保险人对这一比法定免责事项更为严格的免责事项未明确说明，该条款无效。浙江省高级人民法院二审时同样肯定了免责条款的说明义务在海上保险合同中的适用。① 在广东富虹油品有限公司诉中国平安财产保险股份有限公司深圳分公司海上货物运输保险合同纠纷一案②中，针对被告拒赔所援引的除外责任条款，原

① (2001)浙经二终字第105号民事判决书。该案案情：原告将其所有的船舶"浙绍海3号轮"向中国太平洋保险公司杭州分公司投保船舶保险，承保条件：一切险(96. 11. 1条款)。保险期间某航次中，该船由于甲板上装载货物，使重心提高，稳性不满足法规要求，处于不适航状态。当船舶搁浅后在横向水流作用下，该船的复原力矩已不足以抵抗水流倾覆力矩，致使该船向顺流方向倾覆。宁波海事法院以保单背面不适航免责条款(未区分航次保险和定期保险)严于《海商法》第244条规定船舶不适航免责的规定，保险人没有证据证明履行了对该免责条款的说明义务，遂支持原告的诉讼请求。浙江省高级人民法院二审中，在认定该约定免责条款未经明确说明而无效的基础上，认为："根据我国《海商法》第二百四十四条的规定，在船舶定期保险合同中，除合同另有约定和被保险人不知道不适航的外，因船舶不适航引起的船舶灭失或损坏，保险人不负赔偿责任。因此在本案中，因保险船舶不适航而发生的保险事故，保险人虽不能依据保险合同的除外责任条款要求免责，但仍有权要求依照《海商法》规定的法定免责事项免除赔偿责任。"案例来源于北大法宝网。

② (2005)广海法初字第211号民事判决书，该案上诉至二审法院后被维持原判。该案案情：2004年4月27日，富虹公司就其从巴西进口的一批大豆向深圳平保公司发出货物运输险投保单，投保单载明投保险别为一切险附加战争险、罢工险等，但没有载明险别内容。4月28日，深圳平保公司签发了货物运输保险单，以邮政快递方式寄送至富虹公司，保单正面记载了承保条件，保单背面全部以英文载明海洋运输货物保险(格式)条款。承保货物在海上运输期间以及目的港等待泊位期间因货舱通风不足使承保大豆因高温、货汗发生霉变，造成损失。保险公司以货损为除外责任为由拒赔，原告认为保险公司所签发的保单背面以英文载明免责条款，其在订立过程中未向原告作出说明，虹富公司当时也不了解条款内容，保险人无权援引保单背面所载的免责条款拒赔。广州海事法院在一审中，根据保险合同的订立过程，认为："原告向被告投保时在投保单上选择投保一切险等险别，但没有载明险别内容，这不能说明原告在投保时明确了解承保范围、除外责任等险别内容。双方当事人均为国内当事人，而被告向原告签发的保险单却以英文规定本保险不负责赔偿运输迟延所引起的损失和费用等除外责任，这可能不便于原告及时了解对其利益有重大影响的除外责任条款，以决定是否同意接受保险单的条款内容并订立保险合同。被告先签发保险单，再邮寄给原告接受，不是当面向原告签发保险单，不可能在签发保险单时面对面向原告说明除外责任条款。"案例来源于北大法宝网。

告主张被告未履行说明义务而不产生效力。广州海事法院在一审中结合双方在缔约时的情况，审理认为："仅依据原告选择了险别并接受了保险单，尚不能推定原告在接受保险单以前已明确了解保险单规定的除外责任条款，因而被告没有必要向原告明确说明；更不能推定被告在原告接受保险单以前已向原告明确说明了除外责任条款。被告没有举证证明其在原告接受保险单以前已向原告明确说明了保险除外责任条款，应认定被告在订立保险合同时没有向原告说明除外责任条款，保险单规定的除外责任条款不产生效力，被告无权依据保险单中的除外责任条款拒赔。"①该案是我国货物运输保险中关于保险人未履行说明义务而导致严重后果的典型案例，对我国保险公司长期形成的交易习惯是一个强有力的冲击，也引起了保险界很大的反响。在 QAIS TRADING（盖斯贸易有限公司）诉中银保险有限公司浙江分公司海运货物保险合纠纷案②中，宁波海事法院认为保险人应对保单上的免责条款提示和说明。在巴拿马浮山航运公司诉中国人民保险公司青岛市分公司船舶保险合同纠纷案③中，山东省高级人民法院在二审时，也提到了保险人对除外责任条款的明确说明义务。在崔继好与民安财产保险有限公司蚌埠中心支公司海上保险合同纠纷案中，一审法院认为，根据《保险法》的规定，保险格式条款中的免除保险人责任的条款，必须在保险单或其他凭证上做出足以引起投保人注意的提示，或书面、口头说明，否则该免责条款不发生效力。二审法院认为，《保险法》规定了保险人对于格式合同中免责条款的明确说明义务，且 2013 年 6 月 8 日生效的《保险法司法解释（二）》第 13 条的规定进一步强化了该说明义务及举

① （2005）广海法初字第 211 号民事判决书。案例来源于北大法宝网。

② （2009）甬海法商初字第 288 号民事判决书。该案案情：2008 年 5 月，原告向丘山公司购买一批价值 10,626,275 美元的全涤窗帘布，成交方式 CIF。同年 6 月 27 日，丘山公司将该批海运货物向被告投保，保险险别为中国人民保险公司海洋货物运输条款规定的一切险及附加盗窃和提货不着险，保险期限仓至仓。运抵目的港之后，由远航运输服务部将集装箱清关并运离目的港前往原告在沙尔迦的仓库，于当地时间 2008 年 7 月 14 日晚至 15 日上午前被发现集装箱失窃。该保单正面记载"除非在本保险届满后的 10 日内通知本保单规定的本公司的代理人进行查勘，否则承保人不会对本保单项下的盗窃索赔予以赔偿"。宁波海事法院一审认为："该约定属于免除保险人责任的条款，对于免除保险人责任的条款，保险人在订立保险合同时应当在投保单、保险单或者其他保险凭证上作出足以引起投保人注意的提示，并对该条款的内容以书面或者头口形式向投保人作出明确说明，以使投保人明了该条款的真实含义和法律后果。但被告未能证明已经就此作出足够的提示或者明确的说明，从该条款在保单上的打印字体看，亦未达到足以引起普通人注意的程度。故该条款应当属于不产生效力。"案例来源于北大法宝网。

③ 该案主要是涉及保险条款的解释问题，关于该案的案情和解释可详见本书第五章第三节第三部分。参见《最高人民法院公报》2004 年第 6 期。

证责任。而本案中,民安保险公司无法对其已尽明确提示和说明义务充分举证,因此,二审法院支持一审法院的判决,本案保险合同中的免责条款不具有法律效力,判定民安保险公司仍需对被保险人进行赔偿。[①] 根据最高人民法院民事审判第四庭《涉外商事海事审判实务问题解答(一)》第158条的规定来看,[②]海事司法实践一般均认为海上保险合同的保险人根据《保险法》的规定应履行对免责条款的说明义务。

在海事司法实践中,排除保险人说明义务在海上保险合同的案例中并不多见。下述案例虽然从结果上看均是有利于保险人的,但是,均不是排除说明义务在海上保险适用的案例,而是针对"明确说明"义务的适用条件和履行标准来界定的。在丰海公司与海南人保货运保险合同纠纷一案中,二审海南省高级人民法院认为:"海南人保与丰海公司有长期的保险业务关系,在本案纠纷发生前,双方曾多次签订保险合同,并且海南人保做过一切险范围内的赔付,所以丰海公司对本案保险合同的主要内容、免责条款及一切险的责任范围是清楚的。"从二审的上述观点来看,其没有明确地排除海上保险合同中说明义务的适用,更准确地说是对说明义务的适用条件作出了限定。例如,在宏基燃料公司因在关联诉讼中怠于行使权利不得向保险人太保财险公司广州分公司主张全部保险赔偿金船舶保险合同纠纷案[③]中,广州海事法院认为:"在保险单正面注明了保险人依照沿海、内河船舶保险条款承担保险责任,表明被告就承保范围、除外责任等事项已给予原告适当指引,而该条款是公开发布的,原告可自行查阅,并且保险单背面亦附有该条款,原告可及时方便地阅知,因而应认定被告已向原告适当告知了免除、减轻保险人责任的有关规定。原告关于被告未告知保险人责任限制、免责条款,该条款应无效的主张,与案件事实不符,不予支持。"该案与其说是对海上保险说明义务适用的否定,更准确地说,是对如何履行明确说明义务存在分歧。

综上所述,我国司法实践对海上保险合同是否适用说明义务的观点虽不完全统一,但总体上,海事司法实践是支持说明义务制度在海上保险中

---

① 一审:宁波海事法院(2012)甬海法商初字第450号;二审:浙江省高级人民法院(2013)浙海终字第77号。

② 最高人民法院民事审判第四庭《涉外商事海事审判实务问题解答(一)》第158条:"保险合同中当事人具有何种告知义务?当事人未尽告知义务的法律后果是什么?答:……海上保险的保险人有义务将保险单中免除其责任的条款特别告知投保人……"

③ (2004)广海法商初字第205号民事判决书,该案未上诉。参见最高人民法院中国应用法学研究所编:《人民法院案例选》(2005年第3辑,总第53辑),人民法院出版社2006年版,第433~443页。

的适用的。由于《保险法》上的说明义务规定比后出台的《合同法》第39条对免责条款的订入控制规定中的询问说明的规定要严格,所以,司法实践中也出现直接以《合同法》为依据的做法。如在丰海公司与海南人保海运货物保险合同纠纷案中,①最高人民法院再审该案时,认为:"保险合同作为格式合同的一种,提供格式条款的一方应当遵循公平原则确定当事人之间的权利义务,并采取合理的方式提请对方注意免除或者限制其责任的条款,按照对方的要求,对该条款予以说明。"

(二)海上保险是否适用保险人说明义务的理论分歧

理论界此前有观点认为,海上保险合同不应适用《保险法》上的说明义务制度,认为《海商法》未规定说明义务,是因为海上保险一般是商人保险,对免责条款进行说明没有必要,且不存在与保险人地位不对等的情况。②

1.《海商法》对保险人说明义务制度:未作规定还是不规定

《海商法》(第222条)本身只规定了被保险人的如实告知义务,并无任何条文涉及保险人的说明义务。有观点认为,被保险人的如实告知义务,与保险人的说明义务是合同订立前当事人义务的两个方面,应当联系在一起看,《海商法》条文只规定了被保险人的如实告知义务,却没有规定保险人的说明义务不是遗漏规定,而是立法本意并不欲对保险人施加说明义务。

笔者认为,作为解决特别法和一般法适用顺序的规则,新《保险法》(2015年修正)第182条规定:"海上保险适用《中华人民共和国海商法》的有关规定;《中华人民共和国海商法》未作规定的,适用本法的有关规定。"这一条是从1995年《保险法》制定时就有的规定,表明海上保险合同应当优先适用《海商法》的规定。作为一般法的《保险法》适用于海上保险合同的前提是"海商法未作规定"。从法律规范的角度来看,《海商法》没有《保

---

① 最高人民法院(2003)民四提字第5号民事判决书。该案案情:1995年11月28日,丰海公司在海南人保投保了由印度尼西亚籍"哈卡"轮(HAGAAG)所运载的自印度尼西亚杜迈港至中国洋浦港的4999.85吨桶装棕榈油,投保险别为一切险。投保后,丰海公司依约向海南人保支付了保险费,海南人保向丰海公司发出了起运通知并签发了海洋货物运输保险单,并将海洋货物运输保险条款附于保单之后。由于"哈卡"轮船东BBS公司与租船人之间的租金纠纷,船东命令船员将船载货物运走销售,其中部分走私到我国被我国海关查处,保险标的无法归还,给被保险人造成损失。就载货船船东擅自处分货物是否在一切险的承保范围内引发诉讼。参见《最高人民法院公报》2006年第4期。该案例已被最高人民法院确定为指导性案例;《最高人民法院关于发布第十批指导性案例的通知》(法〔2015〕法85号)。

② 参见张贤伟:《关于海上保险合同纠纷情况的调研》,载李海主编:《拱辰集——海商法问题研究》,大连海事大学出版社2008年版,第457页。

险法》有的内容,符合一般法适用的条件。但仅从法条表述的内容寻找“未作规定”还是“不规定”是无法得出结论的。如果特别法制定时对该制度有过取舍的论证,有意排除一般法的某一特定制度,则应认定为特别法“不规定”,即构成拉伦茨所说的“有意义的沉默”。[①] 此时一般法即使有规定,该制度仍不能在特别法缺位时得到适用。显然这一点的判断必须从立法的历史以及立法资料中才能考证。但这方面的立法背景资料很难获得,而从仅有的可考证的资料来看,似乎得不出《海商法》对该制度作出过排除的论证。而从保险人说明义务首次出现在1995年制定的《保险法》中这一背景,结合对该义务是我国《保险法》首创的制度的评价来看,保险人说明义务制度并未进入当初《海商法》立法者的视野。因此,对第一点争论,笔者认为,应视为《海商法》未作规定而不是有意排除而不作规定。

2. 海上保险合同是否不具备适用说明义务的现实基础

有观点认为,由于通行的海上保险条款的内容在业内已广泛使用,且对合同内容多基于行业惯例的角度来理解,也就是说一个“合格”的被保险人或者投保人对于海上保险合同条款内容的理解是清楚的,不存在信息不对等的情况。同时海上货物运输保险领域也不再是保险方市场,被保险人有很强的谈判地位,既不存在《合同法》与《保险法》中由于保险人的格式条款提供人的强势地位,而要给予被保险人或者投保人合同格式条款的有利解释权的实际必要,也不存在《保险法》中,因处于弱势一方的投保人缺少对于免责条款以及随之可能带来的重大法律后果的清晰认识,而必须由法律给予弱势一方对于免责条款清楚了解的法律权利的倾斜以实现法律实质正义的现实需要。[②]

上述观点从海上保险的现实出发来讨论一项制度是否应该适用的角度值得肯定。一种法律制度的产生应有其深刻的现实基础和社会背景,一旦丧失制度存在的现实基础也是该制度消亡的时刻。以此角度,即从一般法上的制度产生的现实基础来检验其对特别法领域适用与否,这一方法论上的考察是有依据的。因此,考察《保险法》说明义务制度在海上保险合同领域是否可以适用,也应该从现实基础出发。笔者认为,海上保险领域存在保险人说明义务制度适用的现实基础。

---

① [德]卡尔·拉伦茨著:《法学方法论》,陈爱娥译,商务印书馆2003年版,第251页。

② 参见张辰:《海上货物运输保险人免责事项若干法律问题研究》,大连海事大学2006硕士学位论文,第14页。虽然该文是在“获得清晰免责条款权”问题中阐述上述观点,按笔者的理解,其获得“清晰免责条款权”所针对的就是保险人的免责条款的说明和解释。因此,从权利义务的相对性来说,两者属于同一范畴,只是角度不同。

首先,海上保险交易中是否不存在交易不对等的情况。就是否存在《保险法》说明义务产生的现实根据之一,即保险专业信息不对称的情形分析,虽海上保险中被保险人多是从事航运或贸易的商人,其获取信息的能力和理解能力比普通保险的投保人要强,但由于海上保险的专业性比一般保险更强,因此,保险专业信息不对称现象并不因此而消减。保险专业信息,主要是指保险产品信息,多以保险条款体现。而海上保险条款的复杂性体现在以下几个方面:第一,从保险技术而言,保险是把可能遭受同样危险事故的多数人组织起来,结成团体,测定事故发生的比例(概率),按照此比例分摊风险。根据概率论的科学方法,算定分担金要有特殊技术。保险的技术性,表现在保险合同的内容上,即为条款中所涉及术语的专门化和技术性,而这不易为一般保险相对人所理解。海上保险条款则充斥着专业化的术语,对于从事航运或贸易的商人来说,其对这些术语的理解程度显然跟不上保险人。第二,保险行为自产生到发展为今天成熟的商业行为已经历了几个世纪,其中条款的形成不仅有其历史发展的深远背景,也不乏对国际上其他条款的吸纳和借鉴,有些内容甚至是不同法系保险法理念的体现,因此,对被保险人来说完全理解并非易事。[①] 而这一点对于具有悠久历史且具有国际性的海上保险来说,更为明显。因此,海上保险中的专业信息不对称现象于今依然存在。

其次,海上保险合同中当事人的缔约能力仍是不平等的。如前所述,一般而言,海上保险合同中的被保险人相比较普通保险的被保险人来说,尽管经济能力上可以与保险人相抗衡,但是,其交涉能力和交涉机会乃至谈判能力仍无法与保险人相抗衡。另外,从海上保险合同的类型来看,包括沿海、内河船舶保险和渔船保险,被保险人的缔约能力与海上保险人之间是无法平衡的,实务中渔船保险纠纷的增多也反映了这一现实。

最后,从世界海上保险发展的历史来看,海上保险很早就开始使用格式化保险条款。目前,我国海上保险采用的保险条款也是格式条款。这一事实表明,格式条款所改变的一般合同的缔约程序在海上保险实践中仍存续,因此,作为格式条款规制体系中的缔约程序控制应有适用的空间。海上保险单事先由保险人拟定,实际上虽多由被保险人提出投保申请,但在通常情形,其对保险单之内容仅能表示接受或不接受,并无讨价还价之余

---

① 参见初北平:《船舶保险条款研究》,大连海事大学 2008 年博士学位论文,第 34 页。

地。由于缺乏对保险条款的具体商讨环节,因此,被保险人对保险条款所要表达之真实含义并不真正理解。

当然,上述所说的适用保险人说明义务的现实基础并非不能改变,而事实上在西方海上保险业发达的国家中,海上保险多是通过经严格审核、具有保险专业知识的保险经纪人(insurance broker)作为被保险人的代理人直接和保险公司缔结保险合同的。例如在英国,劳合社只接受保险经纪人的投保,而保险公司一般也是通过保险经纪人代理被保险人缔结保险合同的。保险经纪人在缔约过程中的介入,事实上使在这些保险业务中保险人对保险条款的解释义务没有适用的必要性。而我国《保险法》虽规定了保险经纪人制度,但我国保险经纪人行业刚起步,其作用并不明显,因此,在我国法律环境下,保险人说明义务制度对海上保险人应具有约束力。当然我国海上保险人说明义务制度应留有未来应对海上保险市场变化的立法举措,对此可采取将被保险人通过保险经纪人签订保险合同作为保险人说明制度的适用例外。

笔者认为,海上保险适用说明义务的现实条件一定意义上是存在的,同时由于《海商法》没有对包括说明义务在内的格式条款的法律控制①作出规定,《保险法》作为一般法,其相应规定在海上保险合同领域就有适用的空间,除非《保险法》对适用范围有严格规定从而排除了在海上保险适用的可能性。但从《保险法》规定来看,保险人说明义务置于"保险合同"章的"一般规定"部分,按体系解释论,说明义务制度适用于财产保险和人身保险,这是其一;其二,从保险合同的目的和保险相对人的身份来区分,保险合同确实有消费者保险合同和商事保险合同之分野,但《保险法》并未限定保险人说明义务制度的适用对象仅为消费者保险合同,因此不宜对保险说明义务制度作此限缩性解释,而排除作为典型的商事保险的海上保险的适用,若排除,则一般商事保险也应排除。因此,上述排除适用的前提并不存在。

但从《保险法》(2009 年修订)与 1999 年《合同法》格式条款的法律控制②规定来看,不公平免责条款的效力控制、疑义利益解释规则两法之间几乎无差别,而在格式条款订入控制方面,尤其说明义务方面,根据前述可以得出《保险法》比《合同法》规定更为严厉,因此,理论界也存在对海上保

---

① 保险格式条款的法律控制制度,包括保险人说明义务(《保险法》第 17 条);格式条款效力控制(《保险法》第 19 条)以及格式条款疑义利益解释(《保险法》第 30 条),而保险人说明义务是作为其中之一。

② 《合同法》第 39 ~41 条。

险中不应适用《保险法》，而应适用《合同法》的观点。[①] 笔者认为，从法律适用的角度得出上述结论，并不可取。《合同法》就格式条款的提示与说明义务所适用的范围为"格式条款"，这与《保险法》是相同的，两者也均未限定仅适用于消费者的格式条款，而以海上保险合同为非消费者保险合同的性质得出限制《保险法》在海上保险中的适用，从而适用《合同法》相对合理的说明义务规则，并未遵循特别法和一般法的适用规则。这或许也正是《保险法》说明义务制度本身需要反思之处，同时也是《保险法》过于严苛的规则在海上保险合同适用中的困局之所在，由此，从体系化的角度思考海上保险中说明义务制度的立法取向是未来《海商法》修订时必须面对的一个问题。

三、我国《保险法》说明义务规则对海上保险适用的困局

由于海上保险专业性较一般保险更强，且被保险人和保险人的缔约能力并非完全平等，同时海上保险也采用格式条款缔约，这些现实构成了海上保险实践中由保险人对保险条款尤其是免责条款进行说明的必要性。因此，无论从事实上还是从法律上，保险人说明义务制度在海上保险中适用是非常有益的。但另一方面，由于我国《保险法》在说明义务的规则，尤其在对说明范围的设定和说明义务的履行方式及标准等方面，存在较多争议，尽管《保险法》(2009 年修订)作出了一定的改进，但是由于其未臻完善，实践中适用保险人说明义务制度仍存在诸多困境。不仅如此，明确说明义务规则因其适用范围的宽泛性以及履行要求的严苛性也越来越受学理界批判，[②]这些具体规则可能对海上保险适用说明义务构成一定阻碍，在海上保险实践中同样容易引发争议。因此，重新审视《保险法》说明义务制度，对于《海商法》修改时对说明义务做出何种回应尤为必要。

(一)"说明"和"明确说明"范围如何界定和区分

我国《保险法》保险人说明义务制度采用"说明"和"明确说明"的区分机制。《保险法》(2009 年修订)规定"说明"的范围为"保险人提供的格式条款"，其范围是清晰的，且比原《保险法》(2002 年修正)的界定更科学和

---

① 参见刘奕彤、王欣：《保险人订约说明义务对海上保险之适用》，载《中国海商法研究》2014 年第 4 期。

② 近年来对保险说明义务制度进行批判的文章主要有：马宁：《保险人明确说明义务批判》，载《法学研究》2015 年第 3 期；陈群峰：《保险人说明义务之形式化危机与重构》，载《现代法学》2013 年第 6 期；于永宁：《保险人说明义务的司法审查——以〈保险法司法解释二〉为中心》，载《法学论坛》2015 年第 6 期；何丽新、谢潇：《保险人明确说明义务对象扩张解释之检讨——评〈保险法司法解释(二)〉第 11 条第 2 款》，载《保险研究》2014 年第 1 期。

合理。而另一方面,《保险法》(2009年修订)将“明确说明”的范围从原《保险法》“保险人责任免除条款”改为“免除保险人责任的条款”,其免除保险人责任的范围到底如何界定,将直接影响到保险人“明确说明”与“说明”的区分。

《保险法》(2002年修正)对“明确说明”的范围采“责任免除条款”之表述,其范围界限不清,形成了多种观点。有的学者认为,“责任免除条款”就是《保险法》第19条[①]第4项“责任免除”,而此处责任免除即“除外责任条款”。[②] 除外责任作为保险业的专门术语,早已为世界各国公认。[③] 一般来说,除外责任条款包括原因除外责任条款和损失除外责任条款。有学者则主张,凡涉及保险人免除责任或不承担责任的,均属于保险人责任免除条款。[④] 有学者认为,应当包括保险条款中的除外条款、标准条款之外的其他合理限制保险人责任的条款和一般合同中存在的、对对方不利的不合理条款,具有相当的宽泛性。[⑤] 也有学者认为,免责条款一般包括除外责任条款、免赔额条款、被保险人违约而责任免除条款等。[⑥] 概括地说,对原《保险法》中的免责条款形成了:除外责任条款——实质免除责任条款——实质免除、限制责任条款等范围逐渐扩展的几种说法。

2009年修订的《保险法》延续了一般说明和明确说明的分别机制,对“明确说明”的范围采用了“免除保险人责任的条款”的文字,与《保险法》(2002年修正)就明确说明范围“责任免除条款”的表述相比,多数学者认为这一改变扩大了明确说明的范围,[⑦]但对其认定仍存在边界不清的问题,仍然形成了多种说法。

学理界对“免除保险人责任条款”的认识几乎没有共识。有学者认为,免除保险人责任的条款是指免除责任的条款(不包括减轻责任的条款)。[⑧] 有学者提出,免除责任的条款是指“实质性免责条款”,即应理解为保险条款中一切可限制(部分免除)或免除保险人给付责任的制

---

① 此处指的是原《保险法》(1995年制定、2002年修正)。

② 孙晋绅:《浅析保险人的订约说明义务》,载《中南民族大学学报》(人文社会科学版)2003年第4期。

③ 参见李玉泉著:《保险法》(第二版),法律出版社2003年版,第151页。

④ 参见吴庆宝主编:《保险诉讼原理与判例》,人民法院出版社2005年版,第177页。

⑤ 参见曹兴权著:《保险缔约信息义务研究》,中国检察出版社2004年版,第225~226页。

⑥ 参见李加明:《保险责任免除条款相关问题分析》,载《保险研究》1999年第4期。

⑦ 参见刘学生:《保险合同法修订理念及立法基础评述》,载《法学》2010年第1期;梁鹏:《新保险法保险人说明义务之履行》,载《保险研究》2009年第7期;于海纯:《保险人缔约信息义务的边界——以重要性标准之建立为中心》,载《比较法研究》2011年第2期。

⑧ 参见周玉华编著:《最新保险法条文释义与案例解析》,人民法院出版社2009年版,第102页。

度安排。[①] 有的学者认为"免除保险人责任的条款"包括不负赔付责任条款、限制责任条款、涉及特定效力的条款。[②] 有学者认为,"免除保险人责任的条款"不仅包括保险人"责任免除条款"部分,而且还应包括投保人违反义务可致保险人免除保险责任的法律效果等条款,以及限制保险人责任的条款。[③] 还有学者认为除包括实质性免除责任条款以外,还应包括承保范围、保险标的、保险金额、保险期限、条件与保证等。[④]而在司法实践中,对明确说明的范围的分歧同样非常突出,形成了对免除保险责任条款的宽窄不一的认识,各地法院出台的指导意见标准也不一致,[⑤]成为保险纠纷中极易产生争议的问题。

海上保险实践中,对"免除保险人责任的条款"范围的争议可能会更多。首先,《海商法》第 217 条关于保险合同的内容,其中与"保险责任"相对的是"除外责任",新《保险法》(2015 年修正)第 18 条关于保险合同基本条款的规定,其中与"保险责任"相对的是"责任免除"。而在海上保险实践中,"免除保险人责任的条款"是指基本条款的"除外责任"条款,还是也包括其他条款向来有争议。在怡信有限公司与中国平安财产保险股份有限公司北京分公司船舶保险合同纠纷上诉案[⑥]中,被保险人认为"海运

---

① 参见马宁:《论保险人说明义务的履行方式与标准——以对我国司法实务的考察为中心》,载《时代法学》2010 年第 2 期。

② 参见梁鹏:《新保险法保险人说明义务之履行》,载《保险研究》2009 年第 7 期。

③ 参见于海纯:《保险人缔约信息义务的边界——以重要性标准之建立为中心》,载《比较法研究》2011 年第 2 期。

④ 参见潘红艳:《论保险人的免责条款明确说明义务——以对保险行业的实践考察为基础》,载《当代法学》2013 年第 2 期。

⑤ 重庆市高级人民法院在 2010 年 4 月 9 日的《全市法院保险纠纷案件审判实务研讨会会议纪要说明稿》第 2 条中强调,免除保险人责任的条款应当包括免赔率条款、责任限制条款。江苏省高级人民法院在 2011 年 1 月 7 日的《关于审理保险合同纠纷案件若干问题的讨论纪要》第 1 条中也指出,责任免除、除外责任及其他有关免赔率、免赔额等部分或者全部免除保险人赔偿或者给付保险金责任的条款,应当认定为免除保险人责任的条款。而广东省高级人民法院在 2011 年 7 月 22 日的《关于审理保险合同纠纷案件若干问题的指导意见》第 8 条中规定,保险合同约定的免赔率、免赔额、等待期、保证条款以及约定当投保人或被保险人不履行义务时,保险人全部或部分免除赔付责任的条款,不属于《保险法》规定的免除保险人责任的条款。

⑥ (2008)津高民四终字第 58 号民事判决书。该案案情:2005 年 8 月,怡信公司自美国陈氏公司购买无动力船舶"ROYALALEUTIAN"。为将该轮自美国阿拉斯加荷兰港拖航至中国张家港。9 月 14 日,怡信公司与拖船"GRIF"的租借人 SPACE MARINS INC. 签订国际海洋拖运协议。在涉案船舶投保事宜的洽谈过程中,2005 年 9 月 1 日,中国平安财产保险股份有限公司北京市西城支公司致函怡信公司,表明:同意在提供拖带合同及适航证明等相关资料后承保,保险费率为 2%。在拖航途中,该承保船舶沉没。被保险人与保险人就是否违反告知义务(该航次实为拆船航行)、事故是否构成自然灾害以及是否因船舶的潜在缺陷造成等问题而引起争讼。案例来源于北大法宝网。

条款”属于保险人责任免除条款,保险人应明确说明。二审法院认为,保险人责任免除条款通常情况下是指保险合同标准格式中“除外责任”的规定。而多数学者认为,《保险法》(2009 年修订)“免除保险人责任的条款”呈扩张化适用的趋势下,如《中国人民财产保险股份有限公司船舶保险条款》(2009 年版)中的“海运条款”“保险合同的解除条款”是否属于免除保险人责任的条款,是否属于海上保险中明确说明的范围尚存在争议,因此,就海上保险合同适用新《保险法》的说明义务,仍需要对《保险法》上的“免除保险人责任的条款”性质和范围与《海商法》上的除外责任条款是否同一进行进一步的论证,对“免除保险人责任的条款”的范围的界定也需要进一步明确。

2013 年 5 月 6 日最高人民法院通过的《保险法司法解释(二)》试图对“免除保险人责任的条款”的范围作出界定,①表明了解决该问题的急迫性。根据该司法解释的规定,“免除保险人责任的条款”被界定为“责任免除条款、免赔额、免赔率、比例赔付或者给付等免除或者减轻保险人责任的格式条款”(不包括“保险人因被保险人违反法定或约定义务享有解除权的条款”)。但是,该司法解释对“免除保险人责任的条款”的解释基本采折中说,相较征求意见稿进行了限缩,但正如该司法解释起草小组解释的那样,“该条规定所列举的免除保险人责任的条款并不是封闭的,除以上所列举的几种情况外,仍可能存在其他免除保险人责任的情形”。② 而针对解释中将“比例赔付或者给付”条款界定为明确说明的对象,有学者已经提出质疑,认为其已经超出了“免除保险人责任的条款”的范畴,比例赔偿条款在性质上应为保险责任范围条款,这一举措可能会使其他确定保险责任的条款也被作为“免除保险人责任的条款”,成为明确说明的对象,这在

① 《保险法司法解释(二)》第 9 条:保险人提供的格式合同文本中的责任免除条款、免赔额、免赔率、比例赔付或给付等免除或者减轻保险人责任的条款,可以认定为保险人第十七条第二款规定的免除保险人责任的条款。投保人、被保险人违反法定或约定义务,享有解除合同的权利的条款,不属于保险法第十七条第二款规定的“免除保险人责任”的条款。

该司法解释与之前的征求意见稿的内容相比,对免除保险人责任条款的解释有差异,一方面表明“免除保险人责任条款”的范围确需法律解释才能得以明确,另一方面从解释和征求意见稿的比较来看,正式通过的司法解释规定的免除保险人责任的条款的范围比之前征求意见稿要窄。

2012 年 3 月 22 日最高人民法院公布的《关于适用〈中华人民共和国保险法〉若干问题的解释(二)(征求意见稿)》第 10 条:保险合同责任免除条款包括除外责任条款、免赔额、免赔率、比例赔付、解除或中止合同等部分或全部免除或限缩保险人责任的条款。该征求意见稿载 http://www.court.gov.cn/gzhd/zqyj/201203/t20120322_175287.htm. 2012-3-23.

② 保险法司法解释起草小组:《〈关于适用保险法若干问题的解释(二)〉的理解与适用》,载《人民司法》2013 年第 13 期。

司法实践中,必然使明确说明义务的对象无限扩大,放大了保险人的担责范围,“免除保险人责任的条款”的界定也丧失了其应有含义。[①] “免除保险人责任的条款”范围界定的争议在《保险法司法解释(二)》出台后仍持续存在。

(二)“说明”和“明确说明”如何履行并区分

我国《保险法》说明义务制度的独特性之一在于作了“说明”与“明确说明”的区分,然而“说明”与“明确说明”语义上的相同性,却是该分别机制实行中的现实障碍。这一在原《保险法》(2002 年修正)就存在的问题在《保险法》(2009 年修订)中仍然存续,海上保险合同适用说明义务制度时存在的困惑是“明确说明”到底如何履行,“说明”如何与“明确说明”相区分?

《保险法》(2002 年修正)对保险人说明义务履行的方式和标准均没有作出具体规定,仅以“说明”和“明确说明”作为区分的标准,而“说明”与“明确说明”两词,从语义上说并无本质差异,因为“明确”乃“说明”应有之义。[②] 所以,在《保险法》(2002 年修订)时代,为了区分“说明”与“明确说明”,理论界和司法实践从不同角度做出了诸多努力。理论界主要侧重于“说明”与“明确说明”区分标准的建构,有以下几种代表性的观点:第一种,认为“说明”起的是“醒示”作用,“明确说明”起的是“醒意”作用。[③] 第二种,认为“说明”是“醒意”,而“明确说明”有“醒示”和“醒意”两层含义。[④] 根据《现代汉语词典》的解释,“说明”是“解释明白”的意思,其与提醒不同,因此,第一种观点显然违背了文义解释这一法律解释的首要解释方法,第二种观点认为,说明具有“醒意”的作用,“说明”与“明确说明”的区别在于“醒示”与否,但这种观点也已经被《保险法》(2009 年修订)所否定了。《保险法》(2009 年修订)第 17 条分别增加了“保险格式条款”的“提供”规则和“免除保险人责任的条款”的“提示”规则作为独立于“说明”和“明确说明”的规则,“提示”规则“具有独立性,是明确说明义务的前置规则”[⑤]。

① 参见于永宁:《保险人说明义务的司法审查——以〈保险法司法解释二〉为中心》,载《法学论坛》2015 年第 6 期。

② 参见温世扬:《保险人订约说明义务之我见》,载《法学杂志》2001 年第 2 期。

③ 其观点为:“说明”起的是一种“醒示”作用,使投保人知道某种规则的存在;而“明确说明”起的是一种“醒意”作用,进一步要求投保人理解规则的具体内容。

④ 其观点为,“说明”即意为揭示或阐述合同条款的含义(醒意),而“明确说明”要求保险人首先负有采取合理方式提请投保人注意该条款的义务(醒示),在此基础上再对该条款予以说明(醒意)。参见温世扬:《保险人订约说明义务之我见》,载《法学杂志》2001 年第 2 期。

⑤ 保险法司法解释起草小组:《〈关于适用保险法若干问题的解释(二)〉的理解与适用》,载《人民司法》2013 年第 13 期。

“明确说明”本身并不包含“醒示”的含义和作用，因此提示与否（醒示）也就不能作为“说明”与“明确说明”区分的标准。“说明”与“明确说明”本质上都具有“醒意”的作用，其立法本意是要对不同的保险条款做说明程度不同的法律要求。而问题也因此卷土重来了，“说明”与“明确说明”语意的相同性事实上使这一履行程度的区分难以实现。

此前，实践对“说明”与“明确说明”的区分，主要是从“明确说明”的具体标准着手，我国保险业监督管理机构和最高人民法院的观点并不一致，各自的观点也一直在不断地调适，说明了履行方式和标准判断的的复杂性。保险业监督管理机构认为保险人在保单中列有除外责任条款，就算已履行了“说明”义务。① 这种对“说明”的履行要求仅为提供除外责任条款的解释显得有失公平。因此，保险业监督管理机构后来修正了该观点，认为仅提交保险条款给投保人阅读不构成对“说明”义务的履行，还必须提示投保人。② 保险业监督管理机构对“明确说明”的解释则没有提及到对免责条款的“解释”层面。最高人民法院在2000年的批复中认为，“明确说明”是指保险人在与投保人签订保险合同之前或者签订保险合同之时，对于保险合同所约定的免责条款，除了在保险单上提示投保人注意外，还应当对有关免责条款的概念、内容及其法律后果等，以书面或者口头形式向投保人或其代理人做出解释，以使投保人明了该条款的真实含义和法律后果。③ 最高人民法院对保险人“明确说明”的认定是具体且严格的：提示应具有充分性，说明的内容包括免责条款的概

---

① 如中国人民银行条法司的《机动车辆保险条款解释》（银条法〔1997〕35号）认为：保险公司在机动车辆保险单的背面完整印上中国人民银行审批或备案的机动车辆保险条款，即被认为是履行了《保险法》规定的说明义务。

② 中国保险监督管理委员会于2003年5月20日，在《关于〈机动车辆保险条款〉的性质等有关问题的批复》（保监办复〔2003〕92号，以下简称《批复》）中称：“太原保监办：你办《关于中国太平洋财产保险股份有限公司太原分公司与太原市北晨综合开发公司保险合同纠纷案有关问题的请示》（保监晋发〔2003〕30号）收悉。经研究，批复如下：……二、《中华人民共和国保险法》和《中华人民共和国合同法》在规定有关说明义务的同时，并没有具体规定说明义务的履行方式，但一般来说，仅仅采用将保险条款送交投保人阅读的方式，不构成对说明义务的履行。保险公司应当根据保险合同签订的具体情况，采用适当、充分的方式明确提示投保人，尽量使其明确合同中责任免除条款的内容，确保投保人的利益不受损害。保险公司的行为是否构成了对说明义务的履行，由司法机关或仲裁机构依法认定……”

③ 参见最高人民法院法研〔2000〕5号函：《关于对〈保险法〉第17条规定的“明确说明”应当如何理解的答复》。2003年12月公开征求意见的《最高人民法院关于审理保险纠纷案件若干问题的解释（征求意见稿）》第11条规定：“保险法第十八条的‘明确说明’是指，保险人在与投保人签订保险合同时，对于保险合同中所约定的有关保险人责任免除条款，应当在保险单上或者其他保险凭证上对有关免责条款做出能够足以引起投保人注意的提示，并且应当对有关免责条款的内容以书面或口头形式向投保人作出解释。”

念、内容以及法律后果,说明的方式应为书面或口头的。无论如何,仅提供免责条款或仅提示免责条款都不能构成对"明确说明"的履行。从《保险法司法解释(二)》对履行"明确说明"义务标准的解释意见①来看,表明了司法实践对"明确说明"履行标准的严格化倾向,提示规则具体化为"显著位置以文字或符号等明显标志作出","明确说明"的履行要求说明免责条款的含义、内容以及法律后果,且说明的标准为"理性投保人"标准,但是关于"说明"和"明确说明"②的区分要求,该解释并没有给出解释。

"说明"和"明确说明"实则难以区分,而实践中尤其对履行免责条款的"明确说明"方式和标准存在诸多争议,这在海上保险实践中也是如此。对海上保险领域保险人说明义务的履行,《最高人民法院关于审理海上保险纠纷案件若干问题的规定》(征求意见稿)曾有如下表述:"明确说明"是指在订立保险合同时保险人对免除其责任的条款,在保险单证上做出能够足以引起被保险人注意的提示,并且应当对有关免责条款的内容以书面或者口头形式向被保险人做出解释。但该内容在正式颁布的司法解释中被删除了。可见对于"明确说明",尤其是在海上保险合同中关于保险人对免责条款"明确说明"义务的理解分歧还是比较大的。比如,宏基燃料公司因在关联诉讼中怠于行使权利不得向保险人太保财险公司广州分公司主张全部保险赔偿金船舶保险合同纠纷案中,法院就认为:"在保险单正面注明了保险人依照沿海、内河船舶保险条款承担保险责任,表明被告就承保范围、除外责任等事项已给予原告适当指引,而该条款是公开发布的,原告可自行查阅;并且保险单背面亦附有该条款,原告可及时方便地阅知,因而应认定被告已向原告适当告知了免除、减轻保险人责任的有

① 《保险法司法解释(二)》第11条第1款:"保险合同订立时,保险人在投保单或者保险单等其他保险凭证上,对保险合同中免除保险人责任的条款,以足以引起投保人注意的文字、字体、符号或者其他明显标志作出提示的,人民法院应当认定其履行了保险法第十七条第二款规定的提示义务。"第2款:"保险人对保险合同中有关免除保险人责任条款的概念、内容及其法律后果以书面或口头形式向投保人作出常人能够理解的解释说明的,人民法院应当认定保险人履行了保险法第十七条第二款规定的明确说明义务。"该条规定与2012年3月22日公布的最高人民法院《关于适〈中华人民共和国保险法〉若干问题的解释(二)》(征求意见稿)第12条的规定保持一致。该征求意见稿载 http://www.court.gov.cn/gzhd/zqyj/201203/t20120322_175287.htm.

② 有学者认为,"明确说明"为主动说明,而一般说明义务是一种被动的询问回答,也只能是被动的询问回答。参见马宁:《明确说明义务制度批判》,载《法学研究》2015年第3期。虽然这样区分是更合理的,这也是笔者建议的完善方案之一,但显然这样的解释没有任何依据,并不符合文义解释这一首要的解释方法。

关规定。”[①]而最高人民法院在丰海公司与海南人保货运保险合同纠纷一案中，则认为应“采取合理的方式提请对方注意免除或者限制其责任的条款，按照对方的要求，对该条款予以说明。”[②]实践中，关于“明确说明”如此不统一的标准，表明我国的保险说明义务的规则仍是不够完美的。

（三）说明义务规则的合理性检视

除了上述“说明”和“明确说明”范围的边界不清以及“说明”和“明确说明”的区分仍不具有可操作性之外，笔者认为，我国保险人说明义务存在泛化趋势，而这一泛化趋势并不利于该制度的实施，也存在矫枉过正的倾向。

从司法实践层面看，“明确说明”义务争议在保险纠纷中频发，[③]从涉及保险说明义务纠纷的实际审理情况所显示的保险人高败诉率可以看出该说明义务制度所存在的问题，主要是由于“明确说明”范围的边界不清而产生的。由于“明确说明”的边界不清，一般说明义务的功能在相当程度上可通过扩展至“明确说明”实现，投保人自然更愿意援用对其更为有利的“明确说明”义务来作为对抗保险人拒绝赔偿的武器，而法院往往在对保险人先入为主的驳斥心态和对投保人、被保险人的扶弱心理[④]的驱使下，把说明义务视为追求自己心目中公平结果的首选工具，体现出明显的偏好。

学者马宁对《保险法司法解释（二）》生效前后的明确保险说明案件做过统计[⑤]：从2009年《保险法》实施至2013年6月8日《保险法司法解释（二）》生效前适用第17条的501件案例，其中，保险人仅胜诉19件，败诉率高达96.2%。在败诉的482件案例中，有385件称保险人未能提交已善尽“明确说明”义务的证据，余下的97件案例中，保险人证明已履行义务，

---

① （2004）广海法商初字第205号民事判决书，该案未上诉。最高人民法院中国应用法学研究所编：《人民法院案例选》（2005年第3辑，总第53辑），人民法院出版社2006年版，第433～443页。

② 最高人民法院（2003）民四提字第5号民事判决书。参见《最高人民法院公报》2006年第5期。

③ 由于对未尽一般说明义务未规定法律后果，实践中鲜有案例发生。免除责任条款的明确说明义务，对双方当事人利益影响巨甚，也是诉讼集中所在。学者曾统计过截至2013年1月17日北大法宝网上的保险纠纷数量，发现《保险法》实施以来的保险合同案件约有2500件，可能涉及保险人提示说明义务的约400件。参见曹兴权、罗璨：《保险不利解释原则适用的二维视域——弱者保护与技术维护之衡平》，载《现代法学》2013年第4期。

④ 参见于永宁：《保险人说明义务的司法审查——以〈保险法司法解释二〉为中心》，载《法学论坛》2015年第6期。

⑤ 参见马宁：《明确说明义务制度批判》，载《法学研究》2015年第3期。

但仍未获法院支持。2013 年 6 月 8 日至 2014 年 10 月 31 日期间的 151 件案例,其中,保险人未能举证证明已履行义务因而败诉的 67 件,证明已履行义务但仍败诉的 51 件,保险人胜诉 33 件。另有学者统计过自 2015 年至 2016 年期间的保险人《说明》纠纷,据不完全统计,认定为保险人未尽说明义务的比例高达 64%。[①] 虽然《保险法司法解释(二)》施行以来,说明义务的乱象有所缓解,但在数量较多的说明义务纠纷和仍然较高的败诉率之下,需要思考的是在严苛的法律后果下保险人为何仍动辄违反说明义务?

以保险人"明确说明"为例,根据《保险法》规定,保险人"明确说明"义务具有主动履行的特点,即应主动说明,同时新《保险法》对主动说明的范围较原《保险法》要宽泛,因此,在新《保险法》下保险人的说明义务的负担大大提高,显得并不合理且不现实。根据科斯关于交易成本的著名论断,经济活动过程中,双方当事人为了订立合同和监督合同的执行必须承担一定的交易成本。这些成本主要是因为信息不完全,需要获取更多信息造成的。[②] 在保险缔约阶段,投保人了解保险合同内容需产生信息成本,由于保险交易的技术性和专业性,对一般投保人而言收集该信息不仅困难而且成本很大,而交易成本过大将导致交易无法达成。因此,通过法律制度将信息披露义务分配给容易收集信息的一方是降低信息成本的重要途径。鉴于保险人更容易收集保险合同条款方面信息的事实,因此,设立保险人说明制度是符合经济学原理的。但同时根据信息成本理论,保险人履行说明义务的过程作为一个信息提供的过程,也必须支付相应的交易成本。该成本主要包括履行说明义务的书面材料费用和相关工作人员的人工成本。在向某一特定投保人履行说明义务时,书面材料成本基本上是固定的,而人工成本会随着需要说明的保险条款的数量增加而增加。[③] 列入"免除保险人责任的条款"是非常广泛的,因此,主动说明这些条款的交易成本是相当高昂的,高到足以让保险人冒不说明的风险。此前,我国保险实践中,经常出现保险人的经办人员或代理人在承保过程中实际上很少尽说明义务,有的只说明对投保人有利的条款而不提对投保人不利的条款等现象,而这一现象会因主动说明范围的泛化而加剧。保险人主动说明范围的宽泛性规定,使保险人无法以合适的交易成本履行该义务。以格式条款缔约本为追求效率的举措,因其追求效率

① 参见钱思雯:《保险人说明义务之解构与体系化回归》,载《保险研究》2017 年第 9 期。

② 参见钱弘道著:《经济分析法学》,法律出版社 2003 年版,第 143 页。

③ 参见廖鑫彬:《保险人说明义务的经济分析》,载《四川教育学院学报》2008 年第 1 期。

过程中对交易公平的破坏，格式条款的法律控制理论与制度应势产生，保险人说明义务是格式条款订入控制制度在保险法领域的表现，但宽泛的说明范围、严格的履行要求导致交易成本的剧幅增加无疑抵消了采用格式条款这一法律技术所追求的效率目标，也无法达成双方利益的适度平衡。不现实的履行成本也足以造成保险人的机会主义倾向，实际运行效果并不理想。这一问题对海上保险适用我国《保险法》保险人说明义务制度也存在，其合理性也值得探讨。

四、海上保险人说明义务制度的构想：对《保险法》的突破、衔接

鉴于上述保险人说明义务制度不仅在一般保险实践中，也在海上保险领域面临适用中的困难，同时也因我国《保险法》说明义务规则过于严苛，因此从《海商法》和《保险法》衔接和协调的角度，《海商法》需要对说明义务作出特别规定，以实现保险人和投保人利益平衡为目的，建构保险人说明义务的合理规则。

（一）方案一：建构询问回答和主动说明区别机制

1. 分别机制的另一思路：询问回答和主动说明的引入

我国《保险法》上的保险人说明义务“分别机制”的立法旨意在于试图根据投保人、被保险人利益影响的程度不同或者说重要性程度不同，将“免除保险人责任的条款”从所有保险格式条款中区分出来，对其设定更加严格的说明义务，设定更为严苛的法律后果。在保险交易信息不对称的迷雾中，保险人利用保险条款草拟权更容易对“免除保险人责任的条款”作利己规定，这完全符合经济学“理性经济人”在市场行为中追求利益最大化的判断。而“免除保险人责任的条款”的范围将直接影响投保人转移保险标的风险的目的是否能实现，对“明确说明”义务的区分和强化则能保证投保人在充分认知保险合同风险的基础上订立合同，以确保其利益。因此，保险人说明义务这一“分别机制”有其理论基础，但是，《保险法》这一分别机制中“说明”和“明确说明”的困难在于语意上两者不能区分，从说明程度上区分判断也存在更多困难。如果将保险人说明义务的区分从所谓的“说明”和“明确说明”这一实质性说明标准转化为履行说明义务的不同方式，可能使分别机制更为明确。因此，笔者建议《海商法》应建构更为清晰和合理的区分规则。

（1）询问回答和主动说明的区分及意义

我国海上保险人说明义务的分别机制应采用与《保险法》不同的区分方式，笔者将其概括为询问回答和主动说明的区分机制，这一区分机制来

源于保险告知的两种不同方式:[1]对责任免除条款采用主动说明方式,对一般格式条款采用询问回答方式,一是避免《保险法》中一般说明与明确说明的现实困境,二是对保险人说明义务作出合理的限制。

这种区分的意义在于:首先,这种区分将对说明程度的掌握建立在一种形式化的判断的基础上,相对于我国《保险法》(2009 年修订)中"说明"与"明确说明"的区别机制,主动说明与询问说明的区分在实践中更易把握。其次,鉴于责任免除条款对投保人、被保险人利益影响的重要性以及专业性强的特点,对此由保险人作主动说明具有合理性,这一点和《保险法》(2009 年修订)的要求相同。最后,将其余一般格式条款设定为询问说明,即由投保人(被保险人)决定需要说明的事项和范围,投保人(被保险人)询问时保险人须如实说明,这一改变是合理的:一者,适当减轻保险人说明义务的负担,也解决了现行法要求所有保险格式条款均应主动说明而引起的范围过于宽泛的问题。事实上,要求保险人主动说明所有的格式条款是欠缺经济合理性的。二者,海上保险合同专业性强、内容复杂是普遍承认的现实,但是,保险合同内容专业性强是就总体水平而言的,并不是所有的保险格式条款都不为投保人所理解,相反,有些并不包含保险专业知识的条款是能被一般投保人所理解的,因此,没有必要强行要求保险人对此主动说明,如海上保险合同中的争议处理条款等。三者,询问说明规则对投保人(被保险人)来说加重了其负担,其依据在于投保人自己也应当具备起码的交易注意,他们有义务阅读保险条款的内容并且就有关问题进行询问。[2] 这对于从事海上保险风险转移的航运业者和贸易商来说,是合理的。

(2)分别机制的完整规则

由于海上保险中的被保险人对保险专业知识的不足,为便于被保险人确定向保险人询问的范围,有必要同时确立保险人提示规则。新《保险法》对责任免除条款已经规定了提示规则,即除提供保险格式条款外,对免责条款应作出足以引起投保人注意的提示;对一般格式条款《保险法》仅规定了提供格式条款的义务。笔者认为,对一般保险格式条款也应建立提示规则,提示规则与一般格式条款中的"向消费者合理提示格式条款"的规则相比要求更进一步,除了要求"个别地、直接地将格式条款提示给相对

---

① 关于保险告知的不同方式,即主动告知和询问告知的不同立法模式的阐述,可参见本书第三章第一节。

② 参见曹兴权:《反差与调适:保险人说明义务的履行——兼论〈保险法〉第 17、18 条的修改》,载《求索》2005 年第 2 期。

人,以提醒相对人注意其中的内容"[①]——除提供保险合同条款外,还应提醒投保人注意阅读,并提醒投保人询问,监督保险人说明义务的履行。

结合上述阐述,保险人说明义务的分别机制可概括为:"保险免责条款"的说明义务:提示规则 + 主动说明规则;一般保险格式条款的说明义务:提示规则 + 询问说明规则。[②]

(3)从说明程度的区分到说明标准的统一

按上述对保险人说明义务的区别机制的设想,对一般保险格式条款询问说明和对免责条款主动说明设置了保险人履行说明义务的不同方式,但不管是经询问后说明还是主动说明,就说明的程度仍应设定一定实质性的判断标准。对此,理论上有主观说和客观说标准之分,前者以说明人的自我感觉为判断标准,后者以合同相对人对合同条款的理解为标准。笔者赞同这一区分,认为主观标准是把投保人看作与保险人具有同等知识技能的人而忽略了保险合同的订约现实。[③] 客观说分特定投保人标准和理性外行人标准,其中特定投保人标准对认定保险人是否已经履行说明义务存在困难并且容易引发投保人被保险人欺诈的问题,[④]因此也不足取。从保险人说明义务制度的立法宗旨来考虑,应采取一般客观标准,即理性外行人标准,对具有一般知识和智力水平的普通保险外行人,如果保险人的说明和解释能够使其了解合同条款的真实含义,则保险人已履行了保险说明义务。[⑤]

2."主动说明"范围的合理界定

为贯彻主动说明规则和询问说明规则的分别机制,需解决的一个前提问题,是合理并准确界定主动说明的保险条款的范围,目标是既保护保险人相对一方主体的利益又不过分增加保险人的履行成本。笔者认为,界定范围需要衡量的因素有:第一,保险条款的复杂程度,即技术性、专业性程度;第二,保险条款对保险人相对一方利益影响的程度;第三,保险人是否有主动披露解释的意愿。基于上述因素,笔者认为,适用主动说明的对象或范围为格式化的免责条款,但应对免责条款作明确限定。

(1)主动说明的范围不包括保险责任范围条款

投保人、被保险人购买保险,是以交纳保险费为对价转移特定的风险

---

① 参见苏号朋著:《格式合同条款研究》,中国人民大学出版社 2004 年版,第 156 页。

② 对此问题在界定主动说明的范围后再进一步细化和区分。

③ 参见徐卫东主编:《商法基本问题研究》,法律出版社 2002 年版,第 392 页。

④ 参见梁鹏著:《保险人抗辩限制研究》,中国人民公安大学出版社 2008 年版,第 220 页。

⑤ 参见曹兴权著:《保险缔约信息义务研究》,中国检察出版社 2004 年版,第 238 ~ 239 页。

的,而投保人、被保险人予以转移的危险的具体内容,在保险合同中表现为保险责任范围条款。正如学者所言,“同其他产品一样,保险产品也由质量与价格构成,保险责任范围就是产品的质量,保险责任范围条款直接关系到保险交易目的的实现程度”。[①] 保险责任范围首先是对客观风险的界分,因为每一种保险产品针对不同种类的客观风险,其次是危险发生后损失承担的范围,在某种具体风险造成对标的的不同损失中界定应赔偿的范围。保险责任范围条款具有重要性、技术性、专业性,但尽管如此,笔者认为,《保险法》无需直接干预将其纳入主动说明的范围,因为对保险产品所提供的保障,保险人在推销其保险产品时通常会作主动说明。与保险责任范围相对应的就是责任免除条款,责任免除条款的具体内容直接影响保险产品的质量,也是投保人衡量产品质量的最主要因素。[②] 对投保人或被保险人来说,最有效的办法莫过于限制保险人不适当免除责任的行为,因此对免除责任条款赋予其主动说明义务具有正当性。

(2)主动说明范围为限定性的免责条款

由于存在免责条款的不同表述,分别有“除外责任条款”、“免除保险人责任的条款”和“保险人责任免除条款”,也存在对责任免除条款范围理解的不同,因此,有必要对保险责任免除条款进行界定。从适用效果上来看,如果使保险人免除(包括部分免除)赔偿责任所依据的保险合同条款构成广义上的责任免除条款的话,笔者认为,适用主动说明的范围不应被放大,而应该被限定。

从责任免除条款的效力来源来看,责任免除条款可以分为约定型免责条款和法定型免责条款,前者来源于当事人的约定或保险人提供的格式条款;后者其内容直接来源于我国相关法律的强制性规定,例如,保险责任法定免责事项、[③]被保险人违反法定义务[④]以及保险索赔时效等条款等。根据后者保险人得以免除赔偿责任或减轻赔偿责任,但是,这些条款的效力来源于法律的强制性规定,即便没有将上述内容记载于保险合同中,保险人仍有权根据法律的规定免除保险责任或限制赔偿责任,因此,其与约定

① 曹兴权著:《保险缔约信息义务研究》,中国检察出版社 2004 年版,第 230 页。

② 参见曹兴权著:《保险缔约信息义务研究》,中国检察出版社 2004 年版,第 230 页。

③ 就海上保险来说,主要有《海商法》第 242 条规定的故意制造保险事故免除保险责任。《保险法》(2009 年修订)第 27 条规定的索赔欺诈的免责也适用于海上保险合同。《海商法》第 243 条规定的海上货物运输保险的保险人免责事由以及第 244 条规定的船舶保险的保险人免责事项,均使用“除合同另有约定外”的措辞,从规范性质上属于任意性规范并非法定免责。

④ 就海上保险来说,主要有《海商法》第 222 ~ 223 条规定的被保险人告知的义务,第 236 条规定的出险通知和施救义务,第 253 条规定的被保险人保护代位求偿权的义务等。

型免责条款不同。而约定型免责条款从其拟定来看,又分成特约免责条款和格式化免责条款,特约型免责条款属于议商条款,不属于说明的范围,自然也不属于主动说明的范围。笔者认为,列入主动说明范围的应为格式化的免责条款。

从保险合同的责任免除条款与保险费率的厘定是否存在关系上来看,可以分为除外责任条款和抗辩性免责条款,其适用的结果都是对保险人保险赔偿责任的免除。保险作为损失分担机制是通过风险的计算与保险费率的核定为依据展开的,保险责任范围是确定保险费率的依据之一,由承保责任与除外责任共同构成。其中,除外责任条款用来排除保险人的保险责任,一般包括除外风险和除外损失条款。除外责任条款是保险合同区别于一般合同的免责条款,体现了保险交易的技术性。该类条款,其理论来源于保险合同的射幸性,因此,具有正当性。除外责任条款是狭义上的责任免除条款,即《海商法》第 219 条第 6 项中的"除外责任"。抗辩性免责条款是指投保人或被保险人未履行法定或约定义务致使合同不生效、合同效力终止,保险人解除保险合同,拒绝赔偿的条款。①

上述两种对责任免除条款的分类具有交叉关系,除外责任条款有约定型也有法定型,而抗辩性免责条款中既有来源当事人的约定条款或格式化条款,也有直接来源于法律的强制性规定,比如违反告知义务的规定。具体来说,根据我国《海商法》和《保险法》的规定以及当事人之间的约定,就海上保险合同来说,笔者认为,抗辩性免责条款可以分成两类:第一类,被保险人违反法定义务导致保险人最终免除(包括限制)保险赔偿效果的有:违反告知义务、违反出险通知、违反施救义务、违反重复保险通知义务、违反保护保险代位求偿权的义务等。第二类,被保险人违反支付保险费的义务,而支付保险费被约定为保险合同生效或继续有效的条件,违反保险合同中的保证义务等。抗辩性免责条款性质上与一般合同的免责条款是相同的,其形式上散见于保险单的各个部分,有的抗辩性免责条款与保险人保险费率的厘定没有实质联系。就抗辩性免责条款是否适用主动说明,笔者认为,仍有区分的必要:第一类抗辩性免责均为违反法定义务的后果,根据笔者前述的第一种分类,保险人对此不应负有主动说明义务,但提示被保险人法定义务的存在仍是必要的;第二类约定抗辩性免责,在海上保险合同中主要是违反支付保险费

---

① 参见卫文、苗海刚:《〈保险法〉修订草案中的几个问题》,载谢宪主编:《保险法评论》(第二卷),中国法制出版社 2009 年版,第 74 页。

条款义务和违反保证条款义务,如果该规定是以格式条款形式拟定的,则应纳入主动说明范围。

保险人主动说明的范围,首先,为格式化的责任免除条款(全部),即保险人单方拟定的未经与投保人协商的免责条款。若责任免除条款经双方议商确定则保险人不负说明义务;若为法定型免责条款(包括法定除外责任条款和法定型抗辩条款)则不在主动说明范围,但可列入询问回答的范围。其次,主动说明义务的范围在前面的基础上进一步限制为格式化的除外责任条款。抗辩性责任条款,若来源于法律的强制性规定则不适用主动说明,格式化抗辩性免责条款为主动说明的范围。

另外需要指出的是,保险责任免除条款,从广义理解,可以分成全部免责条款和部分免责条款。部分免责条款主要有免赔额条款和自负额条款,如机动车保险条款中"损失在500元以下,保险人不负责赔偿"等。这些条款不存在理解困难,所以,可由投保人自行决定是否需要说明,即采取询问回答即可,但对保险人来说仍应做到合理提示。因此,笔者将免责条款限定为全部免责条款。

(3)限定免责条款的几点考虑

保险人说明义务的范围限定为狭义的免责条款,主要的原因在于:

第一,保险人说明义务的制度目的是让投保人、被保险人了解合同内容,保障意思自治。因此,将技术含量高且对其权利有重大影响的免责条款设定为主动说明范围,符合保险人说明义务制度的价值。由法律代替当事人对重要条款和复杂条款进行第一轮挑选,设定主动说明范围;对相对重要的或不是特别复杂的条款,由当事人以一定交易注意对说明范围进行第二轮挑选和设定,这样的构设不会侵害被保险人的利益。

第二,保险人说明义务制度是格式条款法律控制方法的一种,未进入主动说明的范围,又因被保险人的疏忽未要求保险人说明的,可以通过格式条款的效力评价和格式条款的解释规则予以救济。因此,不会发生因缩小主动说明范围而使被保险人利益被损害的情形。

第三,就我国《保险法》保险人说明义务实行的保险格式条款均应主动说明的立法和保险实践中保险人履行说明义务的现状所产生的巨大反差来看,由于巨大的履行成本足以让保险人冒不说明之险,致其实效性较差,需要作出适当调整。因此,明确和合理的说明范围,能促使保险人主动履行说明义务,反而有利于保险人相对一方利益的保护。

3. 说明义务法律后果的重构

保险人违反主动说明义务的,应承担严厉后果。新《保险法》对违反

“明确说明”义务后果的设定为“该条款不产生效力”，使该免责条款不对保险人产生拘束力，这一结果是可接受的。但笔者认为，新《保险法》对“不产生效力”的表述是存在问题的，因为“无效说”强调的是一种价值判断，其以条款成为保险合同的组成部分为逻辑基础，然后确定其内容无效。事实上，说明义务制度作为一种程序控制方法，其解决的是格式化免责条款是否订入保险合同的问题，即强调的是一种事实判断，因此，其逻辑推导应为“该条款不订入保险合同”，或者“该条款不作为保险合同内容。”虽然“未订入”说与“无效说”均产生同一结果，但法效意思和逻辑推导仍存在差异。①

采用“未订入说”这一后果其实质效果是扩大了保险责任范围，相比而言，比赋予投保人撤销权这一救济权利更有利。而对保险人来说，由于主动说明的范围的缩小和明确，其遵守该法定义务是完全可行的。而至于发生保险事故，保险人是否承担责任，应进一步结合保险合同责任范围和其他条款确定。

违反询问说明的，不适宜采取上述方案。保险人违反询问回答规则，一者为不作解释，二者为不作如实解释，由此造成投保人对保险合同提供的保险保障的重大误解，可以赋予投保人解除保险合同的救济权利。至于在保险事故发生后引起的说明义务纠纷，保险人承担赔偿责任，而该赔偿的依据是缔约过失责任而非保险责任。对违反询问回答规则的，首先由投保人承担一定的交易注意义务，其放弃要求对一般格式条款的说明的，则保险人不承担法律后果；而对于投保人启动并询问的内容，保险人不予解释或者错误地解释，影响投保人缔结保险合同的合理预期的，由保险人承担不利后果。

4. 设立保险人说明义务的免除制度

合理设定保险人说明义务的免除是衡平当事人权益所需。笔者认为，免除事由可以考虑被保险人的主观与其专业信息能力等方面：第一，不管采取主动告知或询问回答方式，《保险法》都认可保险人如明确免除投保人的告知义务，投保人就无需告知。保险人说明义务也可以因投保人的主动放弃而免除。具体来说，投保人对一般格式条款不询问，则视为相应免除保险人的说明义务；就保险人主动说明的范围，需投保人明确声明，并经声明后免除保险人的主动说明义务，被保险人免除对方义务并不因此损害公共利益，视为其放弃有效。第二，与同一个被保险人

① 参见方志平：《保险条款的生成》，载《重庆理工大学学报》2010年第2期。

连续交易的,如果保险人之前已经对责任免除条款履行了说明解释义务,那么针对相同文本,保险人即免除了再次说明的义务,因为信息不对称的迷雾已经解开,但同时保险人必须举证在之前已经履行了说明义务。第三,被保险人经保险经纪人与保险人订立保险合同之场合,则免除保险人说明义务。

(二)方案二:仅设立免责条款的提示规则与询问回答规则

《保险法》说明制度分别机制存在针对格式条款的"说明"规则与针对免责条款的"明确说明"规则的区分困难之问题,而事实上,"说明"义务在立法上未被重视,在司法实践中"说明"也未被当事人重视,对格式条款的所谓说明立法事实上无多少价值。这种现状也提供了海上保险领域中说明制度的另一种建构思路,即《海商法》可以选择仅针对免责条款做出特别规定,而这恰好与《合同法》格式条款订入控制制度相似。这一立法建议在大连海事大学承担的《海商法》的修改课题的研究项目中也提出过:"海上保险合同中约定免除保险人责任条款的,保险人在订立保险合同时,应当采取合理的方式提请被保险人注意此种条款,并按被保险人的要求,对此种条款予以说明,否则,此种条款不约束被保险人,除非在通常业务中被保险人已知道或者应当知道该条款。"①这一建议是根据海上保险的特殊性而作出的,是对《保险法》规定的必须"明确说明"是否适用于海上保险的一种针对性回答,是可以选择的一种方案。但该立法建议中仍有几点需要完善:第一,应增加以保险人提供格式条款订立海上保险合同这一前提。第二,提示规则的范围为免责条款,需增加对其界定的方法,其范围按方案一,即以限定的免责条款为限。第三,基于询问回答规则的建立,免除保险人说明的规定可取消。

另外,由于英国保险法立法变革已经采取消费者保险和非消费者保险的分别立法,这种区分立法也对学者建构我国海上保险的说明制度提供了思路,如学者李兆良提出,仅对自然人(非商业身份)的海上保险合同要求保险人说明,对公司法人缔结的海上保险合同免除保险人说明义务。② 笔者认为,其实在海上保险法设立与《保险法》不同的保险说明规则,本身就

① 司玉琢、胡正良主编:《〈中华人民共和国海商法〉修改建议稿条文、参考立法例、说明》,大连海事大学出版社2003年版,第596页。

② 建议《海商法》修改时增加一条规定:"在自然人非商业目的的保险中,海上保险合同中约定免除保险人责任条款的,保险人在订立保险合同时,应当采取合理的方式提请被保险人注意此种条款,并按被保险人的要求,对此种条款予以明确说明,否则此种条款不约束被保险人。上述规定不适用于自然人为商业目的投保的保险和公司法人名义投保的保险。"参见李兆良:《海上保险免责条款研究》,武汉大学2014年博士学位论文,第74页。

是区分立法的表现,体现海上保险的特殊性。但是,《海商法》中引入自然人非商业目的的保险、自然人商业目的的保险以及法人投保等概念并在该基础上进行保险说明义务有无的分配的做法,可能面对的首要问题是这些概念在我国保险领域的引入尚需更进一步论证其合理性和可操作性;同时,仅对自然人非商业保险设立询问说明的义务之做法,是否会使众多的商人在参加海上保险时仍因受制于保险人的缔约优势地位而造成不利影响?因此该方案并不足取。

2018 年 3 月交通部公布了《海商法(修订草案)》,[①]对保险人说明义务制度没有作出回应。[②] 笔者认为,鉴于司法实践对《保险法》保险人说明义务制度在海上保险的适用是基本接受的,但《保险法》的说明义务制度尤其是免除保险人责任条款的"明确说明"确实存在诸多不合理之处,将其适用于海上保险实践并不能取得很好的效果,因此,趁此《海商法》修订最佳时机,对保险说明义务制度作出回应是合适的:或者作出与《保险法》不同的规定(上述方案一或方案二,方案二为佳)以排除《保险法》的适用,或者通过指引条款指向适用《合同法》第 39 条关于格式条款订入程序规则,但需要注意的是,《保险法》中作为程序控制的"免除保险人责任的条款"与《合同法》中"免责条款"仍有不同,因此,指引条款的方式不是最佳的方案。

第三节　合同解释规则对海上保险的适用分析

由于语言的歧义性以及当事人主体意识的局限性,从理论上讲,任何合同均存在解释的必要性。在保险领域,合同解释的重要性由于保险合同的附合性、技术性以及公共物品属性而更为彰显,直至成为"保险合同的灵魂"。[③] 对于海上保险合同的解释原则和解释规则,特别法《海商法》没有规定,因此,从法律适用上,应适用一般法《保险法》的规定。在新《保险法》适用环境下,海上保险合同是否适用《保险法》的格式条款疑义利益解释规则,更是需要考量的问题。

---

① 交办法函〔2018〕467 号。

② 此前《海商法》(讨论稿第 2 稿)对保险人说明义务制度有规定,作为第 12 章"海上保险合同"部分新增的一条:"订立海上保险合同,采用保险人提供的格式条款,保险人应当采取合理的方式提示注意限制或免除保险责任的条款,并按照被保险人的要求,对该条款予以说明。保险人未按前款规定履行提示或说明义务的,该条款不产生效力。"

③ 马宁:《保险合同解释的逻辑演进》,载《法学》2014 年第 9 期。

一、保险合同解释理论的梳理

当事人订立的合同,往往存在许多"歧义"以及"星罗棋布的空白",[①]因此,需要对合同进行解释,[②]但是,"对合同的解释并不是刻板地或者机械地解释。相反,它是法院必须面对的最难处理的任务之一",[③]因为合同解释的目的是探究当事人的共同意志,合同的解释是"法官从有意义的形式开始,反向地一步步追溯到创造这一形式的共同意志。"[④]如何追溯共同意志,需要借助一定的解释规则,而合同解释的理论先行于合同解释的规则,因此,对合同解释理论的梳理有助于保险合同解释规则的确立和对解释规则的理解。

(一)保险合同解释的必要性简述

正如美国保险法学者道宾所言:"从理论上讲,保险合法仅仅是合同法的一块领地,但如果有人以为合同中的字词适用于它们的常用释义,那么这块领地就会像雷区一样布满陷阱。"[⑤]这表明与一般合同相比,保险合同更需要通过解释来释明其含义,且解释保险合同的规则有其特别之处。

1. 保险合同条款歧义产生的原因

保险合同作为合同的一种,是当事人对权利义务安排的一种合意,是双方当事人意思表示的一致。这种合意经过意思的生成、表达和受领,以及当事人之间的交锋、妥协直至弥合,最终具有约束力。而合意由交流的媒介——语言所固定,因此,合同是当事人为自己制定的法律,这一命题包含一个假定前提,就是体现合同当事人权利义务的条款其语言是明确而无歧义的,即"如果保单的语言清楚明白,则保单及所有条款对保险合同当事人均有拘束力因为保单是他们之间的法律"。[⑥] 但现实是,由于各种原因,保险合同的条款往往存在许多歧义、模糊或空白之处,这就需要司法机关对保险合同做出解释,追溯当事人的真意,实现合同的价值。

保险合同语言歧义的产生,与任何合同一样,首先在于,作为"权利义

① 李永军著:《合同法》(第三版),法律出版社 2010 年版,第 468 页。

② 合同解释,包括确定合同含义的狭义的合同解释,也包括合同有漏洞时的补充的解释以及内容不适当时的修正的解释。本部分合同解释主要从狭义的合同解释阐述。

③ [英]P. S. 阿狄亚著:《合同法导论》(第五版),赵旭东等译,法律出版社 2002 年版,第 202 页。

④ 沈敏荣著:《法律限度》,法律出版社 2003 年版,第 54 页。

⑤ John F. Dobbyn, *Insurance Law*(3rd ed.)(英文影印本),法律出版社 2001 年版,第 87 页。

⑥ Hooper v. Stare Farm, 782 S0 2d 1029, 1032(La App 5 Cir, 2001 – homeowners'). See Malcolm A. Clarke, *The Law of Insurance Contracts*(4th ed.), London, LLP, 2002, p. 411.

务载体的语言文字具有局限性”。[①] 具体来说，语言“是一种不断变化着的、具有适应能力的、常常充满着歧义的表达工具。某个表达方式的意义，可能随着它所处的不同的上下文、它所指的不同情况以及说话者所属的阶层所独有的表达特点，而具有不同的意义。这是作为表达工具的语言的本质属性”。[②] 语言歧义是语言的自然属性，语言分析哲学与后现代主义指出，语言中的“能指”和“所指”是分离的。能指是一种任意的编排，取决于历史的经验，能指与所指没有必然的联系。[③] 例如，“暴雨”存在一般意义上的大雨的解释和气象学的专门含义，如果出现在保单上，除非经过特别的解释锁定其含义，否则会因缺乏保险知识的投保人或被保险人与保险人之间理解的不同而产生歧义。这是产生合同歧义最重要的原因。

其次，保险业自身的特点也会造成保险合同歧义的产生。正如美国保险法学者指出的那样：“保险合同就是要对未知的事故进行赔付的，所以，保险合同必须写得相当宽泛，而这种宽泛难免会使得保险合同的条款在适用时产生多重含义。”[④]

最后，保险业经营对格式化保险合同形成依赖，格式化保险合同也为现代保险经营所必须，但格式化条款也是导致歧义产生的一个重要原因。格式条款歧义的产生固然有上述客观原因，也受主体意识局限性制约，无法完全预料面向未来的事实变动，但是格式化条款歧义的产生很大一部分是保险人利用其交易优势形成的，即保险人是拥有专门的技术与专业知识的保险条款的制定者或使用者，其在拟定保险条款以及运用术语时，很有可能利用其专业优势故意在保险条款中掺入晦涩难懂、模棱两可的词语。其目的，正如桂裕先生所说：“保险事业之经营早有定型，顾客无选择之余地。细审契约内容，每多利用法律技巧，玩弄文字，预留他日推卸责任之地步。”[⑤]

2. 保险合同条款歧义的分类

保险合同条款的歧义，从表现形式来看可以分成两类：

---

① 李永军著：《合同法》（第三版），法律出版社 2010 年版，第 468 页。美国学者科宾语：“语言至多是一种有缺陷和不确定的工具，词语不能自我界定。”参见［美］A. L. 科宾著：《科宾论合同》（上册），王卫国等译，中国大百科全书出版社 1997 年版，第 632 页。

② ［德］卡尔·拉伦茨著：《德国民法通论》（下册），王晓晔等译，法律出版社 2003 年版，第 456 页。

③ 参见沈敏荣著：《法律不确定性的思想渊源》，载《社会科学》1999 年第 12 期。

④ ［美］小罗伯特·H. 杰瑞、道格拉斯·R. 里士满著：《美国保险法精解》，李之彦译，北京大学出版社 2009 年版，第 7 页。

⑤ 桂裕著：《保险法论》，三民书局股份有限公司 1981 年版，第 183 页。

第一类是语义不确定。第一种，语句模糊，是指某语句的含义边界不确定，它包含了一个从中心向四周散布而形成的词义集合。① 例如，保险合同中约定保险标的为"企业财产"，则可能对企业的财产会有不同理解。第二种，词语本身具有歧义性，即本身含有多重含义，而每种含义在上下文中都具有合理性。这里也包括保险合同中技术性语言在专业含义和普通含义之间的冲突现象。第三种，词句具有两种或两种以上等效含义。如罗得岛，不标注具体国家，则分别可指向希腊罗得岛和美国罗得岛等。第四种，语义不确定是语法结构造成的歧义。②

第二类歧义的情形是"编排混乱"。③ 通常结构复杂、精心制作的投保单、保险单各部分内容的编排有时候很不科学，对投保人或被保险人造成误导，使其对保障范围产生误解。这主要发生在除外责任条款部分，这类条款往往经保险人精心设计，要不和保障条款相距甚远，非常不起眼，要不干脆藏在保单角落里根本找不到，以至于"一个人如果读了这种保单，除非他是个超人，否则这个大杂烩对他来说无异于是一条难以理解的谜语、一个黑暗和困惑的洪流"。④ 尽管这是对美国简化保单之前的现状的一个描述，但这样的状况在现代保险实践中仍普遍存在。

从上述可以看出，保险合同的歧义既有一般合同中普遍会存在的歧义，也有因保险条款格式化带来的歧义。从歧义产生的主客观因素来看，有自然性歧义，即语言作为表达的媒介工具的局限性带来的歧义；有因当事人作为有限理性人对语言运用的局限性所致；也有保险人作为"经济人"在利益驱动下利用其优势(专业优势、缔约优势)而"故意"造成的误导性歧义。因此，对保险合同解释来说，其解释原则和解释规则在一般条款和格式条款之间应有所不同。

(二)合同解释的理论及对保险合同的适用

合同解释的目的是探求当事人的真实意思，由于存在意思表示的理论分歧，因此，探求真意的路径亦有不同。以下通过对合同解释理论的梳理

---

① 参见胡基：《合同解释的理论与规则研究》，载梁慧星主编：《民商法论丛》(第 8 卷)，法律出版社 1997 年版，第 28 页。

② 参见胡基：《合同解释的理论与规则研究》，载梁慧星主编：《民商法论丛》(第 8 卷)，法律出版社 1997 年版，第 5 页。

③ 胡基：《合同解释的理论与规则研究》，载梁慧星主编：《民商法论丛》(第 8 卷)，法律出版社 1997 年版，第 5 页。

④ Delancy v. Rockingham Farmers Mutual Insurance Cornpany, 52 N. H. 581, 587(1873). 转引自[美]所罗门 · 许布纳、小肯尼思 · 布莱克、伯纳德 · 韦布著：《财产和责任保险》，陈欣等译，中国人民大学出版社 2002 年版，第 22 页。

以及对格式合同在一般合同解释理论上的发展的阐述,为保险合同的解释提供较为清晰的理论基础。

1. 一般合同解释的理论:主客观对立与融合

合同解释的目的在于探求当事人的真意。意思表示分成内在意思[①]和外在表示两个阶段,因此,根据解释的对象是行为人的内在意思还是通过表示行为表达出来的意思的不同,而形成意思说(或称主观说)和表示说(或称客观说)两种对立的理论,两种理论下合同解释的路径也不同。

大陆法系国家的合同解释理论作为意思表示解释的一部分,在历史发展中,因处不同时代而产生不同的理论。意思说出现在奉行意思自治的时代,认为合同为法律行为,其核心是行为人的意思,而表示仅起从属作用,故解释的目的是探求当事人真意,解释的对象应是当事人的内在意思,在解释技术上注重当事人订约时的主观想法。[②] 意思说的精髓就是合同解释"不应满足于对词语含义的解释,不应拘泥于所使用的文字,而应探求当事人的真实意思"。[③] 表示说出现在法律价值从个人本位逐渐向社会本位转变以及意思自治衰弱的 19 世纪末,并兴起于 20 世纪。表示说认为,合同的实质是行为人的外在表示而非内在意思,解释的对象应是当事人的表示意思,解释的技巧注重从订约时或订约后的客观情况推定,以相对人足以合理客观了解的表示内容为准,保护相对人的信赖利益。[④]

英美法系国家的合同解释理论也经历了类似的演变。在 19 世纪中期之前,普通法国家一直采用主观解释方法(subject approach),合同解释应探究当事人的内在意思,"毫无疑问,在所有案件中,法院的目的都是要确定'当事人的意图',只要他们曾经共同具有这种意图"。[⑤] 之后,以威林斯顿(Willinston)为代表提出了系统的客观解释理论(objective approach)并体现在其主持的《第一次合同法重述》,[⑥]其认为解释合同不能依赖于当事

---

① 按照大陆法系理论,内在意思要素分成目的意思和效果意思,目的意思是指明法律行为具体内容的意思要素,而效果意思表示人欲使其表示内容隐去法律上效力的内在意思要素。一般认为法律行为的解释主要是对目的意思的合同内容的解释,效果意思内容之解释只具有从属的意义。具体可参见董安生著:《民事法律行为》,中国人民大学出版社 2002 年版,第 165 ~ 169 页。

② 参见郑玉波著:《现代民法基本问题》,汉林出版社 1981 年版,第 21 ~ 22 页。

③ 梁慧星:《合同的解释》,载梁慧星主编:《民商法论丛》(第 6 卷),法律出版社 1997 年版,第 539 ~ 540 页。

④ 参见郑玉波著:《现代民法基本问题》,汉林出版社 1981 年版,第 4 ~ 5、21 ~ 22 页。

⑤ 张家勇:《合同的解释及漏洞的填补》,载《西南民族学院学报》(哲学社会科学版)1997 年第 5 期。

⑥ 参见美国《第一次合同法重述》第 230 ~ 233 条。

人任何一方的意图,而应该以一个理性之人(reasonable person)的标准进行解释。这种解释是严格按合同措辞解释,一般不采用外部证据规则,忽视了订立合同的过程,会导致不公平的结果出现,因而受到学者的批判。[①]之后以科宾(Corbin)为代表提出了折中的客观说,并被美国《第二次合同法重述》采纳,其主要观点可以归结为,合同解释的目的是渐次地了解当事人的意图,因此,应首先按当事人相同的理解解释,如果理解不一致,则按合同订立时一方知道或应当知道的另一方当事人的意思解释,在确定一方的意思时,应援引订立合同时的有关证据。[②]

合同解释的理论经过时代的发展逐渐趋向融合,正如拉伦茨所言:"在对合同进行解释时,既要考察表意人所表达的意思是什么,也要考察在不考虑表意人所指的内容而考虑其他人或受领人对表示进行理解的可能性的情况下,在客观上应当如何理解该意思表示。"[③]目前各国立法或司法实践均没有单独采用意思主义或表示主义,多数属于兼而有之,各有侧重。

2. 格式条款解释理论:在一般合同上的发展

格式条款或格式合同的解释是合同解释中一个较为特殊的问题。基于对格式条款性质的不同主张,形成了格式条款解释的不同主张。有的学者认为:"一般契约条款可谓系企业者之自治立法,而为一种交易制度或规范……应该依客观的标准,不管契约当事人之个别的意思或理解的影响,采用与解释法规相类似的方法……"[④]有的学者认为,格式条款具有双重性质,对其解释"在法律行为的意思表示和法典意义解释之中间"。[⑤] 该说形成通说,认为格式条款首先是合同的组成部分,并且经相对人同意而产生拘束力,其基本性质仍属合同条款,因此,对格式条款的解释仍应当适用普通合同解释的规则;其次,格式条款由当事人一方预先单方制定,另一方没有参与制作,一般只有被动接受的义务,因此还需要运用与其特点相符的解释方法展开解释作业,以修正普通合同解释方法可能出现的偏差。[⑥]

---

① 参见[美]小罗伯特·H. 杰瑞、道格拉斯·R. 里士满著:《美国保险法精解》,李之彦译,北京大学出版社 2009 年版,第 7 页。

② 参见[美]A. L. 科宾著:《科宾论合同》(上册),王卫国等译,中国大百科全书出版社 1997 年版,第 641 ~ 642、653 ~ 655 页。

③ [德]卡尔·拉伦茨著:《德国民法通论》(下册),王晓晔等译,法律出版社 2003 年版,第 457 页。

④ 刘春堂:《一般契约条款之解释》,载郑玉波主编:《民法债编论文选辑》,五南图书出版有限公司 1984 年版,第 226 ~ 227 页。

⑤ 刘宗荣:《定型化契约条款之研究》,载《台大法学论丛》第 4 卷第 2 期。转引自苏号朋:《格式合同条款研究》,中国人民大学出版社 2004 年版,第 222 页。

⑥ 参见苏号朋:《格式合同条款研究》,中国人民大学出版社 2004 年版,第 222 ~ 224 页。

对格式条款的特殊解释规则,学者一般认为:客观化解释、统一解释、限制解释、疑义利益解释等。①

3. 保险合同解释:合同解释理论影响下的超越

对于保险合同的解释,英国法院从解释技术上总结了十四项解释规则。② 而美国法院对保险合同的解释则形成了两种观点,一种观点认为应当把保险合同和其他合同一视同仁,无需采取其他做法;但是更多的法官则认为应该把保险合同作为一种特殊的类别来处理。③ 美国保险法学者把对美国司法实践中保险合同的解释归结为,保险合同的解释原则应"建立在普通合同的解释规则之上",但却又"不是普通规则的简单延伸",而是"经常把普通规则反过来适用"。④ 美国司法实践对保险合同的解释甚至走得更远,具体表现为合理期待原则的确立。合理期待原则突破了合同解释的客观说,即使在保单条款语义清晰的情况下,也突破保单保障的范围满足投保人的合理期待。⑤ 从英美保险司法实践众多的解释规则中,还是可以看出这样一种理念:保险合同的解释仍应尊重一般合同的解释原则,如文义解释和整体解释原则对合同解释的重要性,同时关于特殊解释规则,如疑义利益解释规则或合理期待原则,则是针对格式化保单采用的解释方法。笔者认为,保险合同的解释既受合同解释理论的影响也受现代格式合同解释理论的影响,是一般合同解释理论以及格式条款解释理论在保险合同中的适用与具体化,以及进一步的发展。⑥

笔者认为,保险合同的解释理论或解释规则的体系构建可以从且应该从保险合同条款的不同性质出发。具体来说,保险合同作为合同的一种,从形式上可由保单、投保单、批单等构成,从其条款的订立程序上来划分,是由格式条款和特约条款(议商条款)组成的,保险合同基本条款一般是

---

① 具体论述可参见苏号朋:《格式合同条款研究》,中国人民大学出版社 2004 年版,第 225 ~ 241 页;徐涤宇:《法律适用中的合同解释》,载《阴山学刊》2004 年第 4 期。

② 参见李玉泉:《保险法》(第二版),法律出版社 2003 年版,第 164 ~ 166 页。

③ 参见[美]小罗伯特·H. 杰瑞、道格拉斯·R. 里士满著:《美国保险法精解》,李之彦译,北京大学出版社 2009 年版,第 14 页。

④ James M. Fischer, "Why Are Insurance Contracts Subject to Special Rules of Interpretation?: Text versus Conxtext", *Arizona State Law Journal*, 1992(Fall), pp. 1002 – 1003.

⑤ 关于美国保险法上的合理期待原则,与部分探讨的主题(我国《保险法》与海上保险法的衔接)没有直接关系,因此此处不展开论述。关于此简要阐述可参见本书第五章第二节一(二)部分。详见 Robert E. Keeton, "Insurance Law Rights at Variance with Policy Provision", Harvard Law Review, 1970(March).

⑥ 美国保险法合理期待原则虽然代表了一种保护保险消费者的法益思想,但其本身在美国也备受争议,美国的司法实践拒绝采用合理期待原则。大陆法系国家也没有这方面的规定。美国保险法合理期待原则并不能代表国际上的通常做法。

由保险人事先拟定的格式条款,投保人"要么接受,要么走开",对投保人来说具有附合性。除此之外,存在经当事人通过商议而个别订立的契约条款,即个别商议条款。由于保险合同条款一般由上述两类性质不同的条款所组成,因此保险合同的解释应受上述解释理论的支配而区分适用:对议商条款应适用普通合同解释原则,即探寻当事人表达在外的共同真意;对格式条款,首先适用普通合同解释原则,但同时适用对格式条款解释的特殊规则。对保险格式条款的解释,立法上有变化但仍有不清晰之处,故以下部分针对保险格式条款疑义利益解释的准确定位以及对海上保险的影响进行探讨。

二、我国保险合同解释规则:从原《保险法》到新《保险法》

就我国立法来看,由于保险合同解释规则的立法比一般合同法解释规则的确立要早,在《保险法》(1995 年)制定时我国合同解释理论尚不成熟,因此,《保险法》(2002 年修正时相应条文调整为第 31 条)关于保险合同的解释,特别是作为唯一解释规则的疑义利益解释规则,其合理性受到了实践的挑战。《保险法》(2009 年修订)对保险合同解释规则的修改及完善,表明其在我国《合同法》以及正确的合同解释理论的影响下逐渐回到正常的轨道中来了。

(一)《保险法》(1995 年制定)解释规则及存在的问题

我国 1995 年颁布的《保险法》对保险合同疑义利益解释规则[①]的规定虽然只是原则性的,但是,该条规定可谓是"中国合同立法史上的一个突破"。[②] 首先,当时所谓"三足鼎立"的《合同法》以及《民法通则》均没有规定合同解释原则和规则,[③]《保险法》(1995 年制定)该条规定是我国合同立法史上对解释原则和规则的首次立法。其次,原《保险法》确立的疑义利益解释规则顺应了国法际上的通行做法。疑义利益解释规则(又叫不利解释或有利解释),来自古罗马的一条谚语:"有疑义应为表意人不利益之解释",其后为法学界所接受。英美法称之为"contra proferentem",亦即"不利于提供者规则",亦即"用于书面文件的解释,意为文件中的模棱两

---

① 原《保险法》(1995 年制定)第 30 条规定:"对于保险合同的条款,保险人与投保人、被保险人或者受益人有争议时,人民法院或者仲裁机关应当作出有利于被保险人和受益人的解释。"

② 徐卫东主编:《商法基本问题研究》,法律出版社 2002 年版,第 353 页。

③ 当时我国《经济合同法》(1981 年通过,1993 年修改)、《涉外经济合同法》(1985 年制定)、《技术合同法》(1987 年制定)三个合同法中都没有对合同的解释规则作出规定。《民法通则》将公平原则、诚实信用原则作为民事活动的基本原则加以规定,一定程度上来说可以作为合同解释的基本原则,但是法律规范层面上的合同解释规范并没有确立。

可之处应作最不利于文件起草者或文件提供者的解释”。[①] 疑义利益解释规则成为保险合同的重要解释原则，“目前世界各国司法上在解释保险合同时，均采用此原则”。[②]

由于我国保险业起步较晚，合同解释理论研究不足，在理论准备和实践认识都不是很充分的情况下，因缺乏合同解释系统理论的支撑，制定的保险合同的解释规则不免问题丛生，而立法的缺陷与法官对被保险人天然同情的情愫相结合则导致了疑义利益解释原则适用的泛化趋势。

第一，《保险法》（1995 年制定）疑义利益解释规则存在的问题主要集中于：首先，适用范围泛化。疑义利益解释规则并非保险合同所独有，该规则旨在对格式条款不利影响加以矫正衡平，按此法理，即《保险法》之所以采用疑义利益解释规则，其目的是为了削弱保险人利用缔约优势及条款的单方拟订权而获取不正当利益，因此，其适用范围应界定为格式化条款而非所有的保险合同条款。而原《保险法》（1995 年制定）规定的适用范围为“保险合同条款”，依文义解释，应为不问其是否属于保险格式化条款均适用该解释规则。虽然格式化渐为现代保险交易的趋势，格式合同已经内生为现代保险交易的内在特征，但是，保险交易中仍不乏议商条款的存在。因此，原《保险法》（1995 年制定）对适用范围的不准确定位与疑义利益解释规则系针对格式化条款的司法规制的立法目的是相背离的。其次，《保险法》（1995 年制定）将疑义利益适用的前提或条件规定为对保险合同条款有“争议”，“争议”与是否为争议条款的实质内容无涉。而国外立法例一般将疑义利益解释原则的适用条件限定为条款“模糊不清”（ambiguity），[③]“模糊不清”的核心意思是指“歧义”，[④]通常界定为“保险合同的条款和用语拥有一个以上的合理解释”。[⑤] 因此，立法语言的不准确导致了适用条件被放宽，使得在司法实践中保险合同一出现争议就适用疑义利益解释的倾向。

---

① 薛波主编：《元照英美法词典》，法律出版社 2003 年版，第 315 页。

② 李玉泉著：《保险法》（第二版），法律出版社 2003 年版，第 171 页。

③ 如果标准的保险合同的某一条款意思模糊不清，法院将作出对被保险人有利的条款解释。参见[美]C. 小阿瑟·威廉斯等著：《风险管理与保险》，马从辉、刘国翰译，经济科学出版社 2000 年版，第 467 页。

④ 根据学者的介绍和笔者查阅的资料显示与“ambiguity”一词含义相近的词汇是 vagueness，其含义是模糊的、含糊的，主要是指某词在运用上边界不确定。而美国保险法上于 ambiguity 和 vagueness 这两个词汇并不严格区分，一并归入“含义不清”而适用疑义利益原则。参见徐卫东主编：《商法基本问题研究》，法律出版社 2002 年版，第 357 页。

⑤ Spencer L. Kimball, *Cases and Materials on Insurance Law*, Boston, Little, Brown and Company, 1992, p. 8.

第二,疑义利益解释原则作为《保险法》解释保险合同的唯一规范,也带来了一些问题。首先,从字面上看,疑义利益解释规则是保险合同解释的唯一方法,排除、忽略了其他合同解释规则的适用。其次,如果承认保险合同解释需要遵循一般合同的解释规则,则带来的另一个问题就是疑义利益解释规则是否具有优先适用性。对于上述两个问题可以归纳为疑义利益解释规则与合同解释一般规则之间的关系,对此,原《保险法》未予明确。

适用条件的不准确、适用范围的泛化以及解释规则的单一化等问题叠加在一起使疑义利益解释规则在适用中出现僵化和粗俗化的倾向,即导致了司法实践中部分裁判机关适用《保险法》(1995 年制定)解释保险条款时的断章取义和过度偏激——只要在保险合同争议中当事人双方对保险条款发生歧义,一律依据原《保险法》"有利于被保险人和受益人解释"的规定,作出对保险人不利的解释以及最终裁判,甚至使原《保险法》的立法缺陷成为某些图谋不轨的裁判者作出错误裁判的"正当理由"。[1]

(二)《保险法》(2002 年修正)疑义利益解释规则与《合同法》解释规则并存:何者优先适用

我国 1999 年《合同法》在合同的解释方面形成了解释原则和方法的体系化架构。首先,《合同法》第 125 条[2]的规定可以看出采用的是客观主义兼主观主义的解释原则,并明确了文义解释、体系解释、目的解释、习惯解释和诚信解释方法在合同解释中的适用;其次,《合同法》第 41 条[3]针对格式条款解释规则的规定进一步完善了合同解释规则体系。在格式条款的解释方法上,形成了合同的一般解释方法和格式条款解释规则之间的衔接,即形成了格式条款应采用通常解释、疑义利益解释、非格式条款优先于格式条款的规则体系。

《合同法》颁布后,保险合同解释的法律适用问题随之而来,即《合同法》对格式条款的解释规则的规定是否适用于对保险格式条款的解释。

---

① 参见任以顺:《论保险合同格式条款的解释原则——兼论新〈保险法〉第三十条之修订价值》,载《保险研究》2009 年第 12 期。

② 《合同法》第 125 条:"当事人对合同条款的理解有争议的,应当按照合同所使用的词句、合同的有关条款、合同的目的、交易习惯以及诚实信用原则,确定该条款的真实意思。合同文本采用两种以上文字订立并约定具有同等效力的,对各文本使用的词句推定具有相同含义。各文本使用的词句不一致的,应当根据合同的目的予以解释。"

③ 《合同法》第 41 条:"对格式条款的理解发生争议的,应当按照通常理解予以解释。对格式条款有两种以上解释的,应当作出不利于提供格式条款一方的解释。格式条款和非格式条款不一致的,应当采用非格式条款。"

《保险法》于2002年第一次修正,在未对保险合同部分实质修改的背景下,对《保险法》疑义利益解释规则也未作出修改。[①] 由此,关于保险合同解释的法律适用问题,即对保险格式条款的解释是应首先根据《合同法》的规定适用"通常解释",在仍存有两种以上合理解释时才可以适用疑义利益解释,还是仅适用《保险法》疑义利益解释规则,形成了两种观点:

一种观点认为,相对于《合同法》而言,《保险法》是特别法,因此,在保险合同的解释中,《保险法》(2002年修正)第31条应当具有优先性,即法院在运用文义解释、体系解释、历史解释和习惯解释等解释原则所得出的结论与疑义利益解释原则冲突时,应以《保险法》第31条为准。[②]

但是,更多的则是主张《合同法》的一般解释原则应优先适用,认为《保险法》第31条规定的疑义利益解释规则,在保险合同解释规则中是一个"第二阶位"条款,只有在《合同法》的一段解释方法穷尽后仍不能消除对保险合同条款歧义之时,才能适用。[③] 也有的从疑义利益解释规则具有的辅助性或从疑义利益解释在解释中的价值判断出发来求证其适用的滞后性。在我国法律环境下,从特别法和一般法的适用规则来看,"特别法优先一般法"原则的适用前提,应当是特别法与一般法对同一内容的规定不一致。在1995年《保险法》对"按照通常理解予以解释"的内容并未作规定,且2002年修正《保险法》时也未增添该内容的情形下,所谓"两法不一致"的现象即无从谈起,在此背景下适用《合同法》处理案件是完全正确的。[④]

对疑义利益解释规则的适用位阶的问题,英美国家的司法和理论界存在疑义利益解释规则应优先适用的主观说、不应作疑义利益解释的客观说以及疑义利益解释规则作为第二位阶规则的折中说,[⑤]而折中说为通说。

---

① 《保险法》于2002年第一次修正,疑义利益解释规则条文顺序从原第30条改为第31条。

② 参见刘云龙:《投保人信赖保护法律制度研究》,清华大学2006年博士学位论文,第97~98页。

③ 参见王静:《疑义利益解释规则适用问题探讨》,载《法律适用》2006年第5期。该观点在我国理论界已经形成通说。相同的观点另可参看:樊启荣:《保险合同"疑义利益解释"之解释——对〈保险法〉第30条的目的解释和限缩解释》,载《法商研究》2002年第4期;张燕:《保险合同解释中的疑义利益解释原则——兼谈对〈保险法〉第30条的理解和适用》,载《上海政法学院学报》2002年第3期;李秀芬:《论保险合同疑义利益解释原则》,载《法学论坛》2008年第1期;程兵、严志凌:《论保险合同条款的不利解释原则》,载《法学》2004年第9期等。

④ 参见任以顺:《论保险合同格式条款的解释原则——兼论新〈保险法〉第三十条之修订价值》,载《保险研究》2009年第12期。

⑤ 关于主观说、客观说以及折中说的观点,可参见江朝国著:《保险法基础理论》,中国政法大学出版社2002年版,第39~40页。

英国保险法学者克拉克的观点比较具有代表性,其认为,"在英国一般法中,疑义利益解释原则是可供依靠的第二位的解释原则(a canon of construction of second resort),该原则在其他解释原则无法确定合同含义的情况下方可采用"。[①] 而美国学者斯坦普尔(Jeffrey W. Stempel)的论述更为细致和全面,其主张"在各种解释方法构成的位序结构中,文义解释、整体解释、目的解释、外来证据佐证解释应当位于疑义不利解释之前,而疑义解释的适用应先于公共政策分析及解释和显失公平分析及解释"。[②]

无论从法律适用的角度还是从理论角度,《保险法》疑义利益解释规则非但不应排除《合同法》一般解释规则的适用,相反《合同法》第41条的"通常解释"应优先于《保险法》第31条的适用,但是,司法实践却仍然未对此予以太多关注,仍出于天然的同情心扩大疑义利益解释规则的适用。

(三)《保险法》(2009年修订)对疑义利益解释规则的修正与完善

不利解释的正当性源于效率原则,其本身并非探求真意的方法,而仅具有工具理性之目的与价值,是一种风险分配工具。它仅在探求真意规范无法确定争议条款的含义时方可采用,是可供依靠的第二位的解释工具。[③]在理论界普遍提出"疑义利益解释规则之适用必须具备相当严格之条件方能符合该规则之本旨"[④]的呼声中,同时也在《合同法》对疑义利益解释规则的准确定位的影响下,2009年对《保险法》进行第二次修订时,对原保险条款的解释规则进行了合理的修正,[⑤]主要表现为:首先,将疑义利益解释规则适用范围限定于"采用保险人提供的格式条款订立的保险合同";其次,在适用条件上采取了格式条款有"疑义"的理论,即采纳"保险格式条款有两种以上解释"的适用条件;再次,在适用位阶上,疑义利益解释规则应当后于"通常解释"适用,[⑥]只有在有两种以上通常解释时,才适用有利于被保险人、受益人的解释,[⑦]疑义利益解释规则不排除合同解释的一般原

① Malcolm A. Clarke, *The Law of Insurance Contracts* (4th ed.), London, LLP, 2002, p. 448.

② Jeffrey W. Stempel, *Interpretation of Insurance Contracts*, Boston, Little Brown and Company, 1994, p. 175. 转引自李庭鹏著:《保险合同告知义务研究》,法律出版社2006年版,第166页。

③ 参见马宁:《保险合同解释的逻辑演进》,载《法学》2014年第9期。

④ 樊启荣:《保险合同"疑义利益解释"之解释——对〈保险法〉第30条的目的解释和限缩解释》,载《法商研究》2002年第4期。

⑤ 《保险法》(2009年修订)第30条:"采用保险人提供的格式条款订立的保险合同,保险人与投保人、被保险人或者受益人对合同条款有争议的,应当按照通常理解予以解释。对合同条款有两种以上解释的,人民法院或者仲裁机构应当作出有利于被保险人和受益人的解释。"

⑥ 《保险法》(2009年修订)第30条本身没有界定通常理解以及其解释方法,因此对该"通常理解的解释"产生不同理解,具体阐述见后文。

⑦ 参见袁杰等编:《中华人民共和国保险法解读》,中国法制出版社2009年版,第70页。

则与一般方法，适用顺序上一般解释方法优先于疑义利益解释规则；最后，《保险法》（2009年修订）也确立了格式化保险条款与非格式条款之间在解释合同时的不同效力，确立了非格式条款优先适用的原则。

新《保险法》对保险格式条款解释的上述修正，实际上是与《合同法》相关规则的一种衔接，[①]也实现了对当事人利益的平衡，避免了对疑义利益解释规则的滥用，体现了合同公平原则。

三、《保险法》疑义利益解释规则对海上保险合同的适用争论与分析

我国《海商法》对海上保险合同的解释没有作出规定，因此可适用特别法和一般法的适用原则，即《海商法》没有规定的则适用《保险法》的规定，《保险法》没有规定的，适用《合同法》的规定，因此，海上保险合同的解释首先适用《保险法》格式条款解释的规定，再适用《合同法》一般解释规则。该适用原则在2006年《海上保险纠纷司法解释》中也已经明确规定。[②] 对于后者，《合同法》对海上保险合同的适用性不存在争议，因为作为探求当事人真意的解释原则是包括海上保险合同在内的所有合同的共同命题。而对于前者，即疑义利益解释原则是否可以适用于海上保险合同则存有争议。

（一）疑义利益解释规则是否适用于海上保险合同的争论

关于疑义利益解释规则在海上保险合同中的适用的争议主要有：疑义利益解释规则是否可作为海上保险合同的解释规则，疑义利益解释规则是否是解释的唯一规则。理论界和司法实践中就此存在一定分歧。

1. 我国海事司法实践

根据笔者对我国海上保险案例的搜索及结果表明，赞同将疑义利益解释规则在海上保险合同中适用的案例是比较多的。适用疑义利益解释规则的典型案例是巴拿马浮山航运有限公司诉中国人民保险公司青岛市分公司船舶保险合同纠纷一案，[③]该案中被保险人与保险人就被保险船舶“浮山轮”对因他船为避免与其发生碰撞而搁浅（两船未实际接触）所承担的赔偿责任是否属于人保1986年《船舶保险条款》下承保的对他船的“船舶碰撞”责任范围产生争议。被保险人认为间接碰撞属于保险单上所规定的“碰撞”，保险人则认为“碰撞”仅包括直接碰撞与触碰，不包括间接碰

① 参见胡晓珂：《保险法二次修订之理念与路径选择》，载《法商研究》2009年第6期。

② 参见《海上保险司法解释》（法释〔2006〕10号）第1条。

③ 青岛海事法院（1999）青海法海商初字第180号民事判决书以及山东省高级人民法院（2001）鲁经终字第314号民事判决书。参见《最高人民法院公报》2004年第6期。

撞。一审、二审法院都认为,我国《海商法》和最高人民法院关于船舶碰撞的司法解释[①]所说的"船舶碰撞"都包括直接碰撞和(未实际接触的)间接碰撞两种情形,如保险合同中的船舶碰撞概念与法律不一致,保险人有义务在签订保险合同时声明,否则,因此造成的争议,应作有利于被保险人的解释,即间接碰撞属于保险条款中的船舶碰撞责任范围。

此前,即我国《保险法》第二次修订前,海事法院对疑义利益解释规则的适用,存在援引原《保险法》疑义利益解释规/原则还是适用《合同法》疑义利益解释规则的区别。在一些海上保险纠纷案件中,法院直接以《保险法》疑义利益解释原则作为判决依据,如舟山市海运公司诉中保财产保险有限公司舟山市分公司船舶保险合同案,一审法院对因与承保船舶"瀛昌"轮碰撞而沉没的"林海 5 号"打捞而产生的费用是否属于除外责任条款的"航道清理费"的解释;中保财产保险有限公司上海分公司诉宁波市粮油食品进出口公司海上货物保险合同纠纷上诉案,二审法院对自燃是否属于其投保的一切险(火烧、霉变、结块)中的"火烧"的解释;以及在罗盖特(中国)精细化工有限公司诉因纳玛海上保险公司、北美补偿保险公司海上保险合同纠纷案对"LIANYUNGANG PORT"的解释中,均直接援引《保险法》为法律依据,并适用《保险法》疑义利益解释规则。[②]

有的海上保险纠纷案件中,法院并不适用《保险法》疑义利益解释规则而是以《合同法》疑义利益解释规则为依据。如在凌源市东远农贸科技发展有限责任公司诉中国太平洋财产保险股份有限公司大连分公司海上保险合同纠纷案[③]中,对于岸上冷藏库的解释,原告认为包括承运人控制下的对冷藏集装箱进行插电保管的场站,被告认为仅指封闭的岸上冷藏库,一审法院作出对保险人不利解释的依据是《合同法》第 41 条而不是《保险法》。又如在林文杰因出险后交纳第一期保险费并索赔被拒诉宁波人保公司仍应履行船舶保险合同赔偿责任案[④]中,对争议的"保费付清"作出了不利于保险人的解释,依据的是《合同法》第 41 条。还有些海上保险纠纷中,法院对疑义利益解释规则的适用则显得更为谨慎,同时将《保险

---

① 此处所指的船舶碰撞司法解释是指 1995 年《最高人民法院关于审理船舶碰撞和触碰案件财产损害赔偿的规定》(法发〔1995〕17 号)。

② 三案例均来源于北大法宝网。

③ (2009)大海商初字第 110 号民事判决书。案例来源于北大法宝网。

④ 最高人民法院中国应用法学研究所编:《人民法院案例选》(2003 年第三辑,总第 45 辑),人民法院出版社 2004 年版,第 378 ~386 页。

法》和《合同法》作为疑义利益解释的依据。[①] 虽然援引《合同法》或《保险法》疑义利益解释规则法律适用的结果一样，但上述案例表明海上保险实践对《保险法》适用上的慎重，这与原《保险法》将疑义利益解释规则作为唯一的解释规则以及疑义利益解释规则本身又存在瑕疵有关。

在深圳华联粮油贸易公司诉华安财产保险股份有限公司海上货物运输保险合同纠纷一案[②]中，被保险货物（豆粕）到港开舱时被发现发红变质，保险合同双方对“外来原因”是否为列明风险存在争议。法院认为应使用通常解释而不适用疑义利益解释：“该保险合同是格式合同，对格式条款的理解发生争议时，应当按照通常理解予以解释。按通常理解，‘一切险’是非列明风险，‘外来原因’应属于未能确定、未能列举的承保风险。”虽然该案在适用通常解释的结果上仍然是有利于被保险人的，但是该案明确地表明对海上保险合同格式条款的解释仍应首先遵循通常解释规则，疑义利益解释规则并不当然具有适用的唯一性和适用的优先性。

可见，海事司法实践并不排斥疑义利益解释规则在海上保险合同中的适用，但是，在适用时并不完全遵守《保险法》的规定，将其作为唯一的解释规则，也借助《合同法》规定的通常解释规则。

2. 理论界的争论

从我国一些公开出版物可以得出的情况是，侧重海上保险实务性研究的著述中很少关注疑义利益解释，甚至很少有提到海上保险合同的解释问题。[③] 而侧重理论性研究的著作中在对海上保险合同的解释规则进行介绍时，认为《保险法》疑义利益解释规则可以在海上保险合同适用的观点比较集中的有，比如汪鹏南教授在其《海上保险法的理论与实践》一书中提

---

① 例如，武汉某饲料有限公司诉某财产保险股份有限公司江西省分公司海上货物运输保险合同赔偿案。该案案情：承保货物因承运船舶在国外被预防性司法扣押，在当地法院允许将船载货物卸下的情况下，被保险人没有采取措施将货物运回而受损。二审法院对争议的海运一切险是否列明风险这一争议焦点，依据《合同法》第 41 条、《保险法》第 30 条作出了不利于保险人的解释，即海运一切险是非列明风险的结论，据此认为货损属于保险事故，但被保险人未采取施救措施导致损失，最后被保险人败诉。案例来源于北大法宝网。上述浮山轮案例一审法院也是同时援引《保险法》和《合同法》疑义利益解释规则。

② （1998）广海法深字第 074 号和（2000）粤法经二终字第 48 号民事判决书。案例来源于北大法宝网。

③ 国内出版的一些海上保险法著作中没有提到疑义利益解释规则的主要有，张湘兰著：《海上保险法》，中国政法大学出版社 1997 年版；魏润泉、陈欣著：《海上保险的法律与实务》，中国金融出版社 2001 年版；曾立新著：《海上保险学》，对外经济贸易大学出版社 2001 年版等。提到疑义利益解释的著作主要有，杨良宜著：《海上货物保险》，法律出版社 2010 年版；杨召南、徐国平、李文湘著：《海上保险法》，法律出版社 2009 年版。

到:"由于《保险法》第 31 条表述不当,[1]而由《合同法》第 41 条格式条款的三条解释原则直接调整海上保险合同。"另司玉琢、胡正良教授在关于我国《海商法》(修订建议稿)中,建议:为避免《保险法》(2002 年修正)第 31 条的适用,按《合同法》模式建立我国的海上保险格式条款解释规则体系。[2]上述著述中的观点表明,疑义利益解释作为合同解释规则并不被排除于海上保险领域中,理论界提出按照《合同法》模式建立海上保险合同的解释规则体系的建议或者海上保险合同适用《合同法》不适用《保险法》(2002 年修正)的解释规则,其观点是一致的,即疑义利益解释规则并不应该作为唯一的解释规则或者说并不应该成为优先适用的解释规则,但并不排除其在海上保险领域的适用。另杨召南教授等认为,海上保险合同作为合同之一种,应遵循《合同法》的一般规定(《合同法》第 125 条)进行解释,与此同时,海上保险合同作为一种特殊的格式合同也有其特殊的解释原则,即遵循新《保险法》的疑义利益解释原则。[3]

与此相对的,认为疑义利益解释规则不应适用于海上保险合同的主张,根据初北平博士在其博士论文中的总结,主要原因是:[4](1)现有船舶保险条款业已经过主管部门审批(不仅仅是备案),其不存在不公平或损害被保险人利益的条款。(2)船舶保险不是消费者保险。航运公司往往有专业的保赔人员负责船舶保险的安排或通过专业的保险经纪人来安排,其对保险条款的术语应能理解把握。(3)该条款使用已经有很长时间,被保险人对条款应该完全知悉。(4)国外海上保险实务中没有适用"不利解释"原则的先例。

3. 其他国家的司法实践

海上保险中的不利解释在很多国家的司法实践中都有体现。在美国,美国联邦上诉法院在 1987 年"Ingersoll Milling Mach. Co. v. M/V Bodena"案中确认"保险人提供的保险合同含义如果含糊不清,将作出不利于其的解释",这一规则适用于包括海上保险在内的一切保险。[5] 在 1971 年 Eagle Star Ins. Co. Ltd. of London v. Ross 案中,双方当事人就投保船舶 Shik-Sea 轮是否违反航行区域条款发生争议。佛罗里达州上诉法

---

① 参见汪鹏南著:《海上保险法理论与实践》,大连海事大学出版社 2004 年版,第 23 ~25 页。
② 参见司玉琢、胡正良主编:《〈中华人民共和国海商法〉修改建议稿条文、参考立法例、说明》,大连海事大学出版社 2003 年版,第 595 页。
③ 参见杨召南、徐国平、李文湘著:《海上保险法》,法律出版社 2009 年版,第 11 ~12 页。
④ 参见初北平:《船舶保险条款研究》,大连海事大学 2008 年博士学位论文,第 189 页。
⑤ 参见初北平:《海上保险中的不利解释原则》,载《中国船检》2017 年第 5 期。

院 Hendry 法官认为:"'投保船舶限于在佛罗里达州内水及沿海水域航行'的保证条款存在疑义,并未将航行区域限制在佛州境内,如果保险人有此意,应该使用明确、不存疑义的语言;当船舶保险合同存在疑义,有争议的保证条款将作出有利于被保险人的解释,这一原则为法学界所公认。"①在英国,2008 年的"Pratt v. Aigaion Insurance Co. SA"案中,英国上诉法院也运用了不利解释原则对该渔船保险合同中的"被保险人保证船舶在任何时间均有一名经验丰富的船员以及船东或经验丰富的船长在船负责"的保证条款做出了未违反保证条款的判决。② 从英美国家来看,不利解释原则主要用在对保证条款的解释上,用来缓和严苛的保证规则。

(二)海上保险合同适用疑义利益解释:争论的回应及根据的探寻

任何法律制度都有其初衷和宗旨,也有其赖以存在的法理依据。一项制度产生的主客观条件构成了其继续生长的基础和前提,也限定了该原则适用的领域和范围。③ 从疑义利益解释规则产生的现实基础出发可对其是否适用于海上保险合同问题做出合理的解答。

1. 我国海上保险合同的格式化

"历史上,依照这一原则(疑义利益解释原则)解释并非总是事实。在 18 世纪中叶,当海上保险保单出现在劳埃德咖啡馆的保险交易中时,合同在相对平等的主体之间进行谈判,在发生诉讼的情况下,合同语言被严格执行,被保险人并不享受司法保护的利益。"④因此,我们从历史轴上可以发现保险合同中对疑义利益解释原则的确立是伴随着现代保险合同的格式化趋势而产生的。"现代法庭就保单对保险人作不利解释提出了许多理由,其中最流行的理论就是保护个人免遭附合合同的危害。"⑤保险人利用其草拟权以及条款的不可协商性,在拟定保险条款时以追求利益最大化为目标,保险人基于自己的意志所作的有利于自己的条款,尤其可能会故意使用或插入意义不明确的文字、不合理的条款,作合同上负担或风险的不合理分配。司法实践证明"通过对有疑义的合同条款作有利于投保人一方的解释,由保险人来承担起草不清带来的责任,避免保险人从使用有疑义

① 初北平:《海上保险中的不利解释原则》,载《中国船检》2017 年第 5 期。
② 初北平:《海上保险中的不利解释原则》,载《中国船检》2017 年第 5 期。
③ 参见刘云:《保险格式条款的不利解释原则研究》,西南财经大学 2007 年硕士学位论文,第 15 页。
④ David S. Miller, "Insurance as Contract: The Argument for Abandoning the Ambiguity Doctrine", Columbia Law Review, 1988, December, p. 1851.
⑤ David S. Miller, "Insurance as Contract: The Argument for Abandoning the Ambiguity Doctrine", Columbia Law Review, 1988, December, p. 1854.

的合同语言中获利,通过司法手段对双方的权利义务进行调整,使原本失衡的法律关系得到校正"。[①]

从疑义利益解释规则作为格式条款的司法规制手段的角度而言,海上保险合同具有适用疑义利益解释规则的现实基础。海上保险较早就形成了标准化合同条款,从英国的劳氏保单到现在的协会货物条款以及船舶保险条款,无不是标准化的保险条款。但从国际上来看,海上保险领域适用疑义利益解释规则的案例的确很少,而国际海上保险司法实践中"不利解释"原则不适用的主要原因之一,就是保险条款制定的机构是中立的,例如德国的 DTV 保险条款是由德国海上保险协会(German Marine Insurance Association)制定,该协会由保险人、船东、理算人等代表共同组成;英国 IHC2003 则是由联合船壳险委员会(Joint Hul1 Comlnittee)制定,该委员会是由伦敦国际保险人协会和劳氏保险人协会共同组成,其成员同样由保险人、船东、理算人甚至海事律师组成。条款的公正性应该是毋庸置疑的。[②]上述恰恰说明了格式条款疑义利益解释规则适用是有一定条件的,即其适用于保险人单方拟定的格式条款,而不适用于"公正第三人"拟定的条款或是投保人共同参与制定的条款。

我国的现实情况是,海上保险中的海洋货物运输保险条款和船舶保险条款都是由当时的人保公司制定的,我国《保险法》(2009 年修订)颁布后各保险公司报备的保险条款包括我国海上保险适用的保险条款,均是由各保险公司拟定而由保险监督管理机构备案的。从保险条款的制定来看,我国的海上保险条款是保险公司单方拟定的,具有与国际海上保险业不同的现实背景,因此,在我国海上保险实践中保险人利用格式条款侵害投保人、被保险人的情况是现实存在的。

2. 海上保险条款的专业性更强

保险发展成为具有高度技术性的商事行为贯穿了几个世纪,几乎可以说是一部史诗。[③] 现代保险业的经营和运作建立在高度技术性上,以大数法则和概率论为基础计算保险费率,并以此为基础积累用于分担共同危险损失的保险基金。保险合同作为保险交易的载体必然将保险经营的技术性特征和专业化特征融入其中,保险条款通常烦琐冗长,充满令人晦涩难

---

① 徐卫东主编:《商法基本问题研究》,法律出版社 2002 年版,第 355 页。

② 参见初北平:《船舶保险条款研究》,大连海事大学 2008 年博士学位论文,第 109 页。

③ 参见[英]哈罗德·A. 特纳著:《海上保险》,李学锋等译,中国金融出版社 1985 年版,第 1 页。转引自樊启荣:《保险合同"疑义利益解释"之解释——对〈保险法〉第 30 条的目的解释和限缩解释》,载《法商研究》2002 年第 4 期。

懂的如经济学、统计学、气象学、法学等专业术语,保险条款的复杂性和技术性具有其生成的客观因素,客观上造成了保险人的优势地位。客观性本身并不能够构成对保险人责难的理由,但由于保险合同的格式化因素的介入,保险人往往会利用其自身的专业优势和拟定权把原本就复杂的保险条款故意弄得更加晦涩难懂。① 因此,保险的专有技术性构成了适用疑义利益解释规则的另一理论基础。②

而海上保险相对于其他保险来说,技术性、专业性更强,这是普遍承认的客观事实。海上保险合同中充满了航运、船舶、贸易等专业技术性语言与词汇,充满了《海商法》等方面的法律术语等,比如"间接碰撞""搁浅""外来原因""般其玛瑞条款""仓至仓条款""潜在缺陷"等。海上保险合同中的投保人、被保险人有从事航运、贸易的商人,对专业性条款有一定的理解能力,但是,面对保险人提出的格式化条款,其仍无协商变更的权利,因此适用疑义利益解释有合理性。

3. 弱者保护理论与海上保险合同的被保险人

疑义利益解释规则是建立在对保险人和被保险人之间不平等的交易地位进行司法调整这一理念之上的,以公平原则为指导,以实现对交易中的弱者——保险人相对一方的保护为目的的。作为疑义利益解释规则理论依据的"弱者保护说"也决定了保险疑义利益解释规则适用于对与保险人相比处于交易弱势地位的被保险人和投保人。③ 因此,一般意义上,《保险法》涉及被保险人利益的倾斜保护制度包括疑义利益解释规则,其立论基础仅限于普通保险,并不包括海上保险。④ 基于保护弱者理论,对疑义利益解释规则适用于个人保险这一点取得了比较一致的见解,但是,对于疑义利益解释规则是否适用于商人保险,在英美保险法学界则形成了针锋相对的观点。⑤

① 在"杰拉德诉保险公司"案中,美国最高法院其中一名法官指出:"在我的印象中公司常故意使保险合同的文字晦涩难懂。"参见 Gerhardt v. Ins. Co. ,48 N. J. 291 225 A. 2d 328(1966). 转引自徐卫东主编:《商法基本问题研究》,法律出版社 2002 年版,第 363 页。

② 对此详细论述,可参见[美]缪里尔·L. 克劳福特著:《人寿与健康保险》,周伏平译,经济科学出版社 2000 年版,第 412 页;梁鹏著:《保险人抗辩限制研究》,中国人民公安大学出版社 2008 年版,第 265 页。

③ 这里指的交易地位的弱势是指投保人、被保险人与保险人比较而言的相对弱势,包括经济地位的弱势、专业的弱势、信息的弱势、承受风险能力上的弱势。

④ 参见曹兴权著:《保险缔约信息义务研究》,中国检察出版社 2004 年版,第 21、43 页。

⑤ 在被保险人是商人的保险纠纷中,适用疑义利益解释的案例有:Federal Kemper Ins Co v. Joes,(1991)777F Supp 405。参见程兵、严志凌:《保险合同条款的不利解释原则》,载《法学》2004 年第 9 期。Boeing Co. v. Aetna Cas. and Sur. Co. 参见李秀芬:《论保险合同疑义利益解释原则》,载《法学论坛》2008 年第 1 期。

笔者认为，是否适用疑义利益解释规则，不应以个人保险抑或商人保险作简单区分。对于疑义利益解释规则的适用，笔者比较赞同这样的观点，即被保险人就算是商业组织，尽管可能了解保险合同的内容和含义，但疑义利益解释规则仍可适用，“关键的问题是有疑义的保单是由保险公司的专家预先制定好的标准形式，语言是由保险人选定，并非双方当事人协商议定”。① 熟悉保险市场并具有相对平等的交易能力的大型商业组织尽管在经济上、技术上与保险人处于相对平等的地位，但格式条款仍是保险人事先拟定的，投保人只能表示接受或不接受，而无讨价还价之余地。② 因此面对事先确定而不可变更的保险格式条款，接受有疑义的保单对被保险人有一定的强迫性。正如学者所言：“不利解释中的弱者主要是因为丧失了条款内容协商权才处于不利缔约地位，至于专业知识、谈判能力、经济势力等的匮乏只是加剧了此种弱势地位的次要原由。”③该结论在论证作为商事性保险的海上保险时，同样可以适用。律师的参与是否可以减少格式条款的弊端，保险经纪人的参与是否足以保护被保险人的利益，在海上保险实践中，未必能得出肯定的答案。我国保险经纪人制度与国际保险经纪人制度并不相同，在我国，保险经纪人的性质更像是保险中介人，其报酬是由保险人支付的，虽然其法律地位是中立的，但是，更容易被保险人“捕获”。况且海上保险中，被保险人并不都是具有与保险人相对平等交易力量的大型航运企业、贸易公司，除此之外还有大量的渔船投保人、沿海运输船舶投保人、小型的贸易公司等，对其排除适用疑义利益解释未必是公平的。因此正如英国学者克拉克所言：“交易能力（bargaining power）与其说是引起适用疑义利益解释规则的因素，倒不如说是影响了这个解释规则适用的严格程度。”④

另外，疑义利益解释规则的适用不仅能平衡当事人的交易能力，削弱保险人利用格式条款带来的不正当利益，同时疑义利益解释规则从“法律责任的可归责性”角度而言具有正当性。从责任的归属性角度而言，保险人在拟订条款中存在过错，应当对其过错承担否定性后果符合民事责任的归属原理，也正因如此，“不利解释原则之所以在法律上专门作为一条加以

① Boeing Co. v. Aetna Cas. and Sur. Co. 参见李秀芬：《论保险合同疑义利益解释原则》，载《法学论坛》2008 年第 1 期。

② 参见程兵、严志凌：《保险合同条款的不利解释原则》，载《法学》2004 年第 9 期。

③ 曹兴权、罗璨：《保险不利解释原则适用的二维视域——弱者保护与技术维护之衡平》，载《现代法学》2013 年第 4 期。

④ Malcolm A Clark, *The Law of Insurance Contracts* (4th ed.), London, LLP, 2002, p. 447.

规定,其立法目的就是强化保险人拟定保险条款所应承担的特殊责任”。[①]

当然,疑义利益解释规则是司法机关“透过法律社会化之立场,借契约之解释,以修正或拟制当事人之意思并维护法律秩序之公平妥当”。[②] 疑义利益解释规则的适用是修正当事人在意思自治中实践利益的平衡的,所以在适用上不能过于肆意,其适用条件的具体化和严格化是保证其正确适用的前提。对照我国《保险法》(2009 年修订)和《合同法》已经趋同的规定,其进步性不容小觑,但是仍存在需要进一步完善的地方。

四、海上保险合同解释规则的具体化:与《保险法》的衔接

本部分拟就海上保险合同的实践对疑义利益解释规则的适用做进一步探讨,提出在修改《海商法》时补充完善具体的适用条件的建议,以建立适合海上保险实践的疑义利益解释规则和海上保险合同的解释规则的体系。学者贾林青认为,在我国《保险法》(2009 年修订)适用环境下,应在《海商法》中增加保险格式条款解释规则,[③]但从其建议的条文看,其内容和新《保险法》(2015 年修正)完全相同。笔者对此并不赞同,这不仅是对立法资源的浪费,也因不符合体系化的思维而另外制造出了《海商法》和《保险法》之间的规范重叠的现象。作为海上保险合同解释规则与一般法的衔接,一般法《保险法》格式条款的解释规则虽仍抽象但其适用的顺位是非常合理的,因此,作为特别法的《海商法》的内容应控制在其例外规定或者补充规定方面,并从保险格式条款疑义利益解释规则适用的范围、位序以及例外等方面补充之。

(一)疑义利益解释规则适用的条款范围

疑义利益解释规则适用于保险人提供的保险格式条款,但是在具有涉外性质的海上保险实践中,特别是在海洋货物运输保险中,如投保人由于贸易对方的要求而选择适用英国协会保险条款,对此疑义利益解释规则则不应适用。

对保险监督机构制定的保险条款是否适用疑义利益解释的讨论,在我国现行法律体系内已经丧失研究的价值。因为我国 2002 年第一次修正《保险法》时,就已经改变《保险法》(1995 年制定)的规定,保险监督机构

---

① 王家福主编:《中国民法学 · 民法债权》,法律出版社 1991 年版,第 267 页。

② 邱聪智:《契约社会化对契约解释理论之影响》,载邱聪智著:《民法研究(一)》,三民书局股份有限公司 1986 年版,第 47 页。

③ 参见贾林青:《新〈保险法〉适用环境下中国海上保险合同制度的完善》,载司玉琢主编:《中国海商法年刊》(2010 年卷),大连海事大学出版社 2011 年版。

不再制定基本商业保险条款。

此前一般是将中国人保公司制定的海上保险条款、货物运输保险条款和船舶保险条款等格式条款，作为我国海上保险的标准条款，新《保险法》后，各保险公司都制定或修改了其海上保险条款。根据我国《保险法》第107条的规定，海上保险条款是保险监督管理部门备案的保险条款，因此适用疑义利益解释规则。

按《保险法》的规定，依法强制保险的保险条款须经保险监督管理机关批准，在普通保险领域抑或海上保险领域均存在需要保险监督机构审批的保险条款，因此，对于列入保险监督机构审批的保险条款是否属于格式条款而适用疑义利益解释规则，在我国理论界不无争议。一种观点认为，保险监督机构审批的保险条款不适用疑义利益解释规则，理由是：这些经审批的保险条款并非单独反映保险人的意志；[①]有学者认为，此种情况下保险人和监督管理机构构成条款的共同制作者，保险人并不是条款意思的最终决定者，完全由其承担疑义利益解释原则的结果有失公平。[②] 另一种观点认为，经审批的保险条款应适用疑义利益解释规则，因为"经审批的保险条款本质上还是由保险人起草的保险条款，保险人享有了起草者的权利，同样也应承担相应的义务和制作格式条款的法律后果"。[③]

笔者赞同后一种观点。首先，保险条款虽经审批，但仍不改变其格式条款的本质，保险人利用拟定保险条款的机会损害保险相对方利益的可能性仍存在；其次，保险条款的审批和保险条款的解释属于格式条款的不同规制手段，行政规制手段的运用并不能排斥司法规制。况且正如学者认为，根据经济学上的捕获理论，作为行政管理机构更容易被捕获。"如果排斥不利解释原则会使被保险人失去法律救济，为规范保险活动和保护投保方利益的审批制度反成为保险人利用模糊用语损害投保方权益的保护伞。"[④]当然，为了消除适用中的分歧，可由《保险法》司法解释作出统一规定，对疑义利益解释规则适用的条款范围作出更进一步的解释，确认其同样可以适用于海上保险合同。

另外，需要指出的是，在英国，对疑义利益解释规则的一般理解是合同条款应作出不利于制定者的解释。该规则适用于保险领域，一般来说其运

---

① 参见李勇杰：《试论保险合同的解释原则》，载《现代财经》2005年第2期。

② 参见胡泰来：《反立约人解释规则研究》，载《保险研究》2004年第12期。

③ 程兵、严志凌：《保险合同条款的不利解释原则》，载《法学》2004年第9期。

④ 程兵、严志凌：《保险合同条款的不利解释原则》，载《法学》2004年第9期。

用的结果是作出不利于保险人的解释。在海上保险领域中适用疑义利益解释规则而作出不利于保险人的案例的确并不多见。相反,在劳合社保险市场,当某条款是由保单持有人或保险经纪人提出的,则作出不利于他们的解释的可能也总是存在的,①这是其疑义利益解释规则的另一方面。而我国关于疑义利益解释规则的运用限制于格式化条款这一前提,非格式化条款并不适用该解释规则。而劳合社保险市场必须通过保险经纪人订立保险合同的运作方式使被保险人的缔约能力确有改观,其反向运用疑义利益解释规则是有其制度形成空间的,而在我国海上保险或者一般保险领域,该反向规则不应建立,对作出不利于保险人的解释的规则其定位是正确的,即使我国海上保险经纪人制度在未来得以进一步发展,对于被保险人经其经纪人提出的保险条款,也不应反向运用该解释规则。

对保险合同中的特别约定条款,即经过协商确定的保险条款,则不应适用疑义利益解释规则。就海上保险领域来说,仍有一些特别问题需要声明,例如作为较为特殊的一类条款,保证条款是否适用疑义利益解释规则。虽然笔者赞同在我国《海商法》中取消对保证的规定,但是从我国的保险实践来看,海上保险中保证性质的条款仍会持续存在或者说存在扩大化适用的趋势。基于保证制度在我国《海商法》存在之事实,应以其他相关制度,如合同条款二解释规则,保证其正当运用。笔者认为,应该分析其来源分别适用相应的规则,即保证性质的条款,若是以格式化条款规定的,则不但应受到保险说明义务制度的制约,同时应适用疑义利益解释规则并采不利于保险人的解释;如果一项保证是以特约条款形式拟定的,则不利解释规则不应适用。

(二)"通常解释":疑义利益解释规则的前置解释规则释义

格式条款的特殊解释规则,其适用前提是保险人制定的保险格式条款,非格式条款,仅适用合同解释的一般原理和规则,这一问题在海上保险领域需要明确的具体细节,上文已经详述。疑义利益解释规则这一为被大陆法系和英国法系国家共认的特殊解释规则,一般认为"只有在适用一般解释原则仍然无法解决当事人之间争议的时候才能采用",即其具有适用上的补充性以及位序上的滞后性。这一点在理论界此前检讨我国1995年《保险法》疑义利益解释规则时,所持有的见解也较为统一,认为应穷尽合

---

① Malcolm A. Clarke, "The Trends in the Interpretation of Marine Insuracnce Contracts", in D. Rhidian Thomas ed. , *Marine Insurance: The Law in Transition*, London, Informa, 2006, p. 4.

同解释的一般原则和方法,仍不能解决格式条款的歧义,再适用疑义利益解释规则作为终局性的解决规则。其理由,一般都认为在于:疑义利益解释规则仅仅为解释保险合同的歧义条款提供了一种手段或者途径,它本身并不能取代合同解释的一般原则,更没有提供解释保险合同的方法;而且,疑义利益解释规则不具有绝对性,不能排除解释合同的一般原则或者方法的适用,以对保险合同任意作不利于保险人的解释。① 但是,《保险法》2009 年修订时借鉴《合同法》格式条款应先按"通常理解"解释,再适用疑义利益解释的规定后,对该条中作为第一位序的"通常理解"解释的具体含义产生了不同看法。

根据我国《保险法》(2009 年修订)规定,疑义利益解释规则作为格式条款解释的特殊规则,其适用位阶是处于格式条款解释的第一个适用规则"通常理解"之后,与《合同法》的规定相同。有学者指出,保险法的"通常理解"应当是指普通的、通用的、常规的、规范化的解释,②其解释有循环解释"通常理解"的意味,事实上仍未阐明。由于"通常理解"规定过于笼统,产生了理解上的分歧:作为疑义利益解释规则前置规则的"通常理解"究竟是指一般合同中探寻当事人真意的解释方法,还是说"通常理解"仅为格式条款的解释方法从而排除一般合同探寻当事人真实意图的解释方法的适用。

一种观点认为,《合同法》第 41 条规定的"通常理解"即为通常理解标准解释规则,具体是指对格式条款的理解发生争议时,应当按照通常理解予以解释。通常理解标准,也即对格式合同条款的解释应当以普通社会公众认可的含义作为标准。如果不存在普通社会公众认可的含义的,则可以法律虚拟的"合理人"的认识作为标准。③ 全国人大法工委经济法室副主任袁杰主编的《〈中华人民共和国保险法〉释义及实用指南》一书,认为:"所谓'通常理解',是指既不采纳保险人的理解,也不采纳投保人、被保险人、受益人的理解,而是按照一般人的理解来解释。"④这种观点仅就"通常理解"做出了通常含义的判断标准,缺憾的是其并未指明其与一般合同解释方法之间的关系。

---

① 参见孙宏涛:《保险法中的疑义利益解释原则》,载《北方法学》2012 年第 5 期。

② 参见任以顺:《论保险合同格式条款的解释原则——兼论新〈保险法〉第三十条之修订价值》,载《保险研究》2009 年第 12 期。

③ 参见杨冬梅:《试论格式合同的解释原则》,载《黑龙江政法管理干部学院学报》2005 年第 4 期。

④ 袁杰主编:《〈中华人民共和国保险法〉释义及实用指南》,中国民主法制出版社 2009 年版,第 145 页。

以樊启荣教授为代表,其所持的观点,除了认同"通常理解"以理性第三人的理解为标准外,还鲜明地指出了"通常理解"排斥我国《合同法》第125条规定之适用,使上述观点推进了一步。"保险合同通常由格式条款、非格式条款共同组成。非格式条款,是经过谈判基于当事人的真意而形成的,因此,非格式条款的解释目的,在于探求双方当事人的真实意思(真意)。按照目前的相关规定,非格式条款应该适用《合同法》第125条规定的合同解释一般原则,以达到探求真意之目的。而格式条款的解释目的,依据《保险法》,在于探寻'通常理解',两者理应适用不同的解释规则,《保险法》的规定排除了《合同法》第125条的适用。"①其进一步认为,"'通常理解'是对格式条款'使用的对象群'的普遍理解,是理性被保险人的理解,归根结底是法官的理解。格式条款解释目的为'通常理解'的法理基础在于格式条款的'准法规'性质。至于法官适用何种解释方法寻求'通常理解',在所不问,留待个案法官予以斟酌,而'将关注点集中于法官裁判的实质性正当化理由'。"②

另一种观点是从具体解释方法的角度来认识"通常理解"的。由于2009年修订《保险法》时增加的"通常理解"直接来源于《合同法》第41条,所以,全国人民代表大会常务委员会法制工作委员会编的《〈中华人民共和国合同法〉释义》一书中所持的"对格式条款的理解发生争议,对该条款的解释,当然适用本法第125条关于合同解释规定"③的观点也可用来解读《保险法》的"通常理解"的含义。学者朱作贤认为,"通常理解,应该是综合运用文义解释、体系解释等一般的合同解释方法进行的理解"。④学者苏号朋认为,对格式条款的解释,原则上应当遵循法律行为的解释原则,在对格式条款进行解释时,如与解释的目的不相悖,可以使用普通合同解释的各种方法展开作业。⑤ 疑义利益解释规则是在穷尽各种解释规则的情况下,才可由法院或仲裁机构作出对保险人不利的解释,这也是近几年司法实践比较普遍的看法。如江苏省高级人民法院《关于审理保险合同纠纷案件若干问题的讨论纪要》(2011年)第24条规定,采用保险人提供的格式条款订立的保险合同,保险人与投保人、被保险人或者受益人对合同条

① 樊启荣著:《保险法诸问题与新展望》,北京大学出版社2015年版,第78页。

② 樊启荣著:《保险法诸问题与新展望》,北京大学出版社2015年版,第81页。

③ 全国人民代表大会常务委员会法制工作委员会编、胡康生主编:《〈中华人民共和国合同法〉释义》,法律出版社2009年版,第71页。

④ 朱作贤:《海上保险中的不利解释原则》,载《中国船检》2017年第5期。

⑤ 参见苏号朋著:《格式合同条款研究》,中国人民大学出版社2004年版,第215页。

款有争议的,应当按照合同所使用的词句、合同的有关条款、交易习惯等,确定该条款的真实意思。仍有两种以上解释的,人民法院应当做出有利于投保人、被保险人和受益人的解释。

2012年3月22日最高人民法院公布的《关于适用〈中华人民共和国保险法〉若干问题的解释(二)》(征求意见稿)第19条第1款规定:"当事人对保险人提供的保险合同格式条款有争议的,人民法院应当依照保险合同所使用的语句、合同的相关条款、交易习惯等对格式条款予以解释;仍有两种以上解释的,应当做出有利于被保险人和受益人的解释。"①该款前半部分即为对"通常理解"的解释。从该条款中所规定的解释方法来看,是《合同法》第125条关于合同的解释方法的其中三种,而未将目的解释和诚信原则解释纳入,有其合理性。但是,最终通过的《保险法司法解释(二)》中并未保留该条文,表明在对"通常理解"与一般合同解释的方法是否具有贯通性上,还是存在一定的争议。

如果说《合同法》第125条第1款规定的各种解释方法,确立了非常明显的客观解释论,②则《保险法》中的"通常理解",即是依照《合同法》中理性第三人标准具体化的、普通的被保险人对争议条款的理解,③也即客观解释论,或许用学者提出的合同解释一元论中的"理性第三人"模式概括更为准确。那么"通常理解"与一般解释方法之间是否完全排斥或是完全等同?笔者认为,理性的被保险人的理解——"通常理解",其构设了格式条款解释的模式,这一模式的适用需要通过具体解释方法的适用予以实现。在未规定该"通常理解"所适用的特殊解释规则时,则仍需要文义解释、体系解释等方法互相协助得出理性被保险人的客观理解。我国《合同法》第125条未就各解释方法的适用位序做出具体规定,事实上也无法做出适用顺序的规定,但需要将各种解释方法结合为一个统一的整体,互相补充,互相协助,才能准确合理的确定条款文句的含义。以理性的被保险人的理解——"通常理解"去解释格式条款时,无法确定各种解释方法的具体位序,但并不能得出它不需要解释方法。"通常理解"与"解释方法"是不同层面的问题,前者为模式或标准,后者为规则。另一方面,在对"通常理解"目标或模式的实现过程中,在对解释方法的诉求上,并非要完全用尽《合同法》第125条规定的所有解释方法。文义解释、体系解释、历史解释、目的解释、习惯解释所得出的结论,均是一个理性人在相应的体系、历史、

---

① 该征求意见稿来源于 http://www.court.gov.cn/gzhd/zqyj/201203/t20120322_175287.htm.

② 参见李永军著:《合同法》(第三版),法律出版社2010年版,第482页。

③ 参见马宁:《保险合同解释的逻辑演进》,载《法学》2014年第9期。

目的、习惯背景下的正常理解,[①]在"通常理解"目标的达成中应予以适用。而不利解释与诚信解释类似,是基于弱者保护和歧义风险负担之价值取向,在"依理性第三人模式"可得出的解释结论中作出的选择。[②] 因此在规定了疑义利益解释规则作为第二位序适用时,事实上排斥了《合同法》第125条中的诚信解释规则的适用,疑义利益解释规则才是解决争议条款不同通常理解时的终局性规则。

因此,上述两种观点都具有一定的片面性。鉴于"通常理解"的模糊性,《海商法》修改时应将一般法《保险法》这一"通常理解"予以具体化,即以理性被保险人的通常理解为准。同时将疑义利益解释规则的适用前提,界定为"出现两种或以上通常解释时"做出不利于制定格式条款的保险人的解释"为宜。在法律或司法解释不宜规定"通常理解"的具体方法时,由法官结合案件适用。

(三)专业术语的特殊解释:既不适用通常解释也不适用疑义利益解释

如上所述,尽管新《保险法》已将"通常理解"设定为格式条款解释的标准,但问题是,保险经营本身建立在专业性技术上,保单中大量适用行业内已经固定的专业术语。保单上的专业术语,包括具有专门法律含义的术语和具有其他专门技术含义的术语,按照普通含义解释与按照专业解释,解释的结果相差很大,此时若适用疑义利益解释,结果一般会承认普通含义,即该"通常理解"的适用本身就是疑义利益解释的结果。但如果专业术语均按通常含义理解,则会破坏保险的技术性,影响保险业发展。因此,这种情况下,专业术语不能按照通常含义解释,[③]专门含义应是优先的。主要有两种情形:第一种情形是保险单中的词语"有专门的法律含义"。"有时,法律所要求的语言本身是不明确或者模棱两可的,则法院不会将此语言解释成对条款提出者或书写者不利。"[④]第二种情形是保险单中的术语有"专门的技术含义"。"如果合同的一方当事人表明其是在专门含义上使用某一词语的,则法院对该词语应解释为专门含义。"[⑤]上述情形出现最多的是那些规定责任或除外责任的词语。对此类保险专门术语,在保险单

---

① 参见叶金强:《合同解释理论的一元模式》,载《法制与社会发展》2013年第2期。

② 参见叶金强:《合同解释理论的一元模式》,载《法制与社会发展》2013年第2期。

③ See John Birds, *Birds' Modern Insurance Law* (7th ed.), London, Sweet & Maxwell, 2007, p. 225; Nicholas Legh John et al., *MacGillivray on Insurance Law* (11th ed.), London, Sweet & Maxwell, 2008, p. 299.

④ [英]约翰·伯茨著:《现代保险法》,陈丽洁译,河南人民出版社1987年版,第138页。

⑤ [美]缪里尔·L.克劳福特著:《人寿与健康保险》,周伏平、金海军等译,经济科学出版社2000年版,第49页。

的"释义条款"中多有作出解释,可以作为表明保险人在专门含义上使用该词语。2013 年 6 月 8 日开始施行的《保险法司法解释(二)》中,针对非专门术语的解释做出了如下的规定,"保险人在其提供的保险合同格式条款中对非保险术语所作的解释符合专业意义,或者不符合专业意义,但有利于投保人、被保险人、受益人的,人民法院应予认可。"上述规定针对非专业术语,根据举轻以明重的原理,当保险人对保险专业术语做出的解释符合专业意义时,法院也应认可。申言之,保险单上的"专门术语"的含义若以专门含义来解释,保险人应将这一专门含义在保险单上列明(虽仍为格式条款,仍为解释的对象),若为除外责任条款中的专门术语则还应经保险人提示说明,该专业含义的解释才应被认可,不能再以通常含义解释之。海上保险中对专业术语的专门解释规则应作出具体规定,并将其与说明义务规则相衔接。

五、余论:保险格式条款解释与格式条款其他控制制度之间的关系

司法对于合同条款的规制通常是以以下两个条件之一的存在为前提的:从形式上看违背了当事人的"自由合意";从实质上看违背了合同(正义)公平。前者被称为"合意度低下",后者被认为"均衡度不足"。[①] 这两个条件奠定了格式条款司法规制的价值基础,构成了格式条款司法规制的逻辑原点,也因此形成了对格式条款法律控制制度的体系化要求。保险人说明义务制度为格式条款订入控制制度在保险合同领域的具体体现,其理论依据为格式条款缔约当事人合意度不足,其制度目标在于保证意思自由的实现。因此,保险人对说明义务的履行,是判断相应格式条款是否订入合同、是否成为合同的内容的基础,也是对保险格式条款进行内容控制以及争议解释的前提。在确认格式条款已经订入合同后,该已经成为合同内容的格式条款还要经过法律的评价,符合法律规定的产生合同效力,不符合法律规定的不产生格式条款提供方所追求的效力,此即为格式条款的内容控制。对格式条款的内容控制的理论依据为格式条款的使用具有潜在的不公平性,破坏给付均衡,因此,格式条款内容控制的目的在于,"防止格式条款的使用人的对方由于格式条款的适用遭受不恰当的、与合同公平原则严重违背的不利影响"。[②] 但作为内容控制的前提,即订入的格式条款

---

① 张友连:《格式条款司法规制的逻辑分析——以〈最高人民法院公报〉案例为对象》,载《河北法学》2017 年第 3 期。

② [德]卡尔·拉伦茨著:《德国民法通论》(下册),王晓晔等译,法律出版社 2003 年版,第 781 页。

其含义应是明确的,因此,含义明确的格式条款可以直接进行内容控制;而对于条款本身有歧义,作出效力评价前应先经过解释确定其含义,格式条款的解释是内容控制的前提。格式条款的解释是架设起格式条款程序控制和内容控制之间的纽带,三者之间依次递进,共同完成对格式条款的法律控制。

第六章 海上保险法特有制度及其在一般领域的扩展

本章主要对海上保险法中一些独特制度如委付、预约保险等,其在当代的发展趋势是否仍仅能为海上保险领域所独有,在非海上保险领域是否有发展的空间以及如何立法的问题进行介绍,这也应作为两法协调的构成部分。

第一节 海上预约保险及扩展可行性

作为海上保险的承保方式之一,预约保险是因国际贸易对国际海上货物运输的常态化需求以及相伴而生的货运保险的连续性需求而生的,其主要适用于有连续的、大量的、长期的货物运输业务的客户。被保险人之所以采用预约保险方式,是基于对预约保险所具有的货物一经启运保险人承担保险责任的预期,以防止长期货物运输中的漏保。对保险人来说,采预约保险承保方式除节省交易成本外,还可以获得稳定的保险费收入。我国《海商法》接纳了预约保险承保方式在海上保险中的适用,并通过第 231 条至第 233 条对这一保险交易的载体——预约保险合同及其法律制度的基本框架作出了规定。预约保险是应实践需要而产生的一种保险交易形式,因此,其具有可在其他领域复制的可能性,只要实践产生同样的需求法律制度的复制就没有障碍。本部分就从预约保险合同性质出发,对该种从商业实践中而来的交易方式在陆上财产保险中的扩展的可行性进行论述。

、我国《海商法》预约保险合同的含义与性质

(一)海上预约保险合同的基本认识

海上货物预约保险合同目前在国际保险业界尚无权威的定义,我国《海商法》对预约保险合同没有定义,也没有明确规定预约保险合同的效力。然而从预约保险在我国以及其他国家进出口货物运输保险实践中的运用,可以将预约保险合同的要素概括为:第一,预约保险合同是适用于一定期间分批装运的货物的长期协议;[①]第二,预约保险合同中约定了保险范

① 《海商法》第 231 条对此要素有明确规定:"被保险人在一定期间分批装运或者接受货物的,可以与保险人订立预约保险合同……"

围:包括保险货物的范围、承保险别、保险费率、每批运输货物的最高保险金额以及保险费的计算办法;第三,保险人承诺保险范围内的货物一经启运便承担保险责任,作为对等条件,被保险人同意将全部货物向保险人投保,并在货物运出或到达时及时申报。① 其中第一点表明预约保险与逐笔保险合同期间不同,预约保险是长期的,而一般承保方式下的货物运输保险合同属于航次保险。第二点是预约保险合同的一般内容,其内容包含了一般保险合同的内容但关于出运货物的具体细节(包括船名、航线等)尚未明确。第三点则是预约保险的核心,也是预约保险被双方当事人接受的内在原因。"尽管预约保险合同的定义存在不同的版本,但可以肯定被保险人青睐预约保险的根本原因是'货物一经起运,即自动按照预约保险合同单所列条件承保'。"②如果不具备上述几个因素,则不能构成本节所研究的预约保险合同的范畴。③

海上预约保险合同除了具备保险期间长期性、基本保险条件确定性、同一保险条件重复适用性的基本特征外,就其具体权利义务内容当事人意思自治的空间非常大,在实践中有不同情况:④一是在一定期间内,一定数量(或保险金额)的特定货物分批运输,构成预约保险合同的内容;二是在一定期间内,无数量(或金额)限制,凡属特定货物的分批运输,均属于预约保险合同的范围。

(二)海上预约保险合同的性质——兼论其与各航次保单的关系

预约保险承保方式下,在实践中预约保险单证和保险期间各航次保险凭证分别签发和使用。⑤ 两者之间的关系,因《海商法》未置

---

① 例如,魏润泉在其《货物运输保险理论与实务》中认为:"预约保险是由保险人和被保险人双方订立一个协议,规定一个总的保险范围,包括保品种类、总保险金额、航区范围、运输工具、保险条件和保险费率等。保险期间可以是定期的,如一年、二年。也可以是长期的,即没有确切的终止期限,不过在协议中往往约定,订约中的一方如需取消保险,必须在事先,如15天、一个月,通知对方。在这个保险范围内的保品,保险人负自动承保之责。"参见魏润泉著:《货物运输保险理论与实务》,中国财政经济出版社1991年版,第56~57页。

② 司玉琢、李志文主编:《中国海商法基本理论专题研究》,北京大学出版社2009年版,第703页。

③ 例如,杨良宜先生在其《海上货物保险》一书中提到,开口或预约保险单(open cover)有三种做法,笔者认为其中只有第三种"标准或必须接受的开口保险单"才是本题中的预约保险合同,第一种"选择性的开口保险单"和第二种"受保人选择宣告保险人必须接受的开口保险单"并非真正意义上的预约保险。具体阐述可参见杨良宜著:《海上货物保险》,法律出版社2010年版,第3~7页。

④ 参见司玉琢:《海商法专论》(第四版),中国人民大学出版社2018年版,第443页。

⑤ 《海商法》第231条:"……预约保险合同应当由保险人签发预约保险单证加以确认。"《海商法》第232条第1款:"应被保险人要求,保险人应当对依据预约保险合同分批装运的货物分别签发保险单证。"

明确,[①]学理界存在不同观点,[②]主要分歧在于:一者认为预约保单证证明的预约保险合同是预约合同而各航次保险凭证证明的合同为保险合同(本合同);相反则认为预约保险合同为保险合同而各航次保险为其项下的分合同。两者的关系也揭示了预约保险合同的性质的分歧,而对预约保险合同性质的准确界定,是其能为实践所接受并推广的前提,甚为重要。

1. 两种不同学说之争辩

(1)预约合同说

作为预约合同说代表的司法案例是嘉峪轮案,最高人民法院在对"嘉裕轮案"的批复中认为,"预约保险合同不具备《海商法》第217条规定海上保险合同的全部内容,故其不能直接产生保险合同义务"。[③] 据此,预约保险合同并不表明双方对货物运输订立保险合同,而只有在被保险人申报货物,保险人承保后,对该批货物的保险合同才得以成立。从复函对预约保险合同对等义务的解释,即被保险人按预约保险协议向保险公司投保,保险公司不能拒绝被保险人的投保,批复将预约保险合同解释为民法理论上的预约合同。

预约合同,即预约,是指约定将来订立一定合同的合同,基于该预约订立的合同成为本约,[④]即本合同。本约与预约是以两个独立合同的目的与手段之间的关系为标准作出的划分。预约,以订立本约为其债务的内容,因此,预约合同的成立和生效,仅使当事人负有将来接受预约规定的条件订立合同的义务,而不负履行将来要订立的合同义务。按我国目前的司法解释的规定,预约的性质为独立契约说。[⑤] 有学者认为,由于预约保险合同中货物的名称、数量、载运船舶等要件尚不明确,因此,双方当事人只是达成了将来针对某船货物订立保险合同的意向,其在性质上应属于预约合

① 《海商法》第232条第2款:"保险人分别签发的保险单证的内容与预约保险单证的内容不一致的,以分别签发的保险单证为准。"

② 学理界还有一种观点认为,预约保险合同为促销条款说,但这一观点目前已经是式微,且缺少司法实践对其的支持,故本书正文中未将该观点列入。对该观点的介绍可参看司玉琢、李志文主编:《中国海商法基本理论专题研究》,北京大学出版社2009年版,第707页。

③ 《最高人民法院关于长春大成玉米开发公司与中国人民保险公司吉林省分公司海上保险合同纠纷一案的请示的复函》(民四他字〔2001〕第25号)

④ 参见韩世远著:《合同法总论》(第四版),法律出版社2018年版,第67页。

⑤ 我国《合同法》未规定预约合同,2012年5月10日,最高人民法院《关于审理买卖合同纠纷案件适用法律问题的解释》(法释〔2012〕8号)第2条规定:"当事人签订认购书、订购书、预订书、意向书、备忘录等预约合同,约定在将来一定期限内订立买卖合同,一方不履行买卖合同的义务,对方请求其承担预约合同违约责任或者要求解除预约合同并主张损害赔偿的,人民法院应予支持。"从该司法解释来看,其采预约为独立合同说之观点。

同。当被保险人在货物装船之后向保险人申报,保险人所签发的保单即为本约。①

(2)总量保险合同说

与预约合同说对预约保险合同本身不是保险合同的观点不同的是,总量合同说则认为,预约保险合同属于保险合同,之所以称其为总量合同,是因为在预约保险合同规定的期限内对每一批具体货物保险事宜仍需订立独立的分合同。只是该分合同的有关基本保险条款已在总量合同中进行了约定,无需重新约定,可以由保险人向被保险人出具小保单的形式,简化订立。② 有的学者表达得委婉些,仅说明预约保险合同属于海上保险合同的一种,非真正的"预约"。虽其未明确将该保险合同界定为总量合同,但从其对各航次保险为分合同的表述中,可见观点与上述是相同的。③

2. 预约保险合同属于保险合同的再认识

(1)从预约保险承保方式的目的看预约保险合同的性质

理论与实践中对预约保险合同的性质之争,起源于两者所具有的不同的法律效果:依前者,预约保险合同作为保险合同成立生效,所有符合约定范围的货物将自动承保,被保险人的申报并不影响预约保险合同的生效;而依后者,预约合同仅赋予当事人将来签订保险合同的义务,发生保险事故后的赔偿依据日后成立的保险合同确定。不管将预约保险合同认定为预约合同还是保险合同,对出险前已经进行申报的货物,两者的法律后果是一致的,均能受保险保障。但是,对出险后才申报的情形,将产生不同的后果:按预约合同说,预约保险协议签订后货物运输保险合同并不因此而成立,分批运输的货物经申报后,保险合同才得以成立。因此,对出险后才申报的,因投保时保险标的已经发生保险事故,因此,构成保险不能。而根据保险合同说,预约保险协议签订后,保险合同已经成立,预约保险合同的效力及于合同期间的每批货物。被保险人即使在货物出险后才申报,也并不影响该批货物已经投保,保险人已经在该批货物启运时开始承担保险责任④的事实。

而预约保险合同对货物一经启运就获保险保障的预期恰是被保险人采用预约保险方式的初衷。具体来说,预约保险的产生和发展基于这样一种事实:对经常性办理大量货物运输的贸易方来说,由于事务性失误而发

① 参见初北平:《海上货物预约保险合同条款的合理性阐释》,载《理论界》2006 年第 6 期。

② 参见初北平:《海上货物预约保险合同条款的合理性阐释》,载《理论界》2006 年第 6 期。

③ 参见司玉琢著:《海商法专论》(第四版),北京大学出版社 2018 年版,第 442 ~ 443 页。

④ 当然,保险人保险责任的开始与保险人对标的出险时是否承担保险赔偿责任是不同的范畴。

生运输货物漏保、晚保的情况经常发生。一般而言，投保遗漏的事实，大多以损害发生为契机而被发现。① 因此，对于长期的货物运输而言，采取预约保险的方式其初衷之一便是避免漏保。② 为避免漏报，通过预约保险，获得保险人关于约定范围内的货物一经启运就自动承保的承诺，而只有将预约保险合同作为保险合同才能实现被保险人的预期和目的，相反若将预约保险合同认定为预约合同，则不具有实现对运输货物风险转移这一保险目的的功能，是不符合商业实践对该承保方式的需求的。

采取预约保险的方式，除可以使被保险人避免漏保外，也符合双方对提高交易效率的要求。采取预约保险方式，被保险人不必为每一笔交易中的风险逐次与保险人协商讨论保险合同的条款，从而简化了业务程序③。因此，采预约保险的方式，并将预约保险合同作为总合同，可以避免对逐笔货物运输保险的协商从而提升交易效率。同时将保险合同的成立取决于每批货物运出或运进时的申报(投保)与一般货物运输保险合同的缔结过程无异，是不符合双方对效率的追求的。

因此，从预约保险方式的初衷考察，预约保险合同宜作为保险合同，直接产生保险合同的效力，具体来说，预约保险合同范围内的每批货物具有"一经启运便自动承担保险责任"的效力，以充分保护被保险人的利益。

(2)从预约保险合同的内容等看其性质

笔者认为，将预约保险合同认定为预约合同，只注重了预约保险协议和分批运输的货物保险之间具有的时间链的关系，不符合保险实践对其价值的期许，也不符合预约保险合同的实质。

首先，从词源上看，预约保险合同在英语中对应的是 open cover，④且根据 open cover 签发的保单为 open policy；⑤而在订立契约前订立的契约，

---

① 参见[日]加藤修著：《国际海上运输货物保险实务》，周学业、王秀芬译，大连海事大学出版社 1995 年版，第 42 页。

② 参见梅贤明：《福建终审一起预约保险合同纠纷案》，载《人民法院报》2008 年 5 月 5 日，第 4 版。

③ 参见梅贤明：《福建终审一起预约保险合同纠纷案》，载《人民法院报》2008 年 5 月 5 日，第 4 版。

④ Open policy，是指保险公司与被保险人之间的货运保险合约的一种，其主要内容：在双方约定的期限内，被保险人一切装运出口货物按约定的费率自动得到保险。货物装运后，被保险人应立即通知保险人，由保险人签发保险单。被保险人应预缴一定金额的保险费，在货物保险价值确定后再做调整。参见薛波主编：《元照英美法词典》，法律出版社 2003 年版，第 1005 页。

⑤ 参见薛波主编：《元照英美法词典》，法律出版社 2003 年版，第 1005 页。

即预约,英语对应的词是 precontract。[①] 因此,预约保险合同与预约合同并不相同,而预约保险合同中的“预约”两字,应理解为提前订立的一份长期性合同。

其次,仔细分析预约保险合同的成立以及内容,将会发现预约保险合同已经具备保险合同的特点:从预约保险合同的订立来看,海上预约保险合同的成立与其他海上保险合同成立一样,“被保险人提出保险要求,经保险人同意承保,并就海上保险合同的条款达成协议后,合同成立”。[②] 因此,双方是否就海上保险合同的条款达成一致是认定是否成立保险合同的关键。而预约保险合同规定了基本保险条款,如保险货物范围、保险费率、险别、保险条件、承保期限、全部货物最高保险金额、每批货物的最高保险金额及保险费的结算等内容,[③]则应该认为其已具备了保险合同所应具备的内容。当然预约保险合同与一般海上保险合同也存在不同,其不同之处在于:首先,预约保险合同约定的保险标的可能比一般海上运输合同的标的要复杂,可能是种类物或多种物体,但这并不影响保险标的的特定化。其次,预约保险合同中每票货物的数量和价值以及运输工具尚不确定,要由此后的申报确定,但这也不影响预约保险作为保险合同具有的对不特定风险的损失补偿的本质。

最后,预约保险合同是长期的货运保险合同,与一般海上货运保险合同作为航次保险合同不同,预约保险合同是“多个海上保险合同的叠加”,[④]由于针对的是整个合同期间内所有的货物或一定总量的进出口货物,因此是总量合同,而日后所签发的小保单由于针对的是预约保险合同范围内的一部分货物,因此是分合同。

而按照预约保险合同属于预约合同的说法,与预约合同相对的是本合同,预约合同虽然与本合同有关联,但两者是独立的合同。对分批装运的货物仍应有本保险合同的存在,所以,需要由被保险人通知保险人货物的装运或运到的情况,该通知构成保险要约,按此推理,成立该批货物的保险合同尚需要保险人的承诺。而实践中预约保险的被保险人申报后,保险人不签发保险凭证的情形也经常存在。有学者认为,由于已经存在预约保险

---

① 参见薛波主编:《元照英美法词典》,法律出版社 2003 年版,第 1077 页。

② 参见《中华人民共和国海商法》第 221 条。

③ 参见魏润泉著:《物运输保险理论与实务》,中国财政经济出版社 1991 年版,第 56 ~ 57 页;张丽英等编:《中英海上保险法原理及判例比较研究》,大连海事大学出版社 2006 年版,第 4 页。

④ 李兆良:《论海上预约保险合同》(中国律师 2007 年海事业务研讨会论文专辑),载《海事司法论坛》(增刊)2007 年卷。

合同，被保险人并无做出承诺的形式要求，只要保险人不反对，即便保持沉默，也应当认为此申报货物保险合同已经成立，[①]而这与合同的成立的理论有些背道而驰。由此从反面推知保险合同在此前（预约保险合同成立）就已经成立了，被保险人的申报不是要约，而是履行预约保险合同的特定义务。当然，如果采预约保险形式订立的合同，其规定非常笼统，许多内容仍需申报后才能确定，则认定为预约合同为宜。

理论界对其性质的不同认识，其根源还在于我国《海商法》规定了预约保险但未对其下定义。我国目前正在进行《海商法》修订工作，在 2018 年 3 月交通部公布的《海商法（修订草案）（征求意见稿）》对预约保险合同未进行修改，笔者认为，依保险合同（总量）的性质对预约保险合同进行定义增补非常必要。

二、我国《海商法》预约保险合同中被保险人的申报义务

预约保险合同保险人承担"货物一经启运，保险责任自动开始"的义务是以被保险人承诺将预约保险合同约定范围内的全部货物如实向保险人投保为对等条件的。也因此为履行预约保险合同，方便保险人掌握已经出运的各航次保险的货物情况，由被保险人向保险人申报或者通知每批货物的出运情况是预约保险区别于一般保险的重要且独特的内容。我国《海商法》第 233 条规定了被保险人申报的时间和申报的内容等要素，但规定尚存在一些问题，既未明确该通知或申报义务的性质，也没有规定违反该通知义务的法律后果，导致了适用上的困惑，不利于海上预约保险方式的推广。

（一）被保险人申报义务的功能

若将预约保险界定为预约合同，则被保险人就每批出运货物的申报自然就应构成订立本合同的要约，然而在将预约保险界定为总量保险合同的情形下，对被保险人就每批货物的出运申报功能的定位是该申报义务规则建构的前提。

在预约保险下，被保险人的申报义务的功能首先在于其是克服被保险人机会主义倾向的机制。由于预约保险合同作为总保险合同具有自动承保的功能，在预约保险情形下，机会主义主要表现为被保险人为了少交保费，对预约保险合同范围内的货物选择申报、虚假低报或者向其他保险人投保。因此，为维护预约保险"货物一经启运，保险责任自动开始"的义务

① 参见郑肇芳主编：《海上保险·代位求偿案例》，上海人民出版社 2006 年版，第 124 页。

与被保险人承诺将预约保险合同约定范围内的全部货物如实向保险人投保的对等条件,申报义务必不可少。

此外,被保险人的申报尚具有以下作用:第一,申报可以确定具体保险标的的数量和保险价值并据此确定保险费,这是对预约保险合同内容的补充,构成预约保险合同内容的一部分;第二,被保险人的申报也可以帮助保险人确定已经承保的状况,决定是否安排再保险。①

(二)被保险人申报义务的内容

我国《海商法》第233条规定了被保险人申报的时间和申报的内容等要素,但规定尚存在一些问题。

1. 被保险人申报时间的确定

根据我国《海商法》第233条的规定,被保险人履行申报义务的时间可以是货物已经装运时,也可以是货物已经到达目的港时,但被保险人在知道这些情况时应立即通知保险人。笔者认为,我国《海商法》对申报时间的规定存在以下问题:第一,"立即通知"对被保险人来说过于严苛,极易造成被保险人因一时疏忽而导致申报义务的履行迟延,对被保险人并不公平。笔者认为,应采"合理时间"标准,即被保险人应在知道货物启运时的合理时间内向保险人申报该批货物。第二,从该规定来看,被保险人的申报时间似乎是择一行使的,即,可以是知道货物已经装运时也可以是知道货物到达时,但事实并非如此。该申报时间的不同设定可能是针对以不同价格条件成交的买卖合同下的货物运输而言的,具体来说,按CIF价格成交的买卖合同,货物的卖方负责货物运输和运输货物的保险,卖方作为运输货物保险合同的被保险人又是运输合同中的托运人,其对货物的出运情况非常清楚,因此,在这种情况下,被保险人负有在知道被保险货物运出时申报的义务,否则可能构成迟延申报;若以FOB或CFR价格条件成交的买卖合同,负责运输货物保险的是货物的买方,而买方并不必然清楚货物在装运地启运的情况,作为预约保险合同的被保险人应在知道货物到达时进行申报,具有一定合理性。但该规定实际履行的效果并非被保险人可以选择申报时间,而是不管采何种交易条件成交的买卖合同下的货物的保险,被保险人在货物到达前已经知道货物出运的,②即负有立即通知的义务,而不能待货物到达时才申报;在货物到达前一直不知道货物启运情况

① 参见袁绍春:《预约保险合同相关法律问题》,载司玉琢主编:《中国海商法年刊》(2002年卷),大连海事大学出版社2003年版。

② 这在采FOB或CFR价格条件下同样存在,即货物的卖方一般会将货物装运情况及时通知货物的买方,以便货物的买方及时为运输货物购买保险。

的才可能在货物到达时进行申报。申报时间不是择一行使的,实际上设定了申报的最早时间,在知道货物装运的情况下已经排斥了被保险人在知道货物到达时的申报,因此,规定被保险人可以在知道货物到达时通知没有必要,笔者建议将其修改为:被保险人在知道货物已经装运起的合理时间内应通知保险人,这样规定符合被保险人及时申报的立法目的。

在货物申报时间问题上,笔者认为,当事人在预约保险合同中进行约定的,当事人的约定应优先适用。此外,有学者还指出,如果预约保险合同项下的货物运输量很大、很频繁,保险人和被保险人也可约定每月(季)度通报货物运输情况,每月(季)度结算保险费,以减少保险双方的工作量,①这是适应实务需要的变通做法。被保险人按月(或季)进行申报时,不能漏报或少报。

2. 被保险人申报的准确性

被保险人申报的内容应完全、准确,"完全"指申报的内容不应少于我国《海商法》第233条规定的范围,即"装运货物的船名、航线、货物价值和保险金额";"准确"指被保险人不得漏报、错报。

3. 被保险人申报的充分性

充分申报,具体而言,是指被保险人在预约保险合同期间就预约合同范围的货物应全部向保险人申报,而不能向其他保险人投保,不能虚假低报,也不能漏报。这是申报义务的关键。

由于实践中选择申报与迟延申报并不容易区分,因此,笔者认为,可以借鉴英国1906年《海上保险法》的规定来判断被保险人是否进行了选择申报。其第29条第3款规定,除非保险单另有规定,申报应按装运的前后依次进行。因为一般情况下,预约保险合同下分批装运的货物是间隔一段时间的,如果在下一批货物申报之时,被保险人还未就前一批货物向保险人申报,这足够认定被保险人是在选择申报。同时为保证如实申报的情况,应赋予保险人检查被保险人相关文件和资料的权利。

三、被保险人违反申报义务的认定及法律后果

(一)被保险人违反申报义务的认定

根据上述对被保险人申报义务构成的认定,被保险人履行申报义务的瑕疵表现为:漏报、迟延申报和误报。笔者认为,这是违反申报的客观表

① 参见李兆良:《论海上预约保险合同》(中国律师2007年海事业务研讨会论文专辑),载《海事司法论坛》(增刊)2007年卷。

现,而对被保险人法定义务违反的认定还应考虑其主观因素。在这一问题上,笔者认为,可以借鉴英国1906年《海上保险法》的相关规定,以善意为标准区分是否构成对申报义务的违反。该法第29条第3款规定:“除非保险单另有规定,申报应按装运的前后依次进行。如果是货物,申报必须包括保险单规定条件之内的全部货物运输。货物或其他财产的价值必须诚实说明。但善意的漏报或误报,即使在发生损失或货物抵达之后也可以进行矫正。”依据该规定,被保险人的漏报或误报可以分为善意与恶意,对于善意的漏报或误报,即使货物发生损失或货物抵达之后仍可以进行“矫正”,视同在货物出运前即已予以申报。对于恶意的漏报或误报则不具有“矫正”的效力。①

根据英国海上保险法对善意和恶意的区分标准,结合具体实践,笔者认为具体可以分成几种情况:

1. 选择性申报及其认定

对于被保险人漏报之情形,选择性申报属于恶意。而对选择性申报的判断,可以借鉴英国1906年《海上保险法》按运出货物的前后次序进行申报的规定。具体来说,若被保险人在预约保险合同期间就约定范围内的货物有向其他保险人投保的事实,保险人知道的除外,应认定为选择性投保。如果运出次序在后的货物已经申报,而之前已经运出的或已经到达的货物尚有未申报的,则应认定为恶意的漏报,构成对如实申报义务的违反。若被保险人在货物出险后才申报,如在该批出险货物之前出运的货物已经全部申报的,则不应被认定为选择性申报。②

2. 迟延申报、误报及其认定

笔者认为,迟延申报的构成,仅针对最近一批货物在申报时间上存在拖延的情形,其前提是之前所有运出的货物已经全部申报。如果存在之前未将所有货物申报的情况,又发生了对出险后的货物申报的情形,则应以选择性申报论。

违反合同约定或者超过知道货物已经装运的合理时间才申报的构成迟延申报,而对于善意的迟延申报的举证责任应由被保险人承担。至于申报内容的错误陈述,包括对货物品名、货物价值、装运船舶、航线、起运港及目的地港等的错误,也同样由被保险人证明善意。

(二)善意的漏报、迟报的矫正效果

在将预约保险合同定性为总量合同时,则总量合同生效后,货物自起

① 参见黄丽红、梁素:《预约保险合同若干问题研究》,载《对外经贸实务》2006年第8期。

② 在这种情况下,被保险人是否违反申报义务,还应从其申报的时间看其是否构成迟延申报。

运时起自动投保。在分合同签订和履行过程中,货物的申报视为分合同的成立,但可能存在在货物出运后被保险人疏忽未申报,甚至出险后申报的情况,则对于最近一批货物的迟延申报或出险后申报,应认为是善意的,该航次保险合同的保险期间追溯到该航次保险合同成立之前的出运时间,而这恰恰是预约保险的优势所在,保险合同的效力不受影响,保险人仍应承担赔偿义务。这也是预约保险合同的特殊性所在,该特殊性是以保险合同的溯及力理论来支撑的。

(三)非善意违反申报义务的法律后果

笔者认为,区分善意和恶意并赋予两者不同的法律后果的立法是值得借鉴的。前面已经讨论了被保险人善意漏报、误报、迟延申报,允许被保险人进行矫正的情形。以下阐述在被保险人恶意违反申报义务时的法律后果,关于该法律后果,笔者认为主要应解决以下几个问题:

第一,违反申报义务影响分保险合同的效力还是影响作为总合同的预约保险合同的效力。对此,有的学者认为,被保险人违反通知义务,不影响总合同的效力,只影响分合同的效力。[①] 有的则认为,预约保险合同作为一个整体,被保险人履行通知义务也是针对所有货物,如果被保险人在预约保险合同履行期间违反了通知义务,即使只有一次,保险人均可拒赔。[②] 笔者认为,被保险人履行如实申报义务是基于预约保险合同中的承诺,因此违反申报义务应对作为总合同的预约保险合同产生影响。如果影响仅及于该批货物的分保险合同,不足以保证预约保险的运行。因此,当存在选择性申报的恶意时,应赋予保险人对预约保险合同整体效力修正的权利。

第二,被保险人违反申报义务的法律后果是保险人有权解除预约保险合同还是有权撤销合同。有学者提出,被保险人违反通知义务,构成对保险人的欺诈,根据《合同法》第 54 条第 2 款的规定,保险人有权申请撤销。[③] 笔者认为这种说法并不准确。合同的撤销,是当事人在订立合同时,因意思表示不真实,法律允许撤销权人通过行使撤销权而使已经生效的合同归于无效的法律行为。而预约保险合同经当事人协商一致后成立生效,恶意的漏报、误报或迟报等是在预约保险合同履行中产生的,因此,违反申报的行为与当事人订立预约保险合同的真实意思表示并无涉。预约保险合同下的货物全部向预约保险合同的保险人申报构成预约保险合同的根

---

① 参见方双复:《试论海上预约保险合同的若干问题》,载中国涉外商事海事审判网。

② 参见李兆良:《论海上预约保险合同》(中国律师 2007 年海事业务研讨会论文专辑),载《海事司法论坛》(增刊)2007 年卷。

③ 参见方双复:《试论海上预约保险合同的若干问题》,载中国涉外商事海事审判网。

基,否则保险人订立预约保险合同的目的将落空。因此,在被保险人违反如实申报义务时赋予保险人合同解除权是可行的。基于对保险人法定解除权限制的立法理念,我国《海商法》应明确申报义务违反时保险人的法定解除权。

四、预约保险的扩展及法律问题探讨

(一)预约保险在普通财产保险中运用的现实基础与理论基础

预约保险起源于海上保险实践,其优势不仅在于为被保险人的货物提供可持续性的风险保障,也为保险人提供了稳定的保费收入,因而其运用范围实际上已经逐渐扩大至陆上运输保险以及物流保险中。这一扩展与我国物流业的快速发展有关,自 20 世纪 90 年代初期以来,我国物流业呈现出快速发展态势,尤其是近几年电子商务的迅猛发展,带动了我国物流业的高速增长,社会物流总额从 1991 年的 3.02 万亿元增长至 2013 年的 197.8 万亿元,至 2017 年总额为 252 万亿元。第一方物流(由制造方或生产企业自己完成的物流活动)、第二方物流(由买方、销售商流通企业组织的物流活动)作为货物所有人投保物流保险,转移物流过程中的货损风险成为需要。2004 年中国人民财产保险股份有限公司推出物流货物保险[①]业务后各保险公司也相继推出物流货物保险,而物流货物保险本身就是采预约保险方式。除物流货物保险外,第一方物流、第二方物流中,物流企业(同时也是货物所有人)也可以购买国内货物运输保险合同转移运输途中货物灭失的风险,国内货物运输保险则有航次保险和预约保险之区分。

就陆上货物运输预约保险的实践来看,中国人民保险公司的《国内货物运输预约保险协议书》(范本)第 1 条规定:(被保险人)需发运的货物均属于预约保险范围,不能选择投保;第 9 条规定:此协议有效期内,乙方(被保险人)应将发运的货物全部向甲方(保险人)投保。该范本明确了以被保险人全部投保(申报)的承诺作为获得长期保险的对等条件。在申报义务上,该范本"货物运输清单"申报的条款要求被保险人在每个月的前十五天最多不到本月底的时间内,要将本月或上个月的货物运输情况向保险人提供单据,请求签发航次保险单。也就是说,被保险人申报可以按月进行。

其实,事实已经表明预约保险方式并非海上保险所独有,商业活动对

---

① 2004 年人保推出的物流保险条款中,适合第一方物流、第二方物流投保的物流货物保险条款和第三方物流投保的物流责任保险条款。

效率的追求使该承保方式在物流业发展的背景下被需求，保险双方当事人的合意即能使该方式引入其保险交易之中。此即为预约保险承保方式能扩展的理论基础。

（二）一般保险领域预约保险发展的法律“瓶颈”及克服

普通财产领域的预约保险虽为当事人合意选用，但一旦发生法律纠纷，尤其发生出险后申报保险人是否承保赔偿责任的问题，《保险法》无依据可以援引，此为法律困局之一。例如，2014 年广东快的物流有限公司诉中国人民保险股份有限公司广州海珠支公司保险纠纷案件，双方签订预约保险合同后，原告物流公司在明知发生保险事故后，向保险人申报，要求保险人给付保险金。初审法院在判决书中明确指出物流公司明知保险事故发生而隐瞒进行投保，属于典型的恶意迟延申报行为。一审法院认为，本案为追溯保险，参照《海商法》第 224 条关于违反告知义务的规定进行处理，认定保险人不负涉案货物的赔偿责任。[①] 上诉人认为，本案应当适用《保险法》和《合同法》，不能参照适用《海商法》，同时提出《海商法》是专门调整海上运输关系和船舶关系的特别法，涉案合同属于国内陆路货物运输保险合同。二审法院认为该合同为预约保险合同，一审法律适用存在不当，依据《保险法》第 13 条，驳回上诉。抛开本案的审理结果，而仅从该案所应适用的法律出现的争议来看，足以说明陆上预约保险的法律“瓶颈”：第一，从一审法院参照适用《海商法》来看，足见陆上预约保险的法律困局。即只能从《海商法》借用预约保险的申报义务规则（虽一审未认定该合同为预约保险合同，而认定为追溯保险，但预约保险在充分申报情况下其对迟延申报保险效力依据的就是追溯保险效力），然而《海商法》对违反预约保险申报义务的法律后果未作规定，导致只能比照适用与预约保险下的申报义务类似的保险告知义务的法律后果的规定（《海商法》第 224 条）。这个案件中一审法律适用的三级跳多少有些尴尬。第二，二审判决纠正了或改变了一审参照《海商法》的尴尬，二审法院对该合同明确表述为预约保险合同，但仍苦于无针对性的规范可以援引，只能援引订立保险合同的一般规则（二审依据的《保险法》第 13 条）。

在一般财产保险领域，预约保险合同的性质界定问题非常突出，将其界定为预约合同，将不利于预约保险的发展。例如，在北大法宝网站上被列为“经典案例”的辽宁联合日邮汽车分拨有限公司诉中国太平洋财产保

---

① 广东省广州市中级人民法院（2014）穗中法金民终字第 906 号民事判决书。案例出处为北大法宝网。

险股份有限公司北京分公司保险纠纷中,[①]双方签订预约保险合同,一审、二审法院均将预约保险合同定性为预约而非总量合同,但这样的认定,无论如何是不利于预约保险的发展的。

与海上预约保险需要准确界定预约保险合同的性质以及需要完善申报义务规则相似,在预约保险方式推广至陆上时,同样需要通过《保险法》以正确引导其发展。我国应利用本次《海商法》修订之机对海上预约保险合同以及申报义务规则进行修改完善,修订后的合理规定或许能为一般保险领域预约保险的引入提供可资借鉴的方案。

第二节　委付制度及扩展的可行性探讨

委付(Abandonment)是海上保险法中与推定全损紧密相连的一项制度,具体是指保险标的发生推定全损时,被保险人以将自己对保险标的的一切权利转移(委付)给保险人为条件而获取按全损保险赔偿的制度。我国《海商法》第249条、第250条的规定即是这一为世界上多数国家海上保险法所通行的制度。而我国《保险法》,如多数国家的一般保险立法一样,则不见推定全损概念以及与推定全损关联的委付的规定,[②]即便在创建了海上保险委付制度的英国,也认为“将推定全损应用至非海上保险是一种非常奇怪的做法”。[③] 因此,一般认为推定全损和委付制度迄今仍属海上保险之“专利”。[④] 然而要回答其是否仅能为海上保险所独有或者说其是否具有向一般保险领域扩张适用的可行性,应回溯到该制度的缘起与宗旨,才能得出客观的结论。

---

① 辽宁省普兰店市人民法院(2015)普民初字第3552号;辽宁省大连市中级人民法院(2015)大民三终字第1655号。案例出处为北大法宝网。

② 根据我国《海商法》的规定,委付的结果往往是保险标的的所有权转移给保险人,而《保险法》未有与推定全损相联系的委付之规定,故为海上保险法所特有。但需要说明的是,在保险领域涉及保险标的转移给保险人的还有一种情形,即保险标的发生全损(或称实际全损),保险人赔偿全部保险金额后根据法律的规定取得保险标的的剩余利益(保险标的的残值)。而这一被学理统称为“保险物上代位权”的规定,在我国《保险法》(第59条)和《海商法》(第256条)均有规定,为特别法和一般法共有的规定。前者为海上保险法的特有制度,与后者的区别在下文展开。

③ Moore v. Evans [1918] AC. 185. 193. 在该案中,Atkinson勋爵批评了Campbell & Philips Ltd. V. Denman(1915)21Com Cas 357一案的判决,认为适用推定全损于非海事险的决定是古怪的。转引自[英]Malcolm A. Clarke著:《保险合同法》(第三版),何美欢、吴志攀等译,北京大学出版社2002年版,第392页。

④ 参见樊启荣著:《保险法诸问题与新展望》,北京大学出版社2015年版,第171页。

一、研究前提的确定：作为海上保险特有制度的"委付"的含义

在我国法律体系中，"委付"这一法律概念，仅见于海上保险法领域，我国《保险法》以及《民法》均不存在这一概念。而我国《海商法》第十二章海上保险合同一章由英国1906年《海上保险法》借鉴而来，从词源来看，"委付"是从英文abandonment意译而来。① 因此，理解"委付"这一概念就应从其对应的abandonment在英国法律尤其是海上保险法中的含义来认识。

(一)委付与abandonment的对应关系

Abandonment的直译就是放弃，作为保险法上与推定全损有关的法律概念，②根据英国海上保法经典著作Arnould's一书介绍，其有三种含义：③第一种含义，是指在保险标的发生推定全损的情况下，被保险人在主张全损赔偿之前，将剩余的保险标的自愿让与保险人的行为。英国1906年《海上保险法》中第61条(the effect of constructive total loss)、第62条(notice of abandonment)、第63条(Effect of Abandonment)所使用的Abandonment就是这一层含义。第二种含义，委付(Abandonment)通常作为委付通知(Notice of Abandonment)同义语使用。第三种含义，即英国1906年《海上保险法》第60条第1款所使用的，即为对保险标的实际性的抛弃、放弃。此为保险事故发生后由于情况危急，船长、船员对船舶、货物的抛弃，是构成保险标的推定全损的一种情形。因此，该条中使用的abandon与愿意放弃是最为接近的。

第三种含义的abandonment与第一种或第二种之间是可以区分的，并在中文中一般不与"委付"对接，而是直接译为放弃或抛弃(弃船)等。第一种含义的abandonment，从英国1906年《海上保险法》上看，均与另一海上保险法的特有概念推定全损(constructive total loss)相关联，委付是推定全损时被保险人有权选择的理赔方式之一，与推定全损下亦有权选择不委付保险标的而请求按部分损失赔偿相对应。④ 委付在此种层面上，成为海上保险法所独有的理赔方式，其独特性表现在：第一，委付的前提是保险标

① 参见魏润泉、陈欣著：《海上保险的法律与实务》，中国金融出版社2001年版，第114页。

② 根据《元照英美法词典》，除本文中与保险法有关的几种用法外，abandonment还用于在家庭法中，指故意离开配偶或子女。参见薛波主编：《元照英美法词典》，法律出版社2003年版，第2页。

③ See Jonathan Gilman et al. , *Arnould's Law of Marine Insurance and Average* (17th ed.), London, Sweet & Maxwell, 2008, pp. 1356 – 1357.

④ 英国1906年《海上保险法》第61条。

的发生推定全损;第二,法律所赋予的在推定全损下按全损赔偿的权利,由被保险人通过发出委付通知的方式行使;第三,由推定全损之情形发生按实际全损赔偿的结果需以将保险标的权利转移给保险人为条件,委付通知本身包含了按全损赔偿以及将保险标的转移给(委付)给保险人双重意思表达。因此,委付作为法律制度,其构成体系包含了委付的前提条件——推定全损成立、委付行为(委付通知)、委付效力等内容,其中委付行为(委付通知)是核心内容。上述第二种含义为第一种委付制度的构成部分,第一种含义和第二种含义在不同语境下是可以区分的,因此,一般不会引起歧义。

至此,似乎可以清楚,我国《海商法》第249条、第250条规定的委付是借鉴了英国海上保险法中作为推定全损的特别理赔方法的规定。但与我国《海商法》委付对应的abandonment,在英国1906年《海上保险法》中也适用于实际全损下的保险标的剩余利益的转移。因此,客观而论,对委付的适用范围的理解,应置于对应的立法中才能得出准确的界定。

(二)委付范围的界清:中英比较

1. 英国法:推定全损下的委付和实际全损下的委付

推定全损下的委付其结果往往是保险标的从被保险人转移至保险人,如果就此观察因保险合同的履行而产生的有关保险标的权利的变动之结果,事实上,不仅可能发生在推定全损下,实际全损下也可能存在。可能正因为如此,早在1878年Kaltenbach v. Mackenzie一案中,布莱特法官(Brett LJ)就曾指出:“委付(abandonment)并不是海上保险单所特有的;委付是每一个补偿性合同的一部分。因此,一旦存在一个补偿性合同和据此请求全部补偿,请求补偿的一方必须放弃与他所获补偿相对应的一切权利。”①研究英国海上保险法的学者认为,在英国法下,在实际全损的情况下,被保险人提出保险索赔而保险人赔付后,保险标的实际也是委付给保险人的。只不过,在实际全损的情况,被保险人无需向保险人提交委付通知。② 关于这一点,由英国立法确认。英国1906年《海上保险法》第57条第2款规定在实际全损的情况下,被保险人无需递交委付通知。(in the case of an actual loss no notice of abandonment need to be given.)与该条相衔接,英国1906年《海上保险法》第79条第1款规定:代位权(right of subrogation)“保险人赔付保险标的全损之后……有权接管被保险人在该

① 魏润泉、陈欣著:《海上保险的法律与实务》,中国金融出版社2001年版,第114页。
② 参见郑睿著:《英国海上保险法理论与实务》,上海交通大学出版社2014年版,第221页脚注。

已赔付的保险标的上可能留下的任何利益”。[①] 因此，在英国，abandonment还有一层含义，是指在保险人做出全损赔付时，被保险人在保险标的上的剩余利益按法律的规定可自动地转移给保险人。[②] 这一冠以“代位权”的条文实际涉及的即是全损下委付结果的确认，也同样适用于实际全损下的委付。

因此，在英国法背景下，确实是有推定全损下的委付和实际全损下的委付之区分的，也有作为其上位概念的委付。而从立法规定来看，推定全损下的委付与实际全损下的委付，区别在于：首先是其构成前提不同，正如概念中所显示；其次是运行机制不同，实际全损下的委付是法定的，事先不需要被保险人的选择与行为——发出委付通知。但是，就运行的结果上看两者却是相同的。可见，在英国法中，即便在保险法或者海上保险法中，委付在不同情境下的内涵和外延并不相同。

2. 我国《海商法》中的委付

理论上，学者们对委付的概念、适用范围等争议正是由于各自所使用的“委付”一词指代着英文 abandonment 的不同层面的含义而产生的。多数学者认为，委付是推定全损下的特殊理赔方法，为海上保险法所独有。[③] 但如果脱离某国的立法背景予以判断，则其结论未必正确，各国对委付的适用范围并不同。汪鹏南教授则认为：“委付是仅与全损赔偿相联系的《保险法》中特有的一个概念，被保险人请求全损赔偿时，不论实际全损还是推定全损，被保险人都必须放弃保险标的权利，将保险标的转让给保险人，只不过在实际全损的情况下，被保险人向保险人发出委付通知对保险人一般无实际意义。”[④]笔者认为，该段的阐述在英国法背景下是正确的，但是，置于我国《海商法》并不能得出上述关于我国委付即适用推定全损和实际全损的结论，相反正确的结论应为，根据《海商法》委付制度为适用于推定全损的特别理赔方法。事实上，在保险领域涉及，保险标的转移给保险人的情形确实存在，即保险标的发生全损（或称实际全损），保险人赔偿全部保险金额后根据法律的规定取得保险标的的剩余利益（保险标的的残值）。而这一被学理统称为“保险物上代位权”[⑤]的规定，在我国《保险

① 英国1906年《海上保险法》第79条。

② 参见朱作贤：《海上保险法补偿原则研究》，大连海事大学2009年博士学位论文，第134页。

③ 典型的有：邢海宝：《保险委付研究》，载《法学家》2000年第3期。

④ 汪鹏南著：《海上保险法详论》（第四版），大连海事大学出版社2017年版，第106页。

⑤ 当然，上述两条文中的所谓物上代位权的概括，学理界也有人提出该概念不妥当，认为该概念与《民法》《物权法》的物上代位产生概念混淆。而采用残损物代位概括也不妥当，其实并非代位而是标的物主体的变更。使用“法定的利益转移”更为准确。但是，物上代位的使用在保险学界已经较为普遍，因此，本书仍采用该表述。

法》(第59条)和《海商法》(第256条)均有规定,且为特别法和一般法共有的规定。

至此,应该可以清楚地得出,我国《海商法》中的委付仅等同于英国海上保险法中作为推定全损理赔的委付,因此,本节所阐述的委付制度,也遵循我国《海商法》现有规定的范围,而这也恰是所谓委付制度为海上保险法独有的理赔方式之真正要义所在。根据我国《海商法》第249条和第250条的规定,委付是指在保险标的发生推定全损时,被保险人将保险标的全部权利义务转移给保险人并取得按全损赔偿的一种法律制度。可见,委付是一种较为特别的保险理赔方式,其与推定全损概念密切联系,产生的法律效果是:被保险人在尚未发生实际全损时(符合法律规定的推定全损状态)可以获得全损赔偿;作为获得全损赔偿的条件是将保险标的的全部权利转移给保险人。

二、委付何以特殊:委付制度的立法目的初探及扩展可行性

各国海上保险法规中都有委付制度的规定,其目的是为了解决海上保险标的在发生推定全损后的索赔问题,使被保险人由推定全损的情形而获得实际全损的结果。从某种意义上来说,委付是为矫正推定全损对保险补偿这一根本原则的背离而设立的一个制衡机制。委付制度向陆上扩展适用的可行性,须论证推定全损在陆上保险应否确立、能否确立的问题。

(一)推定全损:作为法律拟制的损失类型及其兴起的原因

根据保险补偿原则,对损失补偿的限度以保险事故发生时的实际损失为限。保险标的的实际损失(actual loss),[①]按损失的事实情况分成全部损失和部分损失两种,损失补偿建立在事实的损失基础之上。一般来说,保险事故发生,损失即产生,实际全损或部分损失一般也固定。但由于海上复杂多变的环境因素的存在,标的物在海上受损的情况往往比较复杂,有时标的物虽尚未发生实际全损,却与全部损失相差无几,或者有时虽已发生全部损失,但要被保险人证明标的物实际全损有一定困难或需要花费时间和成本,定损及索赔尚需时日,而一旦保险事故发生,损失也即产生,作为商人的被保险人如无法及时获得保险补偿,其航运或贸易投资无法及时得到补救,将导致更为严重的后果。因此,面对因海上风险的特殊性而使

① 当然,保险补偿的损失是分成保险标的的实际损失和施救费用的。此处讨论的为保险标的的本身损失的补偿的限制问题。

定损困难导致保险理赔迟滞之状况，急于收回资本的商人需要对损失补偿的方式有所突破，产生了将尚未构成实际全损视为实际全损而予以补偿的需要，此时即衍生海上保险的第三种损失类型——推定全损。这是推定全损在海上保险兴起的现实原因。正如学者所言："于海上保险，如船舶及货物因保险事故致发生某种程度之损失或有发生损失之可能，苟能将其推定全损，使被保险人得请求支付该保险标的物之全部损失，对于免除评估之困扰，以及避免双方理赔之争议，确属良策。"①

为满足商人对保险补偿原则突破的愿望而推行推定全损的补偿类型，实则为鼓励海运的公共政策使然。"海上保险源于海运贸易的需要。它所涉及的是冒险的航海业，该行业利用船舶运输货物以收取报酬……它建立在商人们的实践做法之上……不难理解，在船舶的命运无法得到真正确定与证明的情况下，那些愿意冒险、愿意将其所拥有的昂贵的、可以赢利的私人财产——船舶投入冒险的人们，如果有保险的话，应尽可能地得到保护，以免他们的资本被锁进已经无法盈利的船舶中。"②因此，推定全损观念在海上保险的兴起有其特殊性，是由海上风险的特殊性、商人对效率的追求以及对海运业扶持的公共政策等合力形成的。

（二）委付：作为推定全损补偿的制衡机制

正如学者在 *Arnould's Law of Marine Insurance and Average* 一书中的描述："通过与实际全损相比较，推定全损的性质即可以得到最好的理解。实际全损既是法律意义上的全损，又是事实上的全损；而推定全损仅仅属于法律上的，而事实上并非全损。"③损失补偿原则的内涵——补偿实际损失，其法理背后暗含着一个前提，即损失额必须确定④，而推定全损下赋予被保险人按实际全损赔偿请求的选择权则偏离了损失补偿原则（保险人对尚未造成的损失支付了保险赔偿），因此，为了平衡当事人的利益，由被保险人以放弃保险标的的所有权利义务为条件换取全部损失的赔偿，这就是"委付"的本意，其作为保险理赔的独特方式，是为补救损失的补偿原则，以达到利益的平衡。正如 *Arnould's Law of Marine Insurance and Average* 一书所指出的："通过海上保险实务中的这项令人高兴的发明，被保险人被

---

① 杨仁寿著：《海上保险法论》，三民书局股份有限公司 1996 年版，第 441～442 页；转引自樊启荣著：《保险法诸问题与新展望》，北京大学出版社 2015 年版，第 170 页。

② ［英］Malcolm. A. Clark 著：《保险合同法》（第三版），何美欢、吴志攀等译，北京大学出版社 2002 年版，第 385～386 页。

③ Jonathan Gilman et al., *Arnould's Law of Marine Insurance and Average* (17th ed.), London, Sweet & Maxwell, 2008J1353.

④ 参见樊启荣著：《保险法诸问题与新展望》，北京大学出版社 2015 年版，第 170 页。

赋予一种选择权,即把损失作为全损或者按部分损失索赔的选择权。"[1]也正因如此,推定全损下的委付制度的基本构造应为:首先,推定全损介于实际全损和部分损失的中间阶段,允许被保险人选择以部分损失或按实际全损赔偿,此即在构成推定全损的情况下被保险人的选择权。在选择按实际全损赔偿时,则必须递交委付通知,"只有通过适当的委付通知,推定全损方可转化为实际全损,从而允许向保险人索赔全损"。[2] 其次,保险人接受委付通知,产生两个法律效果:即保险人按实际全损赔偿,同时保险标的及其利益归属保险人。最后,若保险人不接受委付通知,则只要保险标的推定全损成立,保险人仍应按全损赔偿,保险人放弃保险标的利益的同时也不必承担保险标的可能产生的责任。委付制度的设定,使被保险人可以选择放弃保险标的而按照全损索赔,或继续等待和进行积极施救,等到损失结果最终实际发生时再按照实际损失索赔全损或部分损失。推定全损能满足被保险人及时得到保险赔偿的需要,这对被保险人来说不失为灵活而有效率的做法,而委付则实为防止不当得利的一种制衡机制,委付制度恰当的平衡了特殊情形下当事人之间的利益。

(三)委付制度在普通财产保险适用中的必要性和可行性

保险委付与"有损害始予补偿"原则,在本质上显然大异其趣,故为损害补偿原则之"质的例外"。[3] 此一例外,在海上保险中存在已经成为公知,但是委付制度是否应在普通财产保险中存在,需要进行比对分析。

1.保险理赔的效率性在普通财产保险中一样被需要

海上保险作为海上贸易、航运的保护神,推定全损观念的兴起及与其关联的特殊理赔方式,为海上商事交易提供了更好的保险保障。在普通财产保险中,这种效率化追求也为一般商人所需要,这似乎可以为推定全损在普通财产保险扩展中的必要性提供解释。正如英国保险法学者所质疑的"在1917年,为何船东比珠宝商更应尽快地获得资本的解放也许是明显的。但今天就不清楚为民事和航天制造注资的风险资本家为什么不能获得和船东(实际上有的公司同时从事两个领域)同样的待遇;不清楚为什么桑梓污染这种事情发生在港口就算损失,而发生在运河就不算损失。法院在别的情形下历来倾向于接受商业损失的概念,比如合同受挫的概念。

---

① Jonathan Gilman et al., *Arnould's Law of Marine Insurance and Average* (17th ed.), London, Sweet & Maxwell, 2008, p. 1322.

② Jonathan Gilman et al., *Arnould's Law of Marine Insurance and Average* (17th ed.), London, Sweet & Maxwell, 2008, p. 1353.

③ 樊启荣著:《保险法诸问题与新展望》,北京大学出版社2015年版,第163页。

如果从商业中断的性质中可推断出此种中断会有合理的可能性无限期地持续下去,人们就应该能自由地将财产、工厂和设备以及企业的业务进行调整来适应市场行为,就不用守着一个不可知的、无利可图的未来。既然如此了,为什么在保险法领域就不一样呢?"①

2. 推定全损在海上保险产生的其他特殊条件与普通财产保险的对照

仅以效率性追求论证其在普通财产保险领域扩展的合理性,并不完整。从推定全损的提出到委付制度对其的制衡作用可以看出,推定全损观点的兴起还在于海上保险风险的特殊性使损失界定难以确定,不仅如此,海上风险面临的"拯救费用"超过标的本身的情况,是由海上风险和特殊海事制度共同引起的,而普通财产保险中这些要素难以成立。

首先,海上风险的特殊性,使损失会进一步发生变化。与海上环境不同的是,陆上发生保险事故,往往损失随即固定,只要定损及时,被保险人的利益不至于严重受损。

其次,就推定全损的认定来看,试以船舶为例,我国《海商法》采取的是实际全损不可避免或避免发生实际全损所需支付的费用超过保险价值两种标准。其一,就第一种认定标准来看,是仅针对海上风险而言的,由于海洋环境的变化,海上遇险的船舶如果得不到及时救助可能沉没、灭失,而此情况在普通财产保险中一般不会存在。"推定全损是一个较为抽象的概念。它是一个混合状态,是介于实际全损和部分损失之间的中间阶段。"②而在普通财产保险损失能固定的情形下,混合状态何以解释,是否必要?其二,就第二种认定标准来看,海上运输以及作业中的船舶一旦在海上面临风险,往往依靠自身难以到达避难港,而需借助外力才能得以脱险,因此《海商法》中有海难救助这一特殊制度。也因如此,在发生保险事故时,由于对其救助所花费的救助报酬是独特的,可能产生为避免其发生实际全损所需支付的救助费用以及其他费用超过保险价值从而构成推定全损。而在普通财产保险中一般很少出现。即便存在,推定全损的认定标准的参考依据为"保险价值",由于海上保险多为定值保险,因此,保险事故发生时的价值与推定全损的认定无涉,但在普通财产保险中,除艺术品等市场价值不易确定的险种采定值保险外,多数采用不定值保险。因此,即便上述"为避免发生全损支出的费用超过保险价值"的情况确实存在,在认定推

---

① [英]Malcolm A. Clark 著:《保险合同法》(第三版),何美欢、吴志攀等译,北京大学出版社 2002 年版,第 385 ~ 386 页。

② [英]Donald O'may Julian Hill 著:《OMAY 海上保险——法律与保险单》,郭国汀等译,法律出版社 2002 年版,第 506 页。

定全损时仍需鉴定出险时的保险价值,推定全损所追求的理赔效率因普通财产保险的现实而消解。

尽管推定全损下的委付使理赔简便迅捷,但并非为所有保险所必需,其在海上保险法中偏离补偿原则而被容忍,是受其特定因素影响的,制度虽可复制于普通财产保险,但必要性仍值得深思。

余论:本节是对推定全损下的委付制度在普通财产保险领域扩展的可行性的分析,并没有对我国委付制度的具体问题展开阐述。就《海商法》规定来看,其存在的主要问题是:全损赔偿与委付通知的关系规定不甚清楚,具体体现在当保险人不接受委付时的法律效力不明。笔者认为,应在规定保险人接受委付的法律后果的基础上补充:保险人不接受委付的,被保险人仍能主张全损赔偿,只要被保险人证明推定全损成立;保险人不接受委付的,则保险标的仍归属于被保险人。笔者认为,这一补充是非常重要的,其理论依据为委付是具有双重法律性质[①]的:第一,实际全损赔偿的效果应取决于推定全损成立下的被保险人选择按实际全损赔偿的意思表示。委付通知则为被保险人按实际全损请求赔偿的意思表示,其为委付通知的第一层性质;第二,委付通知也是被保险人委付标的于保险人的要约,保险人接受,则保险标的委付成立。此为第二层性质,即委付为特定情形下的双方法律行为。两者之间相对独立,因此,保险人不接受委付通知,仅影响保险标的的剩余利益以及其上的责任是否转移,不影响实际全损赔偿的效果,否则推定全损无疑会被架空。

---

① 参见陈亚芹、陈梁:《我国海上保险委付双重法律性质探析》,载《中国保险》2006年第4期。

结　论

在我国保险立法体例下,《海商法》第十二章和《保险法》第二章纵使存在重复现象、差异现象,两者在各自适用上一般“相安无事”,即不会造成适用上的冲突,那么协调是否真的必要?海上保险具有特殊性被视为“金科玉律”,那么海上保险法和《保险法》是否真的可以协调?协调也好,衔接也罢,是否仅为理想图景,非但没有实现的必要,还会扭曲海上保险法的鲜明个性?所谓的协调是否只有海上保险法向保险法统一这一单行通道?上述这些问题一直萦绕困惑笔者,成为自我否定的一把利剑。但随着研究的展开,传统海上保险法的一些“特殊规则”是悠远的历史场景下的产物这一事实被展现出来,传统海上保险法过分向力于保险人的价值取向被剥离出来,而以“保护被保险人利益”为价值取向的现代保险法的变革正逐渐渗透并影响到保持“特立独行”特点的海上保险法领域,近几十年来,海上保险法所面临的挑战气息被捕捉后,重新思考海上保险法的特殊性、思考我国海上保险法如何变动和完善似乎有了新的动力,而避免法律的冲突现象力图保持保险法律体系的内部和谐应是我国法制现代化的要求,不是幻想而应是努力追逐的方向。从否定到肯定,从彷徨到释然,本命题研究的可行性已然明朗。为释明研究思路,总结如下:概言之,本书的研究就是为了解答我国海上保险法和《保险法》之间应否协调、能否协调,以及如何协调这三个循序渐进的问题的。

对应否协调这一问题,笔者将其置于我国保险一元主义体例的背景下讨论,从我国《海商法》和《保险法》之间存在的规范重复、规范冲突,以及规范“裂隙”等现象入手,以立法学原理特别是体系化立法方法和立法思维为理论根据,站在体系化的高度对这一“异化”的特别法和一般法的协调必要性与应然性作出研究。为证明协调的必要性,从立法技术原理对我国保险立法体例所采用的一元主义体例进行了分析和佐证,通过对法律文本的比对以及分析,找出我国《海商法》和《保险法》之间存在体系违反规定的形成原因,认为特别法《海商法》立法在先而一般法《保险法》立法在后这一立法时序客观因素是主要成因,同时各自在立法时缺乏周全考虑是造成冲突和“裂隙”现象的重要原因,需要以体系化立法原理对此作出必要的修正。

对能否协调这一问题,笔者从海上保险与一般财产保险具有的共性以及该共性体现在保险法律制度建构的相同或相似性要求出发,表明海上保险法和《保险法》(尤其是财产保险部分)是遵守一些共同的制度和规则的。首先,保险经营的技术性要求法律上有"对价平衡"的制度供给,即保险法领域作为风险测定的制度和风险控制的制度产生具有共同基础;其次,"保险补偿"的保险目的,即保证被保险人获得充分补偿但同时禁止其获得不当得利,这一要求体现在保险法律制度的保障上,海上保险和一般保险具有共同基础;最后,海上保险法在当今的变动中呈现出了和《保险法》类似的"保护被保险人利益"这一价值取向的变化,这些因素的存在使海上保险法上和《保险法》具有可协调的条件。

对如何协调这一问题,笔者着重于保险法领域的特有制度,对《海商法》第十二章和《保险法》共有但差异明显的制度、貌似不同但具有相同功能的制度是否可以统一及如何协调,对仅存于一般法《保险法》中的制度如何实现对海上保险合同适用的衔接分别作出解答。至于如何协调,每项制度不可能有一样的结论,因此笔者试图在分析基本理论的基础上求证具体规则的协调方案:

对于《海商法》和《保险法》共有但差异较大的几种主要制度,笔者认为,两法可作基本的统一,《海商法》修改时不宜再保留可以统一的内容,具体为:

第一,作为基于统一立法目的即为保险人估测危险之需以及解决事前信息不对称带来的逆向选择问题的保险告知制度,除了告知义务主体受保险合同主体制度存在的差异影响带来的附带问题之外,我国《海商法》第十二章和《保险法》在保险告知制度的主要规则,如告知义务的方式、告知的范围、对违反告知义务的法律后果的设定上均存在较大的差别,且《海商法》下的告知较《保险法》告知更为严苛。笔者经分析论证认为,在海上保险中也应对保险人和被保险人的利益作适度平衡,就保险告知制度以及具体规则,两法应作基本统一的规范。在保险告知方式上,海上保险也已具备向询问告知方式转变的现实条件,对保险告知的范围以保险人的询问为准。在违反保险告知的法律后果方面,我国《海商法》和《保险法》可以趋向同一,但并不要求或不可能达到完全一致。对故意违反告知义务的,海上保险合同和一般保险合同应在因果关系的要求、法律效果上统一,即允许保险人解除保险合同,对解除前发生的保险事故不问因果关系而免除保险人的责任。对因过失违反告知义务的,《保险法》和《海商法》可在解除权和变更权的择一行使方面,以及解除的效力(保险赔偿以及保险费的退还)方面予以统一,即允许解除或变更,选择解除的,对解除前发生的保险事故是否赔偿受因果关系的制约。但《保险法》对上述行为的因果关系应限制为重大过失,《海商法》海上保险则需扩展到一般过失。

第二,代位求偿制度和重复保险制度作为保险补偿原则的制度化体现形式,与海上保险的特殊性没有本质联系,因此两种制度具备统一的理论基础。

在代位求偿制度上,代位权的性质应认定为法定债权转让,并以此作为统一的理论前提。关于代位求偿的构成要件,应抛弃两法中均存在的不合理的条件和不合理的用语,统一为"被保险人对第三人具有赔偿请求权、保险人已支付保险赔偿金"两个构成要件;至于保险人在保险责任范围内赔偿,则不应作为代位求偿的成立条件。关于保险人代位求偿权范围是否可以超过其保险赔付范围,笔者认为,我国《保险法》和《海商法》应作出统一规定。至于代位求偿行使的名义,我国《保险法》的规定并不明确,根据代位求偿权的性质应统一为代位求偿权以保险人自己的名义行使,为此,特别法海上保险合同规则可被一般法借鉴而统一。就保险人代位权和被保险人剩余赔偿请求权的冲突问题,我国法律未予明确,依据代位求偿的制度目的,笔者认为,两法均应采纳被保险人优先说。另外,在保险人代位求偿权的行使中被保险人不损害保险人利益的消极义务和被保险人配合的积极义务方面,《保险法》和《海商法》也存在不同,笔者认为也应予统一。

关于重复保险制度,我国新《保险法》已经采取与《海商法》相同的概念,即采狭义重复保险说,这是我国保险法律体系内部和谐性的立法体现。但在狭义重复保险的构成要件、狭义重复保险的通知义务规定方面仍存差异。在重复保险的赔偿方式上差异尤为突出,《海商法》的连带赔偿制较《保险法》比例分摊制更能保护被保险人的利益,一般法《保险法》应吸收特别法的合理规定。

第三,《海商法》和《保险法》中关于保险期间的风险控制制度,笔者认为,从制度功能角度分析,应予统一。基于《海商法》保证制度来源于英国1906年《海上保险法》,《保险法》危险增加通知制度与大陆法系国家的制度相同;且鉴于英国海上保险的保证制度备受苛责,我国《海商法》保证制度实际已经改变违反保证"保险责任自动终止"的法律效果而采解除规则;同时也鉴于保证制度因与告知的重叠而实际消减保险告知制度或实际加重本已严苛的告知制度;更因为保证的范围着眼于主观的风险增加而忽视了对客观风险增加的控制,因此,综上所述,建议统一为危险增加通知义务制度,取消《海商法》中并不完整的保证制度,同时对危险增加通知义务制度作出适当的改进和完善。

第四,对于《海商法》中没有规定而仅在《保险法》中规定的一般制度,笔者的建议有:《保险法》针对财产保险合同所确立的法律上的保险利益对海上保险合同的适用有一定局限性,因此,《海商法》应作出特别规定,采经济上保险利益更为合理。《保险法》规定的保险人说明义务制度从理论上可以适用于我国海上保险合同领域,鉴于《保险法》关于说明义务制度履行机制的规定存在泛化说明义务的倾向以及缺乏可操作性,因此,为实现海上保险人和被保险人利益的平衡,《海商法》应对一般法《保险法》的说明制度作出突破,建立更为科学和合理的海上保险说明义务的特别规则,具体来说:就保险人说明义务,建议《海商法》以主动说明和询问说明作为区分的依据,并适当限制主动说明义务的范围,并设定海上保险中保险人说明义务免除的情形,以适应不同的海上保险实践。鉴于《保险法》中的疑义利益解释规则,根据我国海上保险条款的实践和海上保险的现实,具有可以适用于海上保险合同的现实依据,同时《保险法》(2009 年修订)对该规则的修改已经比较完满,因此,《海商法》无需作出突破性规定,仅作出细化与补充即可。

第五,对于海上保险法中的特殊制度,预约保险具备向普通保险领域扩展的现实需求与理论基础,但与推定全损相关的委付制度,并不具有向普通保险领域扩展的依据。

协调研究的最终结果,并不是两法完全的统一使海上保险法从《海商法》的视野中或者从《保险法》的视野中"消失",而是在比较研究的基础上对该特别法和一般法之间的架构和内容作更合理的布局。根据上述研究的结论,一方面,可能会使《海商法》第十二章"丢失"一些传统的规则和制度,但是这些未置于《海商法》第十二章而置于一般法《保险法》中的制度和规则,从海上保险的法律体系来看,仍为海上保险法律体系的组成部分。因此,在审理海上保险合同纠纷时,当确定适用我国法律时,仍应采体系化的方法确定适用的法律和制度,即法律适用遵循从特别法到一般法的适用顺序,渐次确定所适用的法律。《海商法》中"丢失"的一些传统制度和规则,有的其实并未消失,而是存在于一般法中。体系化方法为不同法律规范在整个法律体系中的位置的摆放提供了理论基础,为特别法规则和一般法规则设定合理区间提供了准则,而区分亦是建立在对客观现实的合理论证基础上的。同时为保持海上保险法作为特别法的定位,《海商法》修订时既应合理建构其能予保留的特别制度和规则并使之自成体系化而不受一般法影响，也应对一般《保险法》中并不适合在海上保险领域适用的一般法制度和规则，通过适当立法技术排除或作出有别于一般法的规定，以排除不利影响。

参 考 文 献

一、中文参考文献

(一)中文期刊

1.[英]巴里斯·索耶:《英国保险法改革对〈1906年海上保险法〉的影响》,郑睿译,载《中国海商法研究》2014年第4期。

2.蔡大顺:《解释论视角下保险标的转让规范的检讨与完善——以〈保险法〉第49条为分析对象》,载《财经法学》2018年第1期。

3.曹兴国、初北平:《作为特别法的〈海商法〉的修改——制度体系、修法时机及规范设计》,载《政法论丛》2018年第1期。

4.曹兴权:《反差与调适:保险人说明义务的履行——兼论〈保险法〉第17、18条的修改》,载《求索》2005年第2期。

5.曹兴权、罗璨:《保险不利解释原则适用的二维视域——弱者保护与技术维护之衡平》,载《现代法学》2013年第4期。

6.程兵、严志凌:《论保险合同条款的不利解释原则》,载《法学》2004年第9期。

7.初北平:《海上保险的最大诚信:制度内涵与立法表达》,载《法学研究》2018年第3期。

8.董书萍:《论法律规范冲突——以同一部宪法下的法律规范为分析对象》,载《法学论坛》2010年第5期。

9.樊启荣:《保险合同"疑义利益解释"之解释——对〈保险法〉第30条的目的解释和限缩解释》,载《法商研究》2002年第4期。

10.樊启荣:《保险损害补偿原则研究——兼论我国保险合同立法分类之重构》,载《中国法学》2005年第1期。

11.樊启荣:《保险合同成立疑难问题研究——以我国"保险法第二次修改"为背景》,载《法商研究》2008年第4期。

12.樊启荣:《中国保险立法反思及前瞻——为纪念中国保险法制百年而作》,载《法商研究》2011年第6期。

13.范忠信、侯猛:《法律冲突问题的法理认识》,载《江苏社会科学》2000年第4期。

14. 傅廷中、谷浩:《海上保险立法的国际协调:基础、现状和障碍》,载《中国海商法年刊》2005 年卷。

15. 傅廷中:《论我国〈海商法〉修改的基本原则与思路》,载《现代法学》2006 年第 5 期。

16. 傅廷中:《投保人的告知义务再检讨》,载《中国海商法研究》2012 年第 1 期。

17. 傅廷中:《海上保险保证制度的过去、现在与未来》,载《中国海商法研究》2013 年第 4 期。

18. 高鸿钧:《法律移植:隐喻、范式与全球化时代的新趋向》,载《中国社会科学》2007 年第 4 期。

19. 高华、曹顺明:《保险合同法修改的几个重大问题》,载《东岳论丛》2007 年第 3 期。

20. 郭建勋:《成文法下英国海上保险保险利益原则的立法演变》,载《中国海商法研究》2017 年第 4 期。

21. 谷浩、刘玉洁:《海上保险法国际协调的必要性及前景分析》,载《大连海事大学学报》(社会科学版)2007 年第 1 期。

22. 韩长印:《大陆与台湾保险合同法比较与评析——以大陆〈保险法〉2009 年修订为重点》,载《保险研究》2009 年第 7 期。

23. 何丽新:《论新民商立法视野下〈中华人民共和国海商法〉的修订》,载《中国海商法研究》2011 年第 2 期。

24. 何丽新、梁嘉诚:《〈海商法〉实施 25 年司法适用研究报告》,载《中国海商法研究》2018 年第 2 期。

25. 黄丽娟、杨颖:《法定的债权移转之下的保险代位权制度的困境与选择》,载《现代法学》2012 年第 3 期。

26. 黄韬:《〈保险法〉修订与我国海上货物保险合同法律制度的完善》,载《上海保险》2010 年第 1 期。

27. 胡晓珂:《保险法二次修订之理念与路径选择》,载《法商研究》2009 年第 6 期。

28. 胡正良、孙思琪:《论〈民法总则〉对〈海商法〉修订之影响》,载《中国海商法研究》2018 年第 1 期。

29. 金晓峰:《海上保险代位求偿诉讼时效起算之特例研究》,载《中国海商法研究》2014 年第 2 期。

30. 廖鑫彬:《保险人说明义务的经济分析》,载《四川教育学院学报》2008 年第 1 期。

31. 梁鹏:《保险法合理期待原则研究》,载《国家检察官学院学报》2007 年第 5 期。

32. 梁鹏:《新保险法施行下的保险人说明义务履行》,载《保险研究》2009 年第 7 期。

33. 梁迎修:《方法论视野中的法律体系与体系思维》,载《政法论坛》(中国政法大学学报)2008 年第 1 期。

34. 李天生、邓格:《英国保险法告知义务模式的变革及其启示》,载《大连海事大学学报》(社会科学版)2015 年第 4 期。

35. 李秀芬:《论保险合同疑义利益解释原则》,载《法学论坛》2008 年第 1 期。

36. 李章军:《中英保险合同中如实告知义务之比较研究》,载《比较法研究》2003 年第 5 期。

37. 李志强:《对价平衡原则的证成——从保险合同到保险业监管的考察》,载《法学》2017 年第 9 期。

38. 李祝用:《中国保险立法体例研究》,载《河北法学》2006 年第 12 期。

39. 刘奕彤、王欣:《保险人订约说明义务对海上保险之适用》,载《中国海商法研究》2014 年第 4 期。

40. 刘红:《法律冲突的概念》,载《湖北社会科学》2009 年第 1 期。

41. 刘星:《重新理解法律移植:从"历史"到"当下"》,载《中国社会科学》2004 年第 5 期。

42. 马得懿:《作为补充型特别民法之海商法的丰富性与体系性》,载《社会科学战线》2016 年第 8 期。

43. 马宁:《论保险人代位求偿权与被保险人损害赔偿请求权的冲突》,载《法学家》2013 年第 2 期。

44. 马宁:《论保险人说明义务的履行方式与标准——以对我国司法实务的考察为中心》,载《时代法学》2010 年第 2 期。

45. 马宁:《保险人明确说明义务批判》,载《法学研究》2015 年第 3 期。

46. 马宁:《保险合同解释的逻辑演进》,载《法学》2014 年第 9 期。

47. 马宁:《保险利益原则:从绝对走向缓和,抑或最终消解?》,载《华东政法大学学报》2015 年第 5 期。

48. 马剑银:《法律移植的困境——现代性、全球化与中国语境》,载《政法论坛》(中国政法大学学报)2008 年第 2 期。

49. 任以顺:《论保险合同格式条款的解释原则——兼论新〈保险法〉

之修订价值》,载《保险研究》2009 年第 12 期。

50. 任自力:《〈德国 2008 年保险合同法〉变革透视》,载《政法论丛》2010 年第 5 期。

51. 孙国华:《论法和利益的关系》,载《中国法学》1994 年第 4 期。

52. 孙积禄:《保险合同法律性质分析》,载《比较法研究》2007 年第 2 期。

53. 孙积禄:《保险代位权研究》,载《法律科学》2003 年第 3 期。

54. 孙宏涛:《我国〈保险法〉中危险增加通知义务完善之研究——以我国〈保险法〉第 52 条为中心》,载《政治与法律》2016 年第 6 期。

55. 孙积禄:《保险利益原则及其应用》,载《法律科学》(西北政法学院学报)2005 年第 1 期。

56. 苏同江、高伟:《海上货物运输保险合同中有关保险利益问题》,载《大连海事大学学报》(社会科学版)2008 年第 5 期。

57. 苏永钦:《大陆法系国家民法典编纂若干问题探讨》,载《比较法研究》2009 年第 4 期。

58. 苏永钦:《现代民法典的体系定位与建构规则——为中国大陆的民法典工程进一言》,载《交大法学》2010 年第 1 期。

59. 苏永钦:《体系为纲,总分相宜——从民法典理论看大陆新制定的〈民法总则〉》,载《中国法律评论》2017 年第 3 期。

60. 唐世银:《保险法上对价平衡原则的司法运用》,载《法律适用》2015 年第 12 期。

61. 王静:《疑义利益解释规则适用问题探讨》,载《法律适用》2006 年第 5 期。

62. 王丽萍、李燕:《格式条款解释研究》,载《法制与社会发展》2001 年第 6 期。

63. 汪全胜:《"特别法"与"一般法"之关系及适用问题探讨》,载《法律科学》(西北大学学报)2006 年第 6 期。

64. 王世涛、汤喆峰:《论海商法之于民法的独立性》,载《中国海商法研究》2012 年第 3 期。

65. 王雄飞:《英国保险告知义务制度的演进、结构和现代化——以英国法律委员会 2007 年发布咨询文为中心》,载《环球法律评论》2010 年第 1 期。

66. 王淑梅:《〈关于审理海上保险纠纷案件若干问题的规定〉的理解与适用》,载《人民司法》2006 年第 12 期。

67. 王轶:《法律规范类型区分理论的比较与评析》,载《比较法研究》2017 年第 5 期。

68. 王彦斌:《新〈保险法〉对中国海上保险合同法律的影响》,载《中国海商法研究》2011 年第 1 期。

69. 王战涛:《中德保险法中的消费者保护以保险合同法总则为重点》,载《广西经济管理干部学院学报》2010 年第 4 期。

70. 温世扬、武亦文:《论保险代位求偿权的法理基础及适用范围》,载《清华法学》2010 年第 4 期。

71. 温世扬、黄军:《复保险法律问题研析》,载《法商研究》(中南政法学院学报)2001 年第 4 期。

72. 温世扬:《保险人订约说明义务之我见》,载《法学杂志》2001 年第 2 期。

73. 吴胜顺:《〈海商法〉规范二分法及其应用》,载《中国海商法研究》2016 年第 4 期。

74. 武亦文、杨勇:《保险法对价平衡原则论》,载《华东政法大学学报》2018 年第 2 期。

75. 肖和保、杨佳媚:《论保险合同之射幸性——兼评保险合同免责条款的正当性》,载《财经理论与实践》2008 年第 1 期。

76. 谢鹏程:《法律价值概念的解释》,载《天津社会科学》1996 年第 1 期。

77. 谢鸿飞:《民法典的外部体系效益及其扩张》,载《环球法律评论》2018 年第 2 期。

78. 谢鸿飞:《民法典与特别民法关系的建构》,载《中国社会科学》2013 年第 2 期。

79. 邢海宝:《中国海上保险法律的修改》,载《法学家》2004 年第 3 期。

80. 邢海宝:《从法律上可保利益到经济可保利益》,载《法学家》2005 年第 3 期。

81. 徐卫东、高宇:《论我国保险法上危险增加的类型化与危险增加的通知义务》,载《吉林大学社会科学学报》2002 年第 2 期。

82. 杨立新:《〈民法总则〉规定的民法特别法链接条款》,载《法学家》2017 年第 5 期。

83. 杨婵:《海上保险中重复保险分摊纠纷相关法律问题研究》,载《中国海商法研究》2017 年第 1 期。

84. 杨荣波:《论我国海上保险中的保证条款——比照 MIA1906 年》,

载《集美大学学报》(哲学社会科学版)2008 年第 2 期。

85. 易军:《中国民法继受中的体系性瑕疵及协调》,载《法商研究》2009 年第 5 期。

86. 岳卫:《 保险请求权代位制度的新展开》,载《南京大学学报》(哲学 · 人文科学 · 社会科学)2016 年第 3 期。

87. 于海纯、吴民许:《日本法上保险人说明义务制度及其启示》,载《保险研究》2009 年第 8 期。

88. 于海纯:《保险人缔约信息义务的边界——以重要性标准之建立为中心》,载《比较法研究》2011 年第 2 期。

89. 于永宁:《保险人说明义务的司法审查——以〈保险法司法解释二〉为中心》,载《法学论坛》2015 年第 6 期。

90. 张金蕾、潘秀华:《中国海上保险法律制度修改的再审视——以〈2015 年英国保险法〉为背景》,载《中国海商法研究》2015 年第 4 期。

91. 张永坚:《反思修改中国〈海商法〉之努力》,载《中国海商法研究》2013 年第 3 期。

92. 张友连:《格式条款司法规制的逻辑分析——以〈最高人民法院公报〉案例为对象》,载《河北法学》2017 年第 3 期。

93. 张燕:《保险合同解释中的疑义利益解释原则——兼谈对〈保险法〉第 30 条的理解和适用》,载《上海政法干部管理学院学报》2002 年第 3 期。

94. 郑睿:《英国海上保险保证改革评析》,载《中国海商法研究》2016 年第 2 期。

95. 郑睿:《论英国海上保险合同告知义务之演进与立法启示》,载《中国海商法研究》2015 年第 4 期。

96. 周旺生:《法律利益论》,载《法律科学》2004 年第 2 期。

97. 周珺:《二元主义?一元主义?——我国保险合同法立法模式的再认识》,载《政法论丛》2004 年第 2 期。

98. 朱作贤:《对海上保险法最大诚信原则的误读及匡正——兼析英国〈2015 年保险法〉之最新发展》,载《世界海运》2015 年第 6 期。

(二)中文专著

1. 艾素君著:《保赔保险合同法律问题研究——兼论第三人对保赔协会的直接诉讼》,法律出版社 2008 年版。

2. 柴振国著:《契约法律制度的经济学考察》,中国检察出版社 2006 年版。

3. 曹兴权著:《保险缔约信息义务研究》,中国检察出版社 2004 年版。

4. 程兵著:《保险损失补偿原则研究》,法律出版社 2015 年版。

5. 陈欣著:《保险法》(第三版),北京大学出版社 2010 年版。

6. 程振源著:《保险市场非对称信息问题研究》,人民出版社 2007 年版。

7. 方志平著:《保险合同强制规则研究》,中国财政经济出版社 2007 年版。

8. 樊启荣著:《保险契约告知义务制度论》,中国政法大学出版社 2004 年版。

9. 樊启荣著:《保险法诸问题与新展望》,北京大学出版社 2015 年版。

10. 傅廷中著:《海商法论》,法律出版社 2007 年版。

11. 谷浩著:《全球化背景下国际海上保险立法:变革、协调和特点》,法律出版社 2011 年版。

12. 关正义著:《民法视野中的海商法制度》,法律出版社 2015 年版。

13. 桂裕著:《保险法论》,三民书局股份有限公司 1981 年版。

14. 郭瑜著:《海商法的精神——中国的实践和理论》,北京大学出版社 2005 年版。

15. 韩立新、王秀芬编译:《各国(地区)海商法汇编(中英文对照)》,大连海事大学出版社 2003 年版。

16. 韩世远著:《合同法总论》(第四版),法律出版社 2018 年版。

17. 韩忠谟著:《法学绪论》,中国政法大学出版社 1999 年版。

18. 何勤华主编:《英国法律发达史》,法律出版社 1999 年版。

19. 黄丽娟著:《论保险代位权制度的建构——以权利法定代位的制度选择为中心》,法律出版社 2013 年版。

20. 黄茂荣著:《法学方法与现代民法》,中国政法大学出版社 2001 年版。

21. 黄茂荣著:《法学方法与现代民法》(增订五版),2006 年自版。

22. 黄勇、李之彦著:《英美保险法经典案例评析》,中信出版社 2007 年版。

23. 蒋正雄主编:《中国海商法研究》,上海社会科学院出版社 2004 版。

24. 江朝国著:《保险法基础理论》,中国政法大学出版社 2002 年版。

25. 江朝国著:《保险法论文集(一)》,瑞兴图书股份有限公司 1997 年版。

26. 江朝国著:《保险法论文集(二)》,瑞兴图书股份有限公司 1997 年版。

27. 江朝国著:《保险法论文集(三)》,瑞兴图书股份有限公司 2002 年版。

28. 柯泽东著:《海商法——新世纪几何观海商法学》,元照出版有限公司 2010 年版。

29. 孔祥俊著:《法律方法论——法律规范的选择与适用》(第一卷),人民法院出版社 2006 年版。

30. 赖来焜著:《新海商法论》,元照出版有限公司 2008 年版。

31. 雷磊著:《法律体系、法律方法与法治》,中国政法大学出版社 2016 年版。

32. 梁鹏著:《保险人抗辩限制研究》,中国人民公安大学出版社 2008 年版。

33. 梁宇贤著:《保险法新论》(修订新版),中国人民大学出版社 2004 年版。

34. 梁上上著:《利益衡量论》(第二版),法律出版社 2016 年版。

35. 李春彦、李之彦著:《保险法告知义务及其法律规制》,法律出版社 2007 年版。

36. 李林著:《立法理论与制度》,中国法制出版社 2005 年版。

37. 林动发著:《金融法规总览》(四),学林文化事业有限公司 2003 年版。

38. 林群弼著:《保险法论》(增订一版),三民书局股份有限公司 2003 年版。

39. 李庭鹏著:《保险合同告知义务研究》,法律出版社 2006 年版。

40. 刘宗荣著:《新保险法:保险契约法的理论与实务》,中国人民大学出版社 2009 年版。

41. 刘宗荣著:《新海商法:商法的理论与实务》,三民书局股份有限公司 2004 年版。

42. 刘兆兴主编:《比较法学》,社会科学文献出版社 2004 年版。

43. 李永军著:《合同法》(第三版),法律出版社 2010 年版。

44. 李玉泉著:《保险法》(第二版),法律出版社 2003 年版。

45. 齐瑞宗、肖志立著:《美国保险法律与实务》,法律出版社 2005 年版。

46. 任以顺著:《保险利益研究》,中国法制出版社 2013 年版。

47. 史尚宽著:《债法总论》,中国政法大学出版社 2000 年版。

48. 司玉琢主编:《国际海事立法趋势及对策研究》,法律出版社 2002 年版。

49. 司玉琢、胡正良主编:《〈中华人民共和国海商法〉修改建议稿条文、参考立法例、说明》,大连海事大学出版社2003年版。

50. 司玉琢主编:《海商法》(第四版),法律出版社2018年版。

51. 司玉琢、李志文主编:《中国海商法基本理论专题研究》,北京大学出版社2009年版。

52. 司玉琢著:《中国海商法专论》(第四版),中国人民大学出版社2018年版。

53. 苏号朋著:《格式合同条款研究》,中国人民大学出版社2004年版。

54. 孙国华著:《法的形成与运作原理》,法律出版社2003年版。

55. 孙宏涛著:《德国保险合同法》,中国法制出版社2012年版。

56. 孙美兰著:《情势变动与契约理论》,法律出版社2004年版。

57. 沈宗灵著:《比较法研究》,北京大学出版社1998年版。

58. 汪鹏南著:《海上保险合同法详论》(第四版),大连海事大学出版社2017年版。

59. 汪鹏南著:《现代海上保险法的理论与实践》,大连海事大学出版社2004年版。

60. 魏润泉、陈欣著:《海上保险的法律与实务》,中国金融出版社2001年版。

61. 魏华林、林宝清主编:《保险学》(第二版),高等教育出版社2006年版。

62. 武亦文著:《保险代位的制度构造研究》,法律出版社2013年版。

63. 吴庆宝主编:《保险诉讼原理与判例》,人民法院出版社2005年版。

64. 肖和保著:《保险法诚实信用原则研究》,法律出版社2007年版。

65. 邢海宝著:《中国保险合同法立法建议及说明》,中国法制出版社2009年版。

66. 徐国栋著:《诚实信用原则研究》,中国人民大学出版社2002年版。

67. 许良根著:《保险代位求偿制度研究》,法律出版社2008年版。

68. 徐卫东主编:《商法基本问题研究》,法律出版社2002年版。

69. 徐仲建著:《海上保险保证制度论》,法律出版社2013年版。

70. 杨东霞著:《中国近代保险立法移植研究》,法律出版社2009年版。

71. 杨芳著:《可保利益效力研究——兼论对我国相关立法的反思与重构》,法律出版社2007年版。

72. 杨良宜、汪鹏南著:《英国海上保险条款详论》(第二版),大连海事大学出版社2009年版。

73. 杨良宜著:《海上货物保险》,法律出版社 2010 年版。

74. 杨炼著:《立法过程中的利益衡量研究》,法律出版社 2010 年版。

75. 杨仁寿著:《法学方法论》,中国政法大学出版社 1999 年版。

76. 杨召南、徐国平、李文湘著:《海上保险法》,法律出版社 2009 年版。

77. 叶启洲著:《保险法专题研究》(一),元照出版有限公司 2007 年版。

78. 应飞虎著:《信息失灵的制度克服研究》,法律出版社 2004 年版。

79. 袁杰著:《〈中华人民共和国保险法〉释义及实用指南》,中国民主法制出版社 2009 年版。

80. 岳卫著:《日本保险契约复数请求权调整理论研究——判例 · 学说 · 借鉴》,法律出版社 2009 年版。

81. 于海纯著:《保险消费者权益保护制度研究——以保险人说明义务规制为重点》,对外经济贸易大学出版社 2015 年版。

82. 曾立新著:《海上保险学》,对外经济贸易大学出版社 2001 年版。

83. 张国圣著:《英美协会货物保险条款之研究——基本条款之分析》,元照出版有限公司 2007 年版。

84. 张丽英等编:《中英海上保险法原理及判例比较研究》,大连海事大学出版社 2006 年版。

85. 张乃根著:《西方法哲学史纲》(增补本),中国政法大学出版社 2002 年版。

86. 张维迎著:《博弈论与信息经济学》,新知三联书店上海分店、上海人民出版社 1996 年版。

87. 张文显著:《法哲学范畴研究》(修订版),中国政法大学出版社 2001 年版。

88. 张湘兰主编:《海商法问题专论》,武汉大学出版社 2007 年版。

89. 张湘兰著:《海上保险法》,中国政法大学出版社 1997 年版。

90. 张新平著:《海商法》,中国政法大学出版社 2002 年版。

91. 赵德铭主编:《国际海事法学》,北京大学出版社 1999 年版。

92. 詹昊著:《保险市场规制的经济法分析》,中国法制出版社 2007 年版。

93. 郑睿著:《英国海上保险法律与实务》,上海交通大学出版社 2014 年版。

94. 郑玉波(刘宗荣修订):《保险法论》(修订八版),三民书局股份有限公司 2010 年版。

95. 郑肇芳主编:《海上保险·代位求偿案例》,上海人民出版社 2006 年版。

96. 钟瑞栋著:《民法中的强制性规范——公法与私法"接轨"的规范配置问题》,法律出版社 2009 年版。

97. 邹海林著:《保险法学的新发展》,中国社会科学出版社 2015 年版。

98. 邹海林著:《保险法教程》,首都经济贸易大学出版社 2002 年版。

99. 朱景文著:《比较法导论》,中国检察出版社 1992 年版。

(三)中文译著

1. [美]G. 吉尔摩 、C. L. 布莱克著:《海商法》(上、下册),杨召南等译,中国大百科全书出版社 2000 年版。

2. [美]所罗门·许布纳、小肯尼思·布莱克、伯纳德·韦布著:《财产和责任保险》,陈欣等译,中国人民大学出版社 2002 年版。

3. [美]小罗伯特·H. 杰瑞、道格拉斯·R. 里士满著:《美国保险法精解》,李之彦译,北京大学出版社 2009 年版。

4. [美] John F. Dobbyn 著:《美国保险法》(第四版),梁鹏译,法律出版社 2008 年版。

5. [美]缪里尔·L. 克劳福特著:《人寿与健康保险》,周伏平译,经济科学出版社 2000 年版。

6. [美]A. L. 科宾著:《科宾论合同》(上、下册),王卫国等译,中国大百科全书出版社 1997 年版。

7. [德]莱因哈德· 齐曼默、[英]西蒙·惠特克著:《欧洲合同法中的诚实信用原则》,丁广宇等译,法律出版社 2005 年版。

8. [德]卡尔·拉伦茨著:《德国民法通论》(上、下册),王晓晔等译,法律出版社 2003 年版。

9. [美]E. 博登海默著:《法理学:法律哲学与法学方法》,邓正来译,中国政法大学出版社 1999 年版。

10. [美]唐纳德 A. 威特曼著:《法律经济学文献精选》,苏力等译,法律出版社 2006 年版。

11. [德]卡尔·拉伦茨著:《法学方法论》,陈爱娥译,中国商务印书馆 2003 年版。

12. [德]K. 茨威格特、H. 克茨著:《比较法总论》,潘汉典、米健等译,法律出版社 2003 年版。

13. [德]拉德布鲁赫著:《法学导论》,米健、朱林译,中国大百科全书出版社 1997 年版。

14. [美]C. 小阿瑟·威廉斯著:《风险管理与保险》,马从辉、刘国翰译,经济科学出版社 2000 年版。

15. [美]庞德著:《法律史解释》,邓正来译,中国法制出版社 2002 年版。

16. [英]彼得·斯坦、约翰·香德著:《西方社会的法律价值》,王献平译,中国法制出版社 2004 年版。

17. [英]Donald O'may, Julian Hill 著:《OMAY 海上保险——法律与保险单》,郭国汀等译,法律出版社 2002 年版。

18. [英]约瑟夫·拉兹著:《法律体系的概念》,吴玉章译,中国法制出版社 2003 年版。

19. [英]韦恩·莫里森著:《法理学:从古希腊到后现代》,李桂林等译,武汉大学出版社 2003 年版。

20. [英]P. S. 阿狄亚著:《合同法导论》(第五版),赵旭东等译,法律出版社 2002 年版。

21. [英]冈特·特雷特尔著:《二十世纪合同法的几个里程碑》,杨帆译,北京大学出版社 2009 年版。

22. [英]Malcolm A. Clarke 著:《保险合同法》(第三版),何美欢、吴志攀等译,北京大学出版社 2002 年版。

23. [英]H. L. A. 哈特著:《法律的概念》,张文显等译,中国大百科全书出版社 1996 年版。

24. [英]珍妮·斯蒂尔著:《风险与法律理论》,韩永强译,中国政法大学出版社 2012 年版。

25. [加]威廉·台特雷著:《国际海商法》,张永坚等译,法律出版社 2005 年版。

26. [加]威廉·台特雷著:《国际冲突法:普通法、大陆法及海事法》,刘兴莉译,法律出版社 2003 年版。

27. [日]加藤修著:《国际海上运输货物保险实务》,周学业、王秀芬译,大连海事大学出版社 1995 年版。

28. [日]中村真澄、箱井崇实著:《日本海商法》,张秀娟等译,法律出版社 2015 年版。

(四)专著中析出的文献

1. 胡基:《合同解释的理论与规则研究》,载梁慧星主编:《民商法论丛》(第 8 卷),法律出版社 1997 年版。

2. 牟宪魁:《民法上的说明义务之研究》,载梁慧星主编:《民商法论丛》(第31卷),法律出版社2004年版。

3. 彭岳:《海上保险中最大诚信原则的适用范围》,载谢宪主编:《保险法评论》(第二卷),中国法制出版社2009年版。

4. 沙银华:《从保险的分类探索中国保险法体系的构建》,载胡晓珂、陈飞主编:《保险法评论》(2010年第1集),法律出版社2010年版。

5. 孙思琪:《海商法独立部门说之商榷》,载上海海事大学海商法研究中心编:《海大法律评论(2014-2015)》,上海浦江教育出版社2015年版。

6. 卫文、苗海刚:《〈保险法〉修订草案中的几个问题》,载谢宪主编:《保险法评论》(第二卷),中国法制出版社2009年版。

7. 肖和保:《保险法告知制度:变革中的利益平衡》,载梁慧星主编:《民商法论丛》(第33卷),法律出版社2005年版。

8. 张贤伟:《关于海上保险合同纠纷情况的调研》,载李海主编:《拱辰集——海商法问题研究》,大连海事大学出版社2008年版。

9. 邹海林:《保险代位权研究》,载梁慧星主编:《民商法论丛》(第6卷),法律出版社1997年版。

10. 傅蓉:《论海上重复保险——兼论对我国〈海商法〉第255条的修改》,载司玉琢主编:《中国海商法年刊》(2001年卷),大连海事大学出版社2002年版。

11. 谷浩:《海上保险告知的经济分析》,载司玉琢主编:《中国海商法年刊》(2006年卷),大连海事大学出版社2007年版。

12. 梁山:《英美法系海上保险法保险利益原则初探》,载司玉琢主编:《中国海商法年刊》(2006年卷),大连海事大学出版社2007年版。

13. 李东:《论海上保险中承保风险增加时被保险人的通知义务》,载司玉琢主编:《中国海商法年刊》(2002年卷),大连海事大学出版社2003年版。

14. 李玉泉:《论海上保险法中的"保证"制度》,载司玉琢主编:《中国海商法年刊》(2004年卷),大连海事大学出版社2005年版。

15. 李祯:《从大陆法系国家角度看中国对英国模式下的保证制度的改革及引入》,载司玉琢主编:《中国海商法年刊》(2008年卷),大连海事大学出版社2009年版。

16. Marc A. Huybrechts:《中英海上保险法中的保证制度》,李民等译,载司玉琢主编:《中国海商法年刊》(2000年卷),大连海事大学出版社2001年版。

17. 王大荣:《论我国海上保险中应确立经济性保险利益原则》,载司玉琢主编:《中国海商法年刊》(2001 年卷),大连海事大学出版社 2002 年版。

18. 汪鹏南:《对我国海上保险法的思考与展望》,载司玉琢主编:《中国海商法年刊》(2003 年卷),大连海事大学出版社 2004 年版。

19. 郑蕾:《如何认识海上保险中时“保证”——兼谈对我国〈海商法〉第 235 条的理解》,载司玉琢主编:《中国海商法年刊》(1997 年卷),大连海事大学出版社 1998 年版。

20. 朱作贤:《代位求偿权和被保险人剩余赔偿请求权何者优先——兼对英国〈海上保险法〉中相关规则的反思》,载《中国海商法研究》2009 年第 4 期。

(五)学位论文

1. 曹兴国:《海商法自体性研究》,大连海事大学 2017 年博士学位论文。

2. 初北平:《船舶保险条款研究》,大连海事大学 2008 年博士学位论文。

3. 葛延珉:《海上保险法最大诚信原则研究》,大连海事大学 2005 年博士学位论文。

4. 李兆良:《海上保险免责条款研究》,武汉大学 2014 年博士学位论文。

5. 王金玉:《海上保险告知义务矫正论》,大连海事大学 2012 年博士学位论文。

6. 王雪杉:《保险法告知义务研究》,吉林大学 2007 年博士学位论文。

7. 于海纯:《保险人缔约说明义务制度研究》,中国政法大学 2007 年博士学位论文。

8. 张贤伟:《海上货物运输保险赔偿制度研究》,大连海事大学 2008 年博士学位论文。

9. 朱作贤:《海上保险法补偿原则研究》,大连海事大学 2009 年博士学位论文。

二、外文参考文献

(一)外文期刊

1. Kevin X. Li et al., “Marine Insurance Law in China”, in *Tulane Maritime Law Journal*, 2008, Summer.

2. Julie-anne Tarr, A. A. Tarr, “The Insured's Non-disclosure in the formation of Insurance Contract: A Comparative Perspective”, in

International & Comparative Law Quaterly, No. 3. 2001.

3. Thomas J. Schoenbaum, "The Duty of Utmost Good Faith in Marine Insurance Law: A Comparative Analysis of American and English Law", in *Journal of Maritime Law and Commerce*, No. 1. 1998.

4. Thomas J. Schoenbaum, "Warranties in the Law of Marine Insurance: Some Suggestions for Reform of English and American Law", in *Tulane Maritime Law Journal*, 1999.

5. Jeffrey A. Greenblatt, "Insurance and Subrogation: When the Pie isn't Big Enough, Who Will Eat Last", in *University of Chicago Law Review*, 1997, Fall.

6. Kyriaki Noussia, "Insurable Interest in Marine Insurance Contracts: Modern Commercial Needs Versus Tradition", in *Journal of Maritime Law and Commerce*, January 2008.

7. Roger M. Baron, "Subrogation: A Pandora's Box Awaiting Closure", in *South Dakota Law Review*, 1996.

8. Struckhoff, "The Irony of Uberrimae Fidei: Bad Faith Practices in Marine Insurance", in *Tulane Maritime Law Journal*, Summer 2005.

9. Robert E. Keeton, "Insurance Law Rights at Variance with Policy Provision", in *Harvard Law Review*, March 1970.

10. James M. Fischer, "Why Are Insurance Contracts Subject to Special Rules of Interpretation? Text versus Conxtext", in *Arizona State Law Journal*, Fall 1992.

11. David S. Miller, "Insurance as Contract: The Argument for Abandoning the Ambiguity Doctrine", in *Columbia Law Review*, December 1988.

12. Zhen Jing, "Insured's Duty of and Test of Materiality in Maine Insurance and Non-marine Insurance Law in China", in *Journal of Business Law*, October 2006.

13. Andrew Longmore, "Good Faith and Breach of Warranty: Are we Moving Forwards or Backwards?", in *Lloyd's Maritime Commercial Law Quarterly*, February 2004.

14. Norma J. Hird, "The Star Sea-the Continuning Saga of Utmost Good Faith", in *Journal of Bisiness law*, May 2001.

15. Malcolm Clarke, "Failure to Disclose and Failure to Legislate: is it

Material?"-Part1, in *Journal of Business Law*, May 1988.

16. Malcolm Clarke, "Failure to Disclose and Failure to Legislate: Is It Material?"-Part2, *Journal of Business Law*, July 1988.

17. Jan Woloniecki, "The Duty of Utmost Good Faith in Insurance Law: Where is it in the 21st century?", in *Defense Counsel Journal*, January 2002.

18. Malcolm Clarke, "Insuance Warranties: the Absolute End?", in *Lloyd's Maritime Commercial Law Quarterly*, April 2007.

19. Baris Soyer, "Reforming the Assured's Pre-contractual Duty of Utmost Good Faith in Insurance Contracts for Consumers: Are the Law Commisions on the Right Track", in *Journal of Business Law*, May 2008.

20. Gerald Swaby, "Paul Richards. Insurance Reforms: Rebalancing the Kilter?", in *Journal of Business Law*, Jure 2011.

21. Baris. Soyer, "Reforming Pre-contractual Information Duties in Business Insurance Contracts-one Reform too Many?", in *Journal of Business Law*, January 2009.

22. John Birds, "Insurers not Liable in Damages for Failure to Disclose", in *Journal of Business Law*, September 1988.

23. Jacob Loshin, "Insurance Law's Hapless Busybody: a Case Against the Insuable Interest Requirnent", in *Yale Law Journal*, December 2007.

(二)英文专著

1. Jonathan Gilman et al., *Arnould's Law of Marine Insurance and average* (17th ed.), London, Sweet & Maxwell, 2008.

2. Jonathan Gilman, Robert Merkin, *Arnould's Law of Marine Insurance and Average* (Fisrt supplement to 17th ed.), London, Sweet & Maxwell, 2011.

3. Susan Hodges, *The Law of Marine Insurance*, London, Cavendish Publishing Limited, 1996.

4. Robert Merkin, *Marine Insurance Legislation*, London, LLP, 2000.

5. Malcolm A. Clarke, *The Law of Insurance Contracts* (4th ed.) London, LLP, 2002.

6. Howard N. Bennett, *The Law of Marine Insurance*, Oxford, Clarendon Press, 1996.

7. Baris Soyer, *Warranties in Marine Insurance* (1st ed.), London, Cavendish Publishing Limited, 2001.

8. Baris Soyer, *Warranties in Marine Insurance* (2nd ed.), London, Cavendish Publishing Limited, 2006.

9. S. R. Derham, *Subrogation in Insurance Law*, Sydney, the Law Book Company Limited, 1985.

10. E. R. Hardy Ivarmy, *Marine Insurance* (4th ed.), London, Butterworths, 1985.

11. Julie-Anner Tarr, *Discloure and Concealment in Consumer Insurance Contracts*, London, Cavendish Publishing Limited, 2002.

12. Ray Hodgin, *Insurance Contracts: Text and Materials* (2nd ed.), London, Cavendish Publishing Limited, 2002.

13. George R. Strathy, George C. Moore, *The Law and Practice of Marine Insurance in Canada*, Markham, LexisNexis Canada Inc., 2003.

14. A. A. Tarr, *Australian Insurance Law*, Sydney, The Law Book Company Limited, 1987.

15. F. D. Rose, *Marine Insurance: Law and Practice*, London, LLP, 2004.

16. Johan Hendrik Botes, *From Good Faith to Utmost Good Faith in Marine Insurance*, Frankfurt, Peter Lang Gmb H., 2006.

17. Thomas J. Schoenbaum, *Key Divergences Detween English and American Law of Marine Insurance: A Comparative Study*, Maryland, Cornell Maritime Press, 1999.

18. Robert Merkin, *Insurance Law-An Introduction*, London, Informa, 2007.

19. Nicholas Legh John et al., *MacGillivray on Insurance Law* (11th ed.), London, Sweet & Maxwell, 2008.

20. John Birds, *Birds'Modern Insurance Law* (7th ed.), London, Sweet &Maxwell, 2007.

21. Peter MacDonald Eggers, Simon Picken, Patrick Foss, *Good Faith and Insurance Contracts* (2nd ed.), London, LLP, 2004.

22. John F. Dobbyn, *Insurance Law* (3rd ed.)(影印本),法律出版社, 2001。

23. Kyriaki Noussia, *The Principle of Indemnity in Marine Insurance Contracts: A Comparative Approach*, London, Springer, 2007.

24. Spencer L. Kimball, *Cases and Materials on Insurance Law*, Boston,

Little, Brown and Company, 1992.

25. 陈梁:《提单免责条款及其对海运货物保险的影响》(*Legal Aspects of Bills of Lading Exception Clauses and Their Impact Upon Marine Cargo Insurance*),武汉大学出版社 2005 年版。

26. 张金蕾:《英国海上保险合同的订立》(*The Formation of Insurance Contracts in London Market*),黑龙江科学技术出版社 2011 年版。

(三)专著中析出的文献

1. D. Rhidian Thomas, "The Perspectives on the Contract of Marine Insurance", in D. Rhidian Thomas (ed.), *The Modern Law of Marine Insurance*, London, LLP, 1996.

2. Robert Merkin, "the Duties of Marine Insurance Brokers", in D. Rhidian Thomas(ed.), *The Modern Law of Marine Insurance*, London, LLP, 1996.

3. Baris Soyer, "Marine Insurance Warranties: Old Rules for the New Miliennium?", in D. Rhidian Thomas (ed.), *The Modern Law of Marine Insurance*(Vol. 2), London, LLP, 2002.

4. D. Rhidian Thomas, "Insurable Interest-Accelerating the Liberal Sprit", in D. Rhidian Thomas (ed.), *Marine Insurance: The Law in Transition*, London, Informa, 2006.

5. Peter Macdonald Eggers, "The Marine Insurance Act 1906: Judicial Attitudes and Innovation—Time for Reform?", in D. Rhidian Thomas(ed.), *Marine Insurance: the Law in Transition*, London, Informa, 2006.

6. David Hertzell, "Insurance Contract Law Reform in England/wales and Scotland", in Baris Soyer (ed.), *Reforming Marine and Commercial Insurance Law*, London, Imforma, 2008.

7. Baris Soyer, "Reforming Insurance Warranties—Are We Finally Moving Forward?", in Baris Soyer(ed.), *Reforming Marine Insurance and Commercial Insurance Law*, London, Imforma, 2008.

8. Malcolm A. Clarke, "The Trends in the Interpretation of Marine Insuracnce Contracts", in D. Rhidian Thomas (ed.), *Marine Insurance: The Law in Transition*, London, Informa, 2006.

(四)电子资源

1. Trine-Lise Wilhelmsem, "Duty of Disclosure, Duty of Good Faith, Alteration of Risks and Warranties: An Analysis of the Replies to CMI

Qestionnaire", in *CMI Yearbook* 2000, http://www. comitemaritime. org/ Uploads/Yearbooks/Yearbook + 2000. pdf.

2. John Hare, "The Omnipotent warranty: England v. the World", http://web. uct. ac. za/depts/shiplaw/imicfram. htm.

3. Law Commission and Scottish Law Commission, "Insurance Contracts Law: Misrepresentation and Non Disclosure: Issue Paper1", http://www. justice. gov. uk/lawcommission/docs/ICL1 _ Misrepresentation _ and _ Non-disclosure. pdf.

4. Law Commission and Scottish Law Commission, "Insurance Contract Law/: Issue Paper 2: Warranties", http://www. justice. gov. uk/ lawcommission/areas/insurance-contract-law. htm.

5. Law Commission and Scottish Law Commission, "Insurance Contracts Law: Misrepresentation, Non-disclosure and Breach of Warranty by Insured", A Joint Consultation paper [cp182], http://www. justice. gov. uk/ lawcommission/docs/cp182 _ ICL _ Misrep _ Non-disclosure _ Breach _ of _ Warranty. pdf.

6. Australian Law Reform Commission, "Review of the Marine Insurance Act 1909 - Report 91 (ALRC 91)", http://alrc. gov. au/sites/default/files/ pdfs/publications/alrc. pdf.

后　　记

本书是在我的博士学位论文的基础上修改完成的。从2012年6月博士毕业到2015年年初论文成书稿将获出版,时隔近三年;但恰在书稿完成校对之际,突如其来地得到了由出版社推荐申报国家社科基金后期资助项目的机会,恍惚间竟然拿到了基金的资助,但随之而来的便是要完成对书稿的全面修改,而这一完善和修改弹指又是三年。尽管当初论文在答辩时得到老师们的肯定并获得优秀,此后也有幸获得课题立项,但我终因太清楚自己论文存在的短板而不想触碰它,我也不愿去追忆当年为获一纸学位而抱着那唯一一次论文答辩机会时如赌徒般的窘迫心态,那段在复旦江湾度过的以咖啡续命的疯狂日子,我不愿再去翻动它,生怕一不小心就被翻得五味杂陈。在彻头彻尾地修订了一遍后,终究还是对自己写的东西喜欢不起来,但掂着这厚厚一摞纸时我明白了读博除让我在五年时间获得了那一纸学位证书外,给予我最大的收获就是留下了这些不生动甚至还有些刻板但却印刻着我学术成长的书稿。无论它来得有多艰难,终是过往,无论拙劣或者稚嫩,我都该坦然面对。

看过几米的漫画《向左走向右走》,纯美的画面经过岁月的流逝已经被慢慢淡忘了,可是就在论文准备、写作以及后期修改的这十年的时间里,《向左走向右走》一次又一次被我记起,感慨于人生总在向左或向右的选择中有了不同的境遇,困惑和焦灼于我的论文也总面对"向左走还是向右走"的选择。海上保险是《海商法》和《保险法》两个部门法(如果可以这么说)交集的部分,虽然《海商法》到处渗透着海上保险的触角,但是相对于其他制度,海上保险是最没有《海商法》特色的(美国学者格兰特·吉尔摩:海上保险"远没有像海员人身伤亡或船舶碰撞那些问题更具有海商法的基本特征");而相对于其他保险,海上保险却显得独特,"海上保险法并没有被消融到一般保险法的体系中去"(我国学者朱作贤言)。但是近几十年的发展表明,传统的以英国海上保险法为代表的"保护保险人利益的理念"与新兴的海上保险法理念每每有碰撞,而海上保险法在逐渐倾向"保护被保险人的利益"的趋势时不能摆脱的一个事实是:这一"保护被保险人利益"的现代理念是来源于一般保险法领域的,普通保险法的发展也在某种程度上影响着现代海上保险法的动向。就我国来说,情况可能更为复杂,我国海上保险制度更多借鉴参考的是英国1906年《海上保险法》,而我国《保险法》则在立法时更多借鉴的是大陆法系国家的立法,而我国《民法》是更亲缘于大陆法系的。所以,在对我国海上保险法与一般保险法的协调与衔接问题的处理上,总是面临着存于英美法系与大陆法系的概念以及制度在接触与碰撞下的选择问题,也总是面临着在海上保险制度和规则向一般保险合同制度与规则靠近:一般保险合同制度对海上保险合同进行借鉴、吸收及改良中作出选择的困顿,也总是要在保持传统和创新变革的矛盾中作出一定的选择……如果已经充分论证然后才有了选择,或许向右或者向左都应该是正确的。当我带着诚惶诚恐的心情交出我的答卷,可以聊以自慰的是我已经尽了最大努力。

当我把这个选题一点点啃下来到论文成型再到付梓出版,回望过去,读博过程中的波折和困顿已被更多的关心和支持所淹没,在领会海上保险"守望相助,患难与共"精神的同时,我也收获了"守望相助"的人生感悟。感谢我的导师陈梁教授,无论论文的选题还是论文的结构布局以及小到论文引注的规范性都倾注了导师大量的心血,特别是导师对学术研究的严格要求让我在整个论文写作中不敢懈怠,研究的穷尽原则以及研究要达到知识增量的目的的教诲让我受益良多。感谢复旦大学法学院的各位老师和教务人员,感谢陈治东教授、张乃根教授和陈力教授、孙南申教授、段匡教授、刘士国教授、董茂云教授、高凌云副教授对我在学期间的学业指导和帮助。感谢我的博士生同学们,珍存那些和你们一起奋斗过的岁月中的欢笑泪水。感谢杭州大学以及浙江大学的我的老师们和同事们,孙笑侠教授、朱新力教授、金彭年教授、马绍春教授、翁国民教授、章剑生教授、夏立安教授、郁志轰教授、吴勇敏副教授、韩家勇副教授……如果可以,这个名单可以列得很长,感谢您们在我本科阶段对我的专业启蒙、研究生阶段对我专业素养的培养,以及一直以来给我的关心和帮助。感谢我的家人:我的父母亲、我的姑妈姑父,感谢您们的养育之恩,多年不在您们身边的我也始终怀有对您们的愧疚之心;感谢我的公公、婆婆,感谢您们的无私付出和坚定支持;感谢我的丈夫启龙对我的呵护,感恩与你随行的这二十年;感谢我的女儿亦谦。我离开她去上海读博时女儿刚入读小学,女儿小学毕业我也终于熬到博士毕业,在书稿即将付梓出版时,女儿即将高中毕业独自去国外求学,开始新的旅程。愿我的"小朋友"不负韶光,成就更好的自己。

感谢论文的评阅老师们,感谢陈治东教授、陈力教授、何力教授、沈秋明教授在论文答辩时对论文的指导,特别感谢作为论文答辩委员会主席的上海海事大学於世成教授对论文的指导以及对论文给予的很高的评价！感谢国家社科基金的各位专家，虽未曾谋面，一并感谢您们对论文以及书稿提出的诸多宝贵意见。

衷心感谢法律出版社的郑导编辑为本书出版以及立项所做的辛勤工作。

感谢各位专家学者给予的丰富学术给养。

笔者才疏学浅，文中多有错误或纰漏，望各位专家学者不吝赐教。

王海波

2018 年 12 月于杭州

图书在版编目(CIP)数据

海上保险法与保险法之协调研究 / 王海波著. -- 北京：法律出版社, 2019

ISBN 978-7-5118-7481-8

Ⅰ. ①海… Ⅱ. ①王… Ⅲ. ①海上运输保险-保险法-研究-中国 Ⅳ. ①D922.284.4

中国版本图书馆 CIP 数据核字(2015)第 014958 号

海上保险法与保险法之协调研究
HAISHANG BAOXIANFA YU BAOXIANFA ZHI XIETIAO YANJIU

王海波 著

策划编辑 郑 导
责任编辑 郑 导
装帧设计 汪奇峰

出版 法律出版社
总发行 中国法律图书有限公司
经销 新华书店
印刷 永清县金鑫印刷有限公司
责任校对 王晓萍
责任印制 张建伟

编辑统筹 独立项目策划部
开本 710 毫米×1000 毫米 1/16
印张 29.75
字数 490 千
版本 2019 年 7 月第 1 版
印次 2019 年 7 月第 1 次印刷

法律出版社/北京市丰台区莲花池西里 7 号(100073)
网址/www.lawpress.com.cn
投稿邮箱/info@lawpress.com.cn
举报维权邮箱/jbwq@lawpress.com.cn
销售热线/400-660-8393
咨询电话/010-63939796

中国法律图书有限公司/北京市丰台区莲花池西里 7 号(100073)
全国各地中法图分、子公司销售电话：
统一销售客服/400-660-8393/6393
第一法律书店/010-83938432/8433
西安分公司/029-85330678
重庆分公司/023-67453036
上海分公司/021-62071639/1636
深圳分公司/0755-83072995

书号:ISBN 978-7-5118-7481-8
定价:98.00 元
(如有缺页或倒装,中国法律图书有限公司负责退换)